Die Hinzurechnungsbesteuerung
nach der ATAD

**Europäische Hochschulschriften Recht**

European University Studies in Law

Publications Universitaires Européennes de Droit

Band/Volume **6775**

Jochen Gerbracht

# Die Hinzurechnungsbesteuerung nach der ATAD

## Vereinbarkeit mit europäischem Primärrecht und nationale Umsetzung

PETER LANG

Berlin - Bruxelles - Chennai - Lausanne - New York - Oxford

**Bibliografische Information der Deutschen Nationalbibliothek**
Die Deutsche Nationalbibliothek verzeichnet diese Publikation in der Deutschen Nationalbibliografie; detaillierte bibliografische Daten sind im Internet über http://dnb.d-nb.de abrufbar.

Zugl.: Düsseldorf, Univ., Diss., 2023

D 61
ISSN 0531-7312
ISBN 978-3-631-91306-2 (Print)
E-ISBN 978-3-631-91307-9 (E-PDF)
E-ISBN 978-3-631-91308-6 (EPUB)
DOI 10.3726/b21469



Verlegt durch:
Peter Lang GmbH, Berlin, Deutschland

info@peterlang.com http://www.peterlang.com/

# Vorwort

Wie ein Schiff, das auf dem weiten Ozean des internationalen Steuerrechts navigiert, hat diese Doktorarbeit viele Gewässer durchquert, Stürme überstanden und Inseln des Wissens entdeckt. Ich möchte jedoch nicht die Segel setzen, ohne jenen zu danken, die als die erfahrensten Navigatoren auf diesem wissenschaftlichen Abenteuer gedient haben.

Professor Dr. Matthias Valta und Professor Dr. Jochen Lüdicke haben die Richtung meiner Forschung geprüft und korrigiert, um sicherzustellen, dass mein Kurs klar und mein Ziel erreichbar bleibt. Ihre Expertise hat mir geholfen, die Herausforderungen des akademischen Meeres zu meistern und die Tiefen meines Forschungsfeldes zu erkunden. Die metaphorische Seekarte, die sie mir zur Verfügung gestellt haben, war von unschätzbarem Wert und hat mir geholfen, die Klippen des Unbekannten zu umschiffen.

Ich möchte auch ganz besonders meiner Familie und meinen Freunden für ihren Halt in den stürmischen Zeiten meiner akademischen Reise danken. Sie waren für mich stets ein sicherer Hafen. Ihr Glaube an mich und meine Forschung hat als der Nordstern gedient, der mich auf meinem Weg geleitet hat.

Mein Dank geht schließlich auch an meine Kolleginnen und Kollegen am Lehrstuhl für die großartige Zeit und die bereichernden Diskussionen. Die vorliegende Arbeit ist das Ergebnis gemeinsamer Anstrengungen, und ich bin dankbar für all jene, die dazu beigetragen haben, sie zu formen und zu vervollkommnen.

Dinslaken, den 18.09.2023
Jochen Can Gebracht

# Inhaltsübersicht

# Inhaltsverzeichnis

# Abkürzungsverzeichnis

| | |
|---|---|
| A. | Auflage |
| a.E. | am Ende |
| a.F. | alte Fassung |
| Abs. | Absatz |
| AEUV | Vertrag über die Arbeitsweise der Europäischen Union |
| Alt. | Alternative |
| AO | Abgabenordnung |
| AP | Aktionspunkt |
| Art. | Artikel |
| AStG | Außensteuergesetz |
| ATAD | Anti Tax Avoidance Directive |
| ATADUmsG | ATAD-Umsetzungsgesetz |
| Az. | Aktenzeichen |
| B.V. | niederländische Kapitalgesellschaft mit beschränkter Haftung |
| Bd. | Band |
| BEPS | Base Erosion and Profit Shifting |
| BFH | Bundesfinanzhof |
| BGBl | Bundesgesetzblatt |
| BIP | Bruttoinlandsprodukt |
| BMF | Bundes-Ministerium der Finanzen |
| Br-Drs | Bundesratdrucksache |
| BStBl | Bundessteuerblatt |
| BT-Drs | Bundestagdrucksache |
| BVerfG | Bundesverfassungsgericht |
| CFC | controlled foreign corporation (beherrschtes ausländisches Unternehmen) |
| DBA | Doppelbesteuerungsabkommen |
| EFTA | Europäische Freihandelsassoziation |
| EG | Europäische Gemeinschaft |
| EGV | Vertrag zur Gründung der Europäischen Gemeinschaft |
| EStG | Einkommensteuergesetz |
| et al. | und andere |
| EU | Europäische Union |
| EuG | Gericht der Europäischen Union |
| EuGH | Europäischer Gerichtshof |

| | |
|---|---|
| EUV | Vertrag über die Europäische Union |
| EWR | Europäischer Wirtschaftsraum |
| EZB | Europäische Zentralbank |
| f. | folgende |
| ff. | fortfolgende |
| FG | Finanzgericht |
| Fn. | Fußnote |
| FS | Festschrift |
| GA | Generalanwalt am Europäischen Gerichtshof |
| GewStG | Gewerbesteuergesetz |
| GloBE | Global Anti-Base Erosion Rules |
| GmbH | Gesellschaft mit beschränkter Haftung |
| GrEStG | Grunderwerbsteuergesetz |
| hM | herrschende Meinung |
| Hs. | Halbsatz |
| i.V.m. | in Verbindung mit |
| IP | Intellectual Property (Geistiges Eigentum) |
| JStG | Jahressteuergesetz |
| KStG | Köperschaftsteuergesetz |
| lit. | littera (Buchstabe) |
| Ltd. | Limited (Kapitalgesellschaft) |
| m.w.N. | mit weiteren Nachweisen |
| MA | Musterabkommen |
| n.F. | neue Fassung |
| Nr. | Nummer |
| OECD | Organisation für wirtschaftliche Zusammenarbeit und Entwicklung |
| RefE | Referentenentwurf |
| REIT | Real Estate Investment Trust |
| Rn. | Randnummer |
| Rs. | Rechtssache |
| S. | Seite |
| StAbwG | Steueroasen-Abwehrgesetz |
| sublit. | sublitera (Unterbuchstabe) |
| Tz. | Teilziffer |
| UAbs. | Unterabsatz |
| vGA | Verdeckte Gewinnausschüttung |
| VVO | Verfahrensverordnung |

# 1. Kapitel: Einleitung

> *„Kein Steuerpflichtiger ist verpflichtet, den Sachverhalt so zu gestalten, dass ein Steueranspruch entsteht. Vielmehr steht es ihm frei, die Steuer zu vermeiden und eine Gestaltung zu wählen, die eine geringere Steuerbelastung nach sich zieht. Eine sog. Steuervermeidung bleibt folgenlos. Steuerumgehung ist die durch den Mißbrauch qualifizierte Steuervermeidung. Nach § 42 Satz 1 AO 1977 kann durch Mißbrauch von Gestaltungsmöglichkeiten das Recht des Steuergesetzes nicht umgangen werden."*[1]

## A. Steuerumgehung – Zwischen Steuervermeidung und Steuerhinterziehung

### I. Der legitime Steuerwiderstand

Der moderne Sozialstaat und die Besteuerungsgewalt sind eng miteinander verflochten und der freiheitbeschränkende Eingriff durch den zwangsweisen Entzug von Geld wird heutzutage für selbstverständlich hingenommen.[2] Steuern haben ihre Daseinsberechtigung, der freiheitsbeschränkende Eingriff kann dem Grunde nach gerechtfertigt werden.[3] Steuereinnahmen tragen wesentlich zur Finanzierung des Staates bei. Gleichzeitig erlangt der Bürger, anders als bei Gebühren oder Beiträgen, keine konkrete Gegenleistung des Staates. Greifbar wird die Rechtfertigung der Besteuerung also nicht als Einzeläquivalenz, sondern vielmehr als abstraktes staatliches Leistungspaket aus Infrastruktur, innerer und äußerer Sicherheit und diversen weiteren, nicht erfassbaren Gütern. Darüber hinaus können die Steuerpflichtigen durch den Prozess der demokratischen Willensbildung in gewissem Maße auf den Gesetzgeber und

1 BFH v. 20.05.1997, VIII B 108/96, Rn. 50 f. m.w.N., BFHE 183, 174 ff.

2 *Valta*, in: Geprägte Freiheit in Forschung und Lehre Bd. 4, 2016, S. 165.

3 Siehe vertiefend zur Steuerrechtfertigung: *Vogel*, Der Staat 25 (1986), 481, 481 ff.; *Tipke*, Die Steuerrechtsordnung, Bd. I, 2.A., 2000, S. 476 ff.; *Lang*, in: FS Schaumburg, 2009, S. 45 ff.; speziell zur internationalen Steuerrechtfertigung: *Valta*, Das Internationale Steuerrecht zwischen Effizienz, Gerechtigkeit und Entwicklungshilfe, 2014, S. 18 ff.

damit auf das staatliche Leistungspaket einwirken.[4] Die Steuerrechtfertigung dem Grunde nach ändert jedoch nichts daran, dass Steuern, zumindest der Höhe nach, vom Bürger oft als unliebsame Last empfunden werden. Nicht umsonst ist wertend von „Steuerbelastung" die Rede.

Dem ökonomisch denkenden Steuerpflichtigen – dem homo oeconomicus – stehen Steuern grundsätzlich bei seinem Ziel, der Maximierung persönlicher Vorteile, entgegen.[5] Auch dem fundamentalen betriebswirtschaftlichen Ziel der Gewinnmaximierung sind Steuern aufgrund ihrer gewinnmindernden Wirkung nicht zugänglich.[6] Wenig überraschend sind daher die Überlegungen nach den Möglichkeiten zur Steuerlastreduzierung so alt, wie die Steuer selbst.

Wie auch der BFH in dem eingangs angeführten Zitat klarstellte, hat der Steuerpflichtige ein Recht darauf, gesetzmäßig besteuert zu werden. Als Reflex kann durch Gestaltung auch eine möglichst geringe Steuerbelastung erzielt werden. Gemäß § 38 AO entstehen Ansprüche aus dem Steuerschuldverhältnis (eben nur), sobald der Tatbestand verwirklicht ist, an den das Gesetz die Leistungspflicht knüpft. Die rechtmäßige Steuervermeidung kennzeichnet sich also dadurch aus, dass zielgerichtet der Tatbestand einer Steuerrechtsnorm gerade nicht erfüllt wird.[7]

Unternehmerische Entscheidungsfreiheit bedeutet für den Steuerpflichtigen also auch die Wahl, ob man sich steuerrechtlich relevant im Inland oder im – niedriger besteuernden – Ausland betätigen möchte. Eine Auslandsbetätigung setzt dabei nicht zwangsweise den steuerlichen Wegzug voraus, welcher zudem ohnehin für viele Steuerpflichtige aus persönlichen Gründen nicht in Frage kommt[8] und auch steuerlich nicht ohne Folgen bleibt[9]. Vielmehr kann der Steuerpflichtige auch im Inland ansässig bleiben und sich einer ausländischen

---

4 Zur demokratischen Dimension der Steuer und der Demokratiewichtigkeit des natürlichen Steuerwiderstandes vgl. *Valta*, Das Internationale Steuerrecht zwischen Effizienz, Gerechtigkeit und Entwicklungshilfe, 2014, S. 33 ff.

5 Vgl. nur *Wagner*, DStR 2014, 1133 (1136); *Wöhe/Döring/Brösel*, Einführung in die Allgemeine Betriebswirtschaftslehre, 26.A., 2016, S. 6.

6 *Jacobs/Endres/Spengel*, Internationale Unternehmensbesteuerung, 8.A., 2016, S. 885 m.w.N.

7 Vgl. *Hildebrand/Brosig*, BB 1997, 445, (445); *Hahn*, IStR 2010, 638 (643).

8 Zum einen geht mit dem Wegzug eine gravierende Veränderung des persönlichen Umfeldes einher. Zum anderen muss unter Umständen als Indiz für die Aufgabe des steuerlichen Wohnsitzes bzw. eines gewöhnlichen Aufenthaltsortes auch die deutsche Staatsangehörigkeit aufgegeben werden, vgl. *Haase*, Die Hinzurechnungsbesteuerung – Grundlagen – Problemfelder – Gestaltungsmöglichkeiten, 2009, S. 5.

9 Vgl. nur die §§ 2 ff. und 6 AStG.

Kapitalgesellschaft bedienen, aus der heraus die unternehmerische Aktivität vorgenommen wird.[10]

## II. Grenzen der Steuervermeidung

Ihre Grenze findet die legale Steuerplanung in der strafbaren Steuerhinterziehung. Ist ein steuerlicher Tatbestand erfüllt und wird dieser vorsätzlich verschleiert oder verheimlicht sodass dadurch Steuern verkürzt oder nicht gerechtfertigte Steuervorteile erlangt werden, sieht § 370 AO als Rechtsfolge eine Freiheitsstrafe von bis zu fünf Jahren oder eine Geldstrafe vor. Handelt der Steuerpflichtige nicht vorsätzlich, sondern nur grob fahrlässig, ist in dieser leichtfertigen Steuerverkürzung gemäß § 378 AO immer noch eine Steuerordnungswidrigkeit zu sehen, die mit einer Geldbuße von bis zu 50.000 € geahndet werden kann. Die bloße Ausnutzung des internationalen Steuergefälles fällt für sich genommen nicht in den steuerstrafrechtlichen Bereich.

Zwischen der strafbaren Steuerhinterziehung und der legalen Steuervermeidung ist schließlich die Steuerumgehung anzusiedeln.[11] Die Strafbarkeit einer solchen scheidet aus, da anders als bei der Steuerhinterziehung ein Steuertatbestand gerade nicht erfüllt ist und sämtliche steuerrelevanten Tatsachen offengelegt werden.[12] Mit der Steuervermeidung hat die Steuerumgehung gemein, dass ein Steuertatbestand vom Wortlaut her nicht erfüllt wird. Während bei der legalen Steuervermeidung der Sachverhalt durch die Gestaltung allerdings sowohl vom Wortlaut als auch vom Zweck der Steuernorm nicht erfasst wird[13], verwirklicht bei der Steuerumgehung der Sachverhalt zwar vom Wortlaut her nicht den Steuertatbestand, dabei wird aber der Normzweck durch die gezielte Ausnutzung von sprachlichen Mängeln umgangen[14]. Mit den Worten von *Klaus Tipke*: *„Wer z.B. nicht arbeitet und kein Einkommen erzielt, nichts verbraucht oder nichts aufwendet, wer die Erbschaft ausschlägt, wer kein Vermögen ansammelt, vermeidet den entsprechenden an die wirtschaftliche Leistungsfähigkeit anknüpfenden Steuertatbestand und erspart die Steuer, aber er umgeht sie nicht […].“*[15]

---

10 Siehe 1. Kapitel, B, 25.

11 *Bergmann*, StuW 2010, 246 (248); vgl. für eine Übersicht über weltweite Steuerumgehungs-Doktrinen: *Zieglmaier*, Die Hinzurechnungsbesteuerung als Instrument gegen Steuerumgehung, S. 18 ff.

12 *Drüen*, StuW 2008, 154 (154); *Hey*, StuW 2008, 167 (169).

13 *Böing*, Steuerlicher Gestaltungsmissbrauch in Europa, 2006, S. 12.

14 *Tipke*, Die Steuerrechtsordnung, Bd. III, 2.A., 2012, S. 1662 f.

15 *Tipke*, Die Steuerrechtsordnung, Bd. III, 2.A., 2012, S. 1662.

Während die Steuerhinterziehung strafbewährt und die Steuervermeidung aufgrund der Gestaltungsfreiheit rechtmäßig ist, stellt sich die Frage nach den Konsequenzen einer Steuerumgehung. Denn spiegelbildlich zu der Steuerersparnis des Einzelnen durch die Ausnutzung von Steuervorteilen mittels Steuerumgehung wird das Steueraufkommen im Inland vermindert. Dem Staat bleiben drei Reaktionsmöglichkeiten, um auf das fehlende Steueraufkommen zu reagieren. Zum einen kann sich mit der Situation abgefunden und die Staatsausgaben dementsprechend vermindert oder eine Verschuldung in Kauf genommen werden. Dies erscheint aus volkswirtschaftlichen Gesichtspunkten problematisch. Des Weiteren kann der Gesetzgeber die sich eröffnende Besteuerungslücke schließen, indem er zu Lasten der anderen Steuerpflichtigen den status quo durch Steuererhöhungen an anderer Stelle wiederherstellt. Dies wirft steuerverfassungsrechtliche Fragen in Bezug auf eine leistungsfähigkeitsgerechte Besteuerung auf.[16] Es verbleibt somit die dritte Möglichkeit: Die Adressierung der Steuerumgehung durch staatliche Gegenmaßnahmen.

## B. Controlled Foreign Corporations: Ein Problem des deutschen Außensteuerrechts?

Das dem deutschen Steuerrecht zugrunde liegende Welteinkommensprinzip hat zur Folge, dass Steuerpflichtige[17] auch mit ihren ausländischen Einkünften in Deutschland unbeschränkt steuerpflichtig sind, solange eine Ansässigkeit in Deutschland besteht. Da sowohl inländische als auch ausländische Einkünfte damit dem deutschen Steuerniveau unterliegen[18], kann das internationale Steuergefälle nicht schon alleine durch die bloße Einkünfteverlagerung ins Ausland nutzbar gemacht werden.

---

16 Siehe *Tipke*, Die Steuerrechtsordnung, Bd. III, 2.A., 2012, S. 1663: „Jedoch setzt § 42 AO der freien gesetzlichen Kombination oder Manipulation im Interesse gleichmäßiger Erfassung wirtschaftlicher Leistungsfähigkeit eine Schranke".

17 Natürliche Personen über § 1 Abs. 1 S. 1 EStG und juristische Personen über § 1 Abs. 2 KStG.

18 Unilateral sieht § 34c EStG (i.V.m. § 26 KStG) als Methode zur Vermeidung von Doppelbesteuerung grds. die Anrechnungsmethode vor mit der Konsequenz, dass ausländische Einkünfte, die im Ausland niedriger als in Deutschland besteuert werden, werden auf das deutsche Steuerniveau „hochgeschleust" werden, sodass unbeschränkt Steuerpflichtige vom niedrigeren Steuersatz nicht profitieren. Andererseits setzt sich ein höheres ausländisches Steuerniveau gegenüber dem deutschen Steuerniveau durch, indem maximal bis zu dem Steuerbetrag, der auf die ausländische Steuer entfällt, angerechnet werden kann.

Etwas anderes ergibt sich im Grundsatz auch nicht durch die Anwendung von Doppelbesteuerungseinkommen. Zwar kommt es zu einer Einschränkung des Welteinkommensprinzips wenn Deutschland, um eine durch den gleichzeitigen Steuerzugriff von mehreren Ländern entstehende Doppelbesteuerung zu vermeiden, gewisse Einkünfte von der Besteuerung freistellt.[19] Findet ein Doppelbesteuerungsabkommen mit Freistellungsmethode Anwendung, hat es für den Steuerpflichtigen also mit der ausländischen Steuerbelastung sein bewenden. Allerdings gewährt Deutschland für passive Einkünfte gerade keine Freistellung.[20] Schließlich ist zu beachten, dass das Welteinkommensprinzip bei Geschäftsbeziehungen mit klassischen Niedrigsteuerländern unberührt bleibt, da Deutschland mit Steueroasen in der Regel kein Doppelbesteuerungsabkommen abgeschlossen hat.[21] Im Ergebnis verbleibt für die abkommensrechtliche Freistellung nur der Anwendungsbereich von aktiven hoch besteuerten Einkünften[22], sodass die bloße Einkünfteverlagerung im Grundsatz kein probates Mittel zur Ausnutzung des internationalen Steuergefälles darstellt.

Eine Steuervermeidung durch die Freistellung von passiven Einkünften kann jedoch durch die Zwischenschaltung einer Kapitalgesellschaft im niedrig besteuernden Ausland erreicht werden. Kapitalgesellschaften

19 *Vogel*, DStJG 8 (1985), S. 3, 4 f.

20 Im Ausgangspunkt sieht die deutsche DBA-Verhandlungsgrundlage in Artikel 22 zwar die Freistellung als Methode zur Vermeidung der Doppelbesteuerung vor, in der Praxis kommt der Anrechnungsmethode aber aus zwei Gründen eine immer größer werdende Bedeutung zu: einerseits wird die Anrechnungsmethode direkt vereinbart, andererseits wird durch umfangreiche Missbrauchsklauseln in den DBA (Subject-to-tax-Klausel, Aktivitätsvorbehalt) die Freistellungsmethode durch die Anrechnungsmethode verdrängt, vgl. *Lüdicke/Richter*, in: Lüdicke/Sistermann, Unternehmenssteuerrecht, § 20 Rn. 7 m.w.N.

21 Stand 01.01.2018 haben folgende Länder die auf der schwarzen Liste der EU stehen kein DBA mit Deutschland abgeschlossen: Bahamas (nur Abkommen über steuerlichen Informationsaustausch), Guam, Amerikanische Jungferninseln, St. Kitts und Nevis (nur Abkommen über steuerlichen Informationsaustausch), Palau, Samoa, Amerikanisch-Samoa. Damit haben von den Staaten auf der Schwarzen Liste nur Namibia und Trinidad und Tobago ein DBA mit Deutschland; Auf der grauen Liste der EU: Anguilla, Britische Jungferninseln (nur Abkommen über steuerlichen Informationsaustausch), Dominica, Antigua und Barbuda (nur Abkommen über steuerlichen Informationsaustausch). Andererseits ist zu konstatieren, dass die Grenzen zur klassischen Steueroase durch den aktuell stattfinden internationalen Steuerwettbewerb und dem damit einhergehenden „race to the bottom“ immer weiter verschwimmen.

22 *Rust*, Die Hinzurechnungsbesteuerung, 2007, S. 11.

werden für einkommensteuerrechtliche Zwecke als eigenständiges Steuersubjekt anerkannt. Hat die Kapitalgesellschaft weder ihren Sitz noch ihren Ort der Geschäftsleitung im Inland, liegt mithin keine unbeschränkte Steuerpflicht vor[23], so sind die von ihr erzielten Einkünfte dem deutschen Steuerzugriff entzogen. Ein deutscher Besteuerungszugriff kann erst im Zeitpunkt einer Gewinnausschüttung an die inländischen Anteilseigner begründet werden. Bis dahin entfaltet die ausländische Kapitalgesellschaft aufgrund ihrer eigenständigen Steuersubjektsqualität eine „Abschirmwirkung". Da die ausländische Kapitalgesellschaft ihre Gewinne nicht an die inländischen Anteilseigner ausschütten muss, sondern weiter im Ausland anlegen kann, vermag man sie insofern metaphorisch als ein Sparschwein ansehen, als das der deutsche Besteuerungszugriff auf unbestimmte Zeit – nämlich bis zur Gewinnausschüttung – aufgeschoben[24] wird. So kann zum Beispiel eine günstige Steuerreform abgewartet und als Zeitpunkt für die Ausschüttung an die Anteilseigner genutzt werden. Mit dem durch den Steueraufschub verbundenen Liquiditätsvorteil hat es aber nicht sein Bewenden. Der entscheidende Vorteil gegenüber einem „Sparschwein" liegt im Kumulationseffekt[25]. Durch das niedrigere ausländische Körperschaftsteuerniveau verbleibt der ausländischen Kapitalgesellschaften ein größerer Gewinn als es im Inland der Fall wäre. Dadurch können größere Beträge reinvestiert werden, sodass sich auch der Gesamtgewinn der Investition erhöht. Aus dem anfänglichen Liquiditätsvorteil durch den Steueraufschub resultiert ein betriebswirtschaftlich beachtlicher dauerhafter Mehrgewinn.[26]

Es lässt sich festhalten, dass durch die Zwischenschaltung einer ausländischen Kapitalgesellschaft (solange diese die Gewinne nicht ausschüttet) sowohl im Falle des Nichtvorliegens eines Doppelbesteuerungsabkommens als auch bei Einkünften, für die ein Doppelbesteuerungsabkommen keine Freistellung gewährt, dennoch eine Freistellung erreicht werden kann. Während im Grundsatz also nur aktive hochbesteuerte Einkünfte freigestellt werden, ermöglicht

23 Anknüpfungspunkt für eine Besteuerung in Deutschland können auch Einkünfte mit Inlandsbezug gemäß § 49 EStG im Rahmen der beschränkten Steuerpflicht der §§ 1 Abs. 4 EStG, § 2 KStG sein.

24 Im internationalen Steuerrecht wird dieses Phänomen als „deferral" bezeichnet. Die beherrschte ausländische Gesellschaft wird als „controlled foreign company" (CFC) tituliert.

25 Vgl. die ausführlichen Berechnungsbeispiele in: *Debatin*, DStZ 1964, 9, 12 und *Rust*, Die Hinzurechnungsbesteuerung, 2007, S. 13 ff.; im Ergebnis auch *Kluge*, Das Internationale Steuerrecht, 2000, S. 370.

26 *Rust*, Die Hinzurechnungsbesteuerung, 2007, S. 15.

die Zwischenschaltung einer ausländischen Kapitalgesellschaft auch die Freistellung von aktiven niedrigbesteuerten, passiven hochbesteuerten und sogar passiv niedrigbesteuerten Einkünften. Diesem Umstand tritt in Deutschland seit 1972 die Hinzurechnungsbesteuerung der §§ 7 ff. AStG entgegen.

## C. Die deutsche Hinzurechnungsbesteuerung im Licht aktueller Entwicklungen im internationalen und europäischen Steuerrecht

Seit ihrer Einführung im Jahr 1972 ist die deutsche Hinzurechnungsbesteuerung in ihren Kernaspekten unverändert geblieben. Großer Änderungsbedarf bestand für den Gesetzgeber nicht. Sowohl die nationale als auch die europäische Rechtsprechung konnten aufgrund mangelnder Verfahren im Bereich der Hinzurechnungsbesteuerung kaum auf das Regelungssystem einwirken. Insofern ist es erfreulich, dass die aktuellen Entwicklungen im internationalen und europäischen Steuerrecht frischen Wind in die Diskussion um die Hinzurechnungsbesteuerung bringen. Der im Oktober 2015 von den OECD/G20-Staaten verabschiedete BEPS-Aktionsplan[27], der darauf abzielt, aggressive Steuerplanungen und schädliche Steuerpraktiken multinationaler Unternehmen abzuwehren[28], bewirkt einen nachhaltigen Wandel des Internationalen Steuerrechts.[29] Das aus 15 verschiedenen materiell-rechtlichen und verfahrensrechtlichen Vorgaben bestehende Maßnahmenpaket beinhaltet mit seinem Aktionspunkt 3 auch Vorschläge zu einer Stärkung der Vorschriften zur Hinzurechnungsbesteuerung.

Das BEPS-Projekt kann aber auch als eine Initialzündung für die Weiterentwicklung des europäischen Steuerrechts identifiziert werden, denn die EU-Kommission war an den Arbeiten der OECD beteiligt und die wesentlichen politischen Ziele haben dadurch ihren Einzug in das Europäische Recht gefunden[30]. Mit der Anti-Tax-Avoidance-Directive (ATAD)[31] der Europäischen

27 OECD/G20, Base Erosion an Profit Shifting Project, Final Report (2015).

28 OECD, Explanatory Statement to the Multilateral Convention to Implement Tax Treaty Related Measures to Prevent Base Erosion and Profit Shifting, 2017; OECD (2017) Rn. 2.

29 *Lehner*, IStR 2019, 277 (277).

30 Vgl. *Oppel*, IStR 2015, 813; *Kreienbaum*, IStR 2014, 721 ff.

31 Richtlinie (EU) 2016/1164 des Rates vom 12. Juli 2016 mit Vorschriften zur Bekämpfung von Steuervermeidungspraktiken mit unmittelbaren Auswirkungen auf das Funktionieren des Binnenmarkts (ATAD 1), geändert durch Richtlinie (EU) 2017/952 vom 29. Mai 2017 (ATAD 2).

Union bestehen daher nun erstmalig rechtlich verbindliche Vorgaben bezüglich der Hinzurechnungsbesteuerung für den deutschen Gesetzgeber durch sekundäres Unionsrecht. Dabei stellt die Richtlinie auch in weiterer Hinsicht ein Novum dar. Der europäische Gesetzgeber bricht erstmalig mit dem Trend der begünstigenden Richtlinien im Bereich der direkten Steuern. Wo zuvor noch Vorteile für den Steuerpflichtigen entstanden[32], werden mit der ATAD nunmehr fünf Eingriffstatbestände – Zinsschranke, Wegzugsbesteuerung, Allgemeine Missbrauchsvermeidungsvorschrift, Vorschriften zur Vermeidung von hybriden Gestaltungen und nicht zuletzt der Hinzurechnungsbesteuerung – vorgegeben, die für den Steuerpflichtigen belastend wirken. Das neue politische Ziel, gegen als missbräuchlich bewertete Gestaltungen vorzugehen, mag zunächst verwundern, ist die EU doch seit jeher bestrebt, Hemmnisse für den Binnenmarkt abzubauen. Allerdings hat bereits die OECD darauf hingewiesen, dass die Umsetzung ihrer Vorschläge koordiniert erfolgen müsse, da ansonsten ein höheres Risiko von Doppelbesteuerungen und von einem globalen Besteuerungschaos bestehe.[33]

## D. Forschungsfragen und Problemabgrenzung

Die soeben skizzierte neue Dynamik im Bereich der Hinzurechnungsbesteuerung ist der Anlass für diese Arbeit. Sie setzt sich zum Ziel, das durch die aktuellen Entwicklungen im internationalen und europäischen Steuerrecht entstandene Spannungsfeld näher zu untersuchen. Denn bei genauerer Betrachtung ergeben sich doch teils erhebliche Unterschiede zwischen den verschiedenen Regelungskonzepten. Welche Gemeinsamkeiten bestehen also zwischen dem OECD Aktionspunkt 3, der ATAD und der deutschen Hinzurechnungsbesteuerung, wo gibt es Abweichungen und besteht diesbezüglich eine Anpassungsverpflichtung für den deutschen Gesetzgeber?

---

32 Siehe beispielsweise die Mutter-Tochter-Richtlinie (Richtlinie 90/435/EWG des Rates vom 23. Juli 1990), die Zins- und Lizenzgebührenrichtlinie (Richtlinie 2003/49/EG des Rates vom 3. Juni 2003) oder die Fusionsrichtlinie (Richtlinie 2009/133/EG des Rates vom 19. Oktober 2009).

33 OECD/G20, Base Erosion an Profit Shifting Project, Final Report (2015), S. 10 f.: Inaction in this area would likely result in some governments losing corporate tax revenue, the emergence of competing sets of international standards, and the replacement of the current consensus-based framework by unilateral measures, which could lead to global tax chaos marked by the massivere-emergence of double taxation.

Ferner ist aufgrund der für den Steuerpflichtigen belastenden Wirkung auch das europäische Primärrecht zu beachten: Verstößt die Ausgestaltung der ATAD oder die nationale Umsetzungsmaßnahme gegen primäres Unionsrecht? Falls ja, welche Konsequenzen hat dies im europäischen Mehrebenensystem und wie hoch ist die Prüfungsintensität des EuGH diesbezüglich?

Die vorliegende Arbeit behandelt damit primär die europarechtlichen Dimensionen der Hinzurechnungsbesteuerung und kann dafür dankenswerterweise auf einige Vorarbeiten zurückgreifen.[34] Sie soll sich aber gerade nicht in der seit der *Cadbury Schweppes* Entscheidung weitgehend geklärten Diskussion um die Vereinbarkeit von Hinzurechnungsbesteuerungsregelungen mit den europäischen Grundfreiheiten erschöpfen, sondern vielmehr die Konsequenzen einer europäischen Hinzurechnungsbesteuerung im europäischen Mehrebenensystem beleuchten, wobei freilich auch aktuelle Entwicklungen im Bereich der Grundfreiheiten eine Rolle spielen werden. Keinen Schwerpunkt der Arbeit bildet hingegen die seit jeher anhaltende allgemeine Kritik an der Regelungstechnik der Hinzurechnungsbesteuerung. Von der Untersuchung ausgeklammert ist zudem die Frage nach der Vereinbarkeit der (ATAD-)Hinzurechnungsbesteuerung mit sonstigem Recht – insbesondere den völkerrechtlichen Doppelbesteuerungsabkommen und dem nationalen Verfassungsrecht. Natürlich wird aber der „Ultra-Vires-Paukenschlag“ des BVerfG zum EZB-Anleihenkauf[35] auch in dieser Arbeit diskutiert werden müssen.

34 Einen europäischen Rechtsvergleich bietend und die Hinzurechnungsbesteuerung am Maßstab der Grundfreiheiten des EG messend: *Bille*, Hinzurechnungsbesteuerung in Europa, 2004. Grundlegend zur Hinzurechnungsbesteuerung und dem Europäischen Gemeinschaftsrecht: *Schönfeld*, Hinzurechnungsbesteuerung und Europäisches Gemeinschaftsrecht, 2005. Einen Reformbedarf der Hinzurechnungsbesteuerung – auch aus europarechtlichen Gründen – herleitend: *Rust*, Die Hinzurechnungsbesteuerung: Notwendigkeit und Umsetzbarkeit einer Reform, 2007. Die Cadbury-Schweppes Entscheidung diskutierend: *Hüffmeier*, Zur Hinzurechnungsbesteuerung nach dem Außensteuergesetz im europäischen Kontext: Situation nach der Entscheidung Cadbury Schweppes des Europäischen Gerichtshofes, 2008; *Rehfeld*, Die Vereinbarkeit des Außensteuergesetzes mit den Grundfreiheiten des EG-Vertrages, 2008; *Thiele*, Hinzurechnungsbesteuerung und Unionsrecht, 2011; *Lohmann*, Die Europarechtskonformität der Hinzurechnungsbesteuerung in der Fassung des JStG 2008, 2012. Die Hinzurechnungsbesteuerung nach ASTG, ATAD und OECD vergleichend: *Zieglmaier*, Die Hinzurechnungsbesteuerung als Instrument gegen Steuerumgehung: Entwicklungen durch die Action 3 der OECD und die Anti-tax avoidance directive der EU, 2018.

35 BVerfG v. 20.05.2020 – 2 BvR 859/15, BVerfGE 154, 17.

## E. Ansatz und Gang der Arbeit

Die vorliegende Arbeit gliedert sich in fünf Kapitel auf. In diesem einleitenden Kapitel wurde die Einkünfteverlagerung durch die Installation einer ausländischen Kapitalgesellschaft als steuerrechtliches Problem identifiziert und die Hinzurechnungsbesteuerung als staatliche Gegenmaßnahme vorgestellt. Schließlich wurde skizziert, dass sich neben der nationalen Hinzurechnungsbesteuerung nun durch die OECD und die EU auch eine internationale bzw. europäische Dimension entfaltet.

Das zweite Kapitel nimmt diese drei Dimension detaillierter in den Blick und stellt die Ausgangslage vor. Es werden die unterschiedlichen Regelungssysteme der Hinzurechnungsbesteuerung in Deutschland, der ATAD und in den Vorschlägen der OECD in der gebotenen Kürze vorgestellt. Ausgangspunkt der Untersuchung bildet die Darstellung der deutschen Hinzurechnungsbesteuerungsregelung vor Umsetzung der ATAD, bei der auch auf etwaige Defizite und damit einhergehenden Reformbedarf hingewiesen wird. Anschließend erfolgt die Vorstellung der Vorschläge der OECD für eine effiziente Hinzurechnungsbesteuerung. Es wird sich zwar zeigen, dass insofern keine Verbindlichkeit für den deutschen Gesetzgeber besteht; allerdings können die Vorarbeiten der OECD bei der Auslegung des Unionsrechts fruchtbar gemacht werden. Als letzter Teil des Grundlagenkapitels wird sodann die ATAD näher beleuchtet. Es erfolgt eine Darstellung der allgemeinen Vorgaben und der Hinzurechnungsbesteuerungsregelung.

Darauf aufbauend wird im dritten Kapitel die Vereinbarkeit der Hinzurechnungsbesteuerung der ATAD mit dem europäischen Primärrecht untersucht. Als Vorfrage gilt es dabei zu klären, inwieweit sich die ATAD als sekundäres Unionsrecht überhaupt am europäischen Primärrecht messen lassen muss. Aus deutscher Sicht mag dieser Punkt zunächst Unverständnis hervorrufen und die Antwort auf die Frage wie selbstverständlich erscheinen: Das höherrangige Primärrecht gilt uneingeschränkt als Prüfungsmaßstab für das Sekundärrecht. Doch aktuelle Entwicklungen im Europäischen Steuerrecht geben Anhaltspunkte, einen genaueren Blick sowohl auf die Dogmatik, als auch auf die praktische Handhabung durch den EuGH zu werfen. Es schließt sich ein kurzer Abschnitt über die Auslegung von Unionsrecht an, in dem neben der Vorstellung der allgemeinen Auslegungsmethoden insbesondere die Rolle der OECD-Vorarbeiten untersucht wird. Sodann wird überprüft, ob die Rechtsetzungskompetenz der Europäischen Union für den Erlass dieser Richtlinie ausreicht. Dabei handelt es sich zwar nicht um eine spezielle Frage bezüglich der Hinzurechnungsbesteuerung, ihr muss aber der Vollständigkeit halber dennoch nachgegangen werden. Methodisch wird dabei die Kompetenzgrundlage des Art. 115 AEUV und die Kompetenzausübungsgrenzen der Subsidiarität und der Verhältnismäßigkeit ausgehend von ihrem Wortlaut untersucht und sodann mögliche Konkretisierungsansätze diskutiert und die Rechtsprechung des EuGH ausgewertet. Anschließend wird die Vereinbarkeit der ATAD mit den Grundfreiheiten geprüft. Dabei soll die viel diskutierte und bereits ausführlich ausgewertete *Cadbury Schweppes* Entscheidung in den Hintergrund treten und lediglich als Ausgangspunkt dienen, um sodann eine Auswertung der jüngeren Rechtsprechung zum europäischen Missbrauchsverständnis und dem Verhältnis von Niederlassungsfreiheit und Kapitalverkehrsfreiheit vornehmen zu können.

Im vierten Kapitel weitet sich sodann der Blickwinkel und es wird die Richtlinienkonformität der deutschen Hinzurechnungsbesteuerung untersucht. Dazu wird eingangs erneut kurz auf das Instrument der Richtlinie als Handlungsform der EU einzugehen sein. Hiernach wird herausgearbeitet inwieweit im späteren Verlauf der Prüfung möglicherweise auftretende Normenkonflikte durch fehlende oder unzureichende deutsche Umsetzungsmaßnahmen im europäischen Mehrebenensystem mithilfe von richtlinienkonformer Auslegung oder dem Institut des Anwendungsvorrangs des Unionsrechts aufgelöst werden können. Nach dieser abstrakten Vorarbeit wird die deutsche Umsetzungsmaßnahme vorgestellt und auf ihre Vereinbarkeit mit der ATAD untersucht. Dazu wird die neue Rechtslage im Hinblick auf die einzelnen Tatbestandsvoraussetzungen und Rechtsfolgen mit der alten Rechtslage verglichen (insofern findet sich auch im Anhang eine Gegenüberstellung des Gesetzestextes) und dann einer sekundärrechtlichen Bewertung unterzogen.

Schließlich erfolgt im fünften Kapitel die Bewertung der nationalen Umsetzungsmaßnahme am Maßstab des europäischen Primärrechts. Im Hinblick auf die Grundfreiheiten kann hier bereits in großem Umfang auf die Vorarbeiten des dritten und vierten Kapitels zurückgegriffen werden. Sodann werden Überlegungen zu der Vereinbarkeit von Hinzurechnungsbesteuerung und Beihilfenrecht angestellt.

Im letzten Kapitel erfolgt dann die zusammenfassende Darstellung der Erkenntnisse dieser Arbeit. Zudem wird vor dem Hintergrund des GloBE-Vorschlags der OECD, der auch eine globale Mindestbesteuerung vorsieht, ein kurzer Ausblick gewagt.

# 2. Kapitel: Ausgangslage – Von internationaler „Best Practice" zu europäischer Verbindlichkeit

*„Das Internationale Steuerrecht in der Welt nach BEPS ist ein tropisches Paradies nach einem Orkan."*[36]

## A. Die deutsche Ausgangssituation de lege abrogata

### I. Historische Entwicklung und Grundkonzeption

#### *a) Historische Entwicklung*

##### *aa) Insuffizienz der allgemeinen Missbrauchsvermeidungsvorschrift*

Der steuerliche Anreiz, Kapitalgesellschaften im niedrig besteuerten Ausland zu gründen und die Einkunftsquellen auf diese Gesellschaften zu übertragen um von der niedrigen Besteuerung zu profitieren, reicht bis in die 20er Jahre des letzten Jahrhunderts zurück.[37] Im Jahr 1962 nahm die USA mit der „Subpart F-Legislation"[38] – einem Maßnahmenpaket gegen Gewinnverlagerung in Niedrigsteuerländer – eine Vorreiterrolle ein. Zwei Jahre später schilderte die Bundesregierung dem Bundestag im „Steueroasenbericht"[39] diese Entwicklungen.[40] Als Konsequenz erging 1965 der „Steueroasenerlass"[41], der jedoch nicht ausreichte, die als ungerechtfertigt angesehenen Steuervorteile vollumfänglich

---

36 Prof. Dr. Frans Vanistendael in seinem Vortrag „What do we mean by a common European tax policy?" im Rahmen der Eröffnungssitzung der Steuerwissenschaftlichen Vereinigung Heidelberg e.V. am 25. Oktober 2018 (aus dem Englischen übersetzt), vgl. auch *Lehner*, IStR 2019, 277 (277).

37 Für eine ausführliche historische Analyse siehe *Lohmann*, Die Europarechtskonformität der Hinzurechnungsbesteuerung in der Fassung des JStG 2008, S. 3 ff.; *Vogt*, in: Blümich, AStG, § 7 Rn. 5; *Protzen* in: Kraft AStG, § 7 Rn. 2 f.; *Wassermeyer* in: Flick/Wassermeyer/Baumhoff/Schönfeld, Außensteuerrecht, Vor §§ 7–14 AStG Rn. 2.

38 U.S. Code (IRC), Title 26, Subtitle A. Chapter 1, Subchapter N, Part III, Subchapter F, §§ 951 ff.

39 BT-Drs. IV/2412.

40 Parallel wurden in der Literatur ausführlichen Berechnungsbeispiele für den Steuerstundungseffekt erarbeitet, vgl. *Debatin*, DStZ 1964, 9.

41 BMF v. 14.06.1965, BStBl II 1965, 74; Das Problem sollte über die Allgemeine Anti-Missbrauchsvorschrift des § 6 StAnpG (heute: § 42 AO) gelöst werden.

zu eliminieren, da viele Gestaltungen gerade nicht als Rechtsmissbrauch zu qualifizieren waren[42].

Bereits vor der Einführung der Hinzurechnungsbesteuerung hatte die deutsche Finanzverwaltung mit der allgemeinen Anti-Missbrauchsvermeidungsvorschrift in § 42 AO im Grundsatz eine Möglichkeit, der Ausnutzung des internationalen Steuergefälles durch die Gründung einer ausländischen Kapitalgesellschaft entgegenzutreten.[43] Gemäß dem seit seiner Einführung unveränderten § 42 Abs. 1 S. 1 AO kann das Recht des Steuergesetzes nicht durch Missbrauch von Gestaltungsmöglichkeiten umgangen werden. Dabei versteht die Rechtsprechung unter „Missbrauch von Gestaltungsmöglichkeiten“ die Wahl einer rechtlichen Gestaltung, die gemessen an dem angestrebten Ziel unangemessen ist, der Steuerminderung dienen soll und nicht durch wirtschaftliche oder sonst beachtliche nicht steuerliche Gründe zu rechtfertigen ist.[44] Konsequenterweise liegt ein solcher Gestaltungsmissbrauch bei der Zwischenschaltung einer Kapitalgesellschaft im niedrig besteuernden Ausland nach ständiger Rechtsprechung gerade dann vor, wenn für ihre Zwischenschaltung wirtschaftliche oder sonst beachtliche Gründe fehlen.[45] Für den Steuerpflichtigen besteht die Möglichkeit, einen Gegenbeweis zu führen und darzulegen, dass es für die gewählte Gestaltung außersteuerliche Gründe gibt, die nach dem Gesamtbild der Verhältnisse beachtlich sind. Dabei ist bei der Ermittlung der Gründe nicht allein der festgelegte Gesellschaftszweck ausreichend, sondern dieser muss auch tatsächlich vollzogen worden und die behaupteten Gründe müssen auch in Erscheinung getreten sein.[46]

---

42 Vgl. dazu auch die Gesetzesbegründung zum AStG: BT-Drs. VI/2883, S. 16, Rn. 13, 14.

43 Vgl. *Schön*, DB 2001, 940 (945).

44 Ständige Rechtsprechung, vgl. nur BFH v. 15.10.1998 – III R 75/97, BStBl II 1999, 119 und die dort aufgeführte Rechtsprechung. Zu den potenziellen Rechtfertigungsgründen: *Reith*, Internationales Steuerrecht, Rn. 9.84; *Frotscher*, Internationales Steuerrecht, Rn. 244. Mit dem JStG 2008 (JStG 2008 v. 20.12.2007; BGBl. I 2007, 3150) hat der Gesetzgeber in Absatz 2 der Vorschrift einen eigenen Definitionsversuch unternommen der sich an die Rechtsprechung anlehnt und keine über die Formel der Rechtsprechung hinausgehenden Elemente enthält. Kritisch dazu: *Ratschow*, in: Klein AO § 42 Rn. 45 f.

45 BFH v. 21.01.1976 – I R 234/73, BStBl II 1976, 513 ff. (514); BFH v. 29.10.1981 – I R 89/80, BStBl II 1982 150 ff. (153); BFH v. 23.10.1991 – IR 40/89, BStBl II 1992, 1026 ff. (1027); BFH v. 19.01.2000 – I R 94/97, BStBl 2001 II, 222 ff. (223).

46 BFH v. 29.07.1976 – VIII R 41/74, BStBl II 1977, 261 ff. (263).

Mithin fehlen wirtschaftliche oder sonst beachtliche Gründe bei der Errichtung reiner Briefkastengesellschaften. Denn der festgelegte Gesellschaftszweck wird dann nicht tatsächlich durch die ausländische Gesellschaft vollzogen, wenn diese keine eigenen Geschäftsräume, Betriebs- und Geschäftsausstattung, Kommunikationsmittel und eigenes Personal hat. Mithin kommt in diesen Fällen § 42 AO zur Anwendung.[47] Als Rechtsfolge sieht § 42 Abs. 1 S. 3 AO das Entstehen des Steueranspruchs so, wie er bei einer den wirtschaftlichen Vorgängen angemessenen rechtlichen Gestaltung entstehen würde, vor. Die Einkünfte der Briefkastengesellschaft werden den hinter der Gesellschaft stehenden Gesellschaftern zugerechnet.[48]

Auch bei rein vermögensverwaltenden ausländischen Gesellschaften nahm die Rechtsprechung vor Einführung der Hinzurechnungsbesteuerung einen Missbrauch von Gestaltungsmöglichkeiten an.[49] In diesen Fällen gäbe es keine wirtschaftlichen oder sonst beachtlichen Gründe: Der einzige Grund für die Verlagerung von Einkünfte erzielendem Vermögen auf eine Gesellschaft im niedrig besteuernden Ausland sei der aus der Abschirmwirkung resultierende Steuerspareffekt und damit ein rein steuerlicher Grund. Sobald die ausländische Gesellschaft allerdings auch teilweise gewerbliche Einkünfte erzielte fand § 42 AO keine Anwendung, weil aktive und passive Einkünfte nach der Rechtsprechung gerade nicht aufzuteilen waren und auf die Gesellschaft als solche und nicht auf die Geschäftsvorfälle isoliert abgestellt wurden.[50] Die allgemeine

47 BFH v. 21.01.1976 – I R 234/73, BStBl II 1976, 513 ff. (514).

48 Rechtstechnisch erfolgt dies, indem zwar die Existenz der ausländischen Gesellschaft und ihre Rechtspersönlichkeit als Körperschaftsteuersubjekt anerkannt wird, die Briefkastengesellschaft aber nicht als Zurechnungssubjekt fungiert, vgl. BFH v. 10.06.1992 – I R 105/89, BStBl II 1992, 1029 (1031); BFH v. 23.10.1991 – I R 40/89, BStBl II 1992, 1026 (1028).

49 BFH v. 27.07.1976 – VIII R 55/72, BStBl II 1977, 266 ff.; BFH v. 09.12.1980 – VIII R 11/77, BStBl II 1981, 339 ff.; BFH v. 28.01.1992 – VIII R 28/90, BStBl II 1992, 881 ff. Dies wurde in der Literatur teilweise kritisch gesehen, vgl. *Vogel*, DStJG 8 (1985), S. 3 (10); *Großfeld*, Basisgesellschaften im Internationalen Steuerrecht, Tübingen, 1974, S. 76.; Durch die Einführung der Hinzurechnungsbesteuerung fielen dann auch rein vermögensverwaltende Tätigkeiten aus dem Anwendungsbereich des § 42 AO heraus.

50 BFH v. 28.01.1992 – VIII R 7/88, BStBl II 1993, 84 (86); § 42 AO fand selbst dann keine Anwendung, wenn die Einkunftsteile oder Vermögensgegenstände in keinem objektiven Zusammenhang zu der erwerbswirtschaftlichen Funktion der Gesellschaft standen, vgl. BFH v. 05.03.1986 – I R 201/82, BStBl II 1986, 496 ff.; Ein Missbrauch wurde nur dann angenommen, wenn die aktive Tätigkeit nur eine völlig untergeordnete Bedeutung eingenommen hat oder sich nach einer

Anti-Missbrauchsvorschrift des § 42 AO stieß damit an ihre Grenzen, wenn die ausländische vermögensverwaltende Gesellschaft auch teilweise einer gewerblichen Tätigkeit nachging, weil der steuerrechtliche Missbrauchsvorwurf durch die (teilweise) aktive Tätigkeit entkräftet werden konnte.[51]

*bb) Die Entwicklung der Hinzurechnungsbesteuerung*

1970 ergingen die Leitsätze der Bundesregierung „für ein Gesetz zur Wahrung der steuerlichen Gleichmäßigkeit bei Auslandsbeziehungen und zur Verbesserung der steuerlichen Wettbewerbslage bei Auslandsinvestitionen“[52], ehe 1972 das Außensteuergesetz[53] in Kraft trat, welches schon damals in den §§ 7 ff. eine Hinzurechnungsbesteuerungsregelung beinhaltete. Dieses Regelungssystem blieb über einen langen Zeitraum unberührt bestehen. Erst 20 Jahre später erfolgten die ersten systematischen Anpassungen durch das Steueränderungsgesetz 1992[54] und das Missbrauchsbekämpfungs- und Steuerbereinigungsgesetz 1993[55]. Als Reaktion auf die Gestaltungsmöglichkeiten bei International Finance & Service Center (IFSC), bei denen Dividenden durch Doppelbesteuerungsabkommen ohne Aktivitätsvorbehalt schachtelbefreit nach Deutschland ausgeschüttet wurden, untersagte der mittlerweile weggefallene § 10 Abs. 6 AStG die Berufung auf Doppelbesteuerungsabkommen für „Zwischeneinkünfte mit Kapitalanlagecharakter“. Durch das Steuersenkungsgesetz 2001[56] sollte die Hinzurechnungsbesteuerung zum 01.01.2001 einen grundsätzlichen Systemwechsel erfahren.[57] Die Regelungen kamen allerdings nie zur Anwendung, da das knapp ein Jahr später verabschiedete Gesetz zur Fortentwicklung des Unternehmenssteuerrechts 2001[58] vorsah, dass die dort enthaltenen Änderungen des AStG rückwirkend für

---

Einzelfallbetrachtung die Konstruktion als missbräuchlich darstellte, vgl. BFH v. 28.01.1992 – VIII R 28/90, BStBl II 1992, 81 ff.

51 Siehe auch: *Vogel*, DStJG 8 (1985), S. 4 f.; *Großfeld*, Basisgesellschaften im Internationalen Steuerrecht, 1974, S. 76 ff.; *Rust*, Die Hinzurechnungsbesteuerung, 2007, S. 22 f.

52 Vgl. dazu *Debatin*, DStZ 1971, 89 ff.

53 Gesetz v. 08.09.1972, BGBl. I 1972, 1713 ff.

54 Gesetz v. 25.02.1992, BGBl. I 1992, 297 ff.

55 Gesetz v. 21.12.1993, BGBl. I 1993, 2310.

56 Gesetz v. 26.10.2000, BGBl. I 2000, 1433 ff.

57 Vgl. *Protzen*, in: Kraft, AStG § 7 Rn. 2 m.w.N.

58 Gesetz v. 20.12.2001, BGBl. I 2001, 3858.

Zwischeneinkünfte, die die ausländische Gesellschaft ab dem 01.01.2001 erzielt hat anwendbar waren.[59]

In den Jahren 2002, 2003 und 2007 wurde die bestehende Rechtslage sukzessive verschärft: Zunächst wurde die erforderliche Mindestbeteiligung bei Einkünften mit Kapitalanlagecharakter auf 1 % abgesenkt, beziehungsweise sogar gänzlich auf das Erfordernis einer Mindestbeteiligung verzichtet.[60] Danach erfolgte mit der Einführung des Treaty override in § 20 Abs. 1 AStG die Aufhebung des Schutzes durch Doppelbesteuerungsabkommen.[61] Und schließlich wurden durch das REIT-Gesetz[62] die §§ 7 Abs. 8 und §§ 14 Abs. 2 AStG eingefügt.

Bis zu diesem Zeitpunkt bestanden für den Gesetzgeber keine großen Änderungspflichten: Sowohl die nationale, als auch die europäische Rechtsprechung konnten aufgrund mangelnder Verfahren im Bereich der Hinzurechnungsbesteuerung kaum auf das Regelungssystem einwirken. Dieser Befund lässt sich hauptsächlich auf drei Gründe zurückführen: Erstens hat die Hinzurechnungsbesteuerung im Ausgangspunkt zumindest eine gewisse abschreckende Wirkung auf den Steuerpflichtigen. Zweitens bleiben viele Fälle aufgrund tatsächlicher oder rechtlicher Unkenntnis unentdeckt oder sie werden drittens im Rahmen der Betriebsprüfung verhandelt.[63]

Nachdem der EuGH 2006 in seiner *Cadbury Schweppes* Entscheidung[64] grundlegend entschied, unter welchen Bedingungen ein Mitgliedstaat Gewinne von Tochtergesellschaften im niedrig besteuernden Ausland bei der Bemessung der Körperschaftsteuer hinzurechnen darf, wurde in der Folge durch das JStG 2008[65] in § 8 Abs. 2 AStG ein Substanztest eingeführt. Während die

---

59 Vgl. *Gerbracht* in: Kofler et al., Controlled Foreign Company Legislation, Chapter 17, S. 294 m.w.N.

60 *Protzen*, in: Kraft, AStG § 7 Rn. 3.

61 Vgl. zur Rechtslage vor Inkrafttreten des § 20 Abs. 1 AStG *Wassermeyer*, RIW 1983, 352 ff.; *Rödder/Schumacher*, DStR 2003, 805 ff. Vgl. zur generellen Zulässigkeit eines Treaty Overrides: BVerfG v. 15.12.2015, 2 BvL 1/12, BVerfGE 141, 1 ff.

62 Gesetz v. 28.05.2007, BGBl. I 2007, 914 ff.

63 *Haase*, ifSt-Schrift 521 (2017), S. 15.

64 EuGH v. 12.09.2006, C-196/04, *Cadbury Schweppes*, ECLI:EU:C:2006:544.

65 Gesetz v. 20.12.2007, BGBl. I 2007, 3150 ff. Zunächst stellte das Bundesfinanzministerium nur mit BMFSchreiben vom 08.01.2007 (Az.: IV B 4 – S 1351 – 1/07, BStBl I 2007, 99 ff.) klar, dass die Hinzurechnungsbesteuerung in allen offenen Fällen nur dann nicht anzuwenden sei, wenn die inländerbeherrschte Zwischengesellschaft in einem EU/EWRStaat ihren Sitz oder ihre Geschäftsleitung hat und wenn der inländische Steuerpflichtige nachweist, dass die Gesellschaft „eine wirkliche wirtschaftliche Tätigkeit" in diesem Staat ausübt. Kritisch zu diesem BMFSchreiben: *Köplin/*

Hinzurechnungsbesteuerung zuvor den Missbrauch nur anhand einzelner Tatbestandsmerkmale typisierte, besteht seitdem für den inländischen Steuerpflichtigen die Möglichkeit, mittels eines Gegenbeweises zu belegen, dass die Zwischenschaltung der ausländischen Gesellschaft aus wirtschaftlichen oder sonst beachtlichen Gründen erfolgt und nicht nur rein steuerlich motiviert ist. Gleichzeitig wurde die Anwendung des Motivtests für § 20 Abs. 2 AStG ausgeschlossen, indem der Passus „ungeachtet des § 8 Abs. 2 AStG“ eingefügt wurde.[66]

Im Oktober 2009 fand durch den BFH die „Columbus Container Services“-Odyssee ein Ende. Während das FG Münster Zweifel an der Vereinbarkeit der switch-over-Klausel des § 20 Abs. 2 AStG mit den Grundfreiheiten hatte,[67] urteilte der EuGH, dass die Hochschleusung der Steuerbelastung auf das deutsche Steuerniveau durch den Übergang von der Freistellungs- zur Anrechnungsmethode mittels nationalem Treaty-override[68] mit der Niederlassungsfreiheit vereinbar sei.[69] Der BFH folgte nach der Wiederaufnahme des Verfahrens der Argumentation der Klägerin vor dem FG Münster und weiten Teilen der Literatur: Der EuGH habe lediglich die Vorlagefrage beantwortet, welche ihm zur Vorabentscheidung gestellt worden sei, aber nicht darüber befunden, ob die Hinzurechnung der Auslandseinkünfte nach §§ 7 ff. AStG a.F. als solche europäisches Primärrecht verletze. Dies sei aber gerade aufgrund der tatbestandlichen Verknüpfung der Umschaltregelung in § 20 Abs. 2 AStG mit dem Grundtatbestand der Hinzurechnungsbesteuerung erforderlich. Im Ergebnis dürfe § 20 Abs. 2 AStG dann keine Anwendung finden, wenn die Anwendung der §§ 7–14 AStG infolge Verstoßes gegen die Grundfreiheiten

---

*Sedemund*, BB 2007, 244. Im Rahmen des JStG 2008 wurde dann § 8 Abs. 2 AStG als Reaktion auf die EuGH-Rechtsprechung eingefügt.

66 Damit sollte nach der Gesetzesbegründung ausgeschlossen werden, dass die Cadbury Schweppes-Grundsätze auf § 20 Abs. 2 AStG übertragen werden, BT-Drs. 16/6290, S. 94.

67 FG Münster v. 05.07.2005, 15 K 1114/99, EFG 2005, 1512.

68 Mittlerweile hat das BVerfG die Überschreibung eines Doppelbesteuerungsabkommens als völkerrechtlicher Vertrag durch nationales Gesetz auch für verfassungsgemäß erklärt, BVerfG v. 15.12.2015, 2 BvL 1/12, BVerfGE 141, 1 ff.

69 EuGH v. 06.12.2007, C-298/05, *Columbus Container Services*, ECLI:EU:C:2007:754. Der EuGH judizierte, dass § 20 Abs. 2 AStG durch die Einbeziehung der ausländischen, einer niedrigen Besteuerung unterliegenden Betriebsstättengewinne in die deutsche Besteuerung unter Anrechnung der ausländischen Steuern, diese Einkünfte lediglich demselben Steuersatz unterwerfe wie Gewinne, welche in inländischen Betriebsstätten erzielt werden.

versagt werden muss.[70] Warum sollten diese Grundsätze also nicht auch für die – nicht streitgegenständliche – Rechtslage nach 2008 gelten?

Nach den beiden EuGH-Entscheidungen sorgte 2015 der BFH für einen nächsten Impuls. Er judizierte, dass es sich bei dem Hinzurechnungsbetrag um einen Teil des Gewerbeertrages eines inländischen Unternehmens handele, der auf eine nicht im Inland belegene Betriebsstätte entfiele und daher der Gewinn des inländischen Unternehmens gemäß § 9 Nr. 3 GewStG um diesen Betrag zu kürzen sei.[71] Die obersten Finanzbehörden der Länder reagierten auf die Gewerbesteuerfreiheit des Hinzurechnungsbetrags mit einem gleichlautenden Nichtanwendungserlass[72], indem sie bekanntgaben, die BFH-Entscheidung nicht über den entschiedenen Einzelfall hinaus anzuwenden. Der Gesetzgeber fügte schließlich § 7 S. 7 GewStG ein[73], der den Hinzurechnungsbetrag i.S.d. § 10 Abs. 1 AStG zur inländischen Betriebsstätte zuordnet und damit die Möglichkeit einer Kürzung nach § 9 Nr. 3 GewStG versperrt.

Schließlich wurden in jüngster Zeit vor allem zwei Entscheidungen mit Spannung erwartet: Aus dem „Zypern-Fall"[74] erhoffte man sich insbesondere eine Konkretisierung der Anforderungen für den Gegenbeweis des § 8 Abs. 2 AStG. In der Rechtssache *X GmbH*[75] hatte sich der EuGH nach Vorlage des BFH[76] mit der Frage der Anwendung der Kapitalverkehrsfreiheit bei der Hinzurechnungsbesteuerung im Drittstaatensachverhalt zu befassen. Ob diese Rechtsprechung die Erwartungen erfüllen konnte wird sich im Laufe der Arbeit zeigen.

### b) Grundkonzeption von Hinzurechnungsbesteuerungsregelungen

Wie soeben gesehen tritt der deutsche Gesetzgeber der Ausnutzung der Abschirmwirkung von Kapitalgesellschaften im niedrigbesteuernden Ausland bereits seit Mitte des 20. Jahrhunderts mit der Hinzurechnungsbesteuerung entgegen. Abstrahiert man dieses komplexe Regelungssystem, so lässt sich

70 BFH v. 21.10.2009 – I R 114/08, Rn. 24 ff. m.w.N., BStBl II 2010, 774.

71 BFH v. 11.03.2015 – I R 10/14, BStBl II 2015, 1049. Vgl. dazu auch die Reaktionen aus dem Schrifttum: *Anger/Wagemann*, IWB 2015, 460; *Becker/Loose*, Ubg 2015, 399; *Gläser/Birk*, ISR 2015, 231 (233); *Gosch*, BFH/PR 2015, 256; *Hielscher/Beermann*, BB 2015, 2782; *Klein*, FR 2015, 722; *Tauser/Keller*, IStR 2015, 447; *Kramer*, IStR 2015, 669; *Haase*, IStR 2015, 966; *Kollruss*, GmbHR 2016, 633 (635 ff.).

72 Nichtanwendungserlass v. 14.12.2015, BStBl I 15, 1090.

73 BEPS-UmsG v. 20.12.2016, BGBl. I 2016, 3000.

74 BFH v. 13.06.2018 – I R 94/15, BStBl II 2020, 755.

75 EuGH v. 26.02.2019 – C-135/17, *X GmbH*, ECLI:EU:C:2019:136.

76 BFH v. 12.10.2016, I R 80/14, BStBl II 2017, 615.

festhalten, dass Hinzurechnungsbesteuerungssysteme im Allgemeinen trotz dieser Abschirmwirkung unter bestimmten Voraussetzungen zu einer Besteuerung im Ansässigkeitsstaat der Steuerpflichtigen, die die Handlungen der ausländischen Gesellschaft kontrollieren oder die zumindest an den Erträgen von dieser beteiligt sind, führen. Diese Begründung eines Besteuerungsrechts kann konzeptionell auf verschiedene Arten erreicht werden[77]:

Die Hinzurechnungsbesteuerung kann so ausgestaltet werden, dass entweder lediglich nur die schädlichen Einkünfte („transactional/tainted income approach“) oder aber sämtliche Einkünfte („entity approach“) der ausländischen Gesellschaft dem inländischen Steuerpflichtigen zugerechnet werden. Sodann stellt sich die Frage, wie eine Besteuerung rechtstechnisch erfolgen kann. Denkbar ist es zum einen, bei der ausländischen Kapitalgesellschaft anzusetzen, deren Steuersubjekteigenschaft zu verneinen und diese stattdessen als transparentes Gebilde anzusehen („look-through approach“). In der Folge werden die Einkünfte den hinter der Gesellschaft stehenden Gesellschaftern bereits zum Zeitpunkt ihrer Entstehung zugerechnet. Alternativ kann auch eine Ausschüttung der ausländischen Kapitalgesellschaft an ihre inländischen Anteilseigner zum frühestmöglichen Zeitpunkt fingiert werden („deemed dividend approach“). Es erfolgt dann in einem zweiten Schritt die Besteuerung der fiktiven Dividende beim inländischen Anteilseigner. Schließlich können die Einkünfte beim Anteilseigner auch als Einkünfte sui generis behandelt und separat besteuert werden („seperate taxation approach“). Anknüpfungspunkt kann zum Beispiel der Wertzuwachs beim Anteilseigner durch die erzielten Gewinne der ausländischen Gesellschaft sein.[78] Dabei haben alle zuvor genannten Regelungstechniken das gemeinsame Problem, dass dem Gesellschafter die für die Begleichung der Steuerschuld notwendige Liquidität fehlen kann.[79] Es lässt sich mit einem rechtsvergleichenden Blick festhalten, dass die meisten Staaten nicht strikt einer Regelungstechnik folgen, sondern Mischsysteme anwenden. In Deutschland ist dies nicht anders,

---

77 Zur Bewertung der verschiedenen Konzeptionen vgl. *Zieglmaier*, Die Hinzurechnungsbesteuerung, 2018, S. 86 ff. m.w.N.

78 *Rust*, Die Hinzurechnungsbesteuerung, 2007, S. 26.

79 *Rust*, Die Hinzurechnungsbesteuerung, 2007, S. 27; Dies kann unter Umständen einen faktischen Ausschüttungszwang erzeugen, vgl. *Lohmann*, Die Europarechtskonformität der Hinzurechnungsbesteuerung in der Fassung des JStG 2008, 2012, S. 279 f.

weswegen die rechtssystematische Erklärung der Hinzurechnungsbesteuerung Probleme bereitet.[80]

Doch nicht jede Installation einer ausländischen Kapitalgesellschaft löst die Rechtsfolgen der Hinzurechnungsbesteuerung aus. Vielmehr sieht die deutsche Regelung tatbestandsseitig – untechnisch gesprochen und ohne an dieser Stelle ins Detail zu gehen – vor, dass die Hinzurechnungsbesteuerung (nur) bei den Gestaltungen zur Anwendung kommt, bei denen die Gesellschaft lediglich eine passive Tätigkeit ausübt, im Ansässigkeitsstaat nur eine niedrige Besteuerung vorliegt und die Gesellschaft über die Beteiligung von inländischen Steuerpflichtigen noch eine gewisse Verbindung zum Inland aufweist.

Aus der zuvor vorgenommenen rechthistorischen Betrachtung lassen sich weitere Erkenntnisse für den Grundgedanken und die Grundkonzeption der Hinzurechnungsbesteuerung gewinnen. Ursprünglich war der Zweck der §§ 7 ff. AStG, der durch die Abschirmwirkung der Kapitalgesellschaften hervorgerufenen „Steuerstundung" entgegenzuwirken.[81] Die Hinzurechnungsbesteuerung sollte aber keinen sanktionierenden Charakter haben, sondern nur die grenzüberschreitenden Steuervorteile eliminieren und den inländischen Sachverhalten gleichstellen. Eine darüberhinausgehende Steuererschwernis für den Steuerpflichtigen war nicht vorgesehen.[82] Die Konturen der Hinzurechnungsbesteuerung werden schärfer: Sie ist im Kern als Missbrauchsabwehrregelung konzipiert und zielt laut Gesetzesbegründung darauf, die ungerechtfertigten steuerlichen Vorteile, die aus der rechtsmissbräuchlichen Ausnutzung des internationalen Steuergefälles durch die Abschirmwirkung ausländischer Kapitalgesellschaften resultieren, zu verhindern.[83] Die Regelung geht aber bewusst über ihre Missbrauchsabwehrfunktion hinaus und sorgt auch für eine Ersatzbesteuerung im Inland, wenn als ungerechtfertigt empfundene Steuervorteile ohne Rechtsmissbrauch erlangt werden. Seit der Einführung des Halb- bzw. Teileinkünfteverfahrens dient die Hinzurechnungsbesteuerung auch der Sicherstellung einer entsprechenden steuerlichen Vorbelastung der ausgeschütteten Gewinne um die Entlastung zu rechtfertigen.[84]

---

80 Vgl. dazu eingehend *Trennheuser*, US-amerikanische Subpart F-legislation und deutsche Hinzurechnungsbesteuerung, 2014, S. 125 ff.; *Vogt*, in Blümich, Vor §§ 7–14 AStG Rn. 32 ff.

81 BFH v. 19.05.1998 – I R 86/97, BStBl II 1998, 715 (717); BT-Drs. VI/2883, Rn. 84.

82 BFH v. 19.05.1998 – I R 86/97, BStBl II 1998, 715 (717); BT-Drs. VI/2883, Rn. 27 ff.

83 Siehe bereits BT-Drs. VI/2883, S. 14 ff.

84 Vgl. BT-Drs. 14/2683, S. 132 und BT-Drs. 14/3366, S. 127.

## II. Die deutsche Hinzurechnungsbesteuerung vor dem ATAD-Umsetzungsgesetz

### 1. *Tatbestand der Hinzurechnungsbesteuerung*

#### a) *Beteiligung an einer ausländischen Gesellschaft*

##### aa) *Adressat der Hinzurechnungsbesteuerung*

Hinsichtlich der Anteilseigner muss bei der deutschen Regelung zwischen Tatbestand und Rechtsfolge differenziert werden: Rechtsfolgenseitig knüpft die Hinzurechnungsbesteuerung gemäß § 7 Abs. 1 AStG an die unbeschränkte Steuerpflicht des Gesellschafters an. Dabei kann es sich nach den allgemeinen Regeln sowohl um eine natürliche Person (§ 1 EStG), als auch um eine juristische Person (§ 1 i.V.m. § 2 KStG) handeln.[85] Nicht von der Hinzurechnungsbesteuerung erfasst werden demnach beschränkt Steuerpflichtige und erweitert unbeschränkt Steuerpflichtige im Sinne des § 2 AStG. Letztere müssen jedoch auf Tatbestandsebene gemäß § 7 Abs. 2 AStG bei der Ermittlung der Beherrschungsbeteiligung berücksichtigt werden, auch wenn sie selber nicht von den Rechtsfolgen der Hinzurechnungsbesteuerung betroffen werden.[86] Trotz der Pluralform „Steuerpflichtige“ kann auch ein einzelner Steuerpflichtiger Subjekt der Hinzurechnungsbesteuerung werden.[87] Eine Umgehung durch das Zwischenschalten einer oder mehrerer (auch ausländischer) Personengesellschaften ist durch § 7 Abs. 3 AStG ausgeschlossen.[88]

##### bb) *Potenzielle Zwischengesellschaft*

§ 7 Abs. 1 AStG definiert die „ausländische Gesellschaft“[89] als eine Körperschaft, Personenvereinigung oder Vermögensmasse im Sinne des Körperschaftsteuergesetzes, die weder Geschäftsleitung noch Sitz im

---

85 *Wassermeyer* in: Flick/Wassermeyer/Baumhoff/Schönfeld, Außensteuerrecht, § 7 Rn. 9.3. Zudem werden aufgrund der alternativen Anknüpfung in § 1 Abs. 1 EStG an Wohnsitz oder gewöhnlichen Aufenthalt bzw. in § 1 Abs. 1 KStG an Sitz oder Geschäftsleitung auch doppelansässige Gesellschafter und Gesellschaften erfasst, vgl. dazu *Haase,* IStR 2008, 695 ff.; *Kollruss,* IStR 2008, 316 ff.; *Haase*, Die Hinzurechnungsbesteuerung, 2009 S. 50 f.; *Schönfeld/Hoene*, IStR 2013, 349 ff.

86 Vgl. nur *Schmidt*, AStG, § 7 Rn. 4.

87 So die hM, vgl. nur *Wassermeyer,* in: Flick/Wassermeyer/Baumhoff/Schönfeld, Außensteuerrecht, § 7 Rn. 9.2 m.w.N.

88 Vgl. nur *Schmidt*, AStG, § 7 Rn. 5; dazu kritisch: *Haase*, ifSt 521 (2017), S. 90 f.

89 Zu diesem Zeitpunkt der Prüfung handelt es sich begrifflich noch um eine „potenzielle Zwischengesellschaft“. Von einer Zwischengesellschaft kann nur gesprochen werden, wenn auch die anderen beiden Tatbestandvoraussetzungen – passive

Geltungsbereich dieses Gesetzes hat und die nicht gemäß § 3 Abs. 1 KStG von der Körperschaftsteuerpflicht ausgenommen ist. Was den ersten Teil der Definition betrifft, so wird für die Bestimmung der Gesellschaft also unmittelbar auf das KStG verwiesen. Da die Gesellschaft jedoch in der Regel nicht nach deutschem, sondern nach ausländischem Recht gegründet wird, ist zu fragen, ob es sich bei dem ausländischen Rechtsgebilde um eine Gesellschaft im Sinne des § 1 KStG handelt. Der durch den Reichsfinanzhof in seiner „Venezuela-Entscheidung“[90] entwickelten Rechtstypenvergleich findet auch hier Anwendung.[91] Anhand einer wertenden Gesamtbetrachtung von diversen Kriterien[92] muss entschieden werden, welcher deutschen Rechtsform das ausländische Rechtssubjekt vergleichbar ist.[93] Kommt der Rechtstypenvergleich zu dem Ergebnis, dass es sich bei dem vorliegenden ausländischen Unternehmen um eine Kapitalgesellschaft handelt, so sind die §§ 7 ff. AStG maßgeblich.

Liegt hingegen eine ausländische Personengesellschaft oder Betriebsstätte vor, so muss gerade kein Besteuerungsrecht begründet werden. Vielmehr ist nach der Switch-over-Klausel des § 20 Abs. 2 AStG die Freistellungsmethode zu versagen und stattdessen die Anrechnungsmethode anzuwenden. Mit anderen Worten: Es wird zwar nicht die Hinzurechnungsbesteuerung angewandt, im Ergebnis wird durch die „Hochschleusung“ auf das deutsche Steuerniveau jedoch das gleiche wirtschaftliche Ergebnis erreicht.

---

Einkünfte und Niedrigbesteuerung – vorliegen, vgl. die Definition der „Zwischengesellschaft“ in § 8 Abs. 1 AStG.

90 RFH v. 12.02.1930 – VI A 899/27, RStBl. 1930, 444 ff.

91 Vgl. *Wassermeyer*, in: Flick/Wassermeyer/Baumhoff/Schonfeld, Außensteuerrecht, § 7 Rn. 10.2; *Protzen*, in: Kraft, AStG, § 7 Rn. 80.

92 Von Rechtsprechung und Finanzverwaltung anerkannte Kriterien sind u.a. die zentralisierte Geschäftsführung und Vertretung, die beschränkte Haftung, die freie Übertragbarkeit der Anteile, die Mindesteinlageverpflichtung bei der Kapitalaufbringung und die vollständige Rechtsfähigkeit.

93 Vgl. zum Rechtstypenvergleich *Lambrecht*, in: Gosch (Hrsg.), KStG, § 1 Rn. 107 ff. m.w.N.; Frotscher, Internationales Steuerrecht, Rn. 332 f.; die Tabellen 1 und 2 im Anhang des Betriebsstättenerlasses (BMF-Schreiben v. 24.12.1999 Az. IV B 4 – S 1300 – 14/99, BStBl I 1999, 1076 ff.) geben die Auffassung der Finanzverwaltung zu diversen ausländischen Gesellschaften wieder; vgl. auch die Übersicht der OECD, The Application of the OCED Model Tax Convention to Partnerships, Issue in International Taxation No. 6, Annex III, 1999.

### cc) *Beteiligung*

(1) Beteiligungskriterien und Beteiligungszeitpunkt

Wann eine Beteiligung „zu mehr als der Hälfte“ im Sinne des § 7 Abs. 1 AStG vorliegt, regelt § 7 Abs. 2 AStG. Ein oder mehrere unbeschränkt Steuerpflichtige[94] sind zu mehr als der Hälfte an der ausländischen Gesellschaft beteiligt, wenn ihnen allein oder zusammen mit erweitert beschränkt steuerpflichtigen Personen im Sinne des § 2 AStG[95] mehr als 50 % der Anteile oder der Stimmrechte an der ausländischen Gesellschaft zuzurechnen sind, § 7 Abs. 2 S. 1 AStG. Dabei ist mit „Anteilen“ die Beteiligung am Nennkapital[96] und mit „Stimmrechten“ nur das mit der gesellschaftsrechtlichen Beteiligung verbundene und aus der Mitgliedschaft fließende Mitwirkungsrecht[97] gemeint. In der Regel stimmen die Anteile und die Stimmrechte quotal überein.[98] Für den Fall, dass weder Anteile noch Stimmrechte vorliegen, sieht § 7 Abs. 2 S. 3 AStG als subsidiären Anknüpfungspunkt die Beteiligung am Vermögen der Gesellschaft vor. Maßgebender Zeitpunkt für das Vorliegen der Beteiligungsvoraussetzung ist gemäß § 7 Abs. 2 S. 1 AStG das Ende des Wirtschaftsjahres der ausländischen Gesellschaft, in dem sie die Zwischeneinkünfte bezogen hat.

(2) Grundkonzeption: Inländerbeherrschung

Konzeptionell sieht die deutsche Hinzurechnungsbesteuerung eine Inländerbeherrschung vor: Ein unbeschränkt Steuerpflichtiger muss allein oder zusammen mit anderen unbeschränkt Steuerpflichtigen oder erweitert unbeschränkt Steuerpflichtigen im Sinne des § 2 AStG eine Beherrschungsquote von 50 %[99] erreichen, damit die Hinzurechnungsbesteuerung zur Anwendung kommt. Dabei kommt es nicht auf ähnlich gerichtete Interessen oder eine gewisse Verbundenheit an. Bei den Steuerpflichtigen muss es sich nicht um nahestehende Personen im Sinne des § 1 Abs. 2 AStG handeln; sie können sich

94 Zu der unglücklich gewählten Pluralformulierung vgl. bereits Fn. 87.

95 Bei der Ermittlung der Beherrschungsbeteiligung werden diese Personen nun berücksichtigt, auch wenn sie selbst nicht von den Rechtsfolgen der Hinzurechnungsbesteuerung betroffen werden können, vgl. Fn. 86.

96 Vgl. *Wassermeyer,* in: Flick/Wassermeyer/Baumhoff/Schönfeld, Außensteuerrecht, § 7 Rn. 39 Fn. 1.

97 Vgl. *Wassermeyer,* in: Flick/Wassermeyer/Baumhoff/Schönfeld, Außensteuerrecht, § 7 Rn. 55.

98 *Protzen,* in: Kraft, Außensteuergesetz, § 7 Rn. 98.

99 Bei Einkünften mit Kapitalanlagecharakter wird die Beherrschungsquote auf 1 % abgesenkt oder auf sie sogar gänzlich verzichtet.

vielmehr einander völlig fremd sein. Dieser Umstand ist gleich in mehrfacher Hinsicht problematisch:[100] Zum einen findet die Hinzurechnungsbesteuerung auch bei Steuerpflichtigen Anwendung, die nur eine Kleinstbeteiligung an der ausländischen Gesellschaft halten, solange diese Gesellschaft in der Addition inländerbeherrscht ist. Des Weiteren kann die Überschreitung der Beteiligungsschwelle vom Zufall abhängen, da sich die unbeschränkt Steuerpflichtigen nicht kennen müssen. Beteiligt sich ein weiterer unbeschränkt Steuerpflichtiger in Unkenntnis der Gesellschaftsverhältnisse[101] an einer bereits fast überwiegend inländerbeherrschten ausländischen Gesellschaft und wird dadurch die Beteiligungsschwelle überschritten, so löst dies bei allen Beteiligten – ohne ihr Wissen und ohne den Steuertatbestand gemäß § 38 AO selber aktiv verwirklicht zu haben – die Hinzurechnungsbesteuerung aus. Zudem kann auch unter dem Gesichtspunkt, dass ein steuerlicher Missbrauch bei Mehrpersonenverhältnissen grundsätzlich eine Form des gemeinschaftlichen Zusammenwirkens voraussetzt, kritisch hinterfragt werden, warum kein „Nahestehen" erforderlich ist.[102]

(3) Mittelbare Beteiligungen

Gemäß § 7 Abs. 2 S. 2 AStG kann die Beherrschungsquote auch durch mittelbare Beteiligungen erreicht werden, indem Anteile oder Stimmrechte Berücksichtigung finden, die durch eine andere ausländische[103] Gesellschaft vermittelt werden. Diese sind dem Steuerpflichtigen anteilig zuzurechnen und tragen somit zur Erfüllung des Tatbestandsmerkmals bei, sie lösen aber rechtsfolgenseitig

100 Für eine Bündelung der Kritik vgl. *Haase*, ifSt 521 (2017), S. 86 ff.

101 Auch wenn der Steuerpflichtige die rechtliche Kenntnis über die Hinzurechnungsbesteuerung und ihre Voraussetzungen besitzt, wird er in der Regel keine vollumfängliche Kenntnis der tatsächlichen Umstände haben. Er müsste sich vorab über sämtliche bereits Beteiligten und ihre Beteiligungshöhe informieren und auswerten, ob diese in Deutschland unbeschränkt Steuerpflichtig oder – was noch schwieriger nachzuvollziehen ist – erweitert beschränkt steuerpflichtig im Sinne des § 2 AStG sind. Haase schlägt daher vor, dass zumindest den bereits beteiligten Steuerpflichtigen die Gelegenheit gegeben werden sollte, sich ihrer Beteiligung zu entäußern oder sich anderweitig auf die neue Situation einzustellen, vgl. *Haase*, ifSt 521 (2017), S. 88.

102 *Haase*, ifSt 521 (2017), S. 87.

103 Auch wenn § 7 Abs. 2 S. 2 AStG nur von „andere Gesellschaft" spricht, kann es sich nur um eine ausländische vermittelnde Gesellschaft handeln, da schon bei der ersten inländischen Kapitalgesellschaft und nicht bei den dahinterstehenden Gesellschaftern die Hinzurechnungsbesteuerung Anwendung findet.

nicht unmittelbar die Hinzurechnungsbesteuerung aus: Denn gemäß § 7 Abs. 1 AStG greift die Rechtsfolge der Hinzurechnungsbesteuerung nur, wenn der unbeschränkt Steuerpflichtige direkt an der Zwischengesellschaft beteiligt ist. Aus diesem Grund regelt § 14 AStG, dass die Zwischeneinkünfte der mittelbar gehaltenen ausländischen Zwischengesellschaft für die Hinzurechnung auf eine unmittelbar gehaltene Gesellschaft hochgerechnet wird („übertragene Zurechnung“).

### *b) Passive Einkünfte*

#### *aa) Grundkonzeption*

Die Hinzurechnungsbesteuerung soll nur dann und insoweit zur Anwendung kommen, wenn die beherrschte ausländische Gesellschaft für die Erzielung ihrer Einkünfte keinen eigenen wesentlichen Wertschöpfungsbeitrag leistet.[104] Der deutsche Gesetzgeber hat sich für die Differenzierung von Einkünften aus unschädlicher aktiver und schädlicher passiver Tätigkeit[105] konzeptionell für einen Aktivkatalog in § 8 Abs. 1 AStG entschieden: Die passiven Einkünfte werden negativ definiert, indem im Ausgangspunkt ein Katalog unschädlicher Einkünfte aufgestellt wird, die von der Hinzurechnungsbesteuerung ausgenommen sind (Einkünfte, die […] nicht stammen aus…). Der Katalog ist abschließend, sodass alle dort nicht genannten Einkünfte – insbesondere auch Einkünfte aus neuen Geschäftsmodellen – eine Hinzurechnungsbesteuerung auslösen können. In der Literatur ist sich diese Regelungskonzeption daher erheblicher Kritik ausgesetzt.[106] Diese Regel wird durch Ausnahmen durchbrochen, sodass in diesen Fällen passive Einkünfte vorliegen. Teilweise werden jedoch wiederrum Rückausnahmen gemacht: Die Einkünfte aus passiven Tätigkeiten sind dann doch wieder unschädliche, aktive Einkünfte.

---

104 *Vogt*, in: Blümich, AStG, § 8 Rn. 3.

105 Da hinsichtlich des Wertschöpfungsbeitrags an die Tätigkeit der ausländischen Gesellschaft angeknüpft wird ist die Formulierung aktive bzw. passive Einkünfte ungenau; wird aber gleichwohl gemeinhin und auch im Laufe dieser Arbeit verwendet.

106 Neben der Komplexität und Ungenauigkeit des Aktivkatalogs wird insbesondere kritisiert, dass kein systematisches Anknüpfungskonzept erkennbar sei, vgl. nur *Reiche*, in: Haase, AStG/DBA, § 8 AStG Rn. 5; *Haase*, ifSt 521 (2017), S. 119, 121; *Vogt*, in: Blümich, AStG, § 8 Rn. 3. Es wird daher teilweise auch eine widerlegbare Vermutung bezüglich des passiven Charakters gefordert, vgl. *Werra*, IStR 2001, 438; *Lieber*, FR 2002, 139 (150).

Der Aktivkatalog knüpft nicht an die Einkunftsarten des § 2 Abs. 1 EStG an.[107] Zudem ist es unerheblich, wo das Einkommen erzielt wird. Folglich können auch in Deutschland erzielte Einkünfte einer nach § 1 Abs. 4 i.V.m. § 49 EStG beschränkt steuerpflichtigen ausländischen Gesellschaft als passive Einkünfte im Sinne des § 8 Abs. 1 AStG qualifizieren.[108] Unter Umständen kann die Tätigkeit der ausländischen Gesellschaften auch unter mehrere Nummern des Aktivkatalogs subsumiert werden, da diese sich überschneiden. Im Falle einer solchen Idealkonkurrenz ist die Qualifizierung als passiv unschädlich, solange die Tätigkeit nach einer anderen Nummer des Katalogs als aktiv qualifiziert wird.[109]

Für den Fall, dass ein ausländisches Unternehmen verschiedene Tätigkeiten parallel ausübt, sind diese gesondert zu betrachten.[110] Die ausländische Gesellschaft kann nur Zwischengesellschaft für die Einkünfte sein, die als passiv qualifizieren. Zudem besteht Einigkeit darüber, dass eine funktionelle Betrachtungsweise anzuwenden ist:[111] Fallen bei einer ausländischen Gesellschaft, die einer aktiven Tätigkeit nachgeht, Einkünfte an, die für sich betrachtet passive Einkünfte darstellen, so sind diese Nebenerträge den aktiven Einkünften zuzuordnen, solange sie wirtschaftlich zu der Haupttätigkeit gehören; ihnen mithin nach der Verkehrsauffassung kein eigenständiges wirtschaftliches Gewicht im Rahmen der Gesamtleistung zukommt.

### *bb) Einkünftekatalog*

An dieser Stelle soll keine Detailbetrachtung des Aktivkatalogs, sondern lediglich eine grobe Klassifizierung erfolgen: Einerseits kann sich die Unschädlichkeit einer Tätigkeit bereits aus dem Wirtschaftszweig ergeben, dem sie

---

107 *Vogt*, in: Blümich, AStG, § 8 Rn. 12; dazu kritisch. *Haase*, IfSt 521 (2017), S. 122.

108 In Kombination mit der hohen Niedrigsteuergrenze kann dies dazu führen, dass sich Deutschland als Niedrigsteuerland qualifiziert, siehe *Kraft/Schmidt*, Konzeptionsmängel der Hinzurechnungsbesteuerung bei Immobilieneinkünften, PIStB 01/2011 S. 14.

109 *Vogt*, in: Blümich, AStG, § 8 Rn. 17.

110 *Vogt*, in: Blümich, AStG, § 8 Rn. 14.

111 BMF-Schreiben vom 14.05.2004, IV B 4 – S 1340 – 11/04, BStBl I Sondernummer 1/2004 S. 3, Tz. 8.0.2. AEAStG; *Wassermeyer/Schönfeld*, in: Flick/Wassermeyer/Baumhoff/Schönfeld, Außensteuerrecht, § 8 Rn. 24; *Vogt*, in: Blümich, AStG, § 8 Rn. 13 f.; zur praktischen Bedeutung der funktionellen Betrachtungsweise insb. bei Produktionsunternehmen, Banken und Versicherungsunternehmen sowie Holdinggesellschaften vgl. *Rödel*, in: Kraft, AStG, § 8 Rn. 40 ff.

angehört.[112] Einkünfte aus Land- und Forstwirtschaft und verschiedenen industriellen Tätigkeiten sind daher vorbehaltlos aktiv gestellt (§ 8 Abs. 1 Nr. 1 und 2 AStG). Auch die Einkünfte aus dem Betrieb von Kreditinstitutionen und Versicherungsunternehmen, die für ihre Geschäfte einen in kaufmännischer Weise eingerichteten Betrieb unterhalten, sind grundsätzlich ebenfalls aktiv, § 8 Abs. 1 Nr. 3 AStG. Sie werden jedoch dann als passiv angesehen, wenn die Geschäfte überwiegend – also zu mehr als der Hälfte[113] – mit unbeschränkt steuerpflichtigen Beteiligten im Sinne des § 7 AStG oder ihnen nahestehenden Personen im Sinne des § 1 Abs. 2 AStG betrieben werden.

Andererseits kann sich die Unschädlichkeit der Tätigkeit auch aus einem Funktionsnachweis ergeben:[114] So sind Einkünfte aus dem Handel (§ 8 Abs. 1 Nr. 4 AStG) und Dienstleistungen (§ 8 Abs. 1 Nr. 5 AStG) zwar grundsätzlich als aktiv anzusehen. Die Einkünfte aus diesen Tätigkeiten werden jedoch dann als passiv qualifiziert, wenn die Handels- bzw. Dienstleistungstätigkeit konzernintern und mit Inlandsbezug durchgeführt wird. Mit anderen Worten: Es ist schädlich, wenn über die ausländische Gesellschaft deutscher Export oder Import Nahestehender abgewickelt wird.[115] In Fällen dieser inlandsbezogenen, konzerninternen Tätigkeiten werden die Einkünfte nur dann doch als aktiv angesehen, wenn durch den Steuerpflichtigen ein Funktionsnachweis vorgenommen wird:[116] Die ausländische Gesellschaft muss einen für die Tätigkeit in kaufmännischer Weise eingerichteten Geschäftsbetrieb unter Teilnahme am allgemeinen wirtschaftlichen Verkehr unterhalten und die Tätigkeiten müssen ohne Mitwirkung des Steuerpflichtigen oder einer ihm nahestehenden Person ausgeübt werden.[117]

Für die im Grundsatz ebenfalls aktiven Einkünfte aus Vermietung und Verpachtung sieht § 8 Abs. 1 Nr. 6 AStG in lit. a bis c weitreichende Ausnahmen vor, sodass die Regel hier de facto selbst zur Ausnahme wird.[118] So ist die

---

112 *Vogt*, in: Blümich, AStG, § 8 Rn. 19 ff.

113 *Schmidt*, AStG, § 8 Rn. 9.

114 *Vogt*, in: Blümich, AStG, § 8 Rn. 35 ff.

115 *Vogt*, in: Blümich, AStG, § 8 Rn. 35.

116 Kritisch zu dieser Beweislastumkehr: *Haase*, IfSt 521 (2017), S. 121 ff., der unter anderem argumentiert, dass der Funktionsnachweis in der Praxis teilweise kaum erfüllbar ist und somit der Anwendungsbereich der Hinzurechnungsbesteuerung faktisch erheblich ausgedehnt wird.

117 Ebenfalls kritisch zu den Mitwirkungs- und Bedienenstatbeständen: *Haase*, IfSt 521 (2017), S. 126.

118 *Bille*, Hinzurechnungsbesteuerung in Europa, 2004, S. 13.

entgeltliche[119] Rechteüberlassung (lit. a), die Vermietung und Verpachtung von Grundstücken (lit. b) und die Vermietung und Verpachtung von beweglichen Gegenständen (lit. c) passiv. Allerdings kann auch hier ein Funktionsnachweis erbracht werden, sodass die Einkünfte schlussendlich doch als aktiv angesehen werden: Bei der Rechteüberlassung kann der Steuerpflichtige nachweisen, dass die ausländische Gesellschaft die Ergebnisse eigener Forschungs- und Entwicklungstätigkeit auswertet, die ohne Mitwirkung eines Beteiligten im Sinne des § 7 AStG oder einer nahestehenden Person im Sinne des § 1 Abs. 2 AStG unternommen worden ist. Bei der Vermietung und Verpachtung von Grundstücken kann der Steuerpflichtige nachweisen, dass die Einkünfte nach einem Doppelbesteuerungsabkommen steuerbefreit wären, wenn sie von einem Beteiligten im Sinne des § 7 AStG unmittelbar bezogen worden wären. Und schließlich ist bei der Vermietung und Verpachtung von Gegenständen – wie schon bei § 8 Abs. 1 Nr. 5 lit. b – der Nachweis möglich, dass die ausländische Gesellschaft einen Geschäftsbetrieb gewerbsmäßiger Vermietung oder Verpachtung unter Teilnahme am allgemeinen wirtschaftlichen Verkehr unterhält und alle zu einer solchen gewerbsmäßigen Vermietung oder Verpachtung gehörenden Tätigkeiten ohne Mitwirkung eines unbeschränkt Steuerpflichtigen, der gemäß § 7 an ihr beteiligt ist, oder einer einem solchen Steuerpflichtigen im Sinne des § 1 Abs. 2 nahestehenden Person ausübt.

Die Aufnahme und darlehensweise Vergabe von Kapital ist gemäß § 8 Abs. 1 Nr. 7 AStG zwar im Grundsatz ebenfalls aktiv, allerdings nur dann, wenn der Steuerpflichtige mehrere Voraussetzungen kumulativ nachweisen kann: Zunächst muss die Kapitalbeschaffung ausschließlich auf ausländischen Kapitalmärkten und darüber hinaus nicht bei einer nahestehenden Person i.S.d. § 1 Abs. 2 AStG erfolgen. Des Weiteren darf auf Kapitalvergabeseite das Darlehen ausschließlich Betrieben oder Betriebsstätten zugeführt werden, die im Inland belegen sind oder die im Ausland belegen sind und ihre Bruttoerträge ausschließlich oder fast ausschließlich[120] aus aktiven Tätigkeiten der § 8 Abs. 1 Nr. 1 bis 6 AStG beziehen. De facto führt diese restriktive Definition dazu, dass Einkünfte aus Darlehensgewährung – entgegen der übrigen Systematik des Aktivkatalogs – im Grundsatz als passiv anzusehen sind, sofern sie nicht funktional einer anderen Tätigkeit zuzuordnen sind.[121] Im Ergebnis werden damit die Tätigkeiten ausländischer Finanzierungsgesellschaften passiv gestellt.

---

119 Vgl. den Wortlaut „auswertet".

120 „Fast ausschließlich" bedeutet zu mindestens 90 %, vgl. BFH v. 30.08.1995 – I R 77/94, BStBl II 1996, 122.

121 *Rödel*, in: Kraft, AStG, § 8 Rn. 421.

Gewinnausschüttungen von Kapitalgesellschaften (§ 8 Abs. 1 Nr. 8 AStG) sind vorbehaltlos aktiv gestellt, Veräußerungsgewinne werden gemäß § 8 Abs. 1 Nr. 9 AStG grundsätzlich ebenfalls als aktiv qualifiziert und Einkünfte aus Umwandlungsvorgängen sind unter den dort genannten Voraussetzungen[122] ebenfalls aktiv.[123] Die beiden zuerst genannten Nummern wurden mit dem UntStFG 2001 eingefügt[124] und sind vor dem Hintergrund des Systemwechsels vom körperschaftsteuerlichen Anrechnungsverfahren zum Halbeinkünfteverfahren (bzw. seit 2009 Teileinkünfteverfahren) zu sehen.[125] Das im StSenkG[126] eingeführte Dividendenprivileg (§ 8b Abs. 1 KStG) bzw. die Steuerfreiheit von Veräußerungsgewinnen (§ 8b Abs. 2 KStG) wird durch § 8 Abs. 1 Nr. 8 und 9 AStG mitvollzogen.

*c) Niedrigbesteuerung*

Schließlich kann eine ausländische Gesellschaft gemäß § 8 Abs. 1 1. Hs AStG nur Zwischengesellschaft für die passiven Einkünfte sein, die auch einer niedrigen Besteuerung unterliegen. An dieser Tatbestandsvoraussetzung wird die Wertung des Gesetzgebers deutlich: Nicht jede Verlagerung passiver Einkünfte ist schädlich; eine staatliche Abwehrmaßnahme ist erst dann gerechtfertigt, wenn ansonsten Steuervorteile gegenüber anderen Steuerpflichtigen entstehen würden.[127] Gemäß § 8 Abs. 3 S. 1 AStG liegt eine Niedrigbesteuerung vor, wenn die Einkünfte der ausländischen Gesellschaft einer Belastung durch

---

122 Gemäß § 8 Abs. 1 Nr. 10 AStG sind Einkünfte aus Umwandlungsvorgängen grundsätzlich aktiv, sofern diese ungeachtet des § 1 Abs. 2 und 4 des Umwandlungssteuergesetzes zu Buchwerten erfolgen könnten. Die Einkünfte sind jedoch dann als passiv zu qualifizieren, wenn die Umwandlung den Anteil an einer Kapitalgesellschaft erfasst, dessen Veräußerung nicht die Voraussetzungen der Nummer 9 erfüllen würde.

123 Hier wird nun für die Passivität direkt an die Einkünfte angeknüpft, während bei den vorherigen Katalognummern auf die Tätigkeit der ausländischen Gesellschaft abgestellt wurde, vgl. *Rättig/Protzen*, IStR 2001, 603. Vgl. dazu auch bereits Fn. 105.

124 Gesetz zur Fortentwicklung des Unternehmenssteuerrechts v. 20.12.2001, BGBl. I 2001, 3858.

125 Vgl. zur historischen Entwicklung bereits die Ausführungen auf 38 S. 38 ff.

126 Gesetz zur Senkung der Steuersätze und zur Reform der Unternehmensbesteuerung v. 23.10.2000, BGBl. I 2000, 1433.

127 Vgl. *Lüdicke* in: FS Endres 2016, S. 220 ff.

Ertragssteuern von weniger als 25 % unterliegen[128], ohne dass dies auf einem Ausgleich mit Einkünften aus anderen Quellen beruht[129].

Dabei ist die Niedrigbesteuerungsgrenze in Höhe von 25 % in der Literatur erheblicher Kritik ausgesetzt[130] und eine Absenkung der Schwelle wird aus mehreren Gründen gefordert. Zum einen hat sich die Niedrigsteuergrenze, historisch betrachtet, am Körperschaftsteuersatz orientiert, was mittlerweile nicht mehr der Fall ist.[131] Die unangepasste Niedrigbesteuerungsgrenze führt dabei in Kombination mit der in § 12 Abs. 1 AStG vorgesehenen Anrechnungsmethode, bei der die ausländische gezahlte Steuer nur auf die Körperschaftsteuer anrechenbar ist, zu Anrechnungsüberhängen und damit zu einer Überbesteuerung, wenn die ausländische Steuer zwischen 15 % und 25 % beträgt.[132] Zum anderen

128 Der BFH (BFH v. 09.07.2003 – I R 82/02, BStBl II 2004, 4) entschied, dass bei der Belastungsberechnung nicht auf die tatsächlich gezahlte, sondern auf die nach dem maßgeblichen ausländischen Recht geschuldete Steuer abzustellen sei. Die Finanzverwaltung stellt auf die konkrete Ertragsteuerbelastung ab, indem die nach deutschem Steuerrecht ermittelten Einkünfte (vgl. § 10 Abs. 3 AStG) den von der ausländischen Gesellschaft nach ausländischem Steuerrecht zu entrichtenden Steuern gegenübergestellt werden, vgl. BMF-Schreiben vom 14.05.2004, IV B 4 – S 1340 – 11/04, BStBl I Sondernummer 1/2004 S. 3, Tz. 8.3.2.1. AEAStG. Vgl. dazu auch kritisch *Haase*, IfSt 521 (2017), S. 139 f.

129 Mithin liegt keine Niedrigbesteuerung vor, wenn die steuerliche Belastung aufgrund von Verlustausgleich und Verlustabzug entsprechend reduziert ist, vgl. *Haase*, IfSt 521 (2017), S. 138.

130 Vgl. für einen Überblick über die Kritikpunkte: *Haase*, IfSt 521 (2017), S. 138 ff.

131 Ursprünglich war die schädliche Ertragsteuerbelastung bei unter 30 % angesetzt. Dem lag die Überlegung zu Grunde, dass dies ungefähr der Hälfte der Körperschaftsteuerbelastung von thesaurierten Gewinnen entsprach, vgl. *Wassermeyer/Schönfeld*, in: Flick/Wassermeyer/Baumhoff/Schönfeld, Außensteuerrecht, § 8 Rn. 701. Mit der Absenkung des Körperschaftsteuersatzes auf 25 % im Jahr 2001 wurde dementsprechend auch die Niedrigbesteuerungsgrenze auf 25 % angepasst. Mit der Unternehmenssteuerreform 2008 wurde der Körperschaftsteuersatz dann bekanntlich auf 15 % reduziert, eine Anpassung der Niedrigbesteuerungsgrenze unterblieb jedoch mit dem Argument, dass die Gewerbesteuerbelastung mit zu berücksichtigen sei, vgl. BT-Drs. 16/6290 S. 91; dazu kritisch: *Wassermeyer/Schönfeld*, IStR 2008, 496; *Lüdicke* in: FS Endres 2016, S. 220 ff.

132 *Quilitzsch*, Ubg 2011, 942; *Haarmann*, IStR 2011, 565 (572); *Kraft/Quilitzsch*, ISR 2012, 109 (110).

hat der Gesetzgeber nicht dem internationalen Trend von immer weiter sinkenden Körperschaftsteuersätzen – die „US Tax Reform“ sei erwähnt – Rechnung getragen, sodass es kaum noch Länder gibt, die nicht unter die Niedrigbesteuerung fallen.[133] Und schließlich qualifiziert sich Deutschland auch selber als Niedrigsteuerland, sodass eine Hinzurechnungsbesteuerung bei in Deutschland erzielten Einkünften einer nach § 1 Abs. 4 i.V.m. § 49 EStG beschränkt steuerpflichtigen ausländischen Gesellschaft zur Anwendung kommt.[134]

Gemäß § 8 Abs. 3 S. 2 AStG sind in die Belastungsberechnung Ansprüche einzubeziehen, die der Staat oder das Gebiet der ausländischen Gesellschaft im Fall einer Gewinnausschüttung der ausländischen Gesellschaft dem unbeschränkt Steuerpflichtigen oder einer anderen Gesellschaft, an der der Steuerpflichtige direkt oder indirekt beteiligt ist, gewährt. Die mit dem JStG 2010 eingefügte Regelung wird als eine direkte Antwort des Gesetzgebers auf das sog. „Malta-Modell“ greifbar, bei dem durch die Ausnutzung einer formalen Normalbesteuerung, die Tatbestandsvoraussetzung der Niedrigbesteuerung und damit die Hinzurechnungsbesteuerung umgangen wurde.[135]

---

133 Insofern ist die Auflistung der Staaten mit einer niedrigen Besteuerung in Anlage 1 des AEAStG aus dem Jahr 2004 (BMF-Schreiben vom 14.05.2004, IV B 4 – S 1340 – 11/04, BStBl I Sondernummer 1/2004, S. 3) schon lange nicht mehr aktuell.

134 Vgl. Fn. 108.

135 Malta hat zwar einen offiziellen Körperschaftsteuersatz von 35 %, ausländische Gesellschafter können sich aber auf Antrag 6/7 der erhobenen Steuern zurückerstatten lassen, was in einem effektiven Körperschaftsteuersatz von 5 % resultiert. Da es sich bei der Rückzahlung nach deutschem Recht nicht um eine Dividende, sondern um eine Steuererstattung handelt, wird diese in Deutschland bei dem Gesellschafter allerdings voll mit Einkommen- bzw. Körperschaftsteuer belastet. Allerdings konnte auch dieser Umstand durch eine doppelstöckige Struktur umgangen werden: Die Untergesellschaft erwirtschaftete passive Einkünfte, die jedoch keiner niedrigen Besteuerung unterlagen, sodass keine übertragene Zurechnung nach § 14 AStG stattfand. Die zwischengeschaltete maltesische Holdinggesellschaft ist zwar niedrig besteuert, erzielt jedoch keine passiven Einkünfte, sondern vereinnahmt nur die Gewinne und den Erstattungsbetrag, sodass auch auf Ebene der Obergesellschaft keine Hinzurechnungsbesteuerung zur Anwendung kommt. Vgl. dazu ausführlich: *Kollruss/Lukas/Rüst*, BB 2010, 2663; kritisch zu § 8 Abs. 3 S. 2 AStG: *Eismayr/Linn*, NWB 2011, 30; *Benecke/Schnitger*, IStR 2010, 432 die anmerken, dass der Gesetzgeber unzulässig die Ebene des Gesellschafters mit der Ebene der Zwischengesellschaft vermengt.

Schließlich liegt eine Niedrigbesteuerung auch dann vor, wenn die Ertragssteuern von mindestens 25 % zwar rechtlich geschuldet werden, aber nicht tatsächlich erhoben worden sind, § 8 Abs. 3 S. 3 AStG.[136]

### *d) Substanztest*

Wie im Abschnitt zur historischen Entwicklung schon angedeutet, reagierte zunächst das BMF mit den Hinzurechnungsbesteuerungs-Grundsätzen[137] und sodann der Gesetzgeber mit der Einfügung des § 8 Abs. 2 AStG[138] auf die *Cadbury Schweppes* Entscheidung des EuGH[139]. Seitdem kann der Steuerpflichtige – mittlerweile auch für Einkünfte auf Kapitalvermögen[140] – nachweisen, dass die ausländische Gesellschaft eine tatsächliche wirtschaftliche Tätigkeit ausübt und damit die Anwendung der Hinzurechnungsbesteuerung ausschließen. Konkret ist der Substanznachweis gemäß § 8 Abs. 2 S. 1 AStG nur für inländisch beherrschte Gesellschaften eröffnet, die den Sitz oder die Geschäftsleitung in einem Mitgliedstaat der Europäischen Union oder einem Vertragsstaat des EWR-Abkommens haben. Bei Drittstaatenfällen bleibt die Möglichkeit des Gegenbeweises damit verschlossen. Keine Möglichkeit des Gegenbeweises besteht gemäß § 8 Abs. 2 S. 3 AStG auch für Zwischeneinkünfte von Untergesellschaften aus Drittstaaten, die im Rahmen der übertragenen Zurechnung des § 14 AStG zuzurechnen sind und gemäß § 8 Abs. 2 S. 4 AStG für in einem Drittstaat belegene Betriebsstätten einer EU-/EWR-Gesellschaft.

Damit die Finanzbehörden das Vorliegen einer tatsächlichen wirtschaftlichen Tätigkeit nachprüfen können, müssen gemäß § 8 Abs. 2 S. 2 AStG zwischen Deutschland und dem entsprechenden ausländischen Staat auf Grund

136 Die Regelung wurde mit des JStG 2008 eingefügt (damals § 8 Abs. 3 S. 2 AStG) und dient der Klarstellung, dass es für die Niedrigbesteuerung auf die tatsächlich geschuldete ausländische Steuer ankommt. Zuvor hatte der BFH (BFH v. 09.07.2003 – I R 82/02, BStBl II 2004, 4) entschieden, dass bei der Belastungsberechnung nicht auf die tatsachlich gezahlte, sondern auf die nach dem maßgeblichen ausländischen Recht geschuldete Steuer abzustellen sei. Die Finanzverwaltung stellt auf die konkrete Ertragsteuerbelastung ab, indem die nach deutschem Steuerrecht ermittelten Einkünfte (vgl. § 10 Abs. 3 AStG) den von der ausländischen Gesellschaft nach ausländischem Steuerrecht zu entrichtenden Steuern gegenübergestellt werden, vgl. BMF-Schreiben vom 14.05.2004, IV B 4 – S 1340 – 11/04, BStBl I Sondernummer 1/2004 S. 3, Tz. 8.3.2.1. AEAStG. Vgl. dazu auch kritisch *Haase*, IfSt 521 (2017), S. 139 f.

137 BMF v. 08.01.2007 – IV B 4 – S 1351 – 1/07 BStBl I 2007, 99.

138 JStG 2008 v. 20.12.2007; BGBl. I 2007, 3150.

139 EuGH v. 12.09.2006, C-196/04, *Cadbury Schweppes*, ECLI:EU:C:2006:544.

140 Vgl. 64.

der Amtshilferichtlinie[141] oder einer vergleichbaren zwei- oder mehrseitigen Vereinbarung[142] Auskünfte erteilt werden, die für die Durchführung der Besteuerung erforderlich sind. Sodann zielt die zentrale Frage im Rahmen des Gegenbeweises dahin, welche konkreten Anforderungen an die Substanz der ausländischen Gesellschaft zu stellen sind. Sie wird im dritten und fünften Kapitel im Detail beleuchtet und an dieser Stelle nur aus nationaler Perspektive skizziert: In dem BMF-Schreiben aus dem Jahr 2007, das als unmittelbare Reaktion auf die Feststellung der Unionsrechtswidrigkeit der britischen Hinzurechnungsbesteuerung noch vor Inkrafttreten des § 8 Abs. 2 AStG erging, wird von dem Steuerpflichtigen ein Nachweis darüber gefordert, dass die Gesellschaft eine „wirkliche wirtschaftliche Tätigkeit" ausübt.[143] Es müsse insbesondere dargelegt werden, dass (a) die Gesellschaft in dem Staat am dortigen Marktgeschehen im Rahmen ihrer gewöhnlichen Geschäftstätigkeit aktiv, selbstständig und nachhaltig teilnimmt, (b) die Gesellschaft dort für die Ausübung ihrer Tätigkeit ständig sowohl geschäftsleitendes als auch anderes Personal beschäftigt und (c) das Personal der Gesellschaft insoweit auch über die entsprechenden Qualifikationen verfügt, um die der Gesellschaft übertragenen Aufgaben eigenverantwortlich und selbstständig zu erfüllen.[144] Darüber hinaus habe der Steuerpflichtige nachzuweisen, dass (d) die Einkünfte der Gesellschaft ursächlich aufgrund eigener Aktivitäten der Gesellschaft erzielt werden und (e) den Leistungen der Gesellschaft, sofern sie ihre Geschäfte überwiegend mit nahe stehenden Personen im Sinne des § 1 Abs. 2 AStG betreibt, für die Leistungsempfänger wertschöpfende Bedeutung zukommt und die Ausstattung mit Kapital zu der erbrachten Wertschöpfung in einem angemessenen Verhältnis steht.[145]

Demgegenüber weicht § 8 Abs. 2 AStG bereits begrifflich von dem BMF-Schreiben ab, indem er auf die „tatsächliche wirtschaftliche Tätigkeit" der Gesellschaft abstellt und diesbezüglich einen Nachweis durch den Steuerpflichtigen verlangt. Gleichzeitig unterbleibt jedoch eine genaue Definition dieses Merkmals. Auch die Gesetzbegründung ist als Auslegungshilfe nur bedingt

141 Richtlinie 77/799/EWG des Rates vom 19. Dezember 1977 über die gegenseitige Amtshilfe zwischen den zuständigen Behörden der Mitgliedstaaten im Bereich der direkten Steuern und der Mehrwertsteuer.
142 Beispielsweise ein dem Art. 26 OECD-MA entsprechender Artikel in einem DBA.
143 BMF v. 08.01.2007 – IV B 4 – S 1351 – 1/07 BStBl I 2007, 99.
144 BMF v. 08.01.2007 – IV B 4 – S 1351 – 1/07 BStBl I 2007, 99.
145 BMF v. 08.01.2007 – IV B 4 – S 1351 – 1/07 BStBl I 2007, 99.

fruchtbar: Erforderlich sei die tatsächliche Ausübung einer wirtschaftlichen Tätigkeit mittels einer festen Einrichtung in dem Staat auf unbestimmte Zeit – mithin eine tatsächliche Ansiedlung der Gesellschaft und die Ausübung einer wirklichen wirtschaftlichen Tätigkeit.[146] Objektive, von dritter Seite nachprüfbare Anhaltspunkte seien insofern Geschäftsräume, Personal und Ausrüstungsgegenstände.[147] An einer stabilen und kontinuierlichen Teilnahme am Wirtschaftsleben fehle es dann, wenn die Kernfunktionen, die die Gesellschaft hat, nicht von ihr selbst ausgeübt werden.[148] Aus dem Wortlaut der Norm („insoweit") lässt sich aber jedenfalls eine segmentierende Betrachtungsweise herleiten: Für den Gegenbeweis kann nicht auf die Gesamttätigkeit der Gesellschaft abgestellt werden, sondern es muss jede einzelne Tätigkeit der Gesellschaft gesondert bewertet werden.

### *e) Freigrenze*

Schließlich sieht § 9 AStG eine Freigrenze[149] für ausländische Gesellschaften mit gemischten – aktiven wie passiven – Einkünften vor. Die Vorschrift soll der Vereinfachung dienen und Gesellschaften mit aktivem Gesamtcharakter von der Hinzurechnungsbesteuerung befreien.[150] Die Hinzurechnungsbesteuerung unterbleibt daher, wenn zwei Voraussetzungen kumulativ vorliegen. Die passiven Einkünfte dürfen nicht mehr als 10 % der gesamten Bruttoerträge der ausländischen Gesellschaft betragen (gesellschaftsbezogene relative Freigrenze) und die aufgrund der relativen Freigrenze außer Acht zu lassenden Beträge übersteigen sowohl bei der Gesellschaft als auch bei einem Steuerpflichtigen insgesamt nicht 80.000 € (gesellschafts- und gesellschafterbezogene absolute Freigrenze).

146 BT-Drs. 16/6290, S. 92.

147 BT-Drs. 16/6290, S. 92.

148 BT-Drs. 16/6290, S. 92.

149 Insofern führt ein auch nur geringfügiges Überschreiten zur Verneinung von § 9 AStG und damit zu einer Anwendung der Hinzurechnungsbesteuerung. Es handelt sich ausweislich des ausdrücklichen Wortlautes gerade nicht um einen Freibetrag, vgl. auch BFH v. 15.09.2004, I R 102-104/03, BStBl II 05, 255.

150 *Vogt*, in: *Blümich*, AStG, § 9 Rn. 3.

### 2. Rechtsfolge der Hinzurechnungsbesteuerung

#### a) Grundkonzeption: Ausschüttungsunabhängiger Transactional Approach

Liegen die Tatbestandsvoraussetzungen der Hinzurechnungsbesteuerung vor, so besteht die Rechtsfolge nach § 7 Abs. 1 a.E. AStG darin, die Steuerpflicht von unbeschränkt Steuerpflichtigen auf passive Einkünfte zu erstrecken, die einer niedrigen Besteuerung unterliegen.[151] Konkret sind die Einkünfte, für die die Gesellschaft Zwischengesellschaft ist, bei jedem unbeschränkt Steuerpflichtigen[152] mit dem Teil steuerpflichtig, der auf die ihm zuzurechnende Beteiligung am Nennkapital entfällt. Die deutsche Regelung folgt damit nicht dem „Entity Approach“, bei dem entweder alle oder keine Einkünfte der Hinzurechnungsbesteuerung unterliegen[153], sondern dem „Transactional Approach“[154], indem für Besteuerungszwecke zwischen aktiven und passiven Einkünften differenziert.[155]

Rechtstechnisch werden in einem ersten Schritt auf der Ebene der ausländischen Gesellschaft die Einkünfte ermittelt, auf deren Basis sodann ein Hinzurechnungsbetrag gebildet und bei dem unbeschränkt Steuerpflichtigen angesetzt wird. In einem zweiten Schritt erfolgt auf Ebene des unbeschränkt Steuerpflichtigen die Einkünftequalifikation und Besteuerung, wobei die Hinzurechnungsbesteuerung ungeachtet einer tatsächlichen Ausschüttung erfolgt.[156]

---

151 Vgl. insofern BMF-Schreiben vom 14.05.2004, IV B 4 – S 1340 – 11/04, BStBl I Sondernummer 1/2004 S. 3, Tz. 7.0.1. AEAStG.

152 Die Rechtsfolge trifft also nur unbeschränkt Steuerpflichtige, wohingegen erweitert unbeschränkt Steuerpflichtige im Sinne des § 2 AStG auf Tatbestandsebene gemäß § 7 Abs. 2 AStG bei der Ermittlung der Beherrschungsbeteiligung berücksichtigt werden, vgl. Fn. 86.

153 Der „Entity Approach“ wird daher auch als „all-or-nothing-approach“ oder „full-inclusion system“ bezeichnet.

154 Für den „Transactional Approach“ wird synonym auch der Begriff „Tainted Income Approach“ verwendet.

155 Zu den Vor- und Nachteilen der beiden konzeptionellen Rechtsfolgen vergleiche *Zieglmaier*, Die Hinzurechnungsbesteuerung als Instrument gegen Steuerumgehung, 2018, S. 85 f.; *Linn*, Missbrauchsverhinderungsnormen und Standortwahl, 2007, S. 71; *Trennheuser*, US-amerikanische Subpart F-legislation und deutsche Hinzurechnungsbesteuerung, 2014, S. 83; *Broe*, International Tax Planning and Prevention of Abuse, 2008, S. 125; *Eilers/Henning*, ISR 2015, 422 (426).

156 Vgl. zur Vermeidung einer Doppelbesteuerung bei Ausschüttung und Veräußerung 65.

#### b) Ermittlung der Zwischeneinkünfte

Die Ermittlung der dem Hinzurechnungsbetrag zugrunde liegenden Einkünfte erfolgt in entsprechender Anwendung der deutschen Gewinnermittlungsvorschriften, § 10 Abs. 3 S. 1 AStG.[157] Dabei besteht gemäß § 10 Abs. 3 S. 2 AStG für den inländischen Steuerpflichtigen[158] ein Wahlrecht zwischen betrieblicher Überschussrechnung (§ 4 Abs. 3 EStG) und Betriebsvermögensvergleich (§ 4 Abs. 1, § 5 EStG), welches bei mehreren Beteiligten jedoch nur einheitlich ausgeübt werden kann, vgl. § 10 Abs. 3 S. 3 AStG. Eine Einschränkung erfährt die Einkünfteermittlung dahingehend, dass steuerliche Vergünstigungen insoweit ausgeschlossen sind, als sie an die unbeschränkte Steuerpflicht oder an das Bestehen eines inländischen Betriebs oder einer inländischen Betriebsstätte anknüpfen.[159] Zudem finden die Zinsschranke (§ 4h EStG bzw. § 8a KStG) und die Lizenzschranke (§ 4j EStG), sowie die Beteiligungsprivilegien nach § 8b Abs. 1 und 2 KStG und die Vorschriften des Umwandlungsgesetzes keine Anwendung.

Schließlich ergänzt § 10 Abs. 4 AStG den § 10 Abs. 3 AStG indem er klarstellt, dass bei der Ermittlung der Einkünfte nur solche Betriebsausgaben abgezogen werden dürfen, die mit den passiven Einkünften in wirtschaftlichem Zusammenhang stehen.[160]

#### c) Ermittlung des Hinzurechnungsbetrags und Zuordnung zum Steuerpflichtigen

##### aa) Ermittlung des Hinzurechnungsbetrags

Der Hinzurechnungsbetrag ergibt sich nun, wenn von den zuvor ermittelten gesamten Einkünften aus passivem Erwerb die Steuern vom Einkommen

157 Dazu kritisch: *Kraft*, IStR 2016, 276; *Haase*, IfSt 521 (2017), S. 151 ff.

158 Da die ausländische Gesellschaft lediglich Einkünfteerzielungssubjekt ist, trifft den inländischen Beteiligten die Ermittlungspflicht, vgl. BFH v. 02.07.1997 – I R 32/95, BStBl II 1998, 176, Rn. 18.

159 Während die steuerlichen Vergünstigungen nach §§ 6 Abs. 2, 2a, 13 Abs. 3, 13a und 14a nicht an die unbeschränkte oder beschränkte Steuerpflicht anknüpfen und daher bei der Ermittlung der Zwischeneinkünfte angewendet werden können, finden beispielsweise die erhöhte Abschreibung nach § 7a EStG und die Sonderabschreibungen der § 7g EStG und §§ 81, 82 f. EStDV aufgrund ihres Inlandsbezugs grundsätzlich keine Anwendung. Vgl. dazu vertiefend: *Edelmann*, in: Kraft, AStG, § 10 Rn. 691 ff.

160 Vgl. zu möglichen Einschränkungen bei Gesellschaften mit ausschließlich passiven Einkünften: *Grotherr/Herfort/Strunk*, Internationales Steuerrecht, 4.A., 2021, S. 385.

und Vermögen, die bei der ausländischen Gesellschaft auf die passiven Einkünfte erhoben worden sind, abgezogen werden, § 10 Abs. 1 S. 1 AStG. Dieser Steuerabzug dient ebenso wie die in § 12 AStG alternativ vorgesehene Steueranrechnung der Vermeidung von Doppelbesteuerung und wird daher an entsprechender Stelle thematisiert werden.

Zudem werden bestimmte Veräußerungsgewinne vom Hinzurechnungsbetrag ausgenommen (§ 11 AStG) und Verluste der ausländischen Gesellschaft bei Zwischeneinkünften sind auf Ermittlungsebene mit früheren oder späteren Gewinnen bei diesen Einkünften auszugleichen. Denn über § 10 Abs. 3 S. 5 AStG findet § 10d EStG entsprechende Anwendung, sodass ein interperiodischer Verlustausgleich stattfinden kann, soweit die Verluste den Freigrenzenbetrag des § 9 AStG übersteigen. Erzielt eine Zwischengesellschaft in einem Bereich negative und in einem anderen Bereich positive Zwischeneinkünfte, so sind diese nach allgemeinen Grundsätzen auszugleichen.[161] Eine Verlustverrechnung zwischen mehreren Zwischengesellschaften ist nicht zulässig.[162].

Ergibt sich nach alle dem ein negativer Hinzurechnungsbetrag[163] entfällt die Hinzurechnungsbesteuerung, § 10 Abs. 1 S. 4 AStG. Ein vertikaler Verlustausgleich mit anderen Einkünften des Steuerpflichtigen ist daher nicht möglich.

### *bb) Zuordnung zum Steuerpflichtigen*

Die Zuordnung des Hinzurechnungsbetrags bei dem unbeschränkt Steuerpflichtigen[164] erfolgt anhand seiner Beteiligung an der Gewinnverteilung der Gesellschaft. Primär ist daher das Nennkapital der Gesellschaft maßgeblich, § 7 Abs. 1 a.E. AStG. Falls dieses jedoch für die Gewinnverteilung nicht maßgebend ist oder die Gesellschaft gar kein Nennkapital hat, so ist gemäß § 7

161 *Wassermeyer*, in: Flick/Wassermeyer/Baumhoff/Schönfeld Außensteuerrecht, § 10 Rn. 353.

162 BMF-Schreiben vom 14.05.2004, IV B 4 – S 1340 – 11/04, BStBl I Sondernummer 1/2004 S. 3, Tz. 10.1.1.3 AEAStG.

163 Der negative Hinzurechnungsbetrag kann sich dadurch ergeben, dass bereits die Zwischeneinkünfte negativ sind oder er wird durch den Steuerabzug nach § 10 Abs. 1 S. 1 AStG oder durch die Anwendung von § 11 AStG negativ.

164 Die Rechtsfolge der Hinzurechnungsbesteuerung trifft aufgrund des ausdrücklichen Wortlautes ausschließlich unbeschränkt Steuerpflichtige. Erweitert beschränkt Steuerpflichtige im Sinne des § 2 AStG, die bei der Tatbestandsvoraussetzung der Inländerbeherrschung gemäß § 7 Abs. 2 AStG mit in die Beherrschungsquote eingerechnet werden, trifft die Rechtsfolge nicht. Für sie greift der Sondertatbestand des § 5 AStG, vgl. *Lampert*, in: Blümich, AStG, § 5 Rn. 1.

Abs. 5 AStG der Aufteilung der Einkünfte nach Absatz 1 der Maßstab für die Gewinnverteilung zugrunde zu legen. Mit der Anknüpfung der Hinzurechnungsquote an die Gewinnverteilung ergibt sich auch die Notwendigkeit der strikten Trennung zwischen der Hinzurechnungsquote auf Rechtsfolgenseite und der Beherrschungsquote auf Tatbestandsseite.[165]

Gemäß § 7 Abs. 1 AStG greift die Rechtsfolge der Hinzurechnungsbesteuerung nur, wenn der unbeschränkt Steuerpflichtige direkt an der Zwischengesellschaft beteiligt ist. Aus diesem Grund regelt § 14 AStG, dass die Zwischeneinkünfte einer nur mittelbar gehaltenen ausländischen Zwischengesellschaft (Untergesellschaft) für die Hinzurechnung auf eine unmittelbar gehaltene Gesellschaft (Obergesellschaft) hochgerechnet werden. Diese übertragene Zurechnung erfolgt auch bei mehrstufigen Beteiligungsketten, § 14 Abs. 3 AStG. Die Zurechnung der schädlichen Einkünfte von der Untergesellschaft zur Obergesellschaft erfolgt dabei in Höhe der Beteiligung am Nennkapital zum Ende des Wirtschaftsjahres, § 14 Abs. 1 AStG. In einem zweiten Schritt greift auf Ebene der Obergesellschaft die normale Hinzurechnungsbesteuerung mit der oben genannten Zuordnung zum Steuerpflichtigen.

#### *d) Qualifizierung und Besteuerung des Hinzurechnungsbetrags*

In einem letzten Schritt ist der ermittelte Hinzurechnungsbetrag anzusetzen. Bei dem inländischen Steuerpflichtigen wird der Hinzurechnungsbetrag gemäß § 10 Abs. 2 S. 1 AStG als Einkünfte aus Kapitalvermögen im Sinne des § 20 Abs. 1 Nr. 1 EStG qualifiziert, wenn die Beteiligung an der ausländischen Gesellschaft im Privatvermögen gehalten wird. In zeitlicher Hinsicht gilt der anzusetzende Hinzurechnungsbetrag unmittelbar nach Ablauf des maßgeblichen Wirtschaftsjahres der ausländischen Gesellschaft als zugeflossen, § 10 Abs. 2 S. 1 AStG. Bei einer Beteiligung im Betriebsvermögen findet gemäß § 10 Abs. 2 S. 2 AStG eine Umqualifikation statt und der anzusetzende Hinzurechnungsbetrag wird den Gewinneinkunftsarten des § 2 Abs. 1 Nr. 1–3 EStG zugeordnet und gewinnerhöhend nach Ablauf des Wirtschaftsjahres zugerechnet. In diesem Fall geht der Hinzurechnungsbetrag auch in den Gewinn aus Gewerbebetrieb iSv § 7 S. 1 GewStG ein. Dabei war vor dem Hintergrund des Inlandscharakters der Gewerbesteuer lange Zeit umstritten, ob der Hinzurechnungsbetrag tatsächlich der Gewerbesteuer unterliegen sollte oder ob er nach § 9 Nr. 3 S. 1 GewStG gekürzt werden müsse.[166] Dieser zweiten, in der

165 *Protzen*, in: Kraft AStG, § 7 Rn. 90.
166 Vgl. dazu *Edelmann*, in: Kraft, AStG, § 10 Rn. 354 m.w.N.

Literatur überwiegenden Auffassung schloss sich auch der BFH mit Urteil vom 11.03.2015[167] an. Die Finanzbehörden reagierten mit Nichtanwendungserlassen[168] und der Gesetzgeber mit der Einfügung des § 7 S. 7 GewStG[169]. Dieser stellt nun klar, dass es sich bei Hinzurechnungsbeträgen um Einkünfte handelt, die in einer inländischen Betriebsstätte anfallen, sodass der Regelungsbereich des § 9 Nr. 3 S. 1 GewStG schon im Ansatz nicht berührt ist. Seitdem unterliegt der anzusetzende Hinzurechnungsbetrag daher unzweifelhaft der Gewerbesteuer.[170]

#### *e) Vermeidung von Doppelbesteuerung*

##### *aa) Anrechnung und Abzug ausländischer Steuern*

Für die im Ausland auf die Zwischeneinkünfte oder dem den Zwischeneinkünften zugrundeliegenden Vermögen erhobene Steuer sieht die deutsche Regelung wie bereits angedeutet einen Steuerabzug (§ 10 Abs. 1 S. 1 AStG) oder auf Antrag eine Steueranrechnung (§ 12 Abs. 1 AStG) vor.[171]

Für einen Steuerabzug müssen die Steuern ausweislich des ausdrücklichen Wortlautes des § 10 Abs. 1 S. 1 AStG tatsächlich zu Lasten der ausländischen Gesellschaft erhoben worden sein. Der Abzug erfolgt dann erst in dem Jahr, in dem die Steuer entrichtet worden ist, § 10 Abs. 1 S. 2 AStG. Nicht vom Wortlaut erfasst ist bei einem mehrstufigen Beteiligungsaufbau der Abzug von bei der Untergesellschaft angefallenen Steuern bei der Obergesellschaft. Da § 14 Abs. 1 AStG lediglich die Zurechnung der von der Untergesellschaft erzielten Einkünfte bei der Obergesellschaft bewirkt, käme es zu einer Doppelbesteuerung, sodass der Steuerabzug auch bei einem mehrstufigen Beteiligungsaufbau Anwendung finden muss.[172]

---

167 BFH v. 11.03.2015 – I R 10/14, BStBl II 2015, 1049.

168 Gleich Lautende Erlass der obersten Finanzbehörden v. 14.12.2015, BStBl I 2015, 1076 (1090).

169 Gesetz zur Umsetzung der Änderungen der EU-Amtshilferichtlinie und von weiteren Maßnahmen gegen Gewinnkürzungen- und Verlagerungen v. 20.12.2016, BGBl. I 2016, 3000.

170 Dazu kritisch *Haase*, IfSt 521 (2017), S. 29; Speziell für Immobilieninvestments: *Kraft/Mauch*, IWB 2017, 175.

171 Anders als bei der unilateralen Doppelbesteuerungsvermeidungsnorm des § 34c EStG – bei der in Abs. 1 die Anrechnungsmethode als Grundsatz statuiert wird und der Steuerabzug nur auf Antrag gemäß Abs. 2 erfolgt – ist bei der Hinzurechnungsbesteuerung der Steuerabzug der Regelfall.

172 *Edelmann*, in: Kraft, AStG, § 10 Rn. 151.

Alternativ kann der Steuerpflichtige auf Antrag die in § 10 Abs. 1 S. 1 AStG definierten Steuern auf seine Einkommen- und Körperschaftsteuer[173] anrechnen, § 12 Abs. 1 AStG. In diesem Fall muss konsequenterweise der Hinzurechnungsbetrag entsprechend um diese Steuern erhöht werden. Die Anrechnung erfolgt dabei gemäß § 12 Abs. 2 AStG in entsprechender Anwendung des § 34c Abs. 1 EStG und des § 26 Abs. 1 KStG.

#### *bb) Freistellung bei Ausschüttung und Veräußerung*

Im Falle einer tatsächlichen Ausschüttung der Zwischengesellschaft oder der Veräußerung von Anteilen an der Zwischengesellschaft stellt § 3 Nr. 41 lit. a) bzw. b) EStG diese insoweit steuerfrei, als das aus einer Beteiligung an derselben Zwischengesellschaft Hinzurechnungsbeträge im aktuellen oder in den vorangegangenen sieben[174] Kalender- oder Wirtschaftsjahren der Einkommensteuer unterlegen haben. Über den Verweis in § 8 Abs. 1 S. 1 KStG gilt für die Körperschaftsteuer das gleiche; bei der Gewerbesteuer unterbleibt gemäß § 8 Nr. 5 S. 2 GewStG diesbezüglich eine Hinzurechnung.

### *3. Die erweiterte Hinzurechnungsbesteuerung für Einkünfte mit Kapitalanlagecharakter*

Der durch das Steueränderungsgesetz 1992[175] eingefügte und seitdem mehrfach geänderte § 7 Abs. 6 AStG enthält Sonderreglungen für ausländische Gesellschaften, die Zwischeneinkünfte mit Kapitalanlagecharakter erzielen. Der Begriff der Zwischeneinkünfte mit Kapitalanlagecharakter wird dabei in § 7 Abs. 6a AStG näher definiert als Einkünfte der ausländischen Zwischengesellschaft, die aus dem Halten, der Verwaltung, Werterhaltung oder Werterhöhung von Zahlungsmitteln, Forderungen, Wertpapieren, bestimmten Beteiligungen[176] oder ähnlichen Vermögenswerten stammen. Da Dividenden nicht mehr als Einkünfte mit Kapitalanlagecharakter qualifizieren,[177] liegt der

173 Ausdrücklich nicht vom Wortlaut erfasst ist die Gewerbesteuer. Der Gewerbeertrag erhöht sich aber entsprechend der Erhöhung des Hinzurechnungsbetrags.

174 Zur Kritik an der siebenjährigen Präklusionsfrist vgl. *Rättig/Protzen*, IStR 2001, 601 (609).

175 Gesetz v. 25.02.1992, BGBl. I 1992, 297.

176 Ausgenommen sind die in § 8 Abs. 1 Nr. 8 und 9 genannten Einkünfte. Mithin fallen also insbesondere Dividenden nicht unter den Anwendungsbereich der erweiterten Hinzurechnungsbesteuerung.

177 Vgl. Fn. 176.

Hauptanwendungsfall bei Zinseinkünften[178]. Gemäß § 7 Abs. 6a 2. Hs AStG kann der Steuerpflichtige grundsätzlich nachweisen, dass die Einkünfte aus einer Tätigkeit stammen, die einer unter § 8 Abs. 1 Nr. 1 bis 6 AStG fallenden eigenen Tätigkeit der ausländischen Gesellschaft dient und somit einer Qualifizierung als Einkünfte mit Kapitalanlagecharakter entgegentreten.

§ 7 Abs. 6 AStG enthält sowohl die Tatbestandsvoraussetzungen als auch die Rechtsfolge der erweiterten Hinzurechnungsbesteuerung. Während bei der „normalen Hinzurechnungsbesteuerung“ Steuerinländer gemäß § 7 Abs. 1 AStG zu mehr als der Hälfte an der ausländischen Gesellschaft beteiligt sein müssen, werden in dem Fall, dass eine ausländische Gesellschaft Zwischeneinkünfte mit Kapitalanlagecharakter erzielt, diese bei dem unbeschränkt Steuerpflichtigen[179] hinzugerechnet, wenn er zu mindestens 1 %[180] an der Gesellschaft beteiligt ist (§ 7 Abs. 6 S. 1 AStG). Mit anderen Worten: Die erweiterte Hinzurechnungsbesteuerung findet nur Anwendung, wenn die restlichen Tatbestandsvoraussetzungen der normalen Hinzurechnungsbesteuerung vorliegen. Insofern gilt seit 2013 auch der Substanztest des § 8 Abs. 2 AStG für die Zwischeneinkünfte mit Kapitalanlagecharakter.[181] Nichtsdestotrotz ist zu konstatieren, dass die Absenkung der Beteiligungsgrenze von dem Grundsatz der normalen Hinzurechnungsbesteuerung, Missbrauchsfälle abzuwehren, bei denen inländische Beteiligte durch Einfluss auf die ausländische Gesellschaft nehmen können, abweicht.[182]

Weiter enthält § 7 Abs. 6 S. 2 AStG einen der Freigrenzenregelung des § 9 AStG nachgebildeten Ausnahmetatbestand.[183] Gemäß § 7 Abs. 6 S. 3 AStG wird auf eine Mindestbeteiligungsquote sogar gänzlich verzichtet, wenn die ausländische Gesellschaft ausschließlich oder fast ausschließlich[184] Bruttoerträge erzielt, die Zwischeneinkünften mit Kapitalanlagecharakter zugrunde liegen,

---

178 *Protzen*, in: Kraft, AStG, § 7 Rn. 170.

179 Der in der Vorschrift verwendete Singular ist eindeutig: Anders als bei der normalen Hinzurechnungsbesteuerung muss jeder Steuerpflichtige allein die Beherrschungsschwelle überschreiten.

180 Ursprünglich lag die Beteiligungsgrenze noch bei 10 %.

181 Gesetz zur Umsetzung der Amtshilferichtlinie sowie zur Änderung steuerlicher Vorschriften v. 26.06.2013, BGBl. I 2013, 1809.

182 Vgl. dazu kritisch *Haase*, IfSt 521 (2017), S. 96; *Lieber*, FR 2002, 139 (147).

183 Vgl. zu den wesentlichen Unterschieden der beiden Freigrenzen: *Protzen*, in: Kraft, AStG, § 7 Rn. 220 ff.

184 „Fast ausschließlich“ ist wie schon bei § 8 Abs. 1 Nr. 7 AStG (vgl. Fn. 120) als mindestens zu 90 % zu verstehen, vgl. *Vogt*, in: Blümich, AStG, § 7 Rn. 56.

es sei denn, dass mit der Hauptgattung der Aktien der ausländischen Gesellschaft ein wesentlicher und regelmäßiger Handel an einer anerkannten Börse stattfindet.[185]

Als Rechtsfolge sieht § 7 Abs. 6 S. 1 AStG die Hinzurechnung der Zwischeneinkünfte bei dem Steuerpflichtigen in dem in § 7 Abs. 1 AStG bestimmten Umfang vor. Abweichende, verschärfte Rechtsfolgen gegenüber der normalen Hinzurechnungsbesteuerung sind mittlerweile grundsätzlich nicht mehr vorgesehen.[186] Damit erstreckt sich die strengere rechtliche Behandlung von ausländischen Gesellschaften, die Zwischeneinkünfte mit Kapitalanlagecharakter erzielen gegenüber den ausländischen Gesellschaften, die nur reguläre passive Einkünfte erzielen, mittlerweile nicht mehr auf die Rechtsfolgenseite. Sie erschöpft sich vielmehr in dem Aufstellen geringerer Tatbestandsvoraussetzungen, namentlich einer niedrigeren Mindestbeteiligungsquote. Mithin handelt es sich daher mittlerweile terminologisch nicht mehr um eine verschärfte, sondern eine erweitere Hinzurechnungsbesteuerung.

## III. Erste Bündelung: Never change a running system?

In der IT-Welt gibt es den bekannten, aber nicht mehr uneingeschränkt geltenden Leitsatz „Never change a running system“ respektive „If ain't broke, don't fix it“. Wenn ein System einmal läuft, muss man es also nicht mehr anpassen? Man kann daran Zweifel haben! Denn je älter ein System, desto fehleranfälliger ist es auch. Spätestens seit der Digitalisierung muss man diesen Leitsatz der IT-Welt daher wohl differenzierter betrachten. Und auch die alte Sportweisheit „Never change a winning team“ erfährt heutzutage gerade keine Allgemeingültigkeit mehr: Jeder erfolgreiche Trainer weiß, dass es nicht auf Dauer gut gehen kann, alles beim Alten zu belassen. Es ist vielmehr seine Aufgabe, das Team weiterzuentwickeln.

Diese interdisziplinären Beobachtungen lassen sich auch auf das deutsche Steuerrecht im Allgemeinen und die deutsche Hinzurechnungsbesteuerung im Besonderen übertragen. Das Regelungssystem existiert und funktioniert nun seit fast einem halben Jahrhundert ohne eine grundlegende Reform. Die

185 Laut der Gesetzesbegründung sei der Wegfall jeglicher Beteiligungsgrenzen erforderlich, um marktgängige Sammelgestaltungen zum Zweck von Kapitalanlagen in Niedrigsteuerländern zu verhindern (BR-Drs. 638/01, S. 69). Dazu kritisch *Rättig/Protzen*, IStR 2002, 123 (124); *Wassermeyer*, in: Flick/Wassermeyer/Baumhoff/Schönfeld, Außensteuerrecht, § 7 Rn. 103.

186 *Protzen*, in: Kraft, AStG, § 7 Rn. 171, 250 ff.

Hinzurechnungsbesteuerung ist in ihrem Kern unverändert geblieben und es wurden lediglich punktuelle Änderungen vorgenommen. Die Kritik an ihr ist aber wie gesehen mannigfaltig. *Haase* hat sie treffend wie folgt gebündelt:[187] Einerseits sind durch das Ausbleiben einer Reform und die nur punktuellen Anpassung überschießende Tendenzen entstanden. Andererseits wird an überkommenen wirtschaftlichen Vorstellungen festgehalten, indem einerseits die Niedrigbesteuerungsgrenze weiterhin bei 25 % angesetzt ist und der Passivkatalog Strukturen erfasst, die heutzutage selbstverständlich sind. Darüber hinaus kann die Niedrigbesteuerungsgrenze von 25 % zusammen mit der Anrechnung nach § 12 Abs. 1 AStG zu Anrechnungsüberhängen und damit zu einer echten Mehrbelastung führen. Hinzu kommen die Gewerbesteuerpflicht des Hinzurechnungsbetrags und die Nichtanrechnung ausländischer Steuern auf die Gewerbesteuer. Schließlich vervollständigen die besondere Komplexität des Reglungssystems, die Verwendung unbestimmter Rechtsbegriffe und die Inkonsistenz von AStG und AEAStG das kritische Bild.

Lässt sich die Entwicklung der deutschen Hinzurechnungsbesteuerung also mit dem Leitsatz „Never change a running system“ zusammenfassen? Wohl kaum! Denn wie gesehen handelt es sich bei der deutschen Hinzurechnungsbesteuerung zwar um ein robustes System. Allerdings trifft die Regelung nicht nur zielgenau missbräuchliche Gestaltungen, sondern geht darüber hinaus und stellt eine Ersatzbesteuerung im Inland sicher. Dabei wird der Steuerpflichtige teilweise sogar schlechter gestellt als bei einem reinen Inlandssachverhalt; es findet – abweichend von der Grundidee – eine Sanktionierung statt. Und schließlich stellt sich die Frage, ob man überhaupt von einem „running system“ sprechen kann, wenn in der Praxis zumindest bei Zwischengesellschaften in Nicht-EU/EWR-Staaten der Vollzug der Hinzurechnungsbesteuerung häufig allein von der Anzeigebereitschaft des Steuerpflichtigen abhängt.[188]

## B. Internationale „Vorgaben“ durch die OECD?

### I. Der BEPS-Aktionspunkt 3

#### *1. Die Anti-BEPS Maßnahme der OECD*

##### *a) Historischer Umriss und Zielsetzung*

Nachdem die seit jeher praktizierten Steuerplanungsstrategien und die damit einhergehende Gewinnverlagerung und Gewinnkürzung („base erosion and

---

187 *Haase*, IfSt 521 (2017), S. 25 ff.

188 *Haase*, IfSt 521 (2017), S. 28.

profit shifting“) von multinationalen Unternehmen Anfang des Jahrzehnts in den Fokus der Öffentlichkeit geriet, herrschte ein breiter internationaler Konsens darüber, dass darauf reagiert werden müsse. Durch die unzureichende Abstimmung zwischen den nationalen Steuersystemen und den durch einige Staaten betriebenen unfairen Steuerwettbewerb können international tätige Unternehmen die sich auftuenden Steuerschlupflöcher durch aggressive Steuerplanung ausnutzen und ihre Steuerlast auf ein Minimum reduzieren. Dabei führt BEPS nicht nur zu erheblichen Steuerausfällen für den Fiskus, sondern es schadet auch dem Wettbewerb der Unternehmen untereinander: Kleine und mittelständische Unternehmen haben nicht die gleichen Möglichkeiten der Gewinnkürzung und Gewinnverlagerung wie die multinationalen Unternehmen; es drängen sich steuerverfassungsrechtliche Fragen auf.

Nach einem formellen Austausch zwischen der OECD und den G20-Staaten im Juni 2012 veröffentliche die OECD im Februar 2013 einen ersten Bericht für die Ursachen und Konsequenzen von Gewinnkürzungen und Gewinnverlagerungen durch multinationale Unternehmen. Im September 2013 billigten Vertreter der G20-Staaten in Moskau die Ausarbeitung eines ausführlichen Aktionsplans. Ein Jahr später wurden Zwischenberichte zu sieben Aktionspunkten veröffentlicht. Ein Diskussionsentwurf zu Maßnahme 3 des Aktionsplans, an dem die Working Party 11 an einer effektiven Hinzurechnungsbesteuerung arbeitete, folgte im April 2015 zur Vorbereitung der öffentlichen Anhörung im Mai 2015. Im Oktober 2015 fand die Ausarbeitung mit dem aus 15 Aktionspunkten bestehenden BEPS-Aktionsplan ihren Abschluss. Dieser wurde im darauffolgenden Monat durch die G20-Staaten in Antalya angenommen.

Der BEPS-Aktionsplan versucht dabei die Gewinnverlagerung und Gewinnkürzung zu bekämpfen, indem die internationalen Steuerstandards gestärkt, Regeln für den internationalen Steuerwettbewerb formuliert und die internationalen Steuersysteme besser aufeinander abgestimmt werden.[189] Zu den konkret adressierten Punkten gehören beispielsweise die Besteuerung der digitalen Wirtschaft (Aktionspunkt 1), die Aktualisierung der Verrechnungspreisleitlinien (Aktionspunkte 8 bis 10), der Abbau von Informationsdefiziten der Finanzverwaltung (Aktionspunkte 11 bis 13) und eben auch die Stärkung der Vorschriften zur Hinzurechnungsbesteuerung (Aktionspunkt 3).

---

189 *Bannes/Cloer*, BB 2016, 1047 (1048).

### b) *Verbindlichkeit*

Freilich stellt das BEPS-Projekt mit seiner globalen Kooperation einen Meilenstein der internationalen Steuerpolitik dar. Gleichwohl gilt es zu relativieren: Der BEPS-Aktionsplan spannt keinen gesetzlichen Rahmen auf, sondern erweist sich mangels Rechtsetzungskompetenz der OECD lediglich als eine unverbindliche Absichtserklärung.[190] Eine rechtliche Pflicht zur Umsetzung besteht nicht. Aufgrund der politischen Aufladung und der durch die Unterzeichnung der G20 Staats- und Regierungschefs hervorgerufenen hohen Erwartungshaltung an die beteiligten Staaten besteht jedoch eine politische Verbindlichkeit.[191] Hierbei lässt sich zwischen verschiedene Intensitäten politischer Verbindlichkeit differenzieren.[192] Bei Mindeststandards besteht die Erwartung, dass die Staaten zeitnah oder innerhalb einer Frist eine Umsetzung vornehmen.[193] Diese politische Verpflichtung wird auch im Rahmen eines Peer Review-Verfahrens überwacht.[194] Die Überarbeitung bestehender Standards soll von den OECD-Staaten grundsätzlich befolgt werden.[195] Demgegenüber besteht beim „Common Approach“ keine unmittelbare Umsetzungserwartung innerhalb einer Frist. Die Erwartungshaltung ist lediglich auf die Orientierung an den OECD-Empfehlungen gerichtet, mit dem Ziel, dass irgendwann eine Konvergenz zwischen den beteiligten Staaten eintritt, sodass der „Common Approach“ zu einem Mindeststandard avanciert.[196] Schließlich stellt die „Best Practice“ – zu der auch der die Hinzurechnungsbesteuerung behandelnde Aktionspunkt 3 gehört – die geringste Verbindlichkeitsstufe dar. Es besteht keinerlei politische Verpflichtung zur Umsetzung; eine Orientierung an den

---

190 Bei dem BEPS-Aktionsplan handelt es sich um sog. „soft law“, vgl. *Berges/Rotter*, IWB 2015, 802 (811); *Fehling*, IWB 2016, 160 (161); *Oppel*, SteuK 2016, 53 (58).

191 So auch *Fehling*, DB 2016, 2862 (2865).

192 Die Intensitätsstufen politischer Verbindlichkeit ergeben sich nicht unmittelbar aus dem BEPS-Abschlussbericht, sondern aus Ziff. 11 ff. des zeitgleich veröffentlichten „Explanatory Statement“ (OECD (2015), Explanatory Statement, OECD/G20 Base Erosion and Profit Shifting Project, www.oecd.org/tax/beps-explanatory-statement-2015.pdf. zuletzt abgerufen: 01.10.2023); Ursache dafür ist die erst späte Entscheidung aufgrund der politischen Brisanz dieser Fragen, vgl. *Fehling*, DB 2016, 2862 (2865).

193 Dies betrifft die Aktionspunkte 5, 6, 13 und 14.

194 Vgl. *Böhmer*, in: Wassermeyer/Andresen/Dietz, Betriebsstätten-Handbuch, 2.A., 2018, Rn. 14.13 ff.

195 Dies betrifft die Aktionspunkte 7 und 8–10.

196 Dies betrifft die Aktionspunkte 2 und 4.

OECD-Empfehlungen wird nicht verlangt. Die Vorschläge sollen als bloße Hilfestellung bei der Konzeption nationaler Maßnahmen fungieren.[197]

## 2. *Bausteine einer effektiven Hinzurechnungsbesteuerung*

In Action 3 „Designing Effective Controlled Foreign Company Rules“ des BEPS-Aktionsplans greift die OECD die Hinzurechnungsbesteuerung auf und gibt Hinweise, wie ein effektives Regelungssystem entwickelt werden kann. Zum Zeitpunkt der Veröffentlichung des BEPS-Aktionsplans hatten nur 30 der über 60 am BEPS-Projekt beteiligten Staaten bereits eine Hinzurechnungsbesteuerung implementiert. Mit dem Aktionspunkt 3 ging es der OECD also insbesondere darum, den Staaten, die noch über keine Hinzurechnungsbesteuerung verfügten, einige Impulse zu geben.[198]

Zudem wiesen die bereits vorhandenen nationalen Hinzurechnungsbesteuerungsregeln gravierende Unterschiede in ihrer Konzeption auf und die Effektivität der Bekämpfung von Gewinnkürzung und Gewinnverlagerung divergierte ebenfalls in erheblichem Maße.[199] Insofern sollte der Aktionspunkt 3 auch helfen, bereits bestehende Regelungen zu verbessern. Dabei identifiziert die OECD richtigerweise den Grund für die Ineffizienz weniger in den rechtstechnischen Möglichkeiten der Ausgestaltung der Hinzurechnungsbesteuerung, sondern vielmehr in den steuerpolitischen Zielen und Erwägungen: Einerseits schränken – wie im Laufe der Arbeit noch näher thematisiert wird – die europäischen Grundfreiheiten den Anwendungsbereich der Hinzurechnungsbesteuerung ein. Andererseits lassen Staaten bei ihren Hinzurechnungsbesteuerungssystemen aus Wettbewerbsgründen Ausnahmen und Schlupflöcher zu.[200] Das erste der insgesamt sieben Kapitel des Aktionsplans 3 widmet sich daher einführend diesen steuerpolitischen Erwägungen und Zielen, wobei die Erkenntnisse in der gebotenen Kürze wie folgt zusammengefasst werden können: Auch wenn sich die Ausgestaltung und die Ziele der Hinzurechnungsbesteuerung aufgrund der verschiedenen steuerpolitischen Erwägungen von einer Rechtsordnung zur anderen unterscheiden, sei es dennoch möglich, die Gewinnverlagerung

197 Dies betrifft die Aktionspunkte 3 und 12.

198 *Haase*, IfSt 521 (2017), S. 72.

199 Vgl. dazu vertiefend: *Eilers/Hennig*, ISR 2015, 422 (423); *Radmanesh*, IStR 2015, 895 (896).

200 Beispielhaft kann hier selbst die USA als Erfinderin der Hinzurechnungsbesteuerung aufgeführt werden, vgl. *Pinkernell*, IStR-LB 2015, 45 (45 f.).

in Niedrigsteuerländer zu verhindern, ohne dass die Staaten ihre wettbewerbspolitischen Ziele aufgeben müssen.[201]

In den anschließenden sechs Kapiteln gibt die OECD Empfehlungen zu Tatbestand, Rechtsfolgen und Vermeidung von Doppelbesteuerung in einer Art Baukastensystem („building blocks“). Dabei scheint die OECD die verschiedenen Bausteine für gleich bedeutsam zu halten, da eine Gewichtung nicht vorgenommen wird. Aus der Zielsetzung, gegen die künstliche Verlagerung von mobilen Einkünften vorzugehen, lässt sich aber folgern, dass insbesondere der Definition der Zwischeneinkünfte besondere Bedeutung geschenkt wurde.[202]

### *a) Beherrschung einer ausländischen Gesellschaft*

Bei dem ersten Baustein „Definition der Zwischengesellschaft“ (Chapter 2) beschäftigt sich die OECD zum einen mit der Frage, welche Rechtsformen für Zwischengesellschaften in Betracht kommen sollten und zum anderen, ab wann von einer schädlichen Beherrschung die Rede sein kann. Im Rahmen der Beherrschung trifft die OECD auch Aussagen über den inländischen Anteilseigner.

#### *aa) Potenzielle Zwischengesellschaft*

In Bezug auf den ersten Problemkomplex empfiehlt die OECD nicht nur Körperschaften und andere intransparente Gesellschaften als potenzielle Zwischengesellschaften anzusehen, sondern auch transparente Rechtsgebilde und Betriebsstätten zu erfassen, sofern diese gestaltungs- und missbrauchsanfällig sind und keine andere Missbrauchsbekämpfungsmaßnahme greift.[203]. Auch hybride Rechtsgebilde sollen mit einbezogen werden: Um zu verhindern, dass Qualifikationskonflikte in verschiedenen Staaten ausgenutzt werden, empfiehlt die OECD eine „hybrid mismatch“-Regelung.[204] Mithin wird eine weite Auslegung in Bezug auf die potenzielle Zwischengesellschaft angestrebt.

#### *bb) Beherrschungskriterium*

Was die Frage nach der Beherrschung angeht, so lässt sich die OECD von der Überlegung leiten, dass die Einkünfte der ausländischen Gesellschaft den Anteilseignern nur dann zugerechnet werden können, wenn der ausländische Rechtsträger von inländischen Steuerpflichtigen kontrolliert wird.[205]

---

201 Vgl. *Pinkernell*, IStR-LB 2015, 45 (46); *Radmanesh*, IStR 2015, 895 (897).

202 So auch *Radmanesh*, IStR 2015, 895 (897).

203 OECD (2015), Action 3, Rn. 24, 26.

204 OECD (2015), Action 3, Rn. 29 ff.

205 OECD (2015), Action 3, Rn. 24, 26.

Hinsichtlich der Art der Kontrolle empfiehlt die OECD, dass neben einer Beherrschung aus rechtlichen Gründen durch die Beteiligung am Nennkapital und den Stimmrechten auch eine wirtschaftliche Beherrschung aufgrund der Beteiligung an den Gewinnen und/oder stillen Reserven ausreichend sei.[206]. In Bezug auf den Umfang der Kontrolle empfiehlt die OECD eine direkte oder indirekte Inländer-Beteiligungsquote von mehr als 50 %[207]: Eine Beherrschungsbeteiligung sollte dann angenommen werden, wenn inländische Steuerpflichtige alleine oder zusammen mit anderen im Inland ansässigen Steuerpflichtigen direkt oder indirekt zu mehr als 50 % an der Zwischengesellschaft beteiligt sind. Für den Fall, dass mehrere Steuerpflichtige nur zusammen die Beherrschungsgrenze überschreiten, bedarf es weiterer Anknüpfungspunkte, die auf eine gemeinsame Einflussnahme auf die Zwischengesellschaft und damit eine Kontrolle schließen lassen. Nach der OECD haben Minderheitengesellschafter dann gemeinsam Kontrolle inne, wenn sie entweder erstens durch abgestimmtes Verhalten tatsächlich zusammenwirken („acting-in-concert“), es sich zweitens um nahestehende Personen handelt, die eine gewisse Verbundenheit aufweisen („related parties“) oder drittens aufgrund von anderen Merkmalen die inländischen Mindestbeteiligungen zusammengerechnet werden müssen („concentrated ownership requirement“).[208]

---

206 Damit die Umgehung der Beherrschungsvoraussetzungen noch wirksamer vermieden werden kann, schlägt die OECD einen „de facto“-Test vor, bei dem die Tatsachen und Umstände des Einzelfalls berücksichtigt werden können, vgl. OECD (2015), Action 3, Rn. 35. In den Erklärungen der OECD wird deutlich, dass die OECD von diesem Einzelfalltest selber nicht vollumfänglich überzeugt ist: Wenn der Test in allen Fällen angewendet würde, entständen für den Steuerpflichtigen zusätzliche Kosten und es entstehe eine gewisse Unsicherheit und Komplexität. Darüber hinaus sei nach Erfahrung einiger Länder die Effektivität des Tests nicht gewährleistet.

207 Die OECD weist darauf hin, dass die Staaten die Höhe der Beherrschungsbeteiligung auch nach unten anpassen können, wenn diese eine Umgehung der Hinzurechnungsbesteuerung noch effektiver verhindern wollen. So wird beispielsweise auf die neuseeländische CFC Regelung verwiesen, die auf eine Beherrschungsbeteiligung von 40 % abstellt. Allerdings gibt es kaum Länder, in denen das Gesellschaftsrecht dem Inhaber einer Beteiligung unterhalb von 50 % so große Gestaltungsmacht zugesteht, dass von einer Beherrschung gesprochen werden kann, vgl. *Haase*, IfSt 521 (2017), S. 72.

208 Ein Fall des „concentrated ownership requirement“ könnte beispielsweise das Abstellen auf nur einen kleinen Kreis von Steuerpflichtigen oder die – von den Zwischeneinkünften mit Kapitalanlagecharakter bekannte – Anknüpfung

### b) Definition der Zwischeneinkünfte

Das vierte Kapitel behandelt die Frage, ob das Einkommen der beherrschten ausländischen Gesellschaft den inländischen Anteilseignern zugerechnet werden soll, weil es aus Tätigkeiten stammt, die aufgrund ihrer Eigenart eine erhöhte Gefahr der Gewinnverlagerung und Gewinnkürzung mit sich bringen.[209] Die OECD macht insoweit keine konkreten Vorgaben hinsichtlich dieses zentralen Merkmals. Insbesondere wird keine eigene Definition der Zwischeneinkünfte vorgestellt, sondern lediglich empfohlen, dass die Staaten ihre eigene Definition von Zwischeneinkünften flexibel an die steuerpolitischen Vorgaben und internationalen rechtlichen Verpflichtungen anpassen und dabei der oben genannten Gewinnverlagerungsgefahr Rechnung tragen sollen.[210] Immerhin gibt die OECD den Ländern eine ausdrücklich nicht abschließende Liste an Empfehlungen an die Hand, die die Staaten anwenden und auch kombinieren können.[211] Diese lassen sich in drei verschiedene Modelle ordnen: eine katalogisierender Methode, eine Substanzanalyse und einen Mehrgewinnansatz.

#### aa) Katalogisierende Methode

Die OECD stellt fest, dass eine Vielzahl von Hinzurechnungsbesteuerungsregelungen – unter Anwendung unterschiedlicher Maßstäbe – eine Kategorisierung der Einkünfte der ausländischen Gesellschaft vornehmen („categorical analysis“).[212] Diese Einordnung nach dem Gewinnverlagerungsrisiko hat grundsätzlich den Vorteil, dass der Verwaltungs- und Befolgungsaufwand vergleichsweise gering ausfällt. Auf der Kehrseite kann ein solch mechanischer Definitionsansatz bisweilen ungenau sein und überschießende Tendenzen aufweisen.[213]

Als Maßstab für die Kategorisierung benennt die OECD zunächst den klassischen formellen Einkünftekatalog, welcher besonders mobile und damit verlagerungsgefährdete Einkünfte aufzählt.[214] Als solche identifiziert die OECD

---

ausschließlich an die niedrige Mindestbeteiligung eines einzelnen Steuerpflichtigen darstellen. Vgl. zu den drei Varianten vertiefend auch die in OECD (2015), Action 3, Rn. 39 ff. aufgeführten Beispiele.

209 OECD (2015), Action 3, Rn. 72.

210 OECD (2015), Action 3, Rn. 73.

211 OECD (2015), Action 3, Rn. 74.

212 OECD (2015), Action 3, Rn. 76.

213 So auch *Radmanesh*, IStR 2015, 895 (897).

214 OECD (2015), Action 3, Rn. 78. Die OECD geht somit im Ausgangspunkt von schädlichen Einkünften aus und wendet von der Konzeption her einen Passivkatalog an.

im Grundsatz[215] Dividenden[216], Zinsen und andere Finanzeinkünfte[217], Einkünfte aus Versicherungstätigkeiten[218], Lizenzgebühren und andere Einkünfte aus geistigem Eigentum[219], sowie Umsatzerlöse und Dienstleistungseinkünfte[220].

Anstelle oder zusätzlich zu dem Einkünftekatalog kann für die Kategorisierung auch auf ein Näheverhältnis zwischen Zahlungsempfänger und Zahlungspflichtigen abgestellt werden („related parties test“). Der Blick richtet sich vor dem Hintergrund, dass bei verbundenen Steuerpflichtigen das Risiko für Gewinnverlagerungen größer ist, folglich nicht mehr (nur) auf die Einkunftsart,

---

215 Es können aber auch weitere rechtlichen Kategorien, wie z.B. Miet- und Leasingverträge ergänzt werden, vgl. OECD (2015), Action 3, Rn. 78.

216 Diese können jedoch laut der OECD in mindestens drei Fällen, als aktiv angesehen werden, weil sie keine BEPS-Bedenken hervorrufen: Erstens sind Dividenden unbedenklich, wenn sie aus aktiven Einkünften eines verbundenen Unternehmens gezahlt wurden. Zweitens kann die Befreiung der von der Zwischengesellschaft erwirtschafteten akzeptiert werden, wenn diese Dividenden auch im Land der Muttergesellschaft von der Besteuerung befreit worden wären, wenn sie von dieser erwirtschaftet worden wären. Und drittens können an die Zwischengesellschaft bezahlte Dividenden ebenfalls unbedenklich sein, wenn diese aktiv im Handel mit Wertpapieren tätig ist und die Dividendeneinkünfte mit dem Handel oder der Geschäftstätigkeit der Zwischengesellschaft verbunden sind, vgl. OECD (2015), Action 3, Rn. 78.

217 Etwas anderes soll gelten, wenn die Zwischengesellschaft im Geschäft mit Finanzierungen aktiv und nicht überkapitalisiert ist, vgl. OECD (2015), Action 3, Rn. 78.

218 Laut OECD sind Einkünfte aus Versicherungstätigkeiten insbesondere dann als passiv zu qualifizieren, wenn die Einkünfte aus Verträgen oder Policen mit nahestehenden Personen stammen oder sich der Vertragspartner und damit das abgesicherte Risiko außerhalb des Anwenderstaats der Zwischengesellschaft befindet und die Gesellschaft überkapitalisiert ist oder sie keine ausreichende Substanz hat, um die Risiken auf eigene Rechnung zu übernehmen und zu verwalten, vgl. OECD (2015), Action 3, Rn. 78.

219 Diese Einkünftekategorie birgt nach Ansicht der OECD die größte Gefahr der Verlagerung (hochmobil, leicht manipulierbar, schwer bewertbar). Weder die Substanzanalyse noch der katalogisierende Ansatz könnten im Einzelfall eine zielsichere Erfassung von Gewinnverschiebungen sicherstellen. Eine Ausnahme von der Passivität dieser Einkünftekategorie solle nur dann gemacht werden, wenn die Zwischengesellschaft das geistige Eigentum selbst entwickelt oder an der Entwicklung durch verbundene Personen mitgewirkt habe, vgl. OECD (2015), Action 3, Rn. 78.

220 Vgl. OECD (2015), Action 3, Rn. 78.

sondern (auch) auf die Geschäftsbeziehung als solche; es wird der Gewinnverlagerungsgefahr durch konzerninterne Leistungen Rechnung getragen.[221]

Schließlich kann für die Beurteilung, ob die von der ausländischen Gesellschaft erzielten Einkünfte einem Gewinnverlagerungsrisiko unterliegen, (zusätzlich) auch der Ort der Einkunftsquelle herangezogen werden. Hinter diesem Maßstab für die Kategorisierung steht die Überlegung der OECD, dass eine erhöhte Wahrscheinlichkeit der Gewinnverlagerung vorliegt, wenn die ausländische beherrschte Gesellschaft ihre Einkünfte durch Tätigkeiten erzielt, die nicht in ihrem Ansässigkeitsstaat, sondern in einem anderen Land durchgeführt werden.[222]

#### *bb) Substanzanalyse*

Ein weiterer Ansatz für die Bewertung der Einkünfte der ausländischen Gesellschaft ist die Substanzanalyse, bei der es um die grundlegende Frage geht, ob die beherrschte ausländische Gesellschaft in der Lage war, das Einkommen selbst zu erwirtschaften oder es ihr an hinreichender Substanz fehlt. Für die Beantwortung dieser Frage nennt die OECD vier mögliche Substanzkriterien: Erstens kann direkt an die Tätigkeit der Gesellschaft angeknüpft und gefragt werden, ob ein ausreichender eigener Wertschöpfungsbeitrag geleistet wurde („substantial-contribution-analysis“). Wird dabei eine vorher definierte Schwelle überschritten, sind die Einkünfte insgesamt als unschädlich anzusehen („treshold test“).[223] Zweitens kann überprüft werden, ob die in einen Konzern eingebettete Gesellschaft mit Blick auf Funktion, Einsatz von Vermögen und den übernommenen Risiken auch selbstständig lebensfähig ist oder nur eine bloße Vermögensverwaltungsfunktion besitzt („viable-independet-entity-analysis“).[224] Als drittes Substanzkriterium kommt die Feststellung einer Mindestausstattung an (qualifiziertem) Personal und Ausrüstungsgegenständen, sowie das Vorhandensein von Geschäftsräumen in Betracht

221 OECD (2015), Action 3, Rn. 79.
222 OECD (2015), Action 3, Rn. 80.
223 OECD (2015), Action 3, Rn. 85; Die USA haben einen solchen „substantial contribution test“, der einen Wertschöpfungsbeitrag vor dem Hintergrund von Abrechnungs- und Durchleitungsgesellschaften nur dann bejaht, wenn Produkte weiterverarbeitet oder an der Herstellung des verkauften beweglichen Wirtschaftsguts aktiv mitgewirkt wurde. Vgl. insoweit auch *Brauner/Herzfeld*, United States, in: IFA National Branch Report, 2013, S. 796 f.
224 OECD (2015), Action 3, Rn. 85.

(„employees-and-establishment-analysis“).[225] Und schließlich wird als viertes Substanzkriterium die Anwendung des „Nexus-Ansatzes“ vorgeschlagen, welcher im Rahmen des Aktionspunktes 5 entwickelt wurde. Keine Zwischeneinkünfte liegen dann vor, wenn es sich bei den Einkünften der Gesellschaft um solche handelt, die auch nach dem Nexus-Ansatz begünstigt besteuert werden dürfen, weil für sie tatsächlich Forschungs- und Entwicklungstätigkeiten durchgeführt und effektiv Ausgaben getätigt wurden.[226]

Während ein katalogisierender Ansatz grundsätzlich einen geringen Verwaltungs- und Befolgungsaufwand verursacht, dafür aber ungenau und überschießend wirken kann, ist mit der weniger mechanisch wirkenden Substanzanalyse eine zielgenauere Identifizierung der schädlichen Einkünfte möglich. Die OECD erklärt insoweit, dass die Substanzanalyse bei den meisten Hinzurechnungsbesteuerungssystemen nicht die alleinige Methode für die Definition von Zwischeneinkünften darstellt, sondern vor allem mit dem katalogisierenden Ansatz verbunden wird. Auch wenn eine zusätzliche Substanzanalyse die Hinzurechnungsbesteuerung komplizierter mache, ermögliche sie wahrscheinlich eine zielgenauere Identifizierung der schädlichen Einkünfte.[227]

*cc) Mehrgewinnansatz*

Schließlich schlägt die OECD vor, dass die schädlichen Einkünfte mit erhöhtem Gewinnverlagerungsrisiko auch durch eine Mehrgewinnanalyse („excess profits analysis“) identifiziert werden könnten. Dieser Ansatz sei insbesondere für Einkünfte im Zusammenhang mit Geistigem Eigentum interessant[228] und geht davon aus, dass eine marktübliche Rendite eher mit eigener wirtschaftlicher Aktivität gleichzusetzten ist. Demgegenüber ließe eine Überrendite der ausländischen Gesellschaften wahrscheinlicher auf das Fehlen einer eigenen wirtschaftlichen Tätigkeit schließen und sei eher auf die verdeckte bzw. willkürliche Verlagerung von Geistigem Eigentum und Risiken zurückzuführen.[229]

---

225 OECD (2015), Action 3, Rn. 85; als Vorbild für dieses Substanzkriterium diente der OECD eine südafrikanische Regelung, vgl. insoweit auch *Tickle*, South Africa, in: IFA National Branch Report, 2013, S. 678 f.

226 Vgl. vertiefend zum Nexus-Ansatz: *Becker*, IStR 2014, 704 (706 ff.).

227 OECD (2015), Action 3, Rn. 81.

228 Den Staaten steht es frei, die Mehrgewinnanalyse auf alle Einkunftsarten (ggf. mit einer Exkulpationsmöglichkeit) anzuwenden oder den Anwendungsbereich von vornherein nur auf bestimmte Einkunftsarten (z.B. Lizenzeinnahmen) zu beschränken, vgl. OECD (2015), Action 3, Rn. 88.

229 OECD (2015), Action 3, Rn. 85.

Bei dieser neuartigen Methode[230] wird anders als bei den ersten beiden Ansätzen auf eine qualitative Prüfung verzichtet. Stattdessen werden die Einkünfte der ausländischen beherrschten Gesellschaft insoweit der Hinzurechnungsbesteuerung unterworfen, wie sie die marktübliche Rendite einer Investition übersteigen.[231] Mit anderen Worten: Es handelt sich um eine Gewinnabschöpfung, bei der der über eine risikoangemessene Verzinsung des eingesetzten Eigenkapitals hinausgehende Teil der Hinzurechnungsbesteuerung unterworfen wird.

Die Mehrgewinnmethode führt durch ihre Pauschalierung von Einkünften grundsätzlich nur zu einem geringen Verwaltungs- und Befolgungsaufwand. Andererseits werden bereits im BEPS-Aktionsplan offene Fragen und Anwendungsschwierigkeiten angedeutet[232]: Welche Wirtschaftsgüter sind mit welchem Wert (Buchwert oder Anschaffungskosten) in den Eigenkapitalanteil einzubeziehen? Mit welchem Wert sind der Renditesatz und der Risikofaktor anzusetzen? Zudem wäre die reine Anwendung der Mehrgewinnmethode ohne eine Entlastungsmöglichkeit für Fälle, in denen der Mehrgewinn teilweise auch auf eigener wirtschaftlicher Tätigkeit des beherrschten ausländischen Unternehmens beruht, europarechtlich problematisch.[233] Ein daher notwendiger substanzbezogener Ausnahmetatbestand macht den oben genannten Vereinfachungseffekt wieder zunichte. Und schließlich ist aus der deutschen Perspektive zu konstatieren, dass eine Pauschalisierung von Einkünften grundsätzlich auch im Hinblick auf das Leistungsfähigkeitsprinzip bedenklich ist.[234]

---

230 Dem Autor ist bis dato keine Hinzurechnungsbesteuerung bekannt, die einen solchen Ansatz für die Qualifizierung der Zwischeneinkünfte verfolgt. Zum Zeitpunkt der Erstellung des Abschlussberichts existierte eine solche Methode jedenfalls noch nicht, vgl. OECD (2015), Action 3, Rn. 87; *Pinkernell*, IStR-LB 2015, 45 (47).

231 Der Mehrgewinn (excess return) ergibt sich aus der Differenz von den gesamten Einkünften der beherrschten ausländischen Gesellschaft und dem „normalen Gewinn“, den ein Investor erwarten konnte (normal return). Der Normalgewinn ist dabei das Produkt aus marktüblicher Rendite (rate of return) und anrechenbarem Eigenkapital (eligible equity), wobei die marktübliche Rendite sich dabei nicht nur nach dem risikolosen Zins bemessen, sondern auch eine Risikoprämie berücksichtigen sollte. Vgl. insofern auch die Beispiele in OECD (2015), Action 3, Rn. 87 ff.

232 OECD (2015), Action 3, Rn. 94.

233 So auch *Pinkernell*, IStR-LB 2015, 45 (47); *Radmanesh*, IStR 2015, 895 (899).

234 *Pinkernell*, IStR-LB 2015, 45 (47).

### c) *Niedrigbesteuerung und weitere Anwendungsgrenzen*

In Kapitel 3 des Aktionsplans spricht die OECD Anwendungsgrenzen und Ausnahmen von der Hinzurechnungsbesteuerung an. Hintergrund dieser zusätzlichen „Filter“ ist die Überlegung, dass die Hinzurechnungsbesteuerung nur auf Sachverhalte mit erhöhtem BEPS-Risiko angewendet werden sollte. Insofern wird eine Abwägung zwischen der Effektivität und Zielgenauigkeit der Hinzurechnungsbesteuerung einerseits und dem dadurch resultierenden Verwaltungsaufwand andererseits vorgenommen.[235]

#### aa) *Niedrigbesteuerungsgrenze*

Vor dem Hintergrund, dass eine niedrige Besteuerung auch ein größeres Risiko der Gewinnverlagerung birgt und dass die Fokussierung auf eben solche Länder mit einer niedrigen effektiven Steuerbelastung den Verwaltungsaufwand reduziert, erachtet die OECD eine Niedrigbesteuerungsgrenze als weitere Tatbestandvoraussetzung, die den Anwendungsbereich der Hinzurechnungsbesteuerung verengt, als sinnvoll.[236] Rechtstechnisch kann eine solche Niedrigbesteuerungsgrenze auf zwei Arten gezogen werden.

Einerseits kann durch einen Steuerbelastungsvergleich untersucht werden, wie sich der effektive Steuersatz im Ansässigkeitsstaat der Zwischengesellschaft zu einer vorher festgelegten Benchmark verhält. Dabei kann als Benchmark – wie in Deutschland – ein absoluter Prozentsatz festgelegt werden oder auf die hypothetische Steuerbelastung der ausländischen beherrschten Gesellschaft im Staat des Anteilseigners abgestellt werden (welche gegebenenfalls noch mit einem entsprechenden Faktor multipliziert wird). Denn die OECD empfiehlt ausdrücklich, dass in jedem Fall die Benchmark deutlich niedriger angesetzt sein sollte, als der Steuersatz im Staat des Anteilseigners, bei dem die Hinzurechnungsbesteuerung Anwendung findet.[237]

Was den mit der Benchmark zu vergleichenden Steuersatz im Ansässigkeitsstaat der Zwischengesellschaft betrifft, so empfiehlt die OECD ausdrücklich, nicht auf den Nominalsteuersatz, sondern auf die effektive Steuerlast abzustellen, um damit auch steuermindernde Tatbestände, die sich auf die

235 OECD (2015), Action 3, Rn. 50.

236 OECD (2015), Action 3, Rn. 61.

237 Die OECD verweist darauf, dass die meisten Länder bei ihren Hinzurechnungsbesteuerungsregelungen die Benchmark unterhalb von 75 % ihres gesetzlichen Körperschaftsteuersatzes festgelegt haben, OECD (2015), Action 3, Rn. 64. Deutschland kommt dieser Empfehlung bekanntermaßen nicht nach, vgl. 53.

Steuerbemessungsgrundlage oder die zu zahlende Steuer auswirken, zu berücksichtigen. Zwar reduziert eine Anknüpfung an den gesetzlichen Steuersatz den Compliance- und Verwaltungsaufwand, sie ist aber auch deutlich unpräziser, da sich eine niedrige Besteuerung oftmals erst aus einer Verringerung der Steuerbemessungsgrundlage oder einer Senkung der Steuerlast durch nachträgliche Rückerstattungen gezahlter Steuern oder Nichtdurchsetzung des Steueranspruchs ergibt.[238]

Neben dem Steuerbelastungsvergleich kann die Niedrigbesteuerungsgrenze auch über eine Staatenliste festgelegt werden. Dabei handelt es sich letztlich um eine Einzelfallentscheidung des Anwenderstaates, welche Länder seiner Auffassung nach eine ausreichend hohe Steuerbelastung gewährleisten. Durch eine „white list“ können Staaten aufgelistet werden, bei denen keine Hinzurechnungsbesteuerung angewendet werden muss.[239] Andererseits können durch eine „black list“ explizit Länder definiert werden, bei denen eine niedrige Besteuerung vorliegt.[240] Die Unkompliziertheit von Staatenlisten führt naturgemäß zu einer Senkung des Compliance- und Verwaltungsaufwandes; sowohl Steuerpflichtiger, als auch Finanzverwaltung können mit einem Blick erkennen, ob eine Niedrigbesteuerung vorliegt oder nicht. Unmittelbar einleuchtend ist allerdings auch, dass die Hinzurechnungsbesteuerung bei einer ausschließlichen Definition der Niedrigbesteuerung über eine Staatenliste Zielgenauigkeit und Effektivität einbüßt. Im Ergebnis empfiehlt die OECD richtigerweise zumindest die Einführung einer „white list“ als Ergänzung zum Steuerbelastungsvergleich.[241]

### *bb) Motivtest und Freigrenzenregelung*

Während die OECD die Einführung des objektiven Kriteriums der Niedrigbesteuerung ausdrücklich empfiehlt,[242] steht sie der Anwendung von subjektiven

238 Vgl. OECD (2015), Action 3, Rn. 51, 65 ff. und die dort aufgeführten Beispiele. Die Einbeziehung der Anteilseignerebene richtet sich gegen das Malta-Modell und entspricht insoweit der deutschen Rechtslage, vgl. 54.

239 Die OECD führt hierfür beispielhaft die Regelungen von Großbritannien und Australien auf, OECD (2015), Action 3, Rn. 62.

240 Vgl. die Regelungen in Finnland und Schweden, OECD (2015), Action 3, Rn. 62.

241 In Kapitel 3 des Aktionsplans fehlen konkrete Hinweise, wie Kriterien für eine Staatenliste aussehen könnten. Es wird lediglich beispielhaft auf Länder mit solchen Listen verwiesen. Ob eine „white list“ einer „black list“ vorzugswürdig ist klärt die OECD nicht abschließend, auch wenn eine Präferenz für die „white list“ erkennbar ist, vgl. OECD (2015), Action 3, Rn. 51, 61.

242 OECD (2015), Action 3, Rn. 51.

Kriterien wie einem Motivtest kritisch gegenüber. Die Anknüpfung an eine Steuervermeidungsabsicht könne die Wirksamkeit der Hinzurechnungsbesteuerung als Präventivmaßnahme einschränken und gleichzeitig den Verwaltungsaufwand und die Compliance-Anforderungen erhöhen. Zwar könne das Erfordernis einer Steuervermeidungsabsicht unter Umständen eine Rolle spielen, es sei jedoch grundsätzlich nicht erforderlich, wenn bereits eine genaue Definition der Zwischeneinkünfte erfolge.[243]

Demgegenüber steht die OECD Bagatellgrenzenregelungen offener gegenüber, auch wenn sie diesbezüglich ausdrücklich keine Empfehlung abgibt,[244] sondern lediglich feststellt, dass solche Regelungen die Hinzurechnungsbesteuerung zielgenauer machen und damit den Verwaltungsaufwand reduzieren können[245]. Insofern werden beispielhaft die deutsche Freigrenzenregelung des § 9 AStG sowie die britische und amerikanische Regelung aufgeführt: Die Hinzurechnungsbesteuerung greift erst ab der Überschreitung einer bestimmten Gewinngrenze. Dabei kann die Freigrenze sowohl relativ (Verhältnis von schädlichen zu gesamten Einkünften der Zwischengesellschaft), als auch absolut bestimmt werden. Darüber hinaus kann auch eine separate Freigrenze für besonders risikoreiche oder risikoarme Einkünfte aufgestellt werden.[246] Falls sich ein Land für eine Freigrenzenregelung entscheiden solle, empfiehlt die OECD jedenfalls eine „anti-fragmentation-rule", damit die Freigrenze nicht durch Fragmentierung umgangen werden kann, indem die Einkünfte auf verschiedene Tochtergesellschaften aufgeteilt werden.[247]

243 OECD (2015), Action 3, Rn. 60.
244 OECD (2015), Action 3, Rn. 59.
245 OECD (2015), Action 3, Rn. 53.
246 OECD (2015), Action 3, Rn. 53; Großbritannien nutzt beispielsweise eine deutlich höhere Freigrenze für Gesellschaften, die nachweisen können, dass nur ein geringer Teil der Einkünfte mobil ist.
247 OECD (2015), Action 3, Rn. 54, 59. Als Beispiele für zwei unterschiedliche Herangehensweisen werden die Regelungen von Deutschland und den USA angeführt. In Deutschland wird die Fragmentierung bekanntermaßen durch die gesellschafterbezogene absolute Freigrenze verhindert, vgl. 57. Die amerikanische Regelung fasst das Einkommen mehrerer Zwischengesellschaften zusammen, wenn es sich um eine künstliche Gestaltung handelt, die nur zur Unterschreitung der Freigrenze dient. Dem erhöhten Verwaltungsaufwand wird durch die widerlegbare Vermutung, dass eine künstliche Gestaltung vorliegt, wenn die Zwischengesellschaften in gewissem Maße verbunden sind, entgegengewirkt.

### 4. *Berechnung der Zwischeneinkünfte*

Bei der Berechnung der Zwischeneinkünfte stellt die OECD in Kapitel 5 fest, dass zwei Entscheidungen zu treffen sind. Zunächst stellt sich die Frage, wessen Besteuerungsregeln anzuwenden sind. Diesbezüglich gibt es vier verschiedene Möglichkeiten[248]: Man kann auf die Regeln des Anwenderlandes der Hinzurechnungsbesteuerung (also das Land des Hinzurechnungspflichtigen) oder auf das Ansässigkeitsland der Zwischengesellschaft abstellen. Drittens besteht die Möglichkeit, dem Steuerpflichtigen ein Wahlrecht einzugestehen. Viertens könnte man zur Berechnung der Zwischeneinkünfte auch nach einem internationalen, allgemeinen Standard, wie zum Beispiel dem International Financial Reporting Standard (IFRS) vorgehen. Die OECD empfiehlt ausdrücklich die erste Option – die Anwendung der Besteuerungsregeln des Anwenderstaates.[249] Das ist insoweit konsequent, als das die Anwendung der Besteuerungsregeln des Ansässigkeitsstaates der Zwischengesellschaft nicht mit den Zielen von BEPS im Einklang steht und zu einem erhöhten Verwaltungsaufwand und zu erhöhten Verwaltungskosten führen würde. Eine Wahlmöglichkeit des Steuerpflichtigen ist demnach auch nicht dienlich, da dies Gestaltungsmöglichkeiten eröffnet. Die Anwendung eines internationalen Standards mag zwar sinnvoll sein, eine Umsetzung erscheint aber steuerpolitisch schwierig. Zudem würde dies zu erhöhten Verwaltungs- und Beratungskosten beim Steuerpflichtigen führen, da das Einkommen nach anderen Vorgaben neu berechnet werden müsste.

Der zweite Problemkreis betrifft die Berücksichtigung von Verlusten auf Ebene der Zwischengesellschaft. Diesbezüglich empfiehlt die OECD, dass Verluste der Zwischengesellschaft nur mit Gewinnen derselben Gesellschaft oder mit Gewinnen anderer Zwischengesellschaften desselben Ansässigkeitsstaats verrechnet werden können, da ansonsten die Besteuerung im Staat der Muttergesellschaft reduziert werden könne.[250]

### 5. *Zurechnung der Zwischeneinkünfte*

Die in Kapitel 6 genannten Empfehlungen der OECD im Hinblick auf die Zurechnung der Zwischeneinkünfte lassen sich wie folgt zusammenfassen: Bei der Frage nach der Einkünftezurechnung dem Grunde nach ist die OECD

248 OECD (2015), Action 3, Rn. 100.
249 OECD (2015), Action 3, Rn. 99, 101.
250 OECD (2015), Action 3, Rn. 99, 103.

grundsätzlich der Auffassung, dass Einkünfte der Zwischengesellschaft nur solchen Steuerpflichtigen zugerechnet werden sollten, die auch die Zwischengesellschaft kontrollieren; mithin die tatbestandliche Kontrollschwelle überschreiten.[251] Was die Einkünftezurechnung der Höhe nach betrifft, so empfiehlt die OECD für den Umfang der Hinzurechnung auf die Höhe und die Dauer der Beteiligung abzustellen.[252] Der auf das hinzugerechnete Einkommen anzuwendende Steuersatz solle grundsätzlich demjenigen des Anwenderstaates entsprechen.[253] Keine abschließende Empfehlung gibt die OECD zu der Frage, in welchem Veranlagungszeitraum der Hinzurechnungsbetrag erfasst werden soll. Ob besser eine phasengleiche oder phasenverschobene Hinzurechnung erfolgen soll wird mithin genauso offengelassen wie die Frage nach der steuerlichen Behandlung der hinzugerechneten Beträge als fiktive Dividende oder als unmittelbar erzielte Einkünfte des inländischen Steuerpflichtigen.[254]

### 6. *Vermeidung von Doppelbesteuerung*

Schließlich ist die OECD in Kapitel 7 der Ansicht, dass die Hinzurechnungsbesteuerung nicht zu einer Doppelbesteuerung führen sollte.[255] Auch die OECD vertritt damit den Standpunkt, dass es sich bei dem Regelungssystem nicht um eine Strafbesteuerung handeln sollte. Die Gefahr einer Doppelbesteuerung besteht vor allem in drei Szenarien, wobei die OECD darauf hinweist, dass darüber hinaus auch noch andere Situationen denkbar sind.[256]

Das erste Szenario betrifft die Kombination aus Hinzurechnungsbesteuerung im Anwenderstaat und Körperschaftsteuer (oder einer vergleichbaren Steuer) im Ansässigkeitsstaat der Zwischengesellschaft. In diesem Fall empfiehlt die

251 OECD (2015), Action 3, Rn. 111, 113 ff. Die OECD erkennt aber – abweichend von diesem Grundsatz – je nach steuerpolitischer Ausrichtung auch eine Zurechnung von Zwischeneinkünften unabhängig davon, ob ein Steuerpflichtiger alleine das Beherrschungskriterium erfüllt, an.

252 OECD (2015), Action 3, Rn. 111, 115.

253 OECD (2015), Action 3, Rn. 111, 119 f.; Denkbar sei aber auch eine „top up tax", welche für die Hinzurechnungsbeträge ein bestimmtes Steuerniveau herstellt, indem auf die Differenz von tatsächlich gezahlter Steuer und einem Schwellenbetrag (z.B. der tatbestandlichen Niedrigbesteuerung) abgestellt wird.

254 OECD (2015), Action 3, Rn. 111, 117 f.

255 OECD (2015), Action 3, Rn. 122.

256 Insbesondere auf die Kombination von Hinzurechnungsbesteuerung und vorheriger Verrechnungspreisanpassung im Dreieckssachverhalt wird hingewiesen; vgl. OECD (2015), Action 3, Rn. 122, 135.

OECD eine Steueranrechnung um die Doppelbesteuerung zu vermeiden. So soll die im Ansässigkeitsstaat der Zwischengesellschaft auf die Zwischeneinkünfte tatsächlich gezahlte Steuer auf die Hinzurechnungsbesteuerung angerechnet werden. Empfohlen wird eine Deckelung auf die im Anwenderstaat hypothetische gezahlte Steuer auf die Zwischeneinkünfte (Anrechnungshöchstbetrag). Insoweit orientiert sich die OECD ebenfalls an den Regelungen der meisten Staaten. Schließlich stellt die OECD fest, dass die Steueranrechnung eine Doppelbesteuerung umfassender verhindert als der Steuerabzug, sodass ersteres vorzugswürdig ist.[257]

Eine Doppelbesteuerung kann auch dadurch entstehen, dass die Zwischeneinkünfte durch zwischengeschaltete Gesellschaften in mehreren Staaten der Hinzurechnungsbesteuerung unterliegen. Diese Konstellation wird freilich mit zunehmender Anzahl an Ländern, die ein entsprechendes Regelungssystem einführen, immer relevanter. Auch hier soll die Doppelbesteuerung durch Steueranrechnung vermieden werden, indem die im anderen Staat gezahlte Steuer bei der Besteuerung des Anteilseigners berücksichtigt wird.[258]

Das dritte Szenario betrifft die Ausschüttung von Dividenden und die Gewinne aus einer Anteilsveräußerung, nachdem bereits die Hinzurechnungsbesteuerung angewendet wurde. Die OECD empfiehlt hier die Freistellung von Dividenden und Veräußerungsgewinnen. Die genaue Ausgestaltung ist jedem Staat selbst überlassen, damit er die innerstaatliche Gesetzeslage berücksichtigen kann.[259]

## II. Zweite Bündelung: Internationale Impulse, überschaubare Auswirkungen

Wie gesehen, bestand das erklärte Ziel des BEPS-Aktionspunktes 3 einerseits darin, die erstmalige Einführung einer wirksamen Hinzurechnungsbesteuerung anzuleiten und andererseits Ländern, die bereits über ein entsprechendes Regelungssystem verfügen, Impulse für eine Verbesserung ihrer Vorschrift an die Hand zu geben. Dieses Ziel hat die OECD mit ihrem Abschlussbericht meiner Einschätzung nach erreicht: Es wurde eine solide Hinzurechnungsbesteuerungsregelung erarbeitet, deren Kernaspekte in Form von Bausteinen anschaulich vorgestellt wurden. Gleichzeitig wurde den einzelnen Staaten vor

257 Vgl. OECD (2015), Action 3, Rn. 123, 125.
258 Vgl. OECD (2015), Action 3, Rn. 123, 126.
259 Vgl. OECD (2015), Action 3, Rn. 123, 131 ff.

dem Hintergrund unterschiedlicher steuerpolitischer Erwägungen in Kapitel 1 die notwendige Flexibilität zugestanden.

Andererseits muss dieser Befund relativiert werden: Wie zuvor gesehen besteht mangels Rechtssetzungskompetenz der OECD keine rechtliche Verbindlichkeit des BEPS-Projekts. Auch die politische Verbindlichkeit von Aktionspunkt 3 ist gering. Es handelt sich um bloße Orientierungshilfen im Sinne der „Best Practice“ und damit um die niedrigste Stufe der politischen Verbindlichkeit. Insofern wird der Abschlussbericht zu Recht kritisiert, als dass er keinen verbindlichen Mindeststandard vorgibt und damit kein „level playing field“ schafft.[260] Denn auch die Hinzurechnungsbesteuerung kann die Wettbewerbsfähigkeit von Unternehmen beeinflussen und somit politisch für den Standortwettbewerb fruchtbar gemacht werden.

Schon aus diesem Grunde sind auch für Deutschland die Auswirkungen des Aktionsplans gering. Darüber hinaus wurde deutlich, dass die deutsche Hinzurechnungsbesteuerung in den meisten Punkten bereits strenger als die OECD-Empfehlungen ist[261]: Hinsichtlich der Definition der Zwischengesellschaft entspricht die Regelung des AStG dem Abschlussbericht und im Bereich der Kontroll- und Beherrschungserfordernisse geht die deutsche Hinzurechnungsbesteuerung sogar teilweise über den OECD-Ansatz hinaus, indem bei Zwischengesellschaften mit Zwischeneinkünften mit Kapitalanlagecharakter die Anforderungen an diese Tatbestandsvoraussetzung reduziert werden (oder auf diese sogar gänzlich verzichtet wird). Mit Blick auf die Definition der Zwischeneinkünfte ist festzuhalten, dass die deutsche Kombination aus Einkünftekatalog und Substanzkriterien grundsätzlich den Empfehlungen der OECD entspricht. Bei der Niedrigbesteuerungsschwelle geht die deutsche Regelung über den Vorschlag der OECD hinaus, die Niedrigsteuerschwelle signifikant unter der Steuerbelastung des Anwenderstaates anzusiedeln. Auch rechtsfolgenseitig entspricht die Regelung des AStG größtenteils dem BEPS Aktionspunkt 3: Die Einkünfte der Zwischengesellschaft sind entsprechend den Regelungen des deutschen Steuerrechts zu ermitteln und auch die Zurechnung der Zwischeneinkünfte und die Vermeidung der Doppelbesteuerung stehen mit den Empfehlungen der OECD in Einklang. Vor diesem Hintergrund kann auch

---

260 *Radmanesh*, IStR 2015, 895 (900).

261 Vgl. insofern auch: *Bärsch/Quilitzsch/Schulz*, ISR 2013, 358 (362); *Hagemann/Kahlenberg*, PIStB 2015, 279 (284); *Eilers/Henning*, ISR 2015, 422 (430); *Radmanesh*, IStR 2015, 895 (900); *Kahlenberg/Hagemann*, Ubg 2016, 15 (25); zum Ganzen ausführlich mit tabellarischer Zusammenfassung: *Zieglmaier*, Die Hinzurechnungsbesteuerung als Instrument gegen Steuerumgehung, 2018, S. 169 ff.

erneut die steuerpolitische Frage aufgeworfen werden, ob die strenge deutsche Hinzurechnungsbesteuerungsregelung nicht zu Wettbewerbsverzerrungen für die deutsche Wirtschaft führt.[262]

## C. Europarechtliche Vorgaben (ATAD I)

### I. Die Anti-Tax-Avoidance-Richtlinie der EU

#### *1. Historischer Umriss und Zielsetzung*

Nachdem im November 2015 der OECD Aktionsplan von den G20-Staaten in Antalya angenommen wurde, veröffentlichte die EU-Kommission bereits am 28.01.2016 Vorschläge für ein Maßnahmenpaket. Vor dem Hintergrund der mangelnden Rechtsverbindlichkeit des OECD Aktionsplans, sollten die verschiedenen Maßnahmen europaweit verpflichtend und abgestimmt in die nationalen Gesetze der EU-Mitgliedstaaten übertragen werden.[263] Die in diesem „Anti-Tax-Avoidance-Package“ enthaltene ATAD-Richtlinie wurde am 12.07.2016 durch den Rat verabschiedet und eine Woche später im Amtsblatt der EU veröffentlicht.[264] Mithin bedurfte es für die politische Einigung nur etwas mehr als fünf Monate.

Die ATAD besteht aus fünf Einzelmaßnahmen: einer Zinsschranke nach deutschem Vorbild (Art. 4 ATAD), Regelungen zur Wegzugsbesteuerung (Art. 5 ATAD), einer allgemeinen Missbrauchsvermeidungsvorschrift (Art. 6 ATAD), einer Hinzurechnungsbesteuerung (Art. 7 und 8 ATAD), sowie die durch die ATAD II Richtlinie vom 29.05.2017[265] ergänzten Regelungen zu hybriden Gestaltungen (Art. 9, 9a und 9b ATAD). Dabei verdeutlichen die Erwägungsgründe der Richtlinie die Zielsetzung des Unionsrechtsgebers: Dort wird an den Ansatz der OECD BEPS-Initiative, eine Besteuerung an dem Ort der Gewinnerwirtschaftung und der Wertschöpfung zu gewährleisten, angeknüpft und dieser ausdrücklich begrüßt.[266] Der Rat der Europäischen Union betonte die unbedingte Erforderlichkeit, das Vertrauen in die Fairness der

---

262 *Bannes/Cloer*, BB 2016, 1565 (1566 f.).

263 Vgl. auch *Benz/Böhmer*, DB 2016, 307 (307).

264 Richtlinie 2016/1164/EU des Rates vom 12. Juli 2016 mit Vorschriften zur Bekämpfung von Steuervermeidungspraktiken mit unmittelbaren Auswirkungen auf das Funktionieren des Binnenmarkts.

265 Richtlinie 2017/952/EU des Rates vom 29. Mai 2017 zur Änderung der Richtlinie 2016/1164/EU bezüglich hybrider Gestaltungen mit Drittländern.

266 Richtlinie 2016/1164/EU des Rates vom 12. Juli 2016, Erwägungsgrund 1.

Steuersysteme wieder herzustellen und den Regierungen eine wirksame Ausübung ihrer Steuerhoheiten zu ermöglichen.[267] Dabei verlangte er einerseits eine gemeinsame, koordinierte, wirksame und rasche Umsetzung der BEPS-Schlussfolgerungen. Andererseits sei aufgrund der 28 (mittlerweile nur noch 27) verschiedenen Systeme der Unternehmensbesteuerung eine flexible Lösung notwendig.[268]

Die ATAD als erste ausschließlich belastend wirkende Richtlinie im Bereich der direkten Steuer und Teil des EU-Aktionsplans verdeutlicht auch den Befund, dass sich die Zielsetzung der Europäischen Kommission verändert hat:[269] Während der ursprüngliche Schwerpunkt der Kommission vor allem in dem Abbau steuerlicher Behinderungen für die grenzüberschreitende Betätigung lag, rückt nun die Vermeidung doppelter Nichtbesteuerung und der Schutz des Binnenmarktes vor schädlichem Steuerwettbewerb und aggressiver Steuerplanung in den Fokus.

## 2. *Verbindlichkeit*

### a) *Umsetzungspflicht*

Anders als der OECD-Aktionsplan ist die ATAD als sekundäres Unionsrecht für die Mitgliedstaaten rechtsverbindlich: Eine Richtlinie ist gemäß Art. 288 Abs. 3 AEUV für jeden Mitgliedstaat, an den sie gerichtet wird, hinsichtlich des zu erreichenden Ziels verbindlich, überlässt jedoch den innerstaatlichen Stellen die Wahl der Form und des Mittels. Im Zusammenspiel mit den Loyalitätspflichten des Art. 4 Abs. 3 EUV folgt, dass die Mitgliedstaaten im Rahmen ihrer nationalen Rechtsordnungen alle erforderlichen Maßnahmen zu ergreifen haben, um die vollständige Wirksamkeit einer Richtlinie nach Maßgabe ihrer Zielsetzung zu erreichen.[270] Unabhängig davon, ob eine Richtlinie Rechte des Einzelnen begründet oder diesen belastet, muss sie also einerseits hinsichtlich des Norminhalts vollständig umgesetzt und andererseits für den Richtlinienadressaten hinreichend klar und bestimmt publiziert werden. Um die verbindlichen Ziele der Richtlinie nicht zu konterkarieren, muss die

267 Richtlinie 2016/1164/EU des Rates vom 12. Juli 2016, Erwägungsgrund 1.

268 Richtlinie 2016/1164/EU des Rates vom 12. Juli 2016, Erwägungsgründe 2 und 3.

269 Vgl. vertiefend: *Fehling*, in: Schaumburg/Englisch, Europäisches Steuerrecht, 2015, Rn. 10, 20 f., 30 f.

270 EuGH v. 10.03.2005, C-531/03, *Kommission/Deutschland*, ECLI:EU:C:2005:159, Rn. 16 und die dort aufgeführte Rechtsprechung.

Umsetzungsmaßnahme sowohl den Anwendungsbereich, als auch die Rechtsfolge erfassen. Insbesondere dürfen auch nicht andere, nicht der Umsetzung dienende Normen für denselben Sachverhalt eine andere Rechtsfolge vorsehen.[271] In Art. 11 ATAD wird die zeitliche Dimension der Umsetzungspflicht festgelegt. Danach mussten die nationalen Gesetzgeber die Richtlinie grundsätzlich[272] bis zum 31.12.2018 umsetzen und ab dem 01.01.2019 anwenden. Bei einer unzureichenden Umsetzung der Richtlinie kommt ein Vertragsverletzungsverfahren gem. Art. 258 AEUV in Betracht.

*b) Sachlicher Anwendungsbereich: Mindestschutzniveau*

Der mit der amtlichen Überschrift „Mindestschutzniveau“ überschriebene Art. 3 ATAD gibt vor, dass die Richtlinie nicht die Anwendung nationaler oder vertraglicher Bestimmungen zur Wahrung eines höheren Maßes an Schutz der inländischen Körperschaftsteuerbemessungsgrundlage verhindert.[273] Dabei ist der Gesetzessystematik – Art. 3 steht im „Kapitel I: Allgemeine Bestimmungen“ – zu entnehmen, dass diese Aussage für alle Einzelmaßnahmen der Richtlinie gelten soll.[274]

Die Funktion und Notwendigkeit des Art. 3 ATAD wird vor dem Hintergrund der europäischen Gesetzgebung deutlich: Die zur Zeit der Europäischen Wirtschaftsgemeinschaft für den Bereich der direkten Steuern angestrebte Vollharmonisierung wurde aufgegeben und durch das Konzept der Mindestharmonisierung ersetzt.[275] Statt einer systematischen Harmonisierung, bei der die Mitgliedstaaten keine abweichenden Regelungen treffen können, erfolgt daher grundsätzlich nur eine punktuelle Harmonisierung durch die Vorgabe von Mindeststandards, die von den Mitgliedstaaten übernommen werden

271 *Schöllhorn*, Die Zins- und Lizenzgebührenrichtlinie, 2013, S. 127.

272 Art. 11 Abs. 6 ATAD erlaubt für die Zinsschrankenregelung des Art. 4 ATAD auch eine spätere Umsetzung (bis zum 31.12.2023), wenn eine vergleichbare, gleich effektive Regelung im nationalen Recht besteht. Die Regelungen zur Wegzugsbesteuerung (Art. 5 ATAD) mussten bis zum 31.12.2019 umgesetzt werden, Art. 11 Abs. 5 ATAD.

273 Insofern entspricht die deutsche Endfassung trotz kleinerer Änderungen im Wortlaut inhaltlich dem am 27.01.2016 veröffentlichten Vorentwurf der EU-Kommission. Die englische Endfassung zu Art. 3 („Minimum level of protection“) ist während des Gesetzgebungsverfahrens sogar gänzlich unberührt geblieben.

274 Vgl. *Fehling*, DB 2016, 2862 (2862).

275 *Oppel*, in: Hagemann/Kahlenberg, Anti Tax Avoidance Directive (ATAD) Kommentar, Art. 3 Rn. 36.

müssen.[276] Dabei bietet sich die Handlungsform der Richtlinie an, da sie – wie soeben gesehen – für jeden Mitgliedstaat, an den sie gerichtet wird, zwar hinsichtlich des zu erreichenden Ziels verbindlich ist, aber den innerstaatlichen Stellen die Wahl der Form und des Mittels überlässt. Im Bereich der direkten Steuern – bei dem bisher die Zielsetzung auf den Abbau steuerlicher Behinderungen für die grenzüberschreitende Betätigung gerichtet war[277] und folglich für die Steuerpflichtigen lediglich begünstigend wirkende Richtlinien erlassen wurden – ist anerkannt, dass die Mitgliedstaaten bei der Umsetzung der Richtlinie auch großzügiger sein dürfen. Mithin können abweichend von den Richtlinienvorgaben für die Steuerpflichtigen günstigere Regelungen getroffen werden.[278] Bei der Mindestharmonisierung handelt es sich auch nicht um ein Exklusivkonzept für den Bereich der direkten Steuern, sondern sie ist auch in anderen Politikbereichen anerkannt und verbreitet.[279] Dort lassen sich teilweise – im Gegensatz zum Bereich der direkten Steuern – entweder im Primärrecht oder im Sekundärrecht „Schutzverstärkungsklauseln" finden, die den Mitgliedstaaten die Möglichkeit eröffnen, strengere Regelungen zu erlassen.[280]

Insofern handelt es sich bei Art. 3 ATAD um eine solche Schutzverstärkungsklausel für diese belastende Richtlinie: Die Vorschrift stellt sicher, dass die Mitgliedstaaten auch weiterhin ihre strengeren, über die Bestimmungen der ATAD hinausgehenden, Abwehrregelungen beibehalten können und ermöglicht die spätere Vornahme von entsprechenden Verschärfungen.[281] Gleichzeitig stellt Art. 3 ATAD einen „Standard nach unten" auf, als dass die mitgliedstaatlichen Regelungen den in der ATAD niedergeschriebenen Mindestanforderungen entsprechen müssen und nicht zugunsten der Steuerpflichtigen abweichen dürfen. *Oppel* bezeichnet Art. 3 ATAD daher mit Blick auf die bisherigen Richtlinien

276 Zu den Begründungsansätzen für die Mindestharmonisierung vgl. *Oppel*, in: Hagemann/Kahlenberg, Anti Tax Avoidance Directive (ATAD) Kommentar, Art. 3 Rn. 42 m.w.N.

277 Vgl. 85.

278 Vgl. statt aller: *Oppel*, in: Hagemann/Kahlenberg, Anti Tax Avoidance Directive (ATAD) Kommentar, Art. 3 Rn. 40.

279 Vgl. *Wagner*, Das Konzept der Mindestharmonisierung, 2001, S. 186 ff.

280 Solche Schutzverstärkungsklauseln finden sich insbesondere in den sekundärrechtlichen Bereichen des Umwelt-, Verbraucher- und Arbeitnehmerschutzes, vgl. *Oppel*, in: Hagemann/Kahlenberg, Anti Tax Avoidance Directive (ATAD) Kommentar, Art. 3 Rn. 41.

281 Vgl. auch Richtlinie 2016/1164/EU des Rates vom 12. Juli 2016, Erwägungsgrund 3.

im Bereich der direkten Steuern richtigerweise als „Mindestharmonisierung mit umgekehrten Vorzeichen".[282]

Aus der Ausgestaltung der ATAD als Mindestschutzniveau lassen sich vor allem zwei Erkenntnisse gewinnen, die das zuvor im Rahmen des historischen Umrisses und der Zielsetzung gewonnene Bild komplettieren: Zum einen ist Art. 3 ATAD maßgeblich für die Einigungsbereitschaft der Mitgliedstaaten verantwortlich. Denn wie gesehen führt die Ausgestaltung des Mindestschutzniveaus dazu, dass weitergehende nationale Regelungen keinen Verstoß gegen die Richtlinie begründen und daher nicht schon deswegen europarechtswidrig sind. Zum anderen bestätigt das Mindestschutzniveau der ATAD auch den zuvor thematisierten Befund, dass die Zielsetzung der Europäischen Kommission nun nichtmehr nur im Abbau steuerlicher Behinderungen für die grenzüberschreitende Betätigung liegt, sondern dass auch schädlicher Steuerwettbewerb und aggressive Steuerplanung als binnenmarktbehindernd eingeschätzt werden.[283]

### *c) Persönlicher Anwendungsbereich der Richtlinie*

Gemäß Art. 1 Abs. 1 ATAD gilt die Richtlinie für alle Steuerpflichtigen, die in einem oder mehreren Mitgliedstaaten körperschaftsteuerpflichtig sind, einschließlich der in einem oder mehreren Mitgliedstaaten belegenen Betriebsstätten von Unternehmen, die steuerlich in einem Drittland ansässig sind. Mithin erstreckt sich der persönliche Anwendungsbereich der Richtlinie und die damit einhergehende Umsetzungsverpflichtung nur auf Körperschaftsteuerpflichtige und Betriebsstätten.[284] Dabei stellt sich aufgrund der ungenauen Formulierung aber die Frage, ob auch beschränkt Steuerpflichtige aufgrund der Richtlinie erfasst werden müssen. Der offene Wortlaut „in einem oder mehreren Mitgliedstaaten körperschaftsteuerpflichtig sind" lässt beide Auslegungen zu, wobei die fehlende Differenzierung im Ausgangspunkt für eine unterschiedslose Einbeziehung von unbeschränkt und beschränkt Steuerpflichtigen spricht und sich der Hinweis auf mehrere Mitgliedstaaten wohl auf eine etwaige

282 *Oppel*, in: Hagemann/Kahlenberg, Anti Tax Avoidance Directive (ATAD) Kommentar, Art. 3 Rn. 40.

283 Vgl. 85.

284 Der durch ATAD II eingefügte Absatz 2, der den Anwendungsbereich auf transparent besteuerte Unternehmen erweitert, gilt ausdrücklich nur für hybride Gestaltungen nach Artikel 9a ATAD.

Doppelansässigkeit beziehen dürfte.[285] Es ließe sich allerdings argumentieren, dass beschränkt Körperschaftsteuerpflichtige nur durch Art. 1 Abs. 1 Alt. 2 ATAD einbezogen werden, soweit es sich um Unternehmen aus Drittstaaten mit einer inländischen Betriebsstätte handelt. Es könnte – e contrario – argumentiert werden, dass Art. 1 Abs. 1 Alt. 1 ATAD daher ausschließlich unbeschränkt Körperschaftsteuerpflichtige erfasst.[286] In der Konsequenz würden nach dieser Lesart beschränkt Steuerpflichtige ohne inländische Betriebsstätte nicht von der ATAD erfasst werden. Diese den persönlichen Anwendungsbereich der ATAD begrenzende Auffassung ist mit Blick auf Historie und Telos abzulehnen: Das Ziel der Richtlinie – die Bekämpfung von Steuervermeidungspraktiken – kann am besten mit einem weiten Anwendungsbereich erreicht werden, zumal eine Beschränkung auf nur unbeschränkt Körperschaftsteuerpflichtige aus Sicht des Unionsrechtsgebers keine ersichtlichen Vorteile mit sich bringen würde. Dem kann auch nicht entgegengehalten werden, dass schon natürliche Personen aus dem Anwendungsbereich herausgenommen sind. Denn der überwiegende Teil der BEPS-Gestaltungen wird nun einmal von Körperschaftsteuerpflichtigen angewendet.[287] Zudem unterscheidet sich die ATAD von allen anderen bisherigen Richtlinien im Bereich der Körperschaftsteuer dahingehend, dass der persönliche Anwendungsbereich erstmalig durch eine abstrakte Formulierung und nicht durch eine Auflistung der in den Anwendungsbereich fallenden juristischen Personen definiert wird.[288] Auch dadurch wird deutlich, dass der Unionsrechtsgeber zur Erreichung seines Ziels den Begriff des Steuerpflichtigen so weit wie möglich formulieren wollte. In conclusio erstreckt sich eine Umsetzungsverpflichtung auch auf beschränkt Körperschaftsteuerpflichtige, sofern die Einzelmaßnahmen keine spezielleren Vorgaben treffen.

285 So auch *Rüsch*, in: Hagemann/Kahlenberg, Anti Tax Avoidance Directive (ATAD) Kommentar, Art. 1 Rn. 11 m.w.N.; *Zieglmaier*, Die Hinzurechnungsbesteuerung als Instrument gegen Steuerumgehung, 2018, S. 179.

286 *Rüsch*, in Hagemann/Kahlenberg, Anti Tax Avoidance Directive (ATAD) Kommentar, Art. 1 Rn. 17 m.w.N.; *Zieglmaier*, Die Hinzurechnungsbesteuerung als Instrument gegen Steuerumgehung, 2018, S. 179.

287 *Haslehner*, in: Haslehner/Pantazatou/Kofler/Rust, A Guide to the Anti-Tax Avoidance Directive, Rn. 2.8.

288 *Haslehner*, in: Haslehner/Pantazatou/Kofler/Rust, A Guide to the Anti-Tax Avoidance Directive, Rn. 2.4.

## II. Die Hinzurechnungsbesteuerung nach der ATAD

### *1. Tatbestand der Hinzurechnungsbesteuerung*

#### *a) Beherrschung eines ausländischen Unternehmens*

##### *aa) Adressat der Hinzurechnungsbesteuerung und potenzielles beherrschtes ausländisches Unternehmen*

Anders als bei der deutschen Regelung[289] differenziert die ATAD hinsichtlich des Adressaten der Hinzurechnungsbesteuerung nicht zwischen Tatbestand- und Rechtsfolgenseite. Wie soeben gesehen eröffnet Art. 1 Abs. 1 ATAD den persönlichen Anwendungsbereich der Richtlinie für Körperschaftsteuerpflichtige. Mithin ist für natürliche Personen als Anteilseigner nach der ATAD rechtsfolgenseitig keine Hinzurechnungsbesteuerung vorgesehen und sie werden auch nicht tatbestandlich bei der Ermittlung der Beherrschungsquote relevant.

Art. 1 Abs. 1 ATAD lässt aufgrund seines offenen Wortlautes die Frage aufkommen, welche Form der Körperschaftsteuerpflicht erfüllt sein muss. Nach der hier soeben vertretenen Auffassung ist eine weite Auslegung des allgemeinen Anwendungsbereichs der Richtlinie sowohl auf unbeschränkt als auch beschränkt Steuerpflichtige vorzugswürdig. Fraglich ist aber, ob sich speziell für die ATAD-Hinzurechnungsbesteuerung etwas anderes ergibt, sodass der allgemeine Anwendungsbereich hier eine Einschränkung erfahren muss. Der Wortlaut des Art. 7 Abs. 1 ATAD spricht nur von dem „Mitgliedstaat eines Steuerpflichtigen“ und gibt keinen Hinweis darauf, ob die Art. 7 und 8 ATAD auch beschränkt körperschaftsteuerpflichtige Anteilseigner erfassen möchten. Gegen einen solchen Einbezug spricht entscheidend, dass bei beschränkt steuerpflichtigen Körperschaften gerade kein Steuervorteil durch die Zwischenschaltung einer ausländischen Kapitalgesellschaft entsteht, der durch eine Hinzurechnungsbesteuerung adressiert werden müsste. Denn auch ohne eine solche Zwischenschaltung wären die ausländischen Einkünfte eben nicht im Rahmen der beschränkten Steuerpflicht erfassbar.[290] Mithin fehlt es bei beschränkt Körperschaftsteuerpflichtigen an dem für die Hinzurechnungsbesteuerung notwendigen Inlandsbezug. Dem könnte entgegengehalten werden,

---

289 Vgl. 44.

290 So auch *Schnitger/Nitzschke/Gebhardt*, IStR 2016, 960 (961); *Kraft*, in: Kraft AStG, Vor. §§ 7–14 AStG Rn. 137; vgl. dazu auch: *Schönfeld*, Hinzurechnungsbesteuerung und Europäisches Gemeinschaftsrecht, S. 99 f.

dass sich auf der Rechtsfolgenseite in Art. 8 Abs. 1 S. 1 ATAD („Steuerpflichtige ansässig oder belegen") und Art. 8 Abs. 7 S. 1 ATAD („Land seines [Anm.: des Steuerpflichtigen] Steuersitzes oder Steuerstandorts") Formulierungen finden, die auf beschränkt Steuerpflichtige als inländische Anteilseigner schließen lassen.[291] Allerdings fehlt es Art. 7 und 8 ATAD an Zuordnungsregelungen von Beteiligungen an ausländischen Gesellschaften, die über ausländische Betriebsstätten gehalten werden[292] und in Erwägungsgrund 12 der Richtlinie wird nur davon gesprochen, dass die Einkünfte einer CFC ihrer Muttergesellschaft zugeordnet werden und sie für diese Einkünfte in dem Staat steuerpflichtig ist, in dem sie steuerlich ansässig ist. Nach alldem ist für Zwecke der Hinzurechnungsbesteuerung – abweichend von dem allgemeinen Anwendungsbereich des Art. 1 ATAD – lediglich auf die unbeschränkte Körperschaftsteuerpflicht abzustellen.

Was das potenziell beherrschte ausländische Unternehmen[293] anbelangt, so kann es sich hierbei gemäß Art. 7 Abs. 1 ATAD sowohl um ein Unternehmen als auch um eine Betriebsstätte handeln, deren Gewinne in dem Mitgliedstaat des Steuerpflichtigen nicht der Besteuerung unterliegen oder steuerbefreit sind.[294]

#### *bb) Beherrschung*

##### (1) Beherrschungskriterien und Beherrschungszeitpunkt

Gemäß Art. 7 Abs. 1 lit. a ATAD muss der Steuerpflichtige an dem ausländischen Unternehmen[295] entweder zu 50 % am Kapital beteiligt sein oder mindestens

---

291 *Schnitger/Nitzschke/Gebhardt*, IStR 2016, 960 (961).

292 *Haase*, IfSt 521 (2017), S. 106; *Schnitger/Nitzschke/Gebhardt*, IStR 2016, 960 (961).

293 Die ATAD verwendet terminologisch nicht den Begriff der Zwischengesellschaft.

294 Aufgrund der unglücklichen Formulierung „Unternehmen oder Betriebsstätten, deren Gewinne in diesem Mitgliedstaat nicht der Steuer unterliegen oder steuerbefreit sind" stellt sich die Frage, ob sich die Negativabgrenzung nur auf Betriebsstätten oder auch auf Unternehmen bezieht, vgl. dazu vertiefend: *Böhmer/Gebhardt/Krüger*, in: Hagemann/Kahlenberg, Anti Tax Avoidance Directive (ATAD) Kommentar, Art. 7 Rn. 15.

295 Für Betriebsstätten trifft Art. 7 Abs. 1 lit. a ATAD keine Regelung („im Falle eines Unternehmens"), da diese grundsätzlich einem Stammhaus zugeordnet und daher auch von diesem beherrscht werden. Vgl. zu der Behandlung von ausländischen Personengesellschaften die von mehreren Körperschaftsteuersubjekten gehalten werden: *Böhmer/Gebhardt/Krüger*, in: Hagemann/Kahlenberg, Anti Tax Avoidance Directive (ATAD) Kommentar, Art. 7 Rn. 21.

50 % der Stimmrechte halten oder zu mindestens 50 % einen Gewinnanspruch gegenüber den Unternehmen haben. Als Beherrschungskriterien benennt die ATAD folglich sowohl Stimmrechte, Kapitalanteile und den Gewinnanspruch; die Formen der Kontrolle stehen in einem Alternativverhältnis. Insofern trägt die ATAD dem Umstand Rechnung, dass eine Beherrschung sowohl durch rechtliche als auch durch wirtschaftliche Kontrolle bestehen kann.

Die ATAD schweigt bezüglich des Beherrschungszeitpunktes.[296] Es muss aber davon ausgegangen werden, dass für diesen auf den Hinzurechnungszeitpunkt nach Art. 8 Abs. 4 ATAD – also auf das Ende des Steuerjahres des ausländischen Unternehmens – abgestellt werden kann.[297]

(2) Grundkonzeption: Gesellschafterbezogene Betrachtungsweise unter Berücksichtigung nahestehender Personen

Die Beherrschungsschwelle von 50 % kann der Steuerpflichtige entweder alleine oder zusammen mit seinen verbundenen Unternehmen erreichen, Art. 7 Abs. 1 lit. a ATAD. Dabei kann gemäß dem Definitionsartikel des Art. 2 Abs. 4 ATAD ein verbundenes Unternehmen sowohl bei nachgeschalteten (Art. 2 Abs. 4 lit. a ATAD) und nebengeschalteten Unternehmen (Art. 2 Abs. 4 UAbs. 2 ATAD), sowie bei vorgeschalteten Unternehmen und Personen (Art. 2 Abs. 4 lit. b ATAD) bestehen. Der Begriff des Unternehmens ist dabei rechtsformneutral zu verstehen, sodass auch Personengesellschaften als verbundene Unternehmen fungieren können.[298] Eine Verbundenheit wird dann begründet, wenn eine Beteiligung in Form von Stimmrechten oder Kapital von 25 % gehalten wird oder wenn ein Gewinnanspruchs von mindestens 25 % besteht. Die Hinzurechnungsbesteuerung nach der ATAD greift folglich nur dann, wenn eine tatsächliche Beherrschung im Sinne einer Kontrolle im Unternehmensverbund vorliegt; die Beherrschung kann aber in alle Richtungen ausstrahlen.

---

296 Der Wortlaut verlangt lediglich ein Halten der Beteiligung.

297 So auch *Zieglmaier*, Die Hinzurechnungsbesteuerung als Instrument gegen Steuerumgehung, 2018, S. 193 f. Allerdings bleibt die ATAD auch diesbezüglich vage: Das „Steuerjahr des Unternehmens“ kann sowohl das Wirtschaftsjahr als auch den Veranlagungszeitraum meinen und der „Steuerzeitraum des Steuerpflichtigen“ gem. Art. 2 Abs. 3 ATAD kann sowohl das Wirtschaftsjahr, das Kalenderjahr oder den Veranlagungszeitraum bedeuten.

298 *Kreienbaum*, DStjG 41 (2018), S. 482; *Böhmer/Gebhardt/Krüger*, in: Hagemann/Kahlenberg, Anti Tax Avoidance Directive (ATAD) Kommentar, Art. 2 Rn. 71; *Zieglmaier*, Die Hinzurechnungsbesteuerung als Instrument gegen Steuerumgehung, 2018, S. 191.

(3) Mittelbare Beteiligungen
Schließlich kann die Beherrschungsquote gemäß Art. 7 Abs. 1 lit. a ATAD auch durch mittelbare Beteiligungen erreicht werden, indem Anteile oder Stimmrechte Berücksichtigung finden, die durch eine andere Gesellschaft vermittelt werden. Diese sind dem Steuerpflichtigen anteilig zuzurechnen und tragen somit zur Erfüllung des Tatbestandsmerkmals bei.

*b) Niedrigbesteuerung*

Die ATAD sieht in Art. 7 Abs. 1 lit. b einen Steuerbelastungsvergleich in Form einer relativen Niedrigbesteuerungsquote vor, sodass eine Relation zwischen inländischer (fiktiver) Steuer und der (effektiven) Steuer im Staat der Zwischengesellschaft hergestellt werden muss. Dabei verwendet die ATAD die verkomplizierende Formulierung[299], dass eine Niedrigbesteuerung dann vorliegt, wenn *„die von dem Unternehmen oder der Betriebsstätte tatsächlich entrichtete Körperschaftsteuer auf seine bzw. ihre Gewinne [niedriger ist], als die Differenz zwischen der Körperschaftsteuer, die nach der geltenden Körperschaftsteuerregelung im Mitgliedstaat des Steuerpflichtigen für das Unternehmen oder die Betriebsstätte erhoben worden wäre, und der von dem Unternehmen oder Betriebsstätte tatsächlich entrichteten Körperschaftsteuer auf seine bzw. ihre Gewinne.“*

Daraus ergibt sich für die Niedrigbesteuerung folgende Formel:

$$\textit{ausländische KSt}_{ZwGes} < \textit{hypothetische KSt}_{Inland} - \textit{ausländische KSt}_{ZwGes}$$

Durch Umformung wird die relative Niedrigbesteuerungsquote der ATAD transparenter. Es wird ersichtlich, dass eine Niedrigbesteuerung dann vorliegt, wenn die Zwischengesellschaft tatsächlich weniger als die Hälfte der hypothetischen inländischen Körperschaftsteuer entrichtet hat.

$$\textit{ausländische KSt}_{ZwGes} < \frac{\textit{hypothetische KSt}_{Inland}}{2}$$

Schließlich ergibt sich aus den Erwägungsgründen, dass die Mitgliedstaaten neben dem Steuerbelastungsvergleich auch zusätzlich Staatenlisten führen können.[300]

---

299 Vergleiche statt vieler: *Schnitger/Nitzschke/Gebhardt*, IStR 2016, 960 (964).
300 Richtlinie 2016/1164/EU des Rates vom 12. Juli 2016, Erwägungsgrund 12.

### c) *Passive Einkünfte*

#### aa) *Grundkonzeption*

Anders als bei der deutschen Regelung, die ausschüttungsunabhängig beim kumulativen Vorliegen der drei Tatbestandsvoraussetzungen – Beherrschung, Niedrigbesteuerung und passive Einkünfte – besteuert, werden bei der ATAD systematisch die passiven Einkünfte erst auf einer zweiten Stufe nach der Bejahung der Beherrschung und der Niedrigbesteuerung geprüft. Dies liegt daran, dass sich der europäische Gesetzgeber für das klassische Verständnis einer Hinzurechnungsbesteuerung[301] entschieden hat und nur die nichtausgeschütteten passiven Einkünfte der Hinzurechnungsbesteuerung unterwirft. In der Konsequenz kann die Hinzurechnungsbesteuerung nach der ATAD durch eine Ausschüttung der Einkünfte im Jahr ihrer Entstehung verhindert werden.[302] Für den Fall, dass die Dividenden sodann auf der Ebene des Anteilseigners voll steuerpflichtig wären, ergeben sich bei dieser Konzeption keine Bedenken. Problematisch wird dieser Ausschüttungsabhängigkeit aber dann, wenn das nationale Steuersystem eine Freistellung von Dividenden auf der Ebene des Anteilseigners vornimmt und keine switch-over-Klausel existiert, die die Dividendenfreistellung von einer angemessenen steuerlichen Vorbelastung abhängig macht. Da eine solche Klausel zwar in den Entwürfen der ATAD noch vorgesehen war, jedoch nicht in die finale Version der ATAD aufgenommen wurde, kann die Hinzurechnungsbesteuerung unterlaufen werden, wenn die Mitgliedstaaten ein entsprechendes Steuersystem haben und die ATAD nur eins zu eins umsetzen.[303]

#### bb) *Passivkatalog oder Funktionsanalyse*

Die ATAD sieht in Art. 7 Abs. 2 ATAD zwei verschiedene Methoden der Bestimmung der passiven Einkünfte vor. Den Mitgliedstaaten steht es dabei frei, sich für eines der beiden Konzepte zu entscheiden.[304] Art. 7 Abs. 2 lit. a

---

301 *Schönfeld*, IStR 2017, 721 (724).

302 *Schnitger/Gebhardt*, IStR 2018, 213 (213 ff.).

303 *Schnitger/Gebhardt*, IStR 2018, 213 (213 ff.).

304 Dies ergibt sich sowohl aus dem Wortlaut „oder“, als auch aus Erwägungsgrund 12. Der Mindeststandart des Art. 3 ATAD ermöglicht theoretisch auch eine kumulative Anwendung beider Konzepte, was allerdings aufgrund der gänzlich unterschiedlichen Methodik (und ggf. Definitionsweite) erhebliche Rechtsunsicherheit zur Folge hätte. So auch: *Schnitger/Nitzschke/Gebhardt*, IStR 2016, 960 (966).

ATAD enthält einen abschließenden Katalog passiver Einkünfte (Passivkatalog). Nach diesem können Einkünfte aus Finanzanlagevermögen (insbesondere Zinsen), Einkünfte aus geistigem Eigentum (insbesondere Lizenzgebühren), Dividenden und Veräußerungsgewinne, Einkünfte aus Finanzierungsleasing, Einkünfte von Versicherungen und Banken und Einkünfte von sog. Abrechnungsunternehmen der Hinzurechnungsbesteuerung unterliegen.[305] Dabei findet der Passivkatalog keine Anwendung, wenn die Substanzausnahme des Art. 7 Abs. 2 lit. a S. 2 greift (dazu sogleich).

Anstelle des Passivkatalogs sieht die ATAD auch ein Alternativkonzept vor, welches nicht Einkünfte auf ihre Verlagerungsanfälligkeit hin katalogisiert, sondern transaktionsbezogen auf potenzielle Missbrauchssituationen blickt und eine Substanzanalyse vornimmt. Denn gemäß Art. 7 Abs. 2 lit. b S. 1 ATAD können auch die nicht ausgeschütteten Einkünfte des Unternehmens oder der Betriebsstätte aus unangemessen Gestaltungen, deren wesentlicher Zweck darin besteht, einen steuerlichen Vorteil zu erlangen, in die Steuerbemessungsgrundlage einbezogen werden. Dabei ist eine Gestaltung (oder eine Abfolge von Gestaltungen) gemäß Art. 7 Abs. 2 lit. b S. 2 ATAD als unangemessen anzusehen, sofern das Unternehmen oder die Betriebsstätte nicht selbst Eigentümer der Vermögenswerte wäre oder die Risiken, aus denen seine gesamten Einkünfte oder Teile davon erzielt werden, nicht eingegangen wäre, wenn es nicht von einer Gesellschaft beherrscht würde, deren Entscheidungsträger die für diese Vermögenswerte und Risiken relevanten Aufgaben ausführen, die für die Erzielung der Einkünfte des beherrschten Unternehmens ausschlaggebend sind. Hinter dieser unglücklichen Formulierung verbirgt sich letztlich die Frage, ob das beherrschte Unternehmen auch dann Eigentümer der Vermögenswerte wäre oder die Risiken übernommen hätte, wenn keine Einflussnahme durch den beherrschenden Gesellschafter stattgefunden hätte. Mit Blick auf die englische Formulierung der ATAD, die ausdrücklich von „significant people functions" spricht, wird deutlich, dass es hier um eine von den Verrechnungspreisen bekannte Funktionsanalyse geht.[306] Eine Gestaltung ist vor diesem Hintergrund dann unangemessen, wenn die wesentlichen Funktionen, die von Mitarbeitern des Unternehmens für die relevanten Vermögenswerte

305 Eine Detailbetrachtung der einzelnen Tätigkeiten erfolgt im Rahmen des vierten Kapitels bei der sekundärrechtlichen Bewertung der nationalen Umsetzungsmaßnahme.

306 So auch: *Zieglmaier*, Die Hinzurechnungsbesteuerung als Instrument gegen Steuerumgehung, 2018, S. 218 f.; *Orlet/Pinetz*, in: Hagemann/Kahlenberg, Anti Tax Avoidance Directive (ATAD) Kommentar, Art. 7 Rn. 197.

und Risiken ausgeübt werden, gerade nicht bei der beherrschten Gesellschaft, sondern bei dem beherrschenden Gesellschafter angesiedelt sind.[307]

Ausweislich der Erwägungsgründe kann mit der Funktionsanalyse der Verwaltungsaufwand und die Befolgungskosten geringgehalten werden, sodass diese Alternative insbesondere für kleinere Mitgliedstaaten, die noch über keine Hinzurechnungsbesteuerung verfügen, in Frage kommt.[308] Gleichzeitig liegt es in der Natur einer Substanzanalyse, dass ihr Anwendungsbereich abstrakt formuliert und damit schwer abgrenzbar ist. Mithin handelt es sich bei Option B der ATAD um eine entschärfte Hinzurechnungsbesteuerung, die es den Mitgliedstaaten ermöglicht, weiterhin als Holdingstandort attraktiv zu bleiben.[309] Das Dilemma der ATAD-Hinzurechnungsbesteuerung wird deutlich: Die beiden Konzepte sind schon im Ausgangspunkt unterschiedlich streng, können aber alternativ umgesetzt werden. Einerseits besteht für die Mitgliedstaaten, die bisher ohne Hinzurechnungsbesteuerungsregelung ausgekommen sind, die Möglichkeit, sich für die vergleichsweise zahnlose Funktionsanalyse zu entscheiden, um ihrer Umsetzungsverpflichtung nachzukommen. Auf der anderen Seite müssen die Mitgliedstaaten, die bereits eine strenge Hinzurechnungsbesteuerung auf Basis eines katalogisierenden Ansatzes verfolgen, gegebenenfalls im Rahmen ihrer Umsetzungsverpflichtung ihre Regelung punktuell weiter verschärfen, solange sie konzeptionell an Option A der ATAD festhalten wollen.

### *d) Substanztest*

Der Passivkatalog des Art. 7 Abs. 2 lit. a ATAD findet gemäß Art. 7 Abs. 2 lit. a S. 2 ATAD keine Anwendung, wenn das beherrschte ausländische Unternehmen gestützt auf Personal, Ausstattung, Vermögenswerte und Räumlichkeiten eine wesentliche wirtschaftliche Tätigkeit ausübt. Dabei scheint der Substanztest der ATAD nicht von einer segmentierenden Betrachtung auszugehen, sondern einen „alles oder nichts-Ansatz“ zu verfolgen. Dies ergibt sich

---

307 In dieser abweichenden Definition der „unangemessenen Gestaltung“ unterscheidet sich die Substanzanalyse des Art. 7 Abs. 2 lit. b ATAD von den Anti-Missbrauchsbestimmungen in Art. 6 ATAD und Art. 1 Abs. 2 MTRL, vgl. *Orlet/Pinetz*, in: Hagemann/Kahlenberg, Anti Tax Avoidance Directive (ATAD) Kommentar, Art. 7 Rn. 198 m.w.N.

308 Richtlinie 2016/1164/EU des Rates vom 12. Juli 2016, Erwägungsgrund 12.

309 *Orlet/Pinetz*, in: Hagemann/Kahlenberg, Anti Tax Avoidance Directive (ATAD) Kommentar, Art. 7 Rn. 218; *Linn*, IStR 2016, 645 (647); *Schnitger/Nitzschke/Gebhardt*, IStR 2016, 960 (970).

zum einen aus der Verwendung des Wortes „wenn“ anstelle von „soweit“ und zum anderen aus der Formulierung „dieser Buchstabe [der gesamte (!) Passivkatalog des Art. 7 Abs. 2 lit. a ATAD, Anm. des Verf.] findet keine Anwendung“. In der Konsequenz wird die Subtanzausnahme nicht für verschiedene passive Einkünfte separat geprüft, sondern auf das Unternehmen als solches angewendet.[310]

Der Aktivitätstest findet seinen Ursprung in dem *Cadbury Schweppes* Urteil[311], auch wenn der Wortlaut „wesentliche wirtschaftliche Tätigkeit“ von der weiten Formulierung „wirkliche wirtschaftliche Tätigkeit“ im Urteil abweicht. Er ist verpflichtend für Sachverhalte innerhalb des EU/EW-Raums (Art. 7 Abs. 2 S. 2 ATAD). Für Drittstaatensachverhalte lässt die Richtlinie den Mitgliedstaaten die Wahl, ob dort auch der Aktivitätstest gelten sollte (Art. 7 Abs. 2 S. 3 ATAD). Inwieweit dieser Substanztest den Anforderungen des Primärrechts vor dem Hintergrund der jüngeren Missbrauchsrechtsprechung des EuGH genüge tut, wird im dritten Kapitel noch zu prüfen sein.

### e) Freigrenze

Falls die Definition der passiven Einkünfte über einen Passivkatalog im Sinne des Art. 7 Abs. 2 lit. a ATAD erfolgt,[312] räumt Art. 7 Abs. 3 ATAD den Mitgliedstaaten zwei optionale Möglichkeiten ein, die Hinzurechnungsbesteuerung in bestimmten Fällen nicht anzuwenden. Eine Hinzurechnungsbesteuerung kann nach Art. 7 Abs. 3 S. 1 ATAD zum einen dann unterbleiben, wenn maximal 33,33 % der gesamten Einkünfte des Unternehmens passiv sind.[313] Darüber

---

310 So auch *Böhmer/Gebhardt/Krüger*, in: Hagemann/Kahlenberg, Anti Tax Avoidance Directive (ATAD) Kommentar, Art. 7 Rn. 173 f., wobei systematisch eine segmentierende Betrachtungsweise insbesondere vor dem Hintergrund, dass die unterschiedlichen Einkünftekategorien unterschiedliche Subtanzlevel erfordern können, überzeugender erscheint.

311 EuGH v. 12.09.2006, C-196/04, *Cadbury Schweppes*, ECLI:EU:C:2006:544.

312 Auch hier wird die unterschiedliche Systematik der ATAD zur deutschen Regelung deutlich: Die ATAD vollzieht die Prüfung der passiven Einkünfte erst auf einer zweiten Stufe nach Bejahung der anderen Tatbestandsvoraussetzungen und spricht insoweit bereits von der „Berechnung der Steuerbemessungsgrundlage nach Absatz 2 Buchstabe a“.

313 Die deutsche Regelung des § 9 AStG ist hier deutlich strenger (und damit richtlinienkonform). Damit dort die Hinzurechnungsbesteuerung nicht greift, dürfen nur 10 % der Einkünfte passiv sein und zusätzlich kumulativ die außer Ansatz zu lassenden Beträge 80.000 € nicht übersteigen.

hinaus können die Mitgliedstaaten Finanzunternehmen[314] von der Hinzurechnungsbesteuerung ausnehmen, wenn maximal 33,33 % der gesamten Einkünfte aus Transaktionen mit dem Steuerpflichtigen oder seinem verbundenen Unternehmen stammt, Art. 7 Abs. 3 S. 2 ATAD I.[315]

Entscheidet sich der Mitgliedstaat gegen den Passivkatalog und für einen Principle Purpose Test im Sinne des Art. 7 Abs. 2 lit. b ATAD, so sieht Art. 7 Abs. 4 ATAD ebenfalls eine optionale Nichtaufgriffsgrenze vor. Trotz Nichtbestehens des Tests kann ein Unternehmen von der Hinzurechnungsbesteuerung ausgenommen werden, wenn die Buchgewinne 750.000 € und deren nicht kommerzielle Einkünfte 75.000 € nicht übersteigen (absolute Freigrenze des Art. 7 Abs. 4 lit. a ATAD) oder die Buchgewinne nicht mehr als 10 % der betrieblichen Aufwendungen für den Steuerzeitraum ausmachen (relative Freigrenze des Art. 7 Abs. 4 lit. b ATAD).

## *2. Rechtsfolge der Hinzurechnungsbesteuerung*

### *aa) Grundkonzeption: Ausschüttungsabhängiger Transactional Approach*

Wie im Abschnitt „passive Einkünfte“ gesehen erfolgt bei beiden Alternativkonzepten die Hinzurechnungsbesteuerung nur bezüglich der nichtausgeschütteten Einkünfte des Unternehmens oder der Betriebsstätte. Dabei wird nicht der „Entity Approach“, bei dem entweder alle oder keine Einkünfte der Hinzurechnungsbesteuerung unterliegen, sondern der „Transactional Approach“, bei dem für Besteuerungszwecke zwischen aktiven und passiven Einkünften differenziert wird, angewendet.[316]

Art. 8 ATAD regelt dabei die Berechnung der Einkünfte eines beherrschten ausländischen Unternehmens. Rechtstechnisch werden in einem ersten Schritt auf der Ebene der ausländischen Gesellschaft die einzubeziehenden Einkünfte ermittelt und bei dem unbeschränkt Steuerpflichtigen angesetzt. In einem zweiten Schritt erfolgt auf Ebene des Steuerpflichtigen die Einkünftequalifikation und Besteuerung.

---

314 Der Begriff des „Finanzunternehmens“ ist in Art. 2 Abs. 5 ATAD legal definiert.

315 Eine solche Nichtaufgriffsgrenze existiert im deutschen Recht nicht; eine Umsetzungspflicht diesbezüglich besteht aber aufgrund von Art. 3 ATAD und dem Wortlaut „kann“ nicht.

316 Im Entwurf der ATAD aus dem Januar 2016 war noch kein transactional approach vorgesehen, vgl. *Zieglmaier,* Die Hinzurechnungsbesteuerung als Instrument gegen Steuerumgehung, 2018, S. 261. Zudem lässt sich dem Erwägungsgrund 12 entnehmen, dass auch eine alternative Ausgestaltung als entity approach möglich ist.

#### bb) *Ermittlung der einzubeziehenden Einkünfte und Zuordnung zum Steuerpflichtigen*

##### (1) Ermittlung der einzubeziehenden Einkünfte

Art. 8 ATAD sieht in Absatz 1 und 2 je nach gewähltem Alternativkonzept eine eigene Einkünfteermittlungsvorschrift vor. Entscheidet sich ein Mitgliedstaat für den kategorisierenden Ansatz des Art. 7 Abs. 2 lit. a ATAD, so ergibt sich für die Hinzurechnungsbesteuerung der Höhe nach, dass die passiven Einkünfte nach den Körperschaftsteuervorschriften des Ansässigkeits- oder Belegenheitsstaates des Steuerpflichtigen berechnet werden (Art. 8 Abs. 1 S. 1 ATAD). Insofern können die Erträge des beherrschten ausländischen Unternehmens um damit im Zusammenhang stehende Betriebsausgaben gekürzt werden und gleichzeitig finden etwaige Abzugsverbote und Steuerbefreiungen Anwendung.[317] Verluste werden gemäß Art. 8 Abs. 1 S. 2 ATAD nicht in die Steuerbemessungsgrundlage einbezogen, sondern können nach den Vorgaben des nationalem Rechts (nur) vorgetragen und in den nachfolgenden Steuerzeiträumen berücksichtigt werden.

Wurde sich für die Funktionsanalyse des Art. 7 Abs. 2 lit. b ATAD entschieden, so ist für die Ermittlung der schädlichen Einkünfte Art. 8 Abs. 2 ATAD heranzuziehen. Korrespondierend zur Tatbestandsseite wird gemäß Art. 8 Abs. 2 S. 1 ATAD der hinzuzurechnende Betrag auf die Einkünfte beschränkt, die mit Vermögenswerten und Risiken erzielt wurden, bei denen die „significant people functions" vom beherrschenden Unternehmen ausgeführt werden. Die Zurechnung der Einkünfte des beherrschten ausländischen Unternehmens soll dabei nach dem Fremdvergleichsgrundsatz erfolgen, Art. 8 Abs. 2 S. 2 ATAD.

##### (2) Zuordnung zum Steuerpflichtigen

Die so ermittelten Einkünfte werden gemäß Art. 8 Abs. 3 ATAD anteilig zu der vom Steuerpflichtigen an dem Unternehmen gehaltenen Beteiligung im Sinne von Art. 7 Abs. 1 lit. a ATAD berechnet und in die Steuerbemessungsgrundlage des Steuerpflichtigen einbezogen. Durch den Verweis auf die Beteiligung an den Stimmrechten, am Kapital oder am Gewinn der Gesellschaft wird deutlich, dass die Zuordnung anhand des Kriteriums erfolgt, welches auch zur Beherrschung des ausländischen Unternehmens geführt hat.[318] Einer besonderen

---

317 *Böhmer/Gebhardt/Krüger*, in: Hagemann/Kahlenberg, Anti Tax Avoidance Directive (ATAD) Kommentar, Art. 8 Rn. 9 f.

318 So auch *Zieglmaier*, Die Hinzurechnungsbesteuerung als Instrument gegen Steuerumgehung, 2018, S. 261. Eine solche Identität von Beherrschungsquote und Hinzurechnungsquote kann man aufgrund des offenen Wortlautes (es wird zwar auf

Regelung für nachgeschaltete Gesellschaften bedarf es nicht, da deren passive Einkünfte dem Steuerpflichtigen auch in Höhe seiner Beteiligung zugerechnet werden.

#### *cc) Qualifizierung und Besteuerung des Hinzurechnungsbetrags*

Gemäß Art. 8 Abs. 4 ATAD sind die Einkünfte in den Steuerzeitraum des Steuerpflichtigen einzubeziehen, in dem das Steuerjahr des beherrschten ausländischen Unternehmens endet. Darüber hinaus bleibt die ATAD auf Ebene des Steuerpflichtigen vage: Zum einen schweigt sie bezüglich der Technik des Einbezugs, sodass sowohl ein „look-through approach“, als auch ein „deemed dividend approach“ möglich erscheint.[319] Zum anderen lassen sich auch keine Vorgaben zum anzuwendenden Steuersatz finden, sodass theoretisch auch ein Sondersteuersatz zulässig wäre.[320]

#### *dd) Vermeidung von Doppelbesteuerung*

(1) Anrechnung ausländischer Steuern

Gemäß Art. 8 Abs. 7 ATAD können die von dem Unternehmen oder der Betriebsstätte entrichteten Steuern bei dem Steuerpflichtigen in dem Land seines Steuersitzes oder Steuerstandorts von der Steuerschuld abgezogen werden, wobei sich der Abzug nach den nationalen Rechtsvorschriften berechnet. Insofern handelt es sich trotz der Verwendung des Wortes „Abzug“ nicht um einen Abzug der ausländischen Steuer wie eine Betriebsausgabe, sondern um eine Steueranrechnung.[321] Weitere Fragen drängen sich durch die ungenaue Formulierung „von dem Unternehmen oder der Betriebsstätte entrichtete Steuer“ auf: Vom Wortlaut her dürfte bei Beteiligungsstrukturen mit mehreren

---

Art. 7 Abs. 1 lit. a ATAD verwiesen, dabei aber von „Beteiligung“ und nicht von „Beherrschung“ gesprochen) jedoch auch bestreiten, vgl. *Böhmer/Gebhardt/Krüger*, in: Hagemann/Kahlenberg, Anti Tax Avoidance Directive (ATAD) Kommentar, Art. 8 Rn. 18 f.

319 Es lässt sich aber eine Tendenz für die unmittelbare Einkünftezurechnung erkennen, vgl. *Böhmer/Gebhardt/Krüger*, in: Hagemann/Kahlenberg, Anti Tax Avoidance Directive (ATAD) Kommentar, Art. 7 Rn. 251.

320 *Böhmer/Gebhardt/Krüger*, in: Hagemann/Kahlenberg, Anti Tax Avoidance Directive (ATAD) Kommentar, Art. 8 Rn. 3.

321 Vgl. *Böhmer/Gebhardt/Krüger*, in: Hagemann/Kahlenberg, Anti Tax Avoidance Directive (ATAD) Kommentar, Art. 8 Rn. 64. Der „Abzug von der Steuerschuld“ setzt auf Gesellschafterebene an und nicht auf Gesellschaftsebene wie ein Betriebsausgabenabzug.

beherrschten ausländischen Gesellschaften keine Anrechnung von Hinzurechnungssteuern aus anderen Staaten möglich sein, da ausdrücklich nur die entrichteten Steuern von dem Unternehmen, dessen Einkünfte hinzugerechnet werden, erfasst sind.[322] Mit Blick auf den in den Erwägungsgründen formulierten Sinn und Zweck der umfänglichen Vermeidung von Doppelbesteuerung[323] muss man jedoch zu einer anderen Auslegung kommen. Auch die Behandlung einer durch die beherrschte ausländische Gesellschaft abgeführten Quellensteuer ist fraglich.[324]

(2) Nachfolgende Gewinnausschüttungen und Veräußerungsgewinne

Art. 8 Abs. 5 und 6 ATAD wollen eine Doppelbesteuerung im Ausschüttungs- bzw. Veräußerungsfall verhindern. Gemäß Art. 8 Abs. 5 ATAD unterliegen Dividenden insoweit nicht der Besteuerung beim Anteilseigner, als sie bereits im Rahmen der Hinzurechnungsbesteuerung in die Steuerbemessungsgrundlage einbezogen wurden. Die Verhinderung der Doppelbesteuerung wird nicht durch eine Dividendenfreistellung erreicht, sondern dadurch, dass die zuvor zugerechneten passiven Einkünfte des beherrschten ausländischen Unternehmens von der Bemessungsgrundlage abgezogen werden. Für den Veräußerungsfall sieht Art. 8 Abs. 6 ATAD korrespondierend dazu vor, dass der Teil des Veräußerungserlöses, der zuvor in die Steuerbemessungsgrundlage des Steuerpflichtigen einbezogen wurde, von der Bemessungsgrundlage abgezogen wird. Auch hier offenbaren sich wieder sprachliche Ungenauigkeiten: „Erlöse aus der Veräußerung" können nicht zuvor der Hinzurechnungsbesteuerung unterlegen haben; es geht vielmehr darum, dass die von Art. 7 ATAD erfassten passiven Einkünfte, die zu einer Erhöhung der Veräußerungserlöses geführt haben, von der Bemessungsgrundlage abgezogen werden.[325]

## III. Dritte Bündelung: Gut gemeint, schlecht gemacht?

Mit der ATAD wurde nun auf europäischer Ebene ein erster Schritt in Richtung einer einheitlichen Umsetzung der BEPS-Maßnahmen unternommen,

---

322 Kahlenberg/Prusko sprechen von dem Erfordernis der Steuersubjektidentität, vgl. *Kahlenberg/Prusko*, IStR 2017, 304 (309).

323 Vgl. Richtlinie 2016/1164/EU des Rates vom 12. Juli 2016, Erwägungsgrund 5.

324 Gegen eine solche Anrechnungsmöglichkeit *Böhmer/Gebhardt/Krüger*, in: Hagemann/Kahlenberg, Anti Tax Avoidance Directive (ATAD) Kommentar, Art. 8 Rn. 57 (S. 708); *Schnitger/Nitzschke/Gebhardt*, IStR 2016, 960 (974). Dafür: *Kahlenberg/Prusko*, IStR 2017, 304 (309).

325 Vgl. *Schnitger/Nitzschke/Gebhardt*, IStR 2016, 960 (973).

indem einige Punkte des OECD-Aktionsplans aufgegriffen und für die EU-Mitgliedstaaten rechtsverbindlich geregelt wurden. Das Ziel der EU-Kommission, in Europa einheitliche und faire steuerliche Wettbewerbsbedingungen zu schaffen, ist begrüßenswert. Denn mit der Angleichung von nationalen Steuersystemen erhöht sich grundsätzlich auch der Schutz des Binnenmarktes vor schädlichem Steuerwettbewerb und aggressiver Steuerplanung. Auch für den Steuerpflichtigen ist es mit Blick auf die Befolgungskosten von Vorteil, wenn er sich nur an einem einheitlichen Regelungskorsett halten und sein Verhalten nicht an in jedem Staat unterschiedliche Regelungen anpassen muss.[326]

Die ATAD setzt auch ein steuerpolitisches Ausrufezeichen bei der europäischen ertragsteuerlichen Gesetzgebung. Die Richtlinie wurde in Rekordzeit und trotz des Einstimmigkeitserfordernisses verabschiedet. Aus diesem Befund lässt sich aber auch bereits die Problematik ableiten: Zum einen bringt der schnelle Einigungsprozess wie gesehen Unschärfen sowohl im Gesetzeswortlaut als auch in der Gesetzessystematik mit sich. Für die ATAD-Hinzurechnungsbesteuerung wird daher zu untersuchen sein, ob die Ausgestaltung den Anforderungen der Grundfreiheiten genügt. In der *Cadbury Schweppes* Entscheidung des EuGH aus dem Jahr 2006 war die Rechtfertigung einer Beschränkung der Niederlassungsfreiheit mit Gründen der Bekämpfung missbräuchlicher Praktiken nur möglich, wenn das spezifische Ziel der Beschränkung darin liegt, Verhaltensweisen zu verhindern, die darin bestehen, rein künstliche, jeder wirtschaftlichen Realität bare Gestaltungen zu dem Zweck zu errichten, der Steuer zu entgehen.[327] Eine rein künstliche Gestaltung liegt dabei vor, wenn die beherrschte ausländische Gesellschaft nur mit einer fiktiven Ansiedlung zusammenhängt, die keine wirkliche wirtschaftliche Tätigkeit im Hoheitsgebiet des Aufnahmemitgliedstaats entfaltet.[328] Bei dem katalogisierenden Ansatz (Option A) wurde zwar eine an diese Rechtsprechung angelehnte Substanzausnahme eingefügt, sie unterscheidet sich aber im Wortlaut von der Rechtsprechung („wesentliche wirtschaftliche Tätigkeit“ statt „wirkliche wirtschaftliche Tätigkeit“). Zudem sieht die Richtlinie für die Mitgliedstaaten die Möglichkeit vor, den Substanztest nicht gegenüber Drittstaaten zu gewähren. Ist es aber gerade primärrechtlich geboten, den Substanztest gegenüber Drittstaaten zu gewähren? Die Beantwortung dieser Frage hängt entscheidend vom Verhältnis von der auch für Drittstaaten geltenden Kapitalverkehrsfreiheit

---

326 *Lüdicke/Oppel*, BB 2016, 351 (356); *Eilers/Oppel*, IStR 2016, 312 (319).

327 EuGH v. 12.09.2006, C-196/04, *Cadbury Schweppes*, ECLI:EU:C:2006:544, Rn. 55.

328 EuGH v. 12.09.2006, C-196/04, *Cadbury Schweppes*, ECLI:EU:C:2006:544, Rn. 68.

und der Niederlassungsfreiheit ab. Und schließlich muss auch untersucht werden, ob die Funktionsanalyse (Option B) den Anforderungen der EuGH-Rechtsprechung genügt.

Zum anderen verlangt das Einstimmigkeitserfordernis des Art. 115 AEUV von den Mitgliedstaaten einen Kompromiss, der sich in der Ausgestaltung der Richtlinie als Mindeststandard manifestiert. Art. 3 ATAD stellt zwar einerseits insofern einen „Standard nach unten" auf, als dass die mitgliedstaatlichen Regelungen den in der ATAD niedergeschriebenen Mindestanforderungen entsprechen müssen und nicht zugunsten der Steuerpflichtigen abweichen dürfen. Andererseits stellt diese Schutzverstärkungsklausel aber auch sicher, dass die Mitgliedstaaten auch weiterhin ihre strengeren, über die Bestimmungen der ATAD hinausgehenden, Abwehrregelungen beibehalten können und ermöglicht auch die spätere Vornahme von entsprechenden Verschärfungen. Das damit einhergehende Problem kann am Beispiel der Hinzurechnungsbesteuerung festgemacht werden: Der von der ATAD vorgeschriebene „Standard nach unten" fällt teilweise sehr gering aus. Erstens sind die beiden Alternativkonzepte der Hinzurechnungsbesteuerung – katalogisierender Ansatz (Option A) und Funktionsanalyse (Option B) – schon im Ausgangspunkt unterschiedlich streng; bei Option B handelt es sich wie gesehen um eine entschärfte Hinzurechnungsbesteuerung.[329] Zweitens fehlt es der ATAD-Hinzurechnungsbesteuerung an einer dem § 8 Abs. 3 S. 2 AStG vergleichbaren Regelung zur Adressierung des „Malta Modells", bei dem durch die Ausnutzung einer formalen Normalbesteuerung, die Tatbestandsvoraussetzung der Niedrigbesteuerung und damit die Hinzurechnungsbesteuerung umgangen wird.[330] Und drittens haben Länder wie Luxemburg eine ausgeprägte Anzahl von Personengesellschaften als Holding-Gesellschaften, die aufgrund von Art. 1 ATAD nicht unter den Anwendungsbereich der Richtlinie fallen. Mithin können Mitgliedstaaten (durch Ausnutzung von in der ATAD vorgesehenen Wahlrechten) bewusst nur den wirkungsarmen Mindeststandart erfüllen, um als Holding-Standort attraktiv zu bleiben. Gleichzeitig kann die Umsetzungsverpflichtung aber auch – zu Lasten des Steuerpflichtigen – zu einer punktuellen Verschärfung von ohnehin schon strengen, vorhandenen nationalen Regelungen führen. Kann man bei dieser „Rosinenpickerei" wirklich von einheitlichen Regelungen und Harmonisierung sprechen? Vor diesem Hintergrund wird insbesondere die Gesetzgebungskompetenz der EU näher zu untersuchen sein. Zudem muss auch im

329 Vgl. 96.
330 Vgl. 54.

Blick behalten werden, dass aufgrund des Einstimmigkeitserfordernisses die Gefahr einer „Versteinerung“ der europäischen Missbrauchsbekämpfungsbemühungen besteht.[331]

## D. Zusammenfassung der Ausgangslage: Das tropische Paradies nach einem Orkan?

In dem zu Beginn des Kapitels angeführten Zitat beschreibt *Frans Vanistendaels* das internationale Steuerrecht in der Welt nach BEPS als ein tropisches Paradies nach einem Orkan. In der Tat hat der im Oktober 2015 von den OECD/G20-Staaten verabschiedete BEPS-Aktionsplan einen merklichen und anhaltenden Wandel im internationalen Steuerrecht bewirkt. Speziell für die Hinzurechnungsbesteuerung ist festzuhalten, dass mit dem Aktionspunkt 3 Hinweise gegeben werden, wie ein effektives Regelungssystem entwickelt werden kann. Allerdings sind die Vorschläge der OECD wie gesehen zum Teil vage und enthalten wenig Konkretes, was über die deutsche Hinzurechnungsbesteuerung hinausgeht.[332] Eine rechtliche Verpflichtung zur Umsetzung besteht aber ohnehin nicht. Es handelt sich lediglich um eine unverbindliche Absichtserklärung, bei der selbst die politische Erwartungshaltung nicht einmal auf die Orientierung an den OECD-Empfehlungen gerichtet ist, sondern Aktionspunkt 3 als bloße Hilfestellung bei der Konzeption nationaler Maßnahmen begriffen wird („best practice“). Vor diesem Hintergrund muss das Zitat von *Frans Vanistendaels* für die Zwecke der Hinzurechnungsbesteuerung relativiert werden. Bei „BEPS Action 3: Strengthening CFC Rules“ handelt es sich weniger um einen Orkan, als vielmehr um ein – in der meteorologischen Metapher bleibend – Tiefdruckgebiet.

Dieses internationale Tiefdruckgebiet ist aber insofern zu einem europäischen Orkan geworden, als dass die Impulse des OECD Aktionsplans durch die ATAD teilweise verpflichtend und abgestimmt in die nationalen Gesetze der EU-Mitgliedstaaten übertragen wurden. Die europäische Steuerpolitik hat sich dieser neuen Entwicklung nicht verschlossen. Neben dem Abbau steuerlicher Behinderungen für die grenzüberschreitende Betätigung steht nun auch der Schutz des Binnenmarktes vor schädlichem Steuerwettbewerb und aggressiver

---

331 *Oppel*, IStR 2016, 797 (803).

332 So auch *Kraft*, in: Kraft, AStG, Vor §§ 7–14 AStG, Rn. 242. Vgl. für eine tabellarische Gegenüberstellung von deutscher Hinzurechnungsbesteuerung, BEPS AP 3 und ATAD auch *Zieglmaier*, Die Hinzurechnungsbesteuerung als Instrument gegen Steuerumgehung, 2018, S. 169 ff.

Steuerplanung umfassend auf der Agenda. Mit Blick auf die robuste, aber vielfach kritisierte deutsche Hinzurechnungsbesteuerungsregelung ist dieser Orkan, der den nationalen Gesetzgeber zur Umsetzung verpflichtet, zu begrüßen. Gleichwohl zeigt die vorgenommene Betrachtung der ATAD und ihrer Hinzurechnungsbesteuerung teilweise erhebliche Schwächen auf: Für die politische Einigung bedurfte es zwar nur etwas mehr als fünf Monate, dafür beinhaltet die Richtlinien aber wie gesehen sprachliche Ungenauigkeiten und konzeptionelle Unschärfen. Insofern kann man durchaus von Symbolik und Aktivismus sprechen.[333] Das Dilemma der ATAD-Hinzurechnungsbesteuerung wird dadurch verstärkt, dass die beiden Alternativkonzepte schon im Ausgangspunkt unterschiedlich streng sind und Mitgliedstaaten einerseits mit der vergleichsweise zahnlosen Funktionsanalyse ihrer Umsetzungsverpflichtung nachkommen können, wohingegen andererseits Steuerpflichtige in Mitgliedstaaten, die bereits eine strenge Hinzurechnungsbesteuerung auf Basis eines katalogisierenden Ansatzes verfolgen, im Rahmen der Umsetzungsverpflichtung mit punktuellen Verschärfungen rechnen müssen. Vor diesem Hintergrund ist ernsthaft zu bezweifeln, ob der europäische Hinzurechnungsbesteuerungsorkan diesbezüglich ein tropisches Paradies in Form eines „level playing field“ schaffen kann oder zu einer „Verschlimmbesserung“ führt.

333 So *Kraft*, in Kraft, AStG, Vor. §§ 7–14 AStG, Rn. 242 ff., mit dem Hinweis, dass die entscheidenden Problembereiche gerade nicht von der ATAD (und auch nicht von der OECD) geregelt worden sind.

# 3. Kapitel: Vereinbarkeit der Art. 7 und 8 ATAD mit EU-Primärrecht

*„Wenn die nationalen Durchführungsmaßnahmen EU-weit einheitlich ausgerichtet sind, haben die Steuerpflichtigen nicht zuletzt die Gewähr, dass die betreffenden Maßnahmen mit dem Unionsrecht in Einklang stehen.“*[334]

## A. Primärrechtliche Immunisierung von Richtlinien?

Hat der Unionsgesetzgeber bei der Ausgestaltung von sekundärem Unionsrecht einen größeren Gestaltungsspielraum in Bezug auf das europäische Primärrecht als es der Mitgliedstaatliche Gesetzgeber bei seiner nationalen Rechtsetzung hätte? Mit anderen Worten: Würde der EuGH Maßnahmen der ATAD als primärrechtskonform einstufen, obwohl er bei der gleichen, rein nationalen Regelung zu einer anderen Wertung käme? In Erwägungsgrund 2 der ATAD findet sich das eingangs zitierte „doppelte“ Versprechen an die Steuerpflichtigen. Doppelt insofern, als das zum einen versichert wird, dass die ATAD selbst mit dem Primärrecht vereinbar ist und zum anderen, dass das nationale Umsetzungsrecht – weil und soweit es die ATAD umsetzt – nicht gegen Unionsrecht verstößt. Während auf das zweite Versprechen im fünften Kapitel zurückzukommen sein wird, soll an dieser Stelle der Frage nachgegangen werden, ob die Aussage in Erwägungsgrund 2 auch so verstanden werden kann, dass die ATAD als europäisches Sekundärrecht gegen das Primärrecht immunisiert ist.

Als Steuerjurist muss man überzeugenderweise „Nein!“ sagen, „Lex superior derogat legi inferiori – das höherrangige Recht verdrängt das niederrangige.“. Die EU Rechtsordnung ist auf einer Hierarchie von Regeln aufgebaut, in der das Primärrecht an der Spitze steht und verschiedene Rechtsakte des Sekundärrechts darunter angesiedelt sind, wobei eine etwaige Normenkollision mit den Gesetzen der Mitgliedstaaten durch die Kollisionsregel des Anwendungsvorrangs des Unionsrechts aufgelöst wird[335]. Selbstverständlich hat auch der Unionsgesetzgeber einen eigenständigen Gestaltungsspielraum bei der Rechtsetzung in dem er sich bewegen kann. Innerhalb seines

334 Richtlinie 2016/1164/EU des Rates vom 12. Juli 2016, Erwägungsgrund 2.
335 Vgl. dazu 197.

„Normenarchitektenbüros“ kann er grundsätzlich nach seinem Ermessen Regelungen entwerfen; aus dem Grundsatz der Gewaltenteilung ergibt sich die Notwendigkeit der richterlichen Selbstbeschränkung[336]. Die Wertungen des Gesetzgebers sollen nicht durch die Wertungen der Rechtsprechung ersetzt werden. Nun mag der Gestaltungsspielraum für den Unionsgesetzgeber sogar weiter sein als für den nationalen Gesetzgeber[337], weshalb zum Beispiel Urteile, in denen Sekundärrecht einer grundfreiheitlichen Überprüfung unterzogen wird, eine Ausnahme darstellen[338]. Dem Unionsgesetzgeber darf es aber nicht möglich sein, durch Sekundärrecht Recht zu setzen, welches uneingeschränkt gegenüber dem europäischen Primärrecht immunisiert ist. Denn neben dem Lex-superior-Grundsatz sprechen auch allgemeine europäische und nationale Rechtsprinzipien wie das Rechtsstaats- und Demokratieprinzip gegen eine primärrechtliche Immunisierung.[339] Der Schutz durch das EU-Primärrecht – insbesondere durch die Grundfreiheiten – ist ein essenzieller Bestandteil der Europäischen Integration. Dabei sind nicht nur die Mitgliedstaaten, sondern auch die Organe der EU selbst an die in den Verträgen festgelegten Ziele, Bedingungen und Befugnisse gebunden, vgl. Art. 13 Abs. 2 S. 1 EUV. Der EuGH hat festgestellt, dass die Verträge der Europäischen Union und gleichsam die tragenden Prinzipien die Grundlage, den Rahmen und die Grenze aller Rechtsakte der Union bilden.[340] Auch von Richtlinien darf nur unter Beachtung der grundlegenden Bestimmungen des Vertrags Gebrauch gemacht werden.[341]

Festzuhalten bleibt, dass dem Sekundärrecht die Wirkkraft fehlt, das Primärrecht außer Kraft zu setzen.[342] Mithin muss auch die ATAD den Vorgaben

---

336 Sog. „judical self-restraint“. Dazu ausführlich: *Cordewener*, EC Tax Review 2017, 60 (65); *Hatje*, in: von der Groeben/Schwarze/Hatje, EU-Kommentar, 4.A. 2019, Art. 13 EUV Rn. 31 ff.; vgl. z.B. auch: EuGH v. 18.04.2013, C-413/11, *Germanwings*, ECLI:EU:C:2013:246 Rn. 16.

337 *Hey*, StuW 2017, 248 (254): „Diese Zurückhaltung hat im Bereich des Europarechts noch mehr Berechtigung als im Verfassungsrecht, weil die Europäische Union durch einen dynamischen Integrationsprozess (Art. 1 Abs. 2 AEUV) gekennzeichnet ist und Ausmaß in erster Linie politisch durch die Mitgliedstaaten bestimmt wird. Deshalb muss insb. einstimmig erlassenen Rechtsakten, die von allen Mitgliedstaaten getragen werden, Konkretisierungsfunktion beigemessen werden.“

338 *Teichmann*, in: FS Scheuing, 2011, S. 735 (744 ff.).

339 *Schönfeld/Ellenrieder*, StuW 2019, 253 (255).

340 EuGH v. 05.10.1978, C-26/78, *Viola*, ECLI:EU:C:1978:172, Rn. 9.

341 Vgl. nur EuGH v. 02.09.2015, C-386/14, *Groupe Steria*, ECLI:EU:C:2015:524 und die dort in Rn. 39 aufgeführte Rechtsprechung.

342 So auch *Hey*, StuW 2017, 248 (254); *Schönfeld/Ellenrieder*, StuW 2019, 253 (260).

des Primärrechts entsprechen. Insofern wird nachfolgend einerseits zu untersuchen sein, ob die Richtlinie die formalen Grenzen, die das Primärrecht aufstellt – namentlich die Regelungen zur Kompetenzverteilung zwischen der EU und den Mitgliedstaaten – einhält oder ob eine Kompetenzüberschreitung vorliegt. Darüber hinaus müsste die ATAD auch die materiellen Grenzen einhalten. Als materielle Grenze sind insbesondere die Grundfreiheiten relevant. Der Unionsgesetzgeber ist Adressat der Grundfreiheiten, wie auch der EuGH in ständiger Rechtsprechung betont.[343] Allerdings besteht für den Unionsgesetzgeber wie zuvor schon angedeutet ein weitgehender Ermessensspielraum. Insofern kann man aber nicht schon von einer primärrechtlichen Immunisierung des Sekundärrechts sprechen. Denn die nur eingeschränkte Justiziabilität erklärt sich für die Grundfreiheiten aus ihrer Parallelität zum Sekundärrecht: Beides sind Instrumente zur Verwirklichung des Binnenmarktes. Es ist unmittelbar einleuchtend, dass dem Sekundärrecht nicht die gleiche Gefahr der wettbewerbsverzerrenden Wirkung inhärent ist, wie den unabgestimmten Regelungen der einzelnen Mitgliedstaaten: Unionsweit einheitliche Regelungen wirken gerade der Fragmentierung des Binnenmarktes entgegen. Selbst die Einführung von nur teilweise einheitlichen, restriktiven unionsweiten Regelungen – zum Beispiel durch eine Anti-Steuervermeidungs-Richtlinie mit verschiedenen Regelungsalternativen – kann die Verwirklichung des Binnenmarktes fördern, indem durch eine schrittweise Harmonisierung Beeinträchtigungen verhindert werden. Aus diesem Grund gilt nach der Rechtsprechung des EuGH zwar die generelle Vermutung, dass das Sekundärrecht dem Primärrecht entspricht.[344] Es handelt sich aber eben nur um eine Vermutung; sie ist widerlegbar. Der Gerichtshof wird immer zuerst versuchen, das Sekundärrecht so auszulegen, dass es mit dem Primärrecht übereinstimmt. Nur in Fällen, in denen die Vorgaben einer Richtlinie nicht im Einklang mit den Grundfreiheiten ausgelegt werden können, eine primärrechtskonforme Auslegung mithin nicht möglich ist, bleibt die Richtlinie insoweit unanwendbar.[345] Des Weiteren ist die ATAD als solche nicht am Beihilfenrecht zu messen, da das Sekundärrecht nicht den Mitgliedstaaten zurechenbar ist, das Beihilfenrecht aber gerade an ein mitgliedstaatliches Handeln anknüpft.[346]

343 Vgl. nur EuGH, v. 26.10.2010, C-97/09, *Schmelz*, ECLI:EU:C:2010:632 und die dort in Rn. 50 aufgeführte Rechtsprechung.

344 EuGH v. 11.12.2003, C-322/01, *Doc Morris*, ECLI:EU:C:2003:664 und die dort in Rn. 64 aufgeführte Rechtsprechung.

345 Vgl. *Linn*, IStR 2016, 645 (646); *Dourado*, Intertax 2016, 870 (876).

346 Vgl. dazu 304.

## B. Auslegung von Unionsrecht und ATAD-spezifische Besonderheiten

### I. Allgemeine Auslegungsmethoden des Unionsrechts

Für die ATAD als sekundäres Unionsrecht gelten die allgemeinen Auslegungsmethoden des Unionsrechts. Gemäß Art. 19 Abs. 3 lit. b EUV entscheidet der EuGH über die Auslegung des Unionsrechts. Im Ausgangspunkt folgt er dem klassischen Auslegungskanon bestehend aus grammatikalischer, systematischer, historischer und teleologischer Auslegung.[347] Darüber hinausgehende Auslegungsmethoden finden in der Rechtsprechung des EuGH kaum eine Anwendung; insbesondere völkerrechtlichen Auslegungsgrundsätzen kommt bei der Interpretation von Unionsrecht keine Bedeutung zu.[348] Die allgemeinen Auslegungsmethoden finden aber im Unionsrecht aufgrund der Supranationalität eine andere Gewichtung als im rein innerstaatlichen Fall,[349] die sich wie folgt zusammenfassen lässt:

Auch bei der Auslegung von Unionsrecht bildet der Wortlaut einer Bestimmung den Ausgangspunkt und die Grenze jeder Auslegung. Gleichwohl erfährt die Wortlautauslegung aufgrund der verschiedenen einzelnen gleichrangig nebeneinander stehenden Sprachfassungen eine Einschränkung.[350] Aufgrund

---

347 Vgl. *Pechstein/Kubicki*, in: Pechstein/Nowak/Häde, Frankfurter Kommentar, Art. 19 EUV Rn. 25; *Schwarze*, in: Schwarze, EU-Kommentar, Art. 19 EUV Rn. 36; *Wegener*, in: Calliess/Ruffert, EUV/AEUV, Art. 19 EUV Rn. 13.

348 Die praktische Anwendung unionsrechtlicher Bestimmungen durch Unionsorgane oder Mitgliedstaaten ist für die Auslegung unbeachtlich, vgl. EuGH v. 23.02.1988, C-68/86, *Vereinigtes Königreich/Rat*, ECLI:EU:C:1988:85, Rn. 24. Zu den Konsequenzen im Bereich des Richtlinienrechts vgl. *Martini*, in: Hagemann/Kahlenberg, ATAD-Kommentar, Verhältnis zum Primärrecht, Auslegung und Anwendung, Rn. 49. Auch Souveränitätsbeschränkungen der vertragsschließenden Staaten müssen im Zweifel nicht eng ausgelegt werden und das spätere Verhalten der Vertragsparteien ist bei der Auslegung ebenfalls nicht zu berücksichtigen, vgl. *Mayer*, in: Grabitz/Hilf/Nettesheim, Das Recht der Europäischen Union, Art. 19 AEUV Rn. 68.

349 Vgl. dazu vertiefend auch *Anweiler*, Die Auslegungsmethoden des Gerichtshofs der Europäischen Gemeinschaften, 1997, S. 141 ff.; *Mayer*, in: Grabitz/Hilf/Nettesheim, Das Recht der Europäischen Union, Art. 19 EUV Rn. 53 ff.; *Grundmann*, Die Auslegung des Gemeinschaftsrechts durch den Europäischen Gerichtshof, 1997, S. 394 ff.

350 *Becker/Loose*, BB 2018, 215 (215); *Wegener*, in: Calliess/Ruffert, EUV/AEUV, Art. 19 EUV Rn. 13; *Kofler*, in: Schaumburg/Englisch, Europäisches Steuerrecht, 2015, Kap. 13, Rn. 13.1.

der vielen verschiedenen Amts- und Arbeitssprachen besteht einerseits die Gefahr von Übersetzungsfehlern, andererseits bemühen sich Mitgliedstaaten, die einem europäischen Rechtssetzungsvorhaben ablehnend gegenüberstehen, aber auch bewusst um eine restriktive eigensprachliche Abschlussredaktion.[351] Der EuGH verlangt dementsprechend vor der Wortlautauslegung konsequenterweise einen Vergleich der einzelnen Sprachfassungen, um sicherzustellen, dass diese inhaltlich deckungsgleich sind.[352] Dies setzt zum einen die Verwendung bedeutungsidentischer Begriffe voraus. Zum anderen ist aber auch zu beachten, dass der Bedeutungsgehalt von Rechtsbegriffen im Unionsrecht und in den verschiedenen nationalen Rechtsordnungen variieren kann.[353] Da das Unionsrecht jedoch nicht nur allgemein anerkannte Rechtsbegriffe aufweist, liegt es in der Natur der Sache, dass die verschiedenen Sprachfassungen einer Rechtsnorm in der Regel voneinander abweichen.[354] Insofern kommt der Wortlautauslegung auch nach der Rechtsprechung des EuGH nur eine eingeschränkte Bedeutung zu.[355]

Ebenso kommt der historischen Auslegung – anders als im nationalen Recht – eine nur eingeschränkte Bedeutung zu. Im Bereich des Primärrechts fehlt es schlichtweg an (zugänglichen) Materialien zu den Gründungsverträgen, um den genauen objektivierten Willen des Gesetzgebers oder die historische Funktion der Norm zu ermitteln.[356] Das Sekundärrecht ist demgegenüber einer historischen Auslegung grundsätzlich besser zugänglich, da Gesetzgebungsmaterialien wie Erwägungsgründe, Normentwürfe und andere Vorarbeiten Aufschluss geben können. Da insbesondere die ergiebigen Erwägungsgründe aber mit dem Sekundärrechtsakt verbunden werden („Der Rat der Europäischen Union – […] in Erwägung nachstehender Gründe […] – hat folgende Richtlinie erlassen:"), müssen diese als Teil des Normtextes angesehen werden. Sie sind daher dogmatisch bei der systematischen und mit Blick auf die darin enthaltene Zwecksetzung bei der teleologischen Auslegung zu verorten.[357]

---

351 *Wegener*, in: Calliess/Ruffert, EUV/AEUV, Art. 19 EUV Rn. 13.

352 EuGH v. 06.10.1982, C-283/81, *CILFIT*, ECLI:EU:C:1982:335, Rn. 18.

353 EuGH v. 06.10.1982, C-283/81, *CILFIT*, ECLI:EU:C:1982:335, Rn. 19.

354 So auch *Martini*, in: Hagemann/Kahlenberg, ATAD-Kommentar, Verhältnis zum Primärrecht, Auslegung und Anwendung, Rn. 39.

355 EuGH v. 30.05.2013, C-604/11, *Genil 48 und Comercial Hostelera de Grandes Vinos*, ECLI:EU:C:2013:344 und die dort in Rn. 38 aufgeführte Rechtsprechung.

356 So auch *Martini*, in: Hagemann/Kahlenberg, ATAD-Kommentar, Verhältnis zum Primärrecht, Auslegung und Anwendung, Rn. 47.

357 Ebenda.

Bei der systematischen Auslegung ist – wie im nationalen Recht auch – die Einbettung der einzelnen Vorschriften in den Gesamtzusammenhang zu berücksichtigen, wobei insbesondere die Ziele der Verträge eine wesentliche Rolle spielen.[358] Da der Unionsgesetzgeber nach dem EuGH bestrebt ist, einen konsistenten und vollständigen Rechtsraum zu schaffen, soll die systematische Auslegung darauf abzielen, Wertungswidersprüche zwischen einzelnen Teilen eines Normkomplexes oder zwischen verschiedenen Normkomplexen mittels Umkehrschlüssen und Erst-recht-Schlüssen zu beseitigen.[359] Insofern ist auch die primärrechtskonforme Auslegung als Unterfall der systematischen Auslegung zu verstehen, da EUV und AEUV das Fundament der EU darstellen.[360] Nach der ständigen Rechtsprechung des EuGH ist bei der Auslegung einer Bestimmung, bei der der Wortlaut mehr als eine Auslegung zulässt, diejenige vorzuziehen, welche zu einer Vereinbarkeit der Bestimmung mit dem AEUV führt.[361] Daraus ergibt sich insbesondere, dass die in den Art. 29 ff. und Art. 49 ff. AEUV verbürgten Grundfreiheiten bei der Auslegung Berücksichtigung finden müssen.[362] Nach dem EuGH ist demnach folgerichtig in den Fällen, in denen der Wortlaut einer Bestimmung mehrere Auslegungsmöglichkeiten bereithält, diejenige zu wählen, die mit den Grundfreiheiten vereinbar ist.[363] Neben den

---

358 EuGH v. 15.07.1964, C-6/64, *Costa/E.N.E.L.*, ECLI:EU:C:1964:66; EuGH v. 18.04.1975, C-6/72, *Continental Can*, ECLI:EU:C:1975:50; EuGH v. 19.03.1991, C-202/88, *Endgeräte*, ECLI:EU:C:1991:120; *Mayer*, in: Grabitz/Hilf/Nettesheim, EU, Art. 19 EUV, Rn. 38 f.; *Wegener*, in: Calliess/Ruffert, EUV/AEUV, Art. 19 EUV, Rn. 15.

359 Vgl. z.B. EuGH v. 17.02.2009, C-465/07, *Elgafaji*, ECLI:EU:C:2009:94; EuGH v. 13.06.2013, C-62/12, *Kostov*, ECLI:EU:C:2013:391, Rn. 28; EuGH v. 02.06.2016, C-27/15, *Pippo Pizzo*, ECLI:EU:C:2016:404 Rn. 42.

360 So auch *Martini*, in: Hagemann/Kahlenberg, ATAD-Kommentar, Verhältnis zum Primärrecht, Auslegung und Anwendung, Rn. 52.

361 EuGH v. 13.12.1983, C-218/82, *Kommission/Rat*, ECLI:EU:C:1983:369, Rn. 15; EuGH v. 25.11.1986, verb. Rs. C-201/85 und C-202/85, ECLI:EU:C:1986:439, Rn. 21; EuGH v. 21.03.1991, C-314/89, *Rauh*, ECLI:EU:C:1991:143, Rn. 17; EuGH v. 01.04.2004, C-1/02, *Borgmann*, ECLI:EU:C:2004:202, Rn. 30.

362 Aus diesem Grund kann die grundfreiheitskonforme Auslegung als eine besondere Ausprägung der primärrechtskonformen Auslegung angesehen werden.

363 EuGH v. 13.12.1983, C-218/82, *Kommission/Rat*, ECLI:EU:C:1983:369, Rn. 13, 15. Dabei kann eine Vereinbarkeit mit den Grundfreiheiten auch dadurch erreicht werden, dass die Bestimmung den Mitgliedstaaten einen ausreichend weiten Spielraum zur grundfreiheitskonformen Implementierung in nationales Recht überlässt, vgl. EuGH v. 13.07.1989, C-5/88, *Hubert Wachauf*, ECLI:EU:C:1989:321, Rn. 22; EuGH v. 17.06.1999, C-166/98, *Socridis*, ECLI:EU:C:1999:316, Rn. 19 f. Die

Grundfreiheiten und den Grundrechten[364] sind auch andere allgemeine Rechtsgrundsätze des Unionsrechts wie Verhältnismäßigkeit[365], Vertrauensschutz[366], Gleichbehandlung und das Verbot von Betrug und Rechtsmissbrauch[367] bei der Auslegung zu beachten.

Wie gesehen haben die grammatikalische und die historische Auslegung des Unionsrechts Grenzen. Der teleologischen Auslegung ist daher eine höhere Relevanz beizumessen.[368] Mittel für die Ergründung des Sinns und Zwecks der Rechtsvorschrift sind neben den zuvor thematisierten Erwägungsgründen vor allem die Verträge der Europäischen Union. EUV und AEUV bilden zusammen die rechtliche Grundlage der Europäischen Union, sodass die dort definierten Ziele – allen voran die Verwirklichung und Förderung eines freien und gerechten Binnenmarktes als Kernfunktion der EU[369] – bei der Auslegung besonders berücksichtigt werden müssen. Bei der Ergründung des Telos der Norm ist dabei vor allem das durch den EuGH entwickelte Effizienzgebot[370] zu beachten. Nach dem „effet utile"-Grundsatz ist eine Norm so auszulegen und anzuwenden, dass das Vertragsziel am besten und einfachsten erreicht werden kann. Mit anderen Worten ist im Rahmen von Zweckmäßigkeitserwägungen die Auslegung vorzuziehen, bei der sich das Unionsrecht am besten und wirkungsvollsten durchsetzt.[371]

---

grundfreiheitskonforme Auslegung steht nicht im Konflikt mit dem im 3. Kapitel unter „A. Primärrechtliche Immunisierung von Richtlinien?" herausgearbeiteten Prüfungsmaßstab. Die Vermutung, dass das Sekundärrecht dem Primärrecht entspricht, schließt nicht aus, dass bei Vorliegen mehrerer Auslegungsmöglichkeiten gerade diejenige zu bevorzugen ist, die den Grundfreiheiten die größtmögliche Geltung verschafft, vgl. *Martini*, in: Hagemann/Kahlenberg, ATAD-Kommentar, Verhältnis zum Primärrecht, Auslegung und Anwendung, Rn. 55.

364 EuGH v. 18.10.1989, C-374/87, *Orkem/Kommission*, ECLI:EU:C:1989:387, Rn. 28.

365 EuGH v. 17.04.2018, C-414/16, *Egenberger*, ECLI:EU:C:2018:257 Rn. 68.

366 EuGH v. 21.03.1991, C-314/89, *Rauh*, ECLI:EU:C:1991:143, Rn. 18.

367 EuGH v. 22.11.2017, C-251/16, *Cussens u.a.*, ECLI:EU:C:2017:881 Rn. 27.

368 *Becker/Loose*, BB 2018, 215 (215); *Wegener*, in: Calliess/Ruffert, EUV/AEUV, Art. 19 EUV Rn. 16; *Mayer*, in: Grabitz/Hilf/Nettesheim, EU, Art. 19 EUV, Rn. 62.

369 Dazu sogleich bei der Rechtsetzungskompetenz.

370 Vgl. dazu *Seyr*, Der effet utile in der Rechtsprechung des Europäischen Gerichtshofs, 2008.

371 *Martini*, in: Hagemann/Kahlenberg, ATAD-Kommentar, Verhältnis zum Primärrecht, Auslegung und Anwendung, Rn. 45 ff.

## II. ATAD-spezifische Besonderheit: OECD-Materialien als Auslegungshilfe

Wie im zweiten Kapitel dargestellt, war die EU maßgeblich am BEPS-Projekt der OECD beteiligt. Der BEPS-Aktionsplan kann als Initialzündung für den EU-Aktionsplan für eine faire und effiziente Unternehmensbesteuerung in Europa, das Anti-Tax-Avoidance Package der EU und schlussendlich auch für die ATAD begriffen werden.[372] Auch in den Erwägungsgründen der ATAD wird an mehreren Stellen ausdrücklich Bezug auf das BEPS-Projekt genommen. In Erwägungsgrund 1 findet sich beispielsweise die Aussage, dass der Europäische Rat die Arbeiten der OECD begrüßt. Erwägungsgrund 2 betont die Notwendigkeit, auf EU-Ebene gemeinsame, aber flexible Lösungen im Einklang mit den BEPS-Schlussfolgerungen der OECD zu finden. Aufgrund dieser engen Verflechtung kommt den Vorarbeiten der OECD auch bei der Auslegung der ATAD eine besondere Bedeutung zu.[373]

*Martini* ist der Auffassung, dass die von der OECD vorgeprägten Begriffe mitsamt ihrer von der OECD beigemessenen Bedeutung auch für die Auslegung der ATAD zu beachten sind, wenn diese dort ebenfalls Verwendung finden.[374] Dem ist aufgrund der zuvor skizzierten Koppelung zuzustimmen. Dafür spricht ebenfalls der Befund, dass sich auch der Richtliniengeber stark an den Empfehlungen des BEPS-Projekts orientiert und diese größtenteils umgesetzt hat. Es kann davon ausgegangen werden, dass die EU-Kommission durch die bewusste Übernahme von spezifischen OECD-Begriffen oder sogar ganzer Satzbausteine auch die von der OECD beigemessene Bedeutung vereinnahmen wollte. In der Konsequenz müssen sich von der EU übernommene Begriffe – sofern sie nicht eigenständig definiert wurden – an den ausdrücklichen Definitionen und der Interpretation der OECD messen lassen. Da die Amtssprachen der OECD Englisch und Französisch sind, gilt dieser Befund im Grundsatz zunächst nur für die englische und französische Fassung der ATAD. Nach den oben genannten Grundsätzen zur europäischen Wortlautauslegung[375], kann

---

372 Vgl. 84.

373 So auch *Martini*, in: Hagemann/Kahlenberg, ATAD-Kommentar, Verhältnis zum Primärrecht, Auslegung und Anwendung, Rn. 57 ff., insb. vertiefend zu den Auswirkungen des BEPS-Berichts zu hybriden Gestaltungen auf die Auslegung der ATAD II.

374 *Martini*, in: Hagemann/Kahlenberg, ATAD-Kommentar, Verhältnis zum Primärrecht, Auslegung und Anwendung, Rn. 58.

375 Vgl. 114.

aber für die anderen Sprachfassungen der ATAD, die eine Formulierung verwenden, der eine abweichende Bedeutung zukommt, nichts anderes gelten. Zudem würde anderenfalls der im Erwägungsgrund 2 angestrebte „Einklang" mit den OECD-Maßnahmen nicht erreicht werden.[376]

## C. Rechtsetzungskompetenz der Europäischen Union

Blickt man auf die Geschichte der Europäischen Union, beginnend mit der Europäischen Gemeinschaft für Kohle und Stahl und kurze Zeit später der Europäischen Atomgemeinschaft und der Europäischen Wirtschaftsgemeinschaft, wird deutlich, dass im Ausgangspunkt immer eine gezielte wirtschaftliche Verflechtung zur Verhinderung militärischer Konflikte und eine Beschleunigung des Wirtschaftswachstums im Vordergrund standen. Diese Kernfunktion hat sich bis heute nicht geändert und auch in den Gründungsverträgen der Europäischen Union ist die Verwirklichung eines freien und gerechten Binnenmarktes verfestigt. Art. 26 Abs. 2 AEUV definiert dabei den Binnenmarkt als einen Raum ohne Binnengrenzen, in dem der freie Verkehr von Waren, Personen, Dienstleistungen und Kapital gewährleistet wird. Art. 26 Abs. 1 AEUV verpflichtet die Union, die erforderlichen Maßnahmen für die Verwirklichung, beziehungsweise das Funktionieren des Binnenmarktes zu gewährleisten. Das Werkzeug dieser positiven Integration ist dabei die Angleichung der verschiedenen nationalen Rechtsvorschriften, für die es wiederum einer Rechtssetzungskompetenz bedarf. Denn als Staatenverbund ist die Europäische Union auf die Kompetenzübertragung ihrer Mitgliedstaaten angewiesen.[377] Die positive Integration im europäischen Steuerrecht verläuft allerdings schleppend. Während im Zollrecht und im Recht der indirekten Steuern bereits weitreichende Harmonisierungserfolge erzielt werden konnten, hat im Bereich der direkten Steuern mangels Harmonisierungsbereitschaft

376 Vgl. *Martini*, in: Hagemann/Kahlenberg, ATAD-Kommentar, Verhältnis zum Primärrecht, Auslegung und Anwendung, Rn. 58. Ob man diesen Befund der Begriffsprägung durch die OECD dogmatisch über die Wortlautauslegung oder durch eine historisch-teleologische Auslegung erreicht, ist schlussendlich unerheblich.

377 Zwischen der in Art. 1 AEUV angelegten Betonung der Stellung der Mitgliedstaaten als weiterhin souveräne Träger der Integration und der im Vertrag selbst angelegten Verselbständigung des politischen Prozesses besteht insofern ein Spannungsverhältnis, vgl. *Nettesheim*, in: Grabitz/Hilf/Nettesheim, Das Recht der Europäischen Union, Art. 1 AEUV Rn. 56.

der Mitgliedstaaten nur eine punktuelle Angleichung der Rechtsvorschriften stattgefunden.[378]

Eine europäische Finanzverfassung existiert zurzeit aus politischen Gründen nicht. Die Rechtsetzung in der Europäischen Union folgt damit gem. Art. 5 Abs. 1 S. 1, Abs. 2 EUV dem Prinzip der begrenzten Einzelermächtigung. Die Exekutivorgane der EU benötigen für jeden Rechtssetzungsakt einer ausdrücklichen Kompetenzzuweisung in den Verträgen[379]. Gemäß Art. 288 AEUV können die Organe der EU[380] für die Ausübung der Zuständigkeiten der Union die verbindlichen Verordnungen, Richtlinien und Beschlüsse und die unverbindlichen Empfehlungen und Stellungnahmen annehmen.[381] Zwischen den verschiedenen Handlungsformen besteht keine Anwendungshierarchie. Die Organe der EU können grundsätzlich frei zwischen den Handlungsformen wählen, falls nicht die Art des zu erlassenden Rechtsakts von den Verträgen vorgesehen wird, Art. 296 Abs. 1 AEUV. Im Steuerrecht ist die primäre Handlungsform die Richtlinie, da sie – im Gegensatz zu der Verordnung, die eine allgemeine unmittelbare Geltung in jedem Mitgliedstaat besitzt – für jeden Mitgliedstaat, an den sie gerichtet ist, nur hinsichtlich des Ziels verbindlich wirkt, die Wahl der Form und der Mittel jedoch den innerstaatlichen Stellen überlässt. Nur so kann das unterschiedliche Recht der Mitgliedstaaten harmonisiert und den Mitgliedstaaten gleichzeitig Raum für eine individuelle Ausgestaltung mit Blick auf ihre nationalen Steuersysteme gelassen werden.

So hat sich die EU auch bei der ATAD dem Rechtsakt der Richtlinie bedient. Die einschlägige Kompetenznorm bestimmt sich danach, was die Maßnahme objektiv betrachtet für einen Schwerpunkt hat, wobei dies insbesondere anhand von Ziel und Inhalt des Rechtsakts zu ermitteln ist.[382] Schwerpunkt der

---

378 Einen Überblick bietend: *Fehling*, in: Schaumburg/Englisch, Europäisches Steuerrecht, 2015, 10.1.0 ff.

379 Gemeint sind EUV und AEUV, vgl. Art. 1 Abs. 3 S. 1 EUV, Art. 1 Abs. 2 S. 2 AEUV. In den Verträgen wird begrifflich „Zuständigkeit/en" anstelle von Kompetenz/en verwendet.

380 Exekutivorgane der EU sind das Europäische Parlament und der Rat gemeinsam, vgl. Art. 14 Abs. 1, Art. 16 Abs. 1 EUV, der Rat und die Kommission.

381 Vertiefend zu den verschiedenen Handlungsformen, ihren Adressaten und ihrer Wirkung: *Streinz*, Europarecht, Rn. 466 ff.

382 Vgl. nur EuGH v. 06.11.2008, C-155/07, *Parlament/Rat*, ECLI:EU:C:2008:605 und die dort in Rn. 34 aufgeführte Rechtsprechung.

Steuervermeidungsbekämpfungsmaßnahme liegt hier in der Angleichung von Rechtsvorschriften im Bereich der direkten Steuern, um den Schutz des Binnenmarktes vor schädlichem Steuerwettbewerb und aggressiver Steuerplanung zu gewährleisten. Die Kompetenz dafür ergibt sich aus den Art. 114 ff. AEUV, da der Harmonisierungsauftrag des Art. 113 AEUV nur für die indirekten Steuern gilt. Die Richtlinie wird auf Art. 115 AEUV gestützt. Dieser ermächtigt den Rat Richtlinien für die Angleichung der Rechts- und Verwaltungsvorschriften der Mitgliedstaaten zu erlassen, die sich unmittelbar auf die Errichtung oder das Funktionieren des Binnenmarktes auswirken. Art. 115 AEUV ist zwar grundsätzlich subsidiär zu Art. 114 AEUV, im Bereich der direkten Steuern ist er aber aufgrund von Art. 114 Abs. 2 AEUV anzuwenden. Mithin wurde auf eine taugliche Kompetenzgrundlage abgestellt, sodass sich im Folgenden in einem ersten Schritt die Frage stellt, ob überhaupt deren Voraussetzungen vorlagen, ehe in einem zweiten Schritt noch geklärt werden muss, ob allgemeine Kompetenzausübungsgrenzen (insbesondere das Subsidiaritätsprinzip des Art. 5 Abs. 3 EUV und der Verhältnismäßigkeitsgrundsatz des Art. 5 Abs. 4 EUV) einschlägig sind.

## I. Voraussetzungen des Art. 115 AEUV

### *1. Formelle Voraussetzungen*

In formeller Hinsicht muss die Richtlinie gemäß Art. 115 AEUV auf Vorschlag der Kommission einstimmig vom Rat beschlossen werden. Diesem an sich schwer zu erfüllenden Einstimmigkeitserfordernis wurde bei der ATAD entsprochen; die Gründe für die Einigkeit zwischen den Mitgliedstaaten wurden im zweiten Kapitel vorgestellt.[383] Eine weitere Anforderung an das Gesetzgebungsverfahren besteht gemäß Art. 115 AEUV in der Anhörungspflicht des Europäischen Parlaments und des Wirtschafts- und Sozialausschusses. Auch diese Voraussetzung wurde bei der ATAD erfüllt. Mithin ist die ATAD nicht schon wegen eines Verstoßes gegen die formellen Voraussetzungen nichtig. Auch die nachträgliche Änderung der ATAD I durch die ATAD II vom 29.05.2017, mit der ergänzende Regelungen zu hybriden Gestaltungen eingefügt wurden, entspricht all diesen Verfahrensvorgaben.

---

383 Vgl. 88.

## 2. *Materielle Voraussetzungen*

### a) *Gegenstand der Rechtsangleichung: Rechts- und Verwaltungsvorschriften der Mitgliedstaaten*

Die Kompetenz des Rates erstreckt sich auf die Angleichung derjenigen Rechts- und Verwaltungsvorschriften der Mitgliedstaaten, die sich unmittelbar auf die Errichtung oder das Funktionieren des Binnenmarktes auswirken. Dabei sind „Rechts- und Verwaltungsvorschriften der Mitgliedstaaten“ genauso wie in Art. 114 AEUV denkbar weit zu verstehen.[384] Es muss sich lediglich um von hoheitlichen Stellen erlassene oder jedenfalls mit hoheitlicher Autorität versehene abstrakt-generelle Regeln handeln.[385] „Rechts- und Verwaltungsvorschriften“ im Sinne der Art. 114, 115 AEUV sind daher nicht nur Gesetze im materiellen Sinne, sondern auch staatsinterne Anweisungen und die Verwaltungspraxis,[386] das Gewohnheitsrecht und aufgrund ihrer Allgemeinverbindlichkeit auch die Präjudizrechtssprechung im Bereich des common law[387]. Da viele Mitgliedstaaten die in der ATAD adressierten Anti-Steuervermeidungsmaßnahmen bereits national materiell rechtlich geregelt haben, lässt sich diese materielle Voraussetzung bejahen. Selbst wenn man argumentiert, dass in einigen EU-Mitgliedstaaten noch keine „Rechts- und Verwaltungsvorschriften“ im Sinne der Art. 114, 115 AEUV vorlagen, die angeglichen werden müssten, ist dies nicht zielführend. Denn die Rechtsangleichungskompetenz der EU greift bereits dann ein, wenn nur in einem Mitgliedstaat angleichungsbedürftige Regeln bestehen.[388]

---

384 *Korte*, in: Calliess/Ruffert, EUV/AEUV, Art. 115 AEUV, Rn. 6.

385 *Korte*, in: Calliess/Ruffert, EUV/AEUV, Art. 114 AEUV, Rn. 34.

386 *Bleckmann*, Europarecht, 6.A., Rn. 2107.

387 Vgl. *Ihns*, Entwicklung und Grundlagen der europäischen Rechtsangleichung, 2005, S. 106; *Claasen*, in: von der Groeben/Schwarze/Hatje, Europäisches Unionsrecht, Art. 114, Rn. 114.

388 Vgl. statt aller *Taschner*, in: von der Groeben/Schwarze, EUV/EGV, Art. 94 EG, Rn. 33. Auf die Frage, ob auch die Möglichkeit einer präventiven Rechtsangleichung – also der Erlass einer Richtlinie, obwohl bislang noch in keinem Mitgliedstaat Rechts- oder Verwaltungsvorschriften zu der betreffenden Sachmaterie bestehen – besteht, soll an dieser Stelle nicht eingegangen werden. Vgl. dazu *Tietje*, in: Grabitz/Hilf/Nettesheim, Das Recht der Europäischen Union, Art. 115 AEUV Rn. 13 ff. m.w.N.

### *b) Erforderlichkeit der Rechtsangleichung: Unmittelbare Auswirkung auf die Errichtung oder das Funktionieren des Binnenmarktes*

Darüber hinaus müsste sich die Richtlinie an solche Rechts- und Verwaltungsvorschriften richten, die sich unmittelbar auf das Errichten oder Funktionieren des Binnenmarktes auswirken. Es bedarf also eines gewissen Bezugs zu den in Art. 26 AEUV vorgegebenen Wesensmerkmalen des Binnenmarktes (Raum ohne Binnengrenzen, in dem der freie Verkehr von Waren, Personen, Dienstleistungen und Kapital gewährleistet ist).[389] Klar ist auch: Die Rechtsangleichung ist ein dynamisches und integrationspolitisch offenes Konzept; sie richtet sich daher immer nach dem jeweiligen Integrationsstand.[390] Wann Rechts- und Verwaltungsvorschriften der Mitgliedstaaten sich nun unmittelbar negativ auf die Wesensmerkmale des Binnenmarktes auswirken ist nicht abschließend geklärt: Ausgehend vom Wortlaut des Art. 115 AEUV könnte man lediglich einen Kausalzusammenhang verlangen.[391] Der weit überwiegende Teil des Schrifttums stellt hingegen auf (unterschiedlich strenge) inhaltliche Kriterien ab. Beispielsweise wird einerseits nur darauf abgestellt, ob die unterschiedlichen Rechts- und Verwaltungsvorschriften der Mitgliedstaaten dem Binnenmarkt nicht förderlich sind[392], während andere einen negativen Effekt verlangen[393]. Schließlich wird auch vertreten, dass man trotz der Wortlautunterschiede auf die Auslegung des Merkmals „zum Gegenstand haben“ in Art. 114 AEUV zurückgreifen sollte, sodass – mit der Rechtsprechung des EuGH – eine Grundfreiheitsbeeinträchtigung oder spürbare Wettbewerbsverfälschung erforderlich ist.[394] Dieser parallelen Interpretation von Art. 114 und 115 AEUV ist zuzustimmen: In systematischer Hinsicht ist zu bedenken, dass der Anwendungsbereich des Art. 115 AEUV an Art. 114 AEUV anknüpft,

389 *Korte* spricht in: Calliess/Ruffert, EUV/AEUV, Art. 115 AEUV, Rn. 8 von dem Erfordernis einer „hinreichenden Enge“.

390 *Tietje*, in: Grabitz/Hilf/Nettesheim, Das Recht der Europäischen Union, Art. 115 AEUV Rn. 16 ff.

391 *Claasen*, in: von der Groeben/Schwarze/Hatje, Europäisches Unionsrecht, Art. 115 AEUV, Rn. 11.

392 *Khan*, in: Geiger/Khan/Kotzur, EUV/AEUV, Art. 115, Rn. 4.

393 Bei den Anforderungen an den negativen Effekt kann weiter differenziert werden, vgl. *Bock*, Rechtsangleichung und Regulierung im Binnenmarkt, S. 156 f.; *Ludwigs*, Rechtsangleichung nach Art. 94, 95 EG-Vertrag, S. 184; *Bieber/Epiney/Haag/Kotzur*, Die Europäische Union, § 14 Rn. 24; *Frenz*, Handbuch Europarecht, Band 6, Rn. 2504.

394 Vgl. *Korte*, in: Calliess/Ruffert, EUV/AEUV, Art. 115 AEUV, Rn. 9 m.w.N.

indem er dort eine Kompetenzgrundlage bietet, wo Art. 114 AEUV wegen seines Absatzes 2 nicht greift. Zudem ist eine im Vergleich zu Art. 114 AEUV restriktivere Interpretation des Tatbestandes des Art. 115 AEUV aufgrund des politischen Schutzmechanismus des Einstimmigkeitserfordernis nicht erforderlich.[395]

Auch der EuGH stellt auf inhaltliche Kriterien ab und sieht das Merkmal des „unmittelbaren Auswirkens" als erfüllt an, wenn nationale Vorschriften zur Beeinträchtigung des Binnenmarktes geeignet sind.[396] Er legt diese Voraussetzung mithin zwar etwas enger als die Ersten beiden genannten Literaturansichten aus, ist aber trotzdem sehr großzügig. Unabhängig davon, welche Auffassung man vertritt ist zu konstatieren, dass der EuGH festgestellt hat, dass bei unterschiedlichen nationalen Missbrauchsvermeidungsvorschriften immer das Risiko von Wettbewerbsverzerrungen besteht und damit ein negativer Effekt in Form der Beeinträchtigung des Binnenmarktes vorliegt.[397] Befürwortet man – wie hier vertreten – eine parallele Interpretation von Art. 114 und 115 AEUV, so muss noch weiter geprüft werden, ob der ATAD auch ein positiver Binnenmarkteffekt innewohnt. Dieses Erfordernis wird aus Art. 26 Abs. 1 AEUV abgeleitet, da dieser – wie eingangs thematisiert – den Prozess der positiven Integration auf die „erforderlichen Maßnahmen" beschränkt.[398] Das Erforderlichkeitsprinzip ist final binnenmarktbezogen;[399] der Binnenmarktbezug ist die Grenze, innerhalb derer sich der Unionsgesetzgeber der Kompetenzgrundlagen der Art. 114 f. AEUV bedienen darf.[400] An einem positiven Binnenmarkteffekt fehlt es, wenn die Rechtsangleichung binnenmarktneutral, binnenmarktperipher oder sogar binnenmarktbehindernd ist.[401] Und hier wird das Problem der ATAD deutlich: Während andere Richtlinien im Bereich der direkten Steuern darauf abzielten, die Niederlassungsfreiheit zu verwirklichen,

---

395 So auch *Rossi*, in: Vedder/Heintschel von Heinegg, Europäisches Unionsrecht, 2.A., Art. 115, Rn. 7.

396 EuGH v. 16.12.1976, C-33/76, *REWE Zentralfinanz*, ECLI:EU:C1976:188, Rn. 5.

397 Vgl. EuGH v. 11.06.1991, C-300/89, *Titandioxid*, ECLI:EU:C:1991:244, Rn. 14, 15; EuGH v. 13.07.1995, C-350/92, *Spanien/Rat*, ECLI:EU:C:1995:237, Rn. 32.

398 Vgl. *Korte*, in: Calliess/Ruffert, EUV/AEUV, Art. 114 AEUV, Rn. 46.

399 *Claasen*, in: von der Groeben/Schwarze/Hatje, Europäisches Unionsrecht, Art. 115 Rn. 23.

400 *Schönfeld/Ellenrieder*, StuW 2019, 253 (260).

401 Dazu vertiefend: *Hatje*, in: von Bogdandy/Bast, Europäisches Verfassungsrecht, S. 801 (839); *Ludwigs*, Rechtsangleichung nach Art. 94, 95 EG-Vertrag, S. 210 ff.; *Kahl*, in: FS Spellenberg, S. 739 f.

indem sie den Marktzugang in grenzüberschreitenden Sachverhalten erleichtern, belasten die in der ATAD enthaltenen Maßnahmen grenzüberschreitende Tätigkeiten stärker als inländische, sodass die Richtlinie auf den ersten Blick allein freiheitsbeschränkender Natur ist. In den Erwägungsgründen 1, 2 und 3 der ATAD finden sich Rechtfertigungsansätze, die mit Blick auf die Frage nach dem positiven Binnenmarkteffekt untersucht werden müssen:

> *„[...] Damit der Binnenmarkt gut funktionieren kann, müssen die Mitgliedstaaten zumindest ihre BEPS-Verpflichtungen erfüllen und allgemeine Maßnahmen zur Bekämpfung von Steuervermeidungspraktiken und zur Gewährleistung einer fairen und wirksamen Besteuerung in der Union ergreifen und dabei in ausreichend kohärenter und koordinierter Weise vorgehen. In einem Raum hochgradig abgestimmter Volkswirtschaften bedarf es gemeinsamer strategischer Konzepte und eines abgestimmten Vorgehens, damit der Binnenmarkt besser funktionieren und die BEPS-Initiative maximale Wirkung entfalten kann. Zudem kann nur ein gemeinsamer Rahmen eine Fragmentierung des Marktes verhindern und die derzeitigen Inkongruenzen und Marktverzerrungen beseitigen. [...]“*[402]

Bereits durch die Verwendung von „Zudem“ wird deutlich, dass bei der ATAD zwei Begründungsansätze parallel verfolgt werden: Zum einen die Notwendigkeit, die BEPS-Verpflichtungen der Mitgliedstaaten koordiniert umzusetzen. Zum anderen – und dies wird auch nochmals in Erwägungsgrund 16 betont – die Verbesserung der Widerstandsfähigkeit des Binnenmarkts als Ganzes gegen grenzüberschreitende Steuerumgehungspraktiken. Mit Blick auf die Ausgestaltung der ATAD als Mindestschutzniveau (Art. 3 ATAD) und den in Erwägungsgrund 5 der Richtlinie explizit formulierten Zweck des Entgegenwirkens der Aushöhlung der Steuerbemessungsgrundlage, wird deutlich, worauf sich dieser zweite Begründungsansatz stützt: Es geht vor allem um den steuerlichen Zweck der Einnahmeerzielung; den Fiskalzweck.[403]

Dem ersten Begründungsansatz ist grundsätzlich ein positiver Binnenmarktbezug inhärent: Wenn die einzelnen Mitgliedstaaten unabgestimmt auf die Vorgaben des BEPS Projektes reagieren, führt die daraus resultierende

402 Richtlinie 2016/1164/EU des Rates vom 12. Juli 2016, Erwägungsgrund 2. In Erwägungsgrund 1 wird, das Erfordernis, das Vertrauen in die Fairness der Steuersysteme wiederherzustellen und den Regierungen eine wirksame Ausübung ihrer Steuerhoheit zu ermöglichen, betont. In Erwägungsgrund 3 wird die Notwendigkeit eines abgestimmten Vorgehens weiter konkretisiert: „Es müssen Vorschriften festgelegt werden, um den durchschnittlichen Schutz gegen aggressive Steuerplanung im Binnenmarkt aufzuheben.“

403 So auch *Schönfeld/Ellenrieder*, StuW 2019, 253 (260).

uneinheitliche Rechtslandschaft zwangsläufig zu einem größerem Verwaltungsaufwand und zu erhöhten Befolgungskosten für die Steuerpflichtigen bei grenzüberschreitender Tätigkeit. Die Festlegung von gemeinsamen, einheitlichen Regeln würde dem Entgegenwirken und damit zur Errichtung und zum Funktionieren des Binnenmarktes beitragen. Insofern entspricht dieser Begründungsansatz dem zuvor skizzierten klassischen Verständnis der Verhinderung von Grundfreiheitsbeeinträchtigungen und der Reduzierung von spürbarer Wettbewerbsverfälschung.[404] Bei kritischer Betrachtung zeigt sich aber, dass die ATAD in ihren Erwägungsgründen zwar einen Bezug zum Binnenmarkt herstellt, dabei aber eher substanzlos darauf verweist.[405] Tatsächlich weist dieser Begründungsansatz erhebliche Schwächen auf: Erstens sind schon nicht alle Mitgliedstaaten der EU auch OECD-Mitglieder.[406] Zweitens geht – wie im zweiten Kapitel für die Hinzurechnungsbesteuerung gesehen – die ATAD mit ihren Regelungen deutlich über die Vorgaben des BEPS-Projektes hinaus.[407] Drittens wurde im zweiten Kapitel ebenfalls aufgezeigt, dass gerade keine rechtliche, sondern allenfalls eine politische Verbindlichkeit der OECD-Maßnahmen besteht, wobei beispielsweise die Vorschläge der OECD zur Hinzurechnungsbesteuerung sogar nur als bloße Hilfestellung bei der Konzeption nationaler Maßnahmen fungieren („Best Practice").[408] Von einer „BEPS-Verpflichtung" der Mitgliedstaaten kann daher nicht die Rede sein. Und viertens stellt die ATAD mit ihrer Ausgestaltung als Mindeststandard lediglich ein Regelungskorsett auf. Kann damit schon von gemeinsamen, einheitlichen Regeln gesprochen werden, die ja gerade für einen positiven Binnenmarkteffekt erforderlich sind? Fakt ist: Die Mindeststandardregelung des

---

404 Im Bereich des Steuerrechts wurden die Fusionsrichtlinie 1990, die Mutter-Tochter-Richtlinie, die Beitreibungsrichtlinie und die Fusionsrichtlinie 2009 auf Art. 115 AEUV (ex-Art. 94 EGV und ex-Art. 100 EGV Nizza) gestützt. Darüber hinaus wurden einige Richtlinien im Bereich des Arbeitsrechts und der Gefahrsicherung auf dieser Grundlage erlassen.

405 So auch *Schönfeld/Ellenrieder*, StuW 2019, 253 (260).

406 Keine OECD-Mitgliedstaaten sind Bulgarien, Kroatien, Malta und Rumänien. Litauen wurde erst nach der ATAD-Umsetzung OECD-Mitgliedstaat. Das Argument ist aber insofern zu relativieren, als das die besagten Länder jedenfalls das Multilaterale Instrument der OECD unterzeichnet haben, vgl. *Haslehner*, in: Haslehner/Pantazatou/Kofler/Rust, A Guide to the Anti-Tax Avoidance Directive, Rn. 2.18., Fn. 32.

407 Eine Wegzugsbesteuerung war im OECD BEPS-Projekt beispielsweise gar nicht vorgesehen.

408 Vgl. 69.

Art. 3 ATAD ermöglicht es den Mitgliedstaaten, wie gezeigt, uneingeschränkt strengere Maßnahmen zu ergreifen[409] und steht damit grundsätzlich der Möglichkeit harmonisierter Missbrauchsbekämpfungsmaßnahmen entgegen, da es dadurch innerhalb der EU mit an Sicherheit grenzender Wahrscheinlichkeit immer unterschiedliche Standards geben wird. Nun kann man argumentieren, dass ein gemeinsamer Mindeststandard immer noch besser ist als gar kein gemeinsamer Standard. Allerdings muss man bedenken, dass – wie im zweiten Kapitel gezeigt – selbst der Mindeststandard aufgrund der Wahlrechte nicht einheitlich ist. Wo das Mindestschutzniveau in dieser Arbeit im zweiten Kapitel noch harmlos als Einfallstor zur „Rosinenpickerei" bezeichnet wurde,[410] ist in der englischsprachigen Literatur bei *Lazarov und Govind* drastisch von „carpet-bombing" (Flächenbombardierung), mit der Option zur nationalen Atombombe die Rede.[411] Letztlich prägt die Feststellung, ob in der Summe ein positiver Binnenmarkteffekt vorliegt, aber auch ein erhebliches prognostisches Element, sodass der EuGH dem europäischen Gesetzgeber einen weiten – aber eben keinen allumfänglichen – Beurteilungsspielraum zugesteht:[412] So muss zunächst ausgehend von der Begründung die Intention des Gesetzgebers daraufhin überprüft werden, ob ein positiver Binnenmarkteffekt überhaupt gewollt war. Diese subjektive Komponente lässt sich bei der ATAD bejahen. Dann ist aber weiter zu fragen, ob sich diese Intention auch in der objektiven Wirkung der Angleichungsmaßnahme spiegelt.[413] Ob die ATAD aber tatsächlich einen messbaren Beitrag zur Binnenmarktverwirklichung leistet, kann nach dem zuvor Gesagten bezweifelt werden.

Mit dem zweiten Begründungsansatz verhält es sich genau gegensätzlich: Auf den ersten Blick erschließt sich der positive Binnenmarkteffekt durch die Verbesserung der Widerstandsfähigkeit des Binnenmarkts als Ganzes gegen grenzüberschreitende Steuerumgehungspraktiken nicht sofort: Warum sollte der europäische Binnenmarkt eine steuerliche Dimension haben, die einen Schutz vor Marktverzerrungen durch Steuervermeidungspraktiken und eine – in Erwägungsgrund 1 ausdrücklich geforderte – fairere Besteuerung erforderlich macht? Oder anders gefragt: Ist die Besteuerung als Fiskalzweck

409 Vgl. 87.

410 Vgl. 104.

411 *Lazarov/Govind*, Intertax Vol. 47 Issue 10 (2019), S. 852 (860).

412 Vgl. *Korte*, in: Calliess/Ruffert, EUV/AEUV, Art. 114 EUV, Rn. 47 und die dort angeführte Rechtsprechung. Vgl. auch die in dieser Arbeit im Rahmen des Subsidiaritätsprinzips vorgenommene Rechtsprechungsauswertung (129 S. 102 ff.).

413 *Schröder*, in: Streinz, EUV/AEUV, Art. 114, Rn. 53.

nicht gerade ein primäres Interesse der Mitgliedstaaten und stellt nicht gerade sie das Hindernis für die Freizügigkeit von Personen, Dienstleistungen und Kapital innerhalb des Binnenmarktes dar?[414] Tatsächlich steht der steuerliche Zweck der Einnahmeerzielung grundsätzlich in keinem Verhältnis zum Binnenmarkt; er ist nämlich nach der ständigen Rechtsprechung des EuGH gerade kein Rechtfertigungsgrund für die binnenmarktfinalen Grundfreiheiteneingriffe.[415] Ministerialdirigent *Kreienbaum* stellt die Überlegung an, ob aus dem Binnenmarktgedanken eine Garantenstellung der Mitgliedstaaten füreinander erweckt, die sie verpflichtet, Schaden voneinander abzuwenden.[416] Dieser Gedanke sollte nicht als bloßer verwaltungsrechtlicher Rechtfertigungsversuch abgetan werden, sondern er verdient einer genaueren Betrachtung. Das klassische, restriktive Binnenmarktverständnis ist wandlungsoffen. Steuervermeidungspraktiken, die womöglich durch die Mitgliedstaaten im Zuge des Steuerwettbewerbes geduldet oder sogar begünstigt werden, können ebenso zu Marktverzerrungen führen, wie die Besteuerung als solche. Insofern können die an sich marktöffnenden Grundfreiheiten für schädlichen Steuerwettbewerb zwischen den Mitgliedstaaten genutzt werden und Wettbewerbsverzerrungen hervorrufen. Der EuGH hat in seiner jüngeren Rechtsprechung – die im Rahmen der Grundfreiheiten noch näher zu beleuchtenden „*Danish Beneficial Ownership Cases*“[417] seien erwähnt – die Bekämpfung von Steuervermeidung und Steuerhinterziehung nicht nur als ein allgemeines Interesse der Mitgliedstaaten identifiziert, sondern sogar als einen allgemeinen Grundsatz des EU-Rechts anerkannt. Dieser Befund verstärkt die Argumentation, dass der Unionsgesetzgeber das Binnenmarktverständnis in gewissem Maße formen kann, indem der auch die Bekämpfung von Steuerumgehungen als ein Integrationsziel ausgibt, was durch Art. 115 AEUV erreicht werden kann.[418] Es bleibt damit festzuhalten, dass die Bekämpfung des den Binnenmarkt schädigenden Steuerwettbewerbs zwischen den Mitgliedstaaten einen Zweck

---

414 Vgl. *Haslehener*, in: Pistone/Weber, Implementation of Anti-BEPS Rules in the EU: A Comprehensive Study, S. 37, 46 ff.

415 *Kokott*, Das Steuerrecht der EU, § 5 Rn. 105; *Englisch*, in: Schaumburg/Englisch, Europäisches Steuerrecht, Rn. 289 ff. m.w.N.

416 *Kreienbaum*, in: Lang, DStJG 41 (2018), 475, 480 f.

417 EuGH v. 26.02.2019, verb. Rs. C-115/16, C-118/16, C-119/16 und C-299/16, *N Luxembourg I*, ECLI:EU:C:2019:134 und EuGH v. 26.02.2019, verb. Rs. C-116/16, C-117/16, *T Danmark*, ECLI:EU:C:2019:135.

418 So auch *Haslehner*, in: Haslehner/Pantazatou/Kofler/Rust, A Guide to the Anti-Tax Avoidance Directive, Rn. 2.19.

darstellt, der den Erlass einer Maßnahme auf Grundlage von Art. 115 AEUV rechtfertigen kann. Nichtsdestotrotz muss die ATAD differenziert betrachtet werden. Die Richtlinie enthält zwar einerseits Maßnahmen, deren Harmonisierung grundsätzlich auch eine missbräuchliche Ausnutzung der Grundfreiheiten durch die Mitgliedstaaten für ihren Steuerwettbewerb verhindert und damit nach dem zuvor gesagten der Kompetenzgrundlage des Art. 115 AEUV unterfällt. Allerdings wurde im zweiten Kapitel für die Hinzurechnungsbesteuerung gezeigt, dass die Richtlinie zwar ein Mindestschutzniveau aufstellt, den Mitgliedstaaten aber zwischen den zwei unterschiedlich strengen Konzepten des Passivkatalogs und der Funktionsanalyse die Wahl überlässt[419] und auch nicht die „Malta-Modelle" adressiert[420]. Insofern wird der binnenmarktschädigende Steuerwettbewerb zwischen den Mitgliedstaaten gerade nicht vollumfänglich verhindert. Und zweitens enthält die Richtlinie auch Maßnahmen, wie beispielsweise die Wegzugs- und Entstrickungsbesteuerung des Art. 5 ATAD, denen im Ausgangspunkt schon kein missbräuchliches Ausnutzen von Grundfreiheiten zugrunde liegt, sondern die nur ein Verhalten im Blick haben, dass nur von den primärrechtlich garantierten Freizügigkeitsrechten Gebrauch machen will.[421]

## II. Allgemeine Kompetenzausübungsgrenzen

Über die speziellen Voraussetzungen des Art. 115 AEUV hinaus findet die Kompetenz der EU ihre Grenzen im Subsidiaritätsprinzip des Art. 5 Abs. 3 EUV und im Verhältnismäßigkeitsgrundsatz des Art. 5 Abs. 4 EUV. Während also zuvor auf einer ersten Stufe die Frage beantwortet wurde, ob das Handeln der EU im Sinne des Prinzips der begrenzten Einzelermächtigung von einer Rechtsgrundlage gedeckt war, mithin eine Kompetenzverteilungsnorm vorlag, ist nun in einem zweiten Schritt zu prüfen, ob die in der Verfassung der Europäischen Union einschlägigen Grenznormen die Kompetenz der EU einschränken. Das Subsidiaritätsprinzip und der Verhältnismäßigkeitsgrundsatz gelten für alle Maßnahmen der EU und ergänzen das Prinzip der begrenzten Einzelermächtigung zu einer „europarechtlichen Schrankentrias"[422].

419 Vgl. 94.

420 Vgl. 103.

421 *Schönfeld/Ellenrieder*, StuW 2019, 253 (263).

422 *Merten*, in: Merten, Die Subsidiarität Europas, 2.A., 1994, S. 77 f.

### *1. Subsidiaritätsprinzip (Art. 5 Abs. 1 S. 2, Abs. 3 EUV)*

Gemäß Art. 5 Abs. 3 EUV wird die Union in den Bereichen, die nicht in ihre ausschließliche Zuständigkeit fallen, nur tätig, sofern und soweit die Ziele der in Betracht gezogenen Maßnahmen von den Mitgliedstaaten weder auf zentraler noch auf regionaler oder lokaler Ebene ausreichend verwirklicht werden können, sondern vielmehr wegen ihres Umfangs oder ihrer Wirkungen auf Unionsebene besser zu verwirklichen sind. Das bereits 1992 durch den Vertrag von Maastricht in Art. 5 Abs. 2 EG eingeführt Subsidiaritätsprinzip wurde sowohl von den Mitgliedstaaten, als auch von den Organen der EU selbst als wichtiges Grundprinzip und Gegengewicht verstanden, was den Souveränitätsverlust der Mitgliedstaaten begrenzen sollte.[423] Denn das Subsidiaritätsprinzip beruht auf der Idee, dass es eines besonderen Grundes für die Gesetzgebung auf Unionebene statt auf nationaler Ebene bedarf. Mit anderen Worten stellt Art. 5 Abs. 3 AEUV eine widerlegbare Vermutung zugunsten der mitgliedstaatlichen Souveränität auf.[424] Den Mitgliedstaaten als kleinere Einheit kommt nach Maßgabe ihrer Leistungsfähigkeit Vorrang im Handeln gegenüber der größeren Einheit – der Europäischen Union – zu.[425] Diese Vermutung wird dann durchbrochen, wenn die Ziele der Maßnahme einerseits von den Mitgliedstaaten nicht ausreichend verwirklicht werden können (nationale Insuffizienz) und diese Ziele wegen ihres Umfangs oder ihrer Wirkung auf Unionsebene auch besser zu verwirklichen sind (vergleichende Effizienz). Während die gerichtliche Überprüfbarkeit des Subsidiaritätsprinzips zu Anfang in Teilen der Literatur verneint wurde,[426] ist die Justiziabilität mittlerweile anerkannt.[427] Da die Souveränität der Mitgliedstaaten aber nicht nur durch das Rechtsprinzip der Subsidiarität, sondern auch politisch zum einen durch die Erreichung von Mehrheiten, zum anderen durch die Möglichkeit, nach Maßgabe der Zusatzprotokolle gegen Gesetzesvorschläge aufgrund einer Verletzung dieses Prinzips Einspruch zu erheben, geschützt ist,

---

423 *Albin*, NVwZ 2006, 629 (629) m.w.N.

424 *Kumm*, „Constitutionalising Subsidiarity in Integrated Markets: The Case of Tobacco Regulation in the European Union," European Law Journal 12, no. 4 (2006), 519.

425 Vgl. dazu grundlegend: *Isensee*, Subsidiarität und Verfassungsrecht, 1986, S. 71; speziell für das Europarecht: *Calliess*, Subsidiaritäts- und Solidaritätsprinzip in der Europäischen Union, S. 25 ff.

426 Vgl. *Kisker*, in: Hesse-Reusch, Föderalstaatliche Entwicklungen in Europa, 1991, S. 121 f.; *Blanke*, DÖV 1993, 421.

427 Vgl. nur *Bast*, in: Grabitz/Hilf/Nettesheim, Das Recht der Europäischen Union, Art. 5 EUV Rn. 58 m.w.N.

besteht die Notwendigkeit der richterlichen Selbstbeschränkung, wie sie zu Beginn dieses Kapitels diskutiert wurde.[428] Insbesondere bei Art. 115 AEUV, der als politische Schutzklausel sogar ein Einstimmigkeitserfordernis vorsieht ist die gerichtliche Zurückhaltung bei der Durchsetzung des Subsidiaritätsprinzips als Rechtsnorm gerechtfertigt. Dieser Befund wird sich auch sogleich in der der Rechtsprechungsauswertung bestätigen.

*a) Anwendungsbereich*

Ausgehend von dem zuvor skizzierten Grundgedanken, dass spezielle Gründe für das Handeln der größeren Einheit vorliegen müssen, gilt das Subsidiaritätsprinzip ausdrücklich nicht für die Fälle der ausschließlichen Unionskompetenz. Gemäß Art. 2 Abs. 1 AEUV bedarf es für eine ausschließliche Zuständigkeit der EU einer Übertragung durch die Verträge der Union. Insoweit enthält Art. 3 AEUV einen in Übereinstimmung von Rechtsprechung und Literatur abschließenden Katalog von Sachbereichen, die dieser Zuständigkeitskategorie unterfallen.[429]. Da die ATAD Regelungen im Bereich der direkten Steuern trifft und für diese gerade keine ausschließliche Zuständigkeit besteht, ist die Kompetenz der EU somit auch am Subsidiaritätsprinzip zu messen.

*b) Voraussetzungen: Nationale Insuffizienz und europäischer Mehrwert*

*aa) Prüfungsmaßstab*

Art. 5 Abs. 3 UAbs. 1 EUV verlangt, dass die Ziele der in Betracht gezogenen Maßnahme von den Mitgliedstaaten weder auf zentraler noch auf regionaler oder lokaler Ebene ausreichend verwirklicht werden können, sondern vielmehr wegen ihres Umfangs oder ihrer Wirkung auf Unionsebene besser zu verwirklichen sind. Fraglich ist, wie diese Merkmale auszulegen sind. Die Formulierung der Vorgängerregelung des Art. 5 Abs. 2 EGV „auf Ebene der Mitgliedstaaten" ist mittlerweile dahingehend präzisiert worden, dass die Ziele von den Mitgliedstaaten „weder auf zentraler noch auf regionaler oder lokaler Ebene" verwirklicht werden können.[430] Damit alleine wurde aber noch keine hinreichende

428 Vgl. 108.

429 *Calliess*, EuZW 1995, 693 (696) m.w.N.

430 Eingefügt durch: CONV 724/1/03, S. 63. Dies begrüßend: *Wuermeling*, EuR 2004, 216 (224); *Molsberger*, Das Subsidiaritätsprinzip im Prozess europäischer Konstitutionalisierung, S. 165; *Zoller*, Jahrbuch des Föderalismus 2005, S. 273; *Ludwigs*, ZEuS 2004, 211 (218), m.w.N.; *Schwarze*, DVBl. 1995, 1265 f. Eine andere Ansicht verweist auf die lediglich deklaratorische Natur, da sich diese Konkretisierung

Konkretisierung erreicht. Problematisch ist sowohl, wann die Ziele auf nationaler Ebene „nicht ausreichend" verwirklicht werden können, als auch wann sie „auf Unionsebene besser zu verwirklichen sind". Insofern bedürfen diese unbestimmten Rechtsbegriffe einer weitergehenden Konkretisierung.

(1) Konkretisierung durch die Zusatzprotokolle

Gemäß Art. 5 Abs. 3 UAbs. 2 EUV wenden die Organe der EU das Subsidiaritätsprinzip nach dem Protokoll über die Anwendung der Grundsätze der Subsidiarität und der Verhältnismäßigkeit[431] an. Gemäß Artikel 1 des Protokolls ist jede Institution verpflichtet, die in Art. 5 EUV festgelegten Grundsätze der Subsidiarität und der Verhältnismäßigkeit zu beachten. Art. 5 des Protokolls legt fest, dass die Entwürfe von Gesetzgebungsakten im Hinblick auf die Grundsätze der Subsidiarität und der Verhältnismäßigkeit zu begründen sind und eine detaillierte Erklärung enthalten müssen, die es ermöglicht, die Einhaltung der Grundsätze der Subsidiarität und der Verhältnismäßigkeit zu beurteilen. Inhaltlich verlangt Art. 5 nur, dass qualitative und – soweit möglich – quantitative Kriterien zu der Beurteilung des Effizienzkriteriums herangezogen werden müssen. Art. 4 sieht vor, dass die Kommission, das Europäische Parlament und der Rat die Entwürfe von Rechtsakten an die nationalen Parlamente weiterleiten. Die nationalen Parlamente haben die Möglichkeit, Einwände gegen den Entwurf zu erheben und eine mit Gründen versehene Stellungnahme zu übermitteln, in der sie darlegen, warum der vorgeschlagene Entwurf ihrer Ansicht nach gegen die Grundsätze der Subsidiarität und der Verhältnismäßigkeit verstößt. In Art. 7 wird das Verfahren zur Überprüfung des Entwurfs eines Gesetzgebungsakts durch die Kommission im Falle einer mit Gründen versehenen Stellungnahme durch eine bestimmte Anzahl nationaler Parlamente festgelegt. Und schließlich wird in Artikel 8 geregelt, dass der EuGH für die von den Mitgliedstaaten gemäß den in Art. 263 AEUV festgelegten Regeln erhobenen Klagen wegen Verletzung des Subsidiaritätsprinzips durch einen Gesetzgebungsakt zuständig ist.

Auch wenn der Vertrag über die Europäische Union zusammen mit seinen Protokollen in seiner jetzigen Fassung nur eine prozedurale, aber gerade keine inhaltliche Orientierung bietet, so lohnt sich ein Blick in Nr. 5 des

---

schon interpretatorisch erreichen ließe: Vgl. dazu *Calliess*, Subsidiaritäts- und Solidaritätsprinzip in der Europäischen Union, S. 172; *Schröder*, JZ 2004, 8 (11); *Mager*, ZEuS 2003, 471 (478).

431 Protokol (Nr. 2) über die Anwendung der Grundsätze der Subsidiarität und der Verhältnismäßigkeit, AEUV 2010 OJ C 87/206.

Subsidiaritätsprotokolls 1997[432]. Dort wird für das Tätigwerden der Gemeinschaft daran angeknüpft, dass (1) der betreffende Bereich „transnationale Aspekte" aufweist, (2) alleinige Maßnahmen der Mitgliedstaaten oder das Fehlen von Gemeinschaftsmaßnahmen gegen Anforderungen des Vertrags verstoßen oder auf sonstige Weise die Interessen der Mitgliedstaaten erheblich beeinträchtigen und (3) Maßnahmen auf Gemeinschaftsebene im Vergleich zu Maßnahmen auf mitgliedstaatlicher Ebene deutliche Vorteile mit sich bringen. Die Kommission hat ihre Begründung bei der ATAD weiterhin auf diese Grundsätze ausgerichtet.[433] Es lassen sich daher zwei Erkenntnisse gewinnen: Zum einen wird auch im Protokoll die im Wortlaut des Art. 5 Abs. 3 UAbs. 1 EUV angelegte differenzierte Prüfung – nationaler Insuffizienztest mit anschließender europäische Mehrwertanalyse – bestätigt. Zum anderen ist speziell für den Insuffizienztest darauf abzustellen, ob unter Berücksichtigung der Rechtssysteme aller Mitgliedstaaten die Regelungen auf nationaler Ebene ausreichen, wobei die Beurteilung nicht aus nationaler, sondern aus gemeinschaftlicher Sicht erfolgen muss.

(2) (Fehlende) Konkretisierung durch die EuGH-Rechtsprechung

Neben der Konkretisierung durch die Zusatzprotokolle ist als weitere Erkenntnisquelle auf die Rechtsprechung des EuGH zu blicken.[434] Was die Begründungspflicht des Art. 296 AEUV (ex-Artikel 253 EGV und davor ex-Artikel 190 EGV) hinsichtlich des Subsidiaritätsprinzips betrifft, hat der EuGH in der Rechtssache *Frankreich/Kommission* bereits 1993 klargestellt, dass die Rechtsakte eine Darstellung der Gründe enthalten müssen, die das Organ zu ihrem Erlass veranlasst haben. Dies sei notwendig, damit der EuGH seine Kontrollaufgaben wahrnehmen könne und die Betroffenen – und auch die anderen Mitgliedstaaten – die Bedingungen erfahren, unter denen die Gemeinschaftsorgane

---

432 *Albin*, NVwZ 2006, 629 (631).

433 Kommission v. 28.01.2016, Vorschlag für eine Richtlinie des Rates mit Vorschriften zur Bekämpfung von Steuervermeidungspraktiken mit unmittelbaren Auswirkungen auf das Funktionieren des Binnenmarkts, COM (2016) 26, S. 5.

434 Vgl. vertiefend dazu auch die Rechtsprechungsauswertungen bei *Schima*, ÖJZ 1997, 761 (764 ff.); *Calliess*, Subsidiaritäts- und Solidaritätsprinzip in der Europäischen Union, S. 351 ff.; *Estella de Noriega*, The EU Principle of Subsidiarity and its Critique, 2002, S. 140 ff.; *Ziller/Jeffery*, Umsetzung und Kontrolle des Subsidiaritäts- und des Verhältnismäßigkeitsgrundsatzes im Lichte der Verfassung für Europa, 2007, S. 249 ff.; *Albin*, NVwZ 2006, 629 (632 ff.); siehe auch *Tridimas*, The General Principles of EU Law, 3.A., 2019, S. 183 ff. und *Skouris*, in: Europa fängt zu Hause an, 2006, S. 114 ff.

den Vertrag angewandt haben.[435] In dem späteren Urteil *Deutschland/Parlament und Rat* aus 1994 wurde die Rechtsprechung dahingehend konkretisiert, dass es ausreichend sei, wenn das Parlament und der Rat jedenfalls die Gründe für ihre Ansicht erläutern, dass ihr Handeln mit dem Subsidiaritätsprinzip im Einklang steht, ohne dass das Subsidiaritätsprinzip ausdrücklich genannt werden muss.[436] Der EuGH stellt damit zwar keine allzu hohen Voraussetzungen an die Begründungspflicht des Subsidiaritätsprinzips auf, er geht aber erkennbar von einer Justiziabilität[437] aus, indem er als Begründung auf seine Kontrollaufgabe verweist.

Erste inhaltliche Erkenntnisse lassen sich möglicherweise aus dem Urteil *Großbritannien/Rat*[438] gewinnen. Großbritannien argumentierte bei der Arbeitszeitrichtlinie unter anderem damit, dass die Richtlinie gegen das Subsidiaritätsprinzip verstoße, da die Sicherheit und die Gesundheit der Arbeitnehmer durch nationale Maßnahmen angemessen geschützt werden können und keine offenkundigen Vorzüge für ein Vorgehen auf Gemeinschaftsebene bestünden.[439] Der EuGH teilte diese Ansicht nicht. Sobald das Niveau des Gesundheitsschutzes und der Sicherheit der Arbeitnehmer verbessert würde und die in diesem Bereich bestehenden Bedingungen bei gleichzeitigem Fortschritt harmonisiert werden müssten, setze die Erreichung dieses Zieles durch das Setzen von Mindestvorschriften unvermeidlich ein gemeinschaftsweites Vorgehen voraus.[440] Mit anderen Worten: Der EuGH deutet damit an, dass das Ziel der Richtlinie durch eine Regelung auf Gemeinschaftsebene lediglich besser verwirklicht werden muss.[441] Neben diesen geringen Anforderungen an das Subsidiaritätsprinzip finden sich in dem Urteil spiegelbildlich die gleichen

---

435 Vgl. u.a. EuGH v. 17.05.1994, C-41/93, *Frankreich/Kommission*, ECLI:EU:C:1994:196, Rn. 34.

436 EuGH v. 13.05.1997, C-233/94, *Deutschland/Parlament und Rat*, ECLI:EU:C:1997:231, Rn. 28.

437 So auch vom EuG ausdrücklich festgestellt in EuG v. 12.07.2006, T-253/02, *Ayadi/Rat*, ECLI: EU: T:2006:200, Rn. 107; In den Schlussanträgen zu *Vodafone u.a.* weist GA Maduro darauf hin, dass der Rat davon ausgeht, dass es sich bei dem Subsidiaritätsprinzip im Wesentlichen um einen subjektiven und politischen Grundsatz handele, vgl. GA Maduro v. 01.10.2009, C-58/08, ECLI:EU:C:2009:596, Rn. 30.

438 EuGH v. 12.11.1996, C-84/94, *Vereinigtes Königreich/Rat*, ECLI:EU:C:1996:431.

439 EuGH v. 12.11.1996, C-84/94, *Vereinigtes Königreich/Rat*, ECLI:EU:C:1996:431, Rn. 46.

440 EuGH v. 12.11.1996, C-84/94, *Vereinigtes Königreich/Rat*, ECLI:EU:C:1996:431, Rn. 47.

441 So auch *Calliess*, in: Calliess/Ruffert, EUV/AEUV, Art. 5 EUV Rn. 67.

geringen Anforderungen an die Begründungspflicht des Rates, wie sie schon in der Rechtssache C-41/93 aufgestellt wurden. Die Begründung müsse zwar so detailliert sein, dass der EuGH seine Kontrollaufgabe wahrnehmen könne. Sie brauche jedoch nicht sämtliche rechtlich oder tatsächlich erheblichen Aspekte (und damit auch nicht umfangreiche Ausführungen zum Subsidiaritätsprinzip) zu enthalten.[442]

Diese Rechtsprechung zur Begründungspflicht wurde in der Rechtssache *Deutschland/Rat* aus dem Jahr 1994 bestätigt.[443] Bemerkenswert an dieser Entscheidung ist, dass der EuGH die Möglichkeit gehabt hätte, sich inhaltlich mit dem Subsidiaritätsprinzip auseinanderzusetzen, sich aber in seinem Urteil auf die Prüfung, der Begründungspflicht beschränkte: Ob ein Verstoß gegen das Prinzip als solches vorlag wurde nicht untersucht, da Deutschland als klagende Regierung keinen Verstoß gegen das Subsidiaritätsprinzip geltend gemacht hätte, sondern nur die unzureichende Begründung angegriffen habe.[444] Mit diesem Argument entledigt sich der EuGH einer detaillierten Auseinandersetzung mit dem Subsidiaritätsprinzip und verlagert das Problem in die Verhältnismäßigkeitsprüfung.[445] Dies scheint wenig überzeugend. Deutschland rügte sowohl einen Verstoß gegen die Begründungspflicht als auch die fehlerhafte Rechtsgrundlage der Richtlinie und hilfsweise eine Verletzung des Verhältnismäßigkeitsgrundsatzes. Es liegt also nahe, dass auch ein Verstoß gegen das Subsidiaritätsprinzip geprüft werden sollte.

Das *British American Tobacco (BAT) Urteil*[446] stellt insofern einen Meilenstein in der Rechtsprechung des EuGH dar, als dass dieser sich erstmalig inhaltlich mit dem Subsidiaritätsprinzip beschäftigte. Nachdem ein Verstoß gegen die Begründungspflicht mit Verweis auf die vorherige Rechtsprechung verneint wurde,[447] widmete sich der EuGH dem Subsidiaritätsprinzip des damaligen

---

442 EuGH v. 12.11.1996, C-84/94, *Vereinigtes Königreich/Rat*, ECLI:EU:C:1996:431, Rn. 74 ff.

443 EuGH v. 13.05.1997, C-233/94, *Deutschland/Parlament und Rat*, ECLI:EU:C:1997:231, Rn. 22 ff. und 35 ff.

444 EuGH v. 13.05.1997, C-233/94, *Deutschland/Parlament und Rat*, ECLI:EU:C:1997:231, Rn. 24.

445 EuGH v. 13.05.1997, C-233/94, *Deutschland/Parlament und Rat*, ECLI:EU:C:1997:231, Rn. 54 ff. und 65 ff.

446 EuGH v. 10.12.2002, C-491/01, *British American Tobacco*, ECLI:EU:C:2002:741.

447 EuGH v. 10.12.2002, C-491/01, *British American Tobacco*, ECLI:EU:C:2002:741, Rn. 158 ff.

Art. 5 Abs. 2 EGV.[448] Anders als in der Rechtssache *Deutschland/Rat* aus dem Jahr 1994 wurde hier bei einem Vorabentscheidungsverfahren durch das vorlegende Gericht explizit nach der Vereinbarkeit einer Richtlinie mit dem Subsidiaritätsprinzip gefragt.[449] Wo der EuGH zuvor noch die Möglichkeit verstreichen ließ, sich zum Subsidiaritätsprinzip zu äußern, musste er nun tätig werden und seine Prüfung nicht nur wie zuvor auf die Begründungspflicht, die Kompetenzgrundlage als solche und die Kompetenzausübungsgrenze des Verhältnismäßigkeitsprinzips beschränken. Im *BAT-Urteil* beginnt der EuGH seine Prüfung mit der kurzen Feststellung, dass vorliegend keine ausschließliche Zuständigkeit des Gemeinschaftsgesetzgebers gegeben und damit der Anwendungsbereich des Subsidiaritätsprinzips eröffnet sei.[450] Mithin wird hier noch sauber mit dem Wortlaut des Art. 5 Abs. 2 EGV – der insoweit dem heutigen Art. 5 Abs. 3 EUV entspricht – gearbeitet. In einem nächsten Schritt überprüft der EuGH, ob das Ziel der Richtlinie auf Gemeinschaftsebene „besser" erreicht werden konnte.[451] Das Vorliegen eines solchen europäischen Mehrwertes wird kurzerhand bejaht, indem darauf abgestellt wird, dass das Ziel der Maßnahme allein auf Ebene der Mitgliedstaaten „nicht ausreichend" erreicht werden würde.[452] Der EuGH hält sich hier nun nicht mehr an den Wortlaut des ehemaligen Art. 5 Abs. 2 EGV[453] und zieht zur Bejahung des europäischen

448 EuGH v. 10.12.2002, C-491/01, *British American Tobacco*, ECLI:EU:C:2002:741, Rn. 177 ff.

449 EuGH v. 10.12.2002, C-491/01, *British American Tobacco*, ECLI:EU:C:2002:741, Rn. 25, Vorlagefrage 1 f.

450 EuGH v. 10.12.2002, C-491/01, *British American Tobacco*, ECLI:EU:C:2002:741, Rn. 179.

451 EuGH v. 10.12.2002, C-491/01, *British American Tobacco*, ECLI:EU:C:2002:741, Rn. 180.

452 EuGH v. 10.12.2002, C-491/01, *British American Tobacco*, ECLI:EU:C:2002:741, Rn. 182.

453 Art. 5 Abs. 2 EG lautete: „In den Bereichen, die nicht in ihre ausschließliche Zuständigkeit fallen, wird die Gemeinschaft nach dem Subsidiaritätsprinzip nur tätig, sofern und soweit die Ziele der in Betracht gezogenen Maßnahmen auf Ebene der Mitgliedstaaten nicht ausreichend erreicht werden können und daher wegen ihres Umfangs oder ihrer Wirkungen besser auf Gemeinschaftsebene erreicht werden können." Art. 5 Abs. 3 AEUV lautet nunmehr: „Nach dem Subsidiaritätsprinzip wird die Union in den Bereichen, die nicht in ihre ausschließliche Zuständigkeit fallen, nur tätig, sofern und soweit die Ziele der in Betracht gezogenen Maßnahmen von den Mitgliedstaaten weder auf zentraler noch auf regionaler oder lokaler Ebene ausreichend verwirklicht werden können, sondern vielmehr wegen ihres Umfangs oder ihrer Wirkungen auf Unionsebene besser zu verwirklichen

Mehrwertes die nationale Insuffizienz heran. Abschließend erfolgt eine kurze Prüfung der „Erfordernisse des Subsidiaritätsgrundsatzes", bei der – ähnlich wie bei dem Merkmal der Erforderlichkeit in der Verhältnismäßigkeitsprüfung – festgestellt wird, dass die Maßnahme nur soweit reicht, wie es zur Verwirklichung des von ihr angestrebten Zwecks erforderlich ist.[454] Dies ist gerade keine Prüfung der Erforderlichkeit im Sinne eines Insuffizienztests. Warum der EuGH an dieser Stelle die Grenzen zur Verhältnismäßigkeitsprüfung verwischt[455], bleibt unklar, wo er doch in den Randnummern 112 ff. seines Urteils eine separate Verhältnismäßigkeitsprüfung vornimmt. Aus dem Wortlaut des Art. 5 Abs. 2 EGV ergab sich dieser Prüfungsschritt jedenfalls nicht. Insgesamt lässt sich festhalten, dass das *BAT-Urteil* insoweit historisch ist, als das der EuGH erstmals über die Einhaltung des Subsidiaritätsprinzips als solches entschied (bzw. entscheiden musste). Die Prüfung durch den EuGH ist jedoch, wie gezeigt, dogmatisch ungenau.

Auch im Vorabentscheidungsverfahren zu der Rechtssache *Vodafone*[456] prüft der EuGH zwar Verhältnismäßigkeit und Subsidiarität getrennt. Wie schon bei der *BAT-Entscheidung* spricht der Gerichtshof aber das Erforderlichkeitsmerkmal in der Konkretisierung des Subsidiaritätsprinzips an.[457] Auch in dieser Entscheidung ist es dem EuGH nicht gelungen, das Subsidiaritätsprinzip hinreichend zu konkretisieren. Neben einem Verweis auf die Zusatzprotokolle über die Anwendung der Grundsätze der Subsidiarität und Verhältnismäßigkeit[458] wird, wie schon bei dem *BAT-Urteil*, der Anwendungsbereich des Subsidiaritätsprinzips erörtert.[459] Die darauf aufbauende knappe Subsumtion in den Randnummern 76–78 ist jedoch ungenau: Auf die Voraussetzungen des damaligen Art. 5 Abs. 2 EGV wird im Einzelnen nicht eingegangen. Vielmehr wird darauf abgestellt, dass eine Regelung auf Unionsebene notwendig

---

sind. Das Merkmal „auf Ebene der Mitgliedstaaten" wurde also dahingehend konkretisiert, dass damit sowohl zentrale, als auch regionale und lokale Ebene gemeint sein können. Keine Änderung erfolgte jedoch bezüglich der Voraussetzungen als solchen. Auch Art. 5 Abs. 2 EG verlangte eine getrennte Prüfung des Negativ- und Positivkriteriums, was man an der Satzverknüpfung „und daher" erkennen kann.

454 EuGH v. 10.12.2002, C-491/01, *British American Tobacco*, ECLI:EU:C:2002:741, Rn. 184.

455 Vgl. *Calliess*, in: Calliess/Ruffert, EUV/AEUV, Art. 5 EUV, Rn. 34.

456 EuGH v. 08.06.2010, C-58/08, *Vodafone u.a.*, ECLI:EU:C:2010:321.

457 EuGH v. 08.06.2010, C-58/08, *Vodafone u.a.*, ECLI:EU:C:2010:321, Rn. 73.

458 EuGH v. 08.06.2010, C-58/08, *Vodafone u.a.*, ECLI:EU:C:2010:321, Rn. 72 ff.

459 EuGH v. 08.06.2010, C-58/08, *Vodafone u.a.*, ECLI:EU:C:2010:321, Rn. 75.

sei, um das reibungslose Funktionieren des Binnenmarktes zu fördern.[460] Im Ergebnis erfolgt somit erneut eine Prüfung, ob das Ziel durch eine europäische Maßnahme besser verwirklicht werden kann,[461] eine Prüfung der nationalen Insuffizienz unterbleibt. Eine weitere Erkenntnis bei diesem Urteil ist, dass der EuGH seine niedrigen Anforderungen an die Subsidiaritätsprüfung noch weiter aufweicht, indem er im Rahmen der – zu Beginn des Kapitels diskutierten – richterlichen Selbstbeschränkung, dem Unionsgesetzgeber einen weiten Ermessensspielraum zugesteht. Der Gerichtshof schränkt die Mehrwertanalyse nämlich dahingehend ein, dass es nunmehr ausreichend ist, wenn der Gemeinschaftsgesetzgeber folgert, dass das reibungslose Funktionieren des Binnenmarktes durch einen gemeinschaftsrechtlichen Ansatz gefördert und er daher berechtigterweise annehmen durfte, dass das Ziel auf Unionsebene besser erreicht werden könne.[462] Mit anderen Worten: Der Gerichtshof deutet an, dass er die Ausübung der unionsrechtlichen Gesetzgebungskompetenz nur auf offensichtliche Irrtümer oder Ermessensfehler (Ermessensüberschreitung oder Ermessensfehlgebrauch) kontrollieren wird.[463]

In jüngeren Entscheidungen hat der EuGH seine Rechtsprechung bestätigt. Im Jahr 2013 prüfte er im Rahmen einer Nichtigkeitsklage das Verhältnismäßigkeitsprinzip und das Subsidiaritätsprinzip getrennt.[464] Bei letzterem wurde erneut nur die Mehrwertanalyse angewendet und dem Unionsgesetzgeber der weite Ermessensspielraum eingeräumt.[465] Noch deutlicher formulierte der EuGH diesen Ermessensspielraum in seinem Urteil aus dem Jahre 2014. Der Gerichtshof habe lediglich bezüglich der in Art. 5 Abs. 3 EUV vorgesehenen materiellen Voraussetzungen zu prüfen, ob der Unionsgesetzgeber aufgrund substantiierter Anhaltspunkte davon ausgehen durfte, dass das mit der in Betracht gezogenen Maßnahme verfolgte Ziel auf Unionsebene besser verwirklicht werden konnte.[466]

Die vorgenommene Rechtsprechungsauswertung zeigt deutlich, dass es dem EuGH bisher noch nicht gelungen ist, dem Subsidiaritätsprinzip ausreichende inhaltliche Konturen zu verleihen. Lediglich hinsichtlich der

460 EuGH v. 08.06.2010, C-58/08, *Vodafone u.a.*, ECLI:EU:C:2010:321, Rn. 78.
461 Vgl. EuGH v. 08.06.2010, C-58/08, *Vodafone u.a.*, ECLI:EU:C:2010:321, Rn. 79.
462 EuGH v. 08.06.2010, C-58/08, *Vodafone u.a.*, ECLI:EU:C:2010:321, Rn. 78 f.
463 *Calliess*, in: Calliess/Ruffert, EUV/AEUV, Art. 5 EUV, Rn. 68 m.w.N.
464 EuGH v. 18.06.2015, C-508/13, *Estland/Parlament und Rat*, ECLI:EU:C:2015:403.
465 EuGH v. 18.06.2015, C-508/13, *Estland/Parlament und Rat*, ECLI:EU:C:2015:403 Rn. 48.
466 EuGH v. 04.05.2016, C-477/14, *Pillbox 38*, ECLI:EU:C:2016:324 Rn. 148.

Begründungspflicht des Subsidiaritätsprinzips ist eine ausreichende Konkretisierung erfolgt. Die Anforderungen an diese sind sehr gering: Es ist ausreichend, wenn das Parlament und der Rat jedenfalls die Gründe für ihre Ansicht erläutern, dass ihr Handeln mit dem Subsidiaritätsprinzip im Einklang steht, ohne dass das Subsidiaritätsprinzip ausdrücklich genannt werden muss. Die Begründung muss so detailliert sein, damit der EuGH seine Kontrollaufgabe wahrnehmen kann; sie braucht jedoch nicht sämtliche rechtliche oder tatsächliche erheblichen Gesichtspunkte zu enthalten. Der EuGH geht damit grundsätzlich von einer Justiziabilität des Subsidiaritätsprinzips aus. Allerdings vermeidet der EuGH gerade bei Art. 5 Abs. 3 EUV eine detaillierte inhaltliche Prüfung.[467] In seinen früheren Urteilen ließ der EuGH die Möglichkeit verstreichen, dass Subsidiaritätsprinzip näher zu konkretisieren und begnügte sich mit der Prüfung der Begründungspflicht. Als der Gerichtshof sich zwingend inhaltlich mit Art. 5 Abs. 3 EUV befassen musste, erfolgte, wie gezeigt, nur eine ungenaue Prüfung.

In jüngster Zeit wurde die Rechtsprechung zum Subsidiaritätsprinzip nicht mehr weiterentwickelt, obwohl die Möglichkeit bestand, indem beispielsweise die detaillierten Ausführungen der Generalanwältin *Kokott* in ihren drei Schlussanträgen am 23. Dezember 2015 in den Rechtssachen *Polen/Parlament und Rat*[468], *Pillbox*[469] und *Philip Morris Brands u.a.*[470] vom EuGH hätten aufgegriffen werden können. *Kokott* geht dabei eindeutig davon aus, dass für die praktische Umsetzung des Subsidiaritätsprinzips ein zweistufiger Test bestehend aus einer negativen (in dieser Arbeit als nationale Insuffizienz bezeichnet) und einer positiven (in dieser Arbeit als europäischer Mehrwert bezeichnet) Komponente – maßgeblich ist.[471] Hinsichtlich der negativen Komponente seien

467 So auch: *Calliess*, in: Calliess/Ruffert, EUV/AEUV, Art. 5 EUV, Rn. 66; *Estella de Noriega*, The EU Principle of Subsidiarity and its Critique, S. 156 ff. Art. 5 Abs. 2 und Abs. 4 EUV werden demgegenüber vollumfänglich und detailliert geprüft, vgl. *Calliess*, in: Calliess/Ruffert, EUV/AEUV, Art. 5 EUV, Rn. 66.

468 GA Kokott v. 23.12.2015, C-358/14, *Polen/Parlament und Rat*, ECLI:EU:C:2015:848, Rn. 137 bis 188.

469 GA Kokott v. 23.12.2015, C-477/14, *Pillbox 38*, ECLI:EU:C:2015:854, Rn. 156 bis 180.

470 GA Kokott v. 23.12.2015, C-547/14, *Philip Morris Brands u.a.*, ECLI:EU:C:2015:853, Rn. 270 bis 299.

471 GA Kokott v. 23.12.2015, C-358/14, *Polen/Parlament und Rat*, ECLI:EU:C:2015:848, Rn. 142; GA Kokott v. 23.12.2015, C-477/14, *Pillbox 38*, ECLI:EU:C:2015:854, Rn. 165; GA Kokott v. 23.12.2015, C-547/14, *Philip Morris Brands u.a.*, ECLI:EU:C:2015:853, Rn. 275.

insbesondere folgende drei Gesichtspunkte zu berücksichtigen: (1) die technischen und finanziellen Fähigkeiten der Mitgliedstaaten, (2) das Existieren von nationalen, regionalen oder lokalen Besonderheiten und (3) die örtliche Dimension des zu lösenden Problems. Gibt es also Mitgliedstaaten, die nicht in der Lage sind, die erforderlichen Maßnahmen zur Lösung des Problems zu treffen, ist dies ein Indiz für die nationale Insuffizienz. Dieses Indiz verhärtet sich, wenn keine Besonderheiten vorliegen, die ein Tätigwerden auf mitgliedstaatlicher Ebene durch nationale Stellen, die eine größere Nähe und Sachkunde hinsichtlich der zu treffenden Maßnahme haben, rechtfertigen. Und schließlich spricht bereits allein das Vorliegen eines grenzüberschreitenden Problems – welches naturgemäß eben nicht schon auf nationaler, regionaler oder lokaler Ebene wirksam angegangen werden kann – für die nationale Insuffizienz.[472]

Auch hinsichtlich der positiven Komponente des Subsidiaritätstests sind die Ausführungen aufschlussreich: Zunächst stellt *Kokott* allgemein fest, dass das Handeln der Unionsorgane einen Mehrwert mit sich bringen muss, der sich darin manifestiert, dass dem Allgemeininteresse der Union[473] mit einer Maßnahme auf Unionsebene besser gedient sein kann als mit Maßnahmen, die auf mitgliedstaatlicher Ebene getroffen werden.[474] In der Konsequenz muss sich die Union außerhalb ihrer ausschließlichen Zuständigkeit auf die Regelung bedeutsamer Fragen beschränken, die im gemeinsamen europäischen Interesse stehen.[475] Die Prüfung der nationalen Insuffizienz und des europäischen Mehrwertes sind zwar insofern miteinander verflochten, als dass das Vorliegen eines grenzüberschreitenden Problems (insbesondere die Ausräumung von Handelshemmnissen und damit die Verbesserung des Funktionierens des Europäischen Binnenmarktes) sowohl – wie soeben gesehen – ein gewichtiges Indiz für

---

472 GA Kokott v. 23.12.2015, C-358/14, *Polen/Parlament und Rat*, ECLI:EU:C:2015:848, Rn. 150 bis 153.

473 Bei der Frage nach dem europäischen Mehrwert ist stets der Blick auf das Allgemeininteresse der Union zu richten. Die Situation von einzelnen Mitgliedstaaten für sich betrachtet ist grundsätzlich nicht ausschlaggebend. Etwas anderes kann ausnahmsweise nur dann gelten, wenn die in Aussicht genommenen Maßnahmen der Unionsorgane die nationale Identität eines Mitgliedstaats (Art. 4 Abs. 2 EUV) oder seine grundlegenden Interessen berühren, vgl. GA Kokott v. 23.12.2015, C-358/14, *Polen/Parlament und Rat*, ECLI:EU:C:2015:848, Rn. 166.

474 GA Kokott v. 23.12.2015, C-358/14, *Polen/Parlament und Rat*, ECLI:EU:C:2015:848, Rn. 162.

475 GA Kokott v. 23.12.2015, C-358/14, *Polen/Parlament und Rat*, ECLI:EU:C:2015:848, Rn. 163.

die nationale Insuffizienz ist, als auch die starke Vermutung für einen Mehrwert des Handelns auf Unionsebene begründet. Allerdings kann nicht jeder Binnenmarktbezug zu der Bejahung eines europäischen Mehrwertes führen, da die Voraussetzung ansonsten in sämtlichen Binnenmarktangelegenheiten ins Leere läuft.[476] Vielmehr muss – wie schon in Art. 5 des Protokolls über die Anwendung der Grundsätze der Subsidiarität und der Verhältnismäßigkeit konkretisiert[477] – sowohl eine quantitative als auch eine qualitative Beurteilung vorgenommen werden. *Kokott* präzisiert aber weiter:

> „In quantitativer Hinsicht ist der Mehrwert eines Tätigwerdens auf Unionsebene umso offensichtlicher, je mehr Unionsbürger oder Marktteilnehmer betroffen sind und je größer das erfasste Handelsvolumen sich darstellt. In qualitativer Hinsicht ist die wirtschaftliche, gesellschaftliche und politische Bedeutung der zu regelnden Materie mit Blick auf die Ziele der Union zu beurteilen, wie sie in Art. 3 EUV niedergelegt sind, unter Berücksichtigung der grundlegenden Werte, auf denen sich die Union gemäß Art. 2 EUV gründet."[478]

Es bleibt jedenfalls kritisch festzuhalten, dass die bisherige Rechtsprechung des EuGH nur wenig zu einer Konkretisierung der Subsidiaritätsprüfung beigetragen hat. In der Literatur wird daher teilweise der tatsächliche Wille zur Justiziabilität bezweifelt.[479] Dieser Befund verdichtet sich dadurch, dass der EuGH auch die Möglichkeit, die die guten Vorarbeiten von Generalanwältin *Kokott* geboten haben, verstreichen ließ. Andererseits ist diese Zurückhaltung des Gerichtshofes auch nicht verwunderlich, wenn man bedenkt, dass die Souveränität der Mitgliedstaaten eben nicht nur durch das Rechtsprinzip der Subsidiarität, sondern auch politisch – zum einen durch die Erreichung von Mehrheiten, zum anderen durch die Möglichkeit, nach Maßgabe der Zusatzprotokolle gegen Gesetzesvorschläge aufgrund einer Verletzung dieses Prinzips

476 GA Kokott v. 23.12.2015, C-358/14, *Polen/Parlament und Rat*, ECLI:EU:C:2015:848, Rn. 164.

477 Vgl. 128.

478 GA Kokott v. 23.12.2015, C-358/14, *Polen/Parlament und Rat*, ECLI:EU:C:2015:848, Rn. 165.

479 Vgl. *Craig/Burca*, EU Law: Text, Cases and Materials, 6. A. 2015, S. 100. Die Aussage wird aber insofern wieder relativiert, als dass die Entscheidung über solche soziökonomischen Fragen für die Justizorgane immer eine Herausforderung darstelle, da von den Gerichten nicht erwarten werden könne, dass sie über derart komplexe Themen von gesellschaftspolitischer Bedeutung entscheiden, die normalerweise als inhärenter Bestandteil einer positiven Politikgestaltung angesehen werden.

Einspruch zu erheben – geschützt ist. Insbesondere bei Art. 115 AEUV, der als politische Schutzklausel sogar ein Einstimmigkeitserfordernis vorsieht, ist die gerichtliche Zurückhaltung bei der Durchsetzung des Subsidiaritätsprinzips als Rechtsnorm nachvollziehbar.

(3) Konkretisierungsansätze in der Literatur

In der Literatur besteht überwiegend Einigkeit darüber, dass Art. 5 Abs. 3 EUV sowohl ein Negativkriterium als auch ein Positivkriterium enthält, die kumulativ vorliegen müssen.[480] Die Notwendigkeit dieser separaten, zweistufigen Prüfung folgt richtigerweise bereits aus der eindeutigen Satzverknüpfung „sondern". Unterschiedliche Auffassungen werden hingegen bei der Auslegung der beiden Merkmale vertreten.

Was das Negativkriterium „von den Mitgliedstaaten weder auf zentraler noch auf regionaler oder lokaler Ebene ausreichend verwirklicht werden können" betrifft, so ist zum einen umstritten, wann das Handeln der Mitgliedstaaten als „nicht ausreichend" zu erachten ist. Insoweit wird von Teilen der Literatur das Negativkriterium im Sinne von „Erforderlichkeit" ausgelegt.[481] Diese Auffassung ist mit Blick auf den eindeutigen Wortlaut abzulehnen und wird auch nicht durch die Vertragsverhandlungen bestätigt.[482] Vielmehr muss mit dem Negativkriterium ein aktuelles Regelungsdefizit nachgewiesen und eine mitgliedstaatliche Überforderung prognostiziert werden.[483]

---

480 Vgl. *Calliess*, in: Calliess/Ruffert, EUV/AEUV, Art. 5 EUV, Rn. 30; *Molsberger*, Das Subsidiaritätsprinzip im Prozess europäischer Konstitutionalisierung, S. 172 f.; *Eilmansberger*, in: Hummer/Obwexer, Der Vertrag von Lissabon, 2009, S. 193; kritisch zu dieser Zweistufigen Prüfung: *Schima*, Das Subsidiaritätsprinzip im Europäischen Gemeinschaftsrecht, 1994, S. 107.

481 Vgl. *Kahl*, AöR 118 (1993), 414 (426); *Schweitzer/Fixson*, Jura 1992, 579 (581); *Stein*, in: Merten, Die Subsidiarität Europas, 2.A., 1994, S. 29 f.; *Lienbacher*, in: Schwarze, EU-Kommentar, Art. 5 EUV, Rn. 21; *Schima*, Das Subsidiaritätsprinzip im Europäischen Gemeinschaftsrecht, 1994, S. 112; *Hailbronner*, Das Subsidiaritätsprinzip als Rechtsprinzip nach dem Maastrichter Vertrag, in: Hailbronner, Europa der Zukunft – Zentrale und dezentrale Lösungsansätze, 1994, S. 49, 54 ff.; *von Borries*, EuR 1994, 263 (277).

482 Vgl. *Calliess*, in: Calliess/Ruffert, EUV/AEUV, Art. 5 EUV, Rn. 36 m.w.N. in Fn. 140.

483 *Calliess*, in: Calliess/Ruffert, EUV/AEUV, Art. 5 EUV, Rn. 36 f.; *Bast*, in: Grabitz/Hilf/Nettesheim/Bast, EUV, Art. 5 Rn. 54; *Knaup*, Europäische Verfassung und Subsidiarität, 2007, S. 212.

Zum anderen bietet die offene Formulierung „von den Mitgliedstaaten" ebenfalls Nährboden für unterschiedliche Auffassungen.[484] Es lässt sich argumentieren, dass bewusst auf das Adjektiv „einzelnen" verzichtet wurde und dass das Merkmal daher als „von den *gemeinsam handelnden* Mitgliedstaaten" verstanden werden muss.[485] Als Konsequenz dieser Leseart ergibt sich, dass eine intergouvernementale Zusammenarbeit der Mitgliedstaaten bereits ausreichen kann, um das Negativkriterium zu verneinen und damit die Kompetenz der EU zu begrenzen. Richtigerweise muss das Merkmal allerdings so ausgelegt werden, dass die Ziele der Maßnahme „von den *einzelnen* Mitgliedstaaten" nicht ausreichend verwirklich werden können.[486] Zunächst muss mit Blick auf die Wortlautauslegung konstatiert werden, dass sich allein aus dem Plural „Mitgliedstaaten" nicht schon die Notwendigkeit eines „gemeinsamen Handelns" ergibt. Bei einer historischen Auslegung lassen sich keine Hinweise darauf finden, dass bewusst auf den Zusatz „einzelne" verzichtet wurde. Zudem wurde der Wortlaut der Vorschrift mit dem Vertrag von Lissabon, dahingehend ergänzt, dass nunmehr nicht nur Beiträge der zentralstaatlichen, sondern auch die der regionalen und lokalen Handlungsebenen in die Analyse der einzelstaatlichen Problemlösungskapazität einzubeziehen sind,[487] was auch tendenziell eher gegen eine Berücksichtigung von intergouvernementaler Zusammenarbeit spricht.[488] Auch der Sinn und Zweck des Art. 5 Abs. 3 EUV, der in der Sicherstellung möglichst bürgernaher Entscheidungen liegt, spricht gegen ein Ausweichen der Mitgliedstaaten auf die völkerrechtliche Ebene.[489] Ausschlaggebendes Argument ist schließlich das

484 Es handelt sich nicht bloß um ein Problem der deutschen Übersetzung. Der englische Wortlaut „cannot be sufficiently achieved by the Member States" ist ebenso offen.

485 *Lambers*, EuR 1993, 229 (236); *Toth*, CMLRev. 1992, 1079 (1098 f.).

486 So auch *Calliess*, in: Calliess/Ruffert, EUV/AEUV, Art. 5 EUV, Rn. 38; *Frowein*, in: FS Lerche, 1993, S. 408; *Jarass*, Grundfragen der innerstaatlichen Bedeutung des EG-Rechts, 1994, S. 19; *Hirsch*, in: Ress/Stein (Hrsg.), Vorträge, Reden und Berichte aus dem Europainstitut, Nr. 330 (1995), S. 7; *Molsberger*, Das Subsidiaritätsprinzip im Prozess europäischer Konstitutionalisierung, S. 52 und S. 170.

487 *Bast*, in: Grabitz/Hilf/Nettesheim/Bast, EUV, Art. 5 Rn. 56.

488 *Molsberger*, Das Subsidiaritätsprinzip im Prozess europäischer Konstitutionalisierung, S. 52; *Calliess*, in: Calliess/Ruffert, Art. 5 EUV Rn. 39.

489 *Jarass*, Grundfragen der innerstaatlichen Bedeutung des EG-Rechts, 1994, S. 19; *Hirsch*, Die Auswirkungen des Subsidiaritätsprinzips auf die Rechtsetzungsbefugnis der Europäischen Gemeinschaften, in: Ress/Stein (Hrsg.), Vorträge, Reden und Berichte aus dem Europainstitut, Nr. 330 (1995), S. 7.

folgende: Würde die intergouvernementale Zusammenarbeit die europäische Gesetzgebung begrenzen, wäre dies mit Blick auf den erreichten Stand des Unionsrechts ein Rückschritt, der im Widerspruch zu dem Integrationsprinzip des Art. 1 EUV steht.[490]

Was das Positivkriterium „sondern vielmehr wegen ihres Umfangs oder ihrer Wirkungen auf Unionsebene besser zu verwirklichen" betrifft, so ist ein vergleichender Effizienztest vorzunehmen.[491] Mit der erfolgten Änderung der Satzverknüpfung von „und daher" zu „sondern vielmehr" wird nun auch deutlich, dass das zuvor im Rahmen des Negativkriteriums festgestellte Regelungsdefizit und die Insuffizienz der Mitgliedstaaten isoliert betrachtet noch nichts über die Problemlösungskapazität der Europäischen Union aussagen.[492] Faktoren wie Art, Größe und Schwere des Problems sind aber bei der Abwägung, ob eine unionsrechtliche Regelung einen europäischen Mehrwert gegenüber einer einzelstaatlichen Problembearbeitung bietet, ebenso mit einzubeziehen, wie die Frage, wie viele Mitgliedstaaten wie spürbar von dem Problem betroffen sind.[493]

#### *bb) Anwendung auf die ATAD*

##### (1) Prozedurale Vorgaben

Wie gesehen sieht Artikel 4 des Protokolls über die Anwendung der Grundsätze der Subsidiarität und der Verhältnismäßigkeit vor, dass die Kommission, das Europäische Parlament und der Rat die Entwürfe von Rechtsakten an die nationalen Parlamente weiterleiten, damit diese die Möglichkeit haben, Einwände gegen den Entwurf zu erheben und eine mit Gründen versehene Stellungnahme zu übermitteln, in der sie darlegen, warum der vorgeschlagene Entwurf ihrer Ansicht nach gegen die Grundsätze der Subsidiarität und der Verhältnismäßigkeit verstößt. Bei dem Entwurf zur ATAD haben (nur) das maltesische und das schwedische Parlament von diesem politischen Schutzmechanismus

---

490 *Calliess*, in: Calliess/Ruffert, EUV/AEUV, Art. 5 EUV, Rn. 38; *Frowein*, in: FS Lerche, 1993, S. 408; *Jarass*, Grundfragen der innerstaatlichen Bedeutung des EG-Rechts, 1994, S. 19; *Hirsch*, Die Auswirkungen des Subsidiaritätsprinzips auf die Rechtsetzungsbefugnis der Europäischen Gemeinschaften, in: Ress/Stein (Hrsg.), Vorträge, Reden und Berichte aus dem Europainstitut, Nr. 330 (1995), S. 7.

491 *Calliess*, in: Calliess/Ruffert, EUV/AEUV, Art. 5 EUV, Rn. 40 f.; *Bast*, in: Grabitz/Hilf/Nettesheim/Bast EUV Art. 5 Rn. 57.

492 *Bast*, in: Grabitz/Hilf/Nettesheim/Bast EUV Art. 5 Rn. 57.

493 *Calliess*, in: Calliess/Ruffert, EUV/AEUV, Art. 5 EUV, Rn. 40 f.; *Bast*, in: Grabitz/Hilf/Nettesheim/Bast EUV Art. 5 Rn. 57.

Gebrauch gemacht. Beide Parlamente kritisierten, dass die in den Erwägungsgründen genannten Ziele nicht detailliert genug seien, um die Subsidiarität zu rechtfertigen.[494] Mithin wird unter anderem die Nichteinhaltung der Begründungspflicht gerügt. In Erwägungsgrund 16 der ATAD wird die Einhaltung des Subsidiaritätsprinzips begründet:

> „Ein wesentliches Ziel der vorliegenden Richtlinie ist es, die Resilienz des Binnenmarkts insgesamt gegenüber grenzüberschreitenden Steuervermeidungspraktiken zu stärken, was nicht ausreichend erreicht werden kann, wenn die Mitgliedstaaten einzeln tätig werden. Die nationalen Körperschaftsteuersysteme sind unterschiedlich, und ein eigenständiges Tätigwerden der Mitgliedstaaten würde nur die bestehende Fragmentierung des Binnenmarkts im Bereich der direkten Steuern reproduzieren. Ineffizienz und Verzerrungen in der Wechselwirkung unterschiedlicher nationaler Maßnahmen würden so fortgeschrieben. Die Folge wäre ein Mangel an Koordination. Stattdessen sollten in Anbetracht der Tatsache, dass Ineffizienz im Binnenmarkt vor allem zu grenzüberschreitenden Problemen führt, Abhilfemaßnahmen auf Unionsebene ergriffen werden. Also müssen Lösungen gefunden werden, die für den Binnenmarkt insgesamt tauglich sind, was sich besser auf Unionsebene verwirklichen lässt. Die Union kann daher im Einklang mit dem in Artikel 5 des Vertrags über die Europäische Union niedergelegten Subsidiaritätsprinzip tätig werden. […]“[495]

Wie zuvor bei der Herausarbeitung des Prüfungsmaßstabs gesehen, wurden die Anforderungen an die Begründungspflicht des Subsidiaritätsprinzips durch den EuGH ausreichend konkretisiert; diese sind sehr gering. Es ist ausreichend, wenn das Parlament und der Rat jedenfalls die Gründe für ihre Ansicht erläutern, dass ihr Handeln mit dem Subsidiaritätsprinzip im Einklang steht, ohne dass das Subsidiaritätsprinzip ausdrücklich genannt werden muss. Die Begründung muss so detailliert sein, damit der EuGH seine Kontrollaufgabe wahrnehmen kann; sie braucht jedoch nicht sämtliche rechtliche oder tatsächliche erheblichen Gesichtspunkte zu enthalten. Vor diesem Hintergrund genügt die ATAD diesen Anforderungen. In Erwägungsgrund 16 wird hinreichend dargelegt, warum das Parlament und der Rat der Meinung sind, dass die Richtlinie mit dem Subsidiaritätsprinzip im Einklang ist. Dabei wird sowohl auf das Negativ- als auch auf das Positivkriterium ausreichend detailliert Bezug genommen, sodass der EuGH seine Kontrollaufgabe wahrnehmen kann. Insbesondere die Notwendigkeit einer Wirkungsanalyse – wie sie von dem maltesischen und schwedischen Parlament gefordert wurde, damit sie beurteilen

494 Vgl. *Haslehner*, in: Haslehner/Pantazatou/Kofler/Rust, A Guide to the Anti-Tax Avoidance Directive, Rn. 2.8.; *Cédelle*, Brit. Tax Rev. 2016, 490 (492).

495 Richtlinie 2016/1164/EU des Rates vom 12. Juli 2016, Erwägungsgrund 16.

können, ob tatsächlich Bedarf für einen gemeinschaftlichen Ansatz besteht – kann mit Blick auf die Rechtsprechung des EuGH gerade nicht verlangt werden.

Schließlich ist zu konstatieren, dass der politische Prüfungsmechanismus im Falle der ATAD ohnehin nicht gegriffen hätte. Denn Art. 7 des Protokolls über die Anwendung der Grundsätze der Subsidiarität und der Verhältnismäßigkeit verlangt für ein Verfahren zur Überprüfung des Entwurfs eines Gesetzgebungsakts durch die Kommission, dass mindestens ein Drittel aller nationalen Parlamente eine, die Verletzung des Subsidiaritätsprinzips rügende, Stellungnahme abgeben muss. Zudem deutet der nur milde Widerstand, der im Rahmen des politischen Mechanismus zur Aufrechterhaltung des Subsidiaritätsprinzips geäußert wurde, auch auf ein geringes Risiko hin, mit den rechtlichen Anforderungen in Konflikt zu geraten.[496]

(2) Insuffizienzkriterium: „von den Mitgliedstaaten [nicht] ausreichend verwirklicht"

Wendet man die zuvor herausgearbeiteten Konkretisierungen des Negativkriteriums auf die ATAD an, ergibt sich ein differenziertes Bild. Der EuGH hätte, wie bei der zuvor vorgenommenen Rechtsprechungsauswertung gesehen, bei diesem Prüfungsmerkmal keine Probleme, da er gerade nicht mit dem Wortlaut des Art. 5 Abs. 3 EUV prüft, ob die Mitgliedstaaten die Ziele der in Betracht gezogenen Maßnahme nicht ausreichend verwirklichen können. Vielmehr stellt sich der EuGH mit seinem „Besser-Kriterium" lediglich die Frage nach der Effizienz und folgert aus der Bejahung dieses Positivkriteriums auch die Einhaltung des Negativkriteriums. Dies überzeugt nicht. Die Notwendigkeit einer separaten, zweistufigen Prüfung folgt bereits aus der eindeutigen Satzverknüpfung „sondern". Es ist auch nicht ersichtlich, warum unmittelbar aus dem Beschluss der Union, dass die Harmonisierung eines bestimmten Bereiches ein wichtiges Ziel sei, folgt, dass die Mitgliedstaaten nicht in der Lage sind, dieses Ziel durch nationale Maßnahmen zu erreichen.[497] Zudem ist fraglich, ob sich die bisherige Rechtsprechung des EuGH überhaupt auf die ATAD übertragen lässt. Denn die ATAD unterscheidet sich von den Richtlinien, bei denen über das Subsidiaritätsprinzip judiziert wurde, dadurch, dass die Harmonisierung der Missbrauchsbekämpfungsmaßnahmen der Mitgliedstaaten

---

496 *Haslehner*, in: Haslehner/Pantazatou/Kofler/Rust, A Guide to the Anti-Tax Avoidance Directive, Rn. 2.21.

497 So argumentierte der EuGH wie gesehen bei der Arbeitszeitrichtlinie: EuGH v. 12.11.1996, C-84/94, *Vereinigtes Königreich/Rat*, ECLI:EU:C:1996:431, Rn. 47.

grundsätzlich keine Handelshemmnisse beseitigt, sondern weitere Handelshemmnisse schafft.[498]

Aber auch wenn man kleinschrittig prüft, ob das ausgewiesene Ziel der ATAD – die Beeinträchtigung des Binnenmarktes durch BEPS-Strategien zu verhindern, indem ein einheitlicher Rahmen geschaffen wird – durch die Mitgliedstaaten nicht ausreichend verwirklicht werden kann, indem man ein aktuelles Regelungsdefizit nachweist und eine mitgliedstaatliche Überforderung prognostiziert, ergibt sich keine andere Beurteilung: Zum Zeitpunkt des Richtlinienerlasses verfügten nicht alle Mitgliedstaaten über die entsprechenden Missbrauchsbekämpfungsmaßnahmen. Neben dieses Regelungsdefizit tritt auch die mitgliedstaatliche Überforderung dergestalt, als dass ein einheitlicher Rahmen gerade nicht alleine durch die Mitgliedstaaten geschaffen werden kann. Insbesondere muss mit der hier vertretenen Ansicht[499] das Merkmal so ausgelegt werden, dass die Ziele der Maßnahme nicht „von den *gemeinsam handelnden* Mitgliedstaaten", sondern „von den *einzelnen* Mitgliedstaaten" nicht ausreichend verwirklich werden können. Als Konsequenz dieser Leseart ergibt sich, dass eine intergouvernementale Zusammenarbeit der Mitgliedstaaten, beispielsweise in Form von völkerrechtlichen Abkommen, eben nicht ausreicht, um das Negativkriterium zu verneinen und damit die Kompetenz der EU zu begrenzen.

Schließlich lohnt sich auch ein theoretischer Blick auf die in Artikel 5 des dem Vertrag von Amsterdam beigefügten Protokolls enthaltenen Anwendungsregeln. Dort wurde, wie gesehen, für das Tätigwerden der EU unter anderem explizit daran angeknüpft, dass der betreffende Bereich „transnationale Aspekte" aufweist.[500] Mit der ATAD wird zwar beabsichtigt, die Maßnahmen gegen grenzüberschreitende Steuervermeidungspraktiken zu koordinieren, welche auf innerstaatlicher Ebene nicht zufriedenstellend geregelt werden können. Sie adressiert mit der Zinsabzugsbeschränkung (Art. 4 ATAD) und der Allgemeinen Missbrauchsvermeidungsvorschrift (Art. 6 ATAD) aber eben auch rein innerstaatliche Situationen.[501] Insofern fehlt es gerade an den „transnationalen Aspekten".

498 Vgl. *Lazarov/Govind*, Intertax Vol. 47 Issue 10 (2019), S. 852 (865).
499 Vgl. 139.
500 Vgl. 129.
501 *Smit*, in: Terra/Wattel, European Tax Law, 7.A., S. 530 f.; *Govind/Zolles*, in: Lang et al., Introduction to European Tax Law on Direct Taxation, 6.A., S. 217 ff.

(3) Effizienzkriterium: „auf Unionsebene besser zu verwirklichen“
Mit der hier vertretenen Ansicht ist sodann weiter zu prüfen, ob die Ziele der ATAD wegen ihres Umfangs oder ihrer Wirkung auf Unionsebene besser zu verwirklichen sind. Dieses Merkmal möchte man reflexartig bejahen: „Selbstverständlich ist ein koordiniertes Vorgehen gegen Steuervermeidungspraktiken besser als eine heterogene Anwendung durch die Mitgliedstaaten!“ Fraglich ist jedoch bereits, ob die ATAD eine solche heterogene Anwendung verhindern kann, da ihre Ausgestaltung als Mindestschutzniveau und die zahlreichen Wahlrechte de facto weiterhin eine uneinheitliche Rechtslandschaft hinterlassen und so die Fragmentierung des Binnenmarktes nicht effektiv verhindert werden kann. Zugegebenermaßen wird ein Mindestmaß an Harmonisierung erreicht, aber kann man vor dem Hintergrund, dass dem mitgliedstaatlichen Kontrollverlust, wie soeben skizziert, nur ein geringer zusätzlicher Integrationsgewinn gegenübersteht, dabei schon von einem „europäischen Mehrwert“ sprechen?

Schließlich lässt sich auch argumentieren, dass den Mitgliedstaaten durch den detaillierten BEPS-Aktionsplan der OECD bereits das Werkzeug an die Hand gegeben wurde, um ausreichend gegen Steuervermeidungspraktiken vorzugehen, sodass auch aus diesem Grund ein Integrationsgewinn nicht ersichtlich und ein Handeln der Union daher nicht notwendig ist.[502] Tatsächlich hat die OECD Empfehlungen für die Zinsabzugsbeschränkung, die Hinzurechnungsbesteuerung und Regelungen zu hybriden Gestaltungen abgegeben. Da die EU wie alle Mitgliedsländer eine ständige Delegation bei der OECD unterhält, hat sie am BEPS-Aktionsplan mitgearbeitet und auch darauf hingewirkt, dass die Maßnahmen mit europäischen Recht vereinbar sind. Allerdings besteht, wie gesehen, keine rechtliche Pflicht zur Umsetzung; bei den Empfehlungen zu Zinsabzugsbeschränkung und hybriden Gestaltungen handelt es sich um einen „Common Approach“, bei der Hinzurechnungsbesteuerung sogar nur um eine „Best Practice“.[503] Ein Integrationsgewinn ist insbesondere dann nicht ersichtlich, wenn die OECD-Vorschläge durch die Mitgliedstaaten umgesetzt werden.[504] Letztlich kann der Mehrwert der ATAD nach dem zuvor gesagten aber gerade nicht schon in der Setzung eines verbindlichen Rechtsrahmens gesehen werden, da dieser eben nicht eine einheitliche Rechtslandschaft hinterlässt.

---

502 Dies bejahend: *Oppel*, in: Hagemann/Kahlenberg, ATAD-Kommentar, Art. 3 Rn. 30; die Frage offenlassend: *Haase*, ifSt 521 (2017), S. 77.

503 Vgl. 69.

504 *Oppel*, in: Hagemann/Kahlenberg, ATAD-Kommentar, Art. 3 Rn. 31.

### 2. *Verhältnismäßigkeitsgrundsatz (Art. 5 Abs. 1 S. 2, Abs. 4 EUV)*

Als weitere Kompetenzausübungsgrenze ist neben dem Subsidiaritätsprinzip auch der Verhältnismäßigkeitsgrundsatz zu beachten. Gemäß Art. 5 Abs. 4 EUV dürfen die Maßnahmen der Union inhaltlich wie formal nicht über das zur Erreichung der Ziele der Verträge erforderliche Maß hinausgehen. Der Verhältnismäßigkeitsgrundsatz komplettiert die „europarechtliche Schrankentrias“[505], indem nun das „Wie?“ – also die Regelungsintensität der Maßnahme – betrachtet wird. Das Verhältnismäßigkeitsprinzip als allgemeiner Rechtsgrundsatz und Maßstab für das Handeln der Gemeinschaftsorgane ist in ständiger Rechtsprechung des EuGH als ungeschriebener Bestandteil des Unionsrechts anerkannt.[506] Bei dem in Art. 5 Abs. 4 EUV kodifizierten kompetenzbezogenen Verhältnismäßigkeitsprinzip handelt es sich um eine unvollständige Positivierung des ungeschriebenen Verhältnismäßigkeitsgrundsatzes.[507] Die kompetenzielle Verhältnismäßigkeitsprüfung ist insofern enger, als dass sie sich erstens nur auf Maßnahmen der Union erstreckt und zweitens nicht der spezifisch individualbeschützende Gehalt, sondern die Schonung der mitgliedstaatlichen Autonomie als Schutzzweck im Mittelpunkt steht.[508]

#### *a) Anwendungsbereich*

Im Gegensatz zum Subsidiaritätsprinzip des Art. 5 Abs. 3 EUV, das ausdrücklich nicht für die Fälle der ausschließlichen Unionskompetenz gilt, sieht Art. 5 Abs. 4 EUV eine solche Einschränkung nicht vor. Mithin sind alle Kompetenzbereiche erfasst.[509] Die Kompetenz zum Erlass der ATAD ist daher auch am Verhältnismäßigkeitsgrundsatz zu messen.

---

505 *Calliess*, in: Calliess/Ruffert, EUV, Art. 5 Rn. 5 m.w.N.

506 EuGH v. 20.02.1979, C-122/78, *Buitoni*, ECLI:EU:C:1979:43, Rn. 16; EuGH v. 17.05.1984, C-15/83, *Denkavit Nederland*, ECLI:EU:C:1984:183, Rn. 25; EuGH v. 13.11.1990, C-331/88, *The Queen/FEDESA u.a.*, ECLI:EU:C:1990:391, Rn. 13; EuGH v. 05.10.1994, verb. Rs. C-133/93, C-300/93, C-362/93, *Crispoltoni u.a./Fattoria Autonoma Tabacchi u.a.*, ECLI:EU:C:1994:364, Rn. 41; vgl. auch die Rechtsprechungsanalyse von *Kischel*, EuR 2000, 380 ff.; *Emmerich-Fritsche*, Der Grundsatz der Verhältnismäßigkeit als Direktive und Schranke der EG-Rechtsetzung, S. 96 ff.; *Schwarze*, Europäisches Verwaltungsrecht, S. 690 ff. (708 ff.); *Harbo*, ELJ 2010, 158 (159).

507 *Koch*, Der Grundsatz der Verhältnismäßigkeit in der Rechtsprechung des Gerichtshofs der Europäischen Gemeinschaften, 2003, S. 171; *Kadelbach*, in: von der Groeben/Schwarze, EUV, Art. 5 Rn. 49; *Streinz*, in: Streinz, EUV Art. 5 Rn. 41 ff.

508 *Bast*, in: Grabitz/Hilf/Nettesheim, Das Recht der EU, Art. 5 EUV Rn. 67 m.w.N.

509 *Streinz*, in: Streinz, EUV, Art. 5 Rn. 46 m.w.N. in Fn. 201.

#### *b) Voraussetzung: „nicht […] über das erforderliche Maß hinaus“*

##### *aa) Prüfungsmaßstab*

###### (1) Konkretisierung durch die Zusatzprotokolle

Über den Verweis in Art. 5 Abs. 4 UAbs. 2 EUV kann – wie schon beim Subsidiaritätsprinzip – auf das Protokoll über die Anwendung der Grundsätze der Subsidiarität und Verhältnismäßigkeit als Konkretisierungshilfe zurückgegriffen werden. Allerdings ist auch hier der Erkenntnisgewinn eher gering. Artikel 5 des Protokolls stellt, wie bereits gesehen, Begründungs- und Darlegungspflichten auf, die auch für das Verhältnismäßigkeitsprinzip gelten. Der politische Schutzmechanismus aus der Möglichkeit zur Stellungnahme durch die Mitgliedstaaten und einer etwaigen Überprüfung des Entwurfs gilt nach dem ausdrücklichen Wortlaut der Art. 6 und 7 nur für das Subsidiaritätsprinzip. Inhaltlich verlangt Art. 5 in seinem Satz 5 nur, dass die Entwürfe von Gesetzgebungsakten berücksichtigen müssen, dass die finanzielle Belastung und der Verwaltungsaufwand der Union, der nationalen Regierungen, der regionalen und lokalen Behörden, der Wirtschaftsteilnehmer und der Bürgerinnen und Bürger so gering wie möglich gehalten werden und in einem angemessenen Verhältnis zu dem angestrebten Ziel stehen. Auch hier lässt sich wieder eine Entmaterialisierung erkennen: Die in Artikel 6 und 7 des dem Vertrag von Amsterdam beigefügten Protokolls formulierten Konkretisierungen wurden nicht in die neueren Zusatzprotokolle übernommen. Dort hieß es, dass bei der Rechtsetzungstätigkeit eine möglichst einfache Form zu wählen sei, die nicht über das erforderliche Maß hinausgehe. Mithin seien Richtlinien unter sonst gleichen Gegebenheiten den Verordnungen vorzuziehen. Hinsichtlich der Art und des Umfangs sei zu beachten, dass die Unionsmaßnahmen den Mitgliedstaaten so viel Entscheidungsspielraum einräumen, wie sich mit der Gewährleistung des Ziels der Maßnahme und der Einhaltung der Vertragsbestimmungen vereinbaren lassen. Insbesondere sollten bewährte nationale Regelungen sowie Struktur und Funktionsweise der Rechtssysteme der Mitgliedstaaten geachtet werden, indem beispielsweise die Maßnahmen den Mitgliedstaaten zur Zielverwirklichung alternative Möglichkeiten bieten.

###### (2) (Fehlende) Konkretisierung durch die Rechtsprechung

Der EuGH verlangt für die kompetenzielle Verhältnismäßigkeitsprüfung, dass die gewählten Mittel zur Erreichung des angestrebten Ziels geeignet sein müssen und dass das Maß des hierzu Erforderlichen nicht überschritten wird.[510]

510 EuGH v. 15.04.2005, C-110/03, *Belgien/Kommission*, ECLI:EU:C:2005:223, Rn. 61.

Insofern wird mittlerweile[511] eine zweistufige Prüfungsstruktur zugrunde gelegt. Die – von der deutschen Dogmatik bekannte – Prüfung der Angemessenheit erfolgt im Rahmen der Erforderlichkeit. Denn nach dem EuGH geht eine Maßnahme auch dann über das erforderliche Maß hinaus, wenn die verursachten Nachteile außer Verhältnis zu den angestrebten Zielen stehen.[512] Nach *Kokott* ist bei dem Erforderlichkeitsmerkmal zu fragen, ob gleichermaßen effektive Regelungsalternativen bestehen, die weniger belastend wirken; also die Handlungsmöglichkeiten der Mitgliedstaaten weniger beschneiden.[513]

Hinsichtlich der Kontrolldichte lässt sich auf die bereits vorgenommene Rechtsprechungsauswertung im Rahmen des Subsidiaritätsprinzips und die dort diskutierten Urteile zurückgreifen. Auch bei dem Verhältnismäßigkeitsgrundsatz räumt der EuGH in ständiger Rechtsprechung den rechtsetzenden Organen der EU einen weiten Einschätzung- und Ermessenspielraum, wenn diese komplex zu beurteilende politische, wirtschaftliche oder soziale Entscheidungen treffen.[514] In der Rechtsache *Vodafone* betonte der EuGH, dass der Gesetzgeber verpflichtet sei, seine Entscheidung auf objektive Kriterien zu stützen und eine Folgenabschätzung vorzunehmen.[515] Mithin zielt die Prüfung des EuGH nicht darauf ab, ob die Maßnahme inhaltlich und formal die

---

511 In der Rechtsache *Fedesa* wendete der EuGH noch eine dreistufige Prüfung an, EuGH v. 13.11.1990, C-331/88, *The Queen/FEDESA u.a.*, ECLI:EU:C:1990:391, Rn. 13: „[…] die Verbotsmaßnahmen zur Erreichung der mit der fraglichen Regelung zulässigerweise verfolgten Ziele geeignet und erforderlich sind. Dabei ist, wenn mehrere geeignete Maßnahmen zur Auswahl stehen, die am wenigsten belastende zu wählen; ferner müssen die verursachten Nachteile in angemessenem Verhältnis zu den angestrebten Zielen stehen."

512 EuGH v. 13.05.1997, C-233/94, *Deutschland/Parlament und Rat*, ECLI:EU:C:1997:231, Rn. 54; EuGH v. 10.12.2002, C-491/01, *British American* Tobacco, ECLI:EU:C:2002:741, Rn. 122; EuGH v. 12.07.2001, C 189/01, *Jippes u.a.*, ECLI:EU:C:2001:420, Rn. 81; EuGH v. 04.05.2016, C-358/14, *Polen/Parlament u. Rat*, ECLI:EU:C:2016:323 Rn. 78; EuGH v. 06.09.2017, verb. Rs. C-643/15 u. C-647/17, *Slowakei u. Ungarn/Rat*, ECLI:EU:C:2017:631 Rn. 206.

513 GA Kokott v. 08.09.2005, C-66/04, *Vereinigtes Königreich/Parlament und Rat*, ECLI:EU:C:2005:520, Rn. 45.

514 EuGH v. 12.11.1996, C-84/94, *Vereinigtes Königreich/Rat*, ECLI:EU:C:1996:431, Rn. 58; EuGH v. 10.12.2002, C-491/01, *British American Tobacco*, ECLI:EU:C:2002:741, Rn. 123; EuGH v. 18.06.2015, C-508/13, *Estland/Parlament u. Rat*, ECLI:EU:C:2015:403 Rn. 29; EuGH v. 08.06.2010, C-58/08, *Vodafone u.a.*, ECLI:EU:C:2010:321, Rn. 52.

515 EuGH v. 08.06.2010, C-58/08, *Vodafone u.a.*, ECLI:EU:C:2010:321, Rn. 53.

bestmögliche war, sondern die Kontrolldichte wird auf offensichtliche Beurteilungsfehler beschränkt.[516]

(3) Konkretisierungsansätze in der Literatur

In der Literatur besteht Einigkeit darüber, dass bei der kompetenziellen Verhältnismäßigkeitsprüfung die drei Voraussetzungen Geeignetheit, Erforderlichkeit und Angemessenheit erfüllt sein müssen: Erstens muss die Maßnahme geeignet sein, die angestrebten Ziele zu erreichen. Zweitens muss es sich bei ihr bei Vorliegen mehrerer, gleich geeigneter Maßnahmen um die am wenigsten einschränkende handeln. Und drittens darf die Verwirklichung der mit der Maßnahme verfolgten Ziele[517] nicht mehr Nachteile als Vorteile mit sich bringen.[518] Der Zusatz, dass die Maßnahme „inhaltlich wie formal" nicht über das zur Erreichung der Ziele der Verträge erforderliche Maß hinausgehen darf, stellt nun explizit klar, dass der mitgliedstaatliche Spielraum sowohl hinsichtlich der Regelungsbreite- und tiefe als auch hinsichtlich der Wahl der Handlungsform möglichst wenig eingeschränkt werden darf.[519] Ob daraus eine „ Mittelhierarchie" – Richtlinien als autonomieschonenderes Mittel vor Verordnungen – abgeleitet werden kann, ist in der Literatur umstritten[520], braucht hier

516 Vgl. *Calliess*, in: Calliess/Ruffert, EUV/AEUV, Art. 5 EUV, Rn. 51 und *Bast*, in: Grabitz/Hilf/Nettesheim, Das Recht der EU, Art. 5 EUV Rn. 73 m.w.N.; Vertiefend auch: *Harbo*, The function of proportionality analysis in European law, 2015, S. 23 ff.

517 Art. 5 Abs. 4 EUV spricht von den „Zielen der Verträge", was insofern missverständlich ist, als dass es als Verweis auf Art. 3 EUV verstanden werden könnte. Das konkret gewählte Mittel muss aber vielmehr mit den konkreten Zielen der fraglichen Regelung in Relation gesetzt werden, vgl. auch *Bast*, in: Grabitz/Hilf/Nettesheim, Das Recht der EU, Art. 5 EUV Rn. 70.

518 *Emiliou*, ELR 1992, 383 (401 f.); *Pieper*, DVBl. 1993, 705 (709); *Stein*, in: Merten, Die Subsidiarität Europas, 2.A., 1994, S. 29; *Lecheler*, Das Subsidiaritätsprinzip – Strukturprinzip in der EU, 1993, S. 15; *von Borries*, EuR 1994, 263 (269 f.); *Emmerich-Fritsche*, Der Grundsatz der Verhältnismäßigkeit, 2000, S. 300 ff.; *Trstenjak/Beysen*, EuR 2012, 265 (269 ff.); *von Danwitz*, in: FS Sellner, S. 37 ff.; *Davies*, Subsidiarity: The Wrong Idea, in the Wrong Place, at the Wrong Time, CMLRev. 2006, 63 (81 ff.); *Craig*, EU Administrative Law, 3.A., 2018; *Douma*, Nondiscriminatory Tax Obstacles, EC Tax Rev. 2012, 67 (68 f.); *Szudoczky*, The Sources of EU law and Their Relationships: Lessons for the Field of Taxation, 2014, S. 58.

519 *Calliess*, in: Calliess/Ruffert, EUV/AEUV, Art. 5 EUV, Rn. 46.

520 Dafür: *Calliess*, in: Calliess/Ruffert EUV, Art. 5 Rn. 53; *Vedder*, in: Vedder/Heintschel von Heinegg, Europäisches Unionsrecht, Art. 5 Rn. 37. Dagegen: *Pescatore*, in: FS Everling, Bd. II, 1995, S. 1079; *Rösch*, Zur Rechtsformenwahl des

aber nicht geklärt werden, da es sich bei der ATAD um eine Richtlinie handelt. Vereinzelt wird der Verhältnismäßigkeitsgrundsatz mit Blick auf die Rechtsprechung des EuGH, der im Kern eine Kosten-Nutzen-Analyse vornehme, auch als Prinzip ökonomischer Effizienz verstanden.[521] Jedenfalls muss die Maßnahme inhaltlich so ausgestaltet werden, dass die Bedürfnisse der Wirtschafts- und Politikintegration und die Wahrung der nationalen Identität in einen schonenden Ausgleich gebracht werden. Konkret muss gefragt werden, ob das gewählte Harmonisierungsniveau eine hinreichende Regelungsintensität darstellt. Dazu ist zwischen den verschiedenen „Harmonisierungsstufen" zu unterscheiden.[522] Die Totalharmonisierung, bei der die Normsetzungskompetenz voll auf die EU übergeht und nationale Handlungsspielräume entfallen, kommt nur als ultima ratio in Betracht, falls die – bei der ATAD verwendete – Mindestharmonisierung nicht geeignet ist, die angestrebten Ziele zu erreichen.

*bb) Anwendung auf die ATAD*

(1) Prozedurale Vorgaben

Artikel 5 des Protokolls über die Anwendung der Grundsätze der Subsidiarität und der Verhältnismäßigkeit stellt, wie gesehen, Begründungs- und Darlegungspflichten auf, die auch für das Verhältnismäßigkeitsprinzip gelten. Ein politischer Schutzmechanismus aus der Möglichkeit zur Stellungnahme durch die Mitgliedstaaten und einer etwaigen Überprüfung des Entwurfs gilt nach dem ausdrücklichen Wortlaut der Art. 6 und 7 für den Verhältnismäßigkeitsgrundsatz gerade nicht. In Erwägungsgrund 16 der ATAD wird die Einhaltung des Verhältnismäßigkeitsgrundsatzes begründet:

> *„[…] Entsprechend dem in demselben Artikel genannten Grundsatz der Verhältnismäßigkeit geht die vorliegende Richtlinie nicht über das zur Erreichung des genannten Ziels erforderliche Maß hinaus. Indem sie einen Mindestschutz für den Binnenmarkt vorsieht, wird mit der Richtlinie nur das zur Erreichung dieses Ziels erforderliche Mindestmaß an Koordination innerhalb der Union angestrebt."*[523]

Wie zuvor bei der Herausarbeitung des Prüfungsmaßstabs gesehen, wurden die Anforderungen an die Begründungspflicht des Verhältnismäßigkeitsgrundsatzes durch den EuGH ausreichend konkretisiert. Sie sind – wie schon

---

europäischen Gesetzgebers im Lichte des Verhältnismäßigkeitsgrundsatzes, 2013, S. 183 f.; *Bast*, in: Grabitz/Hilf/Nettesheim, Das Recht der EU, Art. 5 EUV Rn. 72.

521 *Portuese*, ELJ 2013, 612.

522 Vgl. *Calliess*, in: Calliess/Ruffert EUV Art. 5 Rn. 54 m.w.N.

523 Richtlinie 2016/1164/EU des Rates vom 12. Juli 2016, Erwägungsgrund 16.

beim Subsidiaritätsprinzip – sehr gering. Der Gesetzgeber muss seine Entscheidung auf objektive Kriterien stützen und eine Folgenabschätzung vornehmen. Vor diesem Hintergrund genügt die ATAD diesen Anforderungen. In Erwägungsgrund 16 wird hinreichend dargelegt, warum das Parlament und der Rat der Meinung sind, dass die Richtlinie mit dem Verhältnismäßigkeitsgrundsatz im Einklang ist. Bedenken könnten allenfalls hinsichtlich der fehlenden Wirkungsanalyse bzw. Folgenabschätzung erhoben werden, welche, wie gesehen, von dem EuGH in der Rechtssache *Vodafone* für die Begründung des Verhältnismäßigkeitsgrundsatzes explizit gefordert wurde. Dogmatisch überzeugt dies jedoch nicht: Im Rahmen seiner Rechtsprechung zur Begründungspflicht des Subsidiaritätsprinzips verlangt der EuGH eine solche Prognose – soweit ersichtlich – nicht. Warum sollte also für die Begründung des Verhältnismäßigkeitsgrundsatzes etwas anderes gelten, insbesondere wenn man bedenkt, dass ein politischer Schutzmechanismus (Möglichkeit zur Stellungnahme durch die Mitgliedstaaten mit anschließender Überprüfung des Entwurfs) gerade nicht vorgesehen ist?

(2) Inhaltliche Vorgaben: „nicht […] über das erforderliche Maß hinaus"

Inhaltlich ist nach dem zuvor herausgearbeiteten Prüfungsmaßstab zunächst zu untersuchen, ob die ATAD geeignet ist, die angestrebten Ziele zu erreichen. Zunächst ist das Merkmal der Geeignetheit zu untersuchen. Die Prüfung des EuGH zielt dabei, wie gesehen, nicht darauf ab, ob die Maßnahme inhaltlich und formal die bestmögliche war, sondern ob sie offensichtlich ungeeignet ist. Ausgewiesenes Ziel der Richtlinie ist es, die Beeinträchtigung des Binnenmarktes durch BEPS-Strategien zu verhindern, indem ein einheitlicher Rahmen geschaffen wird.[524] *Lüdicke und Oppel* geben zu bedenken, dass der in der ATAD vorgesehene Mindeststandard den Mitgliedstaaten Spielraum für zusätzliche und schärfere Vorschriften belässt und die Funktionsbeeinträchtigung des Binnenmarktes deshalb gerade nicht beseitigt werden könne.[525] Dem ist insofern zuzustimmen, als dass das Funktionieren des Binnenmarktes nicht nur durch BEPS-Strategien beeinträchtigt wird, sondern eben auch durch die Uneinheitlichkeit der Rechtsordnungen, was möglicherweise die Gefahr einer Doppelbesteuerung und hohe Verwaltungskosten mit sich bringt. Jedoch reicht dieses Defizit des Mindeststandards nicht aus, um nach Maßgabe des EuGH dem Gesetzgeber einen „offensichtlichen Beurteilungsfehler" nachzuweisen

---

524 Richtlinie 2016/1164/EU des Rates vom 12. Juli 2016, Erwägungsgrund 16.

525 *Lüdicke/Oppel*, DB 2016, 549 (550); *Oppel*, SteuK 2016, 167 (168); *Oppel*, in: Hagemann/Kahlenberg, ATAD-Kommentar, Art. 3 Rn. 33.

und die ATAD im Ganzen als „offensichtlich ungeeignet" zu qualifizieren.[526] Zu einer Ungeeignetheit der ATAD wird man wohl nur dann kommen können, wenn man einen strengeren Prüfungsmaßstab anlegt. Die Anwendung eines solchen ließe sich allerdings nur wie folgt begründen: Die Zurückhaltung des EuGH erklärt sich wie gesehen vor dem Hintergrund, dass die Europäische Union durch einen dynamischen Integrationsprozess (Art. 1 Abs. 2 AEUV) gekennzeichnet ist, deren Ausmaß in erster Linie politisch durch die Mitgliedstaaten bestimmt wird. Wie bereits diskutiert, ist die ATAD aber insofern einzigartig, als dass sie als belastende Richtlinie zu einer weiteren Verzerrung des Handels in den Mitgliedstaaten führen kann. *Lazarov und Govind* argumentieren daher, dass der EuGH in diesem Fall die Kontrolldichte erhöhen und das Verhältnismäßigkeitsprinzip unter besonderer Berücksichtigung der erheblichen negativen wirtschaftlichen Folgen, die die ATAD verursachen kann, anwenden sollte.[527]

Legt man hingegen den restriktiven Prüfungsmaßstab zugrunde, kann sich eine andere Bewertung der Geeignetheit nur dann ergeben, wenn man die Einzelmaßnahmen isoliert betrachtet: So lässt sich argumentieren, dass ein „offensichtlicher Beurteilungsfehler" vorliegt, wenn sich die ATAD zum Ziel setzt, das Funktionieren des Binnenmarkts durch ein koordiniertes Vorgehen gegen BEPS-Strategien verbessern zu wollen, aber sich Maßnahmen der Richtlinie gleichzeitig auch auf rein inländische Situationen erstrecken können.[528] Nach den Vorgaben des Europäischen Gesetzgebers soll die Allgemeine Missbrauchsvermeidungsvorschrift des Art. 6 ATAD ausdrücklich nicht nur innerhalb der Europäischen Union und in Bezug zu Drittstaaten, sondern auch auf reine Inlandssachverhalte Anwendung finden.[529] Auch die ATAD-Zinsschranke, bei der die deutsche Regelung als Vorbild diente, greift bei reinen Inlandssachverhalten, was den BFH – für die deutsche Regelung – dazu veranlasste, die Rechtfertigung der Durchbrechung des objektiven Nettoprinzips durch Zwecke der Missbrauchsabwehr zu verneinen und dem BVerfG zu einer etwaigen Verfassungswidrigkeit aufgrund eines Verstoßes gegen den allgemeinen

526 So auch: *Haslehner*, in Haslehner/Pantazatou/Kofler/Rust, A Guide to the Anti-Tax Avoidance Directive, Rn. 2.25; *Lazarov/Govind*, Intertax Vol. 47 (2019) 866; *Kofler*, in: Panayi/Haslehner/Traversa, Research Handbook on European Union Taxation Law, S. 24 ff.

527 *Lazarov/Govind*, Intertax Vol. 47 (2019), 866 (867).

528 So auch *Lazarov/Govind*, Intertax Vol. 47 (2019), 866.

529 Vgl. Richtlinie 2016/1164/EU des Rates vom 12. Juli 2016, Erwägungsgrund 11.

Gleichheitssatz zu befragen.[530] Selbst bei der Hinzurechnungsbesteuerung können sich aufgrund der Ausgestaltung der Richtlinie als Mindeststandard reine Inlandssachverhalte ergeben: Die ATAD lässt es zu, dass – wie bereits im zweiten Kapitel erwähnt – die im Inland erzielten Einkünfte einer beschränkt steuerpflichtigen ausländischen (Immobilien-) Gesellschaft als passive Einkünfte qualifizieren, was in Kombination mit einer hohen Niedrigsteuergrenze zu einer Anwendung der Hinzurechnungsbesteuerung führen kann.[531]

Bejaht man die Geeignetheit der ATAD zur Verhinderung der Beeinträchtigung des Binnenmarktes durch BEPS-Strategien, so ist weiter zu prüfen, ob das Maß des hierzu Erforderlichen nicht überschritten wird. Andere gleichermaßen effektive Regelungsalternativen, mit weniger belastender Wirkung sind nicht ersichtlich: Falls man formal eine „Mittelhierarchie" verlangt, so genügt die ATAD diesen Anforderungen, da sie als Richtlinie das autonomieschonendere Mittel gegenüber den Verordnungen darstellt. Zudem führt die Ausgestaltung der ATAD als Mindestschutzniveau einerseits und die Gewährung von Optionen andererseits dazu, dass die Handlungsmöglichkeiten der Mitgliedstaaten vergleichsweise wenig beschnitten werden. Die ATAD räumt den Mitgliedstaaten so viel Entscheidungsspielraum ein, wie sich mit der Gewährleistung des Ziels der Maßnahme und der Einhaltung der Vertragsbestimmungen vereinbaren lässt. Insbesondere werden bewährte nationale Regelungen sowie Struktur und Funktionsweise der Rechtssysteme der Mitgliedstaaten geachtet, indem die Maßnahmen den Mitgliedstaaten zur Zielverwirklichung alternative Möglichkeiten bieten. Insofern entspricht die ATAD im Übrigen auch den Anforderungen von Artikel 6 und 7 des dem Vertrag von Amsterdam beigefügten Zusatzprotokolls, auch wenn die dort formulierten Konkretisierungen nicht in die neueren Zusatzprotokolle übernommen wurden.

Es bleibt daher – wie gesehen sowohl nach der Auffassung der Literatur als auch mit der Rechtsprechung – inhaltlich abzuwägen, ob im konkreten Fall die Verwirklichung der mit der Maßnahme verfolgten Ziele nicht mehr Nachteile als Vorteile mit sich bringen. Der Prozess der positiven Integration und die Wahrung der nationalen Identität müssen in einen schonenden Ausgleich gebracht werden. Blickt man auf die Intensität des Eingriffs in die mitgliedstaatliche Autonomie, so ist festzuhalten, dass die ATAD – zum einen, weil es sich bei ihr um eine Richtlinie handelt und zum anderen durch ihre konkrete

---

530 BFH v. 14.10.2015 – I R 20/15, BStBl II 2017, S. 1240; zuvor bereits zweifelnd: BFH v. 18.12.2013 – I B 85/13, BStBl II 2014, 947.

531 Vgl. bereits Fn. 108.

Ausgestaltung als Mindestschutzniveau mit Wahlrechten – zwar wie jeder Rechtsakt der EU erheblich in die mitgliedstaatliche Souveränität eingreift, dabei aber noch vergleichsweise autonomieschonend ist. Demgegenüber fällt der Grad der Zweckerreichung allerdings gering aus, denn durch die ATAD wird nur ein eingeschränkter Integrationsgewinn erreicht. Freilich besteht gerade kein umfassender Harmonisierungsauftrag, sodass mit Blick auf das Harmonisierungsniveau auch schon partielle Rechtsangleichungen eine hinreichende Regelungsintensität aufweisen können. Allerdings wird durch das Mindestschutzniveau, wie gezeigt, gerade kein einheitlicher Rahmen geschaffen, sodass das ausgewiesene Ziel der Richtlinie gerade nicht erreicht wird. Aus diesem Grund lässt sich ein Verstoß gegen die Anforderungen des kompetenziellen Verhältnismäßigkeitsgrundsatzes durchaus bejahen. Letztlich gilt es aber auch hier wieder zu Bedenken, dass der EuGH seine Bewertung auf offensichtliche Beurteilungsfehler beschränkt. Ob der Gerichtshof bei der ATAD aber eine solche offensichtliche Unverhältnismäßigkeit bejahen würde, ist mit Blick auf die vorgenommene Rechtsprechungsauswertung mehr als fraglich.

## III. Zusammenfassung: (K)ein rein akademisches Problem?

Möchte man einen Blick in die Glaskugel wagen, so ergeben sich drei mögliche Szenarien. Zum einen könnte es zu dem – zugegebenermaßen – unbefriedigenden Ergebnis kommen, dass die Kompetenz der EU zum Erlass der ATAD überhaupt nicht durch den EuGH überprüft wird. Dieses Szenario ist auf den ersten Blick gar nicht so unwahrscheinlich, führt man sich vor Augen, dass sich durch die immense politische Aufladung der BEPS-Debatte wohl zumindest in absehbarer Zeit kaum ein Mitgliedstaat finden wird, der die ATAD im Rahmen einer Nichtigkeitsklage (Art. 263 AEUV) zumindest im Hinblick auf ihre Hinzurechnungsbesteuerungsregelung offen angreifen würde.[532] Dieser Befund bestätigt sich, mit Blick auf das Rechtsetzungsverfahren, bei dem sich, wie gesehen, nur relativ milder Widerstand geregt hatte. Andererseits kann sich das politische Stimmungsbild eben auch jederzeit ändern.

Darüber hinaus könnte die Rechtsetzungskompetenz der EU nur über den Umweg des Vorabentscheidungsverfahrens gem. Art. 267 AEUV vom EuGH überprüft werden. Denn die Steuerzahler sind darauf beschränkt, die nationale Umsetzungsgesetzgebung anzugreifen, was grundsätzlich nicht die Prüfung

532 So auch *Schönfeld*, IStR 2017, 721 (722) mit zusätzlichem Verweis auf die potenzielle, aus dem Motivtest des Art. 7 Abs. 2 ATAD folgende, Nichtanwendung der CFC-Regelungen innerhalb der EU.

der Rechtmäßigkeit der ATAD zur Folge hat. Gemäß Art. 267 Abs. 1 AEUV entscheidet der EuGH über die Auslegung der Verträge (und damit über das gesamte primäre Unionsrecht), sowie über die Gültigkeit und Auslegung der Handlungen der Unionsorgane, Einrichtungen oder sonstigen Stellen (und damit insbesondere auch über die ATAD als sekundäres Unionsrecht). Eine solche inzidente Kontrolle der Gültigkeit von Unionsrechtsakten durch Vorlage beim Gerichtshof erfolgt gemäß Art. 267 Abs. 2 AEUV aber nur, wenn das mitgliedstaatliche Gericht eine Entscheidung darüber zum Erlass seines Urteils für erforderlich hält.[533] Die Überprüfung der Rechtsetzungskompetenz der EU zum Erlass einer Richtlinie ist regelmäßig aber gerade nicht für ein Urteil über die nationale Umsetzungsmaßnahme erforderlich. Denn bei einer Richtlinie handelt es sich eben nur um ein Rahmengesetz, das die Mitgliedstaaten zur Verwirklichung eines bestimmten Ziels verpflichtet. Etwas anderes ergibt sich nur, wenn das nationale Gericht feststellt, dass die nationale Gesetzgebung gegen Verfassungsrecht oder andere Vorschriften der Europäischen Union verstößt, aber es die nationale Regelung dennoch aufrechterhalten würde, weil diese in Umsetzung der Richtlinie ergangen ist und sich daher auf die starke Vermutung der Rechtmäßigkeit der Richtlinie gestützt werden kann.[534] Nur in diesem engen Anwendungsfall müsste der EuGH im Rahmen des Vorabentscheidungsverfahrens Aussagen zu der Rechtsetzungskompetenz treffen und die Rechtmäßigkeitsvermutung überprüfen, um den nationalen Gerichten die Möglichkeit zu geben, über die Rechtmäßigkeit der nationalen Umsetzungsgesetzgebung zu entscheiden.[535]

Diese Überlegungen führen zu dem zweiten Szenario: Eine Überprüfung der Rechtsetzungskompetenz durch den EuGH unter Zugrundelegung des bisherigen, milden Prüfungsmaßstabes. Die zuvor vorgenommene Rechtsprechungsauswertung zum Subsidiaritätsprinzip und Verhältnismäßigkeitsgrundsatz hat aufgezeigt, dass der EuGH eine detaillierte inhaltliche Prüfung vermeidet und teilweise sogar eine unsaubere Prüfung vornimmt. Vor diesem Hintergrund

---

533 Während für nicht-letztinstanzliche Gerichte grundsätzlich nur eine nach Maßgabe des Art. 267 Abs. 2 AEUV eine Vorlageermächtigung besteht, haben letztinstanzliche Gerichte gemäß Art. 267 Abs. 3 AEUV grundsätzlich die Pflicht zur Vorlage. Vgl. vertiefend zu den Ausnahmen: *Wegener*, in: Calliess/Ruffert, EUV/AEUV, Art. 267 AEUV Rn. 37 ff.

534 Vergleiche zu diesem Aspekt des Prüfungsmaßstabes im europäischen Mehrebenensystem die Ausführungen zu Beginn des fünften Kapitels.

535 So auch *Haslehner*, in: Haslehner/Pantazatou/Kofler/Rust, A Guide to the Anti-Tax Avoidance Directive, Rn. 2.26.

würde der EuGH vermutlich auch bei der ATAD keinen Verstoß gegen diese Kompetenzausübungsgrenzen feststellen. Was wäre die Konsequenz einer solchen unsauberen Prüfung durch den EuGH? Grundsätzlich kommt dem Unionsrecht Vorrang zu. Dies gilt aber eben nicht vorbehaltlos, wie jüngst das BVerfG in seinem PSPP-Urteil[536] zum Ankauf von Wertpapieren des öffentlichen Sektors durch die Europäischen Zentralbank (Public Sector Asset Purchase Programme – PSPP) nochmals eindrucksvoll vor Augen geführt hat. Am (vorläufigen) Ende einer längeren Rechtsprechungslinie – die Solange-Entscheidungen[537], das Maastricht-Urteil[538], die Bananenmarkt-Entscheidung[539], das Lissabon-Urteil[540] und der Honeywell-Beschluss[541] seien erwähnt – kommt das BVerfG nun erstmalig zu einem Ultra vires-Verdikt: Sowohl der Beschluss der EZB zum Kauf von Staatsanleihen als auch das auf Vorlage des BVerfG ergangene Urteil des EuGH[542] diesbezüglich, seien Hoheitsakte der Union ohne Rückhalt in der staatlich vertraglichen Ermächtigung und somit als ausbrechender Rechtsakt zu qualifizieren. Das BVerfG findet die notwendigen deutlichen Worte, um den Verstoß gegen das Unionsrecht und das Grundgesetz zu begründen:

> *„Der mit der Funktionszuweisung des Art. 19 Abs. 1 S. 2 EUV verbundene Rechtsprechungsauftrag des Gerichtshofs der Europäischen Union endet dort, wo eine Auslegung der Verträge nicht mehr nachvollziehbar und daher objektiv willkürlich ist. Überschreitet der Gerichtshof diese Grenze, ist sein Handeln vom Mandat des Art. 19 Abs. 1 S. 2 EUV in Verbindung mit dem Zustimmungsgesetz nicht mehr gedeckt, so dass seiner Entscheidung jedenfalls für Deutschland das gemäß Art. 23 Abs. 1 S. 2 in Verbindung mit Art. 20 Abs. 1 und Abs. 2 und Art. 79 Abs. 3 GG erforderliche Mindestmaß an demokratischer Legitimation fehlt.“*[543]

---

536 BVerfG v. 20.05.2020 – 2 BvR 859/15, BVerfGE 154, 17 vgl. zu diesem Leitgedanken insb. Rn. 111 und 157. Dazu vertiefend: *Hufeld*, jM 2020, 331; *Nettesheim*, NJW 2020, 1631; *Kainer*, EuZW 2020, 533; *Calliess*, NVwZ 2020, 897; *Möllers*, EuZW 2020, 503.

537 BVerfG v. 29.05.1974 – BvL 52/71, BVerfGE 37, 271; BVerfG v. 22.10.1986 – 2 BvR 197/83, BVerfGE 73, 339.

538 BVerfG v. 12.10.1993 – 2 BvR 2134/92, 2 BvR 2159/92, BVerfGE 89, 155.

539 BVerfG v. 07.06.2000 – 2 BvL 1/97, BVerfGE 102, 14.

540 BVerfG v. 30.06.2009 – 2 BvE 2/08, BVerfGE 123, 267.

541 BVerfG v. 06.07.2010 – 2 BvR 2661/06, BVerfGE 126, 286.

542 EuGH v. 11.12.2018, C-493/17, *Weiss u.a.*, ECLI:EU:C:2018:1000.

543 BVerfG v. 20.05.2020 – 2 BvR 859/15, BVerfGE 154, 17, Rn. 112.

Argumentativ stützt sich das BVerfG darauf, dass bei dem PSPP-Beschluss der EZB keine transparente Prüfung der Verhältnismäßigkeit erfolgt sei. Es wurde nicht begründet und dokumentiert, ob die Zentralbank tatsächlich über so viel Geld verfügen musste, um ihre währungspolitischen Ziele zu erreichen.[544] Das EuGH-Urteil sei schlechterdings nicht mehr nachvollziehbar und objektiv willkürlich, da der Verhältnismäßigkeitsgrundsatz durch das Gericht nur oberflächlich geprüft wurde. Da die tatsächlichen wirtschaftlichen Auswirkungen des PSPP durch den Gerichtshof überhaupt nicht in seine Überlegungen mit einbezogen wurden, sei der EuGH durch diesen Abwägungsausfall seiner Kontrollfunktion gegenüber der EZB nicht nachgekommen.[545] Die Entscheidung des BVerfG macht deutlich, dass der Grundsatz der Verhältnismäßigkeit – die wertende Gesamtbetrachtung – bei der Kompetenzabgrenzung zwischen der Europäischen Union und den Mitgliedstaaten ein für das Demokratieprinzip und den Grundsatz der Volkssouveränität erhebliches Gewicht hat und die Missachtung geeignet ist, die kompetenziellen Grundlagen der Europäischen Union zu verschieben und das Prinzip der begrenzten Einzelermächtigung zu unterlaufen.[546] Warum sollte Karlsruhe also zu einer anderen Wertung kommen, falls der EuGH sich bei der Prüfung der ATAD erneut für eine schwächere Kontrolldichte entscheidet und keine ersichtlichen Bemühungen anstellt, das Handeln der anderen EU-Organe detailliert zu prüfen und gegebenenfalls zu begrenzen?

Schließlich kommt als drittes Szenario eine Überprüfung der Rechtsetzungskompetenz durch den EuGH unter Zugrundelegung eines neuen, strengeren Prüfungsmaßstabs in Betracht. Mit den in diesem Abschnitt vorgenommenen Überlegungen könnte der Gerichtshof dann zu einer Unionsrechtswidrigkeit der ATAD kommen. Diese lassen sich wie folgt zusammenfassen: Erstens kann die Zuständigkeit der EU für den Erlass des ATAD nach Art. 115 AEUV selbst in Frage gestellt werden, da nicht klar ist, ob die Richtlinie einen messbaren Beitrag zur Binnenmarktverwirklichung leistet. Zweitens ist die Rechtsetzungskompetenz auch im Hinblick auf das Subsidiaritätsprinzip fragwürdig: Worin genau liegt der „europäische Mehrwert“, wenn die ATAD durch ihre Ausgestaltung als Mindestschutzniveau mit zahlreichen Wahlrechten de facto weiterhin eine uneinheitliche Rechtslandschaft hinterlässt und so die Fragmentierung des Binnenmarktes nicht effektiv verhindert. Und drittens

544 BVerfG v. 20.05.2020 – 2 BvR 859/15, BVerfGE 154, 17, Rn. 167.

545 BVerfG v. 20.05.2020 – 2 BvR 859/15, BVerfGE 154, 17, Rn. 123 ff.

546 BVerfG v. 20.05.2020 – 2 BvR 859/15, BVerfGE 154, 17, Rn. 158.

kann die Unionsrechtskonformität auch aus Gründen der Verhältnismäßigkeit in Frage gestellt werden, da zum einen einige Einzelmaßnahmen der ATAD isoliert betrachtet als zur Zielerreichung ungeeignet erscheinen und zum anderen die Verwirklichung der mit der ATAD verfolgten Ziele unter Umständen mehr Nachteile als Vorteile mit sich bringen.

Sollte der EuGH tatsächlich in Abkehr von seiner bisherigen Rechtsprechung einen strengeren Prüfungsmaßstab anlegen und für den Erlass der ATAD eine Kompetenzüberschreitung feststellen, so müsste der europäische Gesetzgebergeber von seiner Idee Abstand nehmen, oder eine nachgebesserte Richtlinie erlassen, die den Anforderungen von Art. 115 AEUV genügt. Hier drängt sich sodann aber folgendes Dilemma auf: Die Nachbesserung müsste im Kern auf die Schaffung eines tatsächlichen, einheitlichen Rechtsrahmens abzielen. Doch gerade die konkrete Ausgestaltung der ATAD als lockeres Mindestschutzniveau mit Wahlrechten war, wie gesehen, der Hauptgrund für die Einigungsbereitschaft der Mitgliedstaaten und die Erreichung der von Art. 115 AEUV verlangten Einstimmigkeit.[547] Eine erneute Einigung aller Mitgliedstaaten ist damit mehr als zweifelhaft. Als Szenario 3a kommt damit ein „Evergreen“ des europäischen Steuerrechts – namentlich die Abschaffung des Einstimmigkeitserfordernisses in Steuersachen – in Betracht. Schon bei der EU-Regierungskonferenz 2003/2004 schlug die Europäische Kommission vor, für eine begrenzte Anzahl von Bereichen des Steuerrechts von der Einstimmigkeit zur qualifizierten Mehrheit überzugehen. Die Mitgliedstaaten sprachen sich letztlich gegen die Ausweitung der qualifizierten Mehrheit auf den Steuerbereich aus, denn sie fürchteten um ihre Steuersouveränität. Beflügelt durch die Rede zur Lage der Union 2018 des damaligen Kommissionpräsidenten *Jean-Claude Juncker* hat die Europäische Kommission Anfang 2019 erneut einen Vorstoß zu einem schrittweisen Übergang zum ordentlichen Gesetzgebungsverfahren bei der europäischen Steuergesetzgebung gewagt.[548] Wenig überraschend hat die Initiative bei den Mitgliedstaaten ein geteiltes Echo ausgelöst.[549] Tatsächlich stellen sich aus deutscher Perspektive verfassungsrechtliche Folgefragen zu der Reichweite und den Grenzen der Integrationsoffenheit des Grundgesetzes.[550] Gegen eine Realisierbarkeit spricht letztlich vor allem der verfahrensrechtliche

547 Vgl. 88.

548 Mitteilung der Kommission vom 15.01.2019 an das europäische Parlament, den Europäischen Rat und den Rat: Auf dem Weg zu einer effizienteren und demokratischeren Beschlussfassung in der EU-Steuerpolitik, COM(2019) 8 final.

549 Vgl. *Marquardsen*, ifst 534 (2020), S. 1 f.

550 Vgl. dazu vertiefend *Marquardsen*, ifst 534 (2020), S. 51 ff.

Änderungshebel des Art. 48 Abs. 7 EUV gegen eine Realisierbarkeit des Übergangs von Einstimmigkeitsprinzip zu qualifizierter Mehrheit. Zwar ist für einen solchen wohl keine Änderung der Verträge notwendig. Die „Passerelle-Regelung" (Brückenklausel) des Art. 48 Abs. 7 EUV verlangt aber, dass der Rat einstimmig vorschlägt, dass bislang der Einstimmigkeit unterworfene Themen mit qualifizierter Mehrheit beschlossen werden können. Und auch nur, wenn innerhalb von sechs Monaten kein nationales Parlament widerspricht (Vetorecht!), wird nach Zustimmung des Europäischen Parlaments auf die Einstimmigkeit verzichtet.

Vor diesem Hintergrund müsste sich die EU-Kommission – und dies wäre nun Szenario 3b – auf die Suche nach einer tauglichen, alternativen Kompetenzgrundlage begeben. Tatsächlich hat die EU-Kommission mit Mitteilung vom 25.07.2020 im Rahmen des Aktionsplans für eine faire und einfache Besteuerung zur Unterstützung der Aufbaustrategie[551] bereits angekündigt, den Einsatz von Art. 116 AEUV prüfen zu wollen. Der bisher bedeutungslose[552] Art. 116 Abs. 2 AEUV bietet eine Rechtsetzungskompetenz zur Beseitigung von Wettbewerbsverzerrungen: Wenn vorhandene Rechtsunterschiede die Wettbewerbsbedingungen verfälschen und dadurch eine beseitigungsbedürftige Verzerrung entsteht, kann – nach erfolglosen Verhandlungen mit den betroffenen Mitgliedstaaten (Art. 116 Abs. 1 AEUV) – im Wege des ordentlichen Gesetzgebungsverfahrens, also unter Einbeziehung des europäischen Parlaments und mit qualifizierter Mehrheit, darauf reagiert werden. Im Gegensatz zur Kommission gibt es in der Literatur Stimmen, die eine Anwendbarkeit von Art. 116 AEUV bei Steuersachen ablehnen.[553] Jedenfalls ist zu konstatieren, dass die tatbestandlichen Anforderungen des Art. 116 AEUV nochmals deutlich höher ausfallen als bei Art. 115 AEUV, da für diesen sonst kein Anwendungsbereich

551 Mitteilung der Kommission vom 15.07.2020 an das europäische Parlament und den Rat: Aktionsplan für eine faire und einfache Besteuerung zur Unterstützung der Aufbaustrategie, COM(2020) 312 final.

552 Zwar gab es schon Beratungen zwischen der Kommission und den betreffenden Mitgliedstaaten auf Grundlage des Art. 116 Abs. 1 AEUV. Von der Rechtsetzungskompetenz des Art. 116 Abs. 2 AEUV wurde jedoch bisher noch kein Gebrauch gemacht, vgl. *Classen*, in: von der Groeben/Schwarze/Hatje, Europäisches Unionsrecht, AEUV, Art. 116 Rn. 3 und Rn. 35 ff.

553 Vgl. *Tietje*, in: Grabitz/Hilf/Nettesheim, Das Recht der Europäischen Union, Art. 116 Rn. 3; *Gröpl*, in: Dauses/Ludwigs, Handbuch des EU-Wirtschaftsrechts, Kapitel J Rn. 61; *Korte*, in: Callies/Ruffert, EUV/AEUV, Art. 116 AEUV Rn. 22; *Brauneck*, EuZW 2018, 624 (629); *Becker/Fehling*, IStR 2020, 813 (816).

mehr verbleiben würde: Art. 116 AEUV stellt ein flexibles Instrument für das Krisenmanagement bei schwerwiegenden Funktionsstörungen des Gemeinsamen Marktes dar, indem anders als in den Art. 114 und Art. 115 AEUV nicht systematisch, sondern punktuell nationales Recht angeglichen wird.[554] Eine der ATAD vergleichbare Richtlinie, die für alle Mitgliedstaaten ein ganzes Maßnahmenpaket vorsieht, sollte daher nicht auf Grundlage des Art. 116 AEUV erlassen werden können.

## D. Grundfreiheiten

Wie bereits im vorhergehenden Abschnitt thematisiert, ist die Verwirklichung eines freien und gerechten Binnenmarktes seit jeher die Kernfunktion der Europäischen Union.[555] Art. 26 Abs. 2 AEUV definiert dabei den Binnenmarkt als einen Raum ohne Binnengrenzen, in dem der freie Verkehr von Waren, Personen, Dienstleistungen und Kapital gewährleistet wird. Wie schon die Rechtsetzungskompetenz sind auch die Grundfreiheiten eng mit diesem Leitkonzept verbunden. Dabei sind die Grundfreiheiten seit der Schumacker-Entscheidung des EuGH[556] im Jahr 1995 zum Funktionszentrum und „Herzstück des Europäischen Steuerrechts"[557] geworden. Mit der Ansässigkeit in einem Mitgliedstaat soll für den Bürger grundsätzlich das Privileg bestehen, auch in allen anderen Mitgliedstaaten ohne Einschränkungen und Diskriminierungen tätig werden zu können. Korrespondierend zu den in Art. 26 Abs. 2 AEUV für das Funktionieren des Binnenmarktes aufgezählten Rechtspositionen lassen sich vier Marktfreiheiten[558] im AEUV identifizieren. Diese „punktuelle Verlängerung des Binnenmarktprinzips"[559] umfasst die Warenverkehrsfreiheit

554 *Korte*, in: Callies/Ruffert, EUV/AEUV, Art. 116 AEUV Rn. 3 m.w.N.; *Marquardsen*, ifst 534 (2020), S. 10. Vgl. für eine rechtliche und steuerpolitische Einordnung des Art. 116 AEUV auch vertiefend *Becker/Fehling*, IStR 2020, 813 (814).

555 Vgl. 115.

556 EuGH v. 14.02.1995, C-279/93, *Schumacker*, ECLI:EU:C:1995:31.

557 *Reimer*, in: Schaumburg/Englisch, Europäisches Steuerrecht Rn. 7.1.

558 Der Begriff „Marktfreiheiten" wird meist synonym mit dem der „Grundfreiheiten" verwendet. Tatsächlich hat die europäische Integration aber das Stadium einer reinen Wirtschaftsgemeinschaft hinter sich gelassen, sodass die marktbezogenen Grundfreiheiten der EWG um weitere Garantien (z.B. das allgemeine Diskriminierungsverbot des Art. 18 UAbs. 1 AEUV und die Freizügigkeit der Unionsbürger des Art. 21 AEUV) verdichtet wurden, vgl. dazu ausführlich: *Reimer*, in: Schaumburg/Englisch, Europäisches Steuerrecht, Rn. 7.3 ff. m.w.N.

559 Cordewener, DStR 2004, 6 (6).

(Art. 34 ff. AEUV), die Personenverkehrsfreiheit in ihren beiden Ausprägungen als Arbeitnehmerfreizügigkeit (Art. 45 ff. AEUV) und als Niederlassungsfreiheit (Art. 49 ff. AEUV), die Dienstleistungsfreiheit (Art. 56 ff. AEUV) und die Kapitalverkehrsfreiheit (Art. 63 ff. AEUV).[560]

Die Grundfreiheiten des AEUV sind in ihrem Ausgangspunkt als Diskriminierungsverbote ausgestaltet. Sie begründen sowohl das Verbot einer unmittelbaren Diskriminierung durch die schlechtere Behandlung von Staatsangehörigen anderer Mitgliedstaaten (Staatsangehörigkeit als Differenzierungskriterium), als auch die mittelbare Diskriminierung durch eine Differenzierung nach Wohnsitz oder dem regelmäßigen Aufenthaltsort (typische Inbound-Fälle).[561] Die Kapitalverkehrsfreiheit wurde durch den Vertrag von Maastricht ausdrücklich zu einem Beschränkungsverbot ausgestaltet. Im Gegensatz zum Diskriminierungsverbot zielt die Wirkungsdimension des Beschränkungsverbots darauf, Maßnahmen zu verbieten, die die Ausübung der Grundfreiheiten behindern oder weniger attraktiv machen können; es ist dabei nicht relevant, ob die Maßnahme eine unzulässige Diskriminierung nach Staatsangehörigkeit beinhaltet.[562] Der EuGH hat – die Entscheidungen *Cassis de Dijon*[563], *van Binsenberg*[564] und *Bosman*[565] seien erwähnt – auch die anderen, zunächst als Diskriminierungsverbote aufgefassten, Grundfreiheiten zu Beschränkungsverboten weiterentwickelt. Es bleibt damit festzuhalten, dass sich trotz der ausdrücklichen Formulierung der Grundfreiheiten teils als Diskriminierungsverbote, teils als Beschränkungsverbote in der Rechtsprechung des EuGH eine Konvergenz der einzelnen Gewährleistungsgehalte gefestigt hat.[566]

Die Feststellung einer Diskriminierung oder Beschränkung führt nicht zwangsläufig zu einem Verstoß gegen europäisches Primärrecht. Denn die Eröffnung des Anwendungsbereichs einer Grundfreiheit und die Diskriminierung oder Beschränkung sind notwendige, aber nicht hinreichende

560 Alle Marktfreiheiten umfassen (obgleich dies nur für die Kapitalverkehrsfreiheit in Art. 63 Abs. 2 AEUV ausdrücklich geregelt ist) auch die Zahlungsverkehrsfreiheit, also die Garantie für den Bezug der Vergütung und der Überweisung in den Heimatstaat, vgl. *Streinz*, Europarecht, 11.A., Rn. 820; Bröhmer in: Calliess/Ruffert, Art. 63 AEUV Rn. 77.

561 Vgl. *Streinz*, Europarecht, 11.A., Rn. 830 ff.

562 Vgl. *Streinz*, Europarecht, 11.A., Rn. 836 ff.

563 EuGH v. 20.02.1979, C-120/78, *Cassis de Dijon*, ECLI:EU:C:1979:42.

564 EuGH v. 03.12.1974, C-33/74, *van Binsbergen*, ECLI:EU:C:1974:131, Rn. 10, 12.

565 EuGH v. 15.12.1995, C-415/93, *Bosman*, ECLI:EU:C:1995:463, Rn. 103, 104.

566 Vgl. nur *Reimer*, in: Schaumburg/Englisch, Europäisches Steuerrecht, Rn. 7.35 ff.

Bedingungen für einen Grundfreiheitenverstoß.[567] So muss in einem dritten Schritt eine wertende Betrachtung und Abwägung zwischen dem Steuerpflichtigen als Berechtigten der Grundfreiheiten und den Mitgliedstaaten und Unionsorganen als Grundfreiheitenschuldner vorgenommen werden.[568] Ein Grundfreiheitenverstoß scheidet aus, wenn ein unionsrechtlich anerkannter Rechtfertigungsgrund eingreift. Alle vier Grundfreiheiten enthalten geschriebene Rechtfertigungsgründe. Die dort ausdrücklich benannten Schutzgüter können die Beschränkung oder Diskriminierung rechtfertigen, sie fungieren mithin als Schranken der Grundfreiheiten. Als Gegengewicht zu den weiten Schutzbereichen der Grundfreiheiten hat der EuGH ungeschriebene Rechtfertigungsgründe – immanente Schranken – entwickelt, die zu prüfen sind, falls kein einschlägiger geschriebener Rechtfertigungsgrund vorliegt.[569] Nachdem der EuGH in der *Cassis de Dijon-Entscheidung*[570] zur Kompensation der bereits erwähnten erweiternden Auslegung der Warenverkehrsfreiheit vom bloßen Diskriminierungsverbot hin zum Beschränkungsverbot den Rechtfertigungsgrund der „zwingenden Erfordernisse des Allgemeinwohls" entwickelt hatte, wendet der Gerichtshof seit dem Urteil *Gebhard*[571] den ungeschriebenen Rechtfertigungsgrund im Rahmen aller Grundfreiheiten an. Seither ist in ständiger Rechtsprechung[572] anerkannt, dass Grundfreiheitenbeschränkungen auch auf dem Gebiet des Steuerrechts durch zwingende Gründe des Allgemeininteresses gerechtfertigt werden können und es setzte ein Konkretisierungs- und Weiterentwicklungsprozess der steuerspezifischen Rechtfertigungsgründe durch den EuGH ein[573].

567 *Reimer*, in: Schaumburg, Europäisches Steuerrecht, Rn. 7.48.

568 *Hahn*, DStZ 2005, 507 (509).

569 *Arndt/Fischer/Fetzer*, Europarecht, 11.A., S. 126 f.

570 EuGH v. 20.02.1979, C-120/78, *Cassis de Dijon*, ECLI:EU:C:1979:42, Rn. 8.

571 EuGH v. 30.11.1995, C-55/94, *Gebhard*, ECLI:EU:C:1995:411, Rn. 37.

572 Vgl. beispielsweise EuGH v. 25.10.2012, C-387/11, *Kommission/Belgien*, ECLI:EU:C:2012:670 Rn. 45; EuGH v. 28.02.2013, C-168/11, *Beker*, ECLI:EU:C:2013:117, Rn. 56; EuGH v. 28.02.2013, C-544/11, *Petersen*, ECLI:EU:C:2013:124, Rn. 35; EuGH v. 07.11.2013, C-322/11, *K*, ECLI:EU:C:2013:716, Rn. 36.

573 Auf die für die Hinzurechnungsbesteuerung relevanten Rechtfertigungsgründe wird sogleich noch eingegangen. Vgl. vertiefend zu dem Konkretisierungs- und Weiterentwicklungsprozess: *Cordewener/Kofler/van Thiel*, CMLR 2009, 1951.

Schließlich ist auch der Verhältnismäßigkeitsgrundsatz zu beachten.[574] Selbst wenn sich für eine tatbestandliche Verkürzung einer Grundfreiheit dem Grunde nach auf einen Rechtfertigungsgrund berufen werden kann bleibt die Maßnahme rechtswidrig, wenn die Verhältnismäßigkeit nicht gewahrt wurde, die Maßnahme mithin mit Blick auf das Sachziel, das sich als Rechtfertigungsgrund qualifiziert hat, nicht geeignet, nicht erforderlich oder nicht angemessen ist.[575]

## I. Bestandsaufnahme: Hinzurechnungsbesteuerung im Lichte der Grundfreiheiten

### *1. Unmaßgebliche Grundfreiheiten für die Hinzurechnungsbesteuerung*

Die Heranziehung von Arbeitnehmerfreizügigkeit (Art. 45 ff. AEUV), Dienstleistungsfreiheit (Art. 56 ff. AEUV) und Warenverkehrsfreiheit (Art. 34 ff. AEUV) als Maßstab ist nicht erfolgsversprechend und aufgrund der zuvor erwähnten Konvergenz der grundfreiheitlichen Gewährleistungsgehalte auch nicht notwendig.[576] Die Warenverkehrsfreiheit soll den ungehinderten Warenaustausch innerhalb des Binnenmarktes ohne wettbewerbsverzerrende Abgaben sicherstellen. Auch wenn die Warenverkehrsfreiheit außerhalb des Steuerrechts eine Vorreiterrolle unter den Grundfreiheiten einnimmt, so hat sie im Bereich der direkten Steuern keine unmittelbare Relevanz, da das Recht der Ertragsteuern nicht originär an den Warenaustausch als solchen anknüpft.[577] Zudem stellt der Handel mit Waren bei Hinzurechnungsbesteuerungsregelungen ohnehin grundsätzlich eine aktive, unschädliche Tätigkeit dar. Auch die Arbeitnehmerfreizügigkeit spielt für die Hinzurechnungsbesteuerung keine

---

574 Die Prüfung der Wahrung der Verhältnismäßigkeit erfolgt im Prüfungsaufbau des EuGH als nachgeschalteter, aus der Rechtfertigungsprüfung im engeren Sinne ausgekoppelter, abschließender Prüfungsschritt.

575 *Reimer*, in: Schaumburg/Englisch, Europäisches Steuerrecht, 2.A., Rn. 7.50.

576 Der Wortlaut der Grundfreiheiten lässt prima facie Abstufungen in der Schutzintensität und Unterschiede im persönlichen Anwendungsbereich zu, jedoch fehlt die Motivation zur Abgrenzung; der EuGH wendet die Grundfreiheiten regelmäßig parallel an, ohne einen Vorrang zu bestimmen (mit Ausnahme der später noch zu thematisierenden Abgrenzung zur Kapitalverkehrsfreiheit, wenn Drittstaatsangehörige betroffen sind), vgl. *Kokott*, Das Steuerrecht der Europäischen Union, 2018, § 3 Rn. 91.

577 Vgl. *Haslehner*, IStR 2008, 565 (566); *Hahn*, Die Vereinbarkeit von Normen des deutschen internationalen Steuerrechts mit EG-Recht, 1999, S. 82 ff.; *Reimer*, in: Schaumburg/Englisch, Europäisches Steuerrecht, Rn. 7.63 f.

Rolle, da diese nicht an die Arbeitnehmer-, sondern an die Gesellschaftereigenschaft anknüpft.[578] In Fällen, in denen der beherrschende Gesellschafter einer ausländischen Kapitalgesellschaft zugleich Geschäftsführer ist, wäre dieser ohnehin nicht als Arbeitnehmer zu qualifizieren, da es an dem für das Arbeitsverhältnis erforderlichen Unterordnungsverhältnis fehlt.[579] Schließlich ist auch die Dienstleistungsfreiheit nicht maßgeblich. Zwar werden Zwischengesellschaften auch für die Erbringung von Dienstleistungen (insbesondere Finanzdienstleistungen) eingesetzt, allerdings ist Anknüpfungspunkt für die Hinzurechnungsbesteuerung richtigerweise bereits deren Gründung beziehungsweise Nutzung.[580] Dies ergibt sich daraus, dass mit der Hinzurechnungsbesteuerung die Abschirmwirkung von ausländischen Kapitalgesellschaften durchbrochen und damit also schon die mit der Gründung eintretenden Vorteile verhindert werden sollen. Das Ziel der Regelung ist es eben nicht, grenzüberschreitende Dienstleistungen per se zu verhindern.

## *2. Maßgebliche Grundfreiheiten für die Hinzurechnungsbesteuerung*

### *a) Anwendungsbereich der Niederlassungsfreiheit*

Als für die Hinzurechnungsbesteuerung relevante Grundfreiheit ist zunächst die Niederlassungsfreiheit (Art. 49 ff. AEUV) zu nennen. Sie erlaubt es allen Unternehmern (Art. 49 AEUV) und Unternehmen (Art. 54 AEUV) Niederlassungen in anderen EU-Mitgliedstaaten zu errichten. Die Niederlassungsfreiheit schützt neben dem Recht auf Aufnahme, Ausübung, Beendigung und Abwicklung einer selbstständigen Erwerbstätigkeit in einem EU-Mitgliedstaat auch die Gründung und Leitung von Unternehmen. Dabei ist die Grundform der „Niederlassung" – die primäre Niederlassung – als die Übersiedlung (Wohnsitznahme oder Verlegung des gewöhnlichen Aufenthalts) bzw. die Verlegung des statutarischen Sitzes oder der Geschäftsleitung in einen anderen EU-Mitgliedstaat zu verstehen.[581] Art. 49 UnterAbs. 1 S. 2 AEUV dehnt den

578 *Hahn*, Die Vereinbarkeit von Normen des deutschen internationalen Steuerrechts mit EG-Recht, 1999, S. 130 f.

579 *Franzen*, in: Streinz: EUV/AEUV, Art. 45 AEUV, Rn. 17 ff.; EuGH v. 27.06.1996, C-107/94, *Asscher*, ECLI:EU:C:1996:251, Rn. 26.

580 So auch *Lohmann*, Die Europarechtskonformität der Hinzurechnungsbesteuerung in der Fassung des JStG 2008, 2012, S. 100; a.A. *Schön*, in: Flume/Schön, Gedächtnisschrift Knobbe-Keuk, S. 753 f. Begreife man Finanzdienstleistungen als über die bloße Kapitalbewegung hinausgehende Dienstleistungen, sei auch die Dienstleistungsfreiheit im Fall der Hinzurechnungsbesteuerung betroffen.

581 *Reimer*, in: Schaumburg/Englisch, Europäisches Steuerrecht, 2.A., Rn. 7.71 ff.

sachlichen Anwendungsbereich der Niederlassungsfreiheit über die Ansässigkeitsverlegung hinaus auf die Begründung oder Verlegung von Tochtergesellschaften, aber auch Agenturen und Zweigniederlassungen und damit insbesondere auch auf Betriebsstätten aus (sog. sekundäre Niederlassung).[582] Nach ständiger Rechtsprechung des EuGH[583] fallen nationale Vorschriften in den sachlichen Anwendungsbereich der Niederlassungsfreiheit, wenn ein Angehöriger des betreffenden Mitgliedstaats am Kapital einer Gesellschaft mit Sitz in einem anderen Mitgliedstaat eine Beteiligung hält, die es ihm ermöglicht, einen sicheren Einfluss auf die Entscheidungen der Gesellschaft auszuüben und deren Tätigkeiten zu bestimmen. Für die Adressaten einer Hinzurechnungsbesteuerung ist der sachliche Anwendungsbereich der Niederlassungsfreiheit mithin immer dann eröffnet, wenn sie durch ihre Beteiligung an der ausländischen, beherrschten Gesellschaft einen sicheren Einfluss auf die Entscheidungen der Gesellschaft ausüben und deren Tätigkeiten bestimmen können. Da das traditionelle Verständnis bei der Hinzurechnungsbesteuerung – bei der englischen Terminologie „Controlled Foreign Company Rules" wird es besonders deutlich – auf einem Beherrschungsgedanken fußt, der sich bei den meisten Hinzurechnungsbesteuerungsregelungen in einer Beteiligungsschwelle von über 50 % manifestiert,[584] ist grundsätzlich auch der Anwendungsbereich der Niederlassungsfreiheit eröffnet.

Was den persönlichen Anwendungsbereich der Niederlassungsfreiheit anbelangt, so erstreckt sich dieser für die primäre Niederlassung auf „Staatsangehörige eines Mitgliedstaates" (Art. 49 UnterAbs. 1 S. 1 AEUV) und für die sekundäre Niederlassung auf „Angehörige eines Mitgliedstaates" (Art. 49 UnterAbs. 1 S. 2 AEUV). Der persönliche Anwendungsbereich der Niederlassungsfreiheit wird durch Art. 54 UnterAbs. 1 AEUV auch auf die nach den Rechtsvorschriften eines Mitgliedstaats gegründeten Gesellschaften erweitert, die ihren satzungsmäßigen Sitz, ihre Hauptverwaltung oder ihre Hauptniederlassung innerhalb der Union haben. Schließlich begründen Art. 31 Abs. 1 EWR-Abkommen (parallel zu Art. 49 AEUV) und Art. 34 EWR-Abkommen (parallel zu Art. 54 AEUV) einen im Wesentlichen gleichlautenden Schutz der Niederlassungsfreiheit für Staatsangehörige Norwegens, Islands und Liechtensteins. Für die Hinzurechnungsbesteuerung ist damit festzuhalten, dass der

---

582 *Reimer*, in: Schaumburg/Englisch, Europäisches Steuerrecht, 2.A., Rn. 7.78 ff.

583 EuGH v. 13.04.2000, C-251/98, *Baars*, ECLI:EU:C:2000:205, Rn. 22; EuGH v. 21.11.2002, C-436/00, *X und Y*, ECLI:EU:C:2002:704, Rn. 37.

584 Vgl. *Krever*, in: Kofler et al., Controlled Foreign Company Legislation, Chapter 1, S. 7.

persönliche Anwendungsbereich der Niederlassungsfreiheit unabhängig davon eröffnet ist, ob die Regelung ausschließlich juristische Personen oder natürliche Personen als Anteilseigner adressiert.

Der räumliche Anwendungsbereich der Niederlassungsfreiheit ist auf den in Art. 349, 355 AEUV, 52 EUV festgelegten Geltungsbereich der Verträge beschränkt.[585] Nach dem ausdrücklichen Wortlaut des Art. 49 AEUV („Beschränkungen der freien Niederlassung von Staatsangehörigen eines Mitgliedstaates im Hoheitsgebiet eines anderen Mitgliedstaats") sind ausschließlich Fälle innerhalb der EU bzw. des EWR geschützt; mithin keine niederlassungsbezogenen Tätigkeiten in Drittstaaten. Für die Regelungen zur Hinzurechnungsbesteuerung gelten die Einschränkungen der Niederlassungsfreiheit daher nur soweit sie Fälle adressieren, bei denen das beherrschte, ausländische Unternehmen in der EU bzw. im EWR ansässig ist.

Insofern verwundert es nach dem zuvor Gesagten nicht, dass der EuGH in seinem für die Hinzurechnungsbesteuerung grundlegenden *Cadbury Schweppes* Urteil[586] die britische Regelung am Maßstab der Niederlassungsfreiheit gemessen hat. Die britische Muttergesellschaft des Cadbury-Schweppes-Konzerns errichtete zwei Tochtergesellschaften in Irland mit der (einzigen) Aufgabe, Finanzmittel für den gesamten Konzern zu beschaffen. Da die beiden Gesellschaften im International Financial Services Center (IFSC) in Dublin ansässig waren, lag der Steuersatz bei lediglich 10 %. Zu dieser Zeit kannte das britische Außensteuerrecht bereits eine Hinzurechnungsbesteuerungsregel, nach der die Gewinne einer Tochtergesellschaft den Gewinnen einer britischen Muttergesellschaft hinzugerechnet und unter Anrechnung der von der Tochter im Ausland entrichteten Steuer bei der Mutter besteuert wurden, wenn diese mehr als 50 % der Anteile der Tochtergesellschaft hielt und der ausländische Steuersatz weniger als 75 % des in Großbritannien geltenden Steuersatzes betrug. Die Besteuerung, die sich aus der Anwendung dieser Regelung ergab, war mit einer Reihe von Ausnahmen verbunden; insbesondere wurde im Rahmen eines Motivtests von der Hinzurechnung abgesehen, wenn nachgewiesen werden konnte, dass das Hauptziel der Gestaltung nicht die Vermeidung der britischen Besteuerung war. Die britischen Steuerbehörden sahen die Voraussetzungen der Hinzurechnungsbesteuerung als erfüllt an und erhöhten dementsprechend die von der Muttergesellschaft zu zahlende Körperschaftsteuer. Diese klagte gegen den Steuerbescheid und machte geltend, dass die britische

585 Vgl. *Korte*, in: Calliess/Ruffert, EUV/AEUV, Art. 49 AEUV, Rn. 38.

586 EuGH v. 12.09.2006, C-196/04, *Cadbury Schweppes*, ECLI:EU:C:2006:544.

Hinzurechnungsbesteuerungsregel gegen die Niederlassungsfreiheit (ex Art. 43 EGV), Dienstleistungsfreiheit (ex Art. 49 EGV) und Kapitalverkehrsfreiheit (ex Art. 56 EGV) verstieße. Im Rahmen eines Vorabentscheidungsverfahrens wollte das vorlegende Gericht eine Reihe von Unsicherheiten hinsichtlich der Anwendung des Gemeinschaftsrechts ausgeräumt wissen. Der EuGH verwies auf seine zuvor erwähnte ständige Rechtsprechung[587] und subsumierte, dass die britische Hinzurechnungsbesteuerung den Fall betreffen, dass unter bestimmten Voraussetzungen die Gewinne von Tochtergesellschaften mit Sitz außerhalb des Vereinigten Königreichs besteuert werden, an denen eine ansässige Gesellschaft eine Beteiligung hält, die ihr die Kontrolle über diese Gesellschaften einräumt, sodass der sachliche Anwendungsbereich der Niederlassungsfreiheit eröffnet sei.[588] Zudem stellte der EuGH mit Verweis auf seine bisherige Rechtsprechung fest, das kein tatbestandsauschließender Missbrauch der Niederlassungsfreiheit vorliegt, wenn eine Gesellschaft mit Sitz in einem Mitgliedstaat Gesellschaften in einem anderen Mitgliedstaat zu dem alleinigen Zweck gründet und mit Kapital ausstattet, um in den Genuss eines dort geltenden günstigeren Steuersystems zu gelangen. Mithin stellt dieses Ziel für sich allein noch keine missbräuchliche Ausnutzung dar.[589]

Auch in der Rechtssache *Olsen u.a.*[590] wurde der Anwendungsbereich der Niederlassungsfreiheit bejaht. Im Juli 2014 entschied der EFTA-Gerichtshof über die Vereinbarkeit der norwegischen Hinzurechnungsbesteuerung mit dem EWR-Abkommen. Ein in Liechtenstein gegründeter Trust war dort von der Vermögens-, Einkommen- und Kapitalertragsteuer befreit. Bei den Begünstigten handelte es sich um die Familien der Norweger Fred und Petter Olsen. Auch wenn der Trust keine Ausschüttungen vornahm, erfolgte eine Besteuerung bei den Begünstigten aufgrund der norwegischen Hinzurechnungsbesteuerung. Der EFTA-Gerichtshof judizierte, dass ein Trust in den Anwendungsbereich von Art. 31 EWR-Abkommen fällt, sofern dieser im EWR für einen unbestimmten Zeitraum und mittels einer festen Niederlassung eine tatsächliche und echte wirtschaftliche Tätigkeit ausübt. Alle Beteiligten, d.h. die Trust-Gründer, Treuhänder, Begünstigten und Schirmherren haben die nach Artikel 31 und 34 EWR-Abkommen vorgesehenen Rechte.[591]

---

587 Vgl. Fn. 583.

588 EuGH v. 12.09.2006, C-196/04, *Cadbury Schweppes*, ECLI:EU:C:2006:544, Rn. 32.

589 EuGH v. 12.09.2006, C-196/04, *Cadbury Schweppes*, ECLI:EU:C:2006:544, Rn. 34 ff.

590 EFTA-Gerichtshof v. 09.07.2014, verb. Rs. E-3/13 und E-20/13, *Olsen u.a.*

591 EFTA-Gerichtshof v. 09.07.2014, verb. Rs. E-3/13 und E-20/13, *Olsen u.a.*, Rn. 1–2.

### b) *Anwendungsbereich der Kapitalverkehrsfreiheit*

Darüber hinaus kann auch die Kapitalverkehrsfreiheit (Art. 63 ff. AEUV) für die Hinzurechnungsbesteuerung relevant werden. Der sachliche Anwendungsbereich dieser Grundfreiheit erstreckt sich auf alle grenzüberschreitenden Geld- und Wertpapierinvestitionen, wobei neben der klassischen Unternehmensfinanzierung durch Eigen- oder Fremdkapital und Investitionen im Rahmen der privaten Vermögensverwaltung auch die Beteiligung an Kapitalgesellschaften geschützt wird.[592] Da die Hinzurechnungsbesteuerung in ihrer Grundform darauf abzielt, die Abschirmwirkung von ausländischen Kapitalgesellschaften zu unterbinden, durch deren Zwischenschaltung inländische Anteilseigner eine Freistellung der Einkünfte erreichen können, ist grundsätzlich auch der sachliche Anwendungsbereich der Kapitalverkehrsfreiheit eröffnet.

In seiner *Cadbury Schweppes* Entscheidung stellte der EuGH noch keine weitergehenden Überlegungen zur Kapitalverkehrsfreiheit an. Der Gerichtshof war der Auffassung, dass etwaige beschränkende Auswirkungen auf die Kapitalverkehrsfreiheit die unvermeidliche Konsequenz einer eventuellen Beschränkung der Niederlassungsfreiheit seien und keine eigenständige Prüfung dieser Grundfreiheit rechtfertigen würden.[593] Demgegenüber stellte in der Rechtssache *Olsen u.a.* der EFTA-Gerichtshof fest, dass sich Adressaten der Hinzurechnungsbesteuerung grundsätzlich auch auf die Kapitalverkehrsfreiheit des Art. 40 EWR-Abkommens berufen können:

> „Begünstigte von Kapitalvermögen in Form eines Trusts, die nationalen Steuermaßnahmen wie den im Ausgangsverfahren genannten unterliegen, können sich auf Artikel 40 EWR-Abkommen für den Fall berufen, dass festgestellt wird, dass sie keinen maßgeblichen Einfluss auf ein unabhängiges Unternehmen in einem anderen EWR-Mitgliedstaat oder eine Wirtschaftstätigkeit ausgeübt haben, die in den Anwendungsbereich des Niederlassungsrechts fällt. Diesbezüglich müssen die nationalen Gerichte eine endgültige Beurteilung auf der Grundlage der tatsächlichen Umstände des Falls vornehmen."[594]

### c) *Verhältnis von Niederlassungs- und Kapitalverkehrsfreiheit*

Warum ist nun trotz der eingangs thematisierten Tendenz zur Konvergenz der Grundfreiheiten eine Abgrenzung zwischen der Niederlassungs- und der

592 *Reimer*, in: Schaumburg/Englisch, Europäisches Steuerrecht, 2.A., Rn. 7.1.
593 EuGH v. 12.09.2006, C-196/04, *Cadbury Schweppes*, ECLI:EU:C:2006:544, Rn. 33.
594 EFTA-Gerichtshof v. 09.07.2014, verb. Rs. E-3/13 und E-20/13, *Olsen u.a.*, Rn. 3.

Kapitalverkehrsfreiheit vorzunehmen? Die Notwendigkeit ergibt sich aus dem Umstand, dass die vergleichsweise junge Kapitalverkehrsfreiheit gegenüber den anderen Grundfreiheiten die meisten Besonderheiten aufweist: Tatbestandsseitig enthält sie schon ihrem Wortlaut nach ein Beschränkungsverbot, dessen Anwendungsbereich sich nicht auf Angehörige anderer Mitgliedstaaten beschränkt, sondern auch die Staatsangehörigen und Ansässigen des Anwenderstaats und darüber hinaus (in abgestufter Intensität) auch Drittstaatenangehörige erfasst.[595] Zudem enthält sie in Art. 64 Abs. 1 AEUV eine den Anwendungsbereich beschränkende Standstill-Klausel. Und auch auf Rechtfertigungsebene weist die Kapitalverkehrsfreiheit weitere Besonderheiten auf.[596] Speziell für die Hinzurechnungsbesteuerung gewinnt die Frage nach der Abgrenzung oder Konkurrenz der beiden Grundfreiheiten dadurch Relevanz, dass sich die meisten klassischen Steueroasen nicht in der Europäischen Union befinden und sich nur die Kapitalverkehrsfreiheit auch auf diese Fälle mit Drittstaatsbezug erstreckt. Insofern ist diese Frage insbesondere im Hinblick auf die Hinzurechnungsbesteuerung schon länger Diskussionsgegenstand in der steuerrechtlichen Literatur[597] und lässt sich wie folgt zusammenfassen:

Ausgangspunkt für die Betrachtung des Verhältnisses von Niederlassungs- und Kapitalverkehrsfreiheit bildet Art. 49 Abs. 2 AEUV, der scheinbar einen Vorrang der Kapitalverkehrsfreiheit gegenüber der Niederlassungsfreiheit anordnet („Vorbehaltlich des Kapitels über den Kapitalverkehr umfasst die Niederlassungsfreiheit [...]"). Zwingend ist dieses Verständnis aber nicht; man kann den Wortlaut auch so verstehen, dass nur eine Übertragung der Einschränkbarkeit von Art. 63 ff. AEUV auf Art. 49 ff. AEUV gemeint und eine Überschneidung im Schutzbereich durchaus möglich ist.[598] Auch Art. 65 Abs. 2 AEUV („Dieses Kapitel berührt nicht die Anwendbarkeit von Beschränkungen des Niederlassungsrechts [...]") spricht erst einmal für die Möglichkeit eines Nebeneinanders der beiden Grundfreiheiten.[599]

---

595 *Reimer*, in: Schaumburg/Englisch, Europäisches Steuerrecht, 2.A., Rn. 7.87.

596 Vgl. dazu vertiefend: *Schön*, in: Flume/Schön, Gedächtnisschrift Knobbe-Keuk, 1997, S. 763 ff. m.w.N.

597 Vgl. jüngst speziell für die Hinzurechnungsbesteuerung: *Cordewener*, in: Lang, DStJG 41 (2018), S. 195 ff. und *Wacker*, in: Lüdicke, Internationales Steuerrecht am Scheideweg, 2018, S. 1 ff. Vgl. allgemein zu dem Verhältnis der beiden Grundfreiheiten: *Lang*, in Lang/Weinzierl, FS Rödler, 2010, S. 521 ff.; Musil, DB 2009, 1037 (1041 f.).

598 Vgl. *Bröhmer*, in: Calliess/Ruffert, Art. 63 AEUV Rn. 33 ff.

599 *Reimer*, in: Schaumburg/Englisch, Europäisches Steuerrecht, 2.A., Rn. 7.88.

Der EuGH judiziert in ständiger Rechtsprechung, dass eine nationale Norm, die sowohl die Niederlassungsfreiheit als auch die Kapitalverkehrsfreiheit beschränkt, nur im Hinblick auf den Verstoß gegen eine der beiden Freiheiten zu prüfen ist, wenn die andere Freiheit im Hinblick auf den zugrunde gelegten Ausgangsfall zweitrangig ist und der erstgenannten Freiheit zugerechnet werden kann.[600] Berührt eine nationale Norm vorrangig den freien Kapitalverkehr, so bleibt nach dem EuGH die Schutzwirkung der Niederlassungsfreiheit parallel erhalten.[601] Eine zusätzliche Prüfung der Niederlassungsfreiheit erübrigt sich in diesem Fall allerdings, da eine Beschränkung der Kapitalverkehrsfreiheit als notwendiger Reflex auch zu einer Beschränkung der Niederlassungsfreiheit führt; ein paralleler Verstoß der nationalen Norm gegen die Niederlassungsfreiheit wird dem Unionsbürger keine zusätzlichen Rechte zusprechen. Schränkt eine Norm hingegen vorrangig die Niederlassungsfreiheit ein und ergibt sich hieraus mittelbar als unvermeidliche Konsequenz auch eine Beschränkung der Kapitalverkehrsfreiheit, ist ausschließlich ein Verstoß gegen Erstere zu prüfen.[602] Der Anwendungsbereich der Niederlassungsfreiheit verdrängt in solchen Fällen vollständig den Anwendungsbereich der Kapitalverkehrsfreiheit; Drittstaatensachverhalte sind in solchen Fällen nicht geschützt.[603] Diese abweichende Beurteilung der beiden Konstellationen mag zunächst verwundern, erklärt sich aber vor dem Hintergrund, dass sich die Mitgliedstaaten freiwillig verpflichtet haben, Drittstaatensachverhalte nicht durch die Kapitalverkehrsfreiheit zu beschränken, sodass sich der EuGH bemüht, die Drittstaatenwirkung der Grundfreiheiten restriktiv zu halten.[604]

---

600 EuGH v. 03.10.2006, C-452/04, *Fidium Finanz*, ECLI:EU:C:2006:631, Rn. 34; EuGH v. 17.09.2009, C-182/08, *Glaxo Wellcome*, ECLI:EU:C:2009:559, Rn. 37; EuGH v. 01.07.2010, C-233/09, *Dijkman und Dijkman-Lavaleije*, ECLI:EU:C:2010:397, Rn. 33; EuGH v. 23.01.2014, C-164/12, *DMC*, ECLI:EU:C:2014:20, Rn. 30.

601 EuGH v. 17.09.2009, C-182/08, *Glaxo Wellcome*, ECLI:EU:C:2009:559, Rn. 50; EuGH v. 11.09.2014, C-47/12, *Kronos International*, ECLI:EU:C:2014:2200, Rn. 53.

602 EuGH v. 03.10.2006, C-452/04, *Fidium Finanz*, ECLI:EU:C:2006:631, Rn. 48 f.; EuGH v. 13.03.2007, C-524/04, *Test Claimants in the Thin Cap Group Regulation*, ECLI:EU:C:2007:161, Rn. 34; EuGH v. 10.05.2007, C-492/04, Lasertec, ECLI:EU:C:2007:273, Rn. 25; EuGH v. 26.06.2008, C-284/06, *Burda*, ECLI:EU:C:2008:365, Rn. 74.

603 EuGH v. 03.10.2006, C-452/04, *Fidium Finanz*, ECLI:EU:C:2006:631, Rn. 34, 101; EuGH v. 06.11.2007, C-415/06, *Stahlwerk Ergste Westig*, ECLI:EU:C:2007:651. Vgl. auch *Musil*, DB 2009, 1037 (1040).

604 *Bröhmer*, in: Calliess/Ruffert, EUV/AEUV, Art. 63 AEUV, Rn. 35.

Wann schränkt nun also eine Norm vorrangig eine der beiden Grundfreiheiten ein? Der EuGH sieht in ständiger Rechtsprechung allein die Niederlassungsfreiheit als betroffen an, wenn die nationale Rechtsvorschrift nur auf Beteiligungen anwendbar ist, die es ermöglichen, einen sicheren Einfluss auf die Entscheidungen einer Gesellschaft auszuüben und deren Tätigkeiten zu bestimmen (sog. Kontrollbeteiligungen).[605] Dies gilt, wie soeben gesehen, auch dann, wenn andere Grundfreiheiten – wie hier die Kapitalverkehrsfreiheit – lediglich unvermeidlich mitbetroffen sind. Ist hingegen eine nationale Regelung nur auf Beteiligungen anwendbar, die in der alleinigen Absicht der Geldanlage erfolgen ohne dass auf die Verwaltung und Kontrolle eines Unternehmens Einfluss genommen werden soll (sog. Portfolio- oder Streubesitzbeteiligungen), so ist diese Regelung ausschließlich am Maßstab der Kapitalverkehrsfreiheit zu messen.[606] Eine Kontrollbeteiligung kann nach der *Lasertec* Entscheidung des EuGH ab einer Beteiligungsquote von 25 % vorliegen.[607] Ab einer Beteiligungsgrenze von 50 % ist zwingend ein „sicherer Einfluss" anzunehmen.[608] E contrario fehlt es bei kleineren Beteiligungen an den geforderten Einflussnahme- und Kontrollmöglichkeiten.[609]

Problematisch sind schließlich die Fälle, in denen die Norm nicht eindeutig ausschließlich entweder Kontroll- oder Portfoliobeteiligungen adressiert, sondern so weit gefasst ist, dass sie beide Fälle erfassen kann. Während der EuGH ursprünglich auf die Beteiligungsverhältnisse des konkret vorliegenden

---

605 EuGH v. 13.04.2000, C-251/98, *Baars*, ECLI:EU:C:2000:205, Rn. 22; EuGH v. 21.11.2002, C-436/00, *X und Y*, ECLI:EU:C:2002:704, Rn. 37; EuGH v. 13.03.2007, C-524/04, *Test Claimants in the Thin Cap Group Regulation*, ECLI:EU:C:2007:161, Rn. 28 ff.; EuGH v. 10.05.2007, C-492/04, Lasertec, ECLI:EU:C:2007:273, Rn. 20; EuGH v. 06.12.2007, C-298/05, *Columbus Container Services*, ECLI:EU:C:2007:754, Rn. 29; EuGH v. 11.09.2014, C-47/12, *Kronos International*, ECLI:EU:C:2014:2200, Rn. 44.

606 EuGH v. 19.07.2012, C-31/11, *Scheuneman*, ECLI:EU:C:2012:481, Rn. 23; EuGH v. 13.11.2012, C-35/11, *Test Claimants in the FII Group Litigation*, ECLI:EU:C:2012:707, Rn. 91 f.; EuGH v. 24.11.2016, C-464/14, *SECIL*, ECLI:EU:C:2016:896, Rn. 32 f.

607 EuGH v. 10.05.2007, C-492/04, Lasertec, ECLI:EU:C:2007:273, Rn. 21 f.

608 Vgl. *Gosch/Schönfeld*, IStR 2015, 755 (758).

609 Zwar nahm der BFH (BFH v. 29.08.2012 – I R 7/12, BStBl II 2013, 89, Rn. 7, 13) auch schon bei einer Mindestbeteiligungsquote von 10 % einen „sicheren Einfluss" an. Diese Auffassung ist jedoch vor dem Hintergrund der EuGH-Entscheidungen *Itelcar* (EuGH v. 03.10.2013, C-282/12, *Itelcar*, ECLI:EU:C:2013:629, Rn. 22) und *Kronos International* (EuGH v. 11.09.2014, C-47/12, *Kronos International*, ECLI:EU:C:2014:2200, Rn. 28.) überholt.

Sachverhalts abstellte,[610] ist in seiner jüngeren Rechtsprechung jedoch eine klare Tendenz zur Maßgeblichkeit des Gegenstands der in Rede stehenden Norm zu erkennen: Der EuGH orientiert sich am Telos der Norm und fragt für die Anwendung der Niederlassungsfreiheiten danach, ob die Norm nur auf Beteiligungsverhältnisse abzielt, die dem Gesellschafter einen sicheren Einfluss auf die Entscheidungen der Gesellschaft ermöglichen.[611] Nimmt die Norm hingegen nicht ausschließlich solche Konstellationen entscheidenden Einflusses in den Blick, so ist diese – unabhängig der im Streitfall konkret vorliegenden Beteiligungsumfänge – am Maßstab der Kapitalverkehrsfreiheit zu messen.[612]

Unter Zugrundelegung der Rechtsprechung des EuGH lässt sich damit Folgendes festhalten: Zielt eine Norm ausschließlich auf Kontrollbeteiligungen ab, ist diese ausschließlich an den Vorgaben der Niederlassungsfreiheit zu messen; die Kapitalverkehrsfreiheit wird durch die Niederlassungsfreiheit verdrängt. Zielt die Norm ausschließlich auf Portfoliobeteiligungen ab, so ist sie an der Kapitalverkehrsfreiheit zu messen. Verlangt eine Norm (unabhängig von der konkreten Beteiligungshöhe im Streitfall) keine konkrete Beteiligungsquote, gilt sie mithin sowohl für Kontrollbeteiligungen als auch für Portfoliobeteiligungen gleichermaßen, so eröffnet sich zwar ein paralleler Anwendungsbereich von Niederlassungs- und Kapitalverkehrsfreiheit, eine zusätzliche Prüfung der Niederlassungsfreiheit erübrigt sich in diesem Fall allerdings.

Vor diesem Hintergrund bekommt auch die summarische Prüfung der Gerichtshöfe in den zuvor erwähnten Urteilen zur Hinzurechnungsbesteuerung – *Cadbury Schweppes* und *Olsen u.a.* – Konturen: In der *Cadbury Schweppes* Entscheidung musste der EuGH keine weitergehenden Überlegungen zur Kapitalverkehrsfreiheit anstellen, da die nationale Rechtsvorschrift (die britische Hinzurechnungsbesteuerung) nur auf Beteiligungen anwendbar war, die es ermöglichen, einen sicheren Einfluss auf die Entscheidungen einer Gesellschaft auszuüben. Etwaige beschränkende Auswirkungen auf die Kapitalverkehrsfreiheit waren daher die unvermeidliche Konsequenz einer eventuellen

610 In der Rechtssache *Burda* war nach Auffassung des EuGH unerheblich, dass die vorliegende nationale Regelung des deutschen Körperschaftsteuerrechts auch Portfoliobeteiligungen erfasste und damit nicht nur auf entscheidungsbeeinflussende Beteiligungen abzielte; maßgebend sei ausschließlich der konkrete Sachverhalt, EuGH v. 26.06.2008, C-284/06, *Burda*, ECLI:EU:C:2008:365, Rn. 72 f.

611 EuGH v. 17.09.2009, C-182/08, *Glaxo Wellcome*, ECLI:EU:C:2009:559, Rn. 47.

612 EuGH v. 03.10.2013, C-282/12, *Itelcar*, ECLI:EU:C:2013:629, Rn. 18; EuGH v. 23.01.2014, C-164/12, *DMC*, ECLI:EU:C:2014:20, Rn. 34; EuGH v. 11.09.2014, C-47/12, *Kronos International*, ECLI:EU:C:2014:2200, Rn. 55.

Beschränkung der Niederlassungsfreiheit.[613] In der Rechtssache *Olsen u.a.* sprach der EFTA-Gerichtshof die entsprechenden Abgrenzungskriterien an und stellte fest, dass diesbezüglich die nationalen Gerichte eine endgültige Beurteilung auf der Grundlage der tatsächlichen Umstände des Falls vornehmen müssen.[614]

In der Entscheidung *X-GmbH*[615] hatte der EuGH die Gelegenheit, sich bezüglich der Hinzurechnungsbesteuerung im Verhältnis zu Drittstaaten zu äußern. Im Streitfall ging es um eine deutsche GmbH, die zu 30 % an einer Schweizer Kapitalgesellschaft beteiligt war. Diese erzielte Einkünfte aus abgetretenen Geldforderungen, die als Zwischeneinkünfte mit Kapitalanlagecharakter gemäß § 7 Abs. 6 und 6a AStG a.F. bei der X-GmbH der Hinzurechnungsbesteuerung unterworfen wurden. Der BFH hatte Zweifel daran geäußert, ob die Hinzurechnung von Zwischeneinkünften mit Kapitalanlagecharakter von Drittstaatengesellschaften beim inländischen Anteilseigner ohne die Möglichkeit des Nachweises einer tatsächlichen wirtschaftlichen Tätigkeit im Drittstaat mit der unionsrechtlich garantierten Kapitalverkehrsfreiheit gemäß Art. 63 AEUV (vormals Art. 56 Abs. 1 EG) vereinbar ist und wendete sich mit eine Vorabentscheidungsersuchen an den EuGH.

Zunächst musste sich der EuGH gleich mit der Stand-Still Klausel des Art. 64 Abs. 1 AEUV (vormals Art. 57 Abs. 1 EG) befassen und der Frage nachgehen, ob es sich bei der streitgegenständlichen Regelung des § 7 Abs. 6 und 6a AStG um eine Altregelung handelt, die bereits Ende 1993 bestand und damit den in den Verträgen garantierten Fortbestandsschutz genießt; mithin nicht den Anforderungen an die Kapitalverkehrsfreiheit genügen muss. Für den Fall, dass die nationale Regelung nicht unter die Stand-Still Klausel des Art. 64 Abs. 1 AEUV fällt und daher im Lichte der Kapitalverkehrsfreiheit beurteilt werden muss, widmete sich der EuGH – im Einklang mit der dritten Vorlagefrage – auch der Frage, ob eine solche Regelung eine nach Art. 63 Abs. 1 AEUV verbotene Beschränkung darstellt und, falls ja, ob eine solche Beschränkung gerechtfertigt sein kann (dazu sogleich). Ohne konkrete Ausführungen sieht der EuGH in diesem Fall folglich die Kapitalverkehrsfreiheit für anwendbar an; eine Abgrenzung zur Niederlassungsfreiheit wird nicht vorgenommen. Dieser Befund verwundert jedoch nicht, da er sich mit den zuvor gewonnen Erkenntnissen zum Verhältnis von Niederlassungs- und

---

613 EuGH v. 12.09.2006, C-196/04, *Cadbury Schweppes*, ECLI:EU:C:2006:544, Rn. 33.
614 EFTA-Gerichtshof v. 09.07.2014, verb. Rs. E-3/13 und E-20/13, *Olsen u.a.*, Rn. 3.
615 EuGH v. 26.02.2019, C-135/17, *X GmbH*, ECLI:EU:C:2019:136.

Kapitalverkehrsfreiheit deckt: Die streitgegenständliche Regelung zu den Einkünften aus Kapitalanlagecharakter stellte auf eine Beteiligung von mindestens 1 % an der Gesellschaft ab. Mithin gilt sie sowohl für Kontrollbeteiligungen als auch für Portfoliobeteiligungen gleichermaßen, sodass sich zwar ein paralleler Anwendungsbereich von Niederlassungs- und Kapitalverkehrsfreiheit eröffnet, eine zusätzliche Prüfung der Niederlassungsfreiheit sich in diesem Fall allerdings erübrigt. Insbesondere sind nicht die Beteiligungsverhältnisse des konkreten Sachverhalts (hier: 30 %) maßgeblich. So wurde die Anwendbarkeit der Kapitalverkehrsfreiheit auch von keinem der Beteiligten in Abrede gestellt und auch der BFH verneinte die Sperrwirkung der Niederlassungsfreiheit in seinem Vorlagebeschluss.[616]

### 3. *Grundfreiheitsbeeinträchtigung durch Hinzurechnungsbesteuerung und ihre Rechtfertigung*

#### a) *Grundfreiheitsbeeinträchtigung*

Hinzurechnungsbesteuerungsregelungen sind auch in der Lage, die Grundfreiheiten zu beeinträchtigen. Eine Beeinträchtigung der Niederlassungs- oder Kapitalverkehrsfreiheit kann nach der bereits thematisierten Konvergenz der grundfreiheitlichen Gewährleistungsinhalte[617] sowohl in Form einer Diskriminierung als auch durch eine Beschränkung vorliegen. Die Grundfreiheiten begründen einerseits das Verbot einer unmittelbaren Diskriminierung durch die schlechtere Behandlung von Staatsangehörigen anderer Mitgliedstaaten (wobei eine solche offene Diskriminierung durch das Anknüpfen an das unzulässige Unterscheidungsmerkmal der Staatsangehörigkeit von natürlichen Personen bzw. der Sitz bei Gesellschaften mittlerweile kaum mehr anzutreffen ist[618]), als auch die versteckte, mittelbare Diskriminierung durch eine Differenzierung nach Wohnsitz oder dem regelmäßigen Aufenthaltsort. Andererseits entfalten die Grundfreiheiten ein Beschränkungsverbot dergestalt, dass – hinsichtlich der Ansässigkeit unterschiedslos wirkende – Maßnahmen nicht die Ausübung der Grundfreiheit verbieten, verhindern oder auch nur weniger attraktiv machen dürfen.[619]

616 BFH v. 12.10.2016, I R 80/14, BStBl II 2017, 615, Rn. 37 ff.

617 Vgl. 160.

618 *Kokott*, Das Steuerrecht der Europäischen Union, § 3 Rn. 102.

619 *Musil*, in: Musil/Weber-Grellet, Europäisches Steuerrecht, Art. 49 AEUV, Rn. 29.

Ob eine Grundfreiheitsbeeinträchtigung vorliegt, ist im Rahmen einer Vergleichspaarbildung zu ermitteln.[620] Im Mittelpunkt steht der Adressat der Hinzurechnungsbesteuerung; der Steuerpflichtige, der an einer ausländischen Kapitalgesellschaft beteiligt ist. Dieser kann einerseits mit einem Steuerpflichtigen, der ceteris paribus an einer inländischen Kapitalgesellschaft beteiligt ist, verglichen werden (sog. vertikale Vergleichspaarbildung). Andererseits kommt als Vergleichsperson auch ein Steuerpflichtiger, der ceteris paribus an einer in einem anderen ausländischen Staat belegenen Kapitalgesellschaft beteiligt ist, in Betracht (sog. horizontale Vergleichspaarbildung). Eine Diskriminierung durch Hinzurechnungsbesteuerungsregelungen lässt sich weder durch eine vertikale noch durch eine horizontale Vergleichspaarbildung bejahen: Maßgebliches Differenzierungskriterium bei der Hinzurechnungsbesteuerung ist nicht die Staatsangehörigkeit (bzw. der Gesellschaftssitz) der Anteilseigner, sondern die niedrige Besteuerung von passiven Einkünften der ausländischen Gesellschaft. Anders verhält es sich aber mit der diskriminierungsfreien Beschränkung: Durch die Durchbrechung des Trennungsprinzips wird eine Hochschleusung der Steuerbelastung für die passiven Einkünfte auf das Steuerniveau des Anwenderlandes der Hinzurechnungsbesteuerung bewirkt. Die Einkünfteermittlung und die Erhebung der Steuer erfolgt in der Regel nach den Steuervorschriften des Ansässigkeitsstaates des beherrschenden Steuerpflichtigen. Insofern unterscheidet sich die Situation für diesen Steuerpflichtigen grundsätzlich nicht von der Situation eines Steuerpflichtigen, der an einer inländischen Kapitalgesellschaft beteiligt ist. Die passiven Einkünfte der ausländischen beherrschten Gesellschaft werden vom Ansässigkeitsstaat des beherrschenden Steuerpflichtigen grundsätzlich genau gleich hoch ermittelt und gleich hoch besteuert wie eine im Ansässigkeitsstaat des beherrschenden Steuerpflichtigen belegene Gesellschaft. Unter diesem Gesichtspunkt wird die Ausübung der Grundfreiheiten verboten, verhindert oder weniger attraktiv gemacht; mit einer vertikalen Vergleichspaarbildung lässt sich grundsätzlich keine Beschränkung feststellen. Etwas anderes kann sich nur dann ergeben, wenn eine Hinzurechnungsbesteuerung nicht nur auf das inländische Steuerniveau hochschleust, sondern sogar eine Strafbesteuerung darstellt.[621] Mit einem horizontalen Vergleich lässt sich hingegen feststellen, dass der Steuerpflichtige,

620 Vgl. *Haase*, Internationales und Europäisches Steuerrecht, 2.A., § 6 Rn. 821; vgl. vertiefend zur vertikalen und horizontalen Vergleichspaarbildung: *Lang*, SWI 2016, 118.

621 Vgl. 53.

der an einer im niedrigbesteuernden Ausland belegenen Kapitalgesellschaft beteiligt ist, der Hinzurechnungsbesteuerung unterfällt, wohingegen eine Beteiligung an einer Gesellschaft in einem anderen Land ohne Niedrigbesteuerung keine Hinzurechnungsbesteuerung auslöst. Bei diesem Vergleichspaar entsteht ein Liquiditätsunterschied, da bei dem einen Vergleichspartner die Abschirmwirkung der Kapitalgesellschaft durchbrochen und zeitnah eine Hinzurechnung der Einkünfte vorgenommen wird, ohne dass ihm durch Ausschüttung tatsächlich liquide Mittel zugeflossen sind, während der andere Vergleichspartner weiterhin von dem durch die Abschirmwirkung hervorgerufenen Steuerstundungseffekt profieren kann.

Es lässt sich mithin festhalten, dass Hinzurechnungsbesteuerungen die Grundfreiheiten beschränken können. Dieser Befund findet sich auch in der Rechtsprechung des EuGH. In der *Cadbury Schweppes* Entscheidung, stellte der Gerichtshof eine Beschränkung der Niederlassungsfreiheit fest, indem er nicht nur britische Gesellschaften, die über eine irische Tochtergesellschaft verfügen, mit anderen britischen Gesellschaften mit inländischen Tochtergesellschaften verglich (vertikale Vergleichspaarbildung), sondern auch mit einer anderen britischen Gesellschaft, deren Tochtergesellschaft in einem höher besteuernden Mitgliedstaat ansässig ist (vertikale Vergleichspaarbildung):

> „Im vorliegenden Fall steht fest, dass die Rechtsvorschriften über beherrschte ausländische Gesellschaften die ansässigen Gesellschaften je nach dem Besteuerungsniveau für die Gesellschaft, an der sie eine Kontrollbeteiligung halten, unterschiedlich behandeln. Denn wenn die ansässige Gesellschaft eine beherrschte ausländische Gesellschaft in einem Mitgliedstaat gegründet hat, in dem diese einem niedrigeren Besteuerungsniveau im Sinne der Rechtsvorschriften über beherrschte ausländische Gesellschaften unterliegt, so werden die von einer solchen beherrschten Gesellschaft erzielten Gewinne kraft dieser Rechtsvorschriften der ansässigen Gesellschaft zugerechnet, die in Bezug auf diese Gewinne besteuert wird. Wenn die beherrschte Gesellschaft dagegen im Vereinigten Königreich oder in einem Staat, in dem sie nicht einem niedrigeren Besteuerungsniveau im Sinne der genannten Rechtsvorschriften unterliegt, gegründet worden ist und besteuert wird, so sind diese Rechtsvorschriften nicht anwendbar und wird nach dem Körperschaftsteuerrecht des Vereinigten Königreichs die ansässige Gesellschaft unter derartigen Umständen nicht in Bezug auf die Gewinne der beherrschten Gesellschaft zur Steuer herangezogen. Diese unterschiedliche Behandlung führt zu einem Steuernachteil für die ansässige Gesellschaft, auf die die Rechtsvorschriften über beherrschte ausländische Gesellschaften anwendbar sind. Selbst wenn man nämlich, wie es die Regierungen des Vereinigten Königreichs sowie die dänische, die deutsche, die französische, die portugiesische, die finnische und die schwedische Regierung vorschlagen, den etwaigen, vom vorlegenden Gericht angeführten Umstand berücksichtigt, dass eine solche ansässige Gesellschaft für die Gewinne einer in den Geltungsbereich dieser Rechtsvorschriften

> fallenden beherrschten ausländischen Gesellschaft keine höheren Steuern entrichtet, als für diese Gewinne angefallen wären, wenn sie von einer Tochtergesellschaft mit Sitz im Vereinigten Königreich erzielt worden wären, so ändert dies nichts daran, dass bei Anwendung derartiger Rechtsvorschriften die ansässige Gesellschaft für Gewinne einer anderen juristischen Person zur Steuer herangezogen wird. Dies geschieht jedoch nicht bei einer ansässigen Gesellschaft, die eine im Vereinigten Königreich besteuerte Tochtergesellschaft hat oder deren Tochtergesellschaft mit Sitz außerhalb dieses Mitgliedstaats keinem niedrigeren Besteuerungsniveau unterliegt."[622]

In der Rechtssache *Olsen u.a.* bejahte auch der EFTA-Gerichtshof eine Beschränkung der Niederlassungsfreiheit durch die norwegische Hinzurechnungsbesteuerung und stellte zudem die Möglichkeit einer Beschränkung der Kapitalverkehrsfreiheit fest, wenn die steuerliche Benachteiligung aus der unterschiedlichen Behandlung gebietsansässiger Steuerpflichtiger dergestalt ausfällt, dass Begünstigte eines Trust bei der Anlage von Mitteln in einem anderen EWR-Staat behindert werden, ohne einen maßgeblichen Einfluss ausüben oder die Unternehmensleitung beeinflussen zu wollen und sie als natürliche Personen am Kapitalverkehr teilnehmen.[623]

Und auch in der Rechtssache *X-GmbH* stellte der EuGH für den Fall, dass der BFH der Auffassung sein sollte, dass die deutsche Hinzurechnungsbesteuerung für Zwischeneinkünfte mit Kapitalanlagecharakter nicht unter die Standstill-Klausel des Art. 64 Abs. 1 AEUV fällt, fest, dass diese Regelung die Kapitalverkehrsfreiheit beschränkt. Während einem in Deutschland ansässigen Steuerpflichtigen, der zu mindestens 1 % an einer in einem Drittland mit „niedrigem" Besteuerungsniveau ansässigen Gesellschaft beteiligt ist, die passiven Einkünfte unabhängig von einer Gewinnausschüttung anteilig in Höhe seiner Beteiligung zugerechnet würden, unterläge ein in Deutschland ansässiger Steuerpflichtiger, der eine entsprechende Beteiligung an einer in Deutschland ansässigen Gesellschaft hält, der Hinzurechnungsbesteuerung für Zwischeneinkünfte mit Kapitalanlagecharakter nicht, da diese definitionsgemäß nur auf grenzüberschreitende Sachverhalte Anwendung fände.[624] Mithin kommt der EuGH bereits durch eine vertikale Vergleichspaarbildung zu einer Beschränkung der Kapitalverkehrsfreiheit.

---

622 EuGH v. 12.09.2006, C-196/04, *Cadbury Schweppes,* ECLI:EU:C:2006:544, Rn. 43–45.

623 EFTA-Gerichtshof v. 09.07.2014, verb. Rs. E-3/13 und E-20/13, *Olsen u.a.*, Rn. 4.

624 EuGH v. 26.02.2019, C-135/17, *X GmbH*, ECLI:EU:C:2019:136, Rn. 56.

### *b) Rechtfertigung*

Eine Beeinträchtigung der Grundfreiheiten führt jedoch nur dann zur Unionsrechtswidrigkeit, wenn diese nicht gerechtfertigt werden kann. Die wertende Betrachtung und Abwägung zwischen dem Steuerpflichtigen als Berechtigten der Grundfreiheiten und den Mitgliedstaaten und Unionsorganen als Grundfreiheitenschuldner nimmt vor dem Hintergrund, dass der EuGH den Grundfreiheiten einen weiten tatbestandlichen Anwendungsbereich zugesteht und die Prüfung zu Recht auf die Ebene der Rechtfertigung verlagert,[625] eine zentrale Rolle ein. Ein Grundfreiheitenverstoß scheidet mithin aus, wenn ein unionsrechtlich anerkannter Rechtfertigungsgrund eingreift. Dabei spielen die ausdrücklich im Vertrag über die Arbeitsweise der Europäischen Union genannten Rechtfertigungsgründe für die Hinzurechnungsbesteuerung keine Rolle.[626] Als ungeschriebene Rechtfertigungsgründe kommen wie eingangs erwähnt auch auf dem Gebiet des Steuerrechts „zwingende Gründe der Allgemeininteresses" in Betracht.[627] Mit der ständigen Rechtsprechung muss dann aber in einem zweiten Schritt durch eine Verhältnismäßigkeitsprüfung sichergestellt werden, dass die Grundfreiheitenbeeinträchtigung zur Erreichung des fraglichen Ziels geeignet ist und nicht über das zur Zweckerreichung erforderliche Maß hinausgeht.[628]

Das Verständnis von „zwingenden Gründen des Allgemeininteresses" unterliegt einem ständigen Konkretisierungs- und Weiterentwicklungsprozess. Nach ständiger Rechtsprechung des EuGH kann der drohende Verlust von Steuereinnahmen die Beschränkung von Grundfreiheiten nicht rechtfertigen.[629] Ebenso stellt die bloße Niedrigbesteuerung im Ausland keine Rechtfertigung dar: Kein Staat darf bei der Besteuerung von Wirtschaftsvorgängen

---

625 Nur diese Vorgehensweise schützt den grundfreiheitlichen Gewährleistungsgehalt vollumfänglich, da wesentlich flexibler und einzelfallbezogen Korrekturen vorgenommen werden können.

626 *Lohmann*, Die Europarechtskonformität der Hinzurechnungsbesteuerung in der Fassung des JStG 2008, 2012, S. 164 ff.

627 Vgl. 161.

628 EuGH v. 13.12.2005, C-446/03, *Marks & Spencer*, ECLI:EU:C:2005:763, Rn. 35; EuGH v. 13.03.2007, C-524/04, *Test Claimants in the Thin Cap Group Regulation*, ECLI:EU:C:2007:161, Rn. 64; EuGH v. 18.06.2009, C-303/07, *Aberdeen Proberty Finivest Alpha*, ECLI:EU:C:2009:377, Rn. 57; EuGH v. 23.01.2014, C-164/12, DMC, ECLI:EU:C:2014:20, Rn. 44.

629 Vgl. EuGH v. 28.01.1986, C-270/83, *avoir fiscal*, ECLI:EU:C:1986:37, Rn. 25; EuGH v. 16.07.1998, C-264/96, *ICI*, ECLI:EU:C:1998:370, Rn. 28; EuGH v. 21.09.1999, C-307/97, *Saint-Gobain*, ECLI:EU:C:1999:438, Rn. 51; EuGH v. 03.10.2002, C-136/00, *Danner*, ECLI:EU:C:2002:558, Rn. 56; EuGH v. 21.11.2002, C-436/00,

ein zu einem anderen Mitgliedstaat vorhandenes Steuergefälle zum Anlass nehmen, diese im Wege kompensatorischer Regelungen aufzufangen.[630] Andererseits haben sich beispielsweise die Wahrung der Aufteilung der Besteuerungsbefugnisse und der Kohärenz des Steuersystems, die Wirksamkeit der steuerlichen Kontrollen, sowie die Missbrauchsbekämpfung (im Duktus der Grundfreiheitsrechtsprechung: die Vermeidung von Steuerhinterziehung und -umgehung) als ungeschriebene Rechtfertigungsgründe etabliert. Gerade bei steuerlichen Vorschriften, die – wie die Hinzurechnungsbesteuerung – eine typisierende Missbrauchsvermutung bei ausschließlich grenzüberschreitenden Sachverhalten aufstellen, wird die zuletzt genannte Fallgruppe in der Rechtsprechung des EuGH als Rechtfertigungsmaßstab herangezogen.[631] Dies war auch in der Rechtssache *Cadbury Schweppes* der Fall, was insofern nicht verwundert, als das für die durch eine Hinzurechnungsbesteuerung hervorgerufene Grundfreiheitenbeeinträchtigung keine anderen ungeschriebenen Rechtfertigungsgründe eingreifen:[632] Die Wirksamkeit der steuerlichen Kontrolle als Rechtfertigungsgrund scheidet aus, da es sich bei der Hinzurechnungsbesteuerung schwerpunktmäßig nicht um eine verfahrensrechtliche, sondern um eine materiell rechtliche Regelung, die eine Besteuerungshoheit begründet, handelt. Auch eine Rechtfertigung auf Grund der Wahrung der Kohärenz des Steuersystems oder der Aufteilung der Besteuerungsbefugnisse scheidet aus. Beide Rechtfertigungsgründe setzten eine Personenidentität voraus.[633] Insofern kann eine Muttergesellschaft nicht nachteilhaft besteuert werden, nur weil die

---

*X und Y*, ECLI:EU:C:2002:704, Rn. 50; EuGH v. 12.12.2002, C-324/00, *Lankhorst-Hohorst*, ECLI:EU:C:2002:749, Rn. 36; EuGH v. 12.12.2002, C-385/00, *de Groot*, ECLI:EU:C:2002:750, Rn. 103.

630 Vgl. nur EuGH v. 11.03.2003, C-9/02, *Lasteyrie du Saillant*, ECLI:EU:C:2004:138, Rn. 60 und die dort aufgeführte Rechtsprechung.

631 Vgl. nur EuGH v. 17.07.1997, C-28/95, *Leur Bloem*, ECLI:EU:C:1997:369; EuGH v. 16.07.1998, C-264/96, *ICI*, ECLI:EU:C:1998:370; EuGH v. 09.03.1999, C-212/97, *Centros*, ECLI:EU:C:1999:126.

632 Vgl. für die anderen potenzielle Rechtfertigungsgründe im Rahmen der Hinzurechnungsbesteuerung: *Körner*, IStR 2004, 697 (701 ff.) und *Lohmann*, Die Europarechtskonformität der Hinzurechnungsbesteuerung in der Fassung des JStG 2008, 2012, S. 171 ff., die im Ergebnis aber auch das Hauptaugenmerk auf den Rechtfertigungsgrund der Missbrauchsbekämpfung legen.

633 EuGH v. 13.04.2000, C-251/98, *Baars*, ECLI:EU:C:2000:205, Rn. 40; EuGH v. 06.06.2000, C-35/98, *Verkooijen*, ECLI:EU:C:2000:294, Rn. 58; EuGH v. 12.12.2002, C-324/00, *Lankhorst-Hohorst*, ECLI:EU:C:2002:749, Rn. 42; EuGH v. 18.11.2003, C-168/01, *Bosal*, ECLI:EU:C:2003:479, Rn. 32, 38–40.

Tochtergesellschaft in einem anderen Mitgliedstaat ansässig ist und dort vorteilhaft besteuert wird.

### *aa) Die Anfänge des unionsrechtlichen Missbrauchsbegriff*

Im Zentrum der Untersuchung steht mithin die Missbrauchsbekämpfung als Rechtfertigungsgrund und die damit verbundene Frage nach der Definition des Missbrauchsbegriffs. Zunächst lässt sich festhalten, dass weder der EUV noch der AEUV ein ausdrückliches Verbot missbräuchlicher Praktiken vorsehen. Die Frage nach dem „Missbrauch" des EU-Rechts wurde jedoch seit Jahrzehnten in der Literatur und auch durch den EuGH diskutiert.[634] Dabei ist die Erkenntnis erwachsen, dass ein unionsrechtlicher Missbrauchsbegriff zwar durch die in den Mitgliedstaaten vorherrschenden nationalen Definitionen steuerlichen Missbrauchs beeinflusst sein mag, dem unionsrechtlichen Missbrauchsbegriff jedoch ein originäres und eigenständiges Verständnis zugrunde gelegt werden muss.[635] Dies ergib Sinn, wenn man sich vor Augen führt, dass der Hauptzweck des Binnenmarkts darin besteht, die wirtschaftliche Integration zu fördern, indem der freie Fluss von Produktionsfaktoren und Produktionsergebnissen ermöglicht wird. Auf der Kehrseite müssen zwangsläufig Situationen ausgeschlossen werden, in denen lediglich der Eindruck erweckt wird, dass die Rechte aus den Grundfreiheiten ausgeübt wurden, um letztlich aber nur der Regulierungshoheit eines bestimmten Mitgliedstaats zu entgehen.[636] Diese Erkenntnis lässt sich auch in der nachfolgend skizzierten Entwicklung der EuGH-Rechtsprechung erblicken: Die Überlegungen des Gerichtshofs sind geprägt von dem Bemühen um ein angemessenes Gleichgewicht zwischen der Wirksamkeit des Binnenmarkts und der Notwendigkeit, seine Nutzung zu missbräuchlichen Zwecken zu unterbinden.

Während der EuGH ursprünglich noch der Ansicht war, dass ein Mitgliedstaat die Grundfreiheiten bereits dann rechtmäßig einschränken darf, wenn eine Person diese Freiheiten zur Umgehung des nationalen Rechts in Anspruch nimmt,[637] hat der Gerichtshof im Laufe der Jahre den Begriff des Missbrauchs

634 Vgl. beispielsweise *de Broe*, International Tax Planning and Prevention of Abuse, 2008, S. 745 ff.

635 Vgl. *Bron*, DB 2007, 1273 (1273).

636 Vgl. *Lazarov/Govind*, Intertax Vol. 47 Issue 10 (2019), S. 852 (853).

637 EuGH v. 03.12.1974, C-33/74, *Van Binsbergen.*, ECLI:EU:C:1973:131, Rn. 12 f.; EuGH v. 07.02.1997, C-115/78, *Knoors.*, ECLI:EU:C:1979:31, Rn. 25.

zunehmend enger interpretiert. In den Rechtssachen *Kefalas*[638] und *Diamantis*[639] stellte der EuGH fest, dass die Staaten die Grundsätze der Missbrauchsbekämpfung nur dann zur Verweigerung von EU-Rechten heranziehen können, wenn die volle Wirkung und einheitliche Anwendung des EU-Rechts, der Anwendungsbereich der EU-Rechtsvorschrift und die mit ihr verfolgten Ziele nicht beeinträchtigt werden. In der Rechtssache *Centros*[640] stellte der Gerichtshof ferner fest, dass die Staaten zwar berechtigt sind, Maßnahmen zu ergreifen, um zu verhindern, dass Personen, die sich auf das EU-Recht berufen, das nationale Recht umgehen, oder um eine missbräuchliche oder betrügerische Berufung auf das EU-Recht zu verhindern. Allerdings stelle die Tatsache, dass ein Staatsangehöriger eines Mitgliedstaats sich dafür entscheidet, sich in einem Mitgliedstaat mit scheinbar weniger restriktiven Gesetzen zu organisieren und dann in anderen Mitgliedstaaten über Zweigniederlassungen tätig zu werden, für sich genommen keinen „Missbrauch" der Niederlassungsfreiheit dar.

Im Bereich des Steuerrechts – die Rechtssachen *Avoir Fiscal*[641] und *Bachman*[642] seien erwähnt – zögerte der EuGH zunächst, die Bekämpfung der Steuervermeidung überhaupt als Grund für die Rechtfertigung einer Beschränkung der Grundfreiheiten anzuerkennen.[643] Spätestens seit dem grundlegenden Vorabentscheidungsverfahren *Emsland Stärke*[644] hat sich dies aber geändert. Der Gerichtshof judizierte für die Gewährung von Ausfuhrerstattungen, dass für die Feststellung eines Missbrauchs zwei Elemente erforderlich seien: zunächst ein objektives Element, bei dem durch eine Kombination objektiver Umstände deutlich wird, dass der Zweck der Vorschrift vereitelt oder nicht erreicht wird, obwohl die formalen Voraussetzungen für die EU-Vorschrift erfüllt sind. Hinzu müsse ein subjektives Element treten, das in der Absicht besteht, einen in der EU-Vorschrift vorgesehenen Vorteil zu erlangen, indem die Voraussetzungen dafür künstlich geschaffen werden.[645] Diese Missbrauchsdefinition wurde für

---

638 EuGH v. 12.05.1998, C-367/96, *Kefalas u.a.*, ECLI:EU:C:1998:222.

639 EuGH v. 23.03.2000, C-373/97, *Diamantis*, ECLI:EU:C:2000:150.

640 EuGH v. 09.03.1999, C-212/97, *Centros*, ECLI:EU:C:1999:126.

641 EuGH v. 28.01.1986, C-270/83, *avoir fiscal*, ECLI:EU:C:1986:37.

642 EuGH v. 28.01.1992, C-204/90, *Bachman*, ECLI:EU:C:1992:35. Der EuGH diskutierte hier nur die Kohärenz des Steuersystems als Rechtfertigungsgrund, obwohl in den Schlussanträgen von Generalanwalt Mischo auch die Missbrauchsbekämpfung thematisiert wurde.

643 Vgl. *Lazarov/Govind*, Intertax Vol. 47 Issue 10 (2019), S. 852 (853).

644 EuGH v. 14.12.2000, C-110/99, *Emsland-Stärke GmbH*, ECLI:EU:C:2000:695.

645 EuGH v. 14.12.2000, C-110/99, *Emsland-Stärke GmbH*, ECLI:EU:C:2000:695, Rn. 51 f.

den Bereich der indirekten Steuern in den Rechtssachen *Halifax*[646], *Part Service*[647] und *Cussens*[648] konkretisiert.[649] Ein Meilenstein im Bereich der direkten Steuern stellt die Entscheidung in der Rechtssache *ICI*[650] dar. Dort judizierte der Gerichtshof, dass eine Beschränkung der Grundfreiheiten durch eine nationale Maßnahme im Bereich der direkten Steuern in Situationen gerechtfertigt sein kann, in denen ihr Zweck speziell darin besteht, „rein künstliche Konstruktionen" („wholly artificial arrangement") zu verhindern,[651] ohne allerdings diesen Begriff näher zu konkretisieren. Diese Rechtsprechungslinie wurde in den Rechtssachen *Lasteyrie du Saillant*[652], *Lankhorst-Hohorst*[653] und *X&Y*[654] aufrechterhalten, wobei eine weitergehende Konkretisierung allerdings größtenteils unterblieb.

### *bb) Cadbury Schweppes: Konkretisierung der rein künstlichen Gestaltung*

In der Rechtssache *Cadbury Schweppes* verlieh der EuGH dem unionsrechtlichen Missbrauchsbegriff dann weitere Konturen. In Linie mit seiner – soeben angeführten – vorherigen Rechtsprechung, stellte der Gerichtshof zunächst fest, dass eine missbräuchliche Gestaltung dabei noch nicht allein deswegen angenommen werden kann, weil das alleinige Ziel des Unternehmens die Minimierung seiner Steuerlast durch die Ausnutzung des mitgliedstaatlichen Körperschaftsteuergefälles ist.[655] Der Gerichtshof bekräftigte sodann – ebenfalls in Fortführung seiner bisherigen Rechtsprechung – jedoch auch, dass eine nationale Maßnahme, die die Niederlassungsfreiheit einschränkt, gerechtfertigt sein kann, wenn sie sich speziell auf rein künstliche Konstruktionen bezieht, die darauf abzielen, die Anwendung der Rechtsvorschriften des betreffenden Mitgliedstaats zu umgehen.[656] Mit anderen Worten: Eine allgemeine Erfassung

---

646 EuGH v. 21.02.2006, C-255/02, *Halifax*, ECLI:EU:C:2006:121.
647 EuGH v. 21.02.2008, C-425/06, *Part Service*, ECLI:EU:C:2008:108.
648 EuGH v. 22.11.2017, C-251/16, *Cussens u.a.*, ECLI:EU:C:2017:881.
649 Vgl. dazu ausführlich *Lazarov/Govind*, Intertax Vol. 47 Issue 10 (2019), S. 852 (854).
650 EuGH v. 16.07.1998, C-264/96, *Imperial Chemical Industries (ICI)*, ECLI:EU:C:1998:370.
651 EuGH v. 16.07.1998, C-264/96, *Imperial Chemical Industries (ICI)*, ECLI:EU:C:1998:370, Rn. 26.
652 EuGH v. 11.03.2003, C-9/02, *Lasteyrie du Saillant*, ECLI:EU:C:2004:138, Rn. 50.
653 EuGH v. 12.12.2002, C-324/00, *Lankhorst-Hohorst*, ECLI:EU:C:2002:749, Rn. 37.
654 EuGH v. 21.11.2002, C-436/00, *X und Y*, ECLI:EU:C:2002:704, Rn. 61.
655 EuGH v. 12.09.2006, C-196/04, *Cadbury Schweppes*, ECLI:EU:C:2006:544, Rn. 50.
656 EuGH v. 12.09.2006, C-196/04, *Cadbury Schweppes*, ECLI:EU:C:2006:544, Rn. 51.

von Sachverhalten nicht zu rechtfertigen; es muss stattdessen sichergestellt sein, dass es sich im konkret erfassten Einzelfall um eine rein künstliche Konstruktion zur Steuerumgehung handelt. Sodann kommt der EuGH zu seiner viel zitierten Erkenntnis:

> *„Folglich lässt sich eine Beschränkung der Niederlassungsfreiheit nur mit Gründen der Bekämpfung missbräuchlicher Praktiken rechtfertigen, wenn das spezifische Ziel der Beschränkung darin liegt, Verhaltensweisen zu verhindern, die darin bestehen, rein künstliche, jeder wirtschaftlichen Realität bare Gestaltungen zu dem Zweck zu errichten, der Steuer zu entgehen, die normalerweise für durch Tätigkeiten im Inland erzielte Gewinne geschuldet wird.“*[657]

Daraufhin subsumiert der Gerichtshof, dass Hinzurechnungsbesteuerungsregelungen vorsehen, dass die Gewinne einer beherrschten ausländischen Gesellschaft, die einer günstigeren Besteuerung unterliegen, in die Steuerbemessungsgrundlage der ansässigen Gesellschaft einfließen, sodass dadurch Praktiken entgegengewirkt werden kann, deren einziges Ziel darin besteht, der Steuer zu entgehen, die normalerweise für durch Tätigkeiten im Inland erzielte Gewinne geschuldet wird.[658] Mithin ist die durch eine Hinzurechnungsbesteuerung (sofern sie als Missbrauchsvermeidungsnorm ausgestaltet ist) hervorgerufene Grundfreiheitenbeeinträchtigung geeignet, das mit ihr verfolgte Ziel zu erreichen.

Schlussendlich verengt sich die Rechtmäßigkeitsprüfung auf die Frage, ob eine Hinzurechnungsbesteuerungsregelung unverhältnismäßig ausgestaltet ist und über das zur Zweckerreichung erforderliche Maß hinausgeht. Dem betroffenen Steuerpflichtigen muss die Möglichkeit zugestanden werden, im Rahmen eines Gegenbeweises etwaige wirtschaftliche Gründe vorzutragen und so den Vorwurf einer „rein künstlichen, jeder wirtschaftlichen Realität barer Gestaltung“ zu entkräften. Für die Annahme einer „rein künstlichen, jeder wirtschaftlichen Realität barer Gestaltung“ verlangt der Gerichtshof mit Verweis auf seinen in der *Emsland-Stärke-Entscheidung* entwickelten Grundsatz zwei Elemente: Neben einem subjektiven Element (die Absicht einen Steuervorteil zu erlangen) ist darüber hinaus auch ein objektives Element (das Hinzutreten von objektiven Umstände, die zeigen, dass das mit der Niederlassungsfreiheit verfolgte Ziel trotz der formalen Einhaltung der gemeinschaftsrechtlichen Voraussetzungen nicht erreicht wurde) erforderlich.[659] Oder anders gewendet: Die

---

657 EuGH v. 12.09.2006, C-196/04, *Cadbury Schweppes*, ECLI:EU:C:2006:544, Rn. 55.
658 EuGH v. 12.09.2006, C-196/04, *Cadbury Schweppes*, ECLI:EU:C:2006:544, Rn. 59.
659 EuGH v. 12.09.2006, C-196/04, *Cadbury Schweppes*, ECLI:EU:C:2006:544, Rn. 64.

Möglichkeit des Gegenbeweises kann und darf sich nicht darin erschöpfen, dass der Steuerpflichtige nachweisen muss, dass er nicht allein mit der Absicht, einen Steuervorteil zu erlangen, gehandelt hat. Vielmehr soll der Steuerpflichtige anhand von objektiven und von dritter Seite nachprüfbaren Kriterien (Geschäftsräume, Personal und Ausrüstungsgegenstände) darlegen, dass die Gründung seiner Gesellschaft nicht bloß mit einer fiktiven, sondern mit einer tatsächlichen Ansiedlung zusammenhängt, deren Zweck darin besteht, wirklichen wirtschaftlichen Tätigkeiten im Aufnahmemitgliedstaat nachzugehen.[660] Als Negativbeispiele für eine fehlende wirkliche wirtschaftliche Tätigkeit benennt der EuGH sodann Briefkasten- oder Strohfirmen.[661] Zusammenfassend lässt sich festhalten, dass der Gerichtshof mit der *Cadbury Schweppes* Entscheidung die in den Urteilen *ICI* (Rechtfertigung nur zur Bekämpfung rein künstlicher Konstruktionen) und *Emsland Stärke* (Zwei-Elemente-Test) aufgestellten Grundsätze konsequent zusammenführt.[662]

### *cc) Bestätigung der Cadbury Schweppes Rechtsprechung*

Die Notwendigkeit einer einzelfallbezogenen Exkulpationsmöglichkeit für den Steuerpflichtigen fand in der späteren Rechtsprechung des EuGH Bestätigung: In den Rechtssachen *Foggia* und *Euro Park Service,* stellte der Gerichtshof beispielsweise fest, dass sich die zuständigen nationalen Behörden bei der Prüfung, ob der beabsichtigte Vorgang (in dem Fall eine Fusion) ausschließlich auf die Erlangung eines Steuervorteils abzielt und damit nicht auf vernünftigen wirtschaftlichen Gründen beruht, nicht darauf beschränken, vorgegebene allgemeine Kriterien anzuwenden. Sie müssen vielmehr in jedem Einzelfall eine Gesamtuntersuchung des betreffenden Vorgangs vornehmen. Eine generelle Vorschrift, mit der bestimmte Gruppen von Vorgängen unabhängig davon, ob tatsächlich eine Steuerhinterziehung oder -umgehung vorliegt, automatisch vom Steuervorteil ausgeschlossen werden (in dem Fall eine Anti Missbrauchsregelung nach Maßgabe von Art. 11 der Fusionsrichtlinie), ginge nämlich über das zur Verhinderung einer Steuerhinterziehung oder -umgehung Erforderliche hinaus.[663] Parallel laufende Überlegungen stellte der EuGH in den Rechtssachen

---

660 EuGH v. 12.09.2006, C-196/04, *Cadbury Schweppes,* ECLI:EU:C:2006:544, Rn. 66, 67.

661 EuGH v. 12.09.2006, C-196/04, *Cadbury Schweppes,* ECLI:EU:C:2006:544, Rn. 68.

662 Vgl. *Lazarov/Govind,* Intertax Vol. 47 Issue 10 (2019), S. 852 (855).

663 EuGH v. 10.11.2010, C-126/10, *Foggia,* ECLI:EU:C:2011:718, Rn. 37; EuGH v. 08.03.2017, C-14/16, *Euro Park Service,* ECLI:EU:C:2017:177, Rn. 55; So auch

*Eqiom und Enka* und *Deister Holding* für die Anti-Missbrauchsregelung nach Maßgabe von Art. 1 Abs. 2 der Mutter-Tochter-Richtlinie an.[664]

Und auch in der bereits zuvor thematisierten Rechtssache *Olsen u.a.* wendete der EFTA-Gerichtshof die Grundsätze aus der *Cadbury Schweppes* Entscheidung an und judizierte, dass eine Beschränkung der Niederlassungsfreiheit bzw. ggf. des freien Kapitalverkehrs aufgrund der nationalen Hinzurechnungsbesteuerungsregelung, mit der Vermeidung von Steuerhinterziehung gerechtfertigt werden kann, solange sie verhältnismäßig ist. Dies sei der Fall, wenn die Regelung auf rein künstliche Vereinbarungen abzielt, mit denen nationale Steuern in vergleichbaren Situationen umgangen werden sollen. Folglich dürfe eine solche Steuermaßnahme nicht angewandt werden, wenn aufgrund objektiver, von Dritten nachprüfbarer Faktoren nachgewiesen ist, dass ein beherrschtes ausländisches Unternehmen trotz steuerlicher Erwägungen tatsächlich in dem EWR-Aufnahmemitgliedstaat niedergelassen ist und eine echte Wirtschaftstätigkeit ausübt.[665]

#### *dd) Danish Beneficial Ownership: Der unionsrechtliche Missbrauchsbegriff bekommt schärfere Konturen*

Eine weitere Konkretisierung des europäischen Missbrauchsverständnisses erfolgte durch die am 26.02.2019 veröffentlichten Urteile *T Danmark*[666] und *N Luxembourg*[667]. Der EuGH thematisierte in diesen Fällen die Frage, welche Anforderungen gestellt werden müssen, um missbräuchliches Verhalten bei der Inanspruchnahme von Vorteilen (Quellensteuerreduktion) aus der Mutter-Tochter-Richtlinie und der Zins- und Lizenzgebührenrichtlinie zu verhindern. Im Kern ging es dabei um die Nutzungsberechtigung nach dänischem Recht (daher auch die Bezeichnung: „Danish beneficial ownership cases"). Dabei konkretisierte der Gerichtshof, was Indizien für die Prüfung eines Missbrauchs sind und wie sich die Beweislast verteilt.

---

bereits zuvor EuGH v. 17.07.1997, C-28/95, *Leur Bloem*, ECLI:EU:C:1997:369, Rn. 41 und 44.

664 EuGH v. 07.09.2017, C-6/16, *Eqiom und Enka*, ECLI:EU:C:2017:641, Rn. 32; EuGH v. 20.12.2017, verb. Rs. C-504/16 und C-613/16, *Deister Holding*, ECLI:EU:C:2017:1009, Rn. 59.

665 EFTA-Gerichtshof v. 09.07.2014, verb. Rs. E-3/13 und E-20/13, *Olsen u.a.*, Rn. 5.

666 EuGH v. 26.02.2019, verb. Rs. C-116/16, C-117/16, *T Danmark*, ECLI:EU:C:2019:135.

667 EuGH v. 26.02.2019, verb. Rs. C-115/16, C-118/16, C-119/16 und C-299/16, *N Luxembourg I*, ECLI:EU:C:2019:134.

Mit Verweis auf seine *Emsland Stärke* Entscheidung hielt der EuGH an seinem entwickelten Zwei-Elemente-Test fest und judizierte, dass eine missbräuchliche Situation das Vorliegen objektiver und subjektiver Elemente voraussetzt: Zum einen müssen objektive Umstände vorliegen, die zeigen, dass der Zweck der EU-Richtlinien durch eine bestimmte Strukturierung umgangen wird, obwohl die für ihre Anwendung erforderlichen Bedingungen formell eingehalten wurden. Zum anderen muss subjektiv die Absicht nachgewiesen werden, einen unionsrechtlich vorgesehenen (Steuer-)Vorteil zu erlangen, indem die dafür erforderlichen Bedingungen künstlich geschaffen werden.[668] Ob die Tatbestandsmerkmale eines Missbrauchs vorliegen, sei im Wege einer Würdigung des gesamten Sachverhalts zu ermitteln.[669] Diese tatsächliche Prüfung des Ausgangssachverhaltes nahm der EuGH im Rahmen des Vorabentscheidungsverfahrens freilich nicht selber vor, aber dafür gab er den nationalen Gerichten einige vergleichsweise ausführliche Anhaltspunkte für ihre Prüfung mit an die Hand:

Eine Gestaltung kann als künstlich angesehen werden, wenn sie nicht aus Gründen geschaffen wurde, die durch die wirtschaftliche Realität bedingt sind, ihre Struktur rein formal ist und ihr Hauptzweck oder einer ihrer Hauptzwecke darin besteht, einen Steuervorteil zu erlangen, der dem Ziel oder Zweck des geltenden Steuerrechts zuwiderläuft.[670] Als Beispiel für eine solche künstliche Gestaltung führt der EuGH die Vermeidung der Zahlung von Steuern bei Zinsen bzw. Dividenden durch das Zwischenschalten einer Gesellschaft im Konzern zwischen die Gesellschaft, die die Zinsen bzw. Dividenden zahlt, und die Einheit, die Nutzungsberechtigte der Zinsen bzw. Dividenden ist, an. Bei der zwischengeschalteten Gesellschaft müsse es sich dabei um eine solche ohne wirtschaftliche Substanz handeln, welche die erzielten Einnahmen wirtschaftlich nicht selbst nutzen kann, sondern verpflichtet ist, sie an eine dritte Gesellschaft – die wirtschaftliche Eigentümerin (Nutzungsberechtigte) – weiterzuleiten, die wiederum selbst nicht in den Genuss der Richtlinienvorteile

---

668 EuGH v. 26.02.2019, verb. Rs. C-116/16, C-117/16, *T Danmark*, ECLI:EU:C:2019:135, Rn. 97; EuGH v. 26.02.2019, verb. Rs. C-115/16, C-118/16, C-119/16 und C-299/16, *N Luxembourg I*, ECLI:EU:C:2019:134, Rn. 124.

669 EuGH v. 26.02.2019, verb. Rs. C-116/16, C-117/16, *T Danmark*, ECLI:EU:C:2019:135, Rn. 98; EuGH v. 26.02.2019, verb. Rs. C-115/16, C-118/16, C-119/16 und C-299/16, *N Luxembourg I*, ECLI:EU:C:2019:134, Rn. 125.

670 EuGH v. 26.02.2019, verb. Rs. C-116/16, C-117/16, *T Danmark*, ECLI:EU:C:2019:135, Rn. 100; EuGH v. 26.02.2019, verb. Rs. C-115/16, C-118/16, C-119/16 und C-299/16, *N Luxembourg I*, ECLI:EU:C:2019:134, Rn. 127.

kommt. Diese Beurteilung muss auf der Grundlage sämtlicher relevanten Umstände erfolgen, insbesondere der Geschäftsführung, der Kostenstruktur, der tatsächlich getätigten Ausgaben, des beschäftigten Personals und der Räumlichkeiten und Ausstattungen, über die die Gesellschaft verfügt.[671] Dabei stellt der EuGH nun erstmalig auch auf relative Substanzkriterien ab und verlangt eine tätigkeitsbezogene Prüfung:

> Ob eine reale wirtschaftliche Tätigkeit fehlt, ist anhand der charakteristischen Merkmale der betreffenden Tätigkeit zu ermitteln.[672]

Indizien für eine künstliche Gestaltung können auch die verschiedenen Verträge zwischen den an den betreffenden Finanztransaktionen beteiligten Gesellschaften sein, die zu konzerninternen Geldtransfers führen, sowie die Modalitäten der Finanzierung der Transaktionen, die Bewertung des Eigenkapitals der Zwischengesellschaften und die fehlende Befugnis der Durchleitungsgesellschaften, wirtschaftlich über die erhaltenen Zinsen bzw. Dividenden zu verfügen.[673]

Des Weiteren äußert sich der Gerichtshof auch zur Beweislastverteilung und judizierte, dass im Grundsatz die Finanzverwaltung nachweisen muss, dass eine Gesellschaft nicht Nutzungsberechtigte, sondern nur Durchleitungsgesellschaft ist, um dieser die Richtlinienvorteile zu versagen. Allerdings muss die Finanzverwaltung nicht noch zusätzlich nachweisen, wer der eigentliche Nutzungsberechtigte ist.[674] Während sich die Konkretisierungen der Anforderungen an den Missbrauch durchaus auch auf die Hinzurechnungsbesteuerung übertragen lassen, ist dies bei der Beweislast meiner Einschätzung nach jedoch nicht ohne Weiteres der Fall: In den *Danish Beneficial Ownership* Fällen geht es im Ausgangspunkt um die Versagung einer Steuervergünstigung, bei der

671 EuGH v. 26.02.2019, verb. Rs. C-116/16, C-117/16, *T Danmark*, ECLI:EU:C:2019:135, Rn. 104; EuGH v. 26.02.2019, verb. Rs. C-115/16, C-118/16, C-119/16 und C-299/16, *N Luxembourg I*, ECLI:EU:C:2019:134, Rn. 131.

672 EuGH v. 26.02.2019, verb. Rs. C-116/16, C-117/16, *T Danmark*, ECLI:EU:C:2019:135, Rn. 104; EuGH v. 26.02.2019, verb. Rs. C-115/16, C-118/16, C-119/16 und C-299/16, *N Luxembourg I*, ECLI:EU:C:2019:134, Rn. 131.

673 EuGH v. 26.02.2019, verb. Rs. C-116/16, C-117/16, *T Danmark*, ECLI:EU:C:2019:135, Rn. 105; EuGH v. 26.02.2019, verb. Rs. C-115/16, C-118/16, C-119/16 und C-299/16, *N Luxembourg I*, ECLI:EU:C:2019:134, Rn. 132.

674 EuGH v. 26.02.2019, verb. Rs. C-116/16, C-117/16, *T Danmark*, ECLI:EU:C:2019:135, Rn. 117 f.; EuGH v. 26.02.2019, verb. Rs. C-115/16, C-118/16, C-119/16 und C-299/16, *N Luxembourg I*, ECLI:EU:C:2019:134, Rn. 142 f.

Hinzurechnungsbesteuerung hingegen um eine belastende Regelung, deren Anwendungsbereich der Steuerpflichtige entkommen möchte.

### *ee) Systematisierung der Erkenntnisse*

Am sicherlich nur vorläufigen Ende dieser Rechtsprechungslinie lassen sich einige Erkenntnisse – auch für die Hinzurechnungsbesteuerung – bündeln: Auch in Zukunft wird die Missbrauchsbekämpfung der zentrale Rechtfertigungsgrund für Vorschriften, die eine typisierende Missbrauchsvermutungen bei ausschließlich grenzüberschreitenden Sachverhalten aufstellen, sein. Dabei ist dem unionsrechtlicher Missbrauchsbegriff ein originäres und eigenständiges Verständnis zugrunde zu legen, sodass dem EuGH in besonderem Maße eine Konkretisierungsfunktion zukommt. Die Überlegungen des Gerichtshofs müssen dabei geprägt sein von dem Bemühen um ein angemessenes Gleichgewicht zwischen der Wirksamkeit des Binnenmarkts und der Notwendigkeit, seine Nutzung zu missbräuchlichen Zwecken zu unterbinden.

Auf den ersten Blick erwecken die Ausführungen des EuGH dabei zunächst den Anschein, dass der Missbrauchsbegriff nur vage und durch weitere, definitionsbedürftige Begriffe umschrieben wird („rein künstliche Gestaltung", „wirtschaftliche Realität"). In mancher Hinsicht erscheinen die Formulierungen sogar widersprüchlich.[675] Es lässt sich allerdings eine klare Tendenz erkennen: Während der EuGH ursprünglich noch der Ansicht war, dass ein Mitgliedstaat die Grundfreiheiten bereits dann rechtmäßig einschränken darf, wenn eine Person diese Freiheiten zur Umgehung des nationalen Rechts in Anspruch nimmt, hat der Gerichtshof im Laufe der Jahre den Begriff des Missbrauchs zunehmend enger interpretiert. Zudem gehen die Definitionsversuche dieses engen Missbrauchsbegriffs immer von der gleichen Grundlage, nämlich dem Zwei-Elemente-Test der *Emsland Stärke* Entscheidung, aus: Neben einem subjektiven Element (die Absicht einen Steuervorteil zu erlangen) ist darüber hinaus auch ein objektives Element (das Hinzutreten von objektiven Umstände, die zeigen, dass das mit der Grundfreiheit verfolgte Ziel trotz der formalen Einhaltung der gemeinschaftsrechtlichen Voraussetzungen nicht erreicht wurde) erforderlich. Für die Hinzurechnungsbesteuerung hat der EuGH in seiner *Cadbury Schweppes* Entscheidung diesen Zwei-Elemente-Test und den in dem Urteil *ICI* aufgestellten Grundsatz (Rechtfertigung nur zur Bekämpfung rein künstlicher Gestaltungen) konsequent zusammenführt.

675 Vgl. dazu *Lazarov/Govind*, Intertax Vol. 47 Issue 10 (2019), S. 852 (854).

Auch in den *Danish Beneficial* Ownership Fällen wurde an diesen Grundsätzen festgehalten. Der EuGH reicherte die Definition des Missbrauchsbegriffs lediglich durch die Spezifizierung bestimmter Indizien an. Besonders hervorzuheben ist dabei, dass der EuGH nun auf relative, tätigkeitsabhängige Substanzkriterien abstellt, sodass bestimmte Durchleitungsgestaltungen, die bisher nicht als mit dem Zwei-Elemente-Test vereinbar angesehen wurden, nun nicht mehr als missbräuchlich angesehen werden können. Schließlich ist zu konstatieren, dass auch nur dieses enge, tätigkeitsabhängige Missbrauchsverständnis dem Ziel des Binnenmarktes – die Förderung der wirtschaftlichen Integration durch die Gewährleistung des freien Flusses von Produktionsfaktoren und Produktionsergebnissen – gerecht wird.

### *ff) X GmbH: Übertragbarkeit der Missbrauchsgrundsätze auf die Kapitalverkehrsfreiheit und insb. Drittstaatensachverhalte?*

In den bisherigen Ausführungen zu der Rechtfertigung von Hinzurechnungsbesteuerungsregelungen wurde der Rechtfertigungsgrund der Missbrauchsvermeidung nur im Kontext der Niederlassungsfreiheit thematisiert. Als weitere Grundfreiheit kommt aber, wie gesehen, auch die Kapitalverkehrsfreiheit in Betracht, und zwar dann, wenn die Hinzurechnungsbesteuerung ausschließlich auf Portfoliobeteiligungen abzielt oder sie (unabhängig von der konkreten Beteiligungshöhe im Streitfall) keine konkrete Beteiligungsquote verlangt.[676]

Aus diesem Grund stellte auch der EuGH in der bereits vorgestellten Rechtssache *X GmbH* ohne tiefergehende Ausführungen auf die Kapitalverkehrsfreiheit ab.[677] Aber auch eine Beschränkung des freien Kapitalverkehrs kann – wie die Niederlassungsfreiheit – durch zwingende Gründe des Allgemeininteresses gerechtfertigt werden, sofern sie geeignet ist, die Erreichung des mit ihr verfolgten Ziels zu gewährleisten und sie nicht über das hinausgeht, was hierzu erforderlich ist.[678] Ein solcher zwingender Grund des Allgemeininteresses stellt auch bei der Kapitalverkehrsfreiheit die Vermeidung der Steuerhinterziehung und Steuerumgehung dar.[679] So griff der EuGH in der Rechtssache *X GmbH*

676 Vgl. 171.

677 Vgl. 172.

678 Vgl. beispielsweise EuGH v. 21.06.2019, C-480/16, *Fidelity Funds u.a.*, ECLI:EU:C:2018:480, Rn. 64 und die dort angeführte Rechtsprechung.

679 Zudem führte der EuGH auch die ausgewogene Aufteilung der Besteuerungsbefugnisse zwischen den Mitgliedstaaten und Drittstaaten, sowie die Notwendigkeit, die Wirksamkeit der Steueraufsicht zu gewährleisten, als Rechtfertigungsgründe an. Die Missbrauchsbekämpfung nimmt jedoch die zentrale Rolle in der

seine Rechtsprechung aus der *Cadbury Schweppes* Entscheidung auf und judizierte, dass (auch) eine nationale Maßnahme, die den freien Kapitalverkehr beschränkt, durch die Notwendigkeit gerechtfertigt sein kann, der Steuerhinterziehung und Steuerumgehung vorzubeugen, wenn sie sich spezifisch gegen rein künstliche, jeder wirtschaftlichen Realität bare Gestaltungen richtet, die zu dem Zweck errichtet werden, der Steuer zu entgehen, die normalerweise für die durch Tätigkeiten im Hoheitsgebiet des betreffenden Mitgliedstaats erzielten Gewinne geschuldet wird.[680]

Die deutsche Regelung zur erweiterten Hinzurechnungsbesteuerung sieht die Einbeziehung der Einkünfte einer in einem Drittland mit „niedrigem" Besteuerungsniveau ansässigen Gesellschaft in die Steuerbemessungsgrundlage einer in Deutschland unbeschränkt steuerpflichtigen Gesellschaft vor und vermag es deshalb, die Auswirkungen einer etwaigen künstlichen Übertragung von Einkünften in ein solches Drittland zu neutralisieren, sodass sie grundsätzlich geeignet ist, die Erreichung des mit ihr verfolgten Ziels zu gewährleisten.[681] Allerdings muss im Rahmen der Verhältnismäßigkeitsprüfung auch gefragt werden, ob die Regelung nicht über das hinausgeht, was zur Erreichung ihres Ziels erforderlich ist. Bei der Niederlassungsfreiheit ist dem Steuerpflichtigen für die Gewährleistung der notwendigen Einzelfallprüfung, wie gesehen, die *Cadbury Schweppes* Gegenbeweismöglichkeit zu eröffnen: Eine rein künstliche Gestaltung liegt dann vor, wenn ein subjektives Element (das Streben nach einem Steuervorteil) und ein objektives Element (nachprüfbare Anhaltspunkte, die eine fiktive Ansiedlung ohne „wirkliche wirtschaftliche Tätigkeit" im Aufnahmemitgliedstaat nahelegen) zusammenfallen. Als Anhaltspunkte für eine wirkliche wirtschaftliche Tätigkeit stellt der EuGH auf eine bestehende Substanz in Form von Geschäftsräumen, Personal und Ausrüstungsgegenständen ab. Im Gegensatz zu der Niederlassungsfreiheit beschränkt sich der grundfreiheitliche Schutz der Kapitalverkehrsfreiheit aber nicht nur auf Angehörige anderer Mitgliedstaaten, sondern erstreckt sich auch auf Drittstaatenangehörige.

In diesem Kontext äußerte sich der EuGH zu der Frage des Vorlagebeschlusses, welche qualitativen und quantitativen Anforderungen an den Nachweis

---

Rechtfertigungsprüfung ein; die anderen beiden Rechtfertigungsgründe werden nur beiläufig behandelt und unmittelbar mit dem Rechtfertigungsgrund der Verhinderung von Steuerhinterziehung und Steuerumgehung verknüpft, vgl. EuGH v. 26.02.2019, C-135/17, *X GmbH*, ECLI:EU:C:2019:136, Rn. 75.

680 EuGH v. 26.02.2019, C-135/17, *X GmbH*, ECLI:EU:C:2019:136, Rn. 73.

681 EuGH v. 26.02.2019, C-135/17, *X GmbH*, ECLI:EU:C:2019:136, Rn. 78.

einer Gestaltung zu stellen sind, damit die Beteiligung an der Drittstaatengesellschaft nicht als „rein künstlich" zu beurteilen ist.[682] Dabei nimmt der Gerichtshof zunächst erneut auf die Grundsätze aus dem *Cadbury Schweppes* Urteil Bezug.[683] Als erste Erkenntnis lässt sich mithin festhalten, dass diese grundsätzlich übertragbar sind und eine Gegenbeweismöglichkeit für den Steuerpflichtigen in Form eines Substanztests auch im Rahmen der Kapitalverkehrsfreiheit dem Grunde nach notwendig ist.[684] Der Gerichtshof kommt aber sodann auch zu der zentralen Aussage, dass der freie Kapitalverkehr zwischen den Mitgliedstaaten und dritten Ländern nicht darauf abzielt, die Voraussetzungen festzulegen, unter denen sich die Gesellschaften im Binnenmarkt niederlassen können,[685] sodass sich der Begriff „rein künstliche Gestaltung" im Kontext der Kapitalverkehrsfreiheit nicht unbedingt mit dem in der *Cadbury Schweppes* Entscheidung decken muss.[686] Mit anderen Worten: Die aus der *Cadbury Schweppes* Entscheidung bekannten Substanzerfordernisse tragen den Besonderheiten der Niederlassungsfreiheit Rechnung.[687] Die in den Randnummern 67 und 68 des Urteils genannten Anhaltspunkten für die fehlende wirtschaftliche Realität der Niederlassung einer Gesellschaft können mithin anders zu interpretieren sein, da die künstliche Schaffung der Voraussetzungen, um unberechtigt der Besteuerung in einem Mitgliedstaat zu entgehen oder dort unberechtigt einen Steuervorteil in Anspruch zu nehmen, bei grenzüberschreitendem Kapitalverkehr in verschiedenen Formen erfolgen kann. Gleichzeitig erkennt der EuGH aber auch an, dass die für die Niederlassungsfreiheit entwickelten Kriterien, auch im Rahmen der Anwendung der Vorschriften über den freien Kapitalverkehr als Indizien für das Vorliegen einer rein künstlichen Gestaltung dienen, insbesondere wenn es sich als notwendig erweist, den wirtschaftlichen Grund für eine Beteiligung an einer Gesellschaft, die keine eigenen[688] wirtschaftlichen Tätigkeiten entfaltet, zu

---

682 EuGH v. 26.02.2019, C-135/17, *X GmbH*, ECLI:EU:C:2019:136, Rn. 79 ff.

683 EuGH v. 26.02.2019, C-135/17, *X GmbH*, ECLI:EU:C:2019:136, Rn. 82.

684 So auch bereits *GA Mengozzi* in seinen Schlussanträgen v. 05.06.2018, C-135/13, *X GmbH*, ECLI:EU:C:2018:389, Rn. 83; vgl. auch *Cloer/Hagemann*, IStR 2018, 685 (698 f.); *Schumann/Jahn*, ISR 2018, 287 (288).

685 EuGH v. 26.02.2019, C-135/17, *X GmbH*, ECLI:EU:C:2019:136, Rn. 83 und die dort angeführte Rechtsprechung.

686 EuGH v. 26.02.2019, C-135/17, *X GmbH*, ECLI:EU:C:2019:136, Rn. 84.

687 *Schnitger/Krüger/Nielsen*, IStR 2019, 340 (344).

688 Der EuGH hält also die eigene wirtschaftliche Tätigkeit der Gesellschaft bei der Prüfung des Bestehens einer künstlichen Gestaltung für bedeutsam, vgl. *Schnitger/Krüger/Nielsen*, IStR 2019, 340 (344).

bewerten.[689] Dabei handelt es sich aber eben um bloße Indizien. Denn bei der Niederlassungsfreiheit muss – wie bei der *Cadbury Schweppes* Entscheidung getan – gefragt werden, ob der Niederlassungsvorgang in einem anderen Staat eine künstliche Konstruktion darstellt, weil diese Grundfreiheit darauf abzielt, eine Ansiedlung von Unternehmen zu ermöglichen. Bei der Kapitalverkehrsfreiheit ist hingegen auf den Beteiligungsvorgang abzustellen, da mit ihr die Beschränkung der grenzüberschreitenden Kapitalvergabe bzw. Kapitalaufnahme verhindert werden soll.[690] Mithin muss dem Steuerpflichtigen die Möglichkeit gegeben werden, Anhaltspunkte zu liefern, die – wie etwa die wirtschaftlichen Gründe für seine Beteiligung an der Gesellschaft oder die von ihr ausgeübte wirkliche wirtschaftliche Tätigkeit – belegen, dass seine Beteiligung nicht auf einer künstlichen Gestaltung beruht.[691] Als zweite Erkenntnis lässt sich mithin festhalten, dass die aus der *Cadbury Schweppes* Rechtsprechung bekannte Nachweismöglichkeit („Geht die ausländische Gesellschaft einer wirklichen wirtschaftlichen Tätigkeit nach?") im Rahmen der Kapitalverkehrsfreiheit um einen weiteren Aspekt bezogen auf die Motivation der Beteiligung an der Gesellschaft („Bestehen wirtschaftliche Gründe für die Beteiligung an der ausländischen Gesellschaft?") erweitert wird.[692]

Der EuGH konkretisiert aber weiter: Eine „rein künstliche Gestaltung" kann im Kontext der Kapitalverkehrsfreiheit auch jede Vorkehrung umfassen, bei der das Hauptziel oder eines der Hauptziele darin besteht, durch Tätigkeiten im Hoheitsgebiet eines Mitgliedstaats erzielte Gewinne künstlich in Drittländer mit niedrigem Besteuerungsniveau zu transferieren.[693] Zudem muss – wie bei der *Cadbury Schweppes* Entscheidung – eine Möglichkeit der nationalen Behörden bestehen, die von der ansässigen Gesellschaft vorgelegten Beweise überprüfen zu können. Denn wenn die Regelung eines Mitgliedstaats die Gewährung eines Steuervorteils von der Erfüllung von Bedingungen abhängig macht, deren Einhaltung nur in der Weise nachgeprüft werden kann, dass Auskünfte von den zuständigen Behörden eines Drittstaats eingeholt werden, ist es

689 EuGH v. 26.02.2019, C-135/17, *X GmbH*, ECLI:EU:C:2019:136, Rn. 84.

690 *Bohmer/Schweve*, DStR 2019, 489 (499); *Schönfeld*, IStR 2019, 397 (399); *Schnitger/Krüger/Nielsen*, IStR 2019, 340 (344); so bereits zuvor: *Bannes/Cloer/Holle*, FR 2017, 620 (621); *Kahlenberg/Schiefer*, IStR 2017, 889 (895); Auch der EuGH teilt diese differenzierende Sicht, vgl. EuGH v. 26.02.2019, C-135/17, *X GmbH*, ECLI:EU:C:2019:136, Rn. 85.

691 EuGH v. 26.02.2019, C-135/17, *X GmbH*, ECLI:EU:C:2019:136, Rn. 85 a.E.

692 So auch *Schönfeld*, IStR 2019, 397 (399).

693 EuGH v. 26.02.2019, C-135/17, *X GmbH*, ECLI:EU:C:2019:136, Rn. 84.

grundsätzlich gerechtfertigt, dass der Mitgliedstaat die Gewährung dieses Vorteils ablehnt, wenn es sich, insbesondere wegen des Fehlens einer vertraglichen Verpflichtung des Drittstaats zur Vorlage der Informationen, als unmöglich erweist, die Auskünfte von ihm zu erhalten.[694]

## II. Beurteilung der Art. 7 und 8 ATAD

### *1. Option A (Art. 7 Abs. 2 lit. a ATAD)*

#### *a) Abweichender Wortlaut der Substanzausnahme zur EuGH-Rechtsprechung*

Wie im zweiten Kapitel gesehen, wird Art. 7 Abs. 2 lit. a ATAD durch die Substanzausnahme in Art. 7 Abs. 2 UAbs. 2 ATAD eingeschränkt,[695] um den soeben vorgestellten Vorgaben des *Cadbury Schweppes* Urteils gerecht zu werden. Während nach der Rechtsprechung des EuGH auf eine „wirkliche wirtschaftliche Tätigkeit" („genuine economic activity") abgestellt wird, verlangt die Richtlinie hingegen, dass „das beherrschte ausländische Unternehmen, gestützt auf Personal, Ausstattung, Vermögenswerte und Räumlichkeiten eine wesentliche (!) wirtschaftliche Tätigkeit ausübt" („substantive economic activity"). Dieser abweichende Wortlaut ist völlig unverständlich,[696] wenn man bedenkt, dass die Adjektive „wirklich" und „wesentlich" nicht synonym verwendet werden können. Um einen Übersetzungsfehler handelt es sich ebenfalls nicht. Wie *Schönfeld* richtigerweise anmerkt, ergibt sich insofern ein Unterschied, als das etwas „wirklich" sein kann, ohne zugleich „wesentlich" zu sein.[697] Bei der Vermögensverwaltung beispielsweise handelt es sich um eine wirkliche Tätigkeit, die aber nicht zwingend wesentlich sein muss. Es hängt letztlich vom Einzelfall ab, ob einer solchen wirklichen Tätigkeit, die naturgemäß nur wenig wirtschaftliche Substanz erfordert, auch die entsprechende Wesentlichkeit in Form von quantitativ und/oder qualitativ bedeutsamer Aktivität beigemessen werden kann. Mit anderen Worten stellt „wesentlich" eine Qualifikation zu „wirklich" dar.[698]

Nach dem soeben gesagten ist es nur schwer vorstellbar, dass der Unionsgesetzgeber diese Differenzierung bewusst gewählt hat. In Erwägungsgrund 12 der ATAD verwendet er jedenfalls ebenfalls die Terminologie „wesentlich"

694 EuGH v. 26.02.2019, C-135/17, *X GmbH*, ECLI:EU:C:2019:136, Rn. 92.

695 Vgl. 97.

696 So auch *Linn*, IStR 2016, 645 (647).

697 *Schönfeld*, IStR 2017, 721 (728).

698 Offen gelassen von Haase/Hofacker, Ubg 2019, 260 (265).

im Zusammenhang mit dem Hinweis, dass damit den grundfreiheitlichen Anforderungen entsprochen wird. Es ist aber nicht abzustreiten, dass die Substanzausnahme der ATAD offensichtlich auf den im *Cadbury Schweppes* Urteil entwickelten Grundsätzen fußt. Aufgrund der soeben dargelegten Unterschiede in der Terminologie ist eine primärrechtskonforme Auslegung nach den zuvor näher beschriebenen, durch die Rechtsprechung entwickelten, Grundsätzen geboten.[699]

### *b) Substanzausnahme in Drittstaatenfällen nur optional*

Entscheidet sich ein Mitgliedstaat für Option A, so hat er nach Art. 7 Abs. 2 UAbs. 3 ATAD die Möglichkeit Drittstaatenfälle von der Substanzausnahme des Art. 7 Abs. 2 UAbs. 2 ATAD auszunehmen. Dieses mitgliedstaatliche Wahlrecht ist allerdings zu undifferenziert ausgestaltet worden und zieht grundfreiheitliche Probleme nach sich: Denn soweit die Hinzurechnungsbesteuerung, wie zuvor herausgearbeitet, nicht ausschließlich auf Kontrollbeteiligungen abstellt und somit die Kapitalverkehrsfreiheit Anwendung findet, wäre eine Nichtanwendung der Substanzausnahme nicht mit dem Primärrecht zu vereinbaren. In diesen Fällen müsste das mitgliedstaatliche Optionsrecht primärrechtskonform im Sinne einer Pflicht zur Gewährung des Substanztests ausgelegt werden.[700]

Wie im zweiten Kapitel gesehen, liegt eine Beherrschung gemäß Art. 7 Abs. 1 ATAD vor, wenn der Steuerpflichtige allein oder zusammen mit verbundenen Unternehmen mehr als 50 % des Kapitals, der Stimmrechte oder des Anspruchs auf Gewinn hält.[701] Auch wenn, wie gesehen, nicht ganz klar ist ab welcher Beteiligungsgrenze ein „sicherer Einfluss“ anzunehmen ist, so kann zumindest bei den beiden rechtlichen Beherrschungskriterien Kapital oder Stimmrechte ab einer Beteiligungshöhe von mehr als 50 % das Vorliegen einer Kontrollbeteiligung bejaht werden. Hinsichtlich des dritten, wirtschaftlichen Beherrschungskriteriums der Gewinnbeteiligung bedarf es jedoch einer differenzierteren Betrachtung: Hat ein Steuerpflichtiger einen Anspruch auf mehr als 50 % der Gewinne der ausländischen Gesellschaft und liegt beispielsweise aufgrund von abweichenden Gewinnverteilungsabreden oder partiarischen

699 So auch *Schönfeld*, IStR 2017, 721 (728); *Becker/Loose*, BB 2018, 215 (217); *Schnitger/Nitzschke/Gebhardt*, IStR 2016, 960 (969).

700 So auch *Schnitger/Nitzschke/Gebhardt*, IStR 2016, 960 (969); *Schönfeld*, IStR 2017, 721 (727); dies andeutend: *Dourado*, Intertax 2016, 440 (445).

701 Vgl. 91.

Darlehen keine rechtliche Beherrschung vor, so liegt zwar auch hier die Vermutung nahe, dass ebenfalls ein sicherer Einfluss besteht. Warum sollte jemandem ein Anspruch auf über 50 % der Gewinne zugestanden werden, wenn er nicht auch einen sicheren Einfluss auf die Entscheidungen der Gesellschaft ausübt und deren Tätigkeiten bestimmt? Zwingend ist dies aber gerade nicht.[702] Und schließlich kann der Steuerpflichtige das Beherrschungserfordernis nach der ATAD nicht nur allein, sondern auch zusammen mit verbundenen Unternehmen erfüllen. Diesbezüglich werden keine Anforderungen an die Höhe der einzelnen Beteiligungen gestellt. So können auch Kleinstbeteiligungen der Hinzurechnungsbesteuerung unterliegen, wenn verbundene Unternehmen in ausreichendem Umfang an der ausländischen Gesellschaft beteiligt sind, da sie sich gegenseitig den bestehenden Einfluss zurechnen.[703] Aus diesen Gründen erfasst die Hinzurechnungsbesteuerung nach der ATAD nicht ausschließlich Konstellationen mit sicherem Einfluss; sie ist daher auch am Maßstab der Kapitalverkehrsfreiheit zu messen, sodass auch in Drittstaatensachverhalten der Subtanztest dem Grunde nach Anwendung finden muss. Art. 7 Abs. 2 UAbs. 3 ATAD („Ist das beherrschte ausländische Unternehmen in einem Drittland ansässig oder belegen, das keine Vertragspartei des EWR-Abkommens ist, so können die Mitgliedstaaten beschließen, Unterabsatz 2 nicht anzuwenden.") hätte daher anders formuliert oder ergänzt werden müssen, um den grundfreiheitlichen Anforderungen zu entsprechen.[704] Zudem muss berücksichtigt werden, dass die Gegenbeweismöglichkeit dann nach Maßgabe der Entscheidung *X GmbH* im Rahmen der Anwendung der Kapitalverkehrsfreiheit anders ausgestaltet sein muss, als im Rahmen der Niederlassungsfreiheit.[705] Bezüglich dieser beiden Aspekte ist nun also eine entsprechende primärrechtskonforme Auslegung[706] angezeigt. Freilich lässt sich dem Unionsgesetzgeber zugutehalten, dass

---

702 So auch *Böhmer/Gebhardt/Krüger*, in: Hagemann/Kahlenberg, ATAD-Kommentar, Vor Art. 7 und 8 Rn. 35.

703 So auch *Schnitger/Nitzschke/Gebhardt*, IStR 2016, 960 (969).

704 Art. 7 Abs. 2 UAbs. 3 ATAD hätte beispielsweise wie folgt formuliert werden können: „Ist das beherrschte ausländische Unternehmen in einem Drittland ansässig oder belegen, das keine Vertragspartei des EWR-Abkommens ist, so haben die Mitgliedstaaten zu beschließen, dass Unterabsatz 2 anzuwenden ist, wenn die nationale Hinzurechnungsbesteuerung exakt nach Vorgabe der Art. 7 und 8 ATAD umgesetzt wurde oder die individuelle Ausgestaltung den Anwendungsbereich der Kapitalverkehrsfreiheit eröffnet."

705 Vgl. 188.

706 Vgl. 110.

die Entscheidung des EuGH in der Rechtssache *X GmbH* zeitlich erst nach der ATAD erfolgte. Andererseits hätte man aber auch eine entsprechende Weitsicht erwarten können, da sich dieses Ergebnis nicht nur in der deutschsprachigen Literatur bereits abgezeichnet hatte.

### 2. *Option B (Art. 7 Abs. 2 lit. b S. 1 ATAD)*

Wie im zweiten Kapitel gesehen sieht die ATAD anstelle des Passivkatalogs auch ein Alternativkonzept vor, welches nicht Einkünfte auf ihre Verlagerungsanfälligkeit hin katalogisiert, sondern transaktionsbezogen auf potenzielle Missbrauchssituationen blickt.[707] Eine Hinzurechnungsbesteuerung greift gemäß Art. 7 Abs. 2 lit. b S. 1 ATAD, wenn Einkünfte (1) aus unangemessen Gestaltungen stammen, (2) deren wesentlicher Zweck darin besteht, einen steuerlichen Vorteil zu erlangen. Die Substanzausnahme des Art. 7 Abs. 2 UAbs. 2 ATAD schränkt lediglich den Passivkatalog der Option A ein. Auf den ersten Blick scheinen die im *Cadbury Schweppes* Urteil entwickelten Grundsätzen damit nicht auf Option B der ATAD angewendet worden zu sein.

Dieser Befund bedarf allerdings einer differenzierten Betrachtung. Die beiden Alternativkonzepte Option A und B der ATAD beruhen auf den im vierten Baustein (Definition der Zwischeneinkünfte) des BEPS-Aktionspunktes 3 vorgestellten Ansätzen.[708] Sie stellen unterschiedliche Mittel zur Adressierung des gleichen Problems – das BEPS Risiko im Zusammenhang mit CFCs – dar. Der katalogisierende Ansatz der Option A definiert zunächst gewisse schädliche, BEPS-bedenkliche, Einkünfte und „fängt" diese ein, was wie oben gesehen zu einer Beeinträchtigung der Grundfreiheiten führen kann. Die Subtanzausnahme dient in diesem Kontext als Freigabemechanismus für diese Einkünfte, wenn die ausländische Gesellschaft einer echten wirtschaftlichen Tätigkeit nachgeht. Ihr Zweck ist die Einhaltung der im *Cadbury Schweppes* Urteil entwickelten Grundsätze sicherzustellen. Im Gegensatz zu diesem „catch and release" Verfahren erfasst Option B schon im Ausgangspunkt grundsätzlich nur Missbrauchskonstellationen, indem sie nur Einkünfte aus unangemessen Gestaltungen in den Blick nimmt, deren wesentlicher Zweck darin besteht, einen steuerlichen Vorteil zu erlangen. Dabei liegt eine „unangemessene Gestaltung" gemäß dem komplex formulierten Art. 7 Abs. 2 lit. b S. 2 ATAD dann vor, wenn das Unternehmen oder die Betriebsstätte nicht selbst Eigentümer der Vermögenswerte wäre oder die Risiken, aus denen seine gesamten

707 Vgl. 94.
708 Vgl. 72.

Einkünfte oder Teile davon erzielt werden, nicht eingegangen wäre, wenn es nicht von einer Gesellschaft beherrscht würde, deren Entscheidungsträger die für diese Vermögenswerte und Risiken relevanten Aufgaben ausführen, die für die Erzielung der Einkünfte des beherrschten Unternehmens ausschlaggebend sind. Wie im zweiten Kapitel herausgearbeitet, handelt es sich bei Option B um eine Funktionsanalyse, bei der von den Verrechnungspreisen bekannte Maßstäbe angelegt werden: Das Aktivitätsniveau in dem ausländischen beherrschten Unternehmen wird anhand der von den Unternehmensmitarbeitern persönlich ausgeübten wesentlichen Funktionen („Significant People Functions") ermittelt.[709]

Vor diesem Hintergrund wird der Gedankengang der EU-Kommission klarer, den im *Cadbury Schweppes* Urteil entwickelten Aktivitätstest nicht auf Option B der ATAD anzuwendenden: Der in Art. 7 Abs. 2 lit. b S. 1 ATAD statuierte „Significant People Functions" Test[710] soll dafür sorgen, dass die Hinzurechnungsbesteuerung keine unverhältnismäßige Reaktion auf die BEPS-Gefahr darstellt; er soll damit den Aktivitätstest ersetzen. Der „Significant People Functions" Test rechnet dem beherrschenden Mutterunternehmen nur die Einkünfte zu, die die beherrschte ausländische Gesellschaft nicht erwirtschaften kann, weil sie nicht über die dafür notwendigen wesentlichen Mitarbeiterfunktionen verfügt. Folgt man diesem Gedanken, ist eine entsprechende separate Substanzausnahme nach Vorbild des *Cadbury Schweppes* Urteils daher entbehrlich.

---

709 Vgl. 95.

710 Dieser wird von der EU-Kommission auch nochmals in ihrer – im fünften Kapitel näher thematisierten – Beihilfeentscheidung zur britischen Hinzurechnungsbesteuerung ausdrücklich erwähnt, vgl. Beschluss (EU) 2019/1352 der Kommission vom 02.04.2019 über die staatliche Beihilfe SA.44896 des Vereinigten Königreichs im Zusammenhang mit der Steuerbefreiung für konzerninterne Finanzierungen für beherrschte ausländische Unternehmen (CFC).

# 4. Kapitel: Richtlinienkonformität der deutschen Hinzurechnungsbesteuerung

> *„Da Deutschland bereits über eine robuste Hinzurechnungsbesteuerung verfügt, ergibt sich aus dieser Richtlinie nur für vereinzelte Punkte Anpassungsbedarf. Die ATAD ist aber Anlass, eine Reform der Hinzurechnungsbesteuerung vorzunehmen. Hierbei wird die Hinzurechnungsbesteuerung zeitgemäß und rechtssicher zur Stärkung des Steuerstandorts Deutschland ausgestaltet.“*[711]

## A. Auslegung und Anwendung der nationalen Umsetzungsmaßnahme

### I. Umsetzungspflicht und Normenkollision bei Richtlinien

Wie bereits im zweiten Kapitel thematisiert wurde, ist die ATAD als Richtlinie gemäß Art. 288 Abs. 3 AEUV für jeden Mitgliedstaat, an den sie gerichtet wird, hinsichtlich des zu erreichenden Ziels verbindlich, überlässt jedoch den innerstaatlichen Stellen die Wahl der Form und des Mittels. Die Mitgliedstaaten müssen im Rahmen ihrer nationalen Rechtsordnungen alle erforderlichen Maßnahmen ergreifen, um die vollständige Wirksamkeit einer Richtlinie nach Maßgabe ihrer Zielsetzung zu erreichen, das heißt, sie muss einerseits hinsichtlich des Norminhalts vollständig umgesetzt und andererseits für den Richtlinienadressaten hinreichend klar und bestimmt publiziert werden.[712] In Art. 11 ATAD wird die zeitliche Dimension der Umsetzungspflicht festgelegt. Danach mussten die nationalen Gesetzgeber die Richtlinie zumindest für die Regelungen zur Hinzurechnungsbesteuerung bis zum 31.12.2018 umsetzen und ab dem 01.01.2019 anwenden. Bei einer unzureichenden Umsetzung der Richtlinie kommt ein Vertragsverletzungsverfahren gem. Art. 258 AEUV in Betracht. Eine unmittelbare Anwendbarkeit der ATAD im Verhältnis des Steuerpflichtigen zum Staat (vertikale Direktwirkung) scheidet hingegen grundsätzlich aus, da die ATAD fast ausschließlich belastend für den Steuerpflichtigen wirkt und

---

711 BT-Drs. 19/28652 S. 50.

712 Vgl. 85.

diesem mithin durch die Richtlinie keine Rechte gegenüber dem Mitgliedstaat verliehen werden.[713]

Werden die verbindlichen Ziele der Richtlinie aufgrund der Umsetzungsmaßnahme nicht erreicht, so stehen nationales und europäisches Recht in Konflikt. Bevor also die deutschen Umsetzungsmaßnahmen dargestellt und untersucht werden, soll zunächst kurz auf die Auflösung von Normenkollisionen im europäischen Mehrebenensystem eingegangen werden.

## II. Auflösung von Normenkollisionen im europäischen Mehrebenensystem

Potenzielle Normenkollisionen können grundsätzlich auf zwei Arten aufgelöst werden: Zum einen besteht die Möglichkeit ein Rang- bzw. Hierarchieverhältnis aufzustellen und damit festzulegen, welche Norm auf den Sachverhalt vorrangig anzuwenden ist. Die vorrangige Norm entfaltet derogatorische Wirkung; dem Sachverhalt wird nur die Rechtsfolge der vorrangigen Norm zugeführt. Alternativ kann aber auch bereits eine Stufe früher mit dem Versuch angesetzt werden, die unterschiedlichen Regelungen für denselben Sachverhalt durch Auslegung in Einklang zu bringen und so eine Kollision zu vermeiden. Im Europarecht sind die beiden vorgenannten Methoden als „Anwendungsvorrang des Unionsrechts" und „richtlinienkonforme Auslegung" bekannt und anerkannt.[714]

Dabei muss zunächst der Versuch einer richtlinienkonformen Auslegung unternommen werden. Über das Gebot dieses Rechtsinstituts besteht sowohl in Rechtsprechung[715] als auch Literatur[716] Einigkeit. Dogmatisch wird dieses Gebot überwiegend mit dem Umsetzungsbefehl des Art. 288 Abs. 3 AEUV und der Loyalitätspflicht gemäß Art. 4 Abs. 3 EUV

713 Vgl. dazu vertiefend insbesondere vor dem Hintergrund der neuen Rechtsprechung des EuGH in den *Danish Beneficial Ownership* Fällen: *Haslehner* in: Haslehner/Pantazatou/Kofler/Rust, A Guide to the Anti-Tax Avoidance Directive, Rn. 2.54 ff.

714 Vgl. dazu grundlegend: *Nettesheim*, EuR 2006, 737.

715 Vgl. die ständige Rechtsprechung seit EuGH v. 10.04.1984, C-14/83, *von Colson und Kamann/Land Nordrhein-Westfalen*, ECLI:EU:C:1984:153; EuGH v. 10.04.1984, C-79/83, *Harz/Deutsche Tradax, ECLI:EU:C:1984:155*; auf nationaler Ebene: BVerfG v. 08.04.1987, 2 BvR 687/85, BVerfGE 75, 223; vgl. auch die ständige Rechtsprechung seit BFH v. 12.11.1980, II R 1/76, BStBl II 1981, 279.

716 Vgl. statt aller: *Nettesheim*, in: Grabitz/Hilf/Nettesheim, Das Recht der Europäischen Union, Art. 288 Rn. 113 m.w.N.

begründet.[717] Demnach sind die Mitgliedstaaten in Gestalt ihrer Träger öffentlicher Gewalt – also insbesondere auch die mitgliedstaatlichen Gerichte – verpflichtet, im Rahmen ihrer Zuständigkeiten alle erdenklichen Maßnahmen zu treffen, die zur Erreichung des Richtlinienziels geeignet sind. Speziell für die mitgliedstaatlichen Gerichte bedeutet dies die Verpflichtung, nationales Recht im Lichte des Wortlauts und des Zwecks der Richtlinie auszulegen um das in der Richtlinie vorgegebene Ziel zu erreichen.[718] Dabei ist die Auslegung unter voller Ausschöpfung des durch das nationale Recht eingeräumten Beurteilungsspielraums vorzunehmen.[719] Gegenstand der richtlinienkonformen Auslegung kann dabei das gesamte einfache Gesetzesrecht eines Mitgliedstaates sein[720], wobei es unerheblich ist, ob die nationalen Rechtsvorschriften vor oder nach der Richtlinie in Kraft getreten sind.[721] Ebenfalls belanglos ist dabei, ob das nationale Recht speziell in Umsetzung der Richtlinie erlassen wurde.[722] So kann es grundsätzlich auch zu einer „gespaltenen Auslegung" kommen, wenn nationale Rechtsvorschriften über den Anwendungsbereich einer Richtlinie

---

717 Andere Begründungsansätze knüpfen an den Vorrang des Unionsrechts oder den Umsetzungswillen des nationalen Gesetzgebers an (sog. subjektive Theorie). Vgl. zur dogmatischen Begründung vertiefend: *Brechmann*, Die richtlinienkonforme Auslegung, 1993, S. 256 ff.; *Canaris*, in: FS Bydlinski, 2001, S. 47 ff.; *Herber*, in: FS Döllerer, 1988, S. 225 ff.; *Herrmann*, Richtlinienumsetzung durch die Rechtsprechung, 2003, S. 108 ff.; *Jarass*, EuR 1991, 211 (217); *Kroll-Ludwigs/Ludwig*, ZJS 2009, 7 (8); *Scherzberg*, Jura 1993, 225 (231); *Schön*, Die Auslegung europäischen Steuerrechts, 1993, S. 36 ff.; *Schöllhorn*, Die Zins- und Lizenzgebührenrichtlinie, 2013, S. 128 f.; *Weber*, Grenzen EU rechtskonformer Auslegung und Rechtsfortbildung, 2010, S. 88 ff.

718 EuGH v. 05.10.2004, C 397/01, *Pfeiffer* u.a., ECLI:EU:C:2004:584, Rn. 113.

719 EuGH v. 10.04.1984, C-14/83, *von Colson und Kaman/Land Nordrhein-Westfalen*, ECLI:EU:C:1984:153, Rn. 26; EuGH v. 10.04.1984, C-79/83, *Harz/Deutsche Tradax*, ECLI:EU:C:1984:155, Rn. 26; EuGH v. 08.10.1987, C-80/86, *Kolpinghuis Nijmegen*, ECLI:EU:C:1987:431, Rn. 12; EuGH v. 20.09.1988, C-31/87, *Beentjes/Niederländischer Staat*, ECLI:EU:C:1988:422, Rn. 39.

720 EuGH v. 04.07.2006, C-212/04, *Adeneler* u.a., ECLI:EU:C:2006:443, Rn. 111.

721 EuGH v. 13.11.1990, C-106/89, *Marleasing/La Comercial Internacional de Alimentacion*, ECLI:EU:C:1990:395, Rn. 8; EuGH v. 14.07.1994, C-91/92, *Faccini Dori/Recreb*, ECLI:EU:C:1994:292, Rn. 26

722 EuGH v. 10.04.1984, C-14/83, *von Colson und Kaman/Land Nordrhein-Westfalen*, ECLI:EU:C:1984:153, Rn. 26; EuGH v. 10.04.1984, C-79/83, *Harz/Deutsche Tradax*, ECLI:EU:C:1984:155, Rn. 26; EuGH v. 08.10.1987, C-80/86, *Kolpinghuis Nijmegen*, Slg. ECLI:EU:C:1987:431, Rn. 12; EuGH v. 20.09.1988, C-31/87, *Beentjes/Niederländischer Staat*, ECLI:EU:C:1988:422, Rn. 39.

hinausgehen.[723] Da die ATAD grundsätzlich nur für Körperschaftsteuerpflichtige gilt[724], stellt sich die Frage, ob eine richtlinienkonforme Auslegung auch hinsichtlich des Teils einer mitgliedstaatlichen Umsetzungsmaßnahme, der auch für natürliche Personen gilt, notwendig ist, oder ob hier eine gespaltene Auslegung anzuwenden ist. Insofern sind zwei Fragen zu beantworten. Erstens: Handelt es sich bei der unilateralen Anwendung einer ATAD-Maßnahme auch auf natürliche Personen tatsächlich um eine überschießende Umsetzung? Und zweitens, falls die erste Frage bejaht wird: Besteht eine unionsrechtliche Pflicht, mitgliedstaatliches Recht, das von der Richtlinie aufgrund einer überschießenden Umsetzung nicht mehr erfasst wird, richtlinienkonform auszulegen? Die erste Frage lässt sich eindeutig bejahen. Der persönliche Anwendungsbereich der ATAD erstreckt sich ausweislich ihres Art. 1 nur auf Körperschaftsteuerpflichtige. Wendet ein Mitgliedstaat eine ATAD Maßnahme daher freiwillig zusätzlich auch auf natürliche Personen an, handelt es sich insoweit um eine überschießende Umsetzung. Auch die Ausgestaltung der Richtlinie als Mindeststandard kann daran meiner Meinung nach nichts ändern: Ausgehend vom Wortlaut des Art. 3 ATAD kann die Erstreckung einer Maßnahme auch auf natürliche Personen zwar ein höheres Maß an Schutz der inländischen Körperschaftsteuerbemessungsgrundlage bieten. Dies kann aber nicht dazu führen, dass sämtliche über die Richtlinie hinausgehende Maßnahmen von der ATAD miterfasst werden. Denn der Mindeststandard ist kein Gebot zum Erlass von strengeren Vorschriften, sondern verbietet dies – aus politischen Gründen[725] – lediglich. Darüber hinaus ist ohnehin im Hinblick auf die systematische Stellung des Artikel 3 ATAD hinter der Definition des Anwendungsbereichs einerseits und dem offenen Wortlaut „verhindert nicht die Anwendung nationaler [...] Bestimmungen" andererseits fraglich, ob der Mindeststandard überhaupt auf den Anwendungsbereich durchgreifen kann, oder ob nur die Maßnahmen als solche strenger ausfallen können. Die Beantwortung der zweiten Frage scheint auf den ersten Blick eindeutig: Eine überschießende Umsetzung muss nicht unmittelbar richtlinienkonform ausgelegt werden, denn wenn keine unionsrechtliche Verpflichtung zur Umsetzung besteht, kann auch nicht die Richtlinie den Ausgangspunkt einer Auslegung bilden. Allerdings ist *Martini* beizupflichten, dass für den Teil einer mitgliedstaatlichen Umsetzungsmaßnahme, der auch für natürliche Personen gilt, die

---

723 Vgl. *Ruffert* in: Callies/Ruffert, EUV/AEUV, Art. 288 Rn. 83.
724 Vgl. 88.
725 Vgl. 88.

Regelungen der ATAD mittelbar über die nationalen Auslegungsmethoden zu berücksichtigen sind.[726] Denn bei einer unilateralen Ausweitung des persönlichen Anwendungsbereichs einer sachlichen Regelung einer Richtlinie ist der Wille des Gesetzgebers grundsätzlich dahingehend auszulegen, dass eine einheitliche Umsetzung, sowohl für die von der Richtlinie erfassten Fälle als auch für die im persönlichen Anwendungsbereich überschießende Umsetzung, erfolgen sollte.

Erst wenn sich im Wege der richtlinienkonformen Auslegung keine Vereinbarkeit mit dem sekundären Unionsrecht herstellen lässt, genießt dieses Anwendungsvorrang gegenüber dem nationalen Recht. Diese Rangfolge ist naheliegend, verhindert die richtlinienkonforme Auslegung doch gerade eine Normenkollision, während der Anwendungsvorrang des Unionsrechts eine echte Normenkollisionsregel darstellt. Da auch die Judikative dem Umsetzungsbefehl unterliegt, muss sie, falls die Legislative es versäumt die Richtlinie korrekt umzusetzen, versuchen, im Rahmen ihrer Zuständigkeiten, also durch Auslegung, einen richtlinienkonformen Zustand herbeizuführen.[727] Im Übrigen wird durch diese Rangfolge auch die mitgliedstaatliche Souveränität geschont.[728]

Während das Verhältnis des Unionsrechts zu dem nationalen Recht der Mitgliedstaaten in den Anfangsjahren sehr schwierig zu bestimmen gewesen ist,[729] hat sich in der Literatur und der europäischen Rechtsprechung mittlerweile ein Verständnis des Anwendungsvorrangs des Unionsrechts etabliert.[730]

---

726 *Martini*, in: Hagemann/Kahlenberg, ATAD-Kommentar, Verhältnis zum Primärrecht, Auslegung und Anwendung, Rn. 64.

727 *Roth*, in: Riesenhuber, Europäische Methodenlehre, 3.A., S. 314 f.

728 *Höpfner*, Die systemkonforme Auslegung, 2008, S. 233; a.A. *Canaris*, in: FS Bydlinski, 2001, S. 47 ff. (55).

729 Vgl. z.B. *Hakenberg*, Europarecht, 8.A., Rn. 226 ff. m.w.N.

730 Schon in der berühmten Entscheidung *Costa/ENEL* (EuGH v. 15.07.1964, C-6/64, *Costa/ENEL*, ECLI:EU:C:1964:66), in der sich ein italienischer Anwalt weigerte, seine Elektrizitätsgebühren an die verstaatlichte Stromgesellschaft ENEL zu bezahlen, weil er der Meinung war, das das italienische Gesetz über die Verstaatlichung von Stromgesellschaften gegen europäisches Gemeinschaftsrecht verstoße, führte der EuGH aus, dass nationales Recht, das dem Unionsrecht widerspricht, im Einzelfall unangewendet bleiben müsse. Der Vorrang des Unionsrechts wurde in zahlreichen Entscheidungen bestätigt (vgl. nur EuGH v. 09.03.1978, C-106/77, *Simmenthal*, ECLI:EU:C:1978:49; EuGH v. 19.06.1990, C-213/89, *Factortame*, ECLI:EU:C:1990:257) und auch von der Literatur akzeptiert (vgl. z.B. *Rust*, IStR 2009, 382).

Das BVerfG hat nach anfänglichen Zweifeln – die *Solange I* Entscheidung[731] sei erwähnt – und einer längeren Rechtsprechungskette[732] den Anwendungsvorrang des Unionsrechts auch gegenüber dem nationalen Verfassungsrecht grundsätzlich akzeptiert. Während der EuGH von einem absoluten Anwendungsvorrang ausgeht, ist das BVerfG naturgemäß zurückhaltender und akzeptiert den innerstaatlichen Rechtsanwendungsbefehl nur so weit, wie sich die Rechtsakte der EU unter Wahrung des unionsrechtlichen Subsidiaritätsprinzips in den Grenzen der im Wege der begrenzten Einzelermächtigung eingeräumten Hoheitsrechte befinden und der unantastbare Kerngehalt der Verfassungsidentität des Grundgesetzes (Art. 23 Abs. 1 S. 3 i.V.m. Art. 79 Abs. 3 GG) gewahrt bleibt.[733] In der Konsequenz muss das nationale Recht im Falle eines Widerspruchs mit Unionsrecht unanwendbar bleiben; es darf also nicht zur Grundlage einer behördlichen oder gerichtlichen Entscheidung erhoben werden, während das Sekundärrecht insoweit unmittelbare Geltung erlangt.[734] Andererseits ist der Anwendungsvorrang gerade kein Geltungsvorrang. Das nationale Recht ist nicht nichtig oder unwirksam, sondern eben nur für den konkreten Fall eines Widerspruchs mit Unionsrecht unanwendbar.

## B. De lege lata: Die deutsche Umsetzungsmaßnahme und ihre Vereinbarkeit mit der ATAD

### I. Das ATAD-Umsetzungsgesetz – Eine unendliche Geschichte

Nachdem bereits am 31.12.2018 die Umsetzungsfrist für die ATAD I grundsätzlich verstrichen war[735] und eine deutsche Umsetzungsmaßnahme im Laufe

731 BVerfG, v. 29.05.1974, 2 BvL 52/71, *Solange I*, BVerfGE 37, 271.

732 BVerfG v. 22.10.1986, 2 BvR 197/83, *Solange II*, BVerfGE 73, 339; BVerfG v. 12.10.1993, 2 BvR 2134/92, *Maastricht-Vertrag*, BVerfGE 89, 155; BVerfG v. 07.06.2000, 2 BvL 1/97, *Bananenmarktordnung*, BVerfGE 102, 147; BVerfG v. 30.06.2009, 2 BvE 2/08, *Lissabon-Vertrag*, BVerfGE 123, 267; BVerfG v. 06.07.2010, 2 BvR 2661/06, *Honeywell*, BVerfGE 126, 286; BVerfG v. 07.08.2011, 2 BvR 987/10, *Rettungsschirm Griechenland*, BVerfGE 129, 124; BVerfG v. 15.12.2015, 2 BvR 2735/14, *Europäischer Haftbefehl (Solange III)*, BVerfGE 140, 317 und das Vorabentscheidungsersuchen des BVerfG an den EuGH v. 14.01.2014, 2 BvR 2728/13, *Gauweiler*, BVerfGE 134, 366.

733 BVerfG v. 30.06.2009, 2 BvE 2/08, *Lissabon-Vertrag*, BVerfGE 123, 267.

734 EuGH v. 22.06.1989, C-103/88, *Fratelli Costanzo*, ECLI:EU:C:1989:256, Rn. 30 f.; EuGH v. 09.09.2013, C-198/01, *CIF*, ECLI:EU:C:2003:430, Rn. 45 f.

735 Vgl. 86.

des Jahres 2019 auf sich warten ließ, hat nach drei Referentenentwürfen, etlichen Treffen des Koalitionsausschusses, der Einleitung eines Vertragsverletzungsverfahrens durch die EU-Kommission und einem erfolglosen Vorstoß des Finanzausschuss der Regierungsentwurf vom 17.03.2021 am 25.06.2021 nun auch die nötige Zustimmung des Bundesrates erfahren, sodass die unendliche Geschichte nun mit dem Gesetz zur Umsetzung der Steuervermeidungsrichtlinie (ATADUmsG)[736] ihr Ende gefunden hat.

Aber der Reihe nach: Am 10.12.2019 hatte das BMF den lang erwarteten ersten Referentenentwurf eines Gesetzes zur Umsetzung der Anti-Steuervermeidungsrichtlinie vorgelegt[737] mit dem sowohl die Vorgaben der ATAD I als auch der ATAD II umgesetzt werden sollten. Der Referentenentwurf wollte ausweislich seiner Begründung Regelungen, die der Sicherstellung einer fairen Aufteilung der Besteuerungsrechte bei multinationalen Unternehmen dienen (§§ 1 und 1a AStG sowie § 90 AO), zeitgemäß ausgestalten und durch die Einfügung des neuen § 89a AO eine klare Rechtsgrundlage für Vorabentscheidungsverfahren schaffen, um die Rechtssicherheit für Verwaltung und Steuerpflichtige zu stärken.[738] Diese ursprünglich mit dem ATADUmsG vorgesehenen Änderungen, sind allerdings im Laufe des Gesetzgebungsverfahrens (im Falle von §§ 1, 1a AStG und § 89a AO) in das Gesetz zur Modernisierung und Entlastung von Abzugsteuern und der Bescheinigung von Kapitalertragsteuer (AbzStEntModG)[739] bzw. (im Falle des § 90 AO) in das Steueroasen-Abwehrgesetz (StAbwG)[740] ausgelagert worden.

Der Referentenentwurf trug zudem den Vorgaben der ATAD zur Entstrickungs- und Wegzugsbesteuerung[741] sowie zu hybriden Gestaltungen[742] Rechnung. Und schließlich diente der Referentenentwurf zum ATADUmsG auch

736 Gesetz v. 25.06.2021, BGBl. I 2021, 2035 ff.

737 Abrufbar unter https://www.bundesfinanzministerium.de/Content/DE/Gesetzestexte/Gesetze_Gesetzesvorhaben/Abteilungen/Abteilung_IV/19_Legislaturperiode/Gesetze_Verordnungen/2021-06-30-ATADUmsG/0-Gesetz.html (zuletzt abgerufen: 01.10.2023).

738 Erster ATADUmsG-RefE S. 1.

739 Gesetz v. 02.06.2021, BGBl. I 2021, S. 1259.

740 Gesetz v. 25.06.2021, BGBl. I 2021, S. 2056.

741 Die Umsetzung von Art. 5 ATAD sollte in § 4 Abs. 1 S. 3 und 9, § 4g, § 6 Abs. 1 Nr. 4, 5a und 5b § 9 Abs. 5 S. 2 und § 36 Abs. 5 EStG sowie § 12 Abs. 1 und 1a KStG und § 6 AStG erfolgen.

742 Die Umsetzung von Art. 9a und 9b ATAD sollte primär durch ein Betriebsausgabenabzugsverbot in § 4k EStG erreicht werden.

der Umsetzung der unionsrechtlichen Vorgaben im Bereich der Hinzurechnungsbesteuerung. Da Deutschland bereits über eine vergleichsweise robuste Regelung verfügt, besteht – so die These des BMF – insofern nur für vereinzelte Punkte (sekundärrechtlicher) Anpassungsbedarf.[743] Gleichwohl sollte es mit der bloßen Umsetzung der ATAD-Vorgaben nicht sein Bewenden haben. Vielmehr solle die Richtlinie ausweislich des zu Beginn des Kapitels angeführten Zitats als Anlass genommen werden, die Hinzurechnungsbesteuerung zu reformieren und zur Stärkung des Wirtschafts- und Steuerstandorts Deutschland zeitgemäß und rechtssicher auszugestalten.[744]

Die geplante zeitnahe Beschlussfassung des Gesetzesentwurfs durch das Bundeskabinett am 18.12.2019 wurde jedoch vertagt, da dem Vernehmen nach Einzelheiten – allen voran die unveränderte Niedrigsteuergrenze (§ 8 Abs. 5 AStG), aber auch Verschärfungen bezüglich der Wegzugsbesteuerung (§ 6 AStG) und die Neuregelung zur Konzernfinanzierung (§ 1a AStG) – politisch noch umstritten waren. Auch die Treffen des Koalitionsausschuss am 29.01.2020 und am 08.03.2020 brachten noch keine endgültige Lösung, was die politische Brisanz schärfer konturiert. Bereits am 24.01.2020 hatte die EU-Kommission mit Mahnschreiben (Art. 258 Abs. 1 AEUV) die nicht fristgerechte Umsetzung, sowohl der ATAD I als auch der ATAD II von Deutschland und einigen anderen Mitgliedstaaten[745], gerügt und damit ein Vertragsverletzungsverfahren (Art. 258 Abs. 2 AEUV) in greifbare Nähe gerückt.

Am 24.03.2020 veröffentlichte das BMF dann einen überarbeiteten, zweiten Referentenentwurf,[746] die Hürde eines Kabinettsbeschlusses konnte allerdings auch dieser Entwurf nicht nehmen. Da die Diskussion über das „Wie“ der Umsetzung (insbesondere die Höhe der Niedrigbesteuerungsgrenze bei der Hinzurechnungsbesteuerung und die Neuregelung des Fremdvergleichsgrundsatzes) zwischen dem Bundesministerium der Finanzen und dem Bundesministerium für Wirtschaft festgefahren war, wagte der Finanzausschuss des Bundesrates einen Vorstoß und warb am 28.09.2020 für die vorgezogene 1:1 Umsetzung der ATAD im Jahressteuergesetz 2020. Solange eine Einigung auf eine weitere

743 Vgl. das einleitende Kapitelzitat, 197. So auch bereits formuliert im ersten ATADUmsG-RefE S. 36, 77.

744 Vgl. 197.

745 Vgl. BT-Drs. 19/18056, S. 3.

746 Abrufbar unter: https://www.bundesfinanzministerium.de/Content/DE/Gesetzestexte/Gesetze_Gesetzesvorhaben/Abteilungen/Abteilung_IV/19_Legislaturperiode/Gesetze_Verordnungen/2021-06-30-ATADUmsG/0-Gesetz.html (zuletzt abgerufen: 01.10.2023).

Reform des Außensteuergesetzes nicht möglich sei, sollte zumindest ab 2021 eine EU-konforme Rechtsgrundlagen in Deutschland bezüglich der Hinzurechnungsbesteuerung, der Wertverknüpfung beim Zuzug und der Behandlung von Besteuerungsinkongruenzen bei hybriden Gestaltungen geschaffen werden, um Deutschland so vor den drohenden EU-Sanktionsmaßnahmen zu bewahren.[747] Der Bundesrat ist diesem Vorstoß jedoch nicht gefolgt. Stattdessen ergriff erneut das BMF die Initiative, veröffentlichte am 17.11.2020 einen dritten Entwurf zum ATADUmsG[748] (beim dem weiterhin eine Niedrigbesteuerungsgrenze von 25 % vorgesehen war, dafür aber die gesetzliche Änderung der §§ 1, 1a AStG herausgenommen wurden) und übersandte diesen am 18.11.2020 an die Koalitionsfraktionen.

Der entsprechende Regierungsentwurf vom 17.03.2021 hat am 25.06.2021 nun auch die nötige Zustimmung des Bundesrates erfahren und das Gesetz ist einen Tag nach Verkündung in Kraft getreten. Dabei ist eine rückwirkende Anwendung zahlreicher Normen notwendig, um den Vorgaben der ATAD zu entsprechen.[749] Der § 21 AStG sieht hingegen für die meisten Regelungen des AStG erst eine Wirkung für Sachverhalte ab dem 01.01.2022 vor.[750] Speziell für

---

747 BR-Drs. 503/1/20. Die vorgeschlagenen Regelungen finden sich zusammengefasst unter Fz. 19 der Empfehlungen des Finanzausschusses und stützen sich im Wesentlichen auf die im Referentenentwurf vom 24.03.2020 enthaltenen Regelungen, soweit sie für eine 1:1-Umsetzung geeignet sind. Hervorzuheben ist hier allerdings, dass die Niedrigbesteuerungsgrenze – abweichend vom ersten und zweiten Referentenentwurf – auf 15 % festgelegt wurde.

748 Auf der Website des BMF wird dieser dritte Referentenentwurf nicht bereitgestellt, da er im Wesentlichen dem später verkündeten Gesetz entspricht. Er ist aber beispielsweise abrufbar unter: https://wts.com/wts.de/publications/wts tax weekly/anhange/2020/2020_43_01_Entwurf%20eines%20Gesetzes%20zur%20Umsetzung%20der%20ATAD-Richtlinien.pdf (zuletzt abgerufen am 01.10.2023).

749 Vgl. 86. § 34 Abs. 5 S. 1 KStG enthält eine Anwendungsregelung zu § 8b Abs. 1 S. 3 KStG und § 52 Abs. 8c EStG enthält eine Anwendungsregelung zu § 4k EStG um der Vorgabe der Art. 11 Abs. 5a ATAD I und Art. 2 ATAD II zu entsprechen. Die beiden Vorschriften sind erstmals für Bezüge bzw. Aufwendungen anzuwenden, die nach dem 31.12.2019 zufließen bzw. entstehen. Mit der Veröffentlichung des Referentenentwurfs vom 10.12.2019 war zudem der Inhalt der beabsichtigten Regelungen bereits vor dem 01.01.2020 allgemein bekannt.

750 § 21 Abs. 1 AStG regelt den zeitlichen Anwendungsbereich der Neufassung des § 6 AStG. Die Norm gilt danach erstmals für Sachverhalte, die nach dem 31.12.2021 verwirklicht werden. Art. 11 Abs. 5 ATAD sieht hingegen eine Umsetzung bis zum 31.12.2019 vor. Die Änderung in § 1 Abs. 2 AStG findet nach § 21 Abs. 1 AStG grundsätzlich erstmals für Veranlagungs- und Erhebungszeiträume ab 2022

die Hinzurechnungsbesteuerung gilt gemäß § 21 Abs. 4 AStG, dass diese erstmalig für den Veranlagungszeitraum bzw. Erhebungszeitraum anzuwenden ist, für den Zwischeneinkünfte hinzuzurechnen sind, die in einem Wirtschaftsjahr der Zwischengesellschaft oder der Betriebsstätte entstanden sind, das nach dem 31.12.2021 beginnt. Mithin scheint der Gesetzgeber also davon auszugehen, dass die bestehenden Regelungen bereits dem Mindestschutzniveau der ATAD genügen. Sollte sich allerdings in der nachfolgenden Untersuchung herausstellen, dass die alte Fassung der Hinzurechnungsbesteuerung nicht vollumfänglich dem Mindeststandard entsprach, so ist gem. Art. 11 Abs. 1 ATAD eine rückwirkende Anwendung ab dem 01.01.2019 angezeigt.

Nachfolgend soll die Hinzurechnungsbesteuerung nach dem ATADUmsG untersucht und insbesondere mit Blick auf zwei Fragestellungen beleuchtet werden: Zum einen ist ausweislich der Kapitelüberschrift zu prüfen, ob die Umsetzungsmaßnahme den sekundärrechtlichen Anforderungen entspricht. Darüber hinaus soll aber auch das zu Beginn des Kapitels angeführte Zitat aus der Gesetzesbegründung zum Anlass der Untersuchung genommen werden, ob die Umsetzungsmaßnahme über das sekundärrechtlich notwendige Maß hinausgeht und die Hinzurechnungsbesteuerung zeitgemäß und rechtssicher ausgestaltet wurde. Im Anhang befindet sich zudem für eine bessere Übersicht eine Gegenüberstellung der alten Rechtslage, der Referentenentwürfe und der nun geltenden Rechtslage.

## II. Beherrschung einer ausländischen Gesellschaft

### 1. *Umsetzungsmaßnahme*

#### a) *Adressat der Hinzurechnungsbesteuerung (§ 7 Abs. 1 S. 1 und 4 AStG)*

Wie bei der alten Rechtslage stellt § 7 Abs. 1 S. 1 AStG auf einen unbeschränkt Steuerpflichtigen ab.[751] Folglich kann es sich bei dem Adressaten der Hinzurechnungsbesteuerung auch weiterhin nach den allgemeinen Regeln sowohl um eine natürliche Person (§ 1 EStG) als auch um eine juristische Person

Anwendung. Abweichend davon sieht § 21 Abs. 2 AStG zu § 4k EStG (Hybride Gestaltungen) eine Anwendung bereits ab 2020 vor. Dies ist in Einklang mit der von der ATAD II vorgegebenen Anwendungsregelung des Art. 2 ATAD II.

751 Zuvor wurde im Plural von „unbeschränkt Steuerpflichtige“ gesprochen. Nunmehr wird der Singular „ein unbeschränkt Steuerpflichtiger“ verwendet. Dies ist eine rein redaktionelle Änderung: Auch nach der alten Rechtslage war anerkannt, dass auch ein einzelner unbeschränkt Steuerpflichtiger Subjekt der Hinzurechnungsbesteuerung werden kann.

(§ 1 i.V.m. § 2 KStG) handeln, nicht mehr jedoch um einen erweitert unbeschränkt Steuerpflichtigen im Sinne des § 2 AStG.[752] Anders als bislang ist die Hinzurechnungsbesteuerung nun aber auch unter gewissen Umständen bei beschränkt Steuerpflichtigen anwendbar. Gemäß dem neuen § 7 Abs. 1 S. 4 AStG ist dies der Fall, soweit die Beteiligung an der ausländischen Gesellschaft unmittelbar oder mittelbar einer inländischen Betriebsstätte des Steuerpflichtigen zuzuordnen ist[753], durch die eine Tätigkeit im Sinne des § 15 Abs. 2 EStG ausgeübt wird. Der letzte Halbsatz nimmt dabei land- und forstwirtschaftliche sowie freiberufliche Betriebsstätten aus dem Anwendungsbereich der Hinzurechnungsbesteuerung heraus.[754] Unklar ist jedoch, ob nach § 7 Abs. 1 S. 4 AStG die Hinzurechnungsbesteuerung auch dann Anwendung findet, wenn die Beteiligung an der ausländischen Gesellschaft durch eine originär gewerblich tätige Personengesellschaft mit einer inländischen Betriebsstätte gehalten wird.[755] Auch die Gesetzesbegründung zu § 7 Abs. 1 S. 4 erschöpft sich in einem Satz und ist nicht aufschlussreich.

### b) *Potenzielle Zwischengesellschaften*

Hinsichtlich der Gesellschaftsform der potenziellen Zwischengesellschaft ergeben sich keine Abweichungen zur alten Rechtslage. § 7 Abs. 1 S. 1 AStG definiert auch weiterhin eine ausländische Gesellschaft als Körperschaft, Personenvereinigung oder Vermögensmasse im Sinne des Körperschaftsteuergesetzes, die weder Geschäftsleitung noch Sitz im Inland hat und die nicht gemäß § 3 Abs. 1 KStG von der Körperschaftsteuerpflicht ausgenommen ist. Insofern

---

752 Während erweitert unbeschränkt Steuerpflichtige im Sinne des § 2 AStG nach der alten Rechtslage zwar nicht Adressat der Hinzurechnungsbesteuerung sein konnten, aber bei der Ermittlung der Beherrschungsbeteiligung berücksichtigt wurden (vgl. 44), spielen diese de lege lata aufgrund der konzeptionellen Änderung von der Inländerbeherrschung hin zu einem allgemeinen Beherrschungstatbestand unter Berücksichtigung nahestehender Personen (dazu sogleich) keine Rolle mehr.

753 Bei diesem Tatbestandsmerkmal der Zuordnung stellt sich die bekannte Frage, was genau der Anknüpfungspunkt für eine solche ist. Ist damit die zivilrechtliche Zugehörigkeit zu einem Gesamthandsvermögen oder eine funktionale Zuordnung i.S.d. abkommensrechtlichen Betriebsstättenvorbehalte oder eine Zuordnung nach dem Veranlassungsprinzip gemeint? Vgl. *Haase/Hofacker*, Ubg 2019, 260 (262).

754 Vgl. *Böhmer/Oppel*, IWB 1/2020, 5 (10); dazu kritisch: *Haase/Hofacker*, Ubg 2019, 260 (262) in Fn. 7.

755 Bejahend *Böhmer/Oppel*, IWB 1/2020, 5 (10 f.), die argumentieren, dass Beteiligungen an originär gewerblich tätigen Personengesellschaften im Internationalen Steuerrecht im Ergebnis wie Betriebsstätten der Gesellschafter behandelt werden.

kann auf die Ausführungen im zweiten Kapitel verwiesen werden.[756] Bei einer ausländischen Betriebsstätte des unbeschränkt Steuerpflichtigen findet auch weiterhin der nur redaktionell angepasste § 20 Abs. 2 AStG Anwendung.[757] Mithin erfolgt ein Wechsel von der Freistellungs- zur Anrechnungsmethode für die Einkünfte der Betriebsstätte, die als Zwischeneinkünfte steuerpflichtig wären, wenn es sich bei ihr um eine ausländische Gesellschaft handeln würde. Dabei werden Betriebsstätten im Hinblick auf den Substanznachweis des § 8 Abs. 2 AStG nach wie vor nicht wie Kapitalgesellschaften behandelt: Durch die auch weiterhin bestehende Formulierung „ungeachtet des § 8 Abs. 2" wird die entsprechende Anwendung einer Exkulpationsmöglichkeit für Betriebsstätten im Unionsgebiet ausdrücklich ausgeschlossen.

### *c) Beherrschung*

#### *aa) Beherrschungskriterien und Beherrschungszeitpunkt*

Mit der neuen Hinzurechnungsbesteuerung wird die bisherige Konzeption der Inländerbeherrschung[758] aufgegeben und stattdessen ein „echter" Beherrschungstatbestand mit gesellschafterbezogener Betrachtungsweise unter Berücksichtigung nahestehender Personen eingeführt, vgl. § 7 Abs. 1 S. 1 AStG (dazu sogleich). Unverändert in der systematischen Stellung, aber inhaltlich teilweise angepasst finden sich in § 7 Abs. 2 AStG die eigentlichen Beherrschungskriterien. Nach § 7 Abs. 2 AStG n.F. wird die ausländische Gesellschaft durch einen unbeschränkt Steuerpflichtigen beherrscht, wenn dieser alleine oder zusammen mit ihm nahestehenden Personen am Ende des Wirtschaftsjahres der ausländischen Gesellschaft mehr als die Hälfte der Stimmrechte oder des Nennkapitals zuzurechnen sind oder wenn dem Steuerpflichtigen mehr als die Hälfte des Gewinns oder des Liquidationserlöses der Gesellschaft zusteht. Nach wie vor ist der maßgebende Zeitpunkt für das Vorliegen der Beherrschungsvoraussetzung das Ende des Wirtschaftsjahres der ausländischen Gesellschaft.

Beherrschungskriterium ist auch weiterhin die Zurechnung der Hälfte der Stimmrechte oder von mehr als der Hälfte des Nennkapitals der ausl. Gesellschaft; die rechtliche Beherrschung bleibt damit unverändert. Nach der alten

---

756 Vgl. 44.

757 Die redaktionelle Änderung erschöpft sich in der Klarstellung, dass im Falle des Unterbleibens einer Hinzurechnung wegen § 10 Abs. 1 S. 2 AStG die Regelungen zum Verlustvortrag und der Ausschluss des Verlustrücktrags gleichermaßen für die betreffenden Betriebsstätteneinkünfte bestehen.

758 Vgl. 46.

Rechtslage wurde zwar auch schon an eine wirtschaftliche Beherrschung in Form des Anspruchs auf mehr als die Hälfte des Gewinns angeknüpft, dieses Beherrschungskriterium war jedoch gemäß § 7 Abs. 2 S. 3 AStG a.F. nur subsidiär heranzuziehen, wenn kein Gesellschaftskapital vorhanden war und auch keine Stimmrechte bestanden.[759] De lege lata stehen rechtliche und wirtschaftliche Beherrschung ausweislich des ausdrücklichen Wortlautes des § 7 Abs. 2 AStG n.F. („oder“) alternativ nebeneinander, sodass nun auch durch disquotale Gewinnverteilungsabreden eine Beherrschung ausgelöst werden kann.[760] Zudem ist als weiteres Merkmal der wirtschaftlichen Beherrschung der Anspruch auf mehr als die Hälfte des Liquidationserlöses der Gesellschaft hinzugekommen.

### *bb) Grundkonzeption: Gesellschafterbezogene Betrachtungsweise unter Berücksichtigung nahestehender Personen*

Die gravierendste Änderung ist, wie eingangs erwähnt, die konzeptionelle Neuausrichtung: Die Inländerbeherrschung wurde durch einen allgemeinen Beherrschungstatbestand abgelöst. Während nach alter Rechtslage also mehrere unbeschränkt Steuerpflichtige (ggf. mit erweitert beschränkt Steuerpflichtigen i.S.d. § 2 AStG) – auch zufällig, also ohne miteinander in irgendeiner Form verbunden zu sein – gemeinsam die Beherrschungsquote erreichen und damit eine Hinzurechnungsbesteuerung auslösen konnten, ist dies de lege lata nicht mehr der Fall. Abgestellt wird nunmehr auf die Erfüllung eines der oben genannten Beherrschungskriterien durch den unbeschränkt Steuerpflichtigen alleine oder aber zusammen mit ihm nahestehenden Personen. Es kommt dabei nicht darauf an, ob die nahestehende Person in Deutschland unbeschränkt steuerpflichtig ist.[761] Vielmehr setzt die deutsche Hinzurechnungsbesteuerung nun eine gewisse Verbundenheit zwischen den gemeinsam die Beherrschungskriterien erfüllenden Personen voraus, was einer echten Kontrolle entspricht.

#### (1) Definition des Nahestehens (§ 7 Abs. 3 AStG) – Verbundenheit statt zufälliger Inländerbeherrschung

Eine solche Verbundenheit wird gemäß § 7 Abs. 3 S. 1 AStG als Nahestehen im Sinne des – durch das ATAD-Umsetzungsgesetzes ebenfalls angepassten – § 1

759 Vgl. 46.

760 Gemäß § 7 Abs. 5 AStG a.F. waren solche Abreden nur auf Rechtsfolgenseite für die Aufteilung der Einkünfte relevant. Vgl. dazu vertiefend *Böhmer/Oppel*, IWB 1/2020, 5 (7) m.w.N.

761 Vgl. BT-Drs. 19/28652, S. 53.

Abs. 2 AStG definiert. So steht eine Person dem Steuerpflichtigen beispielsweise gemäß § 7 Abs. 3 AStG i.V.m. § 1 Abs. 2 Nr. 1 AStG dann nahe, wenn eine gesellschaftsrechtliche Beteiligung (lit. a) oder ein Anspruch am Gewinn oder Liquidationserlös (lit. b) von mindestens einem Viertel besteht. Weitere Anknüpfungspunkte für das Nahestehen ist die Möglichkeit der Ausübung beherrschenden Einflusses (§ 1 Abs. 2 Nr. 2 AStG), eine geschäftsbeziehungsfremde Einflussnahmemöglichkeit (§ 1 Abs. 2 Nr. 3 AStG) sowie eine Interessenidentität (§ 1 Abs. 2 Nr. 4 AStG).

Der erst mit dem zweiten Referentenentwurf eingefügte § 7 Abs. 3 S. 2 AStG regelt nun ausdrücklich, dass eine Personengesellschaft oder Mitunternehmerschaft selbst nahestehende Person ist, wenn sie die Voraussetzungen des § 1 Absatz 2 erfüllt. Insofern hat der Gesetzgeber nachgebessert und die durch den ersten Referentenentwurf entstandenen Unklarheiten[762] ausgeräumt: Nach der alten Rechtslage wurden gem. § 7 Abs. 3 a.F. AStG Personengesellschaften als vollständig transparent angesehen und für Zwecke der Prüfung des Beherrschungserfordernisses wurden Beteiligungen über sie hinweggedacht und der Gesellschafter wurde so behandelt, als wäre er unmittelbar an der ausländischen Gesellschaft beteiligt gewesen.[763] Der § 7 Abs. 3 a.F. AStG wurde mit dem ersten Referentenentwurf ersatzlos gestrichen. Gleichzeitig wurde aber nicht ausdrücklich geregelt, dass Personengesellschaften nahestehende Personen sein können. Der § 7 Abs. 3 AStG des ersten Referentenentwurfs sprach nur von „Personen" und der § 1 Abs. 1 S. 2 AStG-RefE(1) ordnete alleine für Zwecke des § 1 AStG-RefE(1) die Gleichstellung von Personengesellschaften und Mitunternehmerschaften mit Steuerpflichtigen an. Mit der Nachbesserung können nun eindeutig auch Personengesellschaften als nahestehende Personen angesehen werden.

#### (2) Erweiterung des Nahestehens (§ 7 Abs. 4 AStG) – Ein unbestimmter Rechtsbegriff, viele offene Fragen

Daneben liegt ein Nahestehen gemäß § 7 Abs. 4 S. 1 AStG auch vor, wenn Personen mit dem Steuerpflichtigen in Bezug auf die Zwischengesellschaft durch abgestimmtes Verhalten zusammenwirken. Die Vorschrift trägt der Überlegung Rechnung, dass eine ausländische Gesellschaft in gleicher oder ähnlicher Weise beherrscht werden kann wie durch einen einzelnen Mehrheitsgesellschafter oder eine beherrschende Gruppe verbundener Unternehmen, wenn Gesellschafter für sich betrachtet zwar keine beherrschende Beteiligung an

762 *Böhmer/Oppel*, IWB 1/2020, 5 (10).

763 Vgl. 44.

dieser halten, aber gleichgerichtete Interessen verfolgen.[764] Wie das Merkmal des „Zusammenwirkens durch abgestimmtes Verhalten“ allerdings im Einzelnen genau zu verstehen ist, lässt das Gesetz offen. Insofern nimmt die Gesetzesbegründung Bezug zu dem BEPS-Abschlussbericht, wo diese Problematik unter dem Begriff „acting in concert“ diskutiert wird[765] und das EuGH Urteil in der Rechtsache Columbus-Container Services[766]. Zudem gibt es mit § 30 Abs. 2 WpÜG und § 8c Abs. 1 KStG auch im deutschen (Steuer-)Recht Orientierungshilfen für die Konkretisierung: In § 8c Abs. 1 KStG findet sich mit den „gleichgerichteten Interessen“ ein ähnlicher unbestimmter Rechtsbegriff, der durch ein BMF-Schreiben konkretisiert wurde.[767] In § 30 Abs. 2 WpÜG findet sich sogar der Begriff des „abgestimmten Verhaltens“ im Zusammenhang mit der Zurechnung von Stimmrechten an einer börsennotierten Gesellschaft. Zwar gibt es wie gesehen einige Anknüpfungspunkte für die Konkretisierung des unbestimmten Rechtsbegriffs „Zusammenwirken durch abgestimmtes Verhalten“, allerdings ist dieser immer noch kaum greifbar und lässt etliche Fragen offen.[768]

Bei unmittelbaren und mittelbaren Gesellschaftern einer zwischengeschalteten Personengesellschaft oder Mitunternehmerschaft geht § 7 Abs. 4 S. 2 AStG sogar noch einen Schritt weiter und stellt aufgrund der gesellschaftsrechtlichen Struktur die widerlegbare Vermutung auf, dass ein Zusammenwirken durch abgestimmtes Verhalten vorliegt. Ob tatsächlich allein der Umstand, dass eine Personengesellschaft oder Mitunternehmerschaft zwischengeschaltet wird, eine solche Vermutung rechtfertigt, kann man hinterfragen. Denn es gibt eben auch genügend Fälle, in denen eine derartige gesellschaftsrechtliche Struktur kein Zusammenwirken durch abgestimmtes Verhalten bedingt (z.B. bei großen Familienunternehmen oder Joint Venture).[769] Zwar sieht § 7 Abs. 4 S. 2

---

764 Vgl. BT-Drs. 19/28652, S. 53.

765 Vgl. BT-Drs. 19/28652, S. 53 f.

766 EuGH v. 06.12.2007, C-298/05, *Columbus-Container Services*, ECLI:EU:C:2007:754. Dort war für die Anwendung der Niederlassungsfreiheit nicht der Umfang der Beteiligung der einzelnen Gesellschafter entscheidend, sondern deren Verbundenheit auf Grund gleichgerichteter Interessen, vgl. Rn. 30 und 31 des Urteils.

767 BMF v. 28.11.2017, IV C 2 – BStBl I 2017, 1645, Rn. 27 und 28.

768 Vgl. dazu kritisch: *Haase/Hofacker*, Ubg 2019, 260 (263). Der BEPS-Abschlussbericht sieht den Acting in Concert Test eher als Alternative zum Beherrschungstest und es wird mehrfach darauf hingewiesen, dass der Compliance Aufwand sehr hoch wäre. Genaue Tatbestandsmerkmale lässt der OECD-Text vermissen.

769 So auch *Haase/Hofacker*, Ubg 2019, 260 (263).

AStG für solche Fälle eine Möglichkeit des Gegenbeweises vor, die Vorschrift konkretisiert aber nicht, von wem und wie dieser genau zu führen ist. Insofern verbleibt der gleiche Kritikpunkt wie bei der alten Rechtslage der Inländerbeherrschung: Kleinstbeteiligungen können unter gewissen Umständen eine Hinzurechnungsbesteuerung auslösen, auch wenn in der Realität keine echte Beherrschung vorliegt.

### *cc) Mittelbare Beteiligungen*

Durch den konzeptionellen Wechsel von der Inländerbeherrschung zu einem Beherrschungstatbestand mit gesellschafterbezogener Betrachtungsweise unter Berücksichtigung nahestehender Personen ergeben sich auch Änderungen für den Fall, dass der Steuerpflichtige nur mittelbar über ausländische Gesellschaften an der Zwischengesellschaft beteiligt ist. Nach alter Rechtslage wurden diese mittelbaren Beteiligungen tatbestandsseitig bei der Prüfung der Inländerbeherrschung berücksichtigt, indem sie anteilig im Umfang der Beteiligung an der vermittelnden Gesellschaft quotal „durchgerechnet" wurden. Da die Rechtsfolge der Hinzurechnungsbesteuerung ausweislich des ausdrücklichen Wortlautes des § 7 Abs. 1 AStG a.F. nur diejenigen Steuerpflichtigen traf, die unmittelbar an der Zwischengesellschaft beteiligt waren, regelte § 14 AStG a.F., dass die Zwischeneinkünfte der mittelbar gehaltenen ausländischen Zwischengesellschaft für die Hinzurechnung auf eine unmittelbar gehaltene Gesellschaft hochgerechnet wurden („übertragene Zurechnung").[770] Nach § 7 Abs. 1 S. 1 AStG n.F. wird nun hingegen rechtsfolgenseitig ausdrücklich auch die Hinzurechnung der Einkünfte bei mittelbaren Beteiligungen angeordnet. Da der Hinzurechnungsbetrag einer nachgeschalteten Gesellschaft nun direkt dem inländischen Steuerpflichtigen zugerechnet wird, muss keine übertragene Hinzurechnungsbesteuerung mehr vorgenommen werden, sodass § 14 AStG a.F. daher ersatzlos gestrichen wurde. Der neue § 7 Abs. 1 S. 2 AStG regelt zudem, dass mittelbare Beteiligungen rechtsfolgenseitig dann außer Betracht bleiben, wenn auf Ebene der zwischengeschalteten Gesellschaft eine Hinzurechnungsbesteuerung nach den §§ 7 ff. AStG oder einer vergleichbaren ausländischen Regelung erfolgt ist und die danach hinzugerechneten Einkünfte dadurch insgesamt keiner niedrigen Besteuerung im Sinne des § 8 Abs. 5 AStG unterliegen. Derartige Beteiligungen sollen bereits auf Ebene des § 7 AStG herausfallen, sodass es nicht erst zu einer Anrechnung gemäß § 12 Abs. 2 AStG kommt.

770 Vgl. 61.

Mittelbare Beteiligungen werden de lege lata darüber hinaus auch weiterhin auf der Tatbestandsebene berücksichtigt. Eine Beherrschung der ausländischen Gesellschaft liegt vor, wenn dem Steuerpflichtigen alleine oder zusammen mit ihm nahestehenden Personen mehr als die Hälfte der Stimmrechte oder des Nennkapitals unmittelbar oder mittelbar zuzurechnen sind oder unmittelbar oder mittelbar ein Anspruch auf mehr als die Hälfte des Gewinns oder Liquidationserlöses dieser Gesellschaft zusteht (§ 7 Abs. 2 AStG n.F.). Der Wortlaut ist insofern eindeutig: Die Beherrschungskriterien können jeweils unmittelbar oder mittelbar erfüllt werden. *Böhmer und Oppel* werfen die Frage auf, wie mit mittelbaren Beteiligungen, die nicht von einer nahestehenden Person vermittelt werden, umzugehen ist.[771] Einerseits könnte man eine solche Beteiligung entsprechend des Wortlautes der alten Rechtslage „durchgerechnet" in die Prüfung mit einbeziehen. Andererseits lässt sich sehr gut vertreten, dass solche Beteiligungen gar nicht berücksichtigt werden sollten.[772] Denn die neue Rechtslage ordnet erstens gerade kein „Durchrechnen" explizit an. Zweitens ist die Gesetzesbegründung insofern ebenfalls unklar, deutet aber meiner Einschätzung nach mehr auf eine Nichtberücksichtigung hin: Das zusammenfassende Beispiel für § 7 Abs. 2 und 3 AStG n.F. umfasst nur nahestehende Personen[773] und bei § 7 Abs. 1 AStG n.F. wird darauf hingewiesen, dass mit der richtlinienkonformen Einführung des gesellschafterbezogenen Beherrschungserfordernisses und der damit einhergehenden Berücksichtigung von mittelbaren Beteiligungen von nahestehenden Personen auch Fälle in den Anwendungsbereich der Hinzurechnungsbesteuerung fallen, die bei einer reinen Inlandsbeherrschung nicht berücksichtigt werden würden[774]. Hier wird ausdrücklich nur auf die mittelbaren Beteiligungen von nahestehenden Personen abgestellt. Und schließlich drängt sich auch ein systematisches Argument auf: Nach der neuen Rechtslage kommt es gerade auf eine „echte" Kontrolle über die ausländische Gesellschaft an. Handelt es sich bei der vermittelnden Gesellschaft nicht um eine nahestehende Person, kann auch kein Einfluss über die ausländische Gesellschaft vermittelt werden.

771 *Böhmer/Oppel*, IWB 1/2020, 5 (8 ff.).
772 So auch *Böhmer/Oppel*, IWB 1/2020, 5 (9 ff.).
773 BT-Drs. 19/28652, S. 53.
774 Vgl. BT-Drs. 19/28652, S. 51.

## 2. *Sekundärrechtliche Bewertung*

### a) *Adressat der Hinzurechnungsbesteuerung*

#### aa) *Anwendung auf natürliche Personen richtlinienkonform*

Die ATAD gilt gemäß ihrem Art. 1 für alle Steuerpflichtigen, die in einem oder mehreren Mitgliedstaaten Körperschaftsteuerpflichtig sind. Die deutsche Hinzurechnungsbesteuerung ging und geht weiterhin über diese Maßgabe hinaus, indem sie den subjektiven Anwendungsbereich auch auf natürliche Personen erstreckt.[775] Ein Verstoß gegen die Richtlinie ergibt sich damit unmittelbar nicht. Die Ausgestaltung der Richtlinie als Mindestschutzniveau führt dazu, dass die Mitgliedstaaten auch natürliche Personen mit ihrer Hinzurechnungsbesteuerung erfassen können, auch wenn dies von der Richtlinie nicht vorgesehen ist.

#### bb) *Anwendungsbereichserweiterung auf beschränkt Steuerpflichtige – Der deutsche Gesetzgeber geht auf „Nummer sicher"*

Spannend ist die sekundärrechtliche Bewertung des neuen § 7 Abs. 1 S. 4 AStG, der den subjektiven Anwendungsbereich der Hinzurechnungsbesteuerung nun nochmals im Hinblick auf beschränkt Steuerpflichtige erweitert, soweit die Beteiligung an der ausländischen Gesellschaft einer inländischen Betriebsstätte des Steuerpflichtigen zuzuordnen ist.[776] Auch wenn die Begründung des Referentenentwurfes dies nicht erkennen lässt, so ist die Vorschrift als Reaktion des deutschen Gesetzgebers auf die ungenaue Definition des Anwendungsbereichs der ATAD zu sehen. Art. 1 ATAD lässt, wie im zweiten Kapitel dargestellt offen, welche Form der Steuerpflicht eine Körperschaft erfüllen muss, um unter die ATAD zu fallen. Nach der hier vertretenen Auffassung[777] führt nur eine unbeschränkte Körperschaftsteuerpflicht zur Anwendung der Art. 7 und 8 ATAD. Insofern geht die neue Hinzurechnungsbesteuerung über den Mindeststandard der ATAD hinaus und ist mithin richtlinienkonform. Trotzdem ist ein gewisses Störgefühl nicht von der Hand zu weisen: Sollte der nationale Gesetzgeber wirklich sekundärrechtlich „auf Nummer sicher" gehen und zu Lasten des Steuerpflichtigen eine Anpassung vornehmen, deren Notwendigkeit einzig aufgrund einer misslungenen Normarchitektur unklar ist? Es spricht vieles dafür, dass in einer

775 Vgl. 207.

776 Vgl. 207.

777 Vgl. 90.

solchen Situation an der alten Rechtslage festgehalten werden kann und auch sollte, bis der Unionsgesetzgeber seinen Fehler korrigiert und den Normtext konkretisiert hat.[778] Sollte man entgegen der hier vertretenen Auffassung eine beschränkte Steuerpflicht für die Hinzurechnungsbesteuerung nach der ATAD als maßgeblich erachten, müsste § 7 Abs. 1 S. 4 AStG wohl jedenfalls weit ausgelegt und so verstanden werden, dass er nicht nur für inländische Betriebsstätten, sondern auch für Beteiligungen, die durch originär gewerblich tätige Personengesellschaften gehalten werden, gilt.[779].

### b) Potenzielle Zwischengesellschaften

Art. 7 Abs. 1 S. 1 ATAD sieht vor, dass ausländische Betriebsstätten eines inländischen Unternehmens wie ein beherrschtes ausländisches Unternehmen zu behandeln sind, wenn deren Gewinne nicht der Steuer unterliegen oder steuerbefreit sind.[780] Niedrig besteuerte passive Einkünfte einer Betriebsstätte sind daher zum Beispiel in die Bemessungsgrundlage einzubeziehen, wenn sie im Mitgliedstaat des Unternehmens auf Grund eines Doppelbesteuerungsabkommens steuerbefreit wären. Dies entspricht der deutschen Rechtslage, nach der auch weiterhin die Besteuerung durch einen Übergang von der Freistellungs- zur Anrechnungsmethode sichergestellt wird; es ist nur eine redaktionelle Anpassung des § 20 Abs. 2 AStG erfolgt.[781]

### c) Beherrschung

#### aa) Beherrschungskriterien und Beherrschungszeitpunkt

Beherrschungskriterien sind bei der Hinzurechnungsbesteuerung nach der ATAD nicht nur Kapitalanteile oder Stimmrechte, sondern auch der Gewinnanspruch, vgl. Art. 7 Abs. 1 lit. a ATAD. Die drei Beherrschungskriterien stehen in einem Alternativitätsverhältnis.[782] In Deutschland war nach alter Rechtslage der Gewinnanspruch als Merkmal für die Beherrschung ebenfalls anerkannt, jedoch gemäß § 7 Abs. 2 S. 3 AStG a.F. nur subsidiär für den Fall, dass kein Gesellschaftskapital vorhanden war und auch keine Stimmrechte bestanden.[783] Insofern war die ATAD weiter und damit strenger als

---

778 So auch *Schnittger/Nitzschke/Gebhardt*, IStR 2016, 960 (961)
779 Vgl. Fn. 755.
780 Vgl. 91.
781 Vgl. 208.
782 Vgl. 91.
783 Vgl. 46.

die deutsche Rechtslage.[784] De lege lata kann nun auch gem. § 7 Abs. 2 AStG alternativ auf den Anspruch auf die Mehrheit des Gewinns der ausländischen Gesellschaft abgestellt werden.[785] Im Hinblick auf die Beherrschungskriterien ist die deutsche Regelung damit richtlinienkonform umgesetzt worden. Sie geht sogar durch die Einführung des weiteren Merkmals des Liquidationserlöses der Gesellschaft über die Vorgaben der ATAD hinaus. Insofern gewährleistet das Mindestschutzniveau des Art. 3 ATAD die Richtlinienkonformität. Der Schwellenwert für die Erfüllung der Beherrschungskriterien wurde auf 50 % festgesetzt und entspricht damit ebenfalls den Vorgaben der ATAD.[786]

Nach wie vor ist der maßgebende Zeitpunkt für das Vorliegen der Beherrschungsvoraussetzung nach deutschem Recht das Ende des Wirtschaftsjahres der ausländischen Gesellschaft.[787] Die ATAD schweigt bezüglich des Beherrschungszeitpunktes, sodass die deutsche Regelung insofern ATAD-konform ausgestaltet ist, unabhängig davon, welche Bedeutung man der Adressierung von potenziellen Exit-Gestaltungen zumisst[788]. Selbst wenn man davon ausgeht, dass für den tatbestandlichen Beherrschungszeitpunkt auf den rechtsfolgenseitigen Hinzurechnungszeitpunkt nach Art. 8 Abs. 4 ATAD – also auf das Ende des Steuerjahres des ausländischen Unternehmens – abgestellt werden muss,[789] ergibt sich keine andere Bewertung. Denn das Steuerjahr eines Unternehmens kann sowohl dessen Wirtschaftsjahr, als auch der Zeitraum, für den die Steuer erhoben wurde – der Veranlagungszeitraum – sein[790].

#### *bb) Grundkonzeption: Gesellschafterbezogene Betrachtungsweise unter Berücksichtigung nahestehender Personen*

Die Hinzurechnungsbesteuerung nach der ATAD greift wie gesehen nur dann, wenn eine tatsächliche Beherrschung im Sinne einer Kontrolle im

---

784 So auch bereits *Kreienbaum*, DStJG 41 (2018), S. 474, 484.

785 Vgl. 209.

786 Er hätte vor dem Hintergrund des Mindestschutzniveaus von den Mitgliedstaaten sogar auch niedriger angesetzt werden können, um einen höheren Schutz zu gewährleisten, vgl. ausdrücklich Richtlinie 2016/1164/EU des Rates vom 12. Juli 2016, Erwägungsgrund 12.

787 Vgl. 209.

788 Vgl. *Haase/Hofacker*, Ubg 2019, 260 (262); *Zieglmaier*, Die Hinzurechnungsbesteuerung als Instrument gegen Steuerumgehung, 2018, S. 198.

789 Vgl. *Zieglmaier*, Die Hinzurechnungsbesteuerung als Instrument gegen Steuerumgehung, 2018, S. 193 f.

790 *Böhmer/Gebhardt/Krüger*, in: Hagemann/Kahlenberg, ATAD, Art. 8 Rn. 21.

Unternehmensverbund vorliegt.[791] Die alte Regelung in Deutschland war insofern strenger: Eine Hinzurechnungsbesteuerung konnte auch dann erfolgen, wenn eine Vielzahl unverbundener, unbeschränkt Steuerpflichtiger – zufällig – an derselben ausländischen Gesellschaft beteiligt waren.[792] Mit Blick auf das Mindestschutzniveau des Art. 3 ATAD lässt sich folglich argumentieren, dass die deutsche Regelung in diesem Aspekt strengere Regelungen vorsah und somit richtlinienkonform war.[793] *Schönfeld* stellt die Überlegung an, ob die Inländerbeherrschung vor dem Hintergrund ihrer historischen Rechtfertigung[794] ein echtes aliud gegenüber dem tatsächlichen Beherrschungserfordernis der ATAD darstellt.[795] Dies hatte zur Konsequenz, dass es sich bei der deutschen Regelung nicht um eine im Vergleich zur ATAD strengere, sondern um eine gänzlich andere Reglung gehandelt hat, sodass eine Anpassung sekundärrechtlich zwingend erforderlich gewesen wäre. Ein Streitentscheid ist insofern aber nicht erforderlich, da sich der deutsche Gesetzgeber für eine Übernahme des auf Beherrschung ausgerichteten Konzepts des Art. 7 Abs. 1 lit. a ATAD entschieden hat.

Es bleibt damit zu prüfen, ob das Verständnis von „nahestehenden Personen" im AStG und „verbundenen Unternehmen" in der ATAD im Einzelfall kongruent ist, bzw. ob die deutschen Umsetzungsmaßnahmen sogar über die Vorgaben der ATAD hinausgehen und damit vor dem Hintergrund des Mindestschutzniveaus richtlinienkonform sind. Die Definition von nahestehenden Personen in § 1 Abs. 2 AStG ist bereits sehr weitgehend[796] und wurde durch das ATAD-Umsetzungsgesetz sogar nochmals erweitert. So steht wie gesehen eine

---

791 Vgl. 92.

792 Vgl. 47.

793 So auch *Schnittger/Nitzschke/Gebhardt* IStR 2016, 960 (963); vermutlich auch *Linn*, IStR 2016, 645 (646), der aber vage bleibt („eine entsprechende Anpassung würde zwar Sinn machen [...]").

794 Das deutsche Konzept der Inländerbeherrschung entspringt der Vorstellung, dass ein ausländisches Unternehmen, das von Inländern beherrscht wird, eigentlich gar kein ausländisches, sondern ein inländisches Unternehmen ist, bei dem die Einkünfte folglich besteuert werden sollten (dazu vertiefend: Schönfeld, Hinzurechnungsbesteuerung und Europäisches Gemeinschaftsrecht, 2005, S. 160 ff.). Die ATAD rechtfertigt die Durchbrechung der Abschirmwirkung von Kapitalgesellschaften durch die Hinzurechnungsbesteuerung hingegen nur, wenn eine Beherrschung durch verbundene Unternehmen vorliegt.

795 *Schönfeld*, IStR 2017, 721 (722 f.).

796 *Böhmer/Oppel*, IWB 1/2020, 5 (8).

Person dem Steuerpflichtigen gemäß § 7 Abs. 3 AStG i.V.m. § 1 Abs. 2 Nr. 1 AStG dann nahe, wenn eine gesellschaftsrechtliche Beteiligung (lit. a) oder ein Anspruch am Gewinn oder Liquidationserlös (lit. b) von mindestens einem Viertel besteht. Weitere Anknüpfungspunkte für das Nahestehen ist die Möglichkeit der Ausübung beherrschenden Einflusses (§ 1 Abs. 2 Nr. 2 AStG), eine geschäftsbeziehungsfremde Einflussnahmemöglichkeit (§ 1 Abs. 2 Nr. 3 AStG) sowie eine Interessenidentität (§ 1 Abs. 2 Nr. 4 AStG).[797] Nach Art. 2 Abs. 4 lit. a ATAD ist das Verbundenheitskriterium erfüllt, wenn der Steuerpflichtige an einem anderen Unternehmen zu mindestens 25 % – unmittelbar oder mittelbar – beteiligt ist bzw. Stimmrechte oder Gewinnansprüche in Höhe von mindestens 25 % innehat (Fall des nachgeschalteten Unternehmens). Nach Art. 2 Abs. 4 lit. b ATAD liegt ein verbundenes Unternehmen auch in der umgekehrten Konstellation vor (Fall der vorgeschalteten Unternehmen und Personen), wenn eine Person oder ein Unternehmen zu mindestens 25 % an dem Steuerpflichtigen – unmittelbar oder mittelbar – beteiligt ist bzw. Stimmrechte oder Gewinnansprüche in Höhe von mindestens 25 % innehat. Und schließlich gelten gemäß Art. 2 Abs. 4 UAbs. 2 ATAD alle Unternehmen als verbunden, wenn eine Person oder ein Unternehmen zu mindestens 25 % an einem Steuerpflichtigen und an einem oder mehreren Unternehmen beteiligt ist (Fall der nebengeschalteten Unternehmen). Die Beherrschung kann nach der ATAD folglich in alle Richtungen ausstrahlen. § 7 Abs. 2 AStG a.F. hingegen sah eine Beherrschung lediglich bei Verhältnissen „von oben nach unten" vor, in denen dem inländischen Steuerpflichtigen nur durch nachgeordnete Gesellschaften gehaltene Beteiligungen vermittelt wurden, ohne dass hierbei Verbundenheitskriterien zu berücksichtigen waren. Insofern war die alte deutsche Rechtslage nicht richtlinienkonform, ist aber nach der Umsetzungsmaßnahme nicht mehr zu beanstanden. Darüber hinaus kennt das AStG mit der Möglichkeit der Ausübung beherrschenden Einflusses in § 1 Abs. 2 Nr. 2 AStG, der geschäftsbeziehungsfremden Einflussnahmemöglichkeit des § 1 Abs. 2 Nr. 3 AStG und der Interessenidentität nach § 1 Abs. 2 Nr. 4 AStG weiterhin gleich drei Anknüpfungspunkte, die die ATAD nicht verwendet. Insofern geht die deutsche Regelung nach wie vor über die Vorgaben der ATAD hinaus und ist damit vor dem Hintergrund des Mindestschutzniveaus richtlinienkonform.

Ein weiterer Aspekt betrifft die Berücksichtigung von Personengesellschaften. Art. 7 Abs. 1 lit. a ATAD regelt, dass der Steuerpflichtige selbst oder zusammen mit seinem verbundenen Unternehmen an der ausländischen Gesellschaft

797 Vgl. 210.

beteiligt sein muss. Der Begriff des Unternehmens ist dabei rechtsformneutral zu verstehen, sodass auch Personengesellschaften als verbundene Unternehmen fungieren können.[798] Insofern ist der Gesetzgeber durch die mit dem zweiten Referentenentwurf erfolgte Einfügung des § 7 Abs. 3 S. 2 AStG[799] seiner Umsetzungsverpflichtung nachgekommen, da nun nach deutschem Recht eindeutig auch Personengesellschaften als nahestehende Personen angesehen werden können.

Eine Erweiterung des Nahestehens auf Personen, die mit dem Steuerpflichtigen in Bezug auf die Zwischengesellschaft lediglich durch abgestimmtes Verhalten zusammenwirken, kennt die ATAD nicht. § 7 Abs. 4 S. 1 AStG geht damit über die Vorgaben der ATAD hinaus und ist vor dem Hintergrund des Mindestschutzniveaus daher richtlinienkonform. Gleiches ist für § 7 Abs. 4 S. 2 AStG zu konstatieren, der bei einer Beteiligung über Personengesellschaften die widerlegbare Vermutung aufstellt, dass ein Zusammenwirken durch abgestimmtes Verhalten vorliegt.

## III. Passive Einkünfte

### *1. Umsetzungsmaßnahme*

#### *a) Grundkonzeption*

In § 8 Abs. 1 AStG findet sich nach wie vor ein Katalog von Einkünften einer ausländischen Gesellschaft, die trotz niedriger Besteuerung die Rechtsfolgen der Hinzurechnungsbesteuerung nicht auslösen; der deutschen Hinzurechnungsbesteuerung liegt konzeptionell also weiterhin ein Aktivkatalog zugrunde. Der neu ergänzte Einschub „Einkünfte, einschließlich Veräußerungsgewinnen" ist nur deklaratorischer Natur. Schon in der alten Fassung wurden Veräußerungsgewinne – auch ohne ausdrückliche Erwähnung in § 8 Abs. 1 AStG a.F. – den jeweiligen Katalognummern zugeordnet, zu denen sie im Hinblick auf die laufenden Einkünfte gehörten.[800] Schließlich findet wie bisher eine funktionale Betrachtungsweise statt, wenn die ausländische Gesellschaft mehrere Tätigkeiten ausführt.[801] Mithin können Erträge aus einer Tätigkeit einer anderen

798 Vgl. 92.
799 Vgl. 210.
800 *Haase*, Die Hinzurechnungsbesteuerung: Grundlagen – Problemfelder – Gestaltungsmöglichkeiten, 2015, S. 76 ff.
801 Vgl. 49. Die Argumentation bleibt aufgrund der unveränderten Konzeption als Aktivkatalog dieselbe. Zudem geht auch der deutsche Gesetzgeber erkennbar von

zugeordnet werden, wenn Erstere nach der Verkehrsauffassung keinen Bereich mit eigenständigem, wirtschaftlichem Schwergewicht bildet.

### *b) Detailbetrachtung*

Bei der Ausgestaltung der einzelnen Katalogtatbestände ergibt sich ein ernüchterndes Bild. Insgesamt wurde die undurchsichtige „Regel-Ausnahme-Rückausnahme"-Systematik beibehalten. Die meisten Katalognummern wurden – trotz andauernder Kritik in der Literatur – gar nicht oder nur geringfügig geändert. Dies ist bedauerlich und passt auch nicht zu den zu Beginn des Kapitels zitierten Ambitionen, die Hinzurechnungsbesteuerung zeitgemäß auszugestalten.

#### *aa) Katalogtatbestände ohne Änderungen*

Einkünfte aus Land- und Forstwirtschaft (§ 8 Abs. 1 Nr. 1 AStG) und verschiedenen industriellen Tätigkeiten (§ 8 Abs. 1 Nr. 2 AStG) sind weiterhin vorbehaltlos aktiv. Auch die Regelung zu Einkünften aus Vermietung und Verpachtung (§ 8 Abs. 1 Nr. 6 AStG) ist unberührt geblieben. Lizenzeinkünfte (§ 8 Abs. 1 Nr. 6 lit. a AStG), sowie Einkünfte aus der Vermietung und Verpachtung von Grundstücken (§ 8 Abs. 1 Nr. 6 lit. b AStG) und beweglichen Sachen (§ 8 Abs. 1 Nr. 6 lit. c AStG) sind nach wie vor grundsätzlich passiv, es sei denn die entsprechende Ausnahmeregelung greift ein.[802] Gerade im Hinblick auf den Vermietungs- und Verpachtungstatbestand des § 8 Abs. 1 Nr. 6 AStG ist das Ausbleiben von Änderungen aus mehreren Gründen bemerkenswert. Zum einen werden Lizenzeinkünfte weiterhin nur dann als aktiv qualifiziert, wenn der Steuerpflichtige nachweist, dass die ausländische Gesellschaft die Ergebnisse eigener Forschungs- oder Entwicklungsarbeit auswertet und diese Forschungs- und Entwicklungsarbeit ohne Mitwirkung eines Steuerpflichtigen, der gem. § 7 AStG an der Gesellschaft beteiligt ist[803] unternommen wurde. Der deutsche Gesetzgeber empfindet Einkünfte aus der Nutzungsüberlassung von immateriellen Wirtschaftsgütern also dann als schädlich, wenn die geistigen Leistungen in Deutschland erbracht und auch dort Kosten geltend gemacht wurden. Vor dem Hintergrund des OECD Nexus-Kompromisses zu Lizenzboxen[804] hätte hier die Möglichkeit bestanden, Lizenzeinkünfte, die in

---

einer funktionalen Betrachtungsweise aus, indem er diese teilweise gezielt überschreibt, vgl. *Böhmer/Oppel*, IWB 1/2020, 5 (11).

802 Vgl. 51.

803 Oder einer einem solchen Steuerpflichtigen nahestehende Person im Sinne des § 1 Abs. 2 AStG.

804 Vgl. 75.

Übereinstimmung mit dem Nexus-Konzept entstanden sind, als unschädlich zu qualifizieren.[805] Zum anderen wird bei Einkünften aus der Vermietung und Verpachtung von Grundstücken für deren Unschädlichkeit weiterhin an den Nachweis des Steuerpflichtigen angeknüpft, dass die Einkünfte nach einem Doppelbesteuerungsabkommen steuerbefreit wären, wenn dieser sie unmittelbar bezogen hätte. Auf das Bestehen oder Nicht-Bestehen eines Doppelbesteuerungsabkommens hat der Steuerpflichtige aber keinen Einfluss.[806] Zudem führt der § 8 Abs. 1 Nr. 6 lit. b AStG in Kombination mit der unangepasste Niedrigbesteuerungsgrenze (dazu sogleich) auch weiterhin dazu, dass die Hinzurechnungsbesteuerung zur Anwendung kommt, wenn eine ausländische Gesellschaft Einkünfte aus der Vermietung und Verpachtung einer Immobilie in Deutschland erzielt.[807]

Mit dem zweiten Referentenentwurf wurden auch die marginalen Änderungen an den Einkünften aus Handel (§ 8 Abs. 1 Nr. 4 AStG) und Dienstleistungen (§ 8 Abs. 1 Nr. 5 AStG) zurückgenommen. Einkünfte aus diesen beiden Tätigkeiten sind nach wie vor im Grundsatz aktiv (Regel), werden jedoch dann als schädlich angesehen, wenn über die ausländische Gesellschaft Export oder Import Nahestehender abgewickelt wird (Ausnahme). Mit dem ersten Referentenentwurf sollten die beiden Katalogtatbestände eine Ausweitung des Anwendungsbereichs dergestalt erfahren, dass der nahestehende, schädliche Geschäftspartner nicht mehr in Deutschland steuerpflichtig sein musste. Vielmehr sollte es genügen, wenn die nahestehende Person im Sinne des § 1 Abs. 2 AStG mit ihren Einkünften in einem Mitgliedstaat der EU oder einem Vertragsstaat des EWR-Abkommens steuerpflichtig ist. Schließlich war dem Vernehmen nach in einem frühen Stadium vor dem ersten offiziellen Referententwurf sogar die gänzliche Streichung der oben erwähnten Mitwirkungs- und Bedienenstatbestände, sowie der Rückausnahme des „kaufmännisch

805 So auch *Böhmer/Oppel*, NWB 1/2020, 5 (11).

806 *Haase*, ifst 521 (2017), S. 127.

807 Vgl. 49; Eine beschränkte Steuerpflicht der Zwischengesellschaft (§ 49 Abs. 1 Nr. 2 lit. f oder Nr. 6 EStG) steht dem nicht entgegen. Gemäß BMF-Schreiben vom 14.05.2004, IV B 4 – S 1340 – 11/04, BStBl I Sondernummer 1/2004 S. 3, Tz. 7.0.3 AEAStG lässt die Hinzurechnungsbesteuerung eine beschränkte Steuerpflicht der ausländischen Zwischengesellschaft hinsichtlich ihrer Inlandseinkünfte unberührt. Die danach erhobene deutsche Steuer wird nach § 12 AStG auf die deutschen Steuern vom Hinzurechnungsbetrag angerechnet, vgl. auch BMF-Schreiben vom 14.05.2004, IV B 4 – S 1340 – 11/04, BStBl I Sondernummer 1/2004 S. 3, Tz. 12.1.2 AEAStG. Vgl. dazu vertiefend: *Haase*, ifst 521 (2017), S. 127 f.

eingerichteten Geschäftsbetriebs“ vorgesehen.[808] Die erhoffte „Entschlackung“ durch eine Anpassung der Systematik von Ausnahme und Rückausnahme ist allerdings ausgeblieben; die Streichungen haben schon nicht ihren Weg in den ersten Referentenentwurf geschafft. Der Steuerpflichtige muss daher auch weiterhin einen Funktionsnachweis erbringen, damit die Einkünfte doch als aktiv eingestuft werden: Die Tätigkeit der ausländischen Gesellschaft muss zum einem in einem in kaufmännischer Weise eingerichteten Geschäftsbetrieb unter Teilnahme am allgemeinen wirtschaftlichen Verkehr ausgeübt werden und zum anderen ohne die Mitwirkung eines Nahestehenden erfolgen.

### *bb) Katalogtatbestände mit marginalen Änderungen*

Einkünfte aus Bank- und Versicherungstätigkeit (§ 8 Abs. 1 Nr. 3 AStG) sind im Grundsatz nach wie vor aktiv. Die neue Fassung stellt dabei neben dem Betrieb von Kreditinstituten und Versicherungsunternehmen nun auch auf Finanzdienstleistungsinstitute ab.[809] Für die Unschädlichkeit dieser Einkünfte wird nun seit dem ersten Referentenentwurf nicht mehr der Unterhalt eines in kaufmännischer Weise eingerichteten Betriebs verlangt,[810] sondern es wird seit dem zweiten Referentenentwurf auf das Nachgehen einer wesentlichen wirtschaftlichen Tätigkeit im Sinne des § 8 Abs. 2 AStG abgestellt. Insofern wird der Substanztest bei Einkünften aus Bank- und Versicherungstätigkeit bereits vorgelagert in die Tatbestandsprüfung integriert. Dadurch erfährt er auch nicht die territorialen Einschränkungen des § 8 Abs. 3 AStG; er gilt also auch für Drittstaatenfälle. Zudem wurde mit dem ersten Referentenentwurf auch die Ausnahme von der grundsätzlichen Aktivität dieser Einkünfte

---

808 Vgl. *Haase/Hofacker*, Ubg 2019, 260 (264); *Schönfeld*, IStR 2019, 397 (398).

809 Im ersten Referentenentwurf waren zudem noch „Finanzunternehmen“ in der Aufzählung enthalten. Diese wurden mit dem zweiten Referentenentwurf aus der Aufzählung gestrichen und finden sich nun in einem eigenständigen S. 2 („Gleiches gilt für Finanzunternehmen im Sinne des Kreditwesengesetzes, an denen Kreditinstitute oder Finanzdienstleistungsinstitute unmittelbar oder mittelbar zu mehr als 50 % beteiligt sind.“). Die Aufnahme von „Finanzinstituten“ (und „Finanzunternehmen“) in die Aufzählung der aktiven Einkünfte hat aber wohl keine erheblichen Auswirkungen, vgl. *Haase/Hofacker*. Ubg 2019, 260 (264 Fn. 14).

810 Die Streichung des früheren Tatbestandsmerkmals des kaufmännisch eingerichteten Geschäftsbetriebs ist zu begrüßen: Bankgeschäfte bedürfen im Gegensatz zu den meisten Geschäften von anderen Handelsgewerben eines geringeren Umfangs kaufmännischer Organisation, weil die Beziehungen zu Kunden sich grundsätzlich nicht in einem einmaligen Vorgang erschöpfen, sondern sich über einen längeren Zeitraum erstrecken, vgl. *Reischauer/Kleinhans*, KWG, § 1 Rn. 28.

verschärft. Nach alter Rechtslage wurde eine Schädlichkeit angenommen, wenn die Geschäfte überwiegend mit unbeschränkt steuerpflichtigen Anteilseignern oder ihnen nahestehende Personen betrieben wurden.[811] Nun ist vorgesehen, von aktiven Einkünften nur dann auszugehen, wenn die ihnen zugrunde liegenden Geschäfte[812] nicht zu mehr als einem Drittel mit dem Steuerpflichtigen oder ihm nahestehenden Personen betrieben werden.

Einkünfte aus Umwandlungen (vormals § 8 Abs. 1 Nr. 10 AStG) sind nun in Nr. 9 geregelt und tendenziell etwas anwenderfreundlicher geworden.[813] Als schädlich werden nun solche Einkünfte aus Umwandlungen angesehen, die sich aus der Übertragung von Wirtschaftsgütern ergeben, mit denen passive Einkünfte erzielt werden. Der Steuerpflichtige kann aber nachweisen, dass die Umwandlung auch im Inland hätte zu Buchwerten durchgeführt werden können und im Ausland tatsächlich zu Buchwerten erfolgt ist. Insofern ist kein steuerfreier „Stepup" – also die Schaffung von neuem Abschreibungspotenzial – für Hinzurechnungszwecke mehr möglich.[814]

### *cc) Katalogtatbestände mit erheblichen Änderungen*

Eine auf den ersten Blick erhebliche Änderung ist bezüglich Finanzierungseinkünften vorgenommen worden. § 8 Abs. 1 Nr. 7 AStG a.F. wurde ersatzlos gestrichen, sodass Zinsen nun uneingeschränkt als passiv qualifiziert werden. In der Praxis kommt es allerdings zu keiner wesentlichen Verschlechterung für den Steuerpflichtigen, da Finanzierungstätigkeiten ausweislich der Systematik ohnehin als grundsätzlich passive Tätigkeiten angesehen wurden[815] und das strenge Nachweiserfordernis für eine Qualifizierung als aktive Einkünfte ohnehin kaum zu erbringen war.[816]

---

811 Vgl. 50; Die Ausnahmeregel war eine Reaktion des Gesetzgebers auf den vermehrten Einsatz ausländischer, konzerneigener Versicherungsgesellschaften (sog. captives), vgl. Gesetz zur Änderung des Einkommensteuergesetzes, des Körperschaftsteuergesetzes und anderer Gesetze v. 20.08.1980, BStBl I 1980, 589 (596). Sie geht aber über diesen Anwendungsfall hinaus, vgl. *Rödel*, in Kraft AStG, 2.A., 2019, § 8 Rn. 190 f. m.w.N.

812 Diesbezüglich wurde mit dem zweiten Referentenentwurf die Formulierung geändert; in der Sache ändert sich dabei nichts.

813 *Haase/Hofacker*, Ubg 2019, 260 (264).

814 *Schönfeld*, IStR 2019, 397 (401); *Böhmer/Oppel*, IWB 1/2020, 5 (12 f.).

815 Vgl. 51.

816 Vgl. *Böhmer/Oppel*, IWB 1/2020, 5 (13); *Schönfeld*, IStR 2019, 397 (400); *Böhmer/Gebhardt/Krüger*, in: Hagemann/Kahlenberg, ATAD-Kommentar, Art. 7 Rn. 269; *Schönfeld*, IStR 2017, 721 (724).

Die gravierendste Änderung ergibt sich für Dividenden. Gewinnausschüttungen von Kapitalgesellschaften waren seit 2001 gemäß § 8 Abs. 1 Nr. 8 AStG a.F. vorbehaltlos aktiv gestellt, da kein überzeugender Grund bestand, Gewinne aus aktiver Tätigkeit nur deshalb als passiv zu behandeln, weil sie den Anteilseignern als Dividende zufließen.[817] Im neuen § 8 Abs. 1 Nr. 7 AStG wird zwar im Ausgangspunkt an diesem Grundsatz festgehalten, jedoch werden nun bestimmte Fälle von Dividenden als passiv eingestuft, für die § 8b KStG keine Steuerbefreiung vorsieht. Im Detail ergibt sich folgende Ausgestaltung: Im Grundsatz sind Bezüge im Sinne des § 8b Abs. 1 KStG aktiv (Regel). Sie sind jedoch in drei Konstellationen als passiv anzusehen (Ausnahme): Erstens sind Bezüge im Sinne des § 8b KStG dann als passive Einkünfte der ausländischen Gesellschaft anzusehen, wenn sie das Einkommen der leistenden Körperschaft gemäß § 8 Abs. 1 Nr. 7 lit. a AStG gemindert haben. Dies entspricht dem in § 8b Abs. 1 S. 2 KStG geregelten materiellen Korrespondenzprinzip[818], welches die Steuerbefreiung von Dividenden nach § 8b Abs. 1 S. 1 KStG versagt, wenn diese bereits bei der leistenden Körperschaft steuermindernd in Erscheinung getreten sind und es deswegen an einer steuerlichen Vorbelastung der freizustellenden Beträge fehlt[819]. De lege lata sind zwei Rückausnahmen vorgesehen, die eine Doppelerfassung der Einkünfte vermeiden wollen und daher doch zu einer Qualifizierung der Einkünfte als aktiv führen: Zum einen, soweit die leistende Körperschaft mit den diesen Bezügen zugrunde liegenden Einkünften selbst Zwischengesellschaft ist (§ 8 Abs. 1 Nr. 7 lit. a Doppellit. aa AStG) und zum anderen soweit eine verdeckte Gewinnausschüttung das Einkommen der Zwischengesellschaft oder einer ihr nahestehenden Person erhöht hat und dieses Einkommen keiner niedrigen Besteuerung unterliegt. Zweitens sind Bezüge im Sinne des § 8b KStG gemäß § 8 Abs. 1 Nr. 7 lit. b AStG ebenfalls als passive Einkünfte der ausländischen Gesellschaft anzusehen, wenn diese bei der ausländischen Gesellschaft nach § 8b Abs. 4 KStG zu berücksichtigen wären, wenn die Gesellschaft unbeschränkt körperschaftsteuerpflichtig wäre.[820] Die Passivität von Streubesitzdividenden erklärt sich ausweislich der Gesetzesbegründung

817 BT-Drs. 19/28652, S. 55 f.

818 Dazu kritisch: *Schönfeld*, der anmerkt, dass dies die Praxis vor erhebliche Herausforderungen stellen und in der Sache auch zu unangemessenen Ergebnissen führen wird, vgl. *Schönfeld*, IStR 2019, 397 (400).

819 Vgl. zum Korrespondenzprinzip: *Gosch*, in: Gosch, KStG, § 8b Rn. 143a. ff.

820 Wie schon bei § 8 Abs. 1 Nr. 7 lit. a AStG gilt dies auch dann, wenn die ausländische Gesellschaft hinsichtlich der an sie erfolgenden Ausschüttungen gemäß § 8 Abs. 1 Nr. 1–6 AStG nicht Zwischengesellschaft ist.

dadurch, dass die Steuerpflicht nicht mittels der Etablierung einer Zwischengesellschaft zwischen ausschüttender Gesellschaft und Dividendenempfänger ausgehebelt werden soll.[821] Und drittens sollen gemäß § 8 Abs. 1 Nr. 7 lit. c AStG Fälle, die dem § 8b Abs. 7 KStG (Anteile, die bei Kreditinstituten und Finanzdienstleistungsinstituten dem Handelsbestand im Sinne des § 340e Abs. 3 HGB zuzuordnen sind) unterfallen, nicht durch die Einschaltung einer Zwischengesellschaft umgangen werden können. In allen drei Fällen sind die Bezüge auch dann als passiv anzusehen, wenn die ausländische Gesellschaft hinsichtlich der an sie erfolgenden Bezüge gemäß § 8 Abs. 1 Nr. 1 –6 AStG nicht Zwischengesellschaft ist.

Größere Änderungen wurden auch bei den Veräußerungsgewinnen vorgenommen, die nun in § 8 Abs. 1 Nr. 8 AStG (vormals Nr. 9) geregelt sind. Damit diese als aktiv qualifiziert werden konnten, musste nach alter Rechtslage der Steuerpflichtige den komplexen und umstrittenen[822] Nachweis erbringen, dass der Veräußerungsgewinn nicht auf Kapitalanlageassets entfällt. Von diesem Nachweis wurde nun Abstand genommen, was eine erhebliche Erleichterung für den Steuerpflichtigen darstellt.[823] Stattdessen sind Veräußerungsgewinne nun grundsätzlich aktiv (Regel), es sei denn, sie wären bei der ausländischen Gesellschaft – wenn sie unbeschränkt körperschaftsteuerpflichtig wäre – nach § 8b Abs. 7 KStG nicht steuerbefreit (Ausnahme). Dies gilt auch, wenn die ausländische Gesellschaft hinsichtlich dieser Veräußerungsgewinne gemäß § 8 Abs. 1 Nr. 3 AStG nicht Zwischengesellschaft ist.

## 2. *Sekundärrechtliche Bewertung*

### a) *Konzeptionelle Anpassung erforderlich?*

Die ATAD gibt den Mitgliedstaaten in Art. 7 Abs. 2 lit. a und b wie im zweiten Kapitel gesehen zwei verschiedene Konzepte vor, mit denen sie die durch eine Hinzurechnungsbesteuerung zu erfassenden Einkünfte bestimmen können.[824] Die beiden Konzepte, Passivkatalog und Funktionsanalyse, stehen dabei ausweislich des Wortlautes der Richtlinie („oder") und den Erwägungsgründen[825]

821 BT-Drs. 19/28652, S. 56.

822 Vgl. *Böhmer/Mundhenke*, ISR 2017, 113 (115).

823 *Schönfeld*, IStR 2019, 397 (401). Dies wirkt sich auch positiv bei konzernweiten Umstrukturierungen aus, vgl. *Böhmer/Oppel*, IWB 2020, 5 (13).

824 Vgl. 94.

825 In Richtlinie 2016/1164/EU des Rates vom 12. Juli 2016, Erwägungsgrund 12 wird angemerkt, dass die Mitgliedstaaten je nach politischer Priorität Vorschriften für beherrschte ausländische Unternehmen auf eine niedrig besteuerte

alternativ zueinander; eine Vermischung beider Ansätze ist nicht vorgesehen[826]. Beide Konzepte sind nicht kongruent und können im Einzelfall folglich zu abweichenden Ergebnissen im Hinblick auf die Anwendung der Hinzurechnungsbesteuerung kommen. Konsequenterweise handelt ein Staat daher im Rahmen der Richtlinie, wenn er sich für eines der beiden Konzepte entscheidet und dies im Einzelfall zu keiner Hinzurechnungsbesteuerung führt, obwohl diese bei der Wahl des anderen Konzepts eine Hinzurechnungsbesteuerung erfolgen würde.[827] Deutschland hält wie gesehen weiterhin an seinem Aktivkatalog fest. Eine Vermischung der beiden ATAD-Konzepte findet damit nicht statt, sodass dahinstehen kann, ob eine solche aufgrund der Ausgestaltung der Richtlinie als Mindestschutzniveau erfolgen darf. Vielmehr scheint auf den ersten Blick die deutsche Konzeption keinem der beiden Alternativkonzepte der ATAD zu entsprechen. Gleichwohl hält der Gesetzgeber die Umstellung auf einen Passivkatalog nicht für erforderlich[828] und auch in der Literatur wird die grundsätzliche Richtlinienkonformität einer abweichenden konzeptionellen Ausgestaltung in Form eines Passivkatalogs angenommen[829].

Dem ist zuzustimmen. Die Hinzurechnungsbesteuerung der ATAD ist systematisch völlig anders konzipiert als die deutsche Regelung. Zum einen werden nur die nicht ausgeschütteten passiven Einkünfte der Hinzurechnungsbesteuerung unterworfen, während die deutsche Regelung nach wie vor ausschüttungsunabhängig greift. Zum anderen wird nach der ATAD zur Ermittlung der Niedrigbesteuerung eine Gesamtbetrachtung aller Einkünfte des beherrschten ausländischen Unternehmens angestellt. Die Prüfung, ob passive Einkünfte vorliegen erfolgt systematisch also erst im Anschluss an die Feststellung der Niedrigbesteuerung.[830] Demgegenüber segmentiert die deutsche Regelung nach wie vor die Einkünfte und berücksichtigt bei der Berechnung

---

Tochtergesellschaft als ganze, auf bestimmte Kategorien von Einkünften oder nur auf Einkünfte abzielen, die ihr künstlich zugeleitet werden.

826 Vgl. auch *Schönfeld*, IStR 2017, 721 (724); *Schnitger/Nitzschke/Gebhardt*, IStR 2016, 960 (966). Letztere vertreten die Auffassung, dass eine Vermischung zwar nach der Richtlinie nicht vorgesehen und im Hinblick auf die Gefahr von erheblicher Rechtsunsicherheit auch nicht sinnvoll sei, aber aufgrund der Ausgestaltung der Richtlinie als Mindeststandard erfolgen könne.

827 So auch *Schnitger/Nitzschke/Gebhardt*, IStR 2016, 960 (966).

828 BT-Drs. 19/28652, S. 55.

829 *Böhmer*, in: Wassermeyer/Andresen/Ditz, Betriebsstätten-Handbuch, 2.A., Rn. 14.152; *Schnitger/Nitzschke/Gebhardt*, IStR 2016, 960 (967).

830 Vgl. 93.

der Niedrigbesteuerung nur die passiven Einkünfte, was eine umgekehrte Prüfungsreihenfolge veranlasst. Allerdings muss eine Richtlinie gerade nicht wortgetreu umgesetzt werden; eine Implementierung muss hinsichtlich des Ziels der Richtlinie erfolgen.[831] Dieser Umsetzungsspielraum ist zudem durch die Ausgestaltung der Richtlinie als bloßer Mindeststandart erweitert. Ein bloßer Vergleich der Konzeptionen ist damit wenig aussagekräftig. Jedenfalls kann man konstatieren, dass Aktiv- und Passivkatalog beide kategorisierende Ansätze sind, wobei der deutsche Aktivkatalog aufgrund der abschließenden Aufzählung von aktiven Einkünften im Ausgangspunkt zunächst einmal strenger ist. Unabhängig von der Kritik am Aktivkatalog ist eine solche Konzeption mithin nicht per se mit der ATAD unvereinbar, sondern es muss im Rahmen einer Einzelfallbetrachtung untersucht werden, wie gewisse Tätigkeiten unter der ATAD einerseits und unter dem AStG andererseits qualifiziert werden.

### *b) ATAD-konforme Umsetzung hinsichtlich der nicht vom Passivkatalog der ATAD erfassten Einkünften*

Unzweifelhaft richtlinienkonform ist zunächst die Qualifikation von Einkünften, die schon gar nicht im Passivkatalog der ATAD aufgezählt sind. Diese werden nach der ATAD folglich als aktiv eingestuft. Ob die nationale Hinzurechnungsbesteuerungsregelung zu dem gleichen Ergebnis kommt, oder die Einkünfte als passiv qualifiziert und damit über die ATAD hinausgeht, ist vor dem Hintergrund der Ausgestaltung der Richtlinie als Mindeststandard unerheblich. Konkret sind damit die §§ 8 Abs. 1 Nr. 1 (uneingeschränkte Aktivität von Einkünften aus Land und Forstwirtschaft), Nr. 2 (uneingeschränkte Aktivität von Einkünften aus industrieller Tätigkeit), sowie Nr. 6 lit. b und lit. c AStG (grundsätzliche Passivität von Einkünften aus der Vermietung und Verpachtung von Grundstücken und beweglichen Sachen) und Nr. 9 (Umwandlungen) richtlinienkonform ausgestaltet.[832] Des Weiteren hat der Richtliniengeber sich bei der ATAD dazu entschieden, Handel und Dienstleistung nicht in den Passivkatalog aufzunehmen[833]. Die § 8 Abs. 1 Nr. 4 und Nr. 5 AStG, die

831 Vgl. 85 und 197.

832 Für die Lizenzeinkünfte des § 8 Abs. 1 Nr. 6 lit. a AStG erfolgt sogleich eine gesonderte Betrachtung. Vgl. für den Fall, dass man Einkünfte aus Umwandlungen als (fiktiven) Veräußerungsgewinn ansieht vertiefend: *Böhmer/Gebhardt/Krüger*, in: Hagemann/Kahlenberg, ATAD-Kommentar, Art. 7 Rn. 276 ff.

833 Im Richtlinienentwurf wurden noch Einkünfte aus Dienstleistungen, die gegenüber dem Steuerpflichtigen oder den mit ihm verbundenen Unternehmen erbracht

Einkünfte aus Handel und Dienstleistungen zwar im Grundsatz ebenfalls als aktiv, aber unter gewissen Voraussetzungen auch als passiv qualifizieren, sind damit – unter Ausklammerung der noch gesondert zu prüfenden Behandlung von Abrechnungsunternehmen (Art. 8 Abs. 2 lit. a sublit. vi ATAD) – vor dem Hintergrund der Mindestschutzniveaus richtlinienkonform, da sie strenger als die ATAD-Regelung sind.

### *c) Zinseinkünfte richtlinienkonform umgesetzt*

Darüber hinaus liegt unbestritten eine richtlinienkonforme Ausgestaltung vor, wenn die Einkünfte zwar im Passivkatalog der ATAD, nicht aber im Aktivkatalog des AStG aufgelistet sind, da diese in beiden Fällen als passiv qualifizieren. Zu dieser Kategorie gehören aufgrund der ersatzlosen Streichung des § 8 Abs. 1 Nr. 7 a.F. AStG Zinseinkünfte. Zwar wurden Finanzierungstätigkeiten nach der alten Rechtslage ohnehin als grundsätzlich passive Tätigkeiten angesehen und das strenge Nachweiserfordernis für eine Qualifizierung als aktive Einkünfte war in der Praxis ohnehin kaum zu erbringen[834]. Uneingeschränkt passiv – wie es die ATAD verlangt – waren sie jedoch nicht. Unabhängig davon, ob man die Wertung der ATAD teilt,[835] bestand insofern eine Umsetzungsverpflichtung, der der deutsche Gesetzgeber nachgekommen ist. Auch die in der ATAD neben den Zinseinkünften aufgeführten sonstigen Einkünfte aus Finanzanlagevermögen sind ebenfalls nicht im Aktivkatalog des AStG aufgelistet und somit passiv.[836] Aus der Verwendung des Terminus „Finanzanlagevermögen“ folgt zudem, dass Einkünfte aus Umlaufvermögen (z.B. kurzfristige Kapitalanlagen)

---

wurden, als schädlich angesehen. Im Umkehrschluss war ursprünglich bereits vorgesehen, dass sämtliche Einkünfte aus Handelstätigkeiten und aus an Dritte erbrachten Dienstleistungen als aktiv qualifiziert werden. In der finalen Fassung der ATAD sind nun auch Einkünfte aus Dienstleistungen nicht mehr im Passivkatalog aufgezählt; es verbleiben nur noch die Einkünfte aus Abrechnungsunternehmen, vgl. *Linn*, IStR 2016, 645 (651).

834 Vgl. 51.

835 Zwar sind Zinsen die mobilsten Einkunftsquellen, die man sehr leicht und ohne viel Substanz in das niedrigbesteuernde Ausland verlagern kann. Allerdings enthält die ATAD in Art. 4 auch eine Zinsabzugsbeschränkung, sodass Zinserträge der Hinzurechnungsbesteuerung unterliegen und gleichzeitig nicht abzugsfähig sein können, vgl. *Schönfeld*, IStR 2017, 721 (724).

836 So auch *Böhmer/Gebhardt/Krüger*, in: Hagemann/Kahlenberg, ATAD Kommentar, Art. 7 Rn. 270; *Böhmer/Oppel*, IWB 2020, 5 (13).

nach der ATAD nicht passiv sind.[837] Insofern besteht – wie oben gesehen – keine Umsetzungsverpflichtung.

### d) *Keine uneingeschränkte Passivität von Lizenzeinkünften – sehenden Auges in die Sekundärrechtswidrigkeit?*

Gemäß § 7 Abs. 2 lit. a sublit. ii) ATAD sind Lizenzeinkünfte und sonstige Einkünfte aus geistigem Eigentum uneingeschränkt passiv.[838] Nach deutschem Recht sind Lizenzeinkünfte gemäß § 8 Abs. 1 Nr. 6 lit. a AStG zwar grundsätzlich passiv, können aber dann als aktiv qualifiziert werden, wenn der Steuerpflichtige nachweist, dass die ausländische Gesellschaft die Ergebnisse eigener Forschungs- oder Entwicklungsarbeit ohne schädliche Inländermitwirkung auswertet.[839] Insoweit muss man festhalten, dass die ATAD an dieser Stelle strenger ist als die nationale Regelung, sodass eine Anpassung sekundärrechtlich zwingend erforderlich war.[840] Wie gesehen hat der deutsche Gesetzgeber in Bezug auf § 8 Abs. 1 Nr. 6 lit. a AStG aber keine Anpassungen vorgenommen. Auch wenn zwischenzeitlich diskutiert wurde, ob man die oben genannte Ausnahme streicht und somit Lizenzeinkünfte uneingeschränkt als passiv qualifiziert,[841] ist die Rechtslage letztlich unverändert geblieben. Auch in der Gesetzesbegründung wird insoweit klargestellt, dass an dem bisherigen Recht festgehalten werden soll; zu der sekundärrechtlichen Konfliktsituation wird jedoch geschwiegen.[842]

Aus diesem Grund liegt die Vermutung nahe, dass der Gesetzgeber sehenden Auges eine sekundärrechtswidrige Gesetzeslage aufrechterhält. Freilich kann man die Entscheidung der ATAD, Lizenzeinkünfte als ausnahmslos passiv einzustufen, kritisch hinterfragen: Warum soll es keine Rolle spielen, ob und inwieweit die Besteuerung der Lizenzgebühren dem OECD-Standard entspricht?[843] Wieso sieht die Richtlinie Lizenzeinkünfte uneingeschränkt als schädlich an und macht keine Ausnahme für die Verwertung eigener Forschung, obwohl die

837 *Haase*, DStR 2019, 827 (833); *Schnitger/Nitzschke/Gebhardt*, IStR 2016, 960 (967).
838 Vgl. 95.
839 Vgl. 220.
840 So auch *Schnitger/Nitzschke/Gebhardt*, IStR 2016, 960 (967); *Schönfeld*, IStR 2017, 721 (725); *Haase*, DStR 2019, 827 (833); *Linn*, IStR 2016, 645 (650); *Becker/Loose*, BB 2018, 215 (217).
841 *Schönfeld*, IStR 2019, 397 (400).
842 BT-Drs. 55.
843 *Schönfeld*, IStR 2017, 721 (725).

EU doch der Forschung und Entwicklung in ihrer „Europe 2020"-Stragie eine besondere Bedeutung zumisst?[844] An der sekundärrechtlichen Umsetzungsverpflichtung ändert der Befund, dass die ATAD hinsichtlich Lizenzeinkünften kein Musterbeispiel für eine zielgenaue, moderne Hinzurechnungsbesteuerung ist, allerdings nichts. Auch das Argument, dass es in der Praxis bei eigener Forschungstätigkeit im Ergebnis aufgrund des Aktivitätstests des Art. 7 Abs. 2 UAbs. 2 ATAD nicht zu einer Hinzurechnungsbesteuerung käme, kann nicht überzeugen, da die Substanzausnahme ausweislich der ATAD für Drittstaatenfälle optional ist.[845]

### *e) Dividenden und Anteilsveräußerungen*

Die ATAD qualifiziert Dividenden und Einkünfte aus der Veräußerung von Anteilen in ihrem Art. 7 Abs. 2 lit. a iii) als uneingeschränkt passiv. Die alte deutsche Rechtslage sah hingegen die uneingeschränkte Aktivität von Gewinnausschüttungen von Kapitalgesellschaften vor; Veräußerungsgewinne konnten nach einem – zugegebenermaßen schwierig zu erbringenden – Nachweis ebenfalls als aktiv behandelt werden. Mithin erscheint die ATAD auf den ersten Blick strenger, sodass diesbezüglich ein Anpassungsbedarf naheliegt. Tatsächlich bedarf es für die Beurteilung der ATAD-Konformität allerdings einer detaillierteren Betrachtung: Es stellt sich die Frage, ob die ATAD so ausgelegt werden muss, dass Dividenden und Veräußerungsgewinne weiterhin als aktiv angesehen werden können, wenn ein Mitgliedstaat (wie Deutschland) ein System der Steuerfreistellung von ausländischen Dividenden und Anteilsveräußerungsgewinnen verfolgt.

Dass die Hinzurechnungsbesteuerung nach der ATAD beide Einkünftekategorien uneingeschränkt als passiv einstuft, erklärt sich vor dem Hintergrund, dass sie nur nicht ausgeschüttete Gewinne der Besteuerung unterwirft. Bezieht der inländische Anteilseigner die Dividenden oder den Veräußerungsgewinn unmittelbar von der beherrschten ausländischen Gesellschaft, erfolgt mithin keine Hinzurechnungsbesteuerung. Und auch bei tiefergestaffelten Beteiligungsstrukturen ergibt sich nichts anderes, da die ATAD die Anwendung der Hinzurechnungsbesteuerung auf die erste Gesellschaft „hinter der Grenze" verschiebt.

Die deutsche Hinzurechnungsbesteuerung erfolgt hingegen ausschüttungsunabhängig. Der Ansatz ist damit bei beiden Regelungen

844 *Linn*, IStR 2016, 645 (650).

845 *Linn*, IStR 2016, 645 (650); *Böhmer/Oppel*, IWB 2020, 4 (12).

grundverschieden: Anders als bei der ATAD soll die deutsche Hinzurechnungsbesteuerung nicht nur eine längere Thesaurierung passiver, niedrig besteuerter Einkünfte verhindern, sondern zusätzlich sichergestellt werden, dass für Gewinnausschüttungen eine ausreichende steuerliche Vorbelastung vor Anwendung der Steuerbefreiung gemäß § 8b KStG vorliegt. Solange für die Einkünfte, die den Gewinnausschüttungen und Veräußerungsgewinnen zugrunde liegen, selbst die Anwendung der Hinzurechnungsbesteuerung sichergestellt ist oder diese aus dem Inland stammen, besteht systematisch kein Bedürfnis eine Hinzurechnungsbesteuerung anzuwenden.[846] Bei der alten deutschen Rechtslage wurde über § 14 AStG a.F. die Anwendung der Hinzurechnungsbesteuerung auch in tiefergestaffelten Beteiligungsstrukturen sichergestellt. Insofern war bereits die alte Rechtslage richtlinienkonform.[847] De lege lata wird an dem Grundsatz, dass Gewinnausschüttungen und Veräußerungsgewinne unschädlich sind festgehalten. Die ATAD steht dem, wie gesehen, grundsätzlich nicht entgegen. Allerdings werden nun auf Grund der ATAD bestimmte Fälle von Dividenden als schädlich eingestuft, für die § 8b KStG keine Steuerbefreiung vorsieht.

### *f) Einkünfte aus dem Betrieb von Kreditinstituten oder Versicherungsunternehmen nicht richtlinienkonform ausgestaltet?*

Die ATAD stuft in Art. 7 Abs. 2 lit. a sublit. v) Einkünfte aus Tätigkeiten von Versicherungen und Banken und aus anderen finanziellen Tätigkeiten als passiv ein.[848] Nach § 8 Abs. 3 Nr. 3 AStG a.F. waren Einkünfte aus dem Betrieb von Kreditinstituten und oder Versicherungsunternehmen im Ausgangspunkt hingegen aktiv, soweit für diese Geschäfte ein in kaufmännischer Weise eingerichteter Betrieb unterhalten wurde.[849] Auf den ersten Blick entsprach die alte

846 *Schönfeld*, IStR 2017, 721 (725).

847 So auch *Linn*, IStR 2016, 645 (650); *Schnitger/Nitzschke/Gebhardt*, IStR 2016, 960 (967 f.); *Schönfeld*, IStR 2017, 721 (725); *Haase*, DStR 2019, 827 (833).

848 Dies mag zunächst vor dem Hintergrund der enormen aufsichtsrechtlichen Anforderungen verwundern. Der Richtliniengeber hatte aber vermutlich rein konzerninterne Versicherer und Banken im Blick, vgl. *Schönfeld*, IStR 2017, 721 (726). Art. 7 Abs. 2 lit. a sublit. v) ATAD muss daher in engem Zusammenhang mit der Ausnahme der Hinzurechnungsbesteuerung für einen eingerichteten Geschäftsbetrieb gemäß Art. 7 Abs. 2 Buchtst. a UAbs. 2 ATAD gesehen werden, vgl. *Schnitger/Nitzschke/Gebhardt*, IStR 2016, 960 (968).

849 Vgl. 50.

Rechtslage damit nicht den strengeren Anforderungen der ATAD. Gleichwohl wurde in der Literatur diagnostiziert, dass die Regelung der ATAD in der Praxis keine Änderung gegenüber der deutschen Rechtslage hervorrufen würde.[850] Denn auch nach der ATAD findet im Ergebnis die Hinzurechnungsbesteuerung bei Bank- und Versicherungsgeschäften aufgrund des Substanztests des Art. 7 Abs. 2 S. 2 ATAD in der Regel keine Anwendung. In Deutschland war eine Qualifizierung als aktive Einkünfte nach § 8 Abs. 1 Nr. 3 AStG nur vorgesehen, wenn das Kreditinstitut oder Versicherungsunternehmen im aufsichtsrechtlichen Sinn betrieben wurde[851] und für seine Geschäfte einen in kaufmännischer Weise eingerichteten Betrieb unterhalten hat. Liegen diese Voraussetzungen vor, so sollte auch das Ausüben einer wesentlichen wirtschaftlichen Tätigkeit im Sinne des Aktivitätstests des Art. 7 Abs. 2 Buchtst. a UAbs. 2 ATAD bejaht werden können. Mithin lässt sich festhalten, dass in der Praxis sowohl nach der ATAD als auch nach dem AStG häufig keine Hinzurechnungsbesteuerung anzuwenden wäre. Sonstige unregulierte Unternehmen der Finanzbranche hingegen sollten nach beiden Regelungen der Hinzurechnungsbesteuerung unterfallen.

Allerdings betrifft dies eben nur tendenzielle Ergebnisse; für die Beurteilung der Richtlinienkonformität muss jeder Einzelfall in den Blick genommen werden. Sobald sich die ausländische Finanzierungsgesellschaft außerhalb der EU oder des EWR befindet, kann man mit der ATAD doch zu einer Hinzurechnungsbesteuerung kommen, wenn man bedenkt, dass die Richtlinie in Art. 7 Abs. 2 Buchtst. a UAbs. 3 nur die Option einräumt, den Substanztest in Drittstaatenfällen nicht anzuwenden. Eine andere Beurteilung ergibt sich aber, wenn man im Rahmen der primärrechtskonformen Auslegung den Anwendungsbereich des ATAD-Substanztests zwingend auf Drittstaatensachverhalte erstreckt.[852] Nimmt man also einen Gleichklang zwischen dem von der deutschen Regelung geforderten aufsichtsrechtlich akzeptierten und kaufmännisch eingerichteten Geschäftsbetrieb einerseits und dem Substanztest der ATAD andererseits an, wäre die deutsche Regelung richtlinienkonform. De lege lata wird, wie gesehen, der Substanztest nach Vorbild der ATAD bei der deutschen Regelung zu den Einkünften aus Bank- und Versicherungstätigkeit bereits

850 *Schönfeld*, IStR 2017, 721 (726); *Haase*, DStR 2019, 827 (833); *Schnitger/Nitzschke/Gebhardt*, IStR 2016, 960 (968).

851 Vgl. *Wassermeyer/Schönfeld*, in: Flick/Wassermeyer/Baumhoff/Schönfeld, Außensteuerrecht, § 8 Rn. 87 und 97.

852 Vgl. 193 S. 164 f.

vorgelagert in die Tatbestandsprüfung integriert, sodass nun insofern jeder Zweifel an der Sekundärrechtswidrigkeit ausgeräumt sein sollte. Zudem wurde § 8 Abs. 1 Nr. 3 AStG mit dem ersten Referentenentwurf noch weiter verschärft, indem von aktiven Einkünften nur noch dann auszugehen ist, wenn die ihnen zugrunde liegenden Geschäfte nicht zu mehr als einem Drittel (zuvor: überwiegend) mit dem Steuerpflichtigen oder ihm nahestehenden Personen betrieben werden. Insofern wird von dem in Art. 7 Abs. 3 UAbs. 2 ATAD festgelegten Wahlrecht der ATAD Gebrauch gemacht, was zu dem grotesken Ergebnis führt, dass die eigentlich als für den Steuerpflichtigen begünstigend gedachte Regelung in Deutschland zu einer Verschärfung der Rechtslage führt.

### *g) Finanzierungsleasing*

Einkünfte aus Finanzierungsleasing werden gemäß Art. 7 Abs. 2 lit. a sublit. iv) ATAD als eigenständige Einkünftekategorie aufgeführt und ebenfalls uneingeschränkt als passiv qualifiziert. In der ATAD findet sich zwar keine eigenständige Definition,[853] es dürften aber sowohl die laufenden Einkünfte aus dem Leasing als auch der Gewinn aus dem Verkauf des Leasinggegenstandes gemeint sein[854]. Jedenfalls unterfällt das Finanzierungsleasing nach deutschem Recht den Einkünften aus dem Betrieb eines Kreditinstituts gemäß § 8 Abs. 1 Nr. 3 AStG, da es eine Sonderform des Kreditgeschäfts darstellt.[855] Denn das Finanzierungsleasing ist ein Leasing, bei dem der Leasinggeber dem Leasingnehmer neben dem Nutzungsrecht für den Leasinggegenstand auch dessen Finanzierungsrisiko überträgt. Dem Leasinggeber verbleiben mithin lediglich das Kreditrisiko und die Pflicht, bestimmte Dienstleistungen anzubieten. Insofern gilt das zuvor zu Einkünften aus dem Betrieb von Kreditinstituten oder Versicherungsunternehmen Gesagte.

Anders verhält es sich mit dem Operating Leasing, welches auf die Nutzung eines Objekts für eine kurze Dauer ohne anschließenden Eigentumserwerb angelegt ist, flexible Kündigungsfristen aufweist und bei dem das Investitions- und Absatzrisiko vom Leasinggeber getragen wird. Die ATAD führt Einkünfte aus Operating Leasing explizit nicht in ihrem Passivkatalog auf und qualifiziert

853 In Art. 2 Abs. 1 ATAD findet sich lediglich der Hinweis, dass die Finanzierungskosten im Rahmen von Finanzierungsleasing als Fremdkapitalkosten zu behandeln sind.

854 *Schnitger/Nitzschke/Gebhardt*, IStR 2016, 960 (968).

855 *Rödel*, in: Kraft, AStG, § 8 Rn. 145 ff.; *Wassermeyer/Schönfeld* in: Flick/Wassermeyer/Baumhoff/Schönfeld, Außensteuerrecht, § 8 Rn. 94.

sie folglich *e contrario* als aktiv.[856] Nach deutschem Recht ist das Operating Leasing unter § 8 Abs. 1 Nr. 6 lit. c) AStG (Vermietung und Verpachtung von beweglichen Sachen) zu subsumieren[857] und damit im Grundsatz passiv. Mithin ist die deutsche Rechtslage diesbezüglich schon im Ausgangspunkt restriktiver. Es gilt also das unter b) gesagte: Ob die nationale Hinzurechnungsbesteuerungsregelung im Einzelfall zu dem gleichen Ergebnis (aktive Einkünfte) kommt, oder die Einkünfte als passiv qualifiziert und damit über die ATAD hinausgeht, ist vor dem Hintergrund der Ausgestaltung der Richtlinie als Mindeststandard unerheblich.

### *h) Abrechnungsunternehmen – ein Neologismus mit Übersetzungsproblem*

Gemäß Art. 7 Abs. 2 lit. a sublit. vi) ATAD sind Einkünfte von „Abrechnungsunternehmen“ (englisch: „invoicing companies“) passiv. Der Begriff ist in der englischen Sprache einmalig und auch die deutsche Übersetzung ist sprachlich ungewöhnlich, dem deutschen (Steuer-)Recht bisweilen fremd und insofern eine Wortneuschöpfung.[858] Nahbarer wird die Terminologie des „Abrechnungsunternehmens“ durch den Zusatz in der ATAD, dass diese Unternehmen „Einkünfte aus dem Verkauf von Waren und der Erbringung von Dienstleistungen erzielen, die von verbundenen Unternehmen erworben oder [sic!][859] an diese verkauft werden“. Mithin sollen mit Art. 7 Abs. 2 lit. a sublit. vi) ATAD rein konzerninterne Vertriebs- und Dienstleistungsgesellschaften als schädlich qualifiziert werden, die ausschließlich innerhalb des Konzerns Transaktionen tätigen, nicht jedoch Konzerngesellschaften, die entweder von fremden Dritten kaufen oder an fremde Dritte verkaufen. Der Anwendungsbereich von

---

856 Vgl. *Haase*, DStR 2019, 827 (833).

857 *Schnitger/Nitzschke/Gebhardt*, IStR 2016, 960 (968).

858 Teilweise werden die mit der Abrechnung von Betriebskosten im Rahmen eines Mietverhältnisses (Heizkosten, Wasser- und Wärmezähler) beauftragten Unternehmen als Abrechnungsunternehmen bezeichnet. Ansonsten taucht der Begriff manchmal auch im Inkassobereich bei Forderungsabtretungen auf.

859 In der deutschen Fassung der ATAD wird die Formulierung „oder“ verwendet. Dies ist ein Übersetzungsfehler; richtigerweise müssen Waren und Dienstleistungen von verbundenen Unternehmen kumulativ (!) erworben und verkauft werden, so auch: *Schnitger/Nitzschke/Gebhardt*, IStR 2016, 960 (969); *Linn*, IStR 2016, 645 (651); *Becker/Loose*, BB 2018, 215 (219 f.). Zum einen wird beispielsweise in der englischen, in der französischen und auch in der spanischen Fassung auf ein „und“ abgestellt. Zum anderen entspricht diese Auslegung auch dem Sinn und Zweck der ATAD besser.

Abrechnungsunternehmen wird durch den Zusatz der ATAD „und keinen oder nur geringen wirtschaftlichen Mehrwert bringen“ nochmals eingeschränkt. Im Ergebnis qualifiziert die ATAD in Art. 7 Abs. 2 lit. a sublit. vi) ATAD nur rein konzerninterne Vertriebs- und Dienstleistungsgesellschaften als schädlich, bei denen keine echte Wertschöpfung stattfindet, weil sie nur ein geringes Funktions- und Risikoprofil aufweisen (z.B. Low Risk Distributor).[860] *Schönfeld* merkt an, dass die Einkünfte eines solchen Dienstleisters ohnehin gering ausfallen, das Interesse der Hinzurechnungsbesteuerung mithin eher gering sein dürfte und im Übrigen, für den Fall, dass die Einkünfte gemessen am Funktions- und Risikoprofil zu hoch ausfallen, eine Korrektur vorrangig nach allgemeinen Grundsätzen (§ 1 AStG, vGA) erfolgen sollte.[861]

Der Aktivkatalog der deutschen Hinzurechnungsbesteuerung kennt den Begriff des Abrechnungsunternehmens jedenfalls nicht. Der Gesetzgeber hat sich auch bewusst dafür entschieden, eine solche Terminologie nicht einzuführen und ist der Meinung, dass die nur marginal geänderten § 8 Abs. 1 Nr. 4 und 5 AStG den Art. 7 Abs. 2 lit. a sublit. vi) die ATAD umsetzen.[862] Dem ist im Ergebnis zuzustimmen: Zunächst muss festgehalten werden, dass die von der ATAD als passiv qualifizierten Einkünfte aus Abrechnungsunternehmen nach dem deutschen Recht nur dann ebenfalls passiv wären, wenn sie in dem Aktivkatalog aufgeführt sind. Eine ausdrückliche Begriffsbezeichnung liegt wie gesehen nicht vor. Am ehesten vergleichbar ist Art. 7 Abs. 2 lit. a sublit. vi) ATAD mit dem Handels- und Dienstleistungstatbestand des AStG. Zwar sind nach den Nummern 4 und 5 Handel und Dienstleistung grundsätzlich aktive Tätigkeiten, sie gelten aber als passiv, soweit der unbeschränkt Steuerpflichtige oder ein ihm Nahestehender schädlich an der Leistungserbringung mitwirkt. Der Gegenbeweis des „in kaufmännischer Weise eingerichteten Geschäftsbetriebs“ gelingt dem Steuerpflichtigen nur, wenn die Tätigkeiten ohne die Mitwirkung von ihm oder einer ihm nahestehenden Person ausgeübt werden. Insofern werden die von der ATAD als schädlich angesehenen rein konzerninternen Vertriebs- und Dienstleistungsgesellschaften, bei denen keine echte Wertschöpfung stattfindet, weil sie nur ein geringes Funktions- und Risikoprofil aufweisen, auch nach deutschem Recht als passiv qualifiziert.[863]

---

860 So auch *Schnitger/Nitzschke/Gebhardt*, IStR 2016, 960 (969); *Schönfeld*, IStR 2017, 721 (726).

861 *Schönfeld*, IStR 2017, 721 (726).

862 BT-Drs. 19/28652, S. 55.

863 So auch *Schnitger/Nitzschke/Gebhardt*, IStR 2016, 960 (969).

## IV. Niedrigbesteuerung

### *1. Umsetzungsmaßnahme*

Die Tatbestandsvoraussetzung der Niedrigbesteuerung ist nun nicht mehr in § 8 Abs. 3 AStG, sondern in einem neuen Absatz 5 geregelt. Neben dieser redaktionellen Änderung ergeben sich kaum Unterschiede zu der alten Fassung. De lege lata ist – wie auch schon in den Referentenentwürfen – weiterhin eine Niedrigsteuergrenze von 25 % vorgesehen.[864] Eine Niedrigbesteuerung liegt mithin vor, wenn die Einkünfte, für welche die ausländische Gesellschaft Zwischengesellschaft ist, einer ertragsteuerlichen Belastung von weniger als 25 % unterliegen. Begründet wird diese steuerpolitische Entscheidung – wenig überzeugend – damit, dass man dem Ergebnis der vielversprechenden Abstimmungen über die Einführung einer globalen Mindestbesteuerung (GloBE) auf OECD-Ebene[865] nicht durch unilaterale Regelungen vorgreifen möchte.[866]

Neben dem maßgeblichen Steuersatz bleiben auch der Bezugspunkt und die Ermittlung der Niedrigbesteuerung unverändert. Wie bereits in der alten Fassung ist nicht die tarifliche Steuerbelastung im Ausland maßgeblich, sondern es wird auf die effektive Steuerbelastung abgestellt. Eine Niedrigbesteuerung liegt also auch weiterhin vor, wenn der Quotient aus der tatsächlichen im Ansässigkeitsstaat der ausländischen Gesellschaft entrichteten Ertragsteuer und den nach deutschen Ermittlungsregeln errechneten passiven Einkünften[867] 25 % unterschreitet. Auch die Regelung zur Verhinderung des Malta-Modells, die statuiert, dass etwaige Steuererstattungsansprüche im Fall einer Gewinnausschüttung in die Belastungsrechnung einzubeziehen sind, bleibt unverändert und findet sich nun in § 8 Abs. 5 S. 2 AStG.

---

864 Vgl. zu dem Ringen um die Niedrigbesteuerungsschwelle 202 S. 202 ff.

865 Vgl. dazu 317.

866 BT-Drs. 19/28652, S. 51.

867 Insofern wurde nun eher klarstellend ein Verweis auf § 10 Abs. 3 AStG eingefügt. Ein wesentlicher Unterscheid ergibt sich aber dadurch, dass im Rahmen von § 10 Abs. 3 AStG nun die Anwendung von § 8b KStG nicht mehr ausgeschlossen wird. Nach alter Rechtslage waren Veräußerungsgewinne nahezu immer niedrig besteuert, da sie nach deutschem Steuerrecht ohne Anwendung von § 8b Abs. 2 KStG ermittelt wurden und die tatsächlich erhobene ausländische Steuer (mit Freistellung des Veräußerungsgewinns) dazu ins Verhältnis gesetzt wurde, vgl. dazu *Böhmer/Oppel*, IWB 2020, 5 (14).

### 2. *Sekundärrechtliche Bewertung*

#### a) *Absenkung der Niedrigbesteuerungsgrenze erforderlich?*

Zunächst lässt sich festhalten, dass die ATAD eine von der deutschen Regelung abweichende Konzeption aufweist: Während in Deutschland eine fixer Schwellenwert für die Niedrigbesteuerung vorgegeben wird, stellt die ATAD auf eine relative Niedrigbesteuerungsschwelle in Abhängigkeit des inländischen Körperschaftsteuersatzes im Staat des Gesellschafters ab.[868] Konzeptionell ist sekundärrechtlich gleichwohl keine Änderung der Regelungstechnik geboten, solange exakt den Vorgaben der ATAD entsprochen (Richtlinien sind eben nur hinsichtlich ihres Ziels verbindlich[869]) oder sogar ein höheres Maß an Schutz der inländischen Körperschaftsteuerbemessungsgrundlage gewährt wird (Mindestschutzniveauklausel des Art. 3 ATAD[870]). In concreto muss der fixe Schwellenwert bei mindestens 50 % des inländischen Körperschaftsteuersatzes liegen. Für Deutschland mit seiner Körperschaftsteuer in Höhe von 15 % bedeutet dies, dass die absolute Niedrigbesteuerungsquote richtlinienkonform bis auf 7,5 % abgesenkt werden könnte; eine höhere Quote und damit schärfere Regelung ist aber ebenfalls richtlinienkonform.[871] Selbst unter zusätzlicher Berücksichtigung der Gewerbesteuer ergibt sich kein anderes Bild.[872] Dementsprechend wird in der Gesetzesbegründung richtigerweise festgestellt, dass mit einem Niedrigsteuersatz von 25 % den Vorgaben der ATAD entsprochen wird.[873]

*Schönfeld* stellt die Überlegung an, dass ungeachtet der Ausgestaltung der Richtlinie als Mindestschutzniveau aus Art. 7 Abs. 1 lit. b ATAD für die Mitgliedstaaten zumindest die Verpflichtung erwächst, die Niedrigsteuergrenze unterhalb ihres eigenen Steuerniveaus zu ziehen.[874] Der Zweck der ATAD sei die steuerliche Missbrauchsbekämpfung und mit der Definition der Niedrigbesteuerung gehe es darum, einen steuerlichen Missbrauch zu typisieren. Aus

868 Vgl. 53 und 93.

869 Vgl. 85 und 197.

870 Vgl. 86.

871 So auch *Schnitger/Nitzschke/Gebhardt*, IStR, 2016, 960 (964); *Böhmer/Gebhardt/Krüger*, in: Hagemann/Kahlenberg, ATAD-Kommentar, Art. 7 Rn. 265; *Linn*, IStR 2016, 645 (648 f.).

872 Vgl. mit ausführlicher Berechnung: *Zieglmaier*, Die Hinzurechnungsbesteuerung als Instrument gegen Steuerumgehung, 2018, S. 235, 237.

873 BT-Drs. 19/28652, S. 57.

874 *Schönfeld*, IStR 2017, 721 (723).

diesem Grund könne der betreffende Staat keine Niedrigbesteuerungsgrenze festlegen, die oberhalb des inländischen Steuerniveaus liegt. Dem ist insoweit zuzustimmen, als dass Deutschland sich bei einem Gewerbesteuer-Hebesatz von unter 262 % selbst als Niedrigbesteuerungsland qualifiziert. Dies führt zum Beispiel bei Immobilieneinkünften zu der grotesken Situation, dass in Deutschland erzielte und versteuerte Einkünfte einer ausländischen Gesellschaft der Hinzurechnungsbesteuerung unterliegen können.[875] Eine Absenkung der Niedrigsteuergrenze von 25 % auf 15 % wäre zwar aufgrund der soeben thematisierten fehlenden Missbrauchstypisierung und vor dem Hintergrund der historischen Orientierung an dem deutschen Körperschaftsteuersatz[876], sowie dem international andauernden steuerrechtlichem Unterbietungswettlauf[877] angezeigt. Die ATAD gibt eine solche Anpassung aber aufgrund ihres Mindestschutzniveaus nicht zwingend vor. Insbesondere kam es den Mitgliedstaaten bei ihrem Einigungsprozess ganz entscheidend darauf an, auch strengere Regelungen erlassen bzw. ihre strengeren Regelungen behalten zu können.

### *b) Gesamtbetrachtung sekundärrechtlich verpflichtend?*

Ein weiterer konzeptioneller Unterschied ergibt sich mit Blick auf den Bezugspunkt für die Ermittlung der Niedrigbesteuerung: Während die ATAD zur Ermittlung der Niedrigbesteuerung eine Gesamtbetrachtung aller aktiven und passiven Einkünfte des beherrschten ausländischen Unternehmens anstellt (es wird auf die Gewinne des beherrschten ausländischen Unternehmens abgestellt), segmentiert die deutsche Regelung die Einkünfte und berücksichtigt bei der Berechnung der Niedrigbesteuerung nur die passiven Einkünfte. Dieser Unterschied in der Konzeption kann im Einzelfall zu abweichenden Ergebnissen führen, wie *Schnitger, Nitzschke und Gebhardt* gezeigt haben.[878] Da der

---

875 Vgl. dazu *Eilers/Henning*, ISR 2015, 422 (428).

876 Die ursprüngliche Niedrigbesteuerungsgrenze von 30 % (die damals noch deutlich unter der körperschaftsteuerlichen Belastung von nicht ausgeschütteten Gewinnen lag) wurde im Jahr 2001 im Zuge des Wechsels von dem Anrechnungs- auf das Freistellungsverfahren exakt auf den Körperschaftsteuersatz von 25 % abgesenkt; eine weitere korrespondierende Absenkung unterblieb, vgl. dazu bereits 53.

877 In den letzten Jahren haben viele Länder ihre Steuersätze gesenkt. Der „race to the bottom" hat zur Konsequenz, dass es kaum noch Länder gibt, die nicht unter die Niedrigbesteuerung fallen. *Linn* zählte im Jahr 2016 im Wesentlichen nur Frankreich, Japan, Italien, Spanien und USA (vgl. *Linn*, IStR 2016, 645 (648)), wobei – soweit ersichtlich mittlerweile Japan (23,2 %), USA (21 %) und Italien (24 %) ebenfalls von dieser Liste gestrichen werden können.

878 *Schnitger/Nitzschke/Gebhardt*, IStR, 2016, 960 (964 f.).

deutsche Ansatz verschiedene Einkünfte nicht vermischt, können nur passive Einkünfte, die isoliert betrachtet niedrigbesteuert sind, der Hinzurechnungsbesteuerung unterliegen. Es ist diesbezüglich unerheblich, ob das beherrschte ausländische Unternehmen darüber hinaus auch hochbesteuerte aktive oder passive Einkünfte erzielt.[879] Demgegenüber kann sich durch die Durchschnittsbetrachtung der ATAD eine in beide Richtungen wirkende „Infizierung" ergeben: Für sich isoliert betrachtet hochbesteuert passive Einkünfte können durch niedrigbesteuerte aktive Einkünfte nach der ATAD ebenfalls als niedrigbesteuert angesehen werden. Umgekehrt können isoliert betrachtet niedrigbesteuerte passive Einkünfte nicht der Hinzurechnungsbesteuerung unterliegen, wenn umfangreiche hochbesteuerte Einkünfte bei der Gesellschaft vorliegen. Während der zweite Fall eine für den Steuerpflichtigen günstige Infizierung darstellt und die ATAD somit weniger streng als die deutsche Regelung ist, muss für den ersten Fall der belastenden Infizierung die Richtlinienkonformität aufgrund der großzügigeren deutschen Regelung diskutiert werden.

Auch wenn die Konzeption der ATAD nach dem Wortlaut und der Systematik der ATAD eindeutig von der deutschen Regelung abweicht und, wie gesehen, im Einzelfall auch strenger ist, so ist meiner Einschätzung nach eine Gesamtbetrachtung sekundärrechtlich nicht verpflichtend. Wie *Haase* richtigerweise anmerkt, weicht die Hinzurechnungsbesteuerungsregelung der ATAD mit ihrem System der Gesamtbetrachtung von der Grundidee der Hinzurechnungsbesteuerung ab, nur die gezielte Verlagerung von passiven Einkünften in das niedrig besteuernde Ausland zu verhindern.[880] Er ist aber der Auffassung, dass eine richtlinienkonforme Auslegung der deutschen Regelung unter Berufung auf den soeben skizzierten Sinn und Zweck aufgrund des eindeutigen Wortlautes nicht möglich ist.[881] Gegen eine Sekundärrechtswidrigkeit der deutschen Regelung spricht aber, dass die ATAD mit ihrer Unterscheidung zwischen Option A (kategorisierender Ansatz) und Option B (Funktionsanalyse) den Mitgliedstaaten sowohl die Möglichkeit einräumt, ihre Hinzurechnungsbesteuerungsregelungen auf bestimmte Kategorien von Einkünften zu erstrecken, als auch nur auf die der Tochtergesellschaft künstlich zugeleiteten Einkünfte abzustellen. Im Rahmen der Richtlinienumsetzung muss es daher möglich sein, die Hinzurechnungsbesteuerung nur isoliert auf die Einkünfte

879 Etwas anderes ergibt sich nur aufgrund einer funktionalen Betrachtungsweise bei untergeordneten Nebenerträgen, vgl. 49.
880 *Haase*, DStR 2019, 827 (835).
881 *Haase*, DStR 2019, 827 (835).

anzuwenden, die einer niedrigen Steuerbelastung unterliegen, unabhängig davon, ob das beherrschte ausländische Unternehmen insgesamt niedrig besteuert ist.[882] Die systematisch sinnvolle Unterscheidung zwischen aktiven und passiven Einkünften ist damit zulässig und verhindert die je nach Fallgestaltung systemwidrigen Ergebnisse der ATAD. Auch der deutsche Gesetzgeber hat dieses Problem gesehen und kommt zu dem gleichen Ergebnis. In der Gesetzesbegründung heißt es:

> *„Nach dem bisherigen § 8 Abs. 3 AStG kommt es darauf an, ob die passiven Einkünfte niedrig besteuert sind (vergleiche Tz. 8.3.2.5 des Anwendungsschreibens zum Außensteuergesetz vom 14. Mai 2004, BStBl I Sondernummer 1/2004, 3). Art. 7 Abs. 1 S. 1 Buchst. b ATAD stellt dagegen auf die Steuerlast der Zwischengesellschaft für alle Einkünfte ab, das heißt einschließlich der aktiven Einkünfte. Da es Sinn und Zweck der ATAD ist, die Verlagerung passiver und niedrigbesteuerter Einkünfte zu verhindern, ist für die Feststellung der Niedrigbesteuerung systematisch weiterhin auf die passiven Einkünfte abzustellen.“*[883]

## V. Substanztest

### *1. Umsetzungsmaßnahme*

#### *a) Anforderungen und Voraussetzungen für den Substanznachweis*

Der vormals in § 8 Abs. 2 AStG geregelte Substanztest ist nun auf die Absätze 2 bis 4 aufgeteilt, wobei an der Grundkonzeption des bestehenden Motivtests festgehalten wird. Es ist daher für den Steuerpflichtigen weiterhin möglich (und auch primärrechtlich zwingend erforderlich[884]) einen Gegenbeweis anzutreten und eine gewisse Substanz der ausländischen[885] Gesellschaft nachzuweisen, um die Hinzurechnungsbesteuerung abzuwenden. Im Gegensatz zu der alten Fassung verlangt § 8 Abs. 2 S. 1 AStG nicht mehr den Nachweis einer „tatsächlichen“, sondern einer „wesentlichen“ wirtschaftlichen Tätigkeit der ausländischen Gesellschaft in dem Staat, in dem sie ihren Sitz oder ihre Geschäftsleitung hat. Insofern wurde der Wortlaut der ATAD übernommen.[886]

---

882 So auch *Schnitger/Nitzschke/Gebhardt*, IStR, 2016, 960 (964).

883 BT-Drs. 19/28652, S. 57.

884 Vgl. 181 ff.

885 Bei der Ergänzung des Adjektivs „ausländische“ vor Gesellschaft in § 8 Abs. 2 AStG n.F. handelt es sich lediglich um eine redaktionelle Anpassung, vor dem Hintergrund, dass in den §§ 7 ff. AStG seit jeher die Terminologie der „ausländischen Gesellschaft“ verwendet wurde.

886 Vgl. zu dem abweichenden Wortlaut der ATAD von der EuGH-Rechtsprechung (wirkliche wirtschaftliche Tätigkeit) bereits 97.

Während dieses zentrale Merkmal in § 8 Abs. 2 AStG a.F. nicht näher definiert wurde, sondern seine Konkretisierung durch Rechtsprechung, Finanzverwaltung und Gesetzesbegründung[887] erfuhr, finden sich nun Teile aus dem alten BMF-Schreiben[888] als gesetzlich fixierte Kriterien in § 8 Abs. 2 S. 2 und S. 3 AStG. Voraussetzung für eine wesentliche wirtschaftliche Tätigkeit ist insbesondere der Einsatz der für die Ausübung der Tätigkeit erforderlichen sachlichen und personellen Ausstattung in diesem Staat (§ 8 Abs. 2 S. 2 AStG). Zudem muss die Tätigkeit durch hinreichend qualifiziertes Personal selbstständig und eigenverantwortlich ausgeübt werden (§ 8 Abs. 2 S. 3 AStG). Hinsichtlich der Konkretisierung besteht damit Ähnlichkeit zur ATAD, die Personal, Ausstattung, Vermögenswerte und Räumlichkeiten als Maßstab anführt.[889] Durch die Adjektive „selbstständig und eigenverantwortlich" geht die deutsche Regelung aber über die sekundärrechtlichen Vorgaben hinaus.[890]

§ 8 Abs. 2 S. 4 AStG entspricht dem Satz 5 der alten Fassung.[891] Danach sind der wesentlichen wirtschaftlichen Tätigkeit nur die Einkünfte der Gesellschaft zuzuordnen, die durch diese Tätigkeit erzielt werden und nur insoweit, als der Fremdvergleichsgrundsatz des § 1 AStG beachtet worden ist. Mit anderen Worten führt das Bestehen des Substanztests nicht dazu, dass die Hinzurechnungsbesteuerung vollends unterbleibt; vielmehr wird weiterhin eine segmentierende Betrachtungsweise vorgenommen.[892] Des Weiteren schließt der neue § 8 Abs. 2 S. 5 AStG – der systematisch an § 50d Abs. 3 S. 3 Alt. 2 EStG angelehnt ist – die Möglichkeit des Substanztests aus, wenn die Gesellschaft ihre wesentliche wirtschaftliche Tätigkeit überwiegend durch Dritte besorgen lässt.

### *b) Territoriale Reichweite des Substanztests*

Was die territoriale Reichweite des Substanztests angeht ist zu konstatieren, dass die Möglichkeit des Gegenbeweises nach wie vor nur für ausländische Gesellschaften besteht, die ihren Sitz oder ihre Geschäftsleitung innerhalb der EU oder des EWR haben. Zusätzlich kann der Substanznachweis nur dann erbracht werden, wenn der entsprechende Staat am zwischenstaatlichen

887 BT-Drs. 16/6290, S. 133; BR-Drs. 544/07, S. 123.
888 BMF-Schreiben v. 08.01.2007, IV B 4, S 1351 – BStBl I 2007, S. 99.
889 Vgl. 97.
890 Vgl. *Haase/Hofacker*, Ubg 2019, 260 (265).
891 Auch hier wurde nur korrespondierend zu § 8 Abs. 2 S. 1 AStG die „tatsächliche wirtschaftliche Tätigkeit durch „wesentliche wirtschaftliche Tätigkeit" ersetzt.
892 *Schönfeld*, in: Flick/Wassermeyer/Baumhoff/Schönfeld., Außensteuerrecht, § 8 AStG Rn. 501; *Vogt*, in: Blümich, AStG, § 8 AStG Rn. 172.

Informationsaustausch teilnimmt.[893] Diese Einschränkungen der territorialen Reichweite des Substanztests finden sich nun nicht mehr in § 8 Abs. 2 AStG, sondern wurden in die neuen Absätze 3 und 4 ausgegliedert. Die redaktionelle Änderung ist aufgrund der Übersichtlichkeit zu begrüßen. Gleichwohl muss aber auch festgehalten werden, dass sich die Änderungen hinsichtlich der territorialen Reichweite letztlich in redaktionellen Anpassungen erschöpft haben: Dem Vernehmen nach war in einem frühen, inoffiziellen Stadium des ersten Referentenentwurfs zum ATAD-Umsetzungsgesetz der Motivtest in § 8 Abs. 3 S. 2 AStG immerhin für Drittstaatengesellschaften eröffnet, die grundsätzlich passive Einkünfte aus Handel (§ 8 Abs. 1 Nr. 4 AStG), Dienstleistungen (§ 8 Abs. 1 Nr. 5 AStG), der Nutzungsüberlassung von immateriellen Wirtschaftsgütern (§ 8 Abs. 1 Nr. 6 lit. a AStG) oder der Vermietung und Verpachtung von beweglichen Sachen (§ 8 Abs. 1 Nr. 6 lit. c AStG) erzielen.[894] Weder im Gesetzesentwurf noch in einem der offiziellen Referentenentwürfe taucht ein entsprechender Satz 2 in Absatz 3 auf. Mithin lässt sich festhalten, dass der deutsche Substanztest weiterhin nicht in Drittstaatenfällen greift.

## 2. *Sekundärrechtliche Bewertung*

### a) *Anforderungen und Voraussetzungen für den Substanznachweis*

Der deutsche Substanztest ist grundsätzlich ATAD-konform ausgestaltet. Das zentrale Tatbestandsmerkmal „tatsächliche wirtschaftliche Tätigkeit" wurde an den Wortlaut der Richtlinie („wesentliche wirtschaftliche Tätigkeit") angepasst. Zudem enthält die deutsche Regelung Konkretisierungen, die mit den Kriterien der ATAD vergleichbar sind. Aber selbst bei sprachlichen Unterschieden (z.B. Beibehaltung von „tatsächlich" statt „wesentlich") sollte der nationale Substanztest immer noch richtlinienkonform ausgelegt werden können.[895]

Ein erster Unterschied zur ATAD ergibt sich jedoch mit Blick auf die Geschäftsbesorgung durch Dritte. Der neue § 8 Abs. 2 S. 5 AStG unterstellt unwiderlegbar, dass das ausländische Unternehmen die für die ausgeübte Tätigkeit erforderlichen sachlichen und personellen Voraussetzungen – insbesondere qualifiziertes Personal welches die Tätigkeit selbständig und in eigener Verantwortung ausführt – nicht erfüllt, wenn sie diese überwiegend

893 In § 8 Abs. 2 S. 2 AStG a.F. wurde noch speziell auf die Amtshilferichtlinie abgestellt, woraus sich aber keine Unterschiede ergeben.

894 *Haase/Hofacker*, Ubg 2019, 260 (265); *Schönfeld*, IStR 2019, 397 (401).

895 *Böhmer/Gebhardt/Krüger*, in: Hagemann/Kahlenberg, ATAD-Kommentar, Art. 7 Rn. 283; Im Ergebnis auch *Schnitger/Nitzschke/Gebhardt*, IStR 2016, 960 (969).

durch Dritte besorgen lässt. Der Umstand, dass diese neue Regelung wohl der gefestigten BFH-Rechtsprechung zu § 8 Abs. 1 AStG a.F., wonach outgesourcte Tätigkeiten wie eigene zu behandeln sind, widerspricht,[896] hat für die sekundärrechtliche Beurteilung keine Relevanz. Auch ein Verstoß gegen die ATAD ist darin nicht zu erblicken, da der Substanztest aufgrund des Mindestschutzniveaus strenger ausgestaltet werden kann. Die Frage zielt vielmehr dahin, ob es sich bei § 8 Abs. 2 S. 5 AStG um einen typisierenden Missbrauchstatbestand ohne Entlastungsmöglichkeit handelt, welcher nach der Rechtsprechung des EuGH grundsätzlich unzulässig ist. Der nationale Gesetzgeber befindet sich in einem Umsetzungkorridor zwischen ATAD und Grundfreiheiten. Der Frage wird daher im fünften Kapitel nachzugehen sein.

Der zweite große Unterschied besteht in der segmentierenden Betrachtungsweise des deutschen Substanztests. Der wesentlichen wirtschaftlichen Tätigkeit sind nur die Einkünfte zuzuordnen, die durch die Tätigkeit selbst erzielt wurden und dies auch nur insoweit, als der Fremdvergleichsgrundsatz beachtet worden ist. Die ATAD kennt eine solche Segmentierung grundsätzlich nicht; liegen die Anforderungen des Substanztests vor, so findet die Hinzurechnungsbesteuerung nach dem Wortlaut des Art. 7 Abs. 2 UAbs. 2 ATAD („wenn“) keine Anwendung.[897] Eine Sekundärrechtswidrigkeit resultiert aus diesem Befund allerdings nicht, wenn man die schon bei der Niedrigbesteuerung angeführte systematische Argumentation beachtet.[898] Mithin sollte auch eine segmentierende Betrachtungsweise bei dem Substanztest ATAD-konform sein.

### b) *Territoriale Reichweite des Substanztest*

Auch weiterhin besteht die Möglichkeit des Gegenbeweises nur für ausländische Gesellschaften, die ihren Sitz oder ihre Geschäftsleitung innerhalb der EU oder des EWR haben. Die ATAD lässt in ihrem Art. 7 Abs. 2 S. 3 ausdrücklich die Möglichkeit offen, dass Mitgliedstaaten den Motivtest auch in Drittstaatenfällen anwenden können; zwingend ist dies nach der ATAD aber gerade nicht. Insofern ist die nationale Umsetzungsmaßnahme grundsätzlich richtlinienkonform. Allerdings ist zu bedenken, dass die *X GmbH*-Entscheidung zeitlich nach der Verabschiedung der ATAD ergangen ist und daher noch nicht in Art. 7 Abs. 2 Buchst. a) ATAD integriert wurde. Bei der Umsetzung der Richtlinie in nationales Recht ist daher zu berücksichtigen, dass – wie im dritten

896 *Haase/Hofacker*, Ubg 2019, 260 (265).
897 Vgl. 97.
898 Vgl. 238.

Kapitel gezeigt – das mitgliedstaatliche Optionsrecht der ATAD primärrechtskonform im Sinne einer Pflicht zur Ausnahme von der Hinzurechnungsbesteuerung ausgelegt werden muss, wenn die Kapitalverkehrsfreiheit im Verhältnis zu Drittstaaten beeinträchtigt ist.[899] Der deutsche Gesetzgeber scheint eine Beeinträchtigung der Kapitalverkehrsfreiheit sowohl durch die ATAD-Vorschriften, als auch durch die nationale Umsetzungsmaßnahme jedenfalls nicht anzunehmen: In der Gesetzesbegründung wird darauf verwiesen, dass die Optionsmöglichkeit der ATAD primärrechtlich nicht zu beanstanden ist, da nach der Rechtsprechung des EuGH bei Drittstaaten-Sachverhalten die Berufung auf die Kapitalverkehrsfreiheit ausgeschlossen sei, wenn die betreffende Regelung allein den Anwendungsbereich der Niederlassungsfreiheit betreffe und die Beherrschungsvoraussetzungen der ATAD (Art. 7 Abs. 1 S. 1 Buchst. a) ausschließlich die Niederlassungsfreiheit berühren würden.[900] Die Möglichkeit des Gegenbeweises erstreckt sich daher weiterhin nur auf EU/EWR-Fälle; § 8 Abs. 3 AStG schließt den Motivtest im Verhältnis zu Drittstaaten-Gesellschaften aus. Begründet wird dies damit, dass die Vorschriften in § 8 Abs. 1 AStG als Motivtest den in kaufmännischer Weise eingerichteten Geschäftsbetrieb mit Teilnahme am allgemeinen wirtschaftlichen Verkehr kennen.[901] Auf diesen Befund wird im fünften Kapitel zurückzukommen sein.

## VI. Freigrenze

### *1. Umsetzungsmaßnahme*

Auch weiterhin findet sich in § 9 AStG eine Freigrenze bei gemischten Einkünften, die der Vereinfachung dienen und Gesellschaften mit aktivem Gesamtcharakter von der Hinzurechnungsbesteuerung befreien soll.[902] Die Hinzurechnungsbesteuerung unterbleibt daher nach wie vor, wenn kumulativ eine relative und eine absolute Freigrenze nicht überschritten werden. Die passiven Einkünfte dürfen zunächst nicht mehr als 10 % der gesamten Einkünfte der ausländischen Gesellschaft betragen („gesellschaftsbezogene relative Freigrenze"). Klarstellend wurde nun festgelegt, dass sich die relative Freigrenze auf das für die Zwischengesellschaft maßgebende Wirtschaftsjahr im Sinne des § 7 Abs. 2 AStG bezieht.[903] Des Weiteren wird im Rahmen der Berechnung

---

899 Vgl. 193.

900 BT-Drs. 19/28652, S. 57.

901 BT-Drs. 19/28652, S. 57.

902 Vgl. 57.

903 BT-Drs. 19/28652, S. 58.

der relativen Freigrenze nicht mehr auf die Bruttoerträge, sondern auf die Einkünfte der ausländischen Gesellschaft abgestellt. Dies dürfte sachlich aber kaum Auswirkungen haben, weil nur die Referenzgröße geändert worden ist.[904]

Was die absolute Freigrenze betrifft, so wurde schon mit dem ersten Referentenentwurf die nach der alten Rechtslage ebenfalls zu berücksichtigende „gesellschaftsbezogene absolute Freigrenze“ von 80.000 € verworfen; aus Praktikabilitätsgründen wurde die gesellschafterbezogene absolute Freigrenze aber für weiterhin sachgerecht befunden. So dürfen auch weiterhin die aufgrund der relativen Freigrenze außer Acht zu lassenden Beträge bei einem Steuerpflichtigen insgesamt nicht 80.000 € übersteigen („gesellschafterbezogene absolute Freigrenze“).

## 2. *Sekundärrechtliche Bewertung*

Die ATAD sieht in ihrem Art. 7 Abs. 3 – falls man den kategorisierenden Ansatz des Art. 7 Abs. 2 lit. a ATAD anwendet – und in ihrem Art. 7 Abs. 4 – falls man die Funktionsanalyse des Art. 7 Abs. 2 lit. b ATAD anwendet – ebenfalls Freigrenzenregelungen vor. Diese sind ausweislich des Wortlautes „so kann der Mitgliedstaat“ (Abs. 3) und „Die Mitgliedstaaten können“ (Abs. 4) optional.[905] Mithin besteht für diese De-minimis-Klauseln keine Umsetzungsverpflichtung. Entscheidet sich ein Mitgliedstaat allerdings für eine Freigrenzenregelung und damit für eine den Steuerpflichtigen begünstigende Ausnahme von der Hinzurechnungsbesteuerung, so darf diese vor dem Hintergrund des Mindeststandards freilich nicht großzügiger sein als die Ausnahmebestimmungen der ATAD. Andersherum kann ein Mitgliedstaat aber engere als in der ATAD vorgesehene Freigrenzenregelungen erlassen.

Deutschland wendet einen kategorisierenden Ansatz an, sodass die Freigrenzenregelung des Art. 7 Abs. 3 ATAD für die sekundärrechtliche Bewertung maßgeblich ist.[906] Art. 7 Abs. 3 ATAD enthält zwei optionale Anknüpfungspunkte.[907] Einerseits kann die Hinzurechnungsbesteuerung nicht angewendet werden, wenn ein Drittel oder weniger als ein Drittel der Einkünfte des Unternehmens passiv sind (Art. 7 Abs. 3 S. 1 ATAD). Die deutsche Regelung ist

904 *Haase/Hofacker*, Ubg 2019, 260 (266).

905 Vgl. 97.

906 Da es sich um Alternativkonzepte handelt, darf keine Freigrenze nach Art. 7 Abs. 4 ATAD eingeführt werden, so auch *Schnitger/Nitzschke/Gebhardt*, IStR 2016, 960 (975).

907 Vgl. 97.

gleich in doppelter Hinsicht strenger und damit richtlinienkonform ausgestaltet: Zum einen ist die von der ATAD formulierte gesellschaftsbezogene relative Freigrenze sogar nur bei 10 % der Einkünfte angesetzt und zum anderen darf zusätzlich nicht die gesellschafterbezogene absolute Freigrenze in Höhe von 80.000 € überschritten werden. Ausweislich der Gesetzesbegründung wurde die relative Freigrenze an die Bestimmungen der ATAD dahingehend angepasst, dass im Rahmen der Berechnung der Grenze künftig nicht mehr auf die Bruttoerträge, sondern auf die Einkünfte der ausländischen Gesellschaft abgestellt wird.[908] Da der Bezugspunkt der relativen Freigrenze geändert wurde, ist die Sekundärrechtskonformität unzweifelhaft zu bejahen.

Andererseits können die Mitgliedstaaten nach Art. 7 Abs. 3 S. 2 ATAD darüber hinaus Finanzunternehmen von der Hinzurechnungsbesteuerung ausnehmen, wenn ein Drittel der gesamten Einkünfte aus Transaktionen mit dem Steuerpflichtigen oder seinem verbundenen Unternehmen stammt.[909] Eine solche Freigrenze wurde zwar nicht in den § 9 AStG übernommen, findet sich aber seit dem dritten Referentenentwurf direkt im Passivkatalog als Ausnahme, die Einkünfte aus Finanzunternehmen doch als schädlich qualifiziert (vgl. § 8 Abs. 1 Nr. 3 AStG). Dieses Vorgehen ist sekundärrechtlich unbedenklich.

## VII. Rechtsfolgen

### *1. Umsetzungsmaßnahme*

#### *a) Grundkonzeption: Ausschüttungsunabhängiger Transactional Approach*

Die rechtsfolgenseitige Grundkonzeption der deutschen Hinzurechnungsbesteuerung bleibt gleich. Liegen die Tatbestandsvoraussetzungen vor, besteht die Rechtsfolge nach § 7 Abs. 1 S. 1 a.E. AStG darin, dass die Einkünfte, für die diese Gesellschaft Zwischengesellschaft ist, bei dem unbeschränkt Steuerpflichtigen entsprechend seiner unmittelbaren und mittelbaren Beteiligung am Nennkapital steuerpflichtig sind. Die deutsche Regelung folgt damit auch weiterhin dem „Transactional Approach“. Rechtstechnisch werden nach wie vor in einem ersten Schritt auf der Ebene der ausländischen Gesellschaft die Einkünfte ermittelt, auf deren Basis sodann ein Hinzurechnungsbetrag gebildet und bei dem unbeschränkt Steuerpflichtigen angesetzt wird. In einem zweiten Schritt erfolgt auf Ebene des unbeschränkt Steuerpflichtigen die Einkünftequalifikation und

908 BT-Drs. 19/28652, S. 58.
909 Vgl. 98.

Besteuerung, wobei die Hinzurechnungsbesteuerung auch weiterhin ungeachtet einer tatsächlichen Ausschüttung erfolgt.[910]

### *b) Ermittlung der Zwischeneinkünfte*

Die dem Hinzurechnungsbetrag unterliegenden Einkünfte werden wie bisher auch gemäß § 10 Abs. 3 S. 1 AStG in entsprechender Anwendung der Vorschriften des deutschen Steuerrechts ermittelt. Während nach alter Rechtslage dem Steuerpflichtigen ein Wahlrecht zwischen der Einnahmenüberschussrechnung des § 4 Abs. 3 EStG und dem Betriebsvermögensvergleich nach § 4 Abs. 1 oder § 5 EStG zugestanden wurde (§ 10 Abs. 3 S. 2 AStG a.F.), ist dies de lege lata nicht mehr der Fall. An gleicher Stelle wird nun angeordnet, dass alle Einkünfte, für die die ausländische Gesellschaft Zwischengesellschaft ist, als Einkünfte aus Gewerbebetrieb zu behandeln sind und deren Ermittlung nach § 4 Abs. 1 EStG zu erfolgen hat. Die nun zwingende Ermittlung durch Bilanzierung resultiert ausweislich der Gesetzesbegründung aus der Praxiserfahrung, dass zur Vermeidung der Hinzurechnungsbesteuerung die Einnahmenüberschussrechnung genutzt wurde, selbst wenn nach ausländischem Recht die Gewinnermittlung durch Bestandsvergleich vorgeschrieben war oder freiwillig angewandt wurde.[911] Auch die zwingende Qualifizierung als Einkünfte aus Gewerbebetrieb wird mit der Vermeidung der Umgehung der Hinzurechnungsbesteuerung begründet.[912] Es ist nun nicht mehr möglich, die Steuerpflicht bestimmter Einkünfte (z.B. der Veräußerungsgewinn aus einem Grundstücksverkauf) durch die Einschaltung einer vermögensverwaltenden Zwischengesellschaft zu umgehen.[913]

Gemäß § 10 Abs. 3 S. 4 1. Hs AStG bleiben steuerliche Vergünstigungen, die an die unbeschränkte Steuerpflicht oder an das Bestehen eines inländischen Betriebs oder einer inländischen Betriebsstätte anknüpfen, unberücksichtigt. Dieser Ausschluss steuerlicher Begünstigungen entspricht der alten Rechtslage und kann nach wie vor kritisch gesehen werden.[914] Auch die Vorschriften des Umwandlungssteuergesetzes dürfen weiterhin nicht angewendet werden. Abweichend von der alten Rechtslage wird die Anwendung der Zinsschranke

910 Vgl. 58.

911 BT-Drs. 19/28652, S. 59.

912 BT-Drs. 19/28652, S. 59.

913 Der § 8 Abs. 2 KStG, der für unbeschränkt Körperschaftsteuerpflichtige alle Einkünfte als Einkünfte aus Gewerbebetrieb qualifiziert, greift bei ausländischen Körperschaften nicht.

914 Vgl. zur Kritik *Haase/Hofacker*, Ubg 2019, 260 (267); vgl. auch Fn. 159.

des § 4h EStG (i.V.m. § 8a Abs. 1 und 2 KStG) und der Lizenzschranke des § 4j EStG nun nicht mehr ausgeschlossen. Gleiches gilt für § 8b Abs. 1 und 2 KStG.

Die Regelungen zum Verlustabzug sind in ihrem Ausgangspunkt unverändert geblieben. § 10 Abs. 3 S. 5 AStG regelt wortgleich zu seiner Vorgängervorschrift, dass Verluste, die bei Einkünften entstanden sind, für die die ausländische Gesellschaft Zwischengesellschaft ist in entsprechender Anwendung des § 10d EStG abgezogen werden können. Allerdings ordnet § 10 Abs. 3 S. 6 AStG abweichend von der alten Rechtslage[915] an, dass ein Verlustrücktrag nun nicht mehr zulässig ist. Durch diese Einschränkung des Verlustabzugs bleibt also de lege lata nur noch die Möglichkeit des Verlustvortrags.

Unverändert bleibt § 10 Abs. 4 AStG, der den Betriebsausgabenabzug beschränkt. Ein Abzug ist nur für solche Betriebsausgaben zulässig, die mit den Einkünften, für die die ausländische Gesellschaft Zwischengesellschaft ist, in wirtschaftlichem Zusammenhang stehen.[916] Der neu eingefügte § 10 Abs. 5 AStG regelt den Wertansatz von Wirtschaftsgütern bei erstmaliger Anwendung der Hinzurechnungsbesteuerung in Bezug auf eine ausländische Gesellschaft. Die Vorschrift entspricht dem § 21 Abs. 3 AStG a.F. und wurde nur aus systematischen Gründen in den § 10 AStG verschoben.[917] Wirtschaftsgüter sind demnach mit den Werten anzusetzen, die sich ergeben würden, wenn seit der Übernahme der Wirtschaftsgüter durch die ausländische Gesellschaft die Vorschriften des deutschen Steuerrechts angewendet worden wären.[918]

### *c) Ermittlung des Hinzurechnungsbetrags und Zuordnung zum Steuerpflichtigen*

#### *aa) Ermittlung des Hinzurechnungsbetrags*

§ 10 Abs. 1 S. 1 AStG stellt, wie seine Vorgängervorschrift, die Grundregel auf, dass die nach § 7 Abs. 1 steuerpflichtigen Einkünfte bei dem Steuerpflichtigen[919] als Hinzurechnungsbetrag steuerpflichtig sind. Darüber hinaus wurde der Absatz 1 aber neu gefasst: Im Rahmen der Hinzurechnungsbetragsermittlung

915 Der § 10 Abs. 3 S. 6 a.F. AStG entfällt als Folge des Wegfalls des Abzugs der Steuern von den Einkünften nach § 10 Abs. 1 AStG.

916 Vgl. 59.

917 Vgl. BT-Drs. 19/28652, S. 59.

918 Dazu kritisch: *Haase/Hofacker*, Ubg 2019, 260 (267).

919 Hier wurde das Adjektiv „unbeschränkt“ gestrichen, da gemäß § 7 Abs. 1 S. 4 AStG nun auch beschränkt Steuerpflichtige erfasst werden können, vgl. 207 und 214.

ist ein Abzug der von der Zwischengesellschaft entrichteten Steuern nun nicht mehr zulässig.[920] Insofern wurden § 10 Abs. 1 S. 1 AStG a.F. stark gekürzt und die Sätze 2 und 3 ersatzlos gestrichen. Der § 10 Abs. 1 S. 4 AStG a.F. ist nun – inhaltlich unverändert – zum neuen Satz 2 der Vorschrift geworden. Bei einem negativen Hinzurechnungsbetrag entfällt damit weiterhin die Hinzurechnung; eine Verrechnung mit positiven Einkünften aus anderen Einkunftsquellen ist nicht möglich. Ein Verlustausgleich zwischen Ober- und Untergesellschaft ist im Falle nachgeschalteter Zwischengesellschaften mit dem Wegfall des § 14 AStG ebenfalls ausgeschlossen.

Der neue § 10 Abs. 6 AStG sieht nun vor, dass der Hinzurechnungsbetrag insoweit zu kürzen ist, wie bestimmte Investmenterträge in dem Hinzurechnungsbetrag zugrunde liegenden Einkünften enthalten sind. Die Einfügung ist vor folgendem Hintergrund zu sehen: Grundsätzlich wird der Vorrang der Vorschriften des Investmentsteuergesetz gegenüber der Hinzurechnungsbesteuerung mit § 7 Abs. 5 S. 1 AStG aufrecht gehalten, es sei denn, die Zwischengesellschaft betreibt ihre den Einkünften zugrunde liegenden Geschäfte zu mehr als einem Drittel mit dem Steuerpflichtigen oder ihm nahestehenden Personen (§ 7 Abs. 5 S. 2 AStG). Kommt es daher ausnahmsweise zur gleichzeitigen Anwendung der Hinzurechnungsbesteuerung und des Investmentsteuergesetzes, soll der neue § 10 Abs. 6 AStG eine daraus resultierende Doppelbesteuerung durch die Minderung des Hinzurechnungsbetrags vermeiden. Dies gilt ausweislich der Gesetzesbegründung auch für die Vorabpauschale, die nach § 18 Absatz 3 InvStG erst zu einem späteren Zeitpunkt zufließt.[921] Durch den konkreten Verweis auf die beiden Vorschriften des Investmentsteuergesetzes wird zudem klargestellt, dass § 10 Abs. 6 AStG lediglich der Vermeidung einer Doppelbesteuerung im Falle der Thesaurierung dient; für die Vermeidung einer Doppelbesteuerung im Falle der Ausschüttung des Investmentfonds gilt § 11 AStG.

#### *bb) Zuordnung zum Steuerpflichtigen*

Für die Zuordnung des Hinzurechnungsbetrags zu den Steuerpflichtigen ist gemäß § 7 Abs. 1 S. 1 a.E. AStG auch weiterhin primär deren Beteiligung am Nennkapital der Gesellschaft maßgeblich. Falls das Nennkapital ausnahmsweise für die Gewinnverteilung nicht maßgebend ist oder die Gesellschaft gar

920 Vgl. dazu sogleich ausführlich die Ausführung bei der Vermeidung der Doppelbesteuerung.

921 Vgl. BT-Drs. 19/28652, S. 59.

kein Nennkapital hat, so ist gemäß § 7 Abs. 1 S. 3 AStG für die Steuerpflicht der Einkünfte der Maßstab für die Gewinnverteilung zugrunde zu legen. Dies entspricht ebenfalls der alten Rechtslage (§ 7 Abs. 5 AStG a.F.).[922]

Nach alter Rechtslage wurden mittelbare Beteiligungen über ausländische Gesellschaften zwar auf Tatbestandsebene einbezogen, indem sie anteilig im Umfang der Beteiligung an der vermittelnden Gesellschaft zur Prüfung der Inländerbeherrschung berücksichtigt wurden (§ 7 Abs. 2 S. 2 AStG a.F.). Auf Rechtsfolgenseite verlangte der § 7 Abs. 1 AStG a.F. aber eine unmittelbare Beteiligung des Steuerinländers am Nennkapital der Zwischengesellschaft. § 14 AStG a.F. ordnete daher ergänzend eine übertragene Zurechnung an, um die Zwecke der Hinzurechnungsbesteuerung auch bei tief gegliederten Gesellschaftsnetzen durchzusetzen.[923] De lege lata findet nach dem ausdrücklichen Wortlaut des § 7 Abs. 1 AStG die Hinzurechnung nun nicht nur entsprechend einer unmittelbaren, sondern auch hinsichtlich einer mittelbaren Beteiligung statt. Mit der konzeptionellen Änderung des Beherrschungskriteriums[924] wird also der Hinzurechnungsbetrag einer nachgeschalteten Zwischengesellschaft direkt dem inländischen Steuerpflichtigen zugerechnet. Eine übertragene Zurechnung muss nicht mehr vorgenommen werden, sodass der § 14 AStG a.F. ersatzlos gestrichen wurde. In diesem Kontext schließt der neu eingefügte § 7 Abs. 1 S. 2 AStG rechtsfolgenseitig eine Hinzurechnungsbesteuerung bei mittelbaren Beteiligungen aus, wenn auf Ebene der zwischengeschalteten Gesellschaft bereits eine Hinzurechnungsbesteuerung nach dem AStG oder vergleichbaren ausländischen Vorschriften erfolgt ist und die danach hinzugerechneten Einkünfte dadurch insgesamt keiner niedrigen Besteuerung unterliegen. Die erste Alternative (vorgeschaltete Hinzurechnungsbesteuerung nach dem AStG) stellt sicher, dass die Hinzurechnungsbesteuerung bei tief gegliederten Gesellschaftsnetzen auch weiterhin nur bei der ersten inländischen Gesellschaft anfällt. Dies war nach alter Rechtslage bereits der Fall, weil § 7 Abs. 1 AStG a.F. eben nur auf eine unmittelbare Beteiligung abgestellt hat. Die Notwendigkeit des § 7 Abs. 1 S. 2 Alt. 1 AStG ergibt sich daher aus der Einführung des gesellschafterbezogenen Beherrschungserfordernisses und der damit einhergehenden Berücksichtigung von mittelbaren Beteiligungen auf Rechtsfolgenseite. Die zweite Alternative (vorgeschaltete ausländische Hinzurechnungsbesteuerung) möchte eine Doppelbesteuerung vermeiden, greift aber

922 Vgl. 60.
923 Vgl. 47.
924 Vgl. 212.

zu kurz, weil sie nur bei mittelbaren Beteiligungen („nach unten“) greift, aber nicht dem Umstand Rechnung trägt, dass das neue Beherrschungskonzept der gesellschafterbezogenen Betrachtungsweise unter Berücksichtigung nahestehender Personen in alle Richtungen ausstrahlt.[925]

### *d) Qualifizierung und Besteuerung des Hinzurechnungsbetrags*

Wie bisher qualifiziert § 10 Abs. 2 S. 1 AStG den Hinzurechnungsbetrag für den Fall, dass die Beteiligung an der entsprechenden Zwischengesellschaft im Privatvermögen gehalten wird, als Einkünfte aus Kapitalvermögen im Sinne des § 20 Abs. 1 Nr. 1 EStG. Bei einer Beteiligung im Betriebsvermögen findet weiterhin eine Umqualifikation statt: Der Hinzurechnungsbetrag gehört in diesem Fall gemäß dem insofern unveränderten § 10 Abs. 2 S. 2 AStG weiterhin den Einkünften aus Gewerbebetrieb, Land- und Forstwirtschaft oder selbstständiger Arbeit an. In diesem Kontext stellt der neu eingefügte § 10 Abs. 2 S. 3 AStG klar, dass in drei- oder mehrstufigen Beteiligungsverhältnissen die Zuordnung der durch den Steuerpflichtigen unmittelbar gehaltenen Beteiligung maßgeblich ist. Eine Qualifikation des Hinzurechnungsbetrags als Einkünfte aus Gewerbebetrieb, Land- und Forstwirtschaft oder selbstständiger Arbeit nach § 10 Abs. 2 S. 2 AStG kommt bei mehrstufigen Beteiligungsverhältnissen also nur in Betracht, wenn die Anteile an der unmittelbar gehaltenen Gesellschaft, die die Beteiligung an der Zwischengesellschaft vermittelt, dem Betriebsvermögen des Steuerpflichtigen zuzuordnen sind.

Eine Abweichung zur alten Rechtslage ergibt sich im Hinblick auf den Zeitpunkt der Hinzurechnung. Bisher fand die Zurechnung grundsätzlich periodenverschoben erst unmittelbar nach dem Ablauf des maßgebenden Wirtschaftsjahres der ausländischen Gesellschaft statt.[926] Nun wurden § 10 Abs. 2 S. 1 und 2 dahingehend geändert, dass die zeitliche Erfassung des Hinzurechnungsbetrags mit Ablauf des Veranlagungszeitraums beziehungsweise Wirtschaftsjahres erfolgt, in dem das jeweilige Wirtschaftsjahr der ausländischen Gesellschaft endet. Während der Zufluss des Hinzurechnungsbetrags nach alter Rechtslage also eine logische Sekunde nach Ablauf des maßgebenden Wirtschaftsjahres der Zwischengesellschaft fingiert wurde, erfolgt der Zufluss

925 *Haase/Hofacker*, Ubg 2019, 260 (261).

926 Diesbezüglich wurde kritisiert, dass die zeitliche Inkongruenz zwischen Steueranrechnung und Zeitpunkt der Hinzurechnung zu einer Strafbesteuerung führen kann, vgl. *Bauernschmitt,* in: Haase, AStG/DBA, § 10 Rn. 55.

de lege lata begrüßenswerterweise als letzter Akt des Wirtschaftsjahres und damit periodengleich.

Der § 10 Abs. 2 S. 3 AStG a.F. findet sich nun in Satz 4 der Vorschrift und war im ersten Referentenentwurf noch unverändert. Die Anwendung der für Dividenden geltenden steuerlichen Vergünstigungen (§ 3 Nr. 40 1 lit. d EStG, 32d EStG, § 8b Abs. 1 KStG) auf den Hinzurechnungsbetrag ist demnach weiterhin ausgeschlossen. Seit dem zweiten Referentenentwurf ist nun auch klarstellend[927] die Anwendbarkeit von § 9 Nr. 7 GewStG ausgeschlossen. Schließlich wurde § 10 Abs. 2 S. 4 AStG a.F., der die entsprechende Anwendung des § 3c Abs. 2 EStG anordnete, ersatzlos gestrichen, da ausweislich der Gesetzesbegründung der Hinzurechnungsbetrag für sich steht und nicht die Ermittlung der Einkünfte des Steuerpflichtigen aus seiner Beteiligung berührt.[928]

### *e) Vermeidung der Doppelbesteuerung*

#### *(aa) Anrechnung ausländischer Steuern*

Nach der alten deutschen Rechtslage konnte die im Ausland auf die Zwischeneinkünfte erhobene Steuer gemäß § 10 Abs. 1 S. 2 AStG a.F. abgezogen oder auf Antrag nach § 12 Abs. 1 AStG a.F. angerechnet werden.[929] De lege lata ist kein Steuerabzug nach § 10 Abs. 1 S. 2 AStG a.F. mehr vorgesehen.[930] Vielmehr findet nun – „um das Ziel der Gesetzesregelung zu wahren, unangemessene Steuervorteile zu vermeiden, ohne darüber hinausgehende Mehrbelastungen aufzuerlegen“[931] – sowohl für die von der Zwischengesellschaft entrichteten Steuern, als auch für vorgeschaltete Hinzurechnungsbesteuerungen, ein einheitliches System der Steueranrechnung nach § 12 AStG Anwendung.

Gemäß § 12 Abs. 1 S. 1 AStG sind auf die Einkommen- oder Körperschaftsteuer des Steuerpflichtigen, die auf den Hinzurechnungsbetrag entfällt, die zu Lasten der Zwischengesellschaft auf die dem Hinzurechnungsbetrag unterliegenden Einkünfte tatsächlich erhobenen Steuern anzurechnen. Dabei vollzieht sich die Anrechnung, wie bisher auch, in entsprechender Anwendung der Vorschriften des § 34c Abs. 1 EStG und des § 26 Abs. 1 und 2 S. 1 KStG.[932] Der

---

927 Der Hinzurechnungsbetrag unterfällt, wie bereits nach geltendem Recht, weiterhin der Gewerbesteuer, vgl. 61.

928 BT-Drs. 19/28652. S. 58.

929 Vgl. 62.

930 Vgl. dazu bereits 249.

931 BT-Drs. 19/28652. S. 62.

932 Diese Klarstellung befand sich in § 12 Abs. 2 AStG a.F. und wurde nun in den Absatz 3 verschoben.

nach der alten Rechtslage notwendige Antrag auf Steueranrechnung entfällt dabei konsequenterweise de lege lata, da kein Steuerabzug nach § 10 Abs. 1 S. 2 AStG a.F. mehr vorgesehen ist. Der neue § 12 Abs. S. 2 AStG nimmt dabei die Regelung des § 10 Abs. 1 S. 3 AStG a.F. auf und begrenzt die Steueranrechnung für die „Malta-Modell" Fälle des § 8 Abs. 5 S. 2 AStG:[933] Gewährt der ausländische Ansässigkeitsstaat im Falle von Gewinnausschüttungen der Zwischengesellschaft dem Steuerpflichtigen oder einer anderen Gesellschaft, an der der Steuerpflichtige unmittelbar oder mittelbar beteiligt ist, Ansprüche, so sind die anzurechnenden Steuern um diesen entsprechenden Betrag zu kürzen.[934]

Der neu gefasste § 12 Abs. 2 AStG regelt nun ausdrücklich, dass die im Ausland tatsächlich erhobene Steuer im Wege einer der deutschen Hinzurechnungsbesteuerung vergleichbaren Besteuerung auf Antrag des Steuerpflichtigen auf seine Einkommen- oder Körperschaftsteuer, die auf den Hinzurechnungsbetrag entfällt, angerechnet werden kann.[935] Diese Anrechnungsmöglichkeit muss im Zusammenhang mit dem neu eingefügten § 7 Abs. 1 S. 2 AStG gesehen werden.[936] Dieser schließt bereits tatbestandsseitig eine Hinzurechnungsbesteuerung bei mittelbaren Beteiligungen aus, wenn die Zwischeneinkünfte bereits bei der die Beteiligung vermittelnden Person einer der deutschen Regelung vergleichbaren Hinzurechnungsbesteuerung unterliegen und die danach hinzugerechneten Einkünfte dadurch insgesamt keiner niedrigen Besteuerung im Sinne des § 8 Abs. 5 AStG unterliegen.

Der bisherige § 12 Abs. 3 AStG a.F., der die Anrechnung von ausländischen Quellensteuern aus Gewinnausschüttungen der Zwischengesellschaft statuierte, entfällt. Der Regelung bedarf es nicht mehr, da der neue Kürzungsbetrag des § 11 AStG (dazu sogleich) eine Anrechnung von Quellensteuern im Jahr der Gewinnausschüttung nach den allgemeinen Grundsätzen ermöglicht.[937] Dafür

---

933 Vgl. Fn. 135.

934 Vgl. dazu kritisch *Benecke/Schnitger*, IStR 2010, 432 (432 ff.); *Eismayr/Linn*, NWB 2011, 30 (30 ff.); *Haase/Hofacker*, Ubg 2019, 260 (268). Es wird zwar eingestanden, dass die Regelung fiskalisch nachvollziehbar ist, gleichwohl wird aber bemängelt, dass der Gesetzgeber systematisch unzulässig die Ebene des Gesellschafters mit der Ebene der Zwischengesellschaft vermengt.

935 Zuvor war dies nur im Anwendungsschreiben zum AStG kodifiziert, vgl. BMF, Schreiben v. 14.05.2004, IV B 4 – 11/04, BStBl I Sondernummer. 1/2004, 3, Tz. 14.1.5.

936 Vgl. 250.

937 § 3 Nr. 41 EStG a.F., der Gewinnausschüttungen von der Steuer befreite, sodass für die Quellensteuern im Ausschüttungsjahr kein Anrechnungsvolumen vorhanden

wurde der ehemalige § 12 Abs. 2 AStG a.F., der klarstellt, dass sich die Anrechnung in entsprechender Anwendung der Vorschriften des § 34c Abs. 1 EStG und des § 26 Abs. 1 und 2 S. 1 KStG vollzieht, in den Absatz 3 verschoben. In einem frühen Stadium vor dem ersten offiziellen Referentenentwurf waren in § 12 Abs. 3 S. 2 bis 4 AStG dem Vernehmen nach Regelungen für eine Anrechnung der Gewerbesteuer vorgesehen.[938] Für den Fall, dass nach der Anrechnung auf die inländische Körperschaftsteuer Anrechnungsüberhänge entstehen, sollten diese auf die nach § 16 Abs. 1 GewStG festgesetzte Gewerbesteuer angerechnet werden, soweit die Gewerbesteuer auf den Hinzurechnungsbetrag entfällt. Die ohnehin nur in Klammern gesetzten Sätze 2 bis 4 waren jedoch in den späteren offiziellen Versionen des Referentenentwurfs und sind auch in der Gesetzesfassung nicht mehr vorhanden, sodass es bei der fehlenden Möglichkeit der Anrechnung auf die Gewerbesteuer bleibt.

*(bb) Nachfolgende Gewinnausschüttungen und Veräußerungsgewinne – Kürzungsbetrag statt Steuerbefreiung*

Wie gesehen wird der Hinzurechnungsbetrag in die Bemessungsgrundlage der Einkommen- bzw. Körperschaftsteuer sowie in den Gewerbeertrag einbezogen.[939] Da die deutsche Hinzurechnungsbesteuerung auch weiterhin keinen Unterschied zwischen thesaurierten und ausgeschütteten Gewinnen macht, stellt sich nach wie vor die Frage, wie eine im Falle einer tatsächlichen Gewinnausschüttung der ausländischen Gesellschaft oder eines Veräußerungsgewinns entstehende Doppelbesteuerung vermieden werden kann.

Nach alter Rechtslage wurde die Doppelbesteuerung gemäß § 3 Nr. 41 lit. a) bzw. b) EStG a.F. durch eine Freistellung der Gewinnausschüttungen und Veräußerungsgewinne erreicht, wenn aus einer Beteiligung an derselben Zwischengesellschaft Hinzurechnungsbeträge im aktuellen oder in den vorangegangenen sieben Kalender- oder Wirtschaftsjahren der Einkommensteuer unterlegen haben. Über den Verweis in § 8 Abs. 1 S. 1 KStG galt für die Körperschaftsteuer das gleiche; bei der Gewerbesteuer unterblieb gemäß § 8 Nr. 5 S. 2 GewStG a.F. diesbezüglich eine Hinzurechnung. De lege lata findet keine Steuerbefreiung mehr statt. § 3 Nr. 41 EStG a.F. wurde aufgehoben. Stattdessen wird die Vermeidung einer Doppelbesteuerung im Ausschüttungs- bzw.

---

war und daher § 12 Abs. 3 AStG a.F. die Anrechnung sicherstellen musste, wurde gestrichen.

938 Vgl. dazu *Haase/Hofacker*, Ubg 2019, 260 (269 f.).

939 Vgl. 61.

Veräußerungsfall durch Berücksichtigung eines Kürzungsbetrags gewährleistet. Dazu stellt der neu gefasste § 11 AStG ein konzeptionell ungewohntes und im Vergleich zur bisherigen Steuerbefreiung komplexes System auf. Korrespondierend dazu wurde § 8 Nr. 5 S. 2 GewStG neu gefasst, um weiterhin sicherzustellen, dass durch die Erhöhung des Gewerbeertrags eine Ausschüttung, die bereits der Hinzurechnungsbesteuerung unterlag, nicht nochmals der Gewerbesteuer unterworfen wird. Eine gewerbesteuerliche Hinzurechnung nach § 8 Nr. 5 S. 1 GewStG unterbleibt demnach, soweit die Bezüge im Sinne des § 11 Abs. 1 AStG nach § 11 Abs. 2 AStG gemindert sind.

§ 11 Abs. 1 S. 1 AStG legt die Voraussetzungen fest, unter denen ein Kürzungsbetrag berücksichtigt werden kann: Der Steuerpflichtige muss eine Gewinnausschüttung aus der Beteiligung an einer ausländischen Kapitalgesellschaft erhalten haben. Konkret muss es sich um Bezüge im Sinne des § 20 Abs. 1 Nr. 1 EStG (Dividenden), § 20 Abs. 1 Nr. 3 EStG i.V.m. § 16 Abs. 1 Nr. 1 InvStG (Investmenterträge) oder § 20 Abs. 1 Nr. 3a EStG i.V.m. § 34 Abs. 1 Nr. 1 InvStG (Spezial-Investmenterträge) handeln. Für diese Bezüge muss dem Steuerpflichtigen in den Vorjahren oder im gleichen Jahr bereits ein Hinzurechnungsbetrag nach § 10 Abs. 2 AStG zugerechnet worden sein, der bei ihm der Einkommensteuer oder der Körperschaftsteuer unterlag. Während in den ersten beiden Referentenentwürfen der Abzug des Kürzungsbetrags nur auf Antrag des Steuerpflichtigen erfolgte, ist ein solcher Antrag seit dem dritten Referentenentwurf nicht mehr erforderlich. Als Rechtsfolge sieht die Vorschrift den Abzug eines Kürzungsbetrags bei der Ermittlung der Summe der Einkünfte vor. Mit dem dritten Referentenentwurf wurde in § 11 Abs. 1 S. 1 AStG ein zweiter Halbsatz eingefügt, der für Bezüge, die der Abgeltungsteuer (§ 32d EStG) unterliegen, regelt, dass der Kürzungsbetrag bei der Ermittlung der Summe der einzelnen Kapitalerträge abzuziehen ist. Des Weiteren statuiert § 11 Abs. 1 S. 2 AStG für mehrstufige Beteiligungsverhältnisse, dass ein Kürzungsbetrag auch für Ausschüttungen der vermittelnden Gesellschaft angesetzt werden kann. Dabei ist es unerheblich, ob die Zwischengesellschaft ihrerseits an die vermittelnde Gesellschaft ausgeschüttet hat.[940]

Der Kürzungsbetrag ergibt sich gemäß § 11 Abs. 2 AStG aus zwei Rechengrößen: Ausgangspunkt bildet der zu versteuernde Hinzurechnungsbetrag, § 11 Abs. 2 S. 1 AStG. Dieser wird jedoch gemäß § 11 Abs. 2 S. 2 AStG auf den Betrag begrenzt, der bei einer Ausschüttung des Hinzurechnungsbetrags und des Hinzurechnungskorrekturvolumens beim Steuerpflichtigen steuerpflichtig

940 BT-Drs. 19/28652. S. 60.

wäre. Das Hinzurechnungskorrekturvolumen wird in § 11 Abs. 3 AStG genauer konkretisiert. Es dient dazu, nicht genutzte Verrechnungspotentiale in künftige Veranlagungszeiträume zu übertragen. Dazu ist gemäß § 11 Abs. 3 S. 1 AStG am Schluss des Veranlagungszeitraums das verbleibende Hinzurechnungskorrekturvolumen gemäß § 18 AStG für jeden Steuerpflichtigen gesondert festzustellen. Ob die mit der Durchführung eines gesonderten Feststellungverfahrens verbundene vereinfachte Rechtsanwendung für die Finanzverwaltung und Rechtssicherheit für den Steuerpflichtigen[941] den zusätzlichen administrativen Mehraufwand für alle Beteiligten rechtfertigt, kann kritisch hinterfragt werden.[942] Das Hinzurechnungskorrekturvolumen wird in § 11 Abs. 3 S. 2 AStG definiert als der nach § 10 Abs. 2 AStG der Einkommen- bzw. Körperschaftsteuer unterliegende Hinzurechnungsbetrag des laufenden Veranlagungszeitraums, vermindert um den Betrag der Gewinnausschüttungen im laufenden Veranlagungszeitraum und vermehrt um das auf den Schluss des vorangegangenen Veranlagungszeitraums festgestellte Hinzurechnungskorrekturvolumen. Der Bestand des verbleibenden Hinzurechnungskorrekturvolumens kann nicht negativ werden, § 11 Abs. 3 S. 3 AStG.

Wie gesehen greift nach § 11 Abs. 1 S. 1 AStG der Mechanismus des Kürzungsbetrags im Fall der Gewinnausschüttung. § 11 Abs. 4 AStG erweitert den Anwendungsbereich, indem er festlegt, dass die Absätze 1 bis 3 auch dann gelten, wenn Gewinne aus der Veräußerung von Anteilen an der ausländischen Gesellschaft, aus deren Auflösung oder aus der Herabsetzung ihres Kapitals erzielt werden. Da sich der Kürzungsbetrag ausweislich des ausdrücklichen Wortlautes des § 11 Abs. 1 S. 1 AStG nicht auf die Ermittlung des Gewinns, sondern erst bei der Ermittlung der Summe der Einkünfte auswirkt, erstreckt § 11 Abs. 5 AStG den Abzug des Kürzungsbetrags auch auf die Gewerbesteuer. Wenn der Hinzurechnungsbetrag der Gewerbesteuer unterlegen hat mindert der Kürzungsbetrag auch den Gewerbeertrag, soweit dieser durch die Gewinnausschüttung oder den Veräußerungsgewinn nach Anwendung von gewerbesteuerlichen Hinzurechnungen (§ 8 Nr. 5 S. 1 GewStG) und Kürzungen (§ 9 Nr. 7 und 8 GewStG) erhöht ist.

---

941 So die Begründung des Referentenentwurfs, vgl. RefE S. 89.

942 Insofern merken auch Haase/Hofacker an, dass die Verpflichtung zur gesonderten Feststellung jedenfalls kein Beitrag zur Reduzierung der Komplexität des Steuerrechts darstelle, vgl. *Haase/Hofacker*, Ubg 2019, 260 (268).

### 2. *Sekundärrechtliche Bewertung*

#### a) *Grundkonzeption*

Wie gesehen, bleibt die rechtsfolgenseitige Grundkonzeption der deutschen Hinzurechnungsbesteuerung als „ausschüttungsunabhängiger transactional approach" gleich. Die Hinzurechnungsbesteuerung der ATAD hat jedoch nur nichtausgeschüttete Gewinne im Blick, sodass naturgemäß auch die Ausgestaltung der Rechtsfolge konzeptionell eine andere ist. Bevor im Detail eine sekundärrechtliche Bewertung erfolgen kann, muss zunächst allgemein geklärt werden, wie sich die Ausgestaltung der Richtlinie als Mindestschutzniveau auf die Beurteilung der Rechtsfolgenseite auswirkt. Auf Tatbestandsebene ist eine Abweichung von den Vorgaben der ATAD zugunsten des Steuerpflichtigen (durch eine im Vergleich zur ATAD weniger strenge nationale Regelung) vor dem Hintergrund des Mindestschutzniveaus eindeutig sekundärrechtlich nicht zulässig, eine Abweichung zulasten des Steuerpflichtigen (durch eine im Vergleich zur ATAD strengere nationale Regelung) aber möglich.[943] Ergibt sich für die Rechtsfolgenseite aber eine andere Beurteilung? *Schönfeld* stellt insofern die Überlegung an, dass der die Rechtsfolgenebene betreffende Art. 8 ATAD unabhängig von dem Mindeststandardpostulat des Art. 3 ATAD auch ein gewisses Mindestschutzniveau für die betroffenen Steuerpflichtigen aufstellen sollte.[944] Unter diesem Gesichtspunkt würden nationale Abweichungen von der ATAD, die zulasten des Steuerpflichtigen wirken, indem sie zu einer Doppelbesteuerung führen, dem von der Richtlinie postulierte Ziel der Vermeidung einer Doppelbesteuerung zuwiderlaufen und daher als sekundärrechtswidrig eingestuft werden. Dem ist aber entgegen zu halten, dass der nationale Gesetzgeber die Vorgaben der ATAD ohnehin umgehen kann, indem er zwar in seiner Hinzurechnungsbesteuerungsregelung die für den Steuerpflichtigen begünstigenden Maßgaben der Richtlinie übernimmt, dafür aber Ausnahmen in seinem allgemeinen Körperschaftsteuerrecht für Hinzurechnungsbesteuerungsfälle aufnimmt.[945] Rechtsfolgenseitig strengere nationale Regelungen sind damit nach der hier vertretenen Auffassung als richtlinienkonform anzusehen, müssen sich aber am Primärrecht messen lassen. Aus diesem Grund ist es sekundärrechtlich nicht zu beanstanden, dass die deutsche

943 Vgl. bereits 86.

944 *Schönfeld*, IStR 2017, 721 (727).

945 So auch *Böhmer/Gebhardt/Krüger*, in: Hagemann/Kahlenberg, ATAD-Kommentar, Art. 8 Rn. 75.

Hinzurechnungsbesteuerung, entgegen der Vorgaben der ATAD, weiterhin ausschüttungsunabhängig Anwendung findet, da sie insoweit strenger ist.

### *b) Ermittlung der Zwischeneinkünfte*

Zunächst sei angemerkt, dass sich die deutschen Regelungen zur Ermittlung des Hinzurechnungsbetrags nicht an den Vorgaben des Art. 8 Abs. 2 ATAD messen lassen müssen, da sich Deutschland nicht für das Konzept des Principal Purpose Tests des Art. 7 Abs. 2 lit. b entschieden hat.[946] Für den Fall, dass sich ein Mitgliedstaat – wie Deutschland – für den kategorisierendenden Art. 7 Abs. 2 lit. a ATAD entschieden hat, verlangt Art. 8 Abs. 1 S. 1 ATAD, dass die in die Steuerbemessungsgrundlage des Steuerpflichtigen einzubeziehenden Einkünfte nach den Körperschaftsteuervorschriften des Ansässigkeitsstaates des Steuerpflichtigen (und nicht der ausländischen Gesellschaft) berechnet werden.[947] Diesem Grundsatz entspricht der unveränderte § 10 Abs. 3 S. 1 AStG, der für die Ermittlung des Hinzurechnungsbetrags die Vorschriften des deutschen Steuerrechts vorsieht.[948] Während die Hinzurechnungsbesteuerung nach der ATAD nur auf Körperschaftsteuerpflichtige Anwendung findet[949] und somit konsequenterweise auch bei der Ermittlung der einzubeziehenden Einkünfte auf die Körperschaftsteuervorschriften abstellt, greift in Deutschland die Hinzurechnungsbesteuerung auch bei natürlichen Personen[950]. Zudem verweist das deutsche Körperschaftsteuerrecht mit § 8 Abs. 1 KStG auf die Ermittlungsregelungen des EStG und erklärt diese für anwendbar. Insofern stellt der Umstand, dass die ATAD ausschließlich auf die Körperschaftsteuervorschriften, wohingegen die deutsche Regelung allgemein auf die Vorschriften des deutschen Steuerrechts abstellt, kein Problem dar.[951] Ebenfalls unproblematisch richtlinienkonform ist die Streichung des Wahlrechts zwischen der Einnahmenüberschussrechnung des § 4 Abs. 3 EStG und dem Betriebsvermögensvergleich nach § 4 Abs. 1 oder § 5 EStG, da es sich bei der nun zwingenden Bilanzierung – wie von der ATAD verlangt – um eine nationale Ermittlungsvorschrift handelt.

946 Vgl. 99.
947 Vgl. 99.
948 Vgl. 59 und 247.
949 Vgl. 90.
950 Vgl. 43 und 206.
951 So auch *Schnitger/Nitzschke/Gebhardt*, IStR 2016, 960 (970).

Komplizierter fällt allerdings die Bewertung des § 10 Abs. 3 S. 4 AStG aus, der gewisse Vorschriften des deutschen Steuerrechts bei der Ermittlung des Hinzurechnungsbetrags ausschließt.[952] Art. 8 Abs. 1 S. 1 ATAD ordnet die Berechnung der in die Steuerbemessungsgrundlage des Steuerpflichtigen einzubeziehenden Einkünfte nach den Einkünfteermittlungsvorschriften des Ansässigkeitsstaates des Steuerpflichtigen an. Es drängt sich die Frage auf, ob Art. 8 Abs. 1 S. 1 ATAD so zu verstehen ist, dass sämtliche Einkünfteermittlungsvorschriften des Ansässigkeitsstaates des Steuerpflichtigen Anwendung finden sollen. Mit anderen Worten: Müssen sämtliche vom nationalen Steuerrecht vorgesehenen Steuerbefreiungen einerseits und Abzugsverbote andererseits auch im Rahmen der Hinzurechnungsbesteuerung Anwendung finden, oder können speziell für die Hinzurechnungsbesteuerungen Ausnahmen von den Grundsätzen vorgesehen werden? Die Antwort auf diese Frage hängt entscheidend von der Interpretation der rechtsfolgenseitigen Auswirkungen des Mindestschutzniveaus ab. Nach der hier vertretenen Auffassung sind rechtsfolgenseitig strengere nationale Regelungen als richtlinienkonform anzusehen[953], sodass der weiterhin bestehende Ausschluss der Vergünstigung ATAD-konform ist. Die Anwendung der §§ 4h, 4j EStG und §§ 8a, 8b KStG ist nun de lege lata nicht mehr ausgeschlossen,[954] sodass sich diesbezüglich die Frage nach der Richtlinienkonformität nicht mehr stellt.

Nach Art. 8 Abs. 1 S. 2 ATAD werden Verluste nicht in die Steuerbemessungsgrundlage einbezogen, sondern können gemäß nationalem Recht vorgetragen und in den nachfolgenden Steuerzeiträumen berücksichtigt werden.[955] Die deutsche Regelung ist in ihrem Ausgangspunkt unverändert geblieben und regelt in § 10 Abs. 3 S. 5 AStG die Möglichkeit eines Verlustausgleichs.[956] Nach alter Rechtslage war jedoch über den Verweis auf § 10d EStG neben dem Verlustvortrag auch ein Verlustrücktrag möglich.[957] Die ATAD spricht demgegenüber explizit ausschließlich von einem Verlustvortrag; ein Verlustrücktrag ist mithin gerade nicht vorgesehen. Es spricht vieles dafür, dass die alte Rechtslage nicht den Vorgaben der ATAD entsprach, da ansonsten durch die großzügigeren nationalen Rechtsfolgen die Richtlinie hätte ausgehöhlt werden können.[958]

---

952 Vgl. 218.
953 Vgl. 227 f.
954 Vgl. 218.
955 Vgl. 73.
956 Vgl. 218.
957 Vgl. 35.
958 So auch *Böhmer/Gebhardt/Krüger*, in: Hagemann/Kahlenberg, ATAD-Kommentar, Art. 8 Rn. 76; *Schnitger/Nitzschke/Gebhardt*, IStR 2016, 960 (970 f.).

Der deutsche Gesetzgeber sah sich richtigerweise in der Umsetzungspflicht[959], sodass der neue § 10 Abs. 3 S. 6 AStG nun abweichend von der alten Rechtslage anordnet, dass ein Verlustrücktrag nicht mehr zulässig ist. Hinsichtlich des Verlustabzugs ist die deutsche Hinzurechnungsbesteuerung damit sekundärrechtskonform ausgestaltet. Dies gilt auch im Hinblick auf den Verlustabzug bei Betriebsstätten: Die ATAD spricht in ihrem Art. 8 Abs. 1 S. 2 ausdrücklich auch bei diesen von einem Verlustvortrag. Bei der deutschen Umschaltklausel für Einkünfte ausländischer Betriebsstätten (§ 20 Abs. 2 AStG) war bisher umstritten, ob auch ein negativer Betrag in die inländische Bemessungsgrundlage einzubeziehen ist.[960] Für negative Einkünfte einer ausländischen Betriebsstätte statuierte der im ersten Referentenentwurf vorhandene § 20a AStG in seinem Satz 2 die entsprechende Anwendung der § 10 Abs. 3 S. 5 und 6 AStG, sodass auch diesbezüglich (nur) ein Verlustvortrag möglich war. Mit dem zweiten Referentenentwurf wurde der § 20a AStG zwar gestrichen, die Verlustausgleichsmöglichkeit bzw. -beschränkung findet sich aber nun in § 20 Abs. 2 S. 1 a.E. AStG, der anordnet, dass § 10 Abs. 3 S. 5 und 6 AStG entsprechend gelten, wenn eine Hinzurechnung aufgrund eines negativen Hinzurechnungsbetrags unterbleibt.

### *c) Ermittlung des Hinzurechnungsbetrags und Zuordnung zum Steuerpflichtigen*

Art. 8 Abs. 3 ATAD verlangt, dass die Einkünfte, die in die Steuerbemessungsgrundlage einzubeziehen sind, anteilig zu der vom Steuerpflichtigen an dem Unternehmen gehaltenen Beteiligung im Sinne von Art. 7 Abs. 1 lit. a ATAD zu berechnen sind. Wie im zweiten Kapitel gesehen, kennt die ATAD drei verschiedene Formen der Beteiligung (Stimmrechte, Kapital und Gewinn), die zu einer Beherrschung führen können.[961] Da Art. 8 Abs. 3 ATAD nur pauschal von der „Beteiligung“ spricht, stellt sich die Frage, auf welche Art der Beteiligung rechtsfolgenseitig abzustellen ist. Der offene Wortlaut lässt Umsetzungsspielräume. Richtigerweise sollte nach dem Sinn und Zweck der Hinzurechnungsbesteuerung – die Vermeidung einer Einkünfteverlagerung auf niedrig besteuerte

959 In BT-Drs. 19/28652, S. 59 wird angeführt, dass die ATAD vorschreibt, dass ein Verlust nur noch vortragsfähig ist und dass demnach (!) der nach bisherigem Recht zulässige Verlustrücktrag gesetzlich ausgeschlossen wird. Die Formulierung lässt mithin auf Kausalität schließen.

960 Vgl. *Becker/Loose/Misere*, IStR 2016, 353 m.w.N.

961 Vgl. 91.

Gesellschaften – auf die Beteiligung am Gewinn abgestellt werden.[962] Insofern sollte die deutsche Rechtslage ATAD-konform sein, da sie, wie gesehen, auch weiterhin auf die Gewinnverteilung abstellt.[963]

### d) *Qualifizierung und Besteuerung des Hinzurechnungsbetrags*

Gemäß Art. 8 Abs. 4 ATAD werden die Einkünfte in den Steuerzeitraum des Steuerpflichtigen einbezogen, in dem das Steuerjahr des Unternehmens endet. Wie im zweiten Kapitel gesehen, fallen die Vorgaben der Richtlinie hinsichtlich des Zurechnungszeitpunktes relativ gering aus und die Formulierung eröffnet für die nationalen Regelungen einen (Umsetzungs-)Spielraum.[964] Trotzdem entsprach die alte Rechtslage in Deutschland insofern nicht den Vorgaben der ATAD, als das eine Einbeziehung des Hinzurechnungsbetrags grundsätzlich periodenverschoben stattfand.[965] Der deutsche Gesetzgeber hat die Notwendigkeit einer Anpassung erkannt.[966] De lege lata findet der Zufluss des Hinzurechnungsbetrags nun – richtlinienkonform – periodenidentisch statt.[967] Besonders misslich ist in diesem Zusammenhang jedoch, dass es in Ermangelung einer Übergangsregelung inmitten einer Pandemielage im Jahr der Umstellung zu einer doppelten Hinzurechnungsbesteuerung und damit zu einer weiteren Belastung für die Steuerpflichtigen kommt.

Was die Technik des Einbezugs anbelangt, so wird diese durch die ATAD nicht ausdrücklich geregelt. Tendenziell scheint sich die Richtlinie gegen den „deemed dividend approach" und für den „look through approach" auszusprechen.[968] Meiner Einschätzung nach bleiben den nationalen Gesetzgebern gleichwohl Spielräume bei der Umsetzung. Die deutsche Rechtslage, die zwar

962 So auch *Schnitger/Nitzschke/Gebhardt*, IStR 2016, 960 (971). Es sollte jedenfalls nicht darauf abgestellt werden, welche Beteiligung am höchsten ist, da dies zu Doppelerfassungen führen kann.

963 Vgl. 250.

964 Vgl. Fn. 92 und 216.

965 Vgl. 251. so auch *Böhmer/Gebhardt/Krüger*, in: Hagemann/Kahlenberg, ATAD-Kommentar, Art. 8 Rn. 84; *Schnitger/Nitzschke/Gebhardt*, IStR 2016, 960 (972 f.).

966 In BT-Drs. 19/28652, S. 58 wird angeführt, dass in Übereinstimmung mit Art. 8 Abs. 4 ATAD die zeitliche Erfassung des Hinzurechnungsbetrags mit Ablauf des Veranlagungszeitraums beziehungsweise Wirtschaftsjahrs, in dem das jeweilige Wirtschaftsjahr der ausländischen Gesellschaft endet, erfolgt.

967 Vgl. 251.

968 Vgl. 100.

im Ausgangspunkt gemäß § 10 Abs. 2 S. 1 AStG weiterhin von einer fiktiven Dividende ausgeht, aber nach wie vor auch Elemente einer unmittelbaren Einkünftezurechnung enthält, sollte daher ATAD-konform sein, soweit den anderen konkreten Vorgaben der ATAD Rechnung getragen wurde.

#### *e) Vermeidung der Doppelbesteuerung*

##### *(aa) Anrechnung ausländischer Steuern*

###### (1) Steueranrechnung statt Steuerabzug zwingend geboten?

Nach alter Rechtslage konnte eine Doppelbesteuerung im Falle einer von der Zwischengesellschaft bereits entrichteten Steuer dadurch verhindert werden, dass gemäß § 10 Abs. 1 S. 1 AStG a.F. die ausländische Steuer von dem hinzuzurechnenden Betrag abgezogen wurde oder diese auf Antrag gemäß § 12 Abs. 1 S. 1 AStG a.F. nach Maßgabe der § 34c EStG und § 26 KStG auf die inländische Steuer angerechnet wurde.[969] Wie gesehen, wird de lege lata das System des Steuerabzugs aufgegeben und ein einheitliches System der Steueranrechnung angewendet.[970] In der Gesetzesbegründung wird dieser Schritt mit den Vorgaben der ATAD begründet: Ein Abzug der von der Zwischengesellschaft entrichteten Steuern im Rahmen der Hinzurechnungsbetragsermittlung sei nicht mehr zulässig, da Art. 8 Abs. 7 ATAD zur Vermeidung einer Doppelbesteuerung in diesen Fällen ausschließlich die Steueranrechnung vorsähe.[971]

Tatsächlich muss gemäß Art. 8 Abs. 7 ATAD der Mitgliedstaat des Steuerpflichtigen einen Abzug der von dem Unternehmen oder der Betriebsstätte entrichteten Steuer von der Steuerschuld des Steuerpflichtigen in dem Land seines Steuersitzes oder Steuerstandorts zulassen. Insofern entspricht die Regelung – obwohl das Wort „Abzug“ verwendet wird – der deutschen Konzeption der Steueranrechnung des § 12 AStG, da ein „Abzug […] von der Steuerschuld des Steuerpflichtigen“ statuiert wird.[972] Art. 8 Abs. 7 ATAD stellt gerade nicht auf die Minderung des hinzuzurechnenden Betrags auf Ebene der Zwischengesellschaft ab, sodass folglich ein Steuerabzug nach dem § 10 Abs. 1 S. 1 AStG a.F. in der Richtlinie nicht vorgesehen ist. Mit der Anpassung der nationalen Regelung ist der deutsche Gesetzgeber damit sekundärrechtlich auf Nummer sicher gegangen. Es lässt sich aber auch argumentieren, dass ein alternativer Abzug

---

969 Vgl. 62.

970 Vgl. 252.

971 BT-Drs. 19/28652, S. 58.

972 Zur missverständlichen Formulierung des Abzugs statt der Anrechnung vgl. bereits 100.

der ausländischen Steuer von dem hinzuzurechnenden Betrag – wie es in § 10 Abs. 1 S. 1 AStG a.F. geregelt war – ebenfalls ATAD-konform wäre. Denn die Richtlinie verweist in Art. 8 Abs. 7 S. 2 ATAD auf die nationalen Vorschriften zu Anrechnung, sodass entsprechend § 26 KStG i.V.m. § 34c Abs. 2 EStG auch ein Abzug der ausländischen Steuer von der Bemessungsgrundlage vorgesehen werden könnte.[973]

(2) Anrechnungsmöglichkeit auf die Gewerbesteuer erforderlich?

Der deutsche Gesetzgeber sah bislang keinen Anpassungsbedarf im Hinblick auf die fehlende Anrechnungsmöglichkeit auf die Gewerbesteuer und auch im Rahmen des ATAD Umsetzungsgesetzes erfolgte letztlich diesbezüglich keine Änderung. Eine Umsetzungsverpflichtung könnte sich jedoch aus Art. 8 Abs. 7 ATAD ergeben, da dort der Abzug von der Steuerschuld des Steuerpflichtigen gefordert wird. Mithin erfolgt rein nach dem Wortlaut keine Beschränkung auf eine bestimmte Steuerart, sodass man vertreten kann, dass die gesamte Steuerschuld gemeint ist, die aus dem Hinzurechnungsbetrag resultiert. Mit dieser Leseart kommt man zu dem Ergebnis, dass in Deutschland eine Anrechnung auf die Gewerbesteuer durch die ATAD geboten ist.[974] Dem ist zuzustimmen. Zwar spricht mit dem ausschließlich auf Körperschaftsteuerpflichtige gerichteten Anwendungsbereich der ATAD ein systematisches Argument gegen dieses weite Verständnis: So lässt sich argumentieren, dass auch wenn eine Regelung allgemein von „Steuerschuld" spricht, nur die Körperschaftsteuer gemeint sein kann. Allerdings wird bei der allgemeinen Missbrauchsvermeidungsvorschrift des Art. 6 Abs. 1 ATAD ausdrücklich auf die Körperschaftsteuerschuld abgestellt.[975] Die unterschiedliche Wortwahl ist auch nicht auf einen bloßen Übersetzungsfehler zurückzuführen, sondern findet sich auch in der englischen oder französischen Sprachfassung der ATAD.[976] Es liegt somit die Vermutung nahe, dass der europäische Gesetzgeber bei Art. 8 Abs. 7 ATAD

---

973 *Schnitger/Nitzschke/Gebhardt*, IStR 2016, 960 (973).

974 Vgl. *Dehne*, ISR 2018, 132 (136); *Jacobsen*, IStR 2018, 433 (440); *Kahlenberg/Prusko*, IStR 2017, 304 (309); *Linn*, IStR 2016, 645 (647); *Rieck*, IStR 2017, 399 (400); *Schönfeld*, IStR 2017, 721 (727); *Haase/Hofacker*, Ubg 2019, 260 (269).

975 *Böhmer/Gebhardt/Krüger*, in: Hagemann/Kahlenberg, ATAD-Kommentar, Art. 8 Rn. 63.

976 *Böhmer/Gebhardt/Krüger*, in: Hagemann/Kahlenberg, ATAD-Kommentar, Art. 8 Rn. 63; In Art. 6 Abs. 1 ATAD ist von „corporate tax liability" bzw. „charge fiscale des sociétés" die Rede, während Art. 8 Abs. 7 von „tax liability" bzw. „charge fiscale" spricht.

nicht bloß unpräzise formuliert hat. Zieht man die OECD-Materialien als Auslegungshilfe heran,[977] so verdichtet sich dieser Befund: Dort heißt es jedenfalls, dass Hinzurechnungsbesteuerungsregelungen so ausgestaltet sein sollten, dass sichergestellt ist, dass Doppelbesteuerungen vermieden werden.[978] Mithin ist nach der ATAD nicht nur die auf die hinzugerechneten Einkünfte erhobene Körperschaftsteuer, sondern jede Ertragsteuer anzurechnen.

(3) Anrechnung ausländischer Hinzurechnungsbesteuerungen sekundärrechtlich geboten?

Mit § 12 Abs. 2 AStG wird ausweislich der Gesetzesbegründung dem Umstand Rechnung getragen, dass die ATAD eine Doppelbesteuerung vermeidet, wenn die Einkünfte in mehreren Staaten einer Hinzurechnungsbesteuerung unterliegen.[979] Insofern ist es begrüßenswert, dass die bisher nur im Anwendungsschreiben vorgesehene Anrechnungsmöglichkeit[980] nun gesetzlich kodifiziert wurde. Aber gibt die ATAD tatsächlich – wie der deutsche Gesetzgeber meint – eine Berücksichtigung von ausländischen Hinzurechnungsbesteuerungen zwingend vor? Tatsächlich kann man bei Betrachtung des Wortlautes des Art. 8 Abs. 7 ATAD daran Zweifel haben.[981] Denn die ATAD stellt lediglich auf die Ebene der Zwischengesellschaft ab, indem sie „einen Abzug der von dem [beherrschten] Unternehmen oder der Betriebsstätte entrichteten Steuer" verlangt. Ein Blick auf die Systematik und den Sinn und Zweck der Norm lässt aber eine andere Auslegung zu: Art. 8 Abs. 5 bis Abs. 7 ATAD sollen im Zusammenspiel gewährleisten, dass eine Doppelbesteuerung verhindert wird. Während Art. 8 Abs. 5 und 6 ATAD die Fälle einer nachträglichen Gewinnausschüttung und Beteiligungsveräußerung betreffen[982], adressiert Art. 8 Abs. 7 ATAD die Berücksichtigung einer auf Ebene der ausländischen Gesellschaft bzw. auf die Einkünfte der Betriebsstätte bereits entrichteten Steuer. Darunter muss auch eine entrichtete Hinzurechnungssteuer auf Ebene des Anteilseigners fallen, wenn man eine vollständige Verhinderung von Doppelbesteuerung als Sinn und Zweck der Art. 8 Abs. 5 bis 7 ATAD begreift.[983] In Erwägungsgrund 5

977 Vgl. dazu 114.

978 Vgl. Fn. 81.

979 BT-Drs. 19/28652, S. 62.

980 Vgl. BMF, Schreiben v. 14.05.2004, IV B 4 – 11/04, BStBl I Sondernummer. 1/2004, 3, Tz. 14.1.5.

981 So *Haase*, ifst 521 (2017), S. 158; *Wenzel*, ISR 2017, 432 (440); *Schnitger/Nitzschke/Gebhardt*, IStR 2016, 960 (973).

982 Vgl. 101.

983 Ähnlich *Kahlenberg/Prusko*, IStR 2017, 304 (309); *Schlager*, SWI 2018, 362 (371).

zur ATAD wird jedenfalls explizit für alle Maßnahmen der Richtlinie erklärt, dass die Vorschriften „nicht nur Steuervermeidungspraktiken unterbinden, sondern auch verhindern [sollen], dass Markthemmnisse wie Doppelbesteuerung entstehen“[984]. Weiter wird dort ausgeführt, dass, falls die Vorschriften der ATAD zu einer Doppelbesteuerung führen (man beachte die sehr weite und offene Formulierung), der Steuerpflichtige durch den Abzug der in einem anderen Mitgliedstaat oder einem Drittstaat entrichteten Steuer entlastet werden soll. Mithin lässt sich eine Tendenz des Unionsgesetzgebers zu einer vollständigen Vermeidung der Doppelbesteuerung erkennen. Schließlich gilt es auch zu berücksichtigen, dass sich im Abschlussbericht zum BEPS Aktionspunkt 3 ebenfalls für eine Vermeidung der Doppelbesteuerung bei mehreren Hinzurechnungssteuern durch Steueranrechnung ausgesprochen wird.[985] Nach der hier vertretenen Auffassung müssen die Vorarbeiten der OECD auch bei der Auslegung der ATAD in einem gewissen Maße Berücksichtigung finden.[986] Im Ergebnis ist damit festzuhalten, dass eine Anrechnungsmöglichkeit für Hinzurechnungsbesteuerungen aus anderen Staaten sekundärrechtlich zwingend geboten ist. Durch die deutsche Umsetzungsmaßnahme in § 12 Abs. 2 AStG wurde dieser Umsetzungsverpflichtung nachgekommen.

*(bb) Nachfolgende Gewinnausschüttungen und Veräußerungsgewinne*

Wie im zweiten Kapitel gesehen, verlangt die ATAD, dass Doppelbesteuerungen sowohl in Fällen der Gewinnausschüttung (Art. 8 Abs. 5 ATAD) als auch bei Veräußerungsgewinnen (Art. 8 Abs. 6 ATAD) vermieden werden sollen.[987] Dabei enthält der Art. 8 Abs. 5 ATAD trotz unglücklicher Formulierung und abweichender Regelungstechnik eine der Steuerbefreiung nach § 3 Nr. 41 lit. a EStG a.F. vergleichbare Regelung.[988] Nach der alten deutschen Rechtslage galt die Steuerbefreiung für Gewinnausschüttungen jedoch nicht zeitlich unbegrenzt, sondern war auf einen Zeitraum von sieben Jahren nach der Durchführung der Hinzurechnungsbesteuerung begrenzt.[989] Die ATAD kennt eine solche zeitliche Beschränkung nicht und weicht in dieser Hinsicht von der alten deutschen Rechtslage ab. Die Problematik der Sieben-Jahres-Frist stellte sich

---

984 Richtlinie 2016/1164/EU des Rates vom 12. Juli 2016, Erwägungsgrund 5.

985 Vgl. 82.

986 Vgl. dazu 114.

987 Vgl. 101.

988 So auch *Schnitger/Nitzschke/Gebhardt*, IStR 2016, 960 (973).

989 Vgl. zu der Kritik an dieser bereits Fn. 174.

auch bei nachfolgenden Veräußerungsgewinnen und läuft parallel: Der ebenfalls sprachlich verunglückte Art. 8 Abs. 6 ATAD ist mit § 3 Nr. 41 lit. b EStG a.F. vergleichbar, sieht aber abweichend zur alten deutschen Rechtslage keinen zeitlichen Verfall vor. Mithin war auch diesbezüglich eine nationale Anpassung sekundärrechtlich notwendig. Um diese Vorgaben der ATAD umzusetzen, wurde an der bisherigen Systematik nicht mehr festgehalten. Im Ausschüttungsfall ist nunmehr bei der Ermittlung der Summe der Einkünfte ein Kürzungsbetrag abzuziehen.

## VIII. Kapitalanlagegesellschaften

### *1. Umsetzungsmaßnahme*

De lege lata wird weiterhin an einer Sonderreglung für Einkünfte mit Kapitalanlagecharakter festgehalten, um der Umgehung durch internationale Beteiligungsstreuung entgegenzutreten[990]. Dazu wurden die bisherigen Bestimmungen in § 7 Abs. 6, 6a und 8 AStG a.F. in dem neuen § 13 AStG unter dem Titel „Beteiligung an Kapitalanlagegesellschaften" zusammengefasst.[991] Dieser enthält einen eigenen Zurechnungstatbestand, bei dem jedoch auf die §§ 7 ff. AStG Bezug genommen wird.

§ 13 Abs. 1 S. 1 AStG verlangt als Tatbestandsvoraussetzungen, dass ein unbeschränkt Steuerpflichtiger[992] unmittelbar oder mittelbar an einer ausländischen Gesellschaft beteiligt ist, welche niedrigbesteuerte Einkünfte mit Kapitalanlagecharakter erzielt. De lege lata greift die Hinzurechnungsbesteuerung für Zwischeneinkünfte aus Kapitalanlagevermögen im Ausgangspunkt auch bei einer Beteiligung von weniger als 1 %.[993] Für die Ermittlung der Niedrigbesteuerung wird auf die allgemeine Regel des § 8 Abs. 5 AStG verwiesen und die

990 BT-Drs. 19/28652, S. 63.

991 Kritisch zu der Bezeichnung Kapitalanlagegesellschaft in dem Kontext der Hinzurechnungsbesteuerung: *Haase/Hofacker* Ubg 2019, 260 (270).

992 Die Regelung für Einkünfte aus Kapitalanlagecharakter ist anders als die neue normale Hinzurechnungsbesteuerung nur auf unbeschränkt Steuerpflichtige anwendbar. Dies ergibt sich auch daraus, dass der § 7 Abs. 1 S. 4 AStG, der unter gewissen Umständen die Hinzurechnungsbesteuerung auf beschränkt Steuerpflichtige erstreckt, nicht in der Verweisungsnorm des § 13 Abs. 1 S. 2 AStG enthalten ist. Dort wird nur die entsprechende Anwendbarkeit von § 7 Abs. 1 S. 2 und 3 AStG angeordnet.

993 Insofern hat die Kritik an der Berücksichtigung von Kleinstbeteiligungen weiterhin bestand, vgl. dazu: *Haase/Hofacker*, Ubg 2019, 260 (270) und die Nachweise in Fn. 185.

Definition der Einkünfte mit Kapitalanlagecharakter findet sich in § 13 Abs. 2 und 3 AStG (dazu sogleich). Rechtsfolgenseitig sieht § 13 Abs. 1 S. 1 AStG sodann vor, dass die Einkünfte aus Kapitalanlagevermögen bei dem unbeschränkt Steuerpflichtigen entsprechend seiner unmittelbaren und mittelbaren[994] Beteiligung am Nennkapital[995] der ausländischen Gesellschaft steuerpflichtig sind. Die alte Rechtslage sah in § 7 Abs. 6 S. 2 AStG a.F. eine Ausnahmeregelung vor, um den Anwendungsbereich der erweiterten Hinzurechnungsbesteuerung wieder einzugrenzen.[996]. Diese De minimis-Regelung bleibt erhalten und findet sich nun in § 13 Abs. 1 S. 2 AStG. Eine Hinzurechnungsbesteuerung scheidet demnach aus, wenn die Einkünfte mit Kapitalanlagecharakter nicht mehr als 10 % der gesamten Zwischeneinkünfte betragen und die außer Ansatz zu lassenden Beträge insgesamt 80.000 € nicht übersteigen.[997] Wie zuvor gesehen, greift die Hinzurechnungsbesteuerung für Zwischeneinkünfte aus Kapitalanlagevermögen de lege lata im Ausgangspunkt auch bei einer Beteiligung von weniger als 1 %. Nach der alten Rechtslage wurde systematisch zunächst an eine Beteiligung von mindestens 1 % anknüpft und auf diese Beteiligungsschwelle nur unter den Voraussetzungen des § 7 Abs. 6 S. 3 AStG a.F. verzichtet.[998] Diese ursprüngliche Tatbestandserweiterung wird nun in § 13 Abs. 1 S. 4 AStG aufgenommen, konsequent negativ formuliert und bildet nun eine weitere Ausnahmeregelung. Bei Beteiligungen von weniger als 1 % erfolgt eine Hinzurechnungsbesteuerung nur, wenn die Einkünfte der ausländischen Gesellschaft ausschließlich oder nahezu ausschließlich aus Einkünften mit Kapitalanlagecharakter bestehen und mit der Hauptgattung der Aktien der ausländischen Gesellschaft kein wesentlicher und regelmäßiger Handel an einer anerkannten Börse stattfindet. Dabei ist das Merkmal „nahezu ausschließlich“ weiterhin

994 Über die Verweisungsnorm des § 13 Abs. 1 S. 2 AStG findet jedoch § 7 Abs. 1 S. 2 AStG entsprechende Anwendung, sodass rechtsfolgenseitig eine Hinzurechnungsbesteuerung bei mittelbaren Beteiligungen ausgeschlossen ist, wenn auf Ebene der zwischengeschalteten Gesellschaft bereits eine Hinzurechnungsbesteuerung nach dem AStG oder vergleichbaren ausländischen Vorschriften erfolgt ist und die danach hinzugerechneten Einkünfte dadurch insgesamt keiner niedrigen Besteuerung unterliegen.

995 § 13 Abs. 1 S. 2 AStG verweist auch auf die Anwendbarkeit von § 7 Abs. 1 S. 3 AStG.

996 Vgl. 64.

997 Korrespondierend zu der Freigrenzenregelung der normalen Hinzurechnungsbesteuerung wurde also der Bezugspunkt geändert, vgl. 244. Im Unterschied zu § 9 AStG wurde die die gesellschaftsbezogene absolute Freigrenze jedoch nicht gestrichen.

998 Vgl. 64.

ausweislich der Gesetzesbegründung so zu verstehen, dass mindestens 90 % der gesamten Einkünfte der Zwischengesellschaft Einkünfte mit Kapitalanlagecharakter sind.[999] Im Hinblick auf die Rechtsbegriffe „Hauptgattung der Aktien“ und „wesentlicher und regelmäßiger Handel“ ergeben sich ebenfalls grundsätzlich keine Unterschiede zur alten Rechtslage.[1000] Der Börsenbegriff wurde mit dem dritten Referentenentwurf dahingehend konkretisiert, dass es sich um eine in einem Mitgliedstaat der EU/EWR oder in einem anderen Staat nach § 193 Abs. 1 S. 1 Nr. 2 und 4 KAGB von der Bundesanstalt für Finanzdienstleistungsaufsicht zugelassenen Börse handeln muss.[1001]

In § 13 Abs. 2 AStG findet sich die aus § 7 Abs. 6a AStG a.F. bekannte und im Wesentlichen unveränderte Definition der Einkünfte aus Kapitalanlagecharakter. Nach wie vor sind damit Einkünfte der ausländischen Zwischengesellschaft erfasst, die aus dem Halten, der Verwaltung, der Werterhaltung oder der Werterhöhung von Zahlungsmitteln, Forderungen, Wertpapieren, Beteiligungen (mit Ausnahme der in § 8 Abs. 1 Nr. 7 und 8 AStG genannten Einkünfte) oder ähnlichen Vermögenswerten[1002] stammen. Zu den Einkünften aus Kapitalvermögen gehören – nun auch ausdrücklich im Gesetz verankert – entsprechende Veräußerungsgewinne, sowie nach dem Gesetzesentwurf auch Veräußerungsverluste und den Einkünften mit Kapitalanlagecharakter funktional zuzuordnende Nebenerträge[1003]. Es liegen auch weiterhin keine Einkünfte

---

999 Die Anpassung im Wortlaut von „fast ausschließlich“ zu „nahezu ausschließlich“ ist damit rein redaktionell. Die Gesetzesbegründung geht ausdrücklich von 90 % aus, vgl. BT-Drs. 19/28652, S. 63. Bemerkenswert ist in diesem Zusammenhang aber, dass in der Gesetzesbegründung auch noch weiterhin die Formulierung „fast ausschließlich“ verwendet wird.

1000 Die Begriffe erfahren in der Gesetzesbegründung einer Konkretisierung: Unter „Hauptgattung der Aktien“ sind demnach die Aktien zu verstehen, die das Aktienkapital repräsentieren und in der Regel auch Stimmrechte verleihen. Ein „wesentlicher und regelmäßiger Handel“ liegt vor, wenn von diesen Aktien ein nicht unbedeutender Teil an einer anerkannten Börse ohne weiteres gehandelt werden kann. Vgl. BT-Drs. 19/28652, S. 63.

1001 Die Börsenklausel ist insofern optimierungsfähig, als dass sie eine börsennotierte Gesellschaft nicht gegen weitere mittelbare Hinzurechnungen abschirmt, vgl. *Böhmer/Oppel*, NWB 2020, 5 (16).

1002 Die Gesetzesbegründung zählt hierzu ausdrücklich Einkünfte aus Finanzierungsleasing (soweit es sich nicht um eine Vermietungstätigkeit handelt), Factoring, Finanzinnovationen und Termingeschäften, vgl. BT-Drs. 19/28652, S. 63.

1003 In der Gesetzesbegründung werden Sicherungsgeschäfte als Beispiel angeführt, vgl. BT-Drs. 19/28652, S. 63.

mit Kapitalanlagecharakter vor, wenn der Steuerpflichtige nachweist, dass die Einkünfte aus einer Tätigkeit stammen, die einer unter § 8 Abs. 1 Nr. 1 bis 6 AStG fallenden eigenen Tätigkeit der ausländischen Gesellschaft dient. Schließlich wird die Definition der Einkünfte aus Kapitalanlagecharakter gemäß § 13 Abs. 3 AStG durch Einkünfte aus Immobilien-Aktiengesellschaften erweitert, sodass die REIT-Regelung des § 7 Abs. 8 AStG a.F. im Ergebnis fortbesteht.

Schließlich erklärt der § 13 Abs. 4 S. 1 AStG den § 8 Abs. 2 und 5 AStG sowie die §§ 10 bis 12 AStG für entsprechend anwendbar. Dieser Verweis ist notwendig, da nun ein eigener Zurechnungstatbestand geschaffen wurde, entspricht im Ergebnis, mit einer Ausnahme, aber der alten Rechtslage. Die entscheidende Änderung betrifft den Substanztest: Nach alter Rechtslage konnte zwar ebenfalls ein Gegenbeweis erbracht werden, dieser beschränkte sich jedoch auf EU/EWR-Sachverhalte.[1004] De lege lata kann der Substanz-Escape für Einkünfte mit Kapitalanlagecharakter auch in Drittstaatensachverhalten erbracht werden. Denn der neue § 13 Abs. 1 S. 4 AStG verweist ausdrücklich nur auf § 8 Abs. 2 AStG. Der vormals in § 8 Abs. 2 AStG geregelte Substanztest ist nun allerdings, wie gesehen, auf die Absätze 2 bis 4 aufgeteilt, wobei sich in Absatz 2 die eigentlichen Anforderungen an den Gegenbeweis finden und die Absätze 3 und 4 Einschränkungen (Ausschluss bei Drittstaatensachverhalten und bei Fehlen eines hinreichenden zwischenstaatlichen Informationsaustausches) enthalten.[1005] Damit wird ausweislich der Gesetzesbegründung der Rechtsprechung des EuGH in der Rechtssache *„X GmbH"* Rechnung getragen.[1006] Der neue § 13 Abs. 1 S. 3 AStG schließt sodann – parallel zu § 8 Abs. 4 AStG – den Gegenbeweis bei Fehlen eines hinreichenden zwischenstaatlichen Informationsaustausches aus.[1007] Und schließlich regelt seit dem zweiten Referentenentwurf der neue § 13 Abs. 5 AStG – korrespondierend zu § 7 Abs. 5 S. 1 AStG – auch für die Fälle des § 13 AStG einen Vorrang des Investmentsteuerrechts.

## 2. *Sekundärrechtliche Bewertung*

Wie im zweiten Kapitel gesehen, kennt die ATAD keine der deutschen Rechtslage vergleichbare Sonderregelung für Einkünfte mit Kapitalanlagecharakter.

---

1004 Vgl. 64.

1005 Vgl. 240.

1006 BT-Drs. 19/28652, S. 64. Vgl. dazu auch die grundfreiheitlichen Ausführungen im dritten und fünften Kapitel.

1007 Dabei konnte redaktionell nicht einfach auf § 8 Abs. 4 AStG verwiesen werden, da dieser sowohl auf § 8 Abs. 2, als auch Abs. 3 AStG Bezug nimmt.

Nach der Richtlinie wird für eine Hinzurechnungsbesteuerung in jedem Fall darauf abgestellt, ob ein Steuerpflichtiger alleine oder zusammen mit verbundenen Unternehmen unmittelbar oder mittelbar zu mehr als 50 % an dem ausländischen Unternehmen beteiligt ist und dieses damit beherrscht.[1008] Mithin sieht die ATAD auch keine verringerte Beteiligungshöhe bei Einkünften aus Kapitalanlagecharakter vor. Sowohl nach der alten deutschen Rechtslage, als auch de lege lata, wird die Beteiligungsgrenze auf 1 % herabgesetzt bzw. sogar gänzlich auf eine Beteiligungsschwelle verzichtet.[1009] Die deutsche Regelung zu den Einkünften mit Kapitalanlagecharakter war und ist damit strenger als die Vorgaben der ATAD, da eine Hinzurechnungsbesteuerung auch ohne das Merkmal der Beherrschung erfolgen kann. Vor dem Hintergrund der Ausgestaltung der ATAD als Mindeststandard[1010] ist die Absenkung der Beteiligungsschwelle bzw. der Verzicht auf diese sekundärrechtlich nicht zu beanstanden. Die Sonderregelung für Einkünfte mit Kapitalanlagecharakter wahrt ein höheres Maß an Schutz der inländischen Körperschaftsteuerbemessungsgrundlage, sodass die Richtlinie hier gemäß Art. 3 ATAD nicht entgegensteht.[1011]

*Schönfeld* merkt diesbezüglich an, dass es merkwürdig erscheine, wenn mit der ATAD eine Regelung für „beherrschte ausländische Unternehmen" in den Mitgliedstaaten eingeführt werden soll, die deutsche Regelung für Einkünfte mit Kapitalanlagecharakter aber auf das Erfordernis der Beherrschung verzichtet.[1012] Mit dem dieser Arbeit zugrunde liegenden Verständnis des Mindestschutzniveaus führt dieser Gedanke jedoch nicht zur Sekundärrechtswidrigkeit. Da mit der ATAD ausdrücklich keine Vollharmonisierung angestrebt wurde, kann die Richtlinie auch nicht zu einer gewissen Mindestbeteiligung als Tatbestandsvoraussetzung für eine Hinzurechnungsbesteuerung verpflichten.[1013] Mit anderen Worten enthält die ATAD kein Verbot bezüglich der Einbeziehung von Kleinstbeteiligungen bei einer Hinzurechnungsbesteuerungsregelung. Da

1008 Vgl. 91.

1009 Vgl. 64 und 266.

1010 Vgl. 86.

1011 So auch: *Schnitger/Nitzschke/Gebhardt*, IStR 2016, 960 (963); *Haase*, DStR 2019, 827 (831); *Böhmer/Gebhardt/Krüger*, in: Hagemann/Kahlenberg, ATAD-Kommentar, Art. 7 Rn. 263; *Rautenstrauch/Suttner*, BB 2016, 2391 (2392).

1012 *Schönfeld*, IStR 2017, 721 (723); Vergleiche dazu auch die Argumentation bei der sekundärrechtlichen Bewertung des Beherrschungserfordernisses bei der „normalen" Hinzurechnungsbesteuerung.

1013 So auch *Böhmer/Gebhardt/Krüger*, in: Hagemann/Kahlenberg, ATAD-Kommentar, Art. 7 Rn. 263.

die deutsche Regelung für Einkünfte mit Kapitalanlagecharakter insbesondere auch den von der ATAD geforderten Substanztest ermöglicht und diesen auch auf Drittstaatensachverhalte erstreckt, ist sie ATAD-konform ausgestaltet.

## IX. Überblick: Familienstiftungen und Verfahrensvorschriften

### *1. Umsetzungsmaßnahme*

#### *a) Hinzurechnung bei Familienstiftungen*

Wie gehabt sieht § 15 AStG ein weiteres Hinzurechnungssystem vor, bei dem gemäß § 15 Abs. 1 AStG Vermögen und Einkünfte einer ausländischen Familienstiftung dem unbeschränkt steuerpflichtigen Stifter beziehungsweise subsidiär den unbeschränkt steuerpflichtigen Bezugs- oder Anfallsberechtigten zugerechnet werden. Die Regelung ist im Wesentlichen unverändert geblieben. Mit dem ATAD-Umsetzungsgesetz wurden lediglich Folgeanpassungen im Hinblick auf die Änderungen bei der Hinzurechnungsbesteuerung in §§ 7–13 AStG vorgenommen.[1014] Insofern ergeben sich insbesondere keine Änderungen bei der Definition der Familienstiftung (§ 15 Abs. 2 AStG) und der Gleichstellung von Unternehmensstiftungen mit diesen (§ 15 Abs. 3 AStG). Auch die Absätze 4, 6, 8 und 10 bleiben unangerührt.[1015]

Die erste Folgeanpassung betrifft § 15 Abs. 5 AStG a.F. der die entsprechende Anwendbarkeit des § 12 AStG a.F. anordnete und darüber die Anrechnung einerseits von Steuern, die die ausländische Stiftung geleistet hat und andererseits von Steuern auf nach § 15 Abs. 11 AStG a.F. befreite Zuwendungen ermöglicht hat. De lege lata entfällt der Verweis auf § 12 AStG a.F. und die Anrechnungsmöglichkeit ist nun selbstständig in § 15 Abs. 5 AStG normiert. Insofern wird den Anpassungen in § 12 AStG[1016] Rechnung getragen. In § 15 Abs. 7 S. 2 AStG, der bei der Ermittlung der Einkünfte die entsprechende

1014 Siehe auch BT-Drs. 19/28652, S. 64.

1015 Vergleiche tiefergehend zu § 15 AStG *Schulz*, Die Besteuerung ausländischer Familienstiftungen nach dem Außensteuergesetz, 2010, S. 31; *Monz*, Die Familienstiftung im Außensteuergesetz, 2017; *Moser*, Die Hinzurechnungsbesteuerung nach den §§ 7–14 AStG und die Besteuerung ausländischer Familienstiftungen nach § 15 AStG – systematischer Vergleich, Gestaltungspotenzial und Reformüberlegungen, 2015, S. 311; *Kirchhain*, Die Familienstiftung im Außensteuerrecht, 2010; *Schulz*, Die Besteuerung ausländischer Familienstiftungen nach dem Außensteuergesetz, 2010; *Hallerbach*, Besteuerung ausländischer Familienstiftungen, 2009.

1016 Vgl. 252.

Anwendung des § 10 Abs. 3 AStG anordnet, wurde der Zusatz eingefügt, dass § 8b KStG unberücksichtigt bleibt. Damit wird die alte Rechtslage wiederhergestellt, da § 10 Abs. 3 AStG selbst keinen Ausschluss des § 8b KStG mehr enthält[1017]. Durch den Wegfall des § 14 AStG a.F.[1018] wurde der Verweis in § 15 Abs. 9 S. 1 AStG entsprechend angepasst. § 15 Abs. 9 AStG adressiert Fälle, in denen die ausländische Stiftung ihrerseits an einer ausländischen Gesellschaft beteiligt ist. Die Einkünfte der ausländischen Gesellschaft werden auch weiterhin mit dem Teil zu den Einkünften der Familienstiftung zugerechnet, der auf die Beteiligung der Stiftung am Nennkapital entfällt. In diesem Kontext ist der neue eingefügte Satz 2 zu verstehen, der die entsprechende Anwendung des § 7 Abs. 1 S. 3 AStG normiert. Nun ist also sekundär auch die Gewinnverteilung für die Steuerpflicht maßgeblich, falls die Beteiligung am Nennkapital an der Zwischengesellschaft nicht den Maßstab für die Gewinnverteilung bildet oder die Gesellschaft kein Nennkapital hat. Da § 15 Abs. 5 AStG nun nicht mehr auf § 12 AStG verweist, sondern die Anrechnungsmöglichkeit von Steuern, die die ausländische Stiftung geleistet hat, selber normiert, wurde konsequenterweise die alte Rechtslage durch die Einfügung eines neuen § 15 Abs. 11 S. 2 AStG wiederhergestellt. Steuern auf nach § 15 Abs. 11 S. 1 AStG befreite Zuwendungen sind in entsprechender Anwendung der § 34c Abs. 1 und 2 EStG und § 26 Abs. 1 und 2 S. 1 KStG auch weiterhin anrechenbar.

*b) Verfahrensvorschriften*

Im Hinblick auf die für die Hinzurechnungsbesteuerung relevanten Verfahrensvorschriften ergeben sich ebenfalls nur kleinere Änderungen. § 16 Abs. 1 AStG, der die Mitwirkungspflicht des Steuerpflichtigen regelt, wurde inhaltlich nicht geändert. Auch weiterhin ist die für die Absetzung von Schulden oder anderen Lasten oder von Betriebsausgaben oder Werbungskosten erforderliche Benennungspflicht des § 160 AO daher erst dann erfüllt, wenn der Steuerpflichtige alle Beziehungen offenlegt, die unmittelbar oder mittelbar zwischen ihm und der Gesellschaft, Person oder Personengesellschaft bestehen und bestanden haben. Nach § 16 Abs. 2 AStG kann das Finanzamt wie gehabt gemäß § 95 AO eine Versicherung an Eides Statt vom Steuerpflichtigen verlangen.

Die Auskunftspflichten des Steuerpflichtigen bei der Sachverhaltsaufklärung wurden konkretisiert bzw. ausgeweitet. Zum einen umfasst die Offenbarungspflicht des § 17 Abs. 1 Nr. 1 AStG durch den angepassten Verweis auf § 7 Abs. 3

1017 Vgl. Fn. 867.
1018 Vgl. 211.

und insbesondere Abs. 4 AStG[1019] nun auch Geschäftsbeziehungen zwischen der ausländischen Gesellschaft und Personen, die mit dem Steuerpflichtigen in Bezug auf die Zwischengesellschaft durch abgestimmtes Verhalten zusammenwirken und ihm daher nahestehen. Zum anderen sind gemäß § 17 Abs. 1 Nr. 2 AStG auf Verlangen nun nicht mehr nur die sachdienlichen Unterlagen einschließlich der Bilanzen und der Erfolgsrechnungen, sondern auch eine Darstellung der Beteiligungsverhältnisse sowie der Steuererklärungen und Steuerbescheide vorzulegen. Zudem gilt diese Vorlagepflicht nun auch bezüglich der für die Anwendung des § 15 AStG relevanten Unterlagen. Die Schätzungsvorschrift des § 17 Abs. 2 AStG bleibt demgegenüber unverändert.

Bei § 18 AStG wurden insbesondere Folgeanpassungen vorgenommen. Da de lege lata die Hinzurechnungsbesteuerung gemäß § 7 Abs. 1 S. 4 AStG nun auch beschränkt Steuerpflichtige treffen kann[1020], sind durch die Streichung des Zusatzes „unbeschränkt" Änderungen im Wortlaut der Norm vorgenommen worden. Weitere Wortlautanpassungen gehen mit dem Umstand einher, dass aufgrund des geänderten Beherrschungskonzepts auch mittelbar an der Zwischengesellschaft beteiligte Gesellschafter selbst Steuerpflichtige der Hinzurechnungsbesteuerung sein können[1021]. Inhaltlich ergeben sich für § 18 Abs. 1 AStG, der die gesonderte und bei mehreren Beteiligten zudem einheitliche Feststellung der Besteuerungsgrundlagen im Feststellungsverfahren regelt, zwei Änderungen: Zum einen werden die gesondert festzustellenden Besteuerungsgrundlagen für die Anwendung der §§ 7 bis 13 AStG nun durch die Aufzählung „insbesondere der Hinzurechnungsbetrag (§ 10), die anrechenbaren Steuern (§ 12), das Hinzurechnungskorrekturvolumen (§ 11) und der Verlustvortrag" in § 18 Abs. 1 S. 1 AStG näher konkretisiert. Es handelt sich dabei ausweislich des Wortlautes um eine nicht abschließende Aufzählung, die laut der Gesetzesbegründung nur der Klarstellung dient.[1022] Zum anderen regelt der neu eingefügte § 18 Abs. 1 S. 2 AStG als Konsequenz der geänderten Hinzurechnungstechnik, dass in Fällen nachgeschalteter Zwischengesellschaften auch festgestellt werden muss, wie sich das Hinzurechnungskorrekturvolumen auf die vermittelnden Gesellschaften aufteilt. Die Regelung zur örtlichen Zuständigkeit für die Durchführung des Feststellungsverfahrens (§ 18 Abs. 2 AStG) bleibt inhaltlich unberuhrt. § 18 Abs. 3 AStG regelt nach wie vor die Feststellungserklärungspflicht.

1019 Nach der alten Rechtslage wurde auf § 1 Abs. 2 AStG verwiesen.
1020 Vgl. 207.
1021 Vgl. 211.
1022 BT-Drs. 19/28652, S. 66.

De lege lata wird nun klargestellt, dass die Erklärung zur gesonderten Feststellung von jedem an der ausländischen Gesellschaft unmittelbar oder mittelbar beteiligten Steuerpflichtigen stets nach amtlich vorgeschriebenem Vordruck abzugeben ist. Der neu eingefügte § 18 Abs. 3 S. 3 AStG erleichtert die Erklärungspflicht insofern, als das eine abgekürzte Feststellungserklärung nach amtlich vorgeschriebenem Vordruck ausreicht, wenn der Steuerpflichtige geltend macht, dass der Motivtest nach § 8 Abs. 2 AStG erfüllt ist. Dies ist begrüßenswert, musste doch nach alter Rechtslage eine vollständige Erklärung eingereicht werden, nur um sich schlussendlich dann doch auf den – eindeutig erfüllten – Substanztest berufen zu können.[1023] Auch weiterhin gelten gemäß § 18 Abs. 4 AStG die Absätze 1 bis 3 für Einkünfte und Vermögen im Sinne des § 15 AStG entsprechend. Schließlich regelt der neu eingefügte § 18 Abs. 5 AStG, dass eine Außenprüfung zur Ermittlung der Besteuerungsgrundlagen bei jedem Steuerpflichtigen zulässig ist. Die nach alter Rechtslage notwendige Prüfung der Voraussetzungen des § 193 Abs. 2 Nr. 2 AO (besonderes Aufklärungsbedürfnis, das zweckmäßig nur durch eine Außenprüfung befriedigt werden kann) entfällt somit de lege lata. Die uneingeschränkte Zulässigkeit einer Außenprüfung ohne Tatbestandsvoraussetzungen wird in der Gesetzesbegründung mit der Verfahrensvereinfachung und der Vermeidung von Auslegungsfragen in der Praxis begründet.[1024] Unabhängig davon, ob man diese Argumentation überzeugend findet oder nicht, ist jedenfalls zu konstatieren, dass sich in der Praxis nicht allzu viel ändern wird, da die Voraussetzungen des § 193 Abs. 2 Nr. 2 AO in den meisten Hinzurechnungsbesteuerungsfällen wohl erfüllt gewesen sein dürften. Ohnehin kennt die Abgabenordnung gemäß § 193 Abs. 1 AO bereits auch die Möglichkeit einer Außenprüfung ohne weitere tatbestandliche Voraussetzungen bei Unternehmern und Freiberuflern, sowie bei Steuerpflichtigen im Sinne des § 147a AO, die hohe Überschusseinkünfte erzielen oder eine Drittstaaten-Gesellschaft beherrschen. Und schließlich wird der neue § 18 Abs. 5 AStG – wie auch die bisherigen Vorschriften zur Außenprüfungsanordnung – eine fehlerfreie Ermessensausübung verlangen.

## *2. Sekundärrechtliche Bewertung*

Die ATAD stellt keine Vorgaben für die Verfahrensvorschriften auf. Für die sekundärrechtliche Bewertung des § 15 AStG ist entscheidend, ob die ATAD

1023 Vgl. *Gerbracht* in: Kofler et al., Controlled Foreign Company Legislation, Chapter 17, S. 303, 318.

1024 BT-Drs. 19/28652, S. 66.

überhaupt Vorgaben für die deutsche Regelung zu ausländischen (Familien-) Stiftungen enthält. Die Frage zielt darauf, ob die Art. 7 und 8 ATAD auch Vorgaben für die Erfassung von ausländischen Stiftungen im Rahmen der nationalen Hinzurechnungsbesteuerungssysteme aufstellen oder ob es sich bei § 15 AStG um eine selbstständige, ausschließlich über die Vorgaben der ATAD hinausgehende Regelung handelt. Erster Anknüpfungspunkt ist insofern der persönliche Anwendungsbereich der ATAD. Adressaten der ATAD-Einzelmaßnahmen – so auch der Hinzurechnungsbesteuerung – sind wie gesehen nur körperschaftsteuerpflichtige Personen.[1025] Nationale Regelungen können vor dem Hintergrund des Mindestschutzniveaus der ATAD einen darüberhinausgehenden Adressatenkreis vorsehen und insofern muss sich die Regelung nicht an den Vorgaben der Richtlinie messen lassen.[1026] Mit Blick auf § 15 AStG bedeutet dieser Befund, dass *Moser* in der Aussage beizupflichten ist, dass der in Absatz 1 und 2 geregelte Grundfall der ausländischen Familienstiftung über die Mindestanforderungen der ATAD hinausgeht, da der Adressat ausschließlich eine natürliche Person ist.[1027] Denn § 15 Abs. 2 AStG definiert auch weiterhin Familienstiftungen als Stiftungen, bei denen der Stifter, seine Angehörigen und deren Abkömmlinge zu mehr als der Hälfte bezugsberechtigt oder anfallsberechtigt sind. In diesem Kontext ist § 15 Abs. 1 S. 1 AStG zu lesen, der die Zurechnung von Einkünften und Vermögen der ausländischen Familienstiftung zu dem unbeschränkt steuerpflichtigen Stifter bzw. Bezugs- oder Anfallsberechtigten anordnet.

Allerdings werden Unternehmensstiftungen den Familienstiftungen weiterhin gleichgestellt: § 15 Abs. 3 AStG statuiert nach wie vor, dass – unter anderem – in Fällen, in denen eine Körperschaft, eine Personenvereinigung oder eine Vermögensmasse eine ausländische Stiftung errichtet, die Stiftung wie eine Familienstiftung behandelt wird, wenn der Stifter, seine Gesellschafter, von ihm abhängige Gesellschaften, Mitglieder, Vorstandsmitglieder, leitende Angestellte und Angehörige dieser Personen zu mehr als der Hälfte bezugsberechtigt oder anfallsberechtigt sind. Es werden von der deutschen Regelung also auch weiterhin Fälle erfasst, in denen der Stifter bzw. der Bezugs- oder Anfallsberechtigte eine körperschaftsteuerpflichtige Person ist und somit in den persönlichen Anwendungsbereich der ATAD fällt.[1028] Mithin muss die

1025 Vgl. 88.
1026 Vgl. 214.
1027 So auch *Moser*, IStR 2017, 613 (614).
1028 Vgl. *Moser*, IStR 2017, 613 (614).

Hinzurechnungsbesteuerungsregelung der ATAD dahingehend untersucht werden, ob sie auch deutsche Unternehmensstiftungen im Rahmen des nationalen Hinzurechnungsbesteuerungssystems berücksichtigt sehen will. Da Stiftungen auch passive Einkünfte i.S.d. Art. 7 Abs. 2 ATAD erzielen können, verengt sich die Untersuchung auf die Frage, ob eine Unternehmensstiftung auch ein beherrschtes ausländisches Unternehmen i.S.d. Art. 7 Abs. 1 ATAD sein kann. Da eine Stiftung sich auch unternehmerisch betätigen kann, kann es sich bei ihr auch nach Maßgabe der ATAD um ein Unternehmen handeln, bei dem die Gewinne in dem Mitgliedstaat nicht der Steuer unterliegen oder steuerbefreit sind. Jedoch argumentiert *Moser* richtigerweise, dass eine Stifter-, Begünstigten-, oder Anfallsberechtigtenstellung nicht zu einer Erfüllung der Beteiligungsvoraussetzungen gemäß Art. 7 Abs. 1 S. 1 lit. a ATAD führen kann.[1029] An einer Stiftung bestehen typischerweise keine Stimmrechte und sie haben auch kein Nennkapital. Eine rechtliche Beherrschung der Stiftung durch den Stifter oder die Bezugs- und Anfallsberechtigten im Sinne der Art. 7 Abs. 1 S. 1 lit. a Alt. 1 oder 2 ATAD scheidet demnach aus. Und auch eine wirtschaftliche Beherrschung an einer Stiftung durch den Anspruch auf mehr als 50 % der Gewinne gemäß Art. 7 Abs. 1 S. 1 lit. a Alt. 3 ATAD ist nicht möglich.[1030] Mithin ist festzuhalten, dass die Art. 7 und 8 ATAD keine Vorgaben für die Erfassung von ausländischen Stiftungen im Rahmen des deutschen Hinzurechnungsbesteuerungssystems aufstellen. § 15 AStG ist eine selbstständige, strengere Zurechnungsregelung, die in ihrer Gesamtheit außerhalb des Anwendungsbereichs der ATAD liegt.

## C. Zwischenergebnis: ATAD-konforme „kleine Lösung“ statt zeitgemäßer und rechtssicherer Ausgestaltung

Ausweislich des zu Beginn des Kapitels angeführten Zitats wollte der Gesetzgeber die ATAD als Anlass nehmen, um die Hinzurechnungsbesteuerung zu reformieren und zur Stärkung des Wirtschafts- und Steuerstandorts Deutschland zeitgemäß und rechtssicher auszugestalten. Die Pläne waren damit groß: Die Reform der deutschen Hinzurechnungsbesteuerung sollte sich nicht nur in der bloßen Umsetzung der ATAD-Vorgaben erschöpfen. Zu konstatieren ist zunächst, dass das Minimalziel der ATAD-konformen Umsetzung größtenteils erreicht wurde. Da Deutschland bereits über eine robuste Regelung verfügt hat,

1029 *Moser*, IStR 2017, 613 (614 f.).

1030 Vgl. dazu *Moser*, IStR 2017, 613 (614 f.).

bestand insofern ohnehin nur für vereinzelte Punkte Anpassungsbedarf: Die Anwendung der Hinzurechnungsbesteuerung auf natürliche Personen und die Definition der potenziellen Zwischengesellschaft ist richtlinienkonform; mit der Anwendungsbereichserweiterung auf beschränkt Steuerpflichtige geht der Gesetzgeber jedenfalls sekundärrechtlich auf Nummer sicher. Auch die Anforderungen an die Beherrschungskriterien wurden entsprechend den Vorgaben der ATAD verschärft, während sich hinsichtlich des Beherrschungszeitpunktes keine Änderungen ergeben haben. In Umsetzung der ATAD wurde das Beherrschungskonzept von der zufälligen Inländerbeherrschung hin zu einer gesellschafterbezogenen Betrachtungsweise unter Berücksichtigung nahestehender Personen umgestellt. Für die passiven Einkünfte wurden richtlinienkonform konzeptionell an einem Aktivkatalog festgehalten und nur vereinzelte Anpassungen vorgenommen, um den Vorgaben der ATAD zu entsprechen. Nach der hier vertretenen Auffassung ist (lediglich) die weiterhin nicht uneingeschränkte Passivität von Lizenzeinkünften sekundärrechtswidrig, da die ATAD diese Einkünfte ausnahmslos als passiv einstuft. Eine Absenkung der Niedrigbesteuerungsgrenze war sekundärrechtlich nicht erforderlich; die segmentierende Betrachtungsweise bei der Niedrigbesteuerung ist nach der hier vertretenen Auffassung ebenfalls ATAD-konform. Der Substanztest und die Freigrenzenregelung wurden ebenfalls punktuell an die Vorgaben der ATAD angepasst. Da nach der hier vertretenen Auffassung durch die ATAD rechtsfolgenseitig kein Mindestschutzniveau für die betroffenen Steuerpflichtigen aufgestellt wird, sind strengere nationale Regelungen als richtlinienkonform anzusehen. Durch die Anpassung des Hinzurechnungszeitpunktes und die Umstellung auf ein einheitliches System der Steueranrechnung bei ausländischen gezahlten Steuern, sowie dem neuartigen Kürzungsbetrag bei nachfolgenden Gewinnausschüttungen, erfolgte damit auch rechtsfolgenseitig eine sekundärrechtskonforme Umsetzung. Die deutsche Sonderregelung für Einkünfte mit Kapitalanlagecharakter ist nach der hier vertretenen Auffassung ebenfalls ATAD-konform ausgestaltet.

Der Großteil der Änderungen wirkt belastend für den Steuerpflichtigen; die Rechtslage hat sich weiter verschärft. Insofern ist es zu der im zweiten Kapitel prognostizierten „Rosinenpickerei" gekommen.[1031] Das groß gesteckte Ziel einer umfassenden Reformation der deutschen Hinzurechnungsbesteuerung durch eine zeitgemäße und rechtssichere Ausgestaltung wurde jedoch verfehlt. Viele der im zweiten Kapitel thematisierten Probleme bleiben auch nach der

---

1031 Vgl. 104.

neuen Rechtslage bestehen. Exemplarisch sei hier nur auf die unangepasste Niedrigbesteuerungsgrenze und den im Wesentlichen unveränderten Aktivkatalog verwiesen. Begrüßenswert ist hingegen die – von der ATAD zwingend vorgeschriebene – Änderung in der Beherrschungskonzeption und dass der Kürzungsbetrag auch den Gewerbeertrag mindern kann.

Schließlich ergibt sich eine weitere Verschärfung der Hinzurechnungsbesteuerung durch das Gesetz zur Abwehr von Steuervermeidung und unfairem Steuerwettbewerb und zur Änderung weiterer Gesetze vom 25.06.2021 (Steueroasen-Abwehrgesetz, StAbwG)[1032] ab dem Jahr 2022[1033]. Der persönliche Anwendungsbereich des Gesetzes umfasst alle natürlichen Personen, Personengesellschaften, Körperschaften und Vermögensmassen, § 1 Abs. 1 StAbwG. In sachlicher Hinsicht gelten die Normen gemäß § 1 Abs. 2 StAbwG für sämtliche durch Bund, Länder oder Gemeinden verwaltete Steuern mit Ausnahme der Umsatz- und Verbrauchssteuern. Tatbestandlich verlangt § 7 StAbwG Geschäftsbeziehungen und Beteiligungsverhältnisse mit Steuersubjekten, die in einem nicht kooperativen Staat ansässig sind. Nach der Definition in § 2 Abs. 1 StAbwG ist ein Steuerhoheitsgebiet nicht kooperativ, wenn es keine hinreichende Transparenz in Steuersachen gewährleistet (vgl. § 4 Abs. 1 StAbwG)[1034], oder einen unfairen Steuerwettbewerb betreibt (vgl. § 5 Abs. 1 StAbwG)[1035], oder keine Verpflichtung zur Umsetzung der Mindeststandards des OECD/G20 BEPS-Projekts gegen Gewinnkürzung und

1032 Gesetz v. 25.06.2021, BGBl. I 2021, S. 2056.

1033 Gemäß § 13 StAbwG ist eine Anwendung der Maßnahmen ab dem 01.01.2022 vorgesehen, sofern die entsprechenden Steuerhoheitsgebiete bereits am 01.01.2021 auf der schwarzen Liste der EU enthalten waren, andernfalls ab dem 01.01.2023.

1034 Dies ist der Fall, wenn der Informationsaustausch nach dem FKAustG nicht oder nicht nach dem gemeinsamen Meldestandard wahrgenommen wird oder keine Umsetzung des OECD-Mindeststandards für Transparenz und Informationsaustausch erfolgt ist oder das Amtshilfe-Übereinkommen v. 25.01.1988 nicht ratifiziert wurde.

1035 Dies ist unter anderem der Fall bei einer Niedrig- oder Nullbesteuerung ohne tatsächliche wirtschaftliche Tätigkeit oder Präsenz in dem Steuerhoheitsgebiet, der Gewährung von Steuervorteilen ausschließlich für Gebietsfremde ohne Tangierung der inländischen Wirtschaft oder einer Abweichung von OECD-Grundsätzen der Gewinnermittlung. Mithin wird insbesondere an die Praxis des „ring fencing“ angeknüpft. Insgesamt sind die Konkretisierungen aber sehr unbestimmt. Zudem werden die OECD-Standards – soft law mit kaum demokratischer Legitimation – nun indirekt doch aufgezwungen.

Gewinnverschiebung abgeschlossen hat (vgl. § 6 Abs. 1 StAbwG)[1036]. Daneben muss – tatbestandsbeschränkend – das Steuerhoheitsgebiet in der aktuellen Fassung der EU-Blacklist aufgeführt sein,[1037] welche zurzeit 12 Staaten enthält,[1038] auf die die Abwehrmaßnahmen folglich beschränkt sind.

Als restriktive Maßnahme sieht § 9 S. 1 StAbwG sodann eine verschärfte Hinzurechnungsbesteuerung vor. Sind unbeschränkt steuerpflichtige Personen an einer ausländischen Gesellschaft im Sinne des § 7 Abs. 1 AStG, die in einem nicht kooperativen Steuerhoheitsgebiet ansässig ist, gemäß § 7 AStG beteiligt, so ist die ausländische Gesellschaft über § 8 Abs. 1 AStG hinaus und ungeachtet von § 8 Abs. 2 bis 4 und § 9 AStG Zwischengesellschaft für ihre gesamten Einkünfte, die insgesamt einer niedrigen Besteuerung im Sinne des § 8 Abs. 5 AStG unterliegen. Für diese Sachverhalte ergeben sich also folgende Verschärfungen im Vergleich zur normalen Hinzurechnungsbesteuerung: Tatbestandsseitig ist das Vorliegen von passiven Einkünften (§ 8 Abs. 2 AStG) unerheblich. Es gibt insbesondere auch nicht die Möglichkeit der Exkulpation durch den Substanztest (§ 8 Abs. 3 und 4 AStG) oder eine Freigrenze (§ 9 AStG). Das Vorliegen einer Niedrigbesteuerung iSd § 8 Abs. 5 AStG war im Referentenentwurf ebenfalls noch nicht als Tatbestandsmerkmal vorgesehen, ist de lege lata aber neben der Erfüllung des Beherrschungskriteriums des § 7 Abs. 1 AStG ausdrückliche Voraussetzung. Rechtsfolgenseitig erfolgt eine Hinzurechnung aller Einkünfte der Gesellschaft; es wird nicht – wie bei der normalen Hinzurechnungsbesteuerung – eine segmentierende Betrachtungsweise angestellt und zwischen aktiven und passiven Einkünften unterschieden. § 9 S. 2 StAbwG sieht – abweichend zum Referentenentwurf – eine Rückfallklausel vor, falls die

1036 Darüber hinaus ist ein Steuerhoheitsgebiet auch dann nicht kooperativ, wenn es über keinen Mechanismus zum Austausch länderbezogener Berichte mit allen Unionsmitgliedern verfügt oder wesentlich von Aktionspunkt 13 (Vertraulichkeit/Datenschutz) abgewichen wird.

1037 Dieses Tatbestandsmerkmal ergibt sich aus der Verordnungsermächtigung des § 3 Abs. 1 StAbwG. Demnach sollen das Bundesfinanzministerium und das Bundeswirtschaftsministerium zur Sicherstellung einer einheitlichen Rechtsanwendung mit Zustimmung des Bundesrates eine Rechtsverordnung erlassen, in der die Steuerhoheitsgebiete, die nach Maßgabe des § 2 StAbwG als nicht kooperativen Staaten zu qualifizieren sind, genannt werden, wenn sie zusätzlich in der EU-Blacklist aufgeführt sind.

1038 Abrufbar unter: https://www.consilium.europa.eu/de/policies/eu-list-of-non-cooperative-jurisdictions/ (zuletzt abgerufen: 01.10.2023). Seit dem 22.01.2021 wurde Barbados durch Dominica ersetzt. Zudem war auch die Türkei in der Diskussion und ist nun auf der grauen Liste.

Anwendung des § 9 S. 1 StAbwG zu niedrigeren steuerpflichtigen Einkünften führt, als ohne dessen Geltung. Diese Besserstellung gegenüber dem Status quo kann dadurch erfolgen, dass bei der Berechnung der Niedrigsteuergrenze ausweislich des ausdrücklichen Wortlautes des § 9 S. 1 StAbwG sämtliche Einkünfte zusammengerechnet werden, sodass niedrig besteuerte passive Einkünfte mit hochbesteuerten aktiven Einkünften verrechnet werden.[1039] Gemäß § 9 S. 3 StAbwG gilt für eine in einem nicht kooperativen Steuerhoheitsgebiet gelegene Betriebsstätten eines unbeschränkten Steuerpflichtigen ebenfalls eine verschärfte Regelung: § 20 Abs. 2 S. 1 AStG gilt mit der Maßgabe, dass dieser auf sämtliche Einkünfte der Betriebsstätte anzuwenden ist; die Ausnahme des § 20 Abs. 2 S. 2 AStG greift im Rahmen des § 9 S. 3 StAbwG genau so wenig, wie die des § 9 S. 2 StAbwG.[1040]

---

1039 Vgl. auch BR-Drs. 272/21, S. 24.

1040 Im Referentenentwurf verwies der § 9 S. 1 StAbwG-E noch auf die Anwendbarkeit der § 7–21 AStG (mit der Maßgabe, dass die ausländische Gesellschaft mit ihren sämtlichen Einkünften als Zwischengesellschaft gilt) und damit auch auf den Ausnahmetatbestand des § 20 Abs. 2 S. 2 AStG.

# 5. Kapitel: Primärrechtskonformität der deutschen Umsetzungsmaßnahme

*„Wenn die nationalen Durchführungsmaßnahmen EU-weit einheitlich ausgerichtet sind, haben die Steuerpflichtigen nicht zuletzt die Gewähr, dass die betreffenden Maßnahmen mit dem Unionsrecht in Einklang stehen."*[1041]

## A. Primärrechtliche Immunisierung der Umsetzungsmaßnahmen?

Während zu Anfang des dritten Kapitels der Frage nachgegangen wurde, ob die ATAD als sekundäres Unionsrecht uneingeschränkt am Primärrecht zu messen ist, muss an dieser Stelle korrespondierend der Prüfungsmaßstab hinsichtlich der nationalen Umsetzungsmaßnahme untersucht werden: Verstößt das nationale Recht, gerade weil es sekundäres Unionsrecht umsetzt, nicht gegen primäres Unionsrecht? Oder, mit anderen Worten: Führt die ATAD dazu, dass die mitgliedstaatlichen Umsetzungsmaßnahmen vor den Grundfreiheiten immunisiert sind? Und falls ja, was ist mit dem überschießenden nationalen Recht außerhalb des Anwendungsbereichs der ATAD? Die Brisanz dieser Fragen für den Steuerpflichtigen wird deutlich, wenn man sich vor Augen führt, dass die Umsetzungsmaßnahme gleichzeitig nur sehr eingeschränkt am nationalen Verfassungsrecht zu messen ist[1042] und damit ein weiterer Schutzmechanismus für den Steuerpflichtigen wegfällt.

Im Ausgangspunkt ist festzuhalten, dass Grundfreiheiten auch in sekundärrechtlich harmonisierten Bereichen Anwendung finden. Damit ist aber zunächst erst einmal nur etwas über die Bindung der Unionsorgane an die Grundfreiheiten, wie sie zu Beginn des dritten Kapitels thematisiert wurde, gesagt.[1043] Für die Frage, ob und inwiefern mitgliedstaatliche Umsetzungsmaßnahmen selbst an den Grundfreiheiten zu messen sind, muss hingegen danach

1041 Richtlinie 2016/1164/EU des Rates vom 12. Juli 2016, Erwägungsgrund 2.

1042 *Oppel*, IStR 2016, 797 (801); *Schönfeld/Ellenrieder*, StuW 2019, 253 (254); vgl. auch BVerfG v. 07.06.2000 – 2 BvL 1/97, BVerfGE 102, 147.

1043 Vgl. EuGH v. 13.09.2001, C-169/99, *Schwarzkopf*, ECLI:EU:C:2001:439, Rn. 37 und die dort angeführte Rechtsprechung.

differenziert werden, welche Vorgaben das Sekundärrecht für diese trifft und wie der Harmonisierungsgrad ausfällt:[1044]

Der EuGH hat bereits 1977 entschieden, dass eine nationale Regelung nicht anhand des Primärrechts, sondern ausschließlich anhand der sekundärrechtlichen Harmonisierungsmaßnahme zu beurteilen ist, wenn es sich um einen abschließend auf Unionsebene harmonisierten Bereich handelt.[1045] Diese Rechtsprechungslinie wurde aufrechterhalten.[1046] Mag dieser Ansatz des EuGH zunächst verwundern, so hat er dennoch seine Berechtigung. Solange eine Richtlinie einen bestimmten Bereich abschließend harmonisiert, besteht für den nationalen Gesetzgeber kein eigener Gesetzgebungsspielraum. Er wird so von den über die sekundärrechtlichen Anforderungen hinausgehenden Verpflichtungen befreit. Denn wenn der nationale Gesetzgeber einerseits seiner sekundärrechtlichen Umsetzungsverpflichtung nachkommen, aber andererseits auch noch die Primärrechtskonformität der Richtlinie überprüfen soll, geriete er möglicherweise in einen Zielkonflikt oder könnte sich unter Berufung auf die Grundfreiheiten seiner sekundärrechtlichen Verpflichtung entziehen.[1047]

Die Frage verengt sich mithin darauf, wann eine Richtlinie einen Regelungsgegenstand abschließend harmonisiert und wann die nationale Umsetzungsmaßnahme den Bereich abschließender Harmonisierung verlässt. Eine abschließend harmonisierter Bereich auf Unionsebene liegt dabei vor, wenn die sekundärrechtliche Regelung zwingende Maßnahmen in Form eines Regelungsgebot vorsieht, die von den Mitgliedstaaten ohne Auslegungs- und Entscheidungsspielraum (sowohl hinsichtlich des „Ob“ als auch des „Wie“)

---

1044 *Martini*, in: Hagemann/Kahlenberg, ATAD-Kommentar, Verhältnis zum Primärrecht, Auslegung und Anwendung, Rn. 10; *Schönfeld/Ellenrieder*, StuW 2019, 253 (255).

1045 EuGH v. 05.10.1977, C-5/77, *Tedeschi*, ECLI:EU:C:1977:144, Rn. 35.

1046 Vgl. EuGH v. 12.10.1993, C-37/92, *Vanacker und Lesage*, ECLI:EU:C:1993:836, Rn. 9; EuGH v. 13.12.2003, C-324/99, *DaimlerChrysler*, ECLI:EU:C:2001:682, Rn. 32; EuGH v. 11.12.2003, C-322/01, *Deutscher Apothekerverband*, ECLI:EU:C:2003:664, Rn. 64; EuGH v. 16.12.2009, C-205/07, *Gysbrechts und Santurel Inter*, ECLI:EU:C:2008:730, Rn. 33; EuGH v. 10.07.2014, C-421/12, *Kommission/Belgien*, ECLI:EU:C:2014:2064, Rn. 6; EuGH v. 16.07.2015, C-95/14, *UNIC und Uni.co.pel*, ECLI:EU:C:2015:492, Rn. 33; EuGH v. 12.11.2015, C-198/14, *Visnapuu*, ECLI:EU:C:2015:751, Rn. 40; EuGH v. 08.03.2017, C-14/16, *Euro Park Service*, ECLI:EU:C:2017:177, Rn. 19; EuGH v. 20.12.2017, verb. Rs. C-504/16 und C-613/16, *Deister Holding und Juhler Holding*, ECLI:EU:C:2017:1009, Rn. 45.

1047 Vgl. *Schönfeld/Ellenrieder*, StuW 2019, 253 (255).

umgesetzt werden müssen.[1048] In diesen Fällen erfolgt nach der zuvor erwähnten Rechtsprechungslinie die ausschließliche Beurteilung der nationalen Umsetzungsmaßnahme anhand der sekundärrechtlichen Harmonisierungsmaßnahme.[1049] Etwas anderes ergibt sich auch dann nicht, wenn das Regelungsgebot in Form von Umsetzungsalternativen ergeht.[1050] Solange eine von mehreren Alternativen zwingend und ohne Spielraum in das nationale Recht zu transformieren ist, handelt es sich nach wie vor um ein Regelungsgebot. Auch hier muss vom mitgliedstaatlichen Gesetzgeber eine sekundärrechtlich vorgegebene Regelung zwingend umgesetzt werden und der Richtliniengeber überlässt den Mitgliedstaaten keine wichtigen Regelungsentscheidungen, sodass eine abschließende Harmonisierung zu bejahen ist. Werden dem nationalen Gesetzgeber jedoch wichtige Regelungsentscheidungen überlassen, kann nicht ohne weiteres von einer solchen ausgegangen werden. Um zu ermitteln, ob eine sekundärrechtliche Vorschrift abschließend ist, muss diese ausgelegt werden, wobei insbesondere der Wortlaut, die Historie und die Erwägungsgründe zu berücksichtigen sind.[1051]

Nach dem soeben gesagten gilt für die ATAD folgendes: Nationale Vorschriften, die im Rahmen der von der ATAD harmonisierten Regelungsbereiche ein höheres Maß an Schutz der inländischen Körperschaftsteuerbemessungsgrundlagen verwirklichen („überschießende Regelungen") sind an den Grundfreiheiten zu messen.[1052] Die Immunisierungswirkung der ATAD kann sich nur auf den festgelegten Mindeststandard beziehen; die Richtlinie kann nicht zu einem „Freifahrtschein" für sämtliche über die Richtlinie hinausgehende Maßnahmen führen. Denn der Mindeststandard ist kein Gebot zum Erlass von strengeren Vorschriften, sondern verbietet dies – aus politischen Gründen[1053] – lediglich nicht. Daraus folgt also nur, dass nationale überschießende Regelungen richtlinienkonform sind. Die ATAD verhindert insofern aber

1048 *Martini*, in: Hagemann/Kahlenberg, ATAD-Kommentar, Verhältnis zum Primärrecht, Auslegung und Anwendung, Rn. 11; *Schönfeld/Ellenrieder*, StuW 2019, 253 (258).

1049 So auch *Kokott*, Das Steuerrecht der Europäischen Union, § 2 Rn. 81; *Wacker*, in: FS BFH, 2018, S. 781 (791 ff.).

1050 *Martini*, in: Hagemann/Kahlenberg, ATAD-Kommentar, Verhältnis zum Primärrecht, Auslegung und Anwendung, Rn. 12.

1051 Vgl. *Schönfeld/Ellenrieder*, StuW 2019, 253 (258) m.w.N.

1052 So auch *Hey*, StuW 2017, 248(253); *Oppel*, in: Hagemann/Kahlenberg, ATAD-Kommentar, Art. 3 Rn. 73.

1053 Vgl. 85 ff.

nicht eine uneingeschränkte Überprüfung dieser überschießenden Regelungen am Primärrecht.[1054] Bei nationalen Vorschriften, die lediglich den Mindeststandard der ATAD umsetzen, muss hingegen die jeweils anwendbare ATAD-Regelung ausgelegt und daraufhin geprüft werden, ob sie abschließend ist. Für die Hinzurechnungsbesteuerung muss man eine abschließende Harmonisierung wohl verneinen. Zwar sind die Tatbestands- und Rechtsfolgenseite der Art. 7 und 8 ATAD recht detailliert, dem nationalen Gesetzgeber verbleibt aber, wie im zweiten und vierten Kapitel gesehen, ein Entscheidungs- und Gestaltungsspielraum.

Zusammenfassend lässt sich festhalten, dass die nationale Umsetzungsmaßnahme, zumindest was die Hinzurechnungsbesteuerung betrifft, sich an den Grundfreiheiten messen lassen muss. Diese Erkenntnis deckt sich auch mit der Rechtsprechung des EuGH, der bei missbrauchsvermeidenden Normen in der Vergangenheit sehr zurückhaltend bei der Feststellung einer abschließenden Harmonisierung war und im Zweifel das mitgliedstaatliche Recht sowohl an den Grundfreiheiten, als auch am Sekundärrecht geprüft hat.[1055]

## B. Grundfreiheiten

### I. Unionsrechtswidrigkeit der alten Rechtslage

#### *1. Substanztest auch für Drittstaatensachverhalte erforderlich*

Nach dem Gesetzeswortlaut der alten Rechtslage war sowohl bei der normalen als auch der erweiterten Hinzurechnungsbesteuerung für Sachverhalte mit Drittstaatenberührung keine Entlastungsmöglichkeit für den Steuerpflichtigen vorgesehen.[1056] Mit Blick auf die Vorarbeiten im dritten Kapitel[1057] ist hierin ein Verstoß gegen die Grundfreiheiten zu erblicken: Bei §§ 7 Abs. 6 und 6 AStG a.F. konnten aufgrund der Absenkung der Beteiligungsgrenze (bzw. der gänzliche Verzicht auf eine solche) gerade auch Kleinstbeteiligungen der Hinzurechnungsbesteuerung unterliegen. Aber auch die normale Hinzurechnungsbesteuerung mit ihrer konzeptionellen Ausgestaltung der zufälligen Inländerbeherrschung verlangte gerade keine konkrete Beteiligungsquote, sondern sie galt sowohl für Kontrollbeteiligungen als auch für

1054 So auch *de Graaf/Visser*, EC Tax Review 2016, 199 (206); *Dettmeier/Dörr/Neukam/Prodan*, NWB 2016, 3082 (3089).

1055 Vgl. dazu ausführlich *Wacker*, in: FS BFH, 2018, S. 781 (784 ff.).

1056 Vgl. 55ff. und 63 ff.

1057 Vgl. 168 ff.

Portfoliobeteiligungen gleichermaßen. In beiden Fällen war daher die Kapitalverkehrsfreiheit einschlägig und mithin ein entsprechender Substanztest für Drittstaatensachverhalte erforderlich.

Dieser Befund ist nun mittlerweile auch durch die Rechtsprechung fundiert: Nach seinem Vorlagebeschluss an den EuGH in der Rechtssache *X GmbH* bejahte auch der BFH in seiner Schlussentscheidung die Beschränkung der mit Drittstaatenschutz ausgestatteten Kapitalverkehrsfreiheit durch die erweiterte Hinzurechnungsbesteuerung.[1058] Und nachdem der BFH für die normale Hinzurechnungsbesteuerung in Randnummer 32 seiner *Zypern-Entscheidung* vom 13.06.2018[1059] (dazu sogleich) fast beiläufig ausgeführt hatte, dass neben dem Schutzbereich der Niederlassungsfreiheit auch der der Kapitalverkehrsfreiheit eröffnet ist, hat der Bundesfinanzhof in seiner *Ungarn-Entscheidung* vom 18.12.2019[1060] nachgelegt und diese Einschätzung bestätigt.

In der *Ungarn-Entscheidung* waren zwei deutsche Gesellschaften mit beschränkter Haftung an einer ungarischen Holding-Kft (Kapitalgesellschaft) beteiligt (zu 99,9963 % und 0,0037 %). In den Streitjahren 2001 bis 2003 lag eine Niedrigbesteuerung vor (allgemeiner Körperschaftsteuersatz von 18 bzw. 16 %) und Ungarn war zu der Zeit auch noch kein EU-Mitgliedstaat. Die Holding-Kft erbrachte zentrale Dienstleistungen gegenüber ihren ungarischen Tochtergesellschaften, die unter anderem in Hilfeleistungen bei der Eröffnung und Expansion des ungarischen Unternehmens, Einkaufs- und Vertriebsberatung, Buchhaltung und Marketing bestanden (aktive Tätigkeit aus Dienstleistung im Sinne des § 8 Abs. 1 Nr. 5 AStG a.F.). Die Holding erwirtschaftete aber den überwiegenden Teil ihrer Einkünfte im Zusammenhang mit der Vergabe von zahlreichen Darlehen an die Tochtergesellschaften, welche im Wesentlichen aus Eigenkapital sowie aus bei der deutschen Muttergesellschaft aufgenommenen Krediten (re-)finanziert wurden (passive Einkünfte gemäß § 8 Abs. 1 Nr. 7 AStG a.F.). Der BFH griff seine Rechtsgrundsätze aus der *X GmbH* Schlussentscheidung zu § 7 Abs. 6 und 6a AStG a.F. auf und übertrug diese auf die normale Hinzurechnungsbesteuerung:

> *„Zwar betraf das Senatsurteil […] die Hinzurechnung von Zwischeneinkünften mit Kapitalanlagecharakter, während es vorliegend um die allgemeine Hinzurechnungsbesteuerung geht. Diesem Unterschied kommt für die unionsrechtliche Beurteilung jedoch*

1058 BFH v. 22.05.2019, I R 11/19, BStBl II 2021, 265.

1059 BFH v. 13.06.2018, I R 94/15, BStBl II 2020, 755.

1060 BFH v. 18.12.2019, I R 59/17, BStBl II 2021, 270; vgl. dazu auch *Heckerodt/van Lück*, IStR 2020, 857.

*keine ausschlaggebende Bedeutung zu. Vielmehr ist auch die allgemeine Hinzurechnungsbesteuerung in der vorliegenden Drittstaatenkonstellation an der Kapitalverkehrsfreiheit zu messen.*"[1061]

Der BFH führte dazu weiter aus, dass die allgemeine Hinzurechnungsbesteuerung zwar voraussetzt, dass Steuerinländer an der ausländischen Gesellschaft „zu mehr als der Hälfte beteiligt" sind, aber dennoch keine Regelung darstellt, die nur auf Beteiligungen anwendbar ist, die einen sicheren Einfluss vermitteln. Das Schulbeispiel dafür ist gerade die nur geringfügig beteiligte Klägerin. Die normale Hinzurechnungsbesteuerung erfasst nämlich auch Situationen, in denen vom einzelnen Steuerpflichtigen kein nennenswerter Einfluss ausgeübt werden kann; es kommt nach dem klaren Wortlaut nur darauf an, dass eine Mehr- oder Vielzahl von Inländern zusammen das erforderliche Quorum erfüllen. Insbesondere ist auch die „zufällige" Inländerbeherrschung durch mehrere – vertraglich nicht verbundene und auch sonst einander nicht nahestehende – Steuerpflichtige tatbestandsmäßig. Damit ist die allgemeine Hinzurechnungsbesteuerung auch auf Portfoliobeteiligungen und folglich unabhängig von konkreten Einwirkungsmöglichkeiten des Steuerpflichtigen auf die Unternehmensleitung anzuwenden und damit an der Kapitalverkehrsfreiheit zu messen.[1062]

In der Konsequenz wurde der Substanznachweis für die Wirtschaftsjahre 2001 bis 2003 durch eine extensive Auslegung des § 8 Abs. 2 AStG a.F. ermöglicht, weil einerseits die Standstill-Klausel des Art. 64 Abs. 1 AEUV ab dem Wirtschaftsjahr 2001 nicht mehr einschlägig war,[1063] und andererseits im Verhältnis zu Ungarn eine vertragliche Rechtsgrundlage zum gegenseitigen Informationsaustausch bestand.[1064] Das BMF reagierte mit Schreiben vom 17.03.2021[1065] auf die beiden BFH-Urteile und wies die Finanzverwaltungen an, in allen noch nicht bestandskräftigen Fällen den Substanztest des § 8 Abs. 2 AStG a.F. auch bei Beteiligung an Gesellschaften, die in Drittstaaten ansässig sind, sinngemäß anzuwenden.

---

1061 BFH v. 18.12.2019, I R 59/17, BStBl II 2021, 270, Rn. 39.

1062 BFH v. 18.12.2019, I R 59/17, BStBl II 2021, 270, Rn. 40.

1063 Vgl. dazu bereits die Ausführungen zu der Rechtssache *X GmbH*.

1064 Die Amtshilferichtlinie war bereits vor dem endgültigen EU-Beitritt umgesetzt.

1065 BMF v. 17.03.2021, IV B 5 – BStBl I 2021, 342.

## 2. *Anforderungen an den Substanztest zu restriktiv*

Bekanntermaßen hatte das BMF als Reaktion auf die *Cadbury Schweppes* Entscheidung des EuGH mit Schreiben vom 08.01.2007 die Möglichkeit des Nachweises einer wirklichen wirtschaftlichen Tätigkeit der Zwischengesellschaft (nur) für die allgemeine Hinzurechnungsbesteuerung in EU/EWR-Fällen eröffnet.[1066] Nach dem BMF hat der Steuerpflichtige insbesondere nachzuweisen, dass (a) die Gesellschaft in dem Staat am dortigen Marktgeschehen im Rahmen ihrer gewöhnlichen Geschäftstätigkeit aktiv, selbstständig und nachhaltig teilnimmt, (b) die Gesellschaft dort für die Ausübung ihrer Tätigkeit ständig sowohl geschäftsleitendes als auch anderes Personal beschäftigt und (c) das Personal der Gesellschaft insoweit auch über die entsprechenden Qualifikationen verfügt, um die der Gesellschaft übertragenen Aufgaben eigenverantwortlich und selbstständig zu erfüllen. Darüber hinaus habe der Steuerpflichtige nachzuweisen, dass (d) die Einkünfte der Gesellschaft ursächlich aufgrund eigener Aktivitäten der Gesellschaft erzielt werden und (e) den Leistungen der Gesellschaft, sofern sie ihre Geschäfte überwiegend mit nahe stehenden Personen im Sinne des § 1 Abs. 2 AStG betreibt, für die Leistungsempfänger wertschöpfende Bedeutung zukommt und die Ausstattung mit Kapital zu der erbrachten Wertschöpfung in einem angemessenen Verhältnis steht. Diese fünf restriktiven Unterpunkte lassen sich allerdings in dieser Form nicht aus den (eher weit ausgelegten) Substanzkriterien der *Cadbury Schweppes* Entscheidung ableiten.[1067]

Der durch das JStG 2008[1068] mit dem § 8 Abs. 2 AStG a.F. eingeführte Substanztest wich § 8 Abs. 2 AStG demgegenüber begrifflich von dem BMF-Schreiben ab, indem er auf die „tatsächliche wirtschaftliche Tätigkeit" der Gesellschaft abstellte und diesbezüglich einen Nachweis durch den Steuerpflichtigen verlangt. Eine genaue Definition dieses Merkmals unterblieb jedoch, insbesondere wurden nicht ausdrücklich die Voraussetzungen des BMF-Schreibens rekurriert. In der Gesetzbegründung wurde dazu ausgeführt, dass die tatsächliche Ausübung einer wirtschaftlichen Tätigkeit mittels einer festen Einrichtung in dem Staat auf unbestimmte Zeit – mithin eine tatsächliche Ansiedlung der Gesellschaft und die Ausübung einer wirklichen wirtschaftlichen Tätigkeit – erforderlich sei. Objektive, von dritter Seite nachprüfbare Anhaltspunkte seien insofern Geschäftsräume, Personal und Ausrüstungsgegenstände. An einer stabilen und kontinuierlichen Teilnahme am

1066 BMF v. 09.01.2007, IV B 4 – S 1351 – 1/07, BStBl I 2007, 99.

1067 Vgl. dazu vertiefend: *Vogt*, in: Blümich, AStG, Vor §§ 7–14 Rn. 112 f. m.w.N.

1068 Gesetz v. 20.12.2007, BGBl. I 2007, 3150 ff.

Wirtschaftsleben fehle es dann, wenn die Kernfunktionen, die die Gesellschaft hat, nicht von ihr selbst ausgeübt werden.[1069] Auch diese Anforderungen sind restriktiver als vom EuGH vorgegeben. Zudem wurde das BMF-Schreiben vom 08.01.2007 zwar durch die Einführung des § 8 Abs. 2 AStG a.F. aufgehoben,[1070] gleichzeitig sah die Finanzverwaltung die dort aufgeführten Substanzkriterien aber weiterhin als maßgeblich an.[1071]

Die nationalen Gerichte plädieren demgegenüber wie der EuGH zu einer weiten Auslegung der Substanzkriterien,[1072] was vor allem in der *Zypern-Entscheidung* des BFH vom 13.06.2018[1073] deutlich wird. Die unbeschränkt steuerpflichtige Klägerin war im Wirtschaftsjahr 2007 zu 100 % an einer niederländischen B.V. (niederländische Kapitalgesellschaft mit beschränkter Haftung) beteiligt, welche wiederum zu 100 % an einer Limited Company mit Ansässigkeit in Zypern beteiligt war. Zudem hatte die Klägerin Tochtergesellschaften in Russland und der Ukraine, die sich dort mit dem Vertrieb von Büchern beschäftigten. Bei der zypriotischen Ltd. handelte es sich um eine äußerst substanzarme konzerninterne IP-Verwertungsgesellschaft: Sie erwarb aufgrund des Know-hows der russischen und ukrainischen Gesellschaften Buchlizenzen für den osteuropäischen Buchmarkt und unterlizenzierte diese sodann an jene Gesellschaften. Die Ltd. hatte nur administrative Aufgaben, angemietete Büroräume, eine Geschäftsführerin als einzige Beschäftigte und erzielte ausschließlich Einkünfte aus den (überhöhten) Lizenzgebühren.

Da die Höhe der Lizenzeinkünfte in der ersten Instanz zwischen den Beteiligten nicht streitig war, hatte sich das FG Münster primär mit der Frage beschäftigt, ob die Einkünfte der Ltd. dem Grunde nach der Hinzurechnungsbesteuerung unterlagen und sich insbesondere mit den Anforderungen an den *Cadbury Schweppes* Substanztest auseinandergesetzt.[1074] Quasi zeitgleich mit

---

1069 BT-Drs. 16/6290, S. 92.

1070 Vgl. BMF v. 23.4.2010 – IV A 6 – BStBl I 2010, 391.

1071 *Hagemann/Kahlenberg*, PIStB 04/2015, S. 98.

1072 Vgl. bereits BFH v. 29.01.2008, I R 26/06, BStBl II 2008, 978 (Der BFH judizierte, dass von einer rein künstlichen Gestaltung erst dann auszugehen ist, wenn die Gesellschaft weder über Büroräume oder Personal noch über Kommunikationsmittel verfügt und daher auf ein greifbares Vorhandensein nicht geschlossen werden kann) und BFH v. 21.10.2009, I R 114/08, BStBl II 2010, 774 (Dort wurde auch die Kapitalanlagetätigkeit einer Konzernfinanzierungsgesellschaft als eine tatsächliche wirtschaftliche Tätigkeit explizit anerkannt, soweit diese mit entsprechendem Personal und geeigneten Geschäftsräumen ausgestattet ist).

1073 BFH v. 13.06.2018, I R 94/15, BStBl II 2020, 755.

1074 FG Münster v. 20.11.2015, 10 K 1410/12 F, EFG 2016, 453.

der FG-Entscheidung hatte das BMF – ausdrücklich beflügelt durch die von der EuGH Rechtsprechung abweichende Formulierung des Art. 7 Abs. 2 S. 2 ATAD („wesentliche wirtschaftliche Tätigkeit" statt „wirkliche wirtschaftliche Tätigkeit")[1075] – am 04.11.2016 mit einem internen Schreiben zur Auslegung und Anwendung von § 8 Abs. 2 AStG reagiert. Dort wurde die durch die EuGH-Entscheidung *Cadbury Schweppes* gezogene, aber noch nicht näher konkretisierte Trennlinie zwischen einer tatsächlichen wirtschaftlichen Tätigkeit und einer rein künstlichen Gestaltung sogar gänzlich in Frage gestellt.[1076] Das FG Münster verlangte für den Nachweis einer tatsächlichen wirtschaftlichen Tätigkeit – abweichend von diesem BMF-Schreiben – gerade nicht, dass die ausländische Gesellschaft am räumlichen Absatzmarkt des Ansässigkeitsstaates der ausländischen Gesellschaft tätig wird. Eine von der Niederlassungsfreiheit geschützte Verflechtung mit dem Markt des Ansässigkeitsstaates setze lediglich voraus, dass gezielt bestimmte Ressourcen im Aufnahmestaat genutzt werden (z.B. besonders günstige oder entsprechend der Tätigkeit besonders ausgestattete Räumlichkeiten, Maschinen, gut ausgebildetes Personal oder besondere Produktionsbedingungen).[1077]

Auch der BFH teilte die Auffassung des BMF in seiner Revisionsentscheidung nicht: Zwar thematisierte der Gerichtshof zunächst die Ermittlung des Hinzurechnungsbetrags (§ 10 Abs. 3 S. 1 AStG a.F.) und minderte diesen unter Anwendung der im Körperschaftsteuerrecht verankerten Einkommensermittlungsvorschriften (verdeckte Einlage gemäß § 8 Abs. 3 S. 3 KStG in Höhe der unangemessenen Lizenzentgelte).[1078] Im Anschluss daran befasste sich der BFH aber auch noch mit den Anforderungen an den Gegenbeweis und stellte unmissverständlich klar, dass die Rechtsgrundsätze des EuGH Urteils *Cadbury Schweppes* auch im Streitfall und damit allgemein im Bereich der §§ 7 ff. AStG anzuwenden sind[1079]. Daraufhin prüfte und bejahte der Bundesfinanzhof das Vorliegen einer wirklichen wirtschaftlichen Tätigkeit bezüglich der verbliebenen geringfügigen Einkünfte der Zwischengesellschaft aus der administrativen Tätigkeit. Für diese konnte nach Auffassung des BFH der Substanznachweis erfolgreich geführt werden, weil die Zwischengesellschaft unzweifelhaft einer wirtschaftlichen Tätigkeit nachging und für diese administrativen Zwecke eine

1075 Vgl. 97.

1076 BMF v. 04.11.2016 – IV B 5 – S 1351/07/10001, DOK 2016/1009519. Vgl. dazu eingehend: *Schönfeld*, IStR 2017, 949.

1077 FG Münster v. 20.11.2015, 10 K 1410/12 F, EFG 2016, 453, Rn. 55.

1078 BFH v. 13.06.2018, I R 94/15, BStBl II 2020, 755, Rn. 13–21.

1079 BFH v. 13.06.2018, I R 94/15, BStBl II 2020, 755, Rn. 27.

geeignete Mitarbeiterin beschäftigte.[1080] Es lässt sich mithin festhalten, dass der BFH – genau wie der EuGH[1081] – relative, tätigkeitsbezogene Substanzkriterien anlegt, indem er die Anforderungen für Gesellschaften einzelfallbezogen herabsetzt, sofern dort Funktionen wahrgenommen werden, die keine besondere sachliche, räumliche oder personelle Ausstattung erfordern (z.B. ausländische Konzerngesellschaften mit Finanzierungs- oder Treasury-Funktionen).[1082] Die Hürden für den Substanznachweis sind demnach als gering anzusehen und die Ausführungen der Finanzverwaltung in dem BMF-Schreiben vom 08.01.2007 zu restriktiv.

## II. Europarechtskonforme Ausgestaltung durch das ATADUmsG?

### *1. Substanztest in Drittstaatenfällen bei der erweiterten Hinzurechnungsbesteuerung*

Wie im vierten Kapitel gesehen, wurden mit dem ATAD-Umsetzungsgesetz die bisherigen Bestimmungen in § 7 Abs. 6, 6a und 8 AStG a.F. in dem neuen § 13 AStG zusammengefasst, wobei die erweiterte Hinzurechnungsbesteuerung de lege lata insofern strenger ist, als dass sie bereits im Ausgangspunkt auch bei einer Beteiligung von weniger als 1 % Anwendung findet.[1083] Mithin ist nach dem zuvor gesagten bei der erweiterten Hinzurechnungsbesteuerung auch weiterhin die Kapitalverkehrsfreiheit einschlägig und eine Gegenbeweismöglichkeit in Drittstaatenfällen daher zwingend erforderlich. Diese Notwendigkeit hat auch der Gesetzgeber gesehen: De lege lata kann der Substanztest für Einkünfte mit Kapitalanlagecharakter auch in Drittstaatensachverhalten erbracht werden, da der neue § 13 Abs. 1 S. 4 AStG ausdrücklich nur auf § 8 Abs. 2 AStG verweist. Der vormals in § 8 Abs. 2 AStG geregelte Substanztest ist nun auf die Absätze 2 bis 4 aufgeteilt, wobei sich in Absatz 2 die eigentlichen Anforderungen an den Gegenbeweis finden und Absatz 3 den Ausschluss bei Drittstaatensachverhalten vorsieht.[1084] Dieser Ausschluss gilt folglich bei der erweiterten Hinzurechnungsbesteuerung nicht, sodass die Regelung diesbezüglich grundfreiheitenkonform ausgestaltet wurde.

---

1080 BFH v. 13.06.2018, I R 94/15, BStBl II 2020, 755, Rn. 35.
1081 Vgl. 185 f.
1082 So auch: *Ditz/Engelen/Quilitzsch*, DStR 2019, 361 (366).
1083 Vgl. 266 f.
1084 Vgl. 240 f.

### 2. *Kein Substanztest in Drittstaatenfällen bei der allgemeinen Hinzurechnungsbesteuerung unionsrechtskonform?*

Demgegenüber ist bei der allgemeinen Hinzurechnungsbesteuerung auch weiterhin die Möglichkeit des Gegenbeweises nur für ausländische Gesellschaften, die ihren Sitz oder ihre Geschäftsleitung innerhalb der EU oder des EWR haben, vorgesehen.[1085] Der deutsche Gesetzgeber geht dabei ausdrücklich davon aus, dass nach der Rechtsprechung des EuGH die Berufung auf die Kapitalverkehrsfreiheit ausgeschlossen ist, wenn die betreffende Regelung allein den Anwendungsbereich der Niederlassungsfreiheit betrifft. Dies sei bei den Beherrschungsvoraussetzungen der ATAD (Art. 7 Abs. 1 S. 1 Buchst. a) – welche in das nationale Recht implementiert wurden – der Fall.[1086]

Allerdings wurde im dritten Kapitel gezeigt, dass die Hinzurechnungsbesteuerung nach der ATAD nicht ausschließlich Konstellationen mit sicherem Einfluss erfasst, sodass sie daher auch am Maßstab der Kapitalverkehrsfreiheit zu messen ist und in der Konsequenz auch in Drittstaatensachverhalten der Subtanztest dem Grunde nach Anwendung finden muss.[1087] Nichts anderes kann für die deutsche Umsetzungsmaßnahme gelten, die das Beherrschungskonzept der ATAD entsprechend umsetzt. Es sind die gleichen „Lücken" erkennbar, bei denen Hinzurechnungsfälle eintreten können, obwohl weder eine Beherrschung noch eine sichere Einflussnahme des deutschen Anteilseigners gegeben ist:

Der Steuerpflichtige kann das Beherrschungserfordernis nicht nur allein, sondern auch zusammen mit verbundenen Unternehmen erfüllen. Diesbezüglich werden keine Anforderungen an die Höhe der einzelnen Beteiligungen gestellt. Eine deutsche GmbH, die beispielsweise eine Kleinstbeteiligungen von 1 % an einer ausländischen Zwischengesellschaft hält, kann der Hinzurechnungsbesteuerung unterliegen, wenn verbundene Unternehmen (ausländische Mutter-, Schwester- und Tochtergesellschaften) in ausreichendem Umfang an der ausländischen Gesellschaft beteiligt sind, da sie sich gegenseitig den bestehenden Einfluss zurechnen. Von einer konkreten Beherrschung kann dann aber nicht zwingend die Rede sein.

Ein „sicherer Einfluss" kann zudem auch nicht immer bei der Erfüllung des dritten, alternativ maßgeblichen (wirtschaftlichen) Beherrschungskriteriums der Gewinnbeteiligung angenommen werden. Ein Steuerpflichtiger kann einen

1085 Vgl. 242.
1086 BT-Drs. 19/28652, S. 57.
1087 Vgl. 193.

Anspruch auf mehr als 50 % der Gewinne der ausländischen Gesellschaft haben (und damit das Beherrschungskriterium erfüllen), aber aufgrund von abweichenden Gewinnverteilungsabreden oder partiarischen Darlehen die Gesellschaft nicht rechtlich beherrschen. In diesen Fällen liegt zwar die Vermutung nahe, dass ebenfalls ein sicherer Einfluss besteht, denn warum sollte jemandem ein Anspruch auf über 50 % der Gewinne zugestanden werden, wenn er nicht auch einen sicheren Einfluss auf die Entscheidungen der Gesellschaft ausübt und deren Tätigkeiten bestimmt? Zwingend ist dies aber gerade nicht: Man stelle sich den Fall einer deutschen GmbH vor, die weniger als 50 % der Anteile an einer ausländischen Zwischengesellschaft hält und die übrigen Anteile von ausländischen, nicht nahestehenden Personen gehalten werden. Im Rahmen einer Projektfinanzierung emittiert die ausländische Zwischengesellschaft ein Genussrecht, das nur von der deutschen GmbH erworben wird, welches aus deutscher steuerrechtlicher Sicht sozietär ausgestaltet ist. In der Konsequenz erhält die deutsche GmbH mehr als 50 % der Gewinne.[1088] Auch hier wird die ausländische Zwischengesellschaft von der deutschen GmbH weder beherrscht noch kontrolliert, sodass nicht von einem eindeutigen Anwendungsfall der Niederlassungsfreiheit gesprochen werden kann.

Mithin lässt sich festhalten, dass auch die allgemeine Hinzurechnungsbesteuerung nach der ATAD-Umsetzung nicht ausschließlich Konstellationen mit sicherem Einfluss erfasst. Sie ist daher auch am Maßstab der Kapitalverkehrsfreiheit zu messen, sodass auch bei Drittstaatensachverhalten der Substanztest dem Grunde nach Anwendung finden muss.

### 3. *Anforderungen an den Substanztest weiterhin zu restriktiv?*

Wie im vierten Kapitel gesehen, wird an der Grundkonzeption des bestehenden Substanztests festgehalten.[1089] Im Gegensatz zu der alten Fassung verlangt § 8 Abs. 2 S. 1 AStG nicht mehr den Nachweis einer „tatsächlichen", sondern einer „wesentlichen" wirtschaftlichen Tätigkeit der ausländischen Gesellschaft in dem Staat, in dem sie ihren Sitz oder ihre Geschäftsleitung hat. Insofern wurde der von den *Cadbury Schweppes* Grundsätzen abweichende Wortlaut der ATAD übernommen, was die gleichen Probleme nach sich zieht.[1090] Des Weiteren wurden die Anforderungen an den Gegenbeweis konkretisiert, was grundsätzlich zu begrüßen ist. Das ausländische Unternehmen muss für die

1088 Das Fallbeispiel ist angelehnt an: *Kahlenberg/Quilitzsch*, IStR 2021, 135 (137).
1089 Vgl. 240.
1090 Vgl. 192.

ausgeübte Tätigkeit, auf der die Einkünfte beruhen, in diesem Staat die dafür erforderlichen sachlichen und personellen Voraussetzungen vorhalten (§ 8 Abs. 2 S. 2 AStG). Darüber hinaus muss die Tätigkeit durch qualifiziertes Personal selbständig und in eigener Verantwortung ausgeführt werden (§ 8 Abs. 2 S. 3 AStG). Hinsichtlich der Konkretisierung besteht damit Ähnlichkeit zur ATAD, die Personal, Ausstattung, Vermögenswerte und Räumlichkeiten als Maßstab anführt. Durch die Adjektive „selbstständig und eigenverantwortlich" geht die deutsche Regelung aber noch weiter. Insgesamt lässt sich bei diesen Konkretisierungen eine erhebliche Nähe zu den im BMF-Schreiben vom 08.01.2007 aufgestellten restriktiven Anforderungen erblicken. Konkret dürfte damit in Zukunft, unter Zugrundelegung des Gesetzeswortlautes, der Substanznachweis für bloße Vermögens- und Beteiligungsverwaltungen, sowie für Gesellschaften, die Tätigkeiten außerhalb des Sitz- oder Geschäftsleitungsstaates nachgehen (z.B. Immobilien oder Betriebsstätten), nicht gelingen.[1091] Im Gegensatz zu dieser profiskalischen Konkretisierung hatte der EuGH in den Rechtssachen *Cadbury Schweppes, T Danmark* und *N* insbesondere Briefkastengesellschaften und Strohfirmen[1092] sowie Durchleitungsgesellschaften[1093] als Beispiele für rein künstliche Gestaltungen aufgeführt.

Mit § 8 Abs. 2 S. 5 AStG wird zudem unwiderlegbar unterstellt, dass die ausländische Gesellschaft im Falle der Auslagerung der Tätigkeit den Anforderungen an den Substanztest nicht entsprechen kann. Eine Erklärung dafür, dass die Gegenbeweismöglichkeit also in Zukunft bei Outsourcing versagt ist, liefert die Gesetzesbegründung nicht. Hinsichtlich diesem faktischen „Outsourcing-Verbot" vertreten der EuGH[1094] und der BFH[1095] eine andere Auffassung. Zudem ist, wie gesehen, nach der EuGH-Rechtsprechung bei typisierenden Missbrauchstatbeständen stets eine umfassende Einzelfallprüfung erforderlich. Die Entlastungsmöglichkeit wird aber gerade durch § 8 Abs. 2 S. 5 AStG zwingend ausgeschlossen. Bei Vorliegen eines dauerhaften Struktur und Strategiekonzepts innerhalb eines Konzerns, bei dem für eine substanzarme Gesellschaft Leistungen von anderen Konzerngesellschaften erbracht werden, kann aber

1091 So auch *Kahlenberg/Quilitzsch*, IStR 2021, 135 (138).

1092 EuGH v. 12.09.2006, C-196/04, *Cadbury Schweppes*, ECLI:EU:C:2006:544, Rn. 68.

1093 EuGH v. 26.02.2019, verb. Rs. C-116/16, C-117/16, *T Danmark*, ECLI:EU:C:2019:135, Rn. 114; EuGH v. 26.02.2019, verb. Rs. C-115/16, C-118/16, C-119/16 und C-299/16, *N Luxembourg I*, ECLI:EU:C:2019:134, Rn. 139.

1094 EuGH v. 20.07.2017 – verb. Rs. C-504/16, C-613/16, *Deister & Juhler Holding*, ECLI:EU:C:2017:1009; EuGH v. 14.06.2018 – C-440/17, *GS*, ECLI:EU:C:2018:437.

1095 Vgl. BFH v. 13.10.2010, I R 61/09, BStBl II 2011, 249.

nicht zwingend von Missbrauch gesprochen werden. Insbesondere kann es nicht darauf ankommen, dass das Personal arbeitsvertraglich an die betreffende Gesellschaft gebunden ist.[1096]

Schließlich sei noch auf Folgendes hingewiesen: In der zuvor thematisierten *Ungarn-Entscheidung* hatte sich der BFH auch zu dem Verhältnis zwischen allgemeiner und erweiterter Hinzurechnungsbesteuerung nach der alten Rechtslage geäußert. Er kam zu dem Ergebnis, dass die Sonderregel des § 7 Abs. 6 AStG verdrängt wird, wenn bereits der Grundtatbestand (§ 7 Abs. 1 AStG) eröffnet ist.[1097] Nimmt man, wie hier vertreten, auch de lege lata die Anwendung der Kapitalverkehrsfreiheit bei beiden Regelungen an, ist diese Erkenntnis unbeachtlich. Sollte aber, wie der Gesetzgeber anführt, bei der allgemeinen Hinzurechnungsbesteuerung in Zukunft nur noch die Niederlassungsfreiheit Anwendung finden, ergibt sich folgendes Problem: Der reformierte Grundtatbestand wäre im Drittstaatenfall ausschließlich am Maßstab der Niederlassungsfreiheit zu messen, wohingegen für die erweiterte Hinzurechnungsbesteuerung des § 13 AStG die Kapitalverkehrsfreiheit anzuwenden wäre. In der Konsequenz würde dann der Substanznachweis im Drittstaatenfall nur für Streubesitzbeteiligungen außerhalb des § 7 Abs. 1 AStG möglich sein.[1098] Vor diesem Hintergrund ist es angeraten, die Verdrängungswirkung der allgemeinen Hinzurechnungsbesteuerung in Zukunft zu verneinen. Da die beiden Regelungen auf Rechtsfolgenseite gerade nicht mehr deckungsgleich verlaufen,[1099] sollte dies meiner Einschätzung nach dogmatisch auch gut zu begründen sein.

## C. Beihilfenverbot

### I. Das Beihilfenrecht erreicht die Hinzurechnungsbesteuerung

Staatliche Beihilfen stellen seit jeher einen wichtigen Bestandteil der nationalen Politik dar. In vielen Bereichen, beispielsweise bei der Industrie-, Kultur-, oder Umweltpolitik, greift der Staat in das Marktgeschehen ein, um die Marktteilnehmer zu unterstützen und ein gewisses Verhalten zu fördern. Die Formen staatlicher Beihilfe sind dabei vielfältig; sie reichen von verlorenen Zuschüssen und verbilligten Darlehen über staatliche Garantien wie Bürgschaften bis hin

---

1096 So auch *Böhmer/Gebhardt/Krüger*, in: Hagemann/Kahlenberg, ATAD-Kommentar, Art. 7 Rn. 178; *Böhmer/Oppel*, NWB 2020, 5 (15).

1097 BFH v. 18.12.2019, I R 59/17, BStBl II 2021, 270, Rn. 14.

1098 *Kahlenberg/Quilitzsch*, IStR 2021, 135 (137).

1099 Vgl. 266.

zu kostenlosen oder verbilligten staatlichen Leistungen.[1100] Speziell im Bereich des Steuerrechts ist unter anderem an Befreiungen, Ermäßigungen oder Stundungen zu denken.

Bekanntlich tut sich ein Spannungsfeld zwischen den aus diesen unilateralen Maßnahmen resultierenden Wettbewerbsverzerrungen und dem Ziel eines funktionierenden Binnenmarktes auf.[1101] Mit den – die staatliche Souveränität beschneidenden – Beihilferegelungen der Art. 107 ff. AEUV soll sichergestellt werden, dass eine Wettbewerbsverzerrung im Binnenmarkt verhindert, beziehungsweise beseitigt und ein offener und wettbewerbsfähiger Markt geschaffen wird.

Das europäische Beihilfenrecht hat in den letzten Jahren zunehmend an Bedeutung gewonnen, was sich nicht zuletzt durch die steigende Zahl der Prüfverfahren durch die EU-Kommission äußerte. Mediale Aufmerksamkeit erreichten im Bereich des Steuerrechts vor allem die Prüfverfahren zu Starbucks[1102] und Fiat[1103], Apple[1104] sowie Amazon[1105].[1106] Auch die deutsche

1100 Für eine Auflistung der wichtigsten Formen staatlicher Beihilfe vgl. *Cremer*, in Calliess/Ruffert, EUV/AEUV, Art. 107 Rn. 40.

1101 Vgl. dazu eingehend *Jaeger*, EuZW 2012, 92.

1102 Beschluss (EU) 2017/502 der Kommission vom 21.10.2015 über die staatliche Beihilfe der Niederlande SA.38374 (2014/C) (ex 2014/NN) zugunsten von Starbucks. Das Gericht der europäischen Union bestätigte dem Grunde nach den Ansatz der Kommission, verwarf aber die Entscheidung, da die EU-Kommission im konkreten Einzelfall keine selektive Begünstigung nachweisen konnte, vgl. EuG v. 24.09.2019, T-760/15, *Niederlande/Kommission*, ECLI:EU:T:2019:669.

1103 Beschluss (EU) 2016/2326 der Kommission vom 21.10.2015 über die staatliche Beihilfe SA.38375 (2014/C) (ex 2014/NN) Luxemburgs zugunsten von Fiat. Das Gericht der europäischen Union bestätigte hier die Entscheidung der EU-Kommission, vgl. EuG v. 24.09.2019, T-755/15, *Luxemburg/Kommission*, ECLI:EU:T:2019:670.

1104 Beschluss (EU) 2017/1283 der Kommission vom 30.08.2016 über die staatliche Beihilfe SA.38373 (2014/C) (ex 2014/NN) (ex 2014/CP) Irlands zugunsten von Apple. Das Gericht der europäischen Union erklärte die Nachforderungsanordnung der Europäischen Kommission aus dem Jahr 2016 für rechtswidrig, da diese das Vorliegen einer ungerechtfertigten staatlichen Beihilfe nicht nachweisen konnte, vgl. EuG v. 15.07.2020, T-778/16 und T-892/16, *Irland/Kommission*, ECLI:EU:T:2020:338.

1105 Beschluss (EU) 2018/859 der Kommission vom 04.10.2017 über die staatliche Beihilfe SA.38944 (2014/C) (ex 2014/NN) Luxemburgs zugunsten von Amazon. Auch hier erklärte das Gericht der europäischen Union die Nachforderungsanordnung der Europäischen Kommission für rechtswidrig, da diese das Vorliegen einer ungerechtfertigten staatlichen Beihilfe nicht hinreichend nachweisen konnte, vgl. EuG v. 12.05.2021, T-816/17 und T-318/18, *Luxemburg/Kommission*, ECLI:EU:T:2021:252.

1106 Vgl. dazu eingehend: *Linn*, IStR 2015, 114.

Sanierungsklausel des § 8c Abs. 1a KStG[1107], die Konzernklausel des § 6a GrEStG[1108] und unlängst die Steuerbegünstigung für dauerdefizitäre Tätigkeiten von der öffentlichen Hand beherrschter Kapitalgesellschaften (§ 8 Abs. 7 S. 1 Nr. 2 KStG)[1109] standen bei der EU-Kommission auf dem Prüfstand. Zudem lässt sich die (steuerpolitische und gesamtwirtschaftliche) Relevanz des Beihilfenrechts anhand des steigenden Beihilfevolumens in der Europäischen Union identifizieren.[1110]

Speziell für Anti-BEPS Maßnahmen erlangt das Beihilfenrecht besondere Bedeutsamkeit. Das Ziel der Vermeidung von schädlichem Steuerwettbewerb und aggressiver Steuerplanung kann durch verbotene Beihilfen konterkariert werden. In den Worten von EU-Kommissarin *Margarethe Vestager*: „*Vorschriften zur Bekämpfung der Steuervermeidung sind wichtig, damit alle Unternehmen ihren gerechten Anteil an Steuern zahlen. Die Vorschriften müssen jedoch auf alle Steuerpflichtigen gleichermaßen angewandt werden.*“[1111] Am 26.10.2017

---

1107 Der EuGH hat 2018 die Entscheidung der EU-Kommission (Beschluss 2011/527/EU der Kommission vom 26.01.2011 über die staatliche Beihilfe Deutschlands C 7/10 (ex CP 250/09 und NN 5/10)) endgültig für nichtig erklärte, vgl. EuGH v. 28.06.2018, C-203/16 P, *Heitkamp Bauholding*, ECLI:EU:C:2018:505.

1108 Nach dem Urteil des EuGH aus dem Jahr 2018 steht fest, dass die Regelung des § 6a GrEStG mangels Selektivität nicht von Art. 107 Abs. 1 AEUV erfasst ist, vgl. EuGH v. 19.12.2018, C-374/17, *A-Brauerei*, ECLI:EU:C:2018:1024.

1109 Der BFH hat Anfang 2020 das dem Vorlagebeschluss zum EuGH zugrundeliegende Revisionsverfahren eingestellt, nachdem die Klägerin des Rechtsstreits die Revision zurückgenommen und das beklagte Finanzamt dem zugestimmt hat, vgl. BFH v. 29.01.2020 – I R 4/20.

1110 2019 gaben die Mitgliedstaaten ausweislich des Beihilfenanzeigers (abrufbar unter https://ec.europa.eu/competition/state_aid/scoreboard/index_en.html, zuletzt abgerufen: 01.10.2023) 134,6 Mrd. € (= 0,81 % des EU-BIP) für staatliche Beihilfen aus. 2018 lag dieser Wert bei 120,9 Mrd. € (= 0,76 % des EU-BIP), 2018 bei 116,2 Mrd. € (= 0,76 % des EU-BIP), 2017 bei 116,2 Mrd. € (= 0,76 % des EU-BIP) für staatliche Beihilfen aus, 2016 bei 106,6 Mrd. € (= 0,72 % des EU-BIP), 2016 bei 105,9 Mrd. € (= 0,71 % des EU-BIP), 2015 bei 100,2 Mrd. € (= 0,68 % des EU-BIP). Demgegenüber lässt sich seit 2017 ein Rückgang positiver Entscheidungen der EU-Kommission erblicken; das jährliche Rückforderungsvolumen seit 1999 unterliegt starken Fluktuationen und ist damit nur wenig aussagekräftig (https://ec.europa.eu/competition/state_aid/studies_reports/recovery.html, zuletzt besucht: 01.10.2023).

1111 Pressemitteilung der EU-Kommission vom 02.04.2019, abrufbar unter: https://ec.europa.eu/commission/presscorner/detail/de/IP_19_1948 (zuletzt abgerufen: 01.10.2023).

erreichte das europäische Beihilfenrecht dann auch die Hinzurechnungsbesteuerung, indem die EU-Kommission das förmliche Prüfverfahren zur britischen Regelung eröffnete[1112]. Dieses fand am 02.04.2019 ihren Abschluss[1113]: Die EU-Kommission befand, dass eine Steuerbefreiungsregelung innerhalb der britischen Hinzurechnungsbesteuerung teilweise eine verbotene Beihilfe darstellte. Die britische Hinzurechnungsbesteuerung sieht in Fällen, in denen die Offshore-Tochtergesellschaft einer britischen Muttergesellschaft Darlehen vergibt, zwei Tests vor, um festzustellen, ob und zu welchem Anteil die Finanzierungsgewinne wieder der Muttergesellschaft zugewiesen und daher in Großbritannien besteuert werden. Zum einen kommt es zu einer Besteuerung, wenn die Darlehenstätigkeiten, die für die Finanzierungssteuerung und damit für die Generierung von Finanzierungserträgen besonders wichtig sind, im Vereinten Königreich erfolgen. Zum anderen führt auch eine Darlehensfinanzierung durch Mittel oder Vermögenswerte, die aus Kapitalbeiträgen aus dem Vereinten Königreich erfolgen, zu einer Besteuerung. Allerdings wurde zwischen 2013 und 2018 durch eine Sonderbestimmung[1114] von diesem Grundsatz eine Ausnahme für bestimmte konzerninterne Finanzierungen gemacht. So kam es trotz des Erfüllens einer der beiden Tests zu einer teilweisen oder sogar vollständigen Steuerbefreiung, wenn die Offshore-Tochtergesellschaft ihre Finanzierungserträge von einem anderen ausländischen Konzernunternehmen erhielt. Die EU-Kommission differenzierte bei ihrer Prüfung zwischen der Steuerbefreiung in Fällen, in denen einerseits der erste Test (Darlehenstätigkeit im Vereinten Königreich) und andererseits der zweite Test (Kapitalbeiträge aus dem Vereinten Königreich) einschlägig war. In letzterem Fall sei eine Steuerbefreiung gerechtfertigt, da nur so komplexe und unverhältnismäßig aufwendige

---

1112 Beschluss der EU-Kommission zur Eröffnung des Hauptprüfverfahrens und Aufforderung zur Stellungnahme v. 26.10.2017, SA. 44896.

1113 Beschluss (EU) 2019/1352 der Kommission vom 02.04.2019 über die staatliche Beihilfe SA.44896 des Vereinigten Königreichs im Zusammenhang mit der Steuerbefreiung fur konzerninterne Finanzierungen für beherrschte ausländische Unternehmen (CFC).

1114 Die „Group Financing Exemption“ wurde mit der Reform der Hinzurechnungsbesteuerung im Rahmen des „Finance Act 2012“ eingeführt und im Zuge der nationalen ATAD-Umsetzung zum 01.01.2019 vor dem EU-Austritt beihilfenrechtskonform ausgestaltet, indem der Anwendungsbereich der Steuerbefreiung auf Fälle, in denen der zweite Test (Kapitalbeiträge aus dem Vereinten Königreich) einschlägig ist, beschränkt wurde.

konzerninterne Rückverfolgungsverfahren zur Ermittlung des genauen Prozentsatzes, der durch Vermögenswerte im Vereinten Königreich finanzierten Gewinne verhindert werden könnten. Insofern folgte die EU-Kommission den Argumenten des Vereinten Königreichs. Anders bewertete sie aber die Steuerbefreiungen in den Fällen, in denen Darlehenstätigkeiten im Vereinten Königreich erfolgten. Hier scheide eine Rechtfertigung aus den oben genannten Gründen aus, da es weder besonders aufwendig noch kompliziert zu ermitteln sei, inwieweit die Finanzierungserträge tatsächlich aus Darlehenstätigkeiten im Vereinten Königreich stammen. Aus diesem Grund wurde das Vereinte Königreich verpflichtet, die rechtswidrigen staatlichen Beihilfen zurückzufordern, um die verursachte Verfälschung des Wettbewerbs zu beseitigen. Der Inselstaat hat die Europäische Union mittlerweile verlassen, doch die Erkenntnis, dass auch im Rahmen der Hinzurechnungsbesteuerungsregelung und speziell bei der Umsetzung der ATAD das Beihilfenrecht beachtet werden muss, bleibt.

## II. Prüfungsmaßstab

Gemäß Art. 107 Abs. 1 AEUV sind – soweit in den Verträgen nicht etwas anderes bestimmt ist – staatliche oder aus staatlichen Mitteln gewährte Beihilfen gleich welcher Art, die durch die Begünstigung bestimmter Unternehmen oder Produktionszweige den Wettbewerb verfälschen oder zu verfälschen drohen, mit dem Binnenmarkt unvereinbar, soweit sie den Handel zwischen Mitgliedstaaten beeinträchtigen. Art. 107 Abs. 1 AEUV enthält damit ein grundsätzliches Verbot aller den Wettbewerb verfälschenden und den Binnenmarkt beeinträchtigenden staatlichen Beihilfen. Von diesem Verbot sehen Art. 107 Abs. 2 AEUV in Form von Legalausnahmen und Art. 107 Abs. 3 AEUV in Form von Ermessensausnahmen Abweichungen vor.

Eine eigenständige Definition der staatlichen Beihilfe findet sich jedoch weder in Art. 107 AEUV noch in anderen Teilen der europäischen Verträge. Der im Laufe der Jahre erfolgte Konkretisierungsprozess lässt sich wie folgt zusammenfassen: Die EU-Kommission hatte bereits am 01.11.1998 eine Mitteilung über die Anwendung der Vorschriften über staatliche Beihilfen auf Maßnahmen im Bereich der direkten Unternehmensbesteuerung veröffentlicht[1115] und damit einen ersten Konkretisierungsversuch unternommen. Diese Mitteilung wurde 2016 durch die Bekanntmachung der Kommission

1115 EU-Kommission, Mitteilung über die Anwendung der Vorschriften über staatliche Beihilfen auf Maßnahmen im Bereich der direkten Unternehmensbesteuerung, ABl 1998 Nr. C 384 S. 3.

zum Begriff der staatlichen Beihilfe im Sinne des Artikels 107 Absatz 1 des Vertrags über die Arbeitsweise der Europäischen Union[1116] ersetzt, mit der die Voraussetzungen für eine staatliche Beihilfe weiter präzisiert wurden, um eine einfachere, transparentere und kohärentere Anwendung zu ermöglichen. Nach ständiger Rechtsprechung des EuGH liegt eine staatliche Beihilfe vor, wenn für die Maßnahme staatliche Mittel in Anspruch genommen werden, sie einem Unternehmen einen selektiven Vorteil gewährt, und die Maßnahme geeignet ist, den Handel zwischen Mitgliedstaaten zu beeinträchtigen und den Wettbewerb verfälscht oder zu verfälschen droht.[1117] Die Voraussetzungen müssen kumulativ vorliegen.[1118]

Der Prüfungsmaßstab variiert jedoch je nach Art der Beihilfe. Die zu Beginn des Abschnitts skizzierten Formen staatlicher Beihilfe lassen sich grob in zwei Gruppen unterteilen, die aufgrund ihrer Eigenarten eine jeweils entsprechend modifizierte Prüfung verlangen. Klassische Einzelbeihilfen, wie beispielsweise Kredite, werden individuell an Unternehmen vergeben. Demgegenüber stellen Beihilferegelungen generelle Maßnahmen dar, die auf eine Vielzahl von Unternehmen Anwendung finden (z.B. die eingangs erwähnten Sanierungs- und Konzernklauseln).[1119] Während bei Einzelbeihilfen die Selektivität der Maßnahme durch das Bestehen eines wirtschaftlichen Vorteils regelmäßig indiziert wird, ist bei der Prüfung einer allgemeinen Beihilferegelung hingegen die Feststellung erforderlich, ob die Maßnahme ungeachtet dessen, dass sie einen allgemeinen Vorteil einräumt, diesen allein zugunsten bestimmter Unternehmen oder Branchen schafft.[1120] Zudem ergeben sich unterschiedliche Anforderungen für die Kommission im Hinblick auf die Prüfungsdichte der Merkmale „Handelsbeeinträchtigung" und „Wettbewerbsverzerrung: Bei Einzelbeihilfen prüft der Gemeinschaftsrichter ob die Begründung der angefochtenen

1116 EU-Kommission, Bekanntmachung zum Begriff der staatlichen Beihilfe im Sinne des Artikels 107 Absatz 1 des Vertrags über die Arbeitsweise der Europäischen Union, ABl 2016 Nr. C 262 S. 1.

1117 Vgl. EuGH v. 02.09.2010, C-399/08 P, *Kommission/Deutsche Post*, ECLI:EU:C:2010:481, Rn. 39 und die dort angeführte Rechtsprechung.

1118 Vgl. EuGH v. 02.09.2010, C-399/08 P, *Kommission/Deutsche Post*, ECLI:EU:C:2010:481, Rn. 38 und die dort angeführte Rechtsprechung.

1119 *Segura Catalán*, in: von der Groeben/Schwarze/Hatje, Europäisches Unionsrecht, Art. 107 AEUV, Rn. 288 f.

1120 EuGH v. 04.06.2015, C-15/14 P, *Kommission/MOL*, ECLI:EU:C:2015:362, Rn. 60 ff.; EuGH, v. 21.12.2016, verb. Rs. C-20/15 P und C-21/15 P, *World Duty Free*, ECLI:EU:C:2016:981, Rn. 55 ff. und die dort angeführte Rechtsprechung.

Kommissionsentscheidung auf konkreten Angaben (z.B. Größe des begünstigten Unternehmens, seine Ausfuhraktivitäten oder die Höhe der Beihilfe) beruht, um feststellen zu können, ob die untersuchte Maßnahme geeignet ist, den innergemeinschaftlichen Handel zu beeinträchtigen und sich auf den Wettbewerb auszuwirken.[1121] Mithin wird von der Kommission eine konkrete wirtschaftliche Analyse der Marktsituation verlangt.[1122] Auch bei sektoralen Beihilferegelungen muss die EU-Kommission über eine abstrakte Untersuchung hinausgehen und ihre Prüfung auf konkrete Angaben (z.B. die Merkmale der Beihilferegelung oder des relevanten Marktes) stützen.[1123] Demgegenüber ist es bei multisektoralen Beihilferegelungen ausreichend, wenn sich die Kommission darauf beschränkt, die Merkmale des betreffenden Programms zu untersuchen.[1124]

Die Vorgaben der ATAD bzw. die nationalen Umsetzungsnormen wirken nicht lediglich individuell gegenüber einem konkreten Unternehmen; es handelt sich nicht um eine (potenzielle) Einzelbeihilfe. Vielmehr sind die Maßnahmen zur Bekämpfung von Steuervermeidungspraktiken und insbesondere auch die Hinzurechnungsbesteuerung an eine Vielzahl von Unternehmen adressiert und grundsätzlich auch nicht nur auf einen Sektor beschränkt. Mithin handelt es sich um (potenzielle) generelle, multisektorale Beihilfemaßnahmen.[1125] Für die sich anschließende beihilferechtliche Prüfung bedeutet dies daher eine Anpassung des Prüfungsmaßstabs entsprechend den zuvor dargestellt Grundsätzen.

---

1121 EuG v. 28.11.2008, verb. Rs. T-254/00, T-270/00 und T-277/00, *Hotel Cipriani/Kommission*, ECLI:EU:T:2008:537, Rn. 228 und die dort angeführte Rechtsprechung.

1122 EuG v. 28.11.2008, verb. Rs. T-254/00, T-270/00 und T-277/00, *Hotel Cipriani/Kommission*, ECLI:EU:T:2008:537, Rn. 228 und die dort angeführte Rechtsprechung.

1123 EuG v. 28.11.2008, verb. Rs. T-254/00, T-270/00 und T-277/00, *Hotel Cipriani/Kommission*, ECLI:EU:T:2008:537, Rn. 229 und die dort angeführte Rechtsprechung.

1124 EuG v. 28.11.2008, verb. Rs. T-254/00, T-270/00 und T-277/00, *Hotel Cipriani/Kommission*, ECLI:EU:T:2008:537, Rn. 230 und die dort angeführte Rechtsprechung.

1125 So auch *Vogel*, in: Hagemann/Kahlenberg, ATAD-Kommentar, Verhältnis zum Beihilfenrecht, Rn. 7.

## III. Beihilfenrechtliche Überlegungen

### 1. *Begünstigung (eines Unternehmens)*

Der EuGH legt das Merkmal der Begünstigung seit jeher weit aus und geht ausdrücklich über den Begriff der Subvention hinaus, indem er definiert, dass eben nicht nur solche positiven Leistungen erfasst sind, sondern auch Maßnahmen, die in verschiedener Form die Belastung vermindern, welche ein Unternehmen normalerweise zu tragen hat.[1126] Dabei sind die Form, die Gründe und die Ziele der Beihilfengewährung unerheblich; es kommt alleine auf die Wirkung der Maßnahmen an.[1127] Aus der Definition ergibt sich schließlich auch, dass neben den klassischen positiven Leistungen auch belastungsmindernde Maßnahmen eine Begünstigung im Sinne des Art. 107 Abs. 1 AEUV darstellen können.

Diese zweite Gruppe der Begünstigungen ist der Anknüpfungspunkt für die Untersuchung der Hinzurechnungsbesteuerungsregelung: Eine potenziell verbotene Beihilfe können alle Regelungen innerhalb eines Hinzurechnungsbesteuerungssystems darstellen, die für den Steuerpflichtigen begünstigend wirken, indem sie im Ergebnis die regulär zu tragende Steuerlast mindern. Bei der Hinzurechnungsbesteuerung des Vereinten Königreichs war dies wie Eingangs gesehen eine Steuerbefreiungsregelung für bestimmte konzerninterne Finanzierungen. Bei der deutschen Umsetzungsmaßnahme könnten – Selektivitätsüberlegungen an dieser Stelle noch bewusst außen vorgelassen – die Substanzausname, die Freigrenzenregelung und die Regelungen zur Verlustberücksichtigung und Vermeidung einer Doppelbesteuerung potenziell beihilferechtswidrig sein. Denn diese Maßnahmen wirken für den Steuerpflichtigen begünstigend, indem sie die Hinzurechnungsbesteuerung ausschließen oder die regulär zu tragende Steuerlast mindern. Ob diese Begünstigungen tatsächlich eine verbotene Beihilfe darstellen, richtet sich dann entscheidend danach, ob die Regelungen staatlich oder aus staatlichen Mitteln gewährt sind und selektiv wirken (s.u.).

Die oben angeführte Definition des EuGH zeigt noch einen weiteren Aspekt des Beihilfeverbotes auf. Es gilt grundsätzlich nur für Unternehmen.

1126 EuGH v. 16.12.2010, C-239/09, *Seydaland Vereinigte Agrarbetriebe*, ECLI:EU:C:2010:778, Rn. 30; EuGH v. 10.01.2006, C-222/04, *Cassa di Risparmio di Firenze u.a.*, ECLI:EU:C:2006:8, Rn. 131; EuGH v. 03.03.2005, C-172/03, *Heiser*, ECLI:EU:C:2005:130, Rn. 36 und die dort angeführte Rechtsprechung.

1127 EuGH v. 03.03.2005, C-172/03, *Heiser*, ECLI:EU:C:2005:130, Rn. 46; EuGH v. 29.04.2004, C-159/01, *Niederlande/Kommission*, ECLI:EU:C:2004:246, Rn. 51.

Dabei umfasst der einheitliche[1128] Unternehmensbegriff jede eine wirtschaftliche Tätigkeit ausübende Einheit, wobei eine wirtschaftliche Tätigkeit dann anzunehmen ist, wenn Güter oder Dienstleistungen auf einem bestimmten Markt angeboten werden.[1129] Eine besondere Nachhaltigkeit der Tätigkeit oder eine Gewinnerzielungsabsicht ist nicht erforderlich.[1130] Nicht vom Unternehmensbegriff erfasst sind daher neben der staatlichen Tätigkeit in Ausübung hoheitlicher Gewalt[1131] und den ausschließlich sozialen Zwecken verpflichteten Trägern der sozialen Sicherheit[1132] grundsätzlich auch private Haushalte. Nur in bestimmten Ausnahmefällen können auch natürliche Personen Beihilfeempfänger sein.[1133] Für die deutsche Umsetzungsmaßnahme, bei der die Hinzurechnungsbesteuerung weiterhin sowohl bei natürlichen als auch bei juristischen Personen Anwendung findet[1134], bedeutet dieser Umstand meiner Einschätzung nach, dass die oben genannten potenziell beihilferechtswidrigen Maßnahmen daher auch nur im Hinblick auf ihre Anwendung bei juristischen Personen eine verbotene Beihilfe darstellen können. Für die begünstigenden Maßnahmen bei natürlichen Personen erübrigt sich eine weitere beihilferechtliche Prüfung.

---

1128 Vgl. insofern *von Wallenberg/Schütte*, in: Grabitz/Hilf/Nettesheim, Das Recht der Europäischen Union, Art. 107 Rn. 39, die vertreten, dass die europäische Wettbewerbsregeln ein einheitliches Verständnis des Unternehmensbegriffs verlangen.

1129 EuGH v. 10.01.2006, C-222/04, *Cassa di Risparmio di Firenze u.a.*, ECLI:EU:C:2006:8, Rn. 108; EuGH v. 19.02.2002, C-309/99, *Wouters u.a.*, ECLI:EU:C:2002:98, Rn. 47; EuGH v. 25.10.2001, C-475/99, *Ambulanz Glöckner*, ECLI:EU:C:2001:577, Rn. 19; EuGH v.12.09.2000, verb. Rs. C-180/98 bis C-184/98, *Pavlov u.a.*, ECLI:EU:C:2000:428, Rn. 74 f.; EuGH v. 18.06.1998, C-35/96, *Kommission/Italien*, ECLI:EU:C:1998:303, Rn. 36.

1130 EuG v. 12.11.2013, T-347/09, *Deutschland*/Kommission, ECLI:EU:T:2013:418, Rn. 25 ff.

1131 *von Wallenberg/Schütte*, in: Grabitz/Hilf/Nettesheim, Das Recht der Europäischen Union, Art. 107 Rn. 39.

1132 EuGH v. 22.01.2002, C-218/00, *Cisal*, ECLI:EU:C:2002:36, Rn. 44 ff.

1133 Vgl. *Vogel*, in: Hagemann/Kahlenberg, ATAD-Kommentar, Verhältnis zum Beihilfenrecht, Rn. 8 m.w.N. in Fn. 2.

1134 Vgl. 206.

## 2. *Staatlichkeit*

### a) *Belastung des Staatshaushaltes*

Die erste Voraussetzung des Merkmals „staatlich oder aus staatlichen Mitteln" ist eine mit der Beihilfemaßnahme korrespondierende Belastung eines öffentlichen Haushaltes. Denn subventionsgleiche Begünstigungen, die auf eine Maßnahme des Staates zurückzuführen sind, ohne dass eine entsprechende finanzielle Einbuße im Bereich der öffentlichen Hand gegeben ist, fallen nicht in den Anwendungsbereich von Art. 107 Abs. 1 AEUV.[1135] Sowohl nach Ansicht der Kommission[1136] als auch nach der Rechtsprechung des EuGH[1137] führen Steuervergünstigungen zwangsläufig zu Steuerausfällen und belasten daher den Staatshaushalt, sodass diese Voraussetzung auch für etwaige Begünstigungen eines Unternehmens innerhalb eines nationalen Hinzurechnungsbesteuerungssystems zu bejahen ist.

### b) *Zurechenbarkeit zum Mitgliedstaat*

#### aa) *Keine Zurechenbarkeit der ATAD als solcher*

Die Differenzierung in Art. 107 Abs. 1 AEUV zwischen „staatlichen Beihilfen" einerseits und „aus staatlichen Mitteln gewährte Beihilfen" andererseits dient dem Zweck, nicht nur unmittelbar vom Staat gewährte Beihilfen, sondern auch solche zu erfassen, die mittelbar durch vom Staat errichtete öffentliche oder private Einrichtungen gewährt werden.[1138] Während die Feststellung einer hinreichenden staatlichen Einflussnahme in vielen Rechtsgebieten oftmals Schwierigkeiten bereitet – die EuG-Entscheidung „*Olympiaki Aeroporia/Kommission*"[1139] und die Kommissionsentscheidung „*Emsländische Eisenbahn*

---

1135 EuGH v. 13.03.2001, C-379/98, *PreussenElektra*, ECLI:EU:C:2001:160, Rn. 58 und die dort angeführte Rechtsprechung.

1136 EU-Kommission, Bekanntmachung zum Begriff der staatlichen Beihilfe im Sinne des Artikels 107 Absatz 1 des Vertrags über die Arbeitsweise der Europäischen Union, ABl 2016 Nr. C 262 S. 1, Rn. 51.

1137 EuGH v. 22.06.2006, verb. Rs. C-182/03 und C-217/03, *Belgien/Kommission*, ECLI:EU:C:2006:416, Rn. 129.

1138 Vgl. EuGH v.15.07.2004, C-345/02, *Pearle*, ECLI:EU:C:2004:448, Rn. 34 f.; EuGH v. 17.03.1993, verb. Rs. C-72/91 und C-73/91, *Sloman Neptun*, ECLI:EU:C:1993:97, Rn. 19 und die dort angeführte Rechtsprechung.

1139 EuG v. 12.09.2007, T-68/03, *Olympiaki Aeroporia/Kommission*, ECLI:EU:T:2007:253, Rn. 317. In der Entscheidung ging es um die Frage, ob das Verhalten der Flughafengesellschaft – die Duldung der anhaltenden Nichtzahlung bestimmter Flughafengebühren durch Olympic Airways – dem griechischen

*GmbH*"[1140] seien beispielhaft erwähnt – ist diese Voraussetzung bei begünstigenden steuerlichen Maßnahmen in der Regel unproblematisch erfüllt. Denn diese sind dem Staat zuzurechnen, wenn sie aufgrund eines Gesetzes, einer Verordnung, einer Verwaltungsvorschrift oder der Finanzverwaltungspraxis gewährt werden.[1141]

Im Umkehrschluss sind von der EU geforderte Maßnahmen nicht den Mitgliedstaaten zuzurechnen und können daher keine verbotene Beihilfe darstellen.[1142] Dies gilt mithin auch für die ATAD als europäische Richtlinie und ihre Maßnahmen. Anknüpfungspunkt für die beihilferechtliche Prüfung könnten allerdings unter Umständen die nationalen Umsetzungsmaßnahmen sein. Hier gilt es jedoch danach zu differenzieren, ob und wie diese durch die Richtlinie für die Mitgliedstaaten verbindlich vorgegeben ist. Da die ATAD als Mindeststandard ausgestaltet ist, muss im Folgenden zwischen der verpflichtenden Umsetzung des Mindestschutzniveaus einerseits und etwaigen überschießenden Umsetzungen andererseits differenziert werden.

#### *bb) Nur beschränkte Zurechenbarkeit der nationalen Umsetzungsmaßnahme*

Konsequenterweise kann nach den zuvor herausgearbeiteten Grundsätzen auch die Umsetzung des zwingenden Teils einer Richtlinie nicht dem Mitgliedstaat zugerechnet werden. Die Maßnahme ist dann vielmehr der EU selbst zuzuordnen und damit beihilferechtlich unbedenklich. Dieser Befund lässt sich auch durch Lektüre der Rechtsprechung des EuGH bestätigen. Insofern sei auf die Rechtsprechungsauswertung zur Mehrwertsteuer-Systemrichtlinie, der

---

Staat aufgrund seiner Betriebsführung der Fluggesellschaft und der Einflussnahmemöglichkeit im Hinblick auf den Flughafenbetreiber zugerechnet werden kann.

1140 Beschluss (EU) 2018/859 der Kommission vom 28.11.2007 über die staatliche Beihilfe SA.23216 (C-54/07) (ex NN 55/07) Deutschlands zugunsten von Emsländische Eisenbahn GmbH. Hier wurde letztlich das Verhalten der Landesnahverkehrsgesellschaften Niedersachsen GmbH der Landesregierung zugerechnet.

1141 Vgl. EuGH v. 22.06.2006, verb. Rs. C-182/03 und C-217/03, *Belgien/Kommission*, ECLI:EU:C:2006:416, Rn. 128.

1142 Vgl. EuGH v. 13.10.1982, verb. Rs. C-213/81 bis C-215/81, *Norddeutsches Vieh- und Fleischkontor*, ECLI:EU:C:1982:351, Rn. 22 f.; EuGH v. 02.04.2009, C-431/07 P, *Bouygues und Bouygues Télécom/Kommission*, ECHLI:EU:C:2009:223, Rn. 102 ff.

Richtlinie zur Harmonisierung der Struktur der Verbrauchsteuern auf Mineralöle und der Mutter-Tochter-Richtlinie von *Vogel* verwiesen.[1143]

Für die nationale Umsetzungsmaßnahme der Hinzurechnungsbesteuerung bedeutet dies, dass bei den oben genannten potenziell beihilferechtswidrigen Maßnahmen gefragt werden muss, ob es sich um eine reine Umsetzung der zwingenden Vorgaben der ATAD handelt. Ist dies der Fall, kann Deutschland die Maßnahme nicht zugerechnet werden, sodass es sich um keine verbotene Beihilfe handelt. Hier erweist sich der zu Beginn des dritten Kapitels zitierte und im Laufe desselben kritisierte Erwägungsgrund 2 der ATAD als zutreffend: Aus Sicht des Beihilfenrechts gewährleisten EU-weit einheitlich ausgerichtete nationale Durchführungsmaßnahmen tatsächlich die Unionsrechtskonformität. Für die zuvor genannte notwendige Differenzierung kann auf die Ergebnisse des vierten Kapitels zurückgegriffen werden:

Die deutsche Hinzurechnungsbesteuerung sieht auch weiterhin eine Freigrenzenregelung (§ 9 AStG) bei gemischten Einkünften vor, die der Vereinfachung dienen und Gesellschaften mit aktivem Gesamtcharakter von der Hinzurechnungsbesteuerung befreien soll. Die ATAD sieht in Art. 7 Abs. 3 ATAD ebenfalls eine solche vor. Die deutsche Regelung entspricht diesen Vorgaben und ist teilweise sogar strenger. Die Anwendung der Freigrenzenregelung ist aber nach der ATAD ausdrücklich optional, sodass sich die Frage stellt, ob die Inanspruchnahme von Wahlrechten den Mitgliedstaaten zugerechnet werden kann. Die EU-Kommission bejaht die Zurechenbarkeit, wenn das Unionsrecht lediglich bestimmte nationale Maßnahmen zulässt und es dem Mitgliedstaat überlassen bleibt, ob er die in Rede stehenden Maßnahmen durchführt oder wie er die Merkmale der konkreten Maßnahme, die aus beihilferechtlicher Sicht relevant sind, festlegt.[1144] Höchstrichterliche Rechtsprechung ist hierzu bisher noch nicht ergangen.[1145] Der Kommission ist aber entgegenzuhalten, dass auch bei Wahlmöglichkeiten lediglich die europarechtlichen Vorgaben umgesetzt werden, da es sich dabei um klar begrenzte Gestaltungsspielräume

1143 Vgl. *Vogel*, in: Hagemann/Kahlenberg, ATAD-Kommentar, Verhältnis zum Beihilfenrecht, Rn. 16 ff.

1144 Die EU-Kommission bejaht dies grundsätzlich (vgl. EU-Kommission, Bekanntmachung zum Begriff der staatlichen Beihilfe im Sinne des Artikels 107 Absatz 1 des Vertrags über die Arbeitsweise der Europäischen Union, ABl 2016 Nr. C 262 S. 1, Rn. 45.). Dies verneinend: *Vogel*, in: Hagemann/Kahlenberg, ATAD-Kommentar, Verhältnis zum Beihilfenrecht, Rn. 27 ff.

1145 Vgl. dazu auch die Rechtsprechungsauswertung von *Vogel*, in: Hagemann/Kahlenberg, ATAD-Kommentar, Verhältnis zum Beihilfenrecht, Rn. 21 ff.

handelt. Zudem ist speziell für die ATAD anzumerken, dass sich nur in Erwägungsgrund 8 ein Verweis auf das Beihilfenrecht bezüglich der Ausnahme von Infrastrukturprojekten bei der Zinsschranke des Art. 4 ATAD finden lässt;[1146] eine allgemeine Klausel zum Beihilfe- und Wettbewerbsrecht, wie in manchen anderen Richtlinien, existiert nicht. *Vogel* ist daher zuzustimmen, dass der Unionsgesetzgeber bei der ATAD die Ausübung von Wahlrechten grundsätzlich nicht der beihilferechtlichen Kontrolle unterwerfen wollte.[1147]

Die Substanzausnahme ist gemäß Art. 7 Abs. 2 UAbs. 2 ATAD für EU/EWR-Sachverhalte zwingend vorgeschrieben und die nach deutschem Recht gestellten Anforderungen an den Substanznachweis sind jedenfalls nicht niedriger als die Vorgaben der ATAD. Deutschland erlaubt darüber hinaus den Substanznachweis im Rahmen der erweiterten Hinzurechnungsbesteuerung auch für Drittstaatensachverhalte, während die ATAD diesbezüglich nur ein Optionsrecht vorsieht. Unabhängig von der soeben thematisierten Frage, ob Wahlrechte in einer Richtlinie dem Mitgliedstaat zuzurechnen sind, ist aber zu konstatieren, dass das mitgliedstaatliche Optionsrecht der ATAD primärrechtskonform im Sinne einer Pflicht zur Ausnahme von der Hinzurechnungsbesteuerung ausgelegt werden muss, wenn die Kapitalverkehrsfreiheit im Verhältnis zu Drittstaaten beeinträchtigt ist. Insofern ist auch diesbezüglich eine notifizierungspflichtige Beihilfe zu verneinen.

Schließlich entsprechen auch die Vorgaben zur Verlustberücksichtigung (nur noch die Möglichkeit eines Verlustvortrags) und zur Vermeidung einer Doppelbesteuerung (Steueranrechnung der von den Zwischengesellschaften entrichteten Steuern und Kürzungsbetrag bei nachfolgenden Gewinnausschüttungen und Veräußerungsgewinnen) den zwingenden Vorgaben der ATAD. Diese nationalen Maßnahmen, sind daher ebenfalls nicht den Mitgliedstaaten zurechenbar.

Während die nationalen Maßnahmen, die ausschließlich die zwingenden Vorgaben der ATAD umsetzen, beihilferechtlich unbedenklich sind, kann sich etwas anderes für die über das Mindestschutzniveau der ATAD hinausgehenden nationalen Regelungen ergeben. Gemeint sind die Fälle, in denen die nationale Bestimmung zur Wahrung eines höheren Maßes an Schutz für die inländische Körperschaftsteuerbemessungsgrundlage schon gar nicht explizit von der Richtlinie erfasst wurde oder nur mit erheblichen (strengeren)

1146 Richtlinie 2016/1164/EU des Rates vom 12. Juli 2016, Erwägungsgrund 8.

1147 *Vogel*, in: Hagemann/Kahlenberg, ATAD-Kommentar, Verhältnis zum Beihilfenrecht, Rn. 29.

Abweichen von den Maßnahmen der ATAD umgesetzt werden. Bewegt sich der nationale Gesetzgeber außerhalb der Vorgaben der ATAD und erlässt neue Maßnahmen, die ein höheres Maß an Schutz im Sinne von Art. 3 ATAD gewährleisten, so sind diese Maßnahmen konsequenterweise nicht mehr der Europäischen Union, sondern dem Mitgliedstaat zurechenbar und damit beihilferechtlich relevant. Wird aber eine in der ATAD vorgesehene Maßnahme – wie die Hinzurechnungsbesteuerung – in ihrem Aufbau ähnlich und nur mit teilweise strengeren Parametern umgesetzt, so kann dies noch keine Zurechenbarkeit begründen.[1148]

### 3. *Selektivität*

Sollte man, entgegen der hier vertretenen Auffassung, das Merkmal der Staatlichkeit bejahen, stellt sich die umstrittene Frage nach der Selektivität der Begünstigung, welche exemplarisch an der britischen Hinzurechnungsbesteuerungsregelung umrissen werden soll. Eine staatliche Beihilfe kann nur vorliegen, wenn die Vorteile gerade nicht unterschiedslos an alle Wirtschaftsteilnehmer gewährt werden. Der Prüfungsmaßstab variiert, wie eingangs thematisiert, nach der Art der Beihilfe: Während bei Einzelbeihilfen die Selektivität der Maßnahme durch das Bestehen eines wirtschaftlichen Vorteils regelmäßig indiziert wird, ist bei der Prüfung einer allgemeinen Beihilferegelung, wie es im Steuerrecht der Fall ist, hingegen die Feststellung erforderlich, ob die Maßnahme ungeachtet dessen, dass sie einen allgemeinen Vorteil einraumt, diesen allein zugunsten bestimmter Unternehmen oder Branchen schafft.

Für die Einstufung einer steuerlichen Maßnahme als selektiven Vorteil ist in einem ersten Schritt die in dem betreffenden Mitgliedstaat geltende allgemeine oder „normale" Steuerregelung zu ermitteln und anschließend die Funktionsweise dieser Regelung im Hinblick auf das mit dieser Regelung verfolgte Ziel zu untersuchen (sog. „Referenzsystem").[1149] In ihrem Beschluss zur britischen Hinzurechnungsbesteuerung kam die EU-Kommission zu dem Ergebnis, dass Ursprung und Zweck zwar im allgemeinen Körperschaftsteuersystem des Vereinigten Königreichs lägen, die CFC-Vorschriften jedoch hinreichend eindeutig seien, um ein eigenständiges Referenzsystem zu bilden.[1150]

---

1148 Dazu allgemein: *Vogel*, in: Hagemann/Kahlenberg, ATAD-Kommentar, Verhältnis zum Beihilfenrecht, Rn. 30 ff.

1149 Vgl. beispielsweise EuGH v. 19.12.2018, C-374/17, *A-Brauerei*, ECLI:EU:C:2018:1024, Rn. 35 f.

1150 Beschluss (EU) 2019/1352 der Kommission vom 02.04.2019 über die staatliche Beihilfe SA.44896 des Vereinigten Königreichs im Zusammenhang mit der

In einem zweiten Schritt ist zu prüfen, ob die Maßnahme vom Referenzsystem insoweit abweicht, als sie Unterscheidungen zwischen Wirtschaftsteilnehmern einführt, die sich im Hinblick auf das mit dem Referenzsystem verfolgte Ziel in vergleichbaren tatsächlichen und rechtlichen Situationen befinden. Wenn eine solche Abweichung vorliegt, ist die Maßnahme a priori als selektiv anzusehen.[1151] Für die britische Hinzurechnungsbesteuerung bejahte die EU-Kommission eine solche Abweichung, da bei steuerpflichtigen Unternehmen mit einer Zwischengesellschaft, die nichtgewerbliche Finanzierungserträge aus qualifizierten Darlehensverhältnissen erzielt, im Gegensatz zu steuerpflichtigen Unternehmen mit einer Zwischengesellschaft, die nichtgewerbliche Finanzierungserträge erzielt, keine Hinzurechnungsbesteuerung anfiele und die beiden Situationen rechtlich und faktisch vergleichbar wären.[1152]

Eine als Abweichung vom Referenzsystem eingestufte Maßnahme kann allerdings aufgrund des Wesens und des Aufbaus dieses Systems gerechtfertigt sein. Diesbezüglich obliegt es dem betreffenden Mitgliedstaat nachzuweisen, dass sich die umstrittene Maßnahme unmittelbar aus den Grund- oder Leitprinzipien des Referenzsystems ergibt, die sich ihrerseits aus den für das reibungslose Funktionieren und die Leistungsfähigkeit des Systems notwendigen systemimmanenten Mechanismen ableiten lassen.[1153] Ist die Abweichung vom Referenzsystem aus diesen Gründen gerechtfertigt, wird die Maßnahme nicht als selektiv betrachtet. Als Rechtfertigungsgrund wurde bei der britischen Hinzurechnungsbesteuerung, wie zu Beginn des Abschnitts thematisiert, das komplexe und unverhältnismäßig aufwendige konzerninterne Rückverfolgungsverfahren angeführt und auch teilweise anerkannt.[1154]

---

Steuerbefreiung für konzerninterne Finanzierungen für beherrschte ausländische Unternehmen (CFC), Rn. 103 ff.

1151 Vgl. beispielsweise EuGH, v. 21.12.2016, verb. Rs. C-20/15 P und C-21/15 P, *World Duty Free*, ECLI:EU:C:2016:981, Rn. 54.

1152 Beschluss (EU) 2019/1352 der Kommission vom 02.04.2019 über die staatliche Beihilfe SA.44896 des Vereinigten Königreichs im Zusammenhang mit der Steuerbefreiung für konzerninterne Finanzierungen für beherrschte ausländische Unternehmen (CFC), Rn. 124 ff.

1153 Vgl. beispielsweise EuGH v. 08.09.2011 verb. Rs. C-78/08 bis C-80/08, *Ministerio dell'Economia/Paint Graphos Soc.coop alr u.a.*, ECLI:EU:C:2011:550, Rn. 69.

1154 Beschluss (EU) 2019/1352 der Kommission vom 02.04.2019 über die staatliche Beihilfe SA.44896 des Vereinigten Königreichs im Zusammenhang mit der Steuerbefreiung für konzerninterne Finanzierungen für beherrschte ausländische Unternehmen (CFC), Rn. 152 ff.

### 4. *Wettbewerbsverzerrung und Handelsbeeinträchtigung*

Die Voraussetzungen „Wettbewerbsverzerrung" und „Handelsbeeinträchtigung" werden vom EuGH häufig zusammen geprüft[1155], an sie werden keine hohen Anforderungen gestellt und ihnen kommt insbesondere im Steuerrecht keine besondere Bedeutung zu[1156]. Eine Beihilfemaßnahme wirkt wettbewerbsverfälschend, wenn sie die Stellung des Begünstigten zu Lasten der (potenziellen) Konkurrenten verbessert. Ausreichend ist bereits eine geringe tatsächliche oder auch nur drohende Verfälschung des Wettbewerbs.[1157] Während nach einer verbreiteten Auffassung jeder Beihilfengewährung eine wettbewerbsverfälschende Wirkung immanent ist,[1158] verlangt der EuGH zumindest, dass die Kommission die Umstände, aus denen sich eine (drohende) Wettbewerbsverzerrung ergibt, in der Begründung ihres Beschlusses benennt[1159]. Wie schon bei der Herausarbeitung des Prüfungsmaßstabs dargestellt, reicht es bei multisektoralen Beihilferegelungen aus, wenn sich die Kommission darauf beschränkt, die Merkmale des betreffenden Programms zu untersuchen; eine konkrete Marktanalyse ist damit nicht erforderlich. Speziell für steuervergünstigende Maßnahmen kann festgehalten werden, dass diese die finanziellen Mittel des begünstigten Unternehmens erhöhen, damit die Stellung gegenüber Wettbewerbern verbessern und deshalb stets wettbewerbsverzerrend sind.[1160]

---

1155 Vgl. bereits EuGH v. 17.09.1980, C-730/79, *Philip Morris/Kommission*, ECLI:EU:C:1980:209, Rn. 11 f.

1156 Beachte insofern auch die Aussage des BFH in seinem Vorlagebeschluss zu § 6a GrEStG: „Dies [Anm.: Die Geeignetheit der Steuerbegünstigung nach § 6a GrEStG den Handel zwischen den Mitgliedstaaten zu beeinträchtigen und den Wettbewerb zu verfälschen] könnte nur angenommen werden, wenn davon auszugehen wäre, dass diese Eignung im Grunde jeder Steuerbegünstigung innewohnt." (BFH, Beschluss v. 30.05.2017 – II R 62/14, BFHE 257, 381, Rn. 63.) Der EuGH verneinte in seinem Urteil bereits die Selektivität und äußerte sich daher zu dieser Anmerkung nicht, vgl. EuGH v. 19.12.2018, C-374/17, *A-Brauerei*, ECLI:EU:C:2018:1024.

1157 *Bartosch*, in: Bartosch, EU-Beihilfenrecht, 3.A., Art. 107 AEUV, Rn. 211.

1158 Mit dem Gebot wirtschaftlicher Logik verbessere jeder staatlich gewährte Vorteil die Wettbewerbsposition des Begünstigten und beeinträchtige kehrseitig in gleichem Maße die Wettbewerbsposition der Konkurrenten, vgl. *Cremer*, in: Calliess/Ruffert EUV/AEUV, Art. 107 Rn. 32 m.w.N.

1159 Vgl. nur EuGH v. 03.03.2003, C-457/00, *Belgien/Kommission*, ECLI:EU:C:2003:387, Rn. 103 und die dort angeführte Rechtsprechung.

1160 Vgl. statt aller: *Vogel*, in: Hagemann/Kahlenberg, ATAD-Kommentar, Verhältnis zum Beihilfenrecht, Rn. 54.

Mit dem Merkmal „Handelsbeeinträchtigung“ sollen rein innerstaatlich wirkende Maßnahmen ausgeklammert werden.[1161] Eine Handelsbeeinträchtigung liegt dann vor, wenn die Beihilfe durch die wettbewerbsverfälschende Begünstigung bestimmter Unternehmen den Handel beeinflusst, indem die Einfuhr oder die Ausfuhr erleichtert bzw. kehrseitig für die Konkurrenten erschwert wird.[1162] Auch hier reicht bereits die Möglichkeit der Beeinträchtigung und der Prüfungsmaßstab ist entsprechend den zuvor genannten Grundsätzen modifiziert: Eine Einzelfallprüfung durch die Kommission muss bei multisektoralen Beihilferegelungen nicht erfolgen. Die Voraussetzung der „Handelsbeeinträchtigung“ ist bei Steuerbegünstigungen ebenfalls in der Regel erfüllt.[1163]

Nun kann man die Überlegung anstellen, ob sich etwas anderes aus dem Umstand ergibt, dass hier eine Richtlinie umgesetzt wird.[1164] Wenn alle Mitgliedstaaten dieselben Maßnahmen umsetzen müssen, besteht für die Unternehmen ein „level playing field“ – gleiche Wettbewerbsbedingungen und keine Handelsbeeinträchtigung. Während diese Überlegung bei einer Vollharmonisierung vielleicht zutreffen mag, ist sie bei einer – wie von der ATAD verfolgten – Mindestharmonisierung abzulehnen: Der Umsetzungsspielraum ist so groß, dass eben nicht die Rede davon sein kann, dass in allen Mitgliedstaaten dieselben Regeln gelten, sodass für alle Unternehmen gleichsam die Einfuhr oder Ausfuhr von Waren und Dienstleistungen erleichtert beziehungsweise erschwert wird. Zudem ist wie gesehen die Umsetzung der zwingenden Vorgaben der ATAD den Mitgliedstaaten ohnehin nicht zurechenbar.

### 5. *Ausnahmetatbestände, Rechtsfolgen und Beihilfeverfahren*

Für den Fall, dass eine Vorschrift im Rahmen der Hinzurechnungsbesteuerung doch die Voraussetzungen des Art. 107 Abs. 1 AEUV erfüllt, hat es damit jedoch noch nicht sein Bewenden. Denn von dem grundsätzlichen Verbot aller den Wettbewerb verfälschenden und den Binnenmarkt beeinträchtigenden staatlichen Beihilfen des Art. 107 Abs. 1 AEUV sehen Art. 107 Abs. 2 und Abs. 3 AEUV Abweichungen vor. Für den Fall, dass alle Voraussetzungen des

---

1161 Vgl. *Bartosch*, in: Bartosch, EU-Beihilfenrecht, 3.A., Art. 107 AEUV, Rn. 211.

1162 Vgl. *von Wallenberg/Schütte*, in: Grabitz/Hilf/Nettesheim, Das Recht der EU, Art. 107, Rn. 74.

1163 *Vogel*, in: Hagemann/Kahlenberg, ATAD-Kommentar, Verhältnis zum Beihilfenrecht, Rn. 54.

1164 Zu Recht skeptisch: *Vogel*, in: Hagemann/Kahlenberg, ATAD-Kommentar, Verhältnis zum Beihilfenrecht, Rn. 55.

Art. 107 Abs. 1 AEUV vorliegen, kann eine Beihilfe demnach trotzdem mit dem Binnenmarkt vereinbar sein. Sollte die Umsetzung der Hinzurechnungsbesteuerung nach Maßgabe der ATAD entgegen dem zuvor gesagten eine verbotene Beihilfe im Sinne von Art. 107 Abs. 1 AEUV darstellen, so lässt sich diese jedenfalls nicht unter die Legalausnahmen des Art. 107 Abs. 2 lit. a bis lit. c AEUV und die Ermessensausnahmen des Art. 107 Abs. 3 lit. a bis e AEUV subsumieren.

Aus verfahrensrechtlicher Sicht würde sich die Situation dann wie folgt darstellen: Die Beihilfenaufsicht der Kommission erfolgt sowohl in einem repressiven (Art. 108 Abs. 1 AEUV) als auch in einem präventiven (Art. 108 Abs. 3 AEUV) Verfahren.[1165] Die Kommission ist gemäß Art. 108 Abs. 3 S. 1 AEUV vor jeder beabsichtigten Einführung oder Umgestaltung von Beihilfen so rechtzeitig zu unterrichten, dass sie sich hierzu äußern kann. Dieses Vorprüfverfahren mündet im Hauptprüfverfahren, wenn die Kommission Bedenken an der Vereinbarkeit der Maßnahme mit dem Binnenmarkt hat, Art. 4 Abs. 5 VVO. Solange die Kommission keine abschließende Entscheidung getroffen hat, darf der Mitgliedstaat die Maßnahme aufgrund der Stillhalteverpflichtung der Art. 108 Abs. 3 S. 3 AEUV, Art. 3 VVO nicht durchführen. Ein Verstoß gegen diese Notifizierungspflicht führt zur formellen Rechtswidrigkeit der Beihilfe. Stellt die Kommission im Rahmen des repressiven Verfahrens fest, dass ein Mitgliedstaat eine Beihilfe ohne die notwendige Genehmigung gewährt hat, so kann dem betreffenden Mitgliedstaat, nach dem ihm Gelegenheit gegeben wurde, sich dazu zu äußern, vorläufig aufgeben werden, die Zahlung der Beihilfe unverzüglich bis zum Abschluss ihrer Überprüfung einzustellen und der Kommission in der von ihr festgesetzten Frist alle Unterlagen, Informationen und Daten zu verschaffen, die notwendig sind, um die Vereinbarkeit der Beihilfe mit dem gemeinsamen Markt zu prüfen.[1166] Kommt die Kommission am Ende des Hauptprüfverfahrens zu dem Ergebnis, dass eine Beihilfe vorliegt, die mit dem Binnenmarkt unvereinbar ist (sog. Negativentscheidung, Art. 9 Abs. 5 VVO) – sie mithin materiell rechtswidrig ist – so wird im Falle einer vorherigen Notifikation dem Mitgliedstaat die geplante Gewährung untersagt.

---

1165 Auf die in der Verfahrensverordnung geregelten Einzelheiten wird an dieser Stelle verzichtet, vgl. dazu Verordnung (EU) 2015/1589 des Rates vom 13.07.2015 über besondere Vorschriften für die Anwendung von Artikel 108 AEUV, ABl 2015 Nr. l 248/9.

1166 Vgl. bereits EuGH v. 14.02.1990, C-301/87, *Frankreich/Kommission*, ECLI:EU:C:1990:67, Rn. 19.

Bei einem Verstoß gegen die Notifizierungs- oder Stillhalteverpflichtung wird dem Mitgliedstaat aufgegeben, die bereits gewährte Beihilfe zuzüglich Zinsen zurückzufordern (Art. 16 Abs. 1 und 2 VVO), um den Zustand wiederherzustellen, der ohne die Gewährung der Beihilfe bestünde.[1167] Da die Durchführung der Rückforderung gemäß Art. 16 Abs. 3 VVO nach dem nationalen Verfahrensrecht erfolgt, es in Deutschland aber kein entsprechendes Rückforderungsgesetz gibt, wäre bei der Rückforderung von Steuerbegünstigungen das steuerrechtliche Verfahrensrecht maßgeblich. Ungeachtet der damit möglicherweise verbundenen Probleme ist die Rückforderung der gewährten Beihilfe zuzüglich Zinsen obligatorisch und der Vorrang des Unionsrechts verfassungskonform.[1168] Da die Rückforderung einer unionsrechtswidrigen Beihilfe nach der Rechtsprechung eine verhältnismäßige Maßnahme darstellt, werden Ausnahmen von der Rückforderungspflicht nur sehr restriktiv angewendet[1169]. Sollte entgegen der hier vertretenen Auffassung eine Maßnahme der nationalen ATAD-Umsetzung von der Kommission als nicht mit dem Binnenmarkt zu vereinbarende Beihilfe qualifiziert werden, könnte daher der Rückforderungsbefugnis der Kommission nur eine Verfristung (10 Jahre ab Gewährung der Beihilfe, vgl. Art. 15 Abs. 1, 2 BeihilfeVerfO) entgegengehalten werden.

---

1167 Vgl. nur EuGH v. 15.12.2005, C-148/04, *Unicredito Italiano*, ECLI:EU:C:2005:774, Rn. 113 und die dort angeführte Rechtsprechung.

1168 Vgl. BFH v. 30.01.2009 – VII B 180/08, BFHE 224, 372 mit Verweis auf BVerfG v. 08.04.1987 – 2 BvR 687/85, BVerfGE 75, 223.

1169 Vgl. dazu Martini StuW 2017, 101 (102 f.).

# 6. Kapitel: Schlussbetrachtung

> *„Zentraler Baustein für das neue Europa ist Vertrauen […] Entweder wir stehen vereint als Europäer oder wir fallen gespalten als Nationalstaaten.“*[1170]

## A. Ergebnisse der Arbeit in Stichpunkten

- Der Aktionspunkt 3 des BEPS-Aktionsplans von 2015 macht Vorschläge, wie eine solide Hinzurechnungsbesteuerung entwickelt werden kann, er enthält aber wenig Konkretes, was über die deutsche Hinzurechnungsbesteuerung hinausgeht; eine rechtliche Verpflichtung zur Umsetzung besteht zudem ohnehin nicht.
- Dieser Impuls der OECD erreichte aber die Europäische Union dergestalt, dass eine Hinzurechnungsbesteuerungsregelung nun durch die ATAD im Rahmen ihres Mindestschutzniveaus verpflichtend und abgestimmt Einzug in die nationalen Gesetze aller EU-Mitgliedstaaten gefunden hat.
- Der Unionsgesetzgeber handelte mit der ATAD jedoch zu impulsiv; eine politische Einigung (in nur etwas mehr als fünf Monaten) kam nur aufgrund der Ausgestaltung der Richtlinie als Mindestschutzniveau zustande. Problematisch ist insofern, dass Mitgliedstaaten einerseits nur das Minimum implementieren können, um so ihrer Umsetzungsverpflichtung nachzukommen, während Steuerpflichtige aus Mitgliedstaaten, in denen bereits strenge Regelungen existieren, im Rahmen der Umsetzungsverpflichtung mit punktuellen Verschärfungen rechnen müssen.
- Auch die Hinzurechnungsbesteuerung nach der ATAD weist teilweise erhebliche Schwächen in Form von sprachlichen Ungenauigkeiten und konzeptionellen Unschärfen auf. Besonders hervorzuheben ist, dass die beiden Alternativkonzepte (katalogisierender Ansatz und Funktionsanalyse) schon im Ausgangspunkt unterschiedlich streng sind.

1170 *Prof. Dr. Frans Vanistendael* in seinem Vortrag „What do we mean by a common European tax policy?“ im Rahmen der Eröffnungssitzung der Steuerwissenschaftlichen Vereinigung Heidelberg e.V. am 25. Oktober 2018 (aus dem Englischen übersetzt), Vortragsbericht von *Neckenich* in: Kube/Reimer, HFSt (10), 2019, S. 145.

- Mit Blick auf die fragliche Rechtsetzungskompetenz der EU zum Erlass der ATAD lässt sich resümieren, dass eine Überprüfung durch den EuGH eher unwahrscheinlich ist. Falls es doch zu einer solchen kommen sollte, wird der EuGH vermutlich unter Zugrundelegung seines bisherigen milden Prüfungsmaßstabes judizieren: Die vorgenommene Rechtsprechungsauswertung zum Subsidiaritätsprinzip und Verhältnismäßigkeitsgrundsatz hat aufgezeigt, dass der EuGH eine detaillierte inhaltliche Prüfung vermeidet. Als Folgefrage drängt sich vor dem Hintergrund des PSPP-Urteils des BVerfG eine Ultra-vires-Kontrolle auf. Falls der EuGH hingegen eine Überprüfung der Rechtsetzungskompetenz unter Zugrundelegung eines neuen, strengeren Prüfungsmaßstabs vornehmen würde, könnte der Gerichtshof dann mit den in dieser Arbeit vorgenommenen Überlegungen zu einer Unionsrechtswidrigkeit der ATAD kommen.
- Die Substanzausnahme der kategorisierenden Option A (Art. 7 Abs. 2 lit. a ATAD) weicht vom Wortlaut her in gravierender Weise von den Vorgaben des *Cadbury Schweppes* Urteils ab („wesentliche wirtschaftliche Tätigkeit" statt „wirkliche wirtschaftliche Tätigkeit") und muss daher primärrechtskonform ausgelegt werden. Das uneingeschränkte mitgliedstaatliche Optionsrecht, Drittstaatenfälle von der Substanzausnahme des Art. 7 Abs. 2 UAbs. 2 ATAD auszunehmen, trägt nicht den Anforderungen der Kapitalverkehrsfreiheit Rechnung. Es hätte wie folgt grundfreiheitenkonform formuliert werden können: „Ist das beherrschte ausländische Unternehmen in einem Drittland ansässig oder belegen, das keine Vertragspartei des EWR-Abkommens ist, so haben die Mitgliedstaaten zu beschließen, dass Unterabsatz 2 anzuwenden ist, wenn die nationale Hinzurechnungsbesteuerung exakt nach Vorgabe der Art. 7 und 8 ATAD umgesetzt wurde oder die individuelle Ausgestaltung den Anwendungsbereich der Kapitalverkehrsfreiheit eröffnet." Zudem muss berücksichtigt werden, dass die Gegenbeweismöglichkeit dann nach Maßgabe der Entscheidung *X GmbH* im Rahmen der Anwendung der Kapitalverkehrsfreiheit anders ausgestaltet sein muss als im Rahmen der Niederlassungsfreiheit. Für das Alternativkonzept des Art. 7 Abs. 2 lit. b S. 1 ATAD („Significant People Functions" Test) ist hingegen keine Substanzausnahme erforderlich, da hier schon im Ausgangspunkt nur Missbrauchskonstellationen erfasst werden.
- Deutschland hat das Minimalziel der ATAD-konformen Umsetzung größtenteils erreicht, was allerdings nicht verwundert, da bereits nach der alten Rechtslage nur für vereinzelte Punkte Anpassungsbedarf bestand. Besonders hervorzuheben und begrüßenswert ist hier die Umstellung des Beherrschungskonzepts von der zufälligen Inländerbeherrschung hin zu einer

gesellschafterbezogenen Betrachtungsweise unter Berücksichtigung nahestehender Personen. Der undurchsichtige Aktivkatalog ist im Wesentlichen unverändert geblieben; es wurden nur vereinzelte Anpassungen vorgenommen, um den Vorgaben der ATAD zu entsprechen. Nach der hier vertretenen Auffassung ist (lediglich) die weiterhin nicht uneingeschränkte Passivität von Lizenzeinkünften sekundärrechtswidrig, da die ATAD – was man durchaus kritisch sehen kann – diese Einkünfte ausnahmslos als passiv einstuft. Der Substanztest und die Freigrenzenregelung wurden ebenfalls punktuell an die Vorgaben der ATAD angepasst. Da nach der hier vertretenen Auffassung durch die ATAD rechtsfolgenseitig kein Mindestschutzniveau für die betroffenen Steuerpflichtigen aufgestellt wird, sind strengere nationale Regelungen als richtlinienkonform anzusehen. Durch die Anpassung des Hinzurechnungszeitpunktes und die Umstellung auf ein einheitliches System der Steueranrechnung bei ausländischen gezahlten Steuern, sowie dem neuartigen Kürzungsbetrag bei nachfolgenden Gewinnausschüttungen, erfolgte damit auch rechtsfolgenseitig eine sekundärrechtskonforme Umsetzung. Die deutsche Sonderregelung für Einkünfte mit Kapitalanlagecharakter ist nach der hier vertretenen Auffassung ebenfalls ATAD-konform ausgestaltet.

- Es ist zu konstatieren, dass der Großteil der Änderungen belastend für den Steuerpflichtigen wirkt. Mit der Anwendungsbereichserweiterung auf beschränkt Steuerpflichtige ist der Gesetzgeber sekundärrechtlich zudem auf Nummer sicher gegangen. Eine Absenkung der Niedrigbesteuerungsgrenze war sekundärrechtlich nicht erforderlich und ist auch nicht erfolgt, obwohl dies sinnvoll gewesen wäre. Insofern kann man durchaus sagen, dass das groß gesteckte Ziel einer umfassenden Reformation der deutschen Hinzurechnungsbesteuerung durch eine zeitgemäße und rechtssichere Ausgestaltung verfehlt wurde und es stattdessen zu der prognostizierten „Rosinenpickerei" zu Lasten des Steuerpflichtigen gekommen ist. Insofern drängt sich die spannende Folgefrage auf, ob die anderen Mitgliedstaaten – insbesondere diejenigen, die bisher noch über keine Hinzurechnungsbesteuerung verfügt haben – nur das absolute, zahnlose Minimum der ATAD umgesetzt haben, sodass das Regelungsziel der Richtlinie ins Leere läuft. Begrüßenswert ist immerhin die (von der ATAD zwingend vorgeschriebene) Änderung in der Beherrschungskonzeption und dass der Kürzungsbetrag auch den Gewerbeertrag mindern kann.
- Das Beihilfenrecht kann grundsätzlich auch im Rahmen der Hinzurechnungsbesteuerung relevant werden. Die ATAD entfaltet allerdings insofern eine Immunisierungswirkung, als dass sie die Zurechenbarkeit der

Begünstigung zum Mitgliedstaat ausschließen kann. Dies ist der Fall, wenn nationale Maßnahmen ausschließlich die zwingenden Vorgaben der ATAD umsetzen.

- Die Hinzurechnungsbesteuerung vor dem ATAD-Umsetzungsgesetz verstieß gegen die Grundfreiheiten. Ein Substanztest für Drittstaatensachverhalte war sowohl für die erweiterte als auch für die allgemeine Hinzurechnungsbesteuerung zwingend erforderlich, da bei beiden Regelungen die Kapitalverkehrsfreiheit Anwendung fand. Zudem war die Auslegung der Substanzkriterien von Gesetzgeber und Finanzverwaltung zu restriktiv.
- Die nationale Umsetzungsmaßnahme zur Hinzurechnungsbesteuerung muss sich an den Grundfreiheiten messen lassen, eine primärrechtliche Immunisierung durch die ATAD findet insofern nicht statt. Durch die Einführung des Substanztest in Drittstaatenfällen bei der erweiterten Hinzurechnungsbesteuerung wurde diesbezüglich eine grundfreiheitenkonforme Regelung geschaffen. Eine entsprechende Nachweismöglichkeit ist aber auch bei der allgemeinen Hinzurechnungsbesteuerung erforderlich, da auch dort weiterhin die Kapitalverkehrsfreiheit Anwendung findet. Insofern verstößt die Rechtslage gegen die Grundfreiheiten. Bezüglich der Anforderungen an den Substanztest ist eine Konkretisierung durch den Gesetzeswortlaut erfolgt. Auch wenn dies grundsätzlich zu begrüßen ist, so wurden hier teilweise die im BMF-Schreiben vom 08.01.2007 aufgestellten restriktiven Anforderungen übernommen, welche über diejenigen der Rechtsprechung hinausgehen.

## B. Ausblick: Globale Mindestbesteuerung

Die deutsche Hinzurechnungsbesteuerung ist seit Jahrzehnten erheblicher Kritik in der Literatur ausgesetzt, die auch im Rahmen dieser Arbeit immer wieder angeklungen ist. Diese ging sogar so weit, dass der Regelung teilweise ihre Wirksamkeit abgesprochen wurde.[1171] Mit dem BEPS-Aktionsplan von 2015 ist

---

1171 Schon 1997 stellte *Franz Wassermeyer* die Frage, ob die Hinzurechnungsbesteuerung überhaupt einen (prophylaktischen) Effekt hat und ob dieser die Hinzurechnungsbesteuerung rechtfertigen könne, vgl. *Wassermeyer*, in FS Flick, S. 1057 (1065). Mittlerweile gibt es aber auch empirische Belege dafür, dass Gewinnverschiebungen durch interne Verschuldung für deutsche Unternehmen auch aufgrund der deutschen Hinzurechnungsbesteuerung eher unbedeutend sind, vgl. *Buettner/Wamser*, NTJ 2013, 66(1), S. 63 ff. Darüber hinaus legt eine neuere Studie nahe, dass Hinzurechnungsbesteuerungsregelungen die

ein nachhaltiger Wandlungsprozess im Internationalen Steuerrecht angestoßen worden, der für die Hinzurechnungsbesteuerung in der Umsetzungspflicht der ATAD resultierte. Auch wenn die Vorgaben dabei eher gering ausfallen und die Richtlinie einige Schwäche aufweist, so hatte der nationale Gesetzgeber die Gelegenheit, dies als Anlass für eine grundlegende Reform der Regelung zu nutzen. Diese Chance ließ er allerdings in großen Teilen verstreichen. Doch wenn eine Türe sich schließt, öffnet sich häufig eine andere.

Im Mai 2019 wurde von der OECD in Fortsetzung des BEPS Aktionspunktes 1 „Besteuerung der digitalen Wirtschaft"[1172] ein Arbeitsprogramm veröffentlicht, welches die Herausforderungen analysierte und erste Lösungsansätze umriss.[1173] Neben der geplanten Neuverteilung von Besteuerungsrechten in sog. Marktstaaten in Säule 1 enthielt das Arbeitsprogramm den Vorschlag zur Einführung einer „Global Anti-Base Erosion"-Regelung (GloBE) – einem globalen Mindeststeuersatz von 15 % – als Säule 2. Im November 2019 wurden dann vom OECD-Sekretariat Konsultationsdokumente veröffentlicht, um der Fachöffentlichkeit Gelegenheit zu einer schriftlichen Stellungnahme zu geben. Einen Monat später schloss sich eine mündliche Anhörung in Paris an. Am 01.07.2021wurde der OECD-Bericht „Statement on a Two-Pillar Solution to Address the Tax Challenges Arising From the Digitalisation of the Economy"[1174] veröffentlicht. Im gleichen Monat stimmten dann 132 von 140 Staaten des OECD/G20 Inclusive Framework on BEPS, insbesondere auch die Finanzministerinnen und Finanzminister aller G20-Staaten, dem Vorschlag der OECD zu. Die Einigung umfasste wesentliche Eckpfeiler von Säule 1 und Säule 2.

Die globale Mindestbesteuerung nach Säule 2 soll den internationalen Steuerwettbewerb reduzieren, indem ein weltweites Mindestbesteuerungsniveau

---

Gewinnverschiebung in multinationalen Unternehmen effektiv mildern, vgl. *von Hagen/Harendt*, ZEW Discussion Paper No. 17-062. Zugegebenermaßen handelt es sich bei der Hinzurechnungsbesteuerung um eine hochkomplexe Regelung, die nur wenige Expertinnen und Experten in ihrem vollen Umfang durchdrungen haben, sodass es viele unentdeckte Fälle gibt.

1172 Vgl. OECD (2015), Addressing the Tax Challenges of the Digital Economy, Action 1 – 2015 Final Report, OECD/G20 Base Erosion and Profit Shifting Project, OECD Publishing, Paris. Abrufbar unter https://dx.doi.org/10.1787/9789264241046-en (zuletzt abgerufen: 01.10.2023).

1173 Vgl. dazu *Altenburg/Geberth/Gebhardt/Holle/Oertel*, DStR 2019, 2451; *Fehling*, IStR 2019, 656; *Zinowsky*, IStR 2019, 811.

1174 Abrufbar unter: https://www.oecd.org/tax/beps/statement-on-a-two-pillar-solution-to-address-the-tax-challenges-arising-from-the-digitalisation-of-the-economy-july-2021.pdf (zuletzt: 01.10.2023).

vereinbart wird und könnte eine „Hinzurechnungsbesteuerung für alle und alles" etablieren – jedenfalls für alle von der Regelung betroffenen Konzerne mit einem Umsatz über 750 Mio. €, die einen länderbezogenen Bericht multinationaler Unternehmensgruppen (Country-by-Country Reporting) erstellen. Säule 2 basiert auf einem koordinierten Regelwerk, welches sich in vier Komponenten gliedert, die dann im nationalen Steuerrecht bzw. bilateral in den entsprechenden Steuerabkommen implementiert werden. Einziges auslösendes Moment für diese vier Komponenten ist das Unterschreiten der Mindeststeuergrenze von 15 %. Das Konzept fragt nicht danach, aus welchen Gründen keine oder eine zu niedrige Besteuerung eintritt, und unterscheidet sich insofern von der (ursprünglich) missbrauchstypisierenden Hinzurechnungsbesteuerung. Irrelevant ist daher insbesondere auch, ob die Einkünfte in eine Niedrigsteuerjurisdiktion verlagert wurden oder ob der Steuerpflichtige missbräuchlich gehandelt hat. Durch eine Einkommenszurechnungsregel („income inclusion rule") werden Einkünfte ausländischer Zweigniederlassungen oder Tochtergesellschaften im Inland erfasst, wenn sie im Ausland nicht der Mindestbesteuerung unterlegen haben. Die ausländischen Einkünfte werden dabei durch eine „Top Up Tax" auf das Mindeststeuerniveau angehoben. Eine entsprechende „switch-over rule" soll in Doppelbesteuerungsabkommen aufgenommen werden, um den Übergang von der Freistellungs- zur Anrechnungsmethode im Inland zu ermöglichen, wenn Einkünfte einer ausländischen Betriebsstätte nicht der Mindestbesteuerung unterlegen haben. Drittens soll durch die „undertaxed payments rule" der im Quellenstaat einer Zahlung vorgesehene Betriebsausgabenabzug eingeschränkt oder eine Besteuerung mit Quellensteuer gestattet werden, wenn die Zahlung im Empfängerstaat nicht der Mindestbesteuerung unterliegt. Als vierte Komponente soll schließlich ergänzend zur „undertaxed payments rule" im jeweiligen Doppelbesteuerungsabkommen eine „Subject to Tax Rule" eingeführt werden. Damit können (höhere) Quellensteuern erhoben oder Abkommensvorteile versagt werden, wenn Zahlungen, die typischerweise mit Gewinnverschiebungen verbunden sind (z.B. Zins- und Lizenzzahlungen), beim Empfänger nicht oder nicht mindestens mit dem Mindeststeuersatz besteuert werden.

Am 20.12.2021 veröffentlichte die OECD dann bereits Mustervorschriften. Nur zwei Tage später gab die EU-Kommission den Entwurf einer EU-Umsetzungsrichtlinie zu OECD Pillar 2 bekannt. Genau ein Jahr später, am 22.12.2022, erfolgte die Veröffentlichung der finalen Mindestbesteuerungsrichtlinie im EU-Amtsblatt mit einer Umsetzungsfrist bis zum

01.01.2024.[1175] Nachdem das BMF am 20.03.2023 einen Diskussionsentwurf und am 10.07.2023 einen Referentenentwurf herausgab, wurde nun am 16.08.2023 der Regierungsentwurf eines Gesetzes für die Umsetzung der Richtlinie zur Gewährleistung einer globalen Mindestbesteuerung für multinationale Unternehmensgruppen und große inländische Gruppen in der Union (Mindestbesteuerungsrichtlinie-Umsetzungsgesetz, MinBestRL-UmsG)[1176] beschlossen. „History repeats itself" – die Geschichte wiederholt sich, diesmal aber um einiges schneller als noch bei der Umsetzung der ATAD.

Es kann also mit Spannung verfolgt werden, welche Auswirkungen das neue Umsetzungsgesetz – auch für die Hinzurechnungsbesteuerung – haben wird. Immerhin wurde mit der nationalen Umsetzungsmaßnahme die (auch in dieser Arbeit) viel kritisierte Niedrigbesteuerungsgrenze von 25 % nun endlich auf 15 % abgesenkt. Und eines ist auch klar: Die neuen GloBE-Regelungen haben nach dem BEPS Abschlussbericht 2015 einen weiteren Orkan entfacht, der diesmal noch schneller das europäische und nationale Steuerrecht erreicht hat. Bezugnehmend auf das zu Beginn dieses Kapitels erwähnte Zitat besteht eine große Chance, das Vertrauen in die Europäische Union zu stärken und als Europäer weiter zusammenzurücken. Denn Steuergerechtigkeit kann verbinden.

---

1175 Richtlinie (EU) 2022/2523 des Rates vom 14. Dezember 2022 zur Gewährleistung einer globalen Mindestbesteuerung für multinationale Unternehmensgruppen und große inländische Gruppen in der Union.

1176 Abrufbar unter https://www.bundesfinanzministerium.de/Content/DE/Gesetzestexte/Gesetze_Gesetzesvorhaben/Abteilungen/Abteilung_IV/20_Legislaturperiode/2023-03-20-MinBestRL-UmsG/2-Regierungsentwurf.pdf?__blob=publicationFile&v=3 (zuletzt abgerufen: 01.10.2023).

# Anhang

## Gegenüberstellung alte und neue Hinzurechnungsbesteuerung

**Legende:** Normaldruck = alte und zugleich neue Fassung;
*Kursivdruck* = alte und zugleich neue Fassung, aber redaktionell verschoben; Durchgestrichen = alte Fassung, nicht in der neuen Fassung; **Fettdruck** = neu eingefügt

### § 7 – ~~Steuerpflicht inländischer Gesellschafter~~ Beteiligung an ausländischer Zwischengesellschaft

(1) ~~Sind~~ **Beherrscht ein** unbeschränkt ~~Steuerpflichtige an einer~~ **Steuerpflichtiger eine** Körperschaft, Personenvereinigung, oder Vermögensmasse im Sinne des Körperschaftsteuergesetzes, die weder Geschäftsleitung noch Sitz im ~~Geltungsbereich dieses Gesetzes~~ **Inland** hat und die nicht gemäß § 3 ~~Abs.~~ **Absatz** 1 des Körperschaftsteuergesetzes von der Körperschaftsteuerpflicht ausgenommen ist (ausländische Gesellschaft), ~~zu mehr als der Hälfte beteiligt,~~ so sind die Einkünfte, für die diese Gesellschaft Zwischengesellschaft ist, bei ~~jedem von ihnen mit dem Teil steuerpflichtig, der auf die ihm zuzurechnende~~ **dem unbeschränkt Steuerpflichtigen entsprechend seiner unmittelbaren und mittelbaren** Beteiligung am Nennkapital ~~der Gesellschaft entfällt~~ **steuerpflichtig. Mittelbare Beteiligungen sind für die Steuerpflicht nach Satz 1 unbeachtlich, soweit bei einer die Beteiligung vermittelnden Person hinsichtlich der Beteiligung an dieser ausländischen Gesellschaft eine Hinzurechnungsbesteuerung nach diesem Gesetz oder einer vergleichbaren ausländischen Regelung erfolgt ist und die danach hinzugerechneten Einkünfte dadurch insgesamt keiner niedrigen Besteuerung im Sinne des § 8 Absatz 5 unterliegen.** *Ist für die Gewinnverteilung der ausländischen Gesellschaft nicht die Beteiligung am Nennkapital maßgebend oder hat die Gesellschaft kein Nennkapital, so ist der Aufteilung* **für die Steuerpflicht** *der Einkünfte nach Absatz* **Satz** 1 *der Maßstab für die Gewinnverteilung zugrunde zu legen.* **Die Sätze 1 bis 3 sind auch auf einen beschränkt Steuerpflichtigen anzuwenden, soweit die Beteiligung an der ausländischen Gesellschaft unmittelbar oder mittelbar einer inländischen Betriebsstätte**

**des Steuerpflichtigen zuzuordnen ist, durch die eine Tätigkeit im Sinne des § 15 Absatz 2 des Einkommensteuergesetzes ausgeübt wird.**

~~(2) Unbeschränkt Steuerpflichtige sind~~ **Eine Beherrschung** im Sinne des Absatzes 1 ~~an einer ausländischen Gesellschaft zu mehr als der Hälfte beteiligt~~ **liegt vor**, wenn ~~ihnen~~ **dem Steuerpflichtigen** allein oder zusammen mit ~~Personen im Sinne des § 2~~ **ihm nahestehenden Personen** am Ende des Wirtschaftsjahres der **ausländischen** Gesellschaft, in dem ~~sie~~ **diese** die Einkünfte nach Absatz 1 ~~bezogen~~ **erzielt** hat (maßgebendes Wirtschaftsjahr), mehr als ~~50 Prozent der Anteile oder der Stimmrechte an der ausländischen Gesellschaft~~ **die Hälfte der Stimmrechte oder mehr als die Hälfte der Anteile am Nennkapital unmittelbar oder mittelbar** zuzurechnen sind **oder unmittelbar oder mittelbar ein Anspruch auf mehr als die Hälfte des Gewinns oder Liquidationserlöses dieser Gesellschaft zusteht.**. ~~Bei der Anwendung des vorstehenden Satzes sind auch Anteile oder Stimmrechte zu berücksichtigen, die durch eine andere Gesellschaft vermittelt werden, und zwar in dem Verhältnis, das den Anteilen oder Stimmrechten an der vermittelnden Gesellschaft zu den gesamten Anteilen oder Stimmrechten an dieser Gesellschaft entspricht; dies gilt entsprechend bei der Vermittlung von Anteilen oder Stimmrechten durch mehrere Gesellschaften. Ist ein Gesellschaftskapital nicht vorhanden und bestehen auch keine Stimmrechte, so kommt es auf das Verhältnis der Beteiligungen am Vermögen der Gesellschaft an.~~

~~(3) Sind unbeschränkt Steuerpflichtige unmittelbar oder über Personengesellschaften an einer Personengesellschaft beteiligt, die ihrerseits an einer ausländischen Gesellschaft im Sinne des Absatzes 1 beteiligt ist, so gelten sie als an der ausländischen Gesellschaft beteiligt.~~

**(3) Für Zwecke der §§ 7 bis 12 ist eine Person dem Steuerpflichtigen unter den Voraussetzungen des § 1 Absatz 2 nahestehend. Eine Personengesellschaft oder Mit- unternehmerschaft ist selbst nahestehende Person, wenn sie die Voraussetzungen des § 1 Absatz 2 erfüllt.**[1177]

~~(4) Einem unbeschränkt Steuerpflichtigen sind für die Anwendung der §§ 7 bis 14 auch Anteile oder Stimmrechte zuzurechnen, die eine Person hält, die seinen Weisungen so zu folgen hat oder so folgt, daß ihr kein eigener wesentlicher Entscheidungsspielraum bleibt. Diese Voraussetzung ist~~

1177 § 7 Abs. 3 S. 2 war ursprünglich noch nicht im ersten Referentenentwurf erhalten, wurde aber mit dem zweiten Entwurf eingefügt und im dritten Entwurf beibehalten.

~~nicht schon allein dadurch erfüllt, daß der unbeschränkt Steuerpflichtige an der Person beteiligt ist.~~

(4) **Unbeschadet des Absatzes 3 gelten Personen als dem Steuerpflichtigen nahestehend, wenn sie mit ihm in Bezug auf die Zwischengesellschaft durch abgestimmtes Verhalten zusammenwirken. Bei den unmittelbaren oder mittelbaren Gesellschaftern einer Personengesellschaft oder Mitunternehmerschaft, die an einer Zwischengesellschaft unmittelbar oder mittelbar beteiligt ist, wird ein Zusammenwirken durch abgestimmtes Verhalten widerlegbar vermutet.**

(5) **Die Absätze 1 bis 4 sind nicht anzuwenden, wenn auf die Einkünfte, für die die ausländische Gesellschaft Zwischengesellschaft ist, die Vorschriften des Investmentsteuergesetzes in der jeweils geltenden Fassung anzuwenden sind. Satz 1 gilt nicht, wenn die den Einkünften zugrunde liegenden Geschäfte zu mehr als einem Drittel mit dem Steuerpflichtigen oder ihm nahestehenden Personen betrieben werden.**[1178]

*(5) Ist für die Gewinnverteilung der ausländischen Gesellschaft nicht die Beteiligung am Nennkapital maßgebend oder hat die Gesellschaft kein Nennkapital, so ist der Aufteilung der Einkünfte nach Absatz 1 der Maßstab für die Gewinnverteilung zugrunde zu legen.*

*(6) Ist eine ausländische Gesellschaft Zwischengesellschaft für Zwischeneinkünfte mit Kapitalanlagecharakter im Sinne des Absatz 6a und ist ein unbeschränkt Steuerpflichtiger an der Gesellschaft zu mindestens 1 Prozent beteiligt, sind diese Zwischeneinkünfte bei diesem Steuerpflichtigen in dem in Absatz 1 bestimmten Umfang steuerpflichtig, auch wenn die Voraussetzungen des Absatzes 1 im Übrigen nicht erfüllt sind. Satz 1 ist nicht anzuwenden, wenn die den Zwischeneinkünften mit Kapitalanlagecharakter zugrunde liegenden Bruttoerträge nicht mehr als 10 Prozent der den gesamten Zwischeneinkünften zugrunde liegenden Bruttoerträge der ausländischen Zwischengesellschaft betragen und die bei einer Zwischengesellschaft oder bei einem Steuerpflichtigen hiernach außer Ansatz zu lassenden Beträge insgesamt 80 000 Euro nicht übersteigen. Satz 1 ist auch anzuwenden bei einer Beteiligung von weniger als 1 Prozent, wenn die ausländische Gesellschaft ausschließlich oder fast ausschließlich Bruttoerträge erzielt, die Zwischeneinkünften mit Kapitalanlagecharakter zugrunde liegen, es sei denn, dass mit der Hauptgattung der Aktien der ausländischen*

1178 § 7 Abs. 5 war ursprünglich noch nicht im ersten Referentenentwurf erhalten, wurde aber mit dem zweiten Entwurf eingefügt und im dritten Entwurf beibehalten.

*Gesellschaft ein wesentlicher und regelmäßiger Handel an einer anerkannten Börse stattfindet.*

(6a) *Zwischeneinkünfte mit Kapitalanlagecharakter sind Einkünfte der ausländischen Zwischengesellschaft (§ 8), die aus dem Halten, der Verwaltung, Werterhaltung oder Werterhöhung von Zahlungsmitteln, Forderungen, Wertpapieren, Beteiligungen (mit Ausnahme der in § 8 Abs. 1 Nr. 8 und 9 genannten Einkünfte) oder ähnlichen Vermögenswerten stammen, es sei denn, der Steuerpflichtige weist nach, dass sie aus einer Tätigkeit stammen, die einer unter § 8 Abs. 1 Nr. 1 bis 6 fallenden eigenen Tätigkeit der ausländischen Gesellschaft dient, ausgenommen Tätigkeiten im Sinne des § 1 Abs. 1 Nr. 6 des Kreditwesengesetzes in der Fassung der Bekanntmachung vom 9. September 1998 (BGBl. I S. 2776), das zuletzt durch Artikel 3 Abs. 3 des Gesetzes vom 22. August 2002 (BGBl. I S. 3387) geändert worden ist, in der jeweils geltenden Fassung.*

~~(7) Die Absätze 1 bis 6a sind nicht anzuwenden, wenn auf die Einkünfte, für die die ausländische Gesellschaft Zwischengesellschaft ist, die Vorschriften des Investmentsteuergesetzes in der jeweils geltenden Fassung anzuwenden sind.~~

(8) *Sind unbeschränkt Steuerpflichtige an einer ausländischen Gesellschaft beteiligt und ist diese an einer Gesellschaft im Sinne des § 16 des REIT-Gesetzes vom 28. Mai 2007 (BGBl. I S. 914) in der jeweils geltenden Fassung beteiligt, gilt Absatz 1 unbeschadet des Umfangs der jeweiligen Beteiligung an der ausländischen Gesellschaft, es sei denn, dass mit der Hauptgattung der Aktien der ausländischen Gesellschaft ein wesentlicher und regelmäßiger Handel an einer anerkannten Börse stattfindet.*

## § 8 – Einkünfte von Zwischengesellschaften

(1) Eine ausländische Gesellschaft ist Zwischengesellschaft für Einkünfte, **einschließlich Veräußerungsgewinnen,** die einer niedrigen Besteuerung unterliegen und nicht stammen aus:

1. der Land- und Forstwirtschaft,
2. der Herstellung, Bearbeitung, Verarbeitung oder Montage von Sachen, der Erzeugung von Energie sowie dem Aufsuchen und der Gewinnung von Bodenschätzen,
3. dem Betrieb von ~~Kreditinstituten oder Versicherungsunternehmen, die für ihre Geschäfte einen in kaufmännischer Weise eingerichteten Betrieb unterhalten,~~ **Versicherungsunternehmen, Kreditinstituten, und Finanzdienstleistungsinstituten und Finanzunternehmen, die**

**einer wesentlichen wirtschaftlichen Tätigkeit im Sinne des Absatzes 2 nachgehen;** es sei denn, ~~die Geschäfte werden überwiegend mit unbeschränkt Steuerpflichtigen, die nach § 7 an der ausländischen Gesellschaft beteiligt sind, oder solchen Steuerpflichtigen im Sinne des § 1 Abs. 2 nahe stehenden Personen betrieben,~~ **diese Einkünfte stammen zu mehr als einem Drittel aus Geschäften mit dem Steuerpflichtigen oder ihm nahestehenden Personen, die diesen Einkünften zugrunde liegenden Geschäfte werden zu mehr als einem Drittel mit dem Steuerpflichtigen oder ihm nahestehenden Personen betrieben. Gleiches gilt für Finanzunternehmen im Sinne des Kreditwesengesetzes, an denen Kreditinstitute oder Finanzdienstleistungsinstitute unmittelbar oder mittelbar zu mehr als 50 Prozent beteiligt sind,**[1179]

4. dem Handel, soweit nicht
   a) ein ~~unbeschränkt~~[1180] Steuerpflichtiger, der gemäß § 7 an der ausländischen Gesellschaft beteiligt ist, oder eine einem solchen Steuerpflichtigen im Sinne des § 1 Absatz 2 nahestehende Person, die mit ihren Einkünften hieraus ~~im Geltungsbereich dieses Gesetzes~~ **in einem Mitgliedstaat der Europäischen Union oder einem Vertragsstaat des EWR-Abkommens im Geltungsbereich dieses Gesetzes**[1181] steuerpflichtig ist, der ausländischen Gesellschaft die Verfügungsmacht an den gehandelten Gütern und Waren verschafft, oder
   b) die ausländische Gesellschaft einem solchen Steuerpflichtigen oder einer solchen nahestehenden Person die Verfügungsmacht an den Gütern oder Waren verschafft, es sei denn, der Steuerpflichtige weist nach, dass die ausländische Gesellschaft einen für derartige Handelsgeschäfte in kaufmännischer Weise eingerichteten Geschäftsbetrieb unter Teilnahme am allgemeinen wirtschaftlichen Verkehr unterhält und die zur Vorbereitung, dem Abschluss und der Ausführung der Geschäfte gehörenden Tätigkeiten ohne Mitwirkung eines solchen Steuerpflichtigen oder einer solchen nahestehenden Person ausübt,

1179 § 8 Abs. 1 Nr. 3 wurde mit dem zweiten Entwurf geändert. Die Änderungen wurden im dritten Entwurf beibehalten.

1180 Diese Änderung erfolgte mit dem zweiten Referentenentwurf. Die Änderungen wurden im dritten Entwurf beibehalten.

1181 Mit dem zweiten Referentenentwurf wurde die Änderung des ersten Referentenentwurfs rückgängig gemacht. Auch der dritte Entwurf sieht wieder die ursprüngliche Rechtslage vor.

5. Dienstleistungen, soweit nicht
   a) die ausländische Gesellschaft für die Dienstleistung sich eines ~~unbeschränkt~~[1182] Steuerpflichtigen, der gemäß § 7 an ihr beteiligt ist, oder einer einem solchen Steuerpflichtigen im Sinne des § 1 Absatz 2 nahestehenden Person bedient, die mit ihren Einkünften aus der von ihr beigetragenen Leistung ~~im Geltungsbereich dieses Gesetzes~~ **in einem Mitgliedstaat der Europäischen Union oder einem Vertragsstaat des EWR-Abkommens im Geltungsbereich dieses Gesetzes**[1183] steuerpflichtig ist, oder
   b) die ausländische Gesellschaft die Dienstleistung einem solchen Steuerpflichtigen oder einer solchen nahestehenden Person erbringt, es sei denn, der Steuerpflichtige weist nach, dass die ausländische Gesellschaft einen für das Bewirken derartiger Dienstleistungen eingerichteten Geschäftsbetrieb unter Teilnahme am allgemeinen wirtschaftlichen Verkehr unterhält und die zu der Dienstleistung gehörenden Tätigkeiten ohne Mitwirkung eines solchen Steuerpflichtigen oder einer solchen nahestehenden Person ausübt,
6. der Vermietung und Verpachtung, ausgenommen
   a) die Überlassung der Nutzung von Rechten, Plänen, Mustern, Verfahren, Erfahrungen und Kenntnissen, es sei denn, der Steuerpflichtige weist nach, dass die ausländische Gesellschaft die Ergebnisse eigener Forschungs- oder Entwicklungsarbeit auswertet, die ohne Mitwirkung eines Steuerpflichtigen, der gemäß § 7 an der Gesellschaft beteiligt ist, oder einer einem solchen Steuerpflichtigen im Sinne des § 1 Absatz 2 nahestehenden Person unternommen worden ist,
   b) die Vermietung oder Verpachtung von Grundstücken, es sei denn, der Steuerpflichtige weist nach, dass die Einkünfte daraus nach einem Abkommen zur Vermeidung der Doppelbesteuerung steuerbefreit wären, wenn sie von den unbeschränkt Steuerpflichtigen, die gemäß § 7 an der ausländischen Gesellschaft beteiligt sind, unmittelbar bezogen worden wären, und

---

1182 Diese Änderung erfolgte mit dem zweiten Referentenentwurf. Die Änderungen wurden im dritten Entwurf beibehalten.

1183 Mit dem zweiten Referentenentwurf wurde die Änderung des ersten Referentenentwurfs rückgängig gemacht. Auch der dritte Entwurf sieht wieder die ursprüngliche Rechtslage vor.

c) die Vermietung oder Verpachtung von beweglichen Sachen, es sei denn, der Steuerpflichtige weist nach, dass die ausländische Gesellschaft einen Geschäftsbetrieb gewerbsmäßiger Vermietung oder Verpachtung unter Teilnahme am allgemeinen wirtschaftlichen Verkehr unterhält und alle zu einer solchen gewerbsmäßigen Vermietung oder Verpachtung gehörenden Tätigkeiten ohne Mitwirkung eines unbeschränkt Steuerpflichtigen, der gemäß § 7 an ihr beteiligt ist, oder einer einem solchen Steuerpflichtigen im Sinne des § 1 Absatz 2 nahestehenden Person ausübt,

~~7. der Aufnahme und darlehensweisen Vergabe von Kapital, für das der Steuerpflichtige nachweist, dass es ausschließlich auf ausländischen Kapitalmärkten und nicht bei einer ihm oder der ausländischen Gesellschaft nahestehenden Person im Sinne des § 1 Abs. 2 aufgenommen und außerhalb des Geltungsbereichs dieses Gesetzes gelegenen Betrieben oder Betriebsstätten, die ihre Bruttoerträge ausschließlich oder fast ausschließlich aus unter die Nummern 1 bis 6 fallenden Tätigkeiten beziehen, oder innerhalb des Geltungsbereichs dieses Gesetzes gelegenen Betrieben oder Betriebsstätten zugeführt wird,~~

~~8.~~ 7. ~~Gewinnausschüttungen von Kapitalgesellschaften~~ **(§ 20 Absatz 1 Nummer 1 des Einkommensteuergesetzes) Bezüge im Sinne des § 8b Absatz 1 des Körperschaftsteuergesetzes**[1184]**, ausgenommen**

**a) Ausschüttungen Bezüge, soweit diese das Einkommen der leistenden Körperschaft gemindert haben; dies gilt auch dann, wenn die ausländische Gesellschaft hinsichtlich dieser Ausschüttungen gemäß den**[1185] **Nummern 1 bis 6 nicht Zwischen-gesellschaft ist. Dies gilt nicht, soweit**

**aa) die leistende Körperschaft mit den dieser Ausschüttung diesen Bezügen zugrunde liegenden Einkünften Zwischengesellschaft ist oder**

**bb) eine verdeckte Gewinnausschüttung das Einkommen der ausländischen Gesellschaft oder einer ihr nahestehenden Person erhöht hat und dieses Einkommen keiner niedrigen Besteuerung im Sinne des Absatzes 5 unterliegt,**

---

1184 Die Änderungen in § 8 Abs. 1 Nr. 7 AStG erfolgten mit dem zweiten Referentenentwurf. Die Änderungen wurden im dritten Entwurf beibehalten.

1185 Mit dem dritten Referentenentwurf eingefügt.

b) **Ausschüttungen Bezüge, die beim Empfänger Bezüge bei der ausländischen Gesellschaft nach § 8b Absatz 4 des Körperschaftsteuergesetzes sein würden zu berücksichtigen wären, wenn dieser im Geltungsbereich dieses Gesetzes mit diesen Bezügen diese unbeschränkt körperschaftsteuerpflichtig wäre; dies gilt auch dann, wenn die ausländische Gesellschaft hinsichtlich dieser Ausschüttungen Bezüge gemäß den Nummern 1 bis 6 oder 7 Buchstabe a Doppelbuchstabe aa und bb nicht Zwischengesellschaft ist, und**

c) **Ausschüttungen Bezüge, die beim Empfänger bei der ausländischen Gesellschaft nach § 3 Nummer 40 Satz 3 des Einkommensteuergesetzes oder nach § 8b Absatz 7 des Körperschaftsteuergesetzes der Besteuerung unterlägen nicht steuerbefreit wären, wenn dieser im Geltungsbereich dieses Gesetzes mit diesen Bezügen diese unbeschränkt körperschaftsteuerpflichtig wäre; dies gilt auch dann, wenn die ausländische Gesellschaft hinsichtlich dieser Ausschüttungen Bezüge gemäß Nummern 1 bis 6 oder 7 Buchstabe a Doppelbuchstabe aa und bb nicht Zwischengesellschaft ist,**

~~9.~~ **8.** der Veräußerung eines Anteils an einer anderen Gesellschaft sowie aus deren Auflösung oder der Herabsetzung ihres Kapitals, ~~soweit der Steuerpflichtige nachweist, dass der Veräußerungsgewinn auf Wirtschaftsgüter der anderen Gesellschaft entfällt, die anderen als den in Nummer 6 Buchstabe b, soweit es sich um Einkünfte einer Gesellschaft im Sinne des § 16 des REIT-Gesetzes handelt, oder § 7 Abs. 6a bezeichneten Tätigkeiten dienen; dies gilt entsprechend, soweit der Gewinn auf solche Wirtschaftsgüter einer Gesellschaft entfällt, an der die andere Gesellschaft beteiligt ist; Verluste aus der Veräußerung von Anteilen an der anderen Gesellschaft sowie aus deren Auflösung oder der Herabsetzung ihres Kapitals sind nur insoweit zu berücksichtigen, als der Steuerpflichtige nachweist, dass sie auf Wirtschaftsgüter zurückzuführen sind, die Tätigkeiten im Sinne der Nummer 6 Buchstabe b, soweit es sich um Einkünfte einer Gesellschaft im Sinne des § 16 des REIT-Gesetzes handelt, oder im Sinne des § 7 Abs. 6a dienen,~~ **ausgenommen Veräußerungsgewinne, die beim Empfänger bei der ausländischen Gesellschaft nach § 3 Nummer 40 Satz 3 des Einkommensteuergesetzes oder nach § 8b Absatz 7 des Körperschaftsteuergesetzes der Besteuerung unterlägen, wenn dieser im Geltungsbereich dieses Gesetzes mit diesen Bezügen steuerpflichtig**

**nicht steuerbefreit wären, wenn diese unbeschränkt körperschaftsteuerpflichtig**[1186] **wäre; dies gilt auch dann, wenn die ausländische Gesellschaft hinsichtlich dieser Veräußerungsgewinne gemäß Nummer 3 nicht Zwischengesellschaft ist,**

~~10.~~ **9.** Umwandlungen~~, die ungeachtet des § 1 Abs. 2 und 4 des Umwandlungssteuergesetzes zu Buchwerten erfolgen könnten; das gilt nicht, soweit eine Umwandlung den Anteil an einer Kapitalgesellschaft erfasst, dessen Veräußerung nicht die Voraussetzungen der Nummer 9 erfüllen würde.~~**; dies gilt nicht, soweit die Einkünfte auf der Übertragung von Wirtschaftsgütern beruhen, die nicht der Erzielung von Einkünften im Sinne der Nummern 1 bis 8 dienen, es sei denn, der Steuerpflichtige weist nach, dass die Um-wandlung im Inland ungeachtet des § 1 Absatz 2 und 4 des Umwandlungssteuer-gesetzes zu Buchwerten hätte erfolgen können und im Ausland tatsächlich zu Buchwerten erfolgt ist.**

(2) Ungeachtet des Absatzes 1 ist eine **ausländische** Gesellschaft~~,~~ *die ihren Sitz oder ihre Geschäftsleitung in einem Mitgliedstaat der Europäischen Union oder einem Vertragsstaat des EWR-Abkommens hat*~~,~~[1187] nicht Zwischengesellschaft für Einkünfte, für die ~~unbeschränkt Steuerpflichtige, die im Sinne des § 7 Absatz 2 oder 6 an der Gesellschaft beteiligt sind, nachweisen,~~ **nachgewiesen wird,** dass die Gesellschaft **in dem Staat, in dem sie ihren Sitz oder ihre Geschäftsleitung hat,** insoweit einer ~~tatsächlichen~~ **wesentlichen** wirtschaftlichen Tätigkeit ~~in diesem Staat~~ nachgeht. **Dies setzt insbesondere den Einsatz der für die Ausübung der Tätigkeit erforderlichen sachlichen und personellen Ausstattung in diesem Staat voraus. Die Tätigkeit muss durch hinreichend qualifiziertes Personal selbständig und eigenverantwortlich ausgeübt werden.** ~~Weitere Voraussetzung ist, dass~~ *zwischen der Bundesrepublik Deutschland und diesem Staat auf Grund der Amtshilferichtlinie gemäß § 2 Absatz 2 des EU-Amtshilfegesetzes oder einer vergleichbaren zwei- oder mehrseitigen Vereinbarung, Auskünfte erteilt werden, die erforderlich sind, um die Besteuerung durchzuführen.*[1188] ~~Satz 1 gilt nicht~~

1186 Diese Änderung erfolgte mit dem zweiten Referentenentwurf. Die Änderungen wurden im dritten Entwurf beibehalten.

1187 Mit dem ersten Referentenentwurf in den § 8 Abs. 3 verschoben und seither nicht geändert.

1188 Mit dem ersten Referentenentwurf in den § 8 Abs. 4 verschoben und seither nicht geändert.

~~für die der Gesellschaft nach § 14 zuzurechnenden Einkünfte einer Untergesellschaft, die weder Sitz noch Geschäftsleitung in einem Mitgliedstaat der Europäischen Union oder einem Vertragsstaat des EWR-Abkommens hat. Das gilt auch für Zwischeneinkünfte, die einer Betriebsstätte der Gesellschaft außerhalb der Europäischen Union oder der Vertragsstaaten des EWR-Abkommens zuzurechnen sind~~. Der ~~tatsächlichen~~ **wesentlichen** wirtschaftlichen Tätigkeit der Gesellschaft sind nur Einkünfte der Gesellschaft zuzuordnen, die durch diese Tätigkeit erzielt werden und dies nur insoweit, als der Fremdvergleichsgrundsatz (§ 1) beachtet worden ist. **Die Sätze 1 bis 3 gelten nicht, wenn die Gesellschaft ihre wesentliche wirtschaftliche Tätigkeit überwiegend durch Dritte besorgen lässt.**

(3) **Absatz 2 gilt nur, wenn die ausländische Gesellschaft** *ihren Sitz oder ihre Geschäftsleitung in einem Mitgliedstaat der Europäischen Union oder einem Vertragsstaat des EWR-Abkommens hat.*

(4) **Die Absätze 2 und 3 gelten nicht,** *wenn der Staat, in dem die Gesellschaft ihren Sitz oder ihre Geschäftsleitung hat,* **im Wege des zwischenstaatlichen Informationsaustausches** *keine Auskünfte erteilt, die zur Durchführung der Besteuerung erforderlich sind.*

~~(3)~~ (5) Eine niedrige Besteuerung ~~im Sinne des Absatzes 1~~ liegt vor, wenn die **nach Maßgabe des § 10 Absatz 3 ermittelten** Einkünfte ~~der ausländischen Gesellschaft~~ **für die die ausländische Gesellschaft Zwischengesellschaft ist,** einer Belastung durch Ertragsteuern von weniger als 25 Prozent unterliegen, ohne dass dies auf einem Ausgleich mit Einkünften aus anderen Quellen beruht. In die Belastungsberechnung sind Ansprüche einzubeziehen, die der Staat oder das Gebiet der ausländischen Gesellschaft im Fall einer Gewinnausschüttung der ausländischen Gesellschaft dem ~~unbeschränkt~~ Steuerpflichtigen oder einer anderen Gesellschaft, an der der Steuerpflichtige ~~direkt oder indirekt~~ **unmittelbar oder mittelbar** beteiligt ist, gewährt. ~~Eine niedrige Besteuerung im Sinne des Absatzes 1 liegt auch dann vor,~~ **Einkünfte unterliegen im Sinne des Satzes 1 auch dann einer Belastung durch Ertragsteuern von weniger als 25 Prozent,** wenn Ertragsteuern von mindestens 25 Prozent zwar rechtlich geschuldet, jedoch nicht tatsächlich erhoben werden.

## § 9 – Freigrenze bei gemischten Einkünften

Für die Anwendung des § 7 Absatz 1 sind Einkünfte **eines maßgebenden Wirtschaftsjahres im Sinne des § 7 Absatz 2**, für die eine ausländische

Gesellschaft Zwischengesellschaft ist, außer Ansatz zu lassen, wenn die ~~ihnen zugrunde liegenden Bruttoerträge~~ **Einkünfte** nicht mehr als 10 Prozent der gesamten ~~Bruttoerträge~~ **Einkünfte** der **ausländischen** Gesellschaft betragen, vorausgesetzt, dass die ~~bei einer Gesellschaft oder~~ bei einem Steuerpflichtigen hiernach außer Ansatz zu lassenden Beträge insgesamt 80 000 Euro nicht übersteigen.

## § 10 – Hinzurechnungsbetrag

(1) Die nach § 7 ~~Abs.~~ **Absatz** 1 steuerpflichtigen Einkünfte sind bei dem ~~unbeschränkt~~ Steuerpflichtigen ~~mit dem Betrag, der sich nach Abzug der Steuern ergibt, die zu Lasten der ausländischen Gesellschaft von diesen Einkünften sowie von dem diesen Einkünften zugrunde liegenden Vermögen erhoben worden sind, anzusetzen (Hinzurechnungsbetrag). Soweit die abzuziehenden Steuern zu dem Zeitpunkt, zu dem die Einkünfte nach Absatz 2 als zugeflossen gelten, noch nicht entrichtet sind, sind sie nur in den Jahren, in denen sie entrichtet werden, von den nach § 7 Abs. 1 steuerpflichtigen Einkünften abzusetzen.~~ *In den Fällen des § 8 Absatz 3 Satz 2 sind die Steuern um die dort bezeichneten Ansprüche des unbeschränkt Steuerpflichtigen oder einer anderen Gesellschaft, an der der Steuerpflichtige direkt oder indirekt beteiligt ist, zu kürzen* **als Hinzurechnungsbetrag anzusetzen**. Ergibt sich ein negativer Betrag, so entfällt die Hinzurechnung.

(2) Der Hinzurechnungsbetrag gehört zu den Einkünften im Sinne des § 20 ~~Abs.~~ **Absatz** 1 ~~Nr.~~ **Nummer** 1 des Einkommensteuergesetzes und gilt ~~unmittelbar nach Ablauf des maßgebenden Wirtschaftsjahrs~~ **in dem Veranlagungszeitraum als zugeflossen, in dem das maßgebende Wirtschaftsjahr** der ausländischen Gesellschaft ~~als zugeflossen~~ **endet**. Gehören Anteile an der ausländischen Gesellschaft zu einem Betriebsvermögen, so gehört der Hinzurechnungsbetrag zu den Einkünften aus Gewerbebetrieb, aus Land- und Forstwirtschaft oder aus selbständiger Arbeit und erhöht den nach dem Einkommen- oder Körperschaftsteuergesetz ermittelten Gewinn des Betriebs für das Wirtschaftsjahr, **in dem** das ~~nach dem Ablauf des maßgebenden Wirtschaftsjahrs~~ **Wirtschaftsjahr** der ausländischen Gesellschaft endet. **Sind dem Steuerpflichtigen die Anteile an der ausländischen Gesellschaft mittelbar zuzurechnen, gilt Satz 2 nur, soweit die Anteile an der unmittelbar gehaltenen vermittelnden Beteiligung zu einem Betriebsvermögen gehören.** Auf den Hinzurechnungsbetrag sind § 3 ~~Nr.~~ **Nummer** 40 Satz 1 Buchstabe d, § 32d des Einkommensteuergesetzes ~~und~~ § 8b ~~Abs.~~ **Absatz** 1 des Körperschaftsteuergesetzes **und § 9**

**Nummer 7 des Gewerbesteuergesetzes**[1189] nicht anzuwenden. ~~§ 3c Abs. 2 des Einkommensteuergesetzes gilt entsprechend.~~

(3) Die dem Hinzurechnungsbetrag zugrunde liegenden Einkünfte sind in entsprechender Anwendung der Vorschriften des deutschen Steuerrechts zu ermitteln. ~~Eine Gewinnermittlung entsprechend den Grundsätzen des § 4 Abs. 3 des Einkommensteuergesetzes steht einer Gewinnermittlung nach § 4 Abs. 1 oder § 5 des Einkommensteuergesetzes gleich. Bei mehreren Beteiligten kann das Wahlrecht für die Gesellschaft nur einheitlich ausgeübt werden.~~ **Alle Einkünfte, für die die ausländische Gesellschaft Zwischengesellschaft ist, sind als Einkünfte aus Gewerbebetrieb zu behandeln; ihre Ermittlung hat gemäß § 4 Abs. 1 des Einkommensteuergesetztes zu erfolgen. § 10 Nummer 2 des Körperschaftsteuergesetzes ist auf eine von der ausländischen Gesellschaft zu entrichtende Vermögensteuer nicht anzuwenden.** Steuerliche Vergünstigungen, die an die unbeschränkte Steuerpflicht oder an das Bestehen eines inländischen Betriebs oder einer inländischen Betriebsstätte anknüpfen, und die ~~§§ 4h, 4j des Einkommensteuergesetzes sowie die §§ 8a, 8b Absatz 1 und 2 des Körperschaftsteuergesetzes~~ *bleiben unberücksichtigt*~~; dies gilt auch für die~~ Vorschriften des Umwandlungssteuergesetzes *bleiben unberücksichtigt.* Verluste, die bei Einkünften entstanden sind, für die die ausländische Gesellschaft Zwischengesellschaft ist, können in entsprechender Anwendung des § 10d des Einkommensteuergesetzes, soweit sie die nach § 9 außer Ansatz zu lassenden Einkünfte übersteigen, abgezogen werden. ~~Soweit sich durch den Abzug der Steuern nach Absatz 1 ein negativer Betrag ergibt, erhöht sich der Verlust im Sinne des Satzes 5.~~ **Ein Verlustrücktrag ist nicht zulässig.**

(4) Bei der Ermittlung der Einkünfte, für die die ausländische Gesellschaft Zwischengesellschaft ist, dürfen nur solche Betriebsausgaben abgezogen werden, die mit diesen Einkünften in wirtschaftlichem Zusammenhang stehen.

~~(5) bis (7) (weggefallen)~~

**(5)** *Soweit in Anwendung des Absatzes 3 Wirtschaftsgüter erstmals zu bewerten sind, sind sie mit den Werten anzusetzen, die sich ergeben würden, wenn seit der Übernahme der Wirtschaftsgüter durch die ausländische Gesellschaft die Vorschriften des deutschen Steuerrechts angewendet worden wären.* **In**

1189 Diese Änderung erfolgte mit dem zweiten Referentenentwurf. Die Änderung wurde im dritten Entwurf beibehalten.

**den Fällen des § 8 Absatz 1 Nummer 9 sind bei der übernehmenden Gesellschaft die auf sie übergegangenen Wirtschaftsgüter mit dem von der übertragenden Gesellschaft angesetzten Wert zu übernehmen.**

(6) **Soweit die dem Hinzurechnungsbetrag zugrunde liegenden Einkünfte oder Einkunftsquellen zu Erträgen des Steuerpflichtigen im Sinne des § 20 Absatz 1 Nummer 3 des Einkommensteuergesetzes in Verbindung mit § 16 Absatz 1 Nummer 2 des Investmentsteuergesetzes oder im Sinne des § 20 Absatz 1 Nummer 3a des Einkommensteuergesetzes in Verbindung mit § 34 Absatz 1 Nummer 2 des Investmentsteuergesetzes führen, ist der Hinzurechnungsbetrag in Höhe dieser Erträge zu mindern.**

## § 11 – ~~Veräußerungsgewinne~~ Kürzungsbetrag bei ~~Gewinnausschüttung~~ Beteiligung an ausländischer Gesellschaft[1190]

~~(1) Gewinne, die die ausländische Gesellschaft aus der Veräußerung der Anteile an einer anderen ausländischen Gesellschaft oder einer Gesellschaft im Sinne des § 16 des REIT-Gesetzes sowie aus deren Auflösung oder der Herabsetzung ihres Kapitals erzielt und für die die ausländische Gesellschaft Zwischengesellschaft ist, sind vom Hinzurechnungsbetrag auszunehmen, soweit die Einkünfte der anderen Gesellschaft oder einer dieser Gesellschaft nachgeordneten Gesellschaft aus Tätigkeiten im Sinne des § 7 Abs. 6a für das gleiche Kalenderjahr oder Wirtschaftsjahr oder für die vorangegangenen sieben Kalenderjahre oder Wirtschaftsjahre als Hinzurechnungsbetrag (§ 10 Abs. 2) der Einkommensteuer oder Körperschaftsteuer unterlegen haben, keine Ausschüttung dieser Einkünfte erfolgte und der Steuerpflichtige dies nachweist.~~

**Erhält der Steuerpflichtige aus der Beteiligung an einer ausländischen Gesellschaft, für die Hinzurechnungsbeträge nach § 10 Absatz 2 bei ihm der Einkommensteuer oder der Körperschaftsteuer unterlegen haben, Bezüge im Sinne des**

1. **§ 20 Absatz 1 Nummer 1 des Einkommensteuergesetzes**
2. **§ 20 Absatz 1 Nummer 3 des Einkommensteuergesetzes in Verbindung mit § 16 Absatz 1 Nummer 1 des Investmentsteuergesetzes oder**
3. **§ 20 Absatz 1 Nummer 3a des Einkommensteuergesetzes in Verbindung mit § 34 Absatz 1 Nummer 1 des Investmentsteuergesetzes,**

1190 Mit dem dritten Referentenentwurf geändert.

**kann ist bei der Ermittlung der Summe der Einkünfte des Ausschüttungsjahrs auf Antrag ein Kürzungsbetrag nach Absatz 2 abzuziehen; im Rahmen des § 32d des Einkommensteuergesetzes ist dieser bei der Ermittlung der Summe der Kapitalerträge abzuziehen**[1191] **abgezogen werden. Entsprechendes gilt für Bezüge des Steuerpflichtigen im Sinne des Satzes 1 von Gesellschaften, die an der Zwischengesellschaft unmittelbar oder mittelbar beteiligt sind.**

~~(2) (weggefallen)~~ **Der Kürzungsbetrag entspricht dem Betrag, der als Bezug im Sinne der unter Absatz 1 bezeichneten Vorschriften bei dem Steuerpflichtigen steuerpflichtig ist. Er ist begrenzt auf den Betrag, der als Bezug der unter Absatz 1 bezeichneten Vorschriften bei dem Steuerpflichtigen steuerpflichtig wäre, wenn das auf den Schluss des vorangegangenen Veranlagungszeitraums festgestellte Hinzurechnungsbesteuerungskorrekturvolumen zuzüglich des im laufenden Veranlagungszeitraum zu besteuernden Hinzurechnungsbetrags in vollem Umfang ausgeschüttet würde.**

~~(3) (weggefallen)~~ **Das am Schluss eines Veranlagungszeitraums verbleibende Hinzurechnungskorrekturvolumen ist gemäß § 18 für jeden Steuerpflichtigen gesondert festzustellen. Hinzurechnungskorrekturvolumen ist der nach § 10 Absatz 2 der Einkommensteuer oder Körperschaftsteuer unterliegende Hinzurechnungsbetrag des laufenden Veranlagungszeitraums, vermindert um den Betrag der Bezüge im Sinne des Absatzes 1 Satz 1 und 2 des laufenden Veranlagungszeitraums und sowie den Betrag der Gewinne im Sinne des Absatzes 4, für die ein Antrag nach Absatz 1 gestellt wird, und vermehrt um das auf den Schluss des vorangegangenen Veranlagungszeitraums festgestellte Hinzurechnungskorrekturvolumen. Der Bestand des verbleibenden Hinzurechnungskorrekturvolumens kann nicht negativ werden.**[1192]

**(4) Die Absätze 1 bis 3 gelten auch für Gewinne des Steuerpflichtigen aus der Veräußerung von Anteilen an der ausländischen Gesellschaft oder an einer Gesellschaft, die an der ausländischen Gesellschaft unmittelbar oder mittelbar beteiligt ist, sowie aus deren Auflösung oder aus der Herabsetzung ihres Kapitals.**

**(5) Wenn Hinzurechnungsbeträge nach § 10 Absatz 2 der Gewerbesteuer unterlegen haben, mindert der abzuziehende Kürzungsbetrag im Sinne**

1191 Mit dem dritten Referentenentwurf geändert.

1192 Mit dem dritten Referentenentwurf geändert bzw. ergänzt.

**des Absatzes 2 auch den Gewerbeertrag, soweit dieser durch die Bezüge im Sinne der unter Absatz 1 bezeichneten Vorschriften oder die in Absatz 4 bezeichneten Gewinne nach Anwendung von § 8 Nummer 5 Satz 1 und § 9 Nummer 7 oder 8 des Gewerbesteuergesetzes erhöht ist. Dabei erhöht sich der Kürzungsbetrag nach Satz1 um insoweit vorgenommene Hinzurechnungen nach § 8 Nummer 5 in Verbindung mit § 9 Nummer 7 oder 8 des Gewerbesteuergesetzes.**[1193]

## § 12 – Steueranrechnung

(1) Auf ~~Antrag des Steuerpflichtigen werden auf seine~~ **die** Einkommen- oder Körperschaftsteuer **des Steuerpflichtigen**, die auf den Hinzurechnungsbetrag entfällt, **werden** die Steuern **vom Einkommen** angerechnet, die ~~nach § 10 Abs. 1 abziehbar sind~~ **zu Lasten der ausländischen Gesellschaft auf die die dem Hinzurechnungsbetrag unterliegenden Einkünfte tatsächlich erhoben worden sind.** ~~In diesem Fall ist der Hinzurechnungsbetrag um diese Steuern zu erhöhen.~~ *In den Fällen des § 8 Absatz* **5** *Satz 2 sind die Steuern um die dort bezeichneten Ansprüche des unbeschränkt Steuerpflichtigen oder einer anderen Gesellschaft, an der der Steuerpflichtige direkt oder indirekt* **unmittelbar oder mittelbar** *beteiligt ist, zu kürzen.*

(2) *Bei der Anrechnung sind die Vorschriften des § 34c Abs. 1 des Einkommensteuergesetzes und des § 26 Abs. 1 und 2 Satz 1 des Körperschaftsteuergesetzes entsprechend anzuwenden.* **Auf Antrag des Steuerpflichtigen wird auf seine Einkommen- oder Körperschaftsteuer, die auf den Hinzurechnungsbetrag entfällt, auch die anteilige Steuer angerechnet, die im Staat einer die Beteiligung an der Zwischengesellschaft vermittelnden Gesellschaft oder Betriebsstätte im Wege einer der Hinzurechnungsbesteuerung vergleichbaren Besteuerung tatsächlich erhoben worden ist.**

(3) ~~Steuern von~~ den nach ~~§ 3 Nr. 41 des Einkommensteuergesetzes befreiten Gewinnausschüttungen werden auf Antrag im Veranlagungszeitraum des Anfalls der zugrunde liegenden Zwischeneinkünfte als Hinzurechnungsbetrag in~~ entsprechender ~~Anwendung des § 34 c Abs. 1 und 2 des Einkommensteuergesetzes und des § 26 Abs. 1 und 6 des Körperschaftsteuergesetzes angerechnet oder abgezogen.~~ Dies gilt ~~auch dann, wenn~~

1193 Diese Änderung erfolgte mit dem zweiten Referentenentwurf. Die Änderungen wurden im dritten Entwurf beibehalten.

~~der Steuerbescheid für diesen Veranlagungszeitraum bereits bestandskräftig ist.~~ *Bei der Anrechnung sind die Vorschriften des § 34c Abs.* **Absatz** *1 des Einkommensteuergesetzes und des § 26 Abs.* **Absatz** *1 und 2* **6** *Satz 1 des Körperschaftsteuergesetzes* **auf den Gesamtbetrag der Anrechnungsbeträge nach den Absätzen 1 und 2** *entsprechend anzuwenden.*

## § 13 – ~~(weggefallen)~~ Beteiligung an Kapitalanlagegesellschaften

(1) *Ist eine ausländische Gesellschaft Zwischengesellschaft für Zwischeneinkünfte mit Kapitalanlagecharakter im Sinne des Absatz 6a und ist ein unbeschränkt Steuerpflichtiger an der Gesellschaft zu mindestens 1 Prozent beteiligt, sind diese Zwischeneinkünfte bei diesem Steuerpflichtigen in dem in Absatz 1 bestimmten Umfang steuerpflichtig, auch wenn die Voraussetzungen des Absatzes 1 im Übrigen nicht erfüllt sind.* **Ist ein unbeschränkt Steuerpflichtiger unmittelbar oder mittelbar an einer ausländischen Gesellschaft beteiligt und bestehen die Einkünfte der Gesellschaft aus Einkünften mit Kapitalanlagecharakter, die einer niedrigen Besteuerung unterliegen (§ 8 Absatz 5), sind diese Einkünfte bei dem unbeschränkt Steuerpflichtigen entsprechend seiner unmittelbaren oder mittelbaren Beteiligung am Nennkapital dieser Gesellschaft steuerpflichtig, wenn die Voraussetzungen des § 7 Absatz 1 Satz 1 im Übrigen nicht erfüllt sind. § 7 Absatz 1 Satz 2 und 3 gilt entsprechend.** *Satz 1 ist nicht anzuwenden, wenn die den Zwischeneinkünften* **Einkünfte** *mit Kapitalanlagecharakter zugrunde liegenden Bruttoerträge nicht mehr als 10 Prozent der den gesamten Zwischeneinkünften zugrunde liegenden Bruttoerträge* **gesamten Einkünfte, für die die ausländische Gesellschaft Zwischengesellschaft ist** *der ausländischen Zwischengesellschaft betragen und die bei einer Zwischengesellschaft oder bei einem Steuerpflichtigen hiernach außer Ansatz zu lassenden Beträge insgesamt 80 000 Euro nicht übersteigen. Satz 1 ist auch anzuwenden* **gilt** *bei einer Beteiligung von weniger als 1 Prozent* **nur**, *wenn die* **Einkünfte der** *ausländische* **ausländischen** *Gesellschaft ausschließlich oder fast* **nahezu** *ausschließlich Bruttoerträge erzielt, die Zwischeneinkünften mit Kapitalanlagecharakter zugrunde liegen* **aus Einkünften mit Kapitalanlagecharakter bestehen**~~,~~ *es sei denn, dass* **und** *mit der Hauptgattung der Aktien der ausländischen Gesellschaft ein* **kein** *wesentlicher und regelmäßiger Handel an einer anerkannten Börse* **in einem Mitgliedstaat der Europäischen Union oder in einem Vertragsstaat des EWR-Abkommens oder an einer in einem anderen Staat nach § 193 Absatz 1 Satz 1 Nummer 2 und 4 des Kapitalanlagegesetzbuchs von der**

**Bundesanstalt für Finanzdienstleistungsaufsicht zugelassenen**[1194] *Börse stattfindet.*

(2) **Einkünfte** *Zwischeneinkünfte mit Kapitalanlagecharakter sind Einkünfte*, **einschließlich Veräußerungsgewinnen,** *der ausländischen Zwischengesellschaft (§ 8), die aus dem Halten, der Verwaltung,* **der** *Werterhaltung oder* **der** *Werterhöhung von Zahlungsmitteln, Forderungen, Wertpapieren, Beteiligungen (mit Ausnahme der in* **ausgenommen Einkünfte im Sinne des** *§ 8 Abs.*-**Absatz** *1 Nr. 8 und 9* **Nummer 7 und 8** *genannten Einkünfte) oder ähnlichen Vermögenswerten stammen, es sei denn, der Steuerpflichtige weist nach, dass sie aus einer Tätigkeit stammen, die einer unter § 8 Abs.* **Absatz** *1 Nr.*-**Nummer** *1 bis 6 fallenden eigenen Tätigkeit der ausländischen Gesellschaft dient, ausgenommen Tätigkeiten im Sinne des § 1 Abs. 1 Nr. 6 des Kreditwesengesetzes in der Fassung der Bekanntmachung vom 9. September 1998 (BGBl. I S. 2776), das zuletzt durch Artikel 3 Abs. 3 des Gesetzes vom 22. August 2002 (BGBl. I S. 3387) geändert worden ist, in der jeweils geltenden Fassung.*

(3) *Sind unbeschränkt Steuerpflichtige an einer ausländischen Gesellschaft beteiligt und ist diese an* **Zu den Einkünften mit Kapitalanlagecharakter gehören auch die Einkünfte aus** *einer Gesellschaft im Sinne des § 16 des REIT-Gesetzes vom 28. Mai 2007 (BGBl. I S. 914) in der jeweils geltenden Fassung beteiligt, gilt Absatz 1 unbeschadet des Umfangs der jeweiligen Beteiligung an der ausländischen Gesellschaft, es sei denn, dass mit der Hauptgattung der Aktien der ausländischen Gesellschaft ein wesentlicher und regelmäßiger Handel an einer anerkannten Börse* **der in Absatz 1 Satz 4 genannten Art**[1195] *stattfindet.*

(4) **§ 8 Absatz 2 und 5 sowie die §§ 10 und 12 gelten entsprechend. § 8 Absatz 2 gilt nicht, wenn der Staat, in dem die Gesellschaft ihren Sitz oder ihre Geschäftsleitung hat, im Wege des zwischenstaatlichen Informationsaustausches keine Auskünfte erteilt, die zur Durchführung der Besteuerung erforderlich sind.**

(5) **Die Absätze 1 bis 4 sind nicht anzuwenden, wenn auf die Einkünfte mit Kapitalanlagecharakter, für die die ausländische Gesellschaft Zwischengesellschaft ist, die Vorschriften des Investmentsteuergesetzes in der jeweils geltenden Fassung anzuwenden sind.**[1196] **Entsprechendes gilt für ausländische Gesellschaften, soweit an diesen eine Gesellschaft**

---

1194 Mit dem dritten Referentenentwurf geändert.

1195 Mit dem dritten Referentenentwurf geändert.

1196 § 13 Abs. 5 wurde mit dem zweiten Referentenentwurf eingefügt.

**im Sinne des Satzes 1 unmittelbar oder mittelbar beteiligt ist. Mittelbare Beteiligungen sind für den unbeschränkt Steuerpflichtigen nach Absatz 1 Satz 1 unbeachtlich, wenn er diese über einen Investmentfonds oder einen Spezial-Investmentfonds im Sinne des Investmentsteuergesetzes hält.**[1197]

## § 14 – Nachgeschaltete Zwischengesellschaften

~~(1) Ist eine ausländische Gesellschaft allein oder zusammen mit unbeschränkt Steuerpflichtigen gemäß § 7 an einer anderen ausländischen Gesellschaft (Untergesellschaft) beteiligt, so sind für die Anwendung der §§ 7 bis 12 die Einkünfte der Untergesellschaft, die einer niedrigen Besteuerung unterlegen haben, der ausländischen Gesellschaft zu dem Teil, der auf ihre Beteiligung am Nennkapital der Untergesellschaft entfällt, zuzurechnen, soweit nicht nachgewiesen wird, dass die Untergesellschaft diese Einkünfte aus unter § 8 Abs. 1 Nr. 1 bis 7 fallenden Tätigkeiten oder Gegenständen erzielt hat oder es sich um Einkünfte im Sinne des § 8 Abs. 1 Nr. 8 bis 10 handelt oder dass diese Einkünfte aus Tätigkeiten stammen, die einer unter § 8 Abs. 1 Nr. 1 bis 6 fallenden eigenen Tätigkeit der ausländischen Gesellschaft dienen. Tätigkeiten der Untergesellschaft dienen nur dann einer unter § 8 Abs. 1 Nr. 1 bis 6 fallenden eigenen Tätigkeit der ausländischen Gesellschaft, wenn sie in unmittelbarem Zusammenhang mit dieser Tätigkeit stehen und es sich bei den Einkünften nicht um solche im Sinne des § 7 Abs. 6a handelt.~~

~~(2) Ist eine ausländische Gesellschaft gemäß § 7 an einer Gesellschaft im Sinne des § 16 des REIT-Gesetzes (Untergesellschaft) beteiligt, gilt Absatz 1, auch bezogen auf § 8 Abs. 3, sinngemäß.~~

~~(3) Absatz 1 ist entsprechend anzuwenden, wenn der Untergesellschaft weitere ausländische Gesellschaften nachgeschaltet sind.~~

~~(4) (weggefallen)~~

## § 15 – Steuerpflicht von Stiftern, Bezugsberechtigten und Anfallsberechtigten

(1) Vermögen und Einkünfte einer Familienstiftung, die Geschäftsleitung und Sitz außerhalb des Geltungsbereichs dieses Gesetzes hat (ausländische

1197 § 13 Abs. 5 S. 2 wurde durch den endgültigen Regierungsentwurf geändert.

Familienstiftung), werden dem Stifter, wenn er unbeschränkt steuerpflichtig ist, sonst den unbeschränkt steuerpflichtigen Personen, die bezugsberechtigt oder anfallsberechtigt sind, entsprechend ihrem Anteil zugerechnet. Dies gilt nicht für die Erbschaftsteuer.

(2) Familienstiftungen sind Stiftungen, bei denen der Stifter, seine Angehörigen und deren Abkömmlinge zu mehr als der Hälfte bezugsberechtigt oder anfallsberechtigt sind.

(3) Hat ein Unternehmer im Rahmen seines Unternehmens oder als Mitunternehmer oder eine Körperschaft, eine Personenvereinigung oder eine Vermögensmasse eine Stiftung errichtet, die Geschäftsleitung und Sitz außerhalb des Geltungsbereichs dieses Gesetzes hat, so wird die Stiftung wie eine Familienstiftung behandelt, wenn der Stifter, seine Gesellschafter, von ihm abhängige Gesellschaften, Mitglieder, Vorstandsmitglieder, leitende Angestellte und Angehörige dieser Personen zu mehr als der Hälfte bezugsberechtigt oder anfallsberechtigt sind.

(4) Den Stiftungen stehen sonstige Zweckvermögen, Vermögensmassen und rechtsfähige oder nichtrechtsfähige Personenvereinigungen gleich.

(5) ~~§ 12 Absatz 1 und 2 ist entsprechend anzuwenden. Für Steuern auf die nach Absatz 11 befreiten Zuwendungen gilt § 12 Absatz 3 entsprechend.~~ **Auf die Einkommen- oder Körperschaftsteuer des Stifters oder der bezugs- oder anfallsberechtigten Person werden die Steuern vom Einkommen angerechnet, die zu Lasten der ausländischen Stiftung auf die zuzurechnenden Einkünfte erhoben worden sind. Bei der Anrechnung sind die Vorschriften des § 34c Absatz 1 des Einkommensteuergesetzes und des § 26 Absatz 1 und 2 Satz 1 des Körperschaftsteuergesetzes entsprechend anzuwenden.**

(6) Hat eine Familienstiftung Geschäftsleitung oder Sitz in einem Mitgliedstaat der Europäischen Union oder einem Vertragsstaat des EWR Abkommens, ist Absatz 1 nicht anzuwenden, wenn

1. nachgewiesen wird, dass das Stiftungsvermögen der Verfügungsmacht der in den Absätzen 2 und 3 genannten Personen rechtlich und tatsächlich entzogen ist und
2. zwischen der Bundesrepublik Deutschland und dem Staat, in dem die Familienstiftung Geschäftsleitung oder Sitz hat, auf Grund der Amtshilferichtlinie gemäß § 2 Absatz ~~2~~ **11** des EU-Amtshilfegesetzes oder einer vergleichbaren zwei- oder mehrseitigen Vereinbarung, Auskünfte erteilt werden, die erforderlich sind, um die Besteuerung durchzuführen.

(7) Die Einkünfte der Stiftung nach Absatz 1 werden in entsprechender Anwendung der Vorschriften des Körperschaftsteuergesetzes und des Einkommensteuergesetzes ermittelt. Bei der Ermittlung der Einkünfte gilt § 10 Absatz 3 entsprechend**; 8b des Körperschaftsteuergesetzes bleibt unberücksichtigt**. Ergibt sich ein negativer Betrag, entfällt die Zurechnung.

(8) Die nach Absatz 1 dem Stifter oder der bezugs- oder anfallsberechtigten Person zuzurechnenden Einkünfte gehören bei Personen, die ihre Einkünfte nicht nach dem Körperschaftsteuergesetz ermitteln, zu den Einkünften im Sinne des § 20 Absatz 1 Nummer 9 des Einkommensteuergesetzes. § 20 Absatz 8 des Einkommensteuergesetzes bleibt unberührt; § 3 Nummer 40 Satz 1 Buchstabe d und § 32d des Einkommensteuergesetzes sind nur insoweit anzuwenden, als diese Vorschriften bei unmittelbarem Bezug der zuzurechnenden Einkünfte durch die Personen im Sinne des Absatzes 1 anzuwenden wären. Soweit es sich beim Stifter oder der bezugs- oder anfallsberechtigten Person um Personen handelt, die ihre Einkünfte nach dem Körperschaftsteuergesetz ermitteln, bleibt § 8 Absatz 2 des Körperschaftsteuergesetzes unberührt; § 8b Absatz 1 und 2 des Körperschaftsteuergesetzes ist nur insoweit anzuwenden, als diese Vorschrift bei unmittelbarem Bezug der zuzurechnenden Einkünfte durch die Personen im Sinne des Absatzes 1 anzuwenden wäre.

(9) Ist eine ausländische Familienstiftung oder eine andere ausländische Stiftung im Sinne des Absatzes 10 an einer Körperschaft, Personenvereinigung oder Vermögensmasse im Sinne des Körperschaftsteuergesetzes **beteiligt**, die weder Geschäftsleitung noch Sitz im Geltungsbereich dieses Gesetzes hat und die nicht gemäß § 3 Absatz 1 des Körperschaftsteuergesetzes von der Körperschaftsteuerpflicht ausgenommen ist (ausländische Gesellschaft), ~~beteiligt,~~ so gehören die Einkünfte dieser Gesellschaft in entsprechender Anwendung der §§ 7 bis ~~14~~ **13** mit dem Teil zu den Einkünften der Familienstiftung, der auf die Beteiligung der Stiftung am Nennkapital der Gesellschaft entfällt. **§ 7 Absatz 1 Satz 3 gilt entsprechend.** Auf Gewinnausschüttungen der ausländischen Gesellschaft, denen nachweislich bereits nach Satz 1 zugerechnete Beträge zugrunde liegen, ist Absatz 1 nicht anzuwenden.

(10) Einer ausländischen Familienstiftung werden Vermögen und Einkünfte einer anderen ausländischen Stiftung, die nicht die Voraussetzungen des Absatzes 6 Satz 1 erfüllt, entsprechend ihrem Anteil zugerechnet, wenn sie allein oder zusammen mit den in den Absätzen 2 und 3 genannten Personen zu mehr als der Hälfte unmittelbar oder mittelbar bezugsberechtigt

oder anfallsberechtigt ist. Auf Zuwendungen der ausländischen Stiftung, denen nachweislich bereits nach Satz 1 zugerechnete Beträge zugrunde liegen, ist Absatz 1 nicht anzuwenden.

(11) Zuwendungen der ausländischen Familienstiftung unterliegen bei Personen im Sinne des Absatzes 1 nicht der Besteuerung, soweit die den Zuwendungen zugrunde liegenden Einkünfte nachweislich bereits nach Absatz 1 zugerechnet worden sind. **Steuern von den nach Satz 1 befreiten Zuwendungen werden auf Antrag im Veranlagungszeitraum der Zurechnung der zugrunde liegenden Einkünfte in entsprechender Anwendung des § 34c Absatz 1 und 2 des Einkommensteuergesetzes und des § 26 Absatz 1 und 2 Satz 1 des Körperschaftsteuergesetzes angerechnet oder abgezogen.**

## § 16 – Mitwirkungspflicht des Steuerpflichtigen

(1) Beantragt ein Steuerpflichtiger unter Berufung auf Geschäftsbeziehungen mit einer ausländischen Gesellschaft oder einer im Ausland ansässigen Person oder Personengesellschaft, die mit ihren Einkünften, die in Zusammenhang mit den Geschäftsbeziehungen zu dem Steuerpflichtigen stehen, nicht oder nur unwesentlich besteuert wird, die Absetzung von Schulden oder anderen Lasten oder von Betriebsausgaben oder Werbungskosten, so ist im Sinne des § 160 der Abgabenordnung der Gläubiger oder Empfänger erst dann genau bezeichnet, wenn der Steuerpflichtige alle Beziehungen offenlegt, die unmittelbar oder mittelbar zwischen ihm und der Gesellschaft, Person oder Personengesellschaft bestehen und bestanden haben.

(2) Der Steuerpflichtige hat über die Richtigkeit und Vollständigkeit seiner Angaben und über die Behauptung, ~~daß~~ **dass** ihm Tatsachen nicht bekannt sind, auf Verlangen des Finanzamts gemäß § 95 der Abgabenordnung eine Versicherung an Eides Statt abzugeben.

## § 17 – Sachverhaltsaufklärung

(1) Zur Anwendung der Vorschriften der §§ 5 und 7 bis 15 haben Steuerpflichtige für sich selbst und im Zusammenwirken mit anderen die dafür notwendigen Auskünfte zu erteilen. Auf Verlangen sind insbesondere

1. die Geschäftsbeziehungen zu offenbaren, die zwischen der Gesellschaft und einem so beteiligten ~~unbeschränkt~~ Steuerpflichtigen oder einer einem solchen im Sinne des ~~§ 1 Abs. 2~~ **§ 7 Absatz 3 oder 4** nahestehenden Person bestehen,

2. die für die Anwendung der §§ 7 bis ~~14~~ **15** sachdienlichen Unterlagen einschließlich der Bilanzen und der Erfolgsrechnungen**, einer Darstellung der Beteiligungsverhältnisse sowie der Steuererklärungen und Steuerbescheide** vorzulegen. Auf Verlangen sind diese Unterlagen mit dem im Staat der Geschäftsleitung oder des Sitzes vorgeschriebenen oder üblichen Prüfungsvermerk einer behördlich anerkannten Wirtschaftsprüfungsstelle oder vergleichbaren Stelle vorzulegen.

(2) Ist für die Ermittlung der Einkünfte, für die eine ausländische Gesellschaft Zwischengesellschaft ist, eine Schätzung nach § 162 der Abgabenordnung vorzunehmen, so ist mangels anderer geeigneter Anhaltspunkte bei der Schätzung als Anhaltspunkt von mindestens 20 Prozent des gemeinen Werts der von den unbeschränkt Steuerpflichtigen gehaltenen Anteile auszugehen; Zinsen und Nutzungsentgelte, die die Gesellschaft für überlassene Wirtschaftsgüter an die unbeschränkt Steuerpflichtigen zahlt, sind abzuziehen.

## § 18 – Gesonderte Feststellung von Besteuerungsgrundlagen

(1) Die Besteuerungsgrundlagen für die Anwendung der §§ 7 bis ~~14~~ **13** ~~und § 3 Nr. 41 des Einkommensteuergesetzes~~, **insbesondere der Hinzurechnungsbetrag (§ 10), die anrechenbaren Steuern (§ 12), das Hinzurechnungskorrekturvolumen (§ 11) und der Verlustvortrag** werden gesondert festgestellt. **Ist ein Steuerpflichtiger an der ausländischen Gesellschaft über andere vermittelnde Gesellschaften beteiligt, so ist auch festzustellen, wie sich das Hinzurechnungskorrekturvolumen für Zwecke des § 11 Absatz 1 Satz 2 auf die vermittelnden Gesellschaften aufteilt.** Sind an der ausländischen Gesellschaft mehrere unbeschränkt Steuerpflichtige **unmittelbar oder mittelbar** beteiligt, so wird die gesonderte Feststellung ihnen gegenüber einheitlich vorgenommen; dabei ist auch festzustellen, wie sich die Besteuerungsgrundlagen auf die einzelnen Beteiligten verteilen. Die Vorschriften der Abgabenordnung, mit Ausnahme des § 180 ~~Abs.~~ **Absatz** 3, und der Finanzgerichtsordnung über die gesonderte Feststellung von Besteuerungsgrundlagen sind entsprechend anzuwenden.

(2) Für die gesonderte Feststellung ist das Finanzamt zuständig, das bei dem ~~unbeschränkt~~ Steuerpflichtigen für die Ermittlung der aus der **unmittelbaren oder mittelbaren** Beteiligung bezogenen Einkünfte örtlich zuständig ist. Ist die gesonderte Feststellung gegenüber mehreren Personen

einheitlich vorzunehmen, so ist das Finanzamt zuständig, das nach Satz 1 für den Beteiligten zuständig ist, dem die höchste Beteiligung an der ausländischen Gesellschaft zuzurechnen ist. ~~Läßt~~ **Lässt** sich das zuständige Finanzamt nach den Sätzen 1 und 2 nicht feststellen, so ist das Finanzamt zuständig, das zuerst mit der Sache ~~befaßt~~ **befasst** wird.

(3) Jeder der an der ausländischen Gesellschaft **unmittelbar oder mittelbar** beteiligten ~~unbeschränkt~~ Steuerpflichtigen ~~und erweitert beschränkt Steuerpflichtigen~~ hat eine Erklärung zur gesonderten Feststellung **nach amtlich vorgeschriebenem Vordruck** abzugeben;**.** ~~dies~~ **Dies** gilt auch, wenn nach § 8 ~~Abs.~~ **Absatz** 2 geltend gemacht wird, dass eine Hinzurechnung unterbleibt. **In den Fällen des Satzes 2 genügt eine abgekürzte Erklärung zur gesonderten Feststellung nach amtlich vorgeschriebenem Vordruck.** Diese Verpflichtung kann durch die Abgabe einer gemeinsamen Erklärung erfüllt werden. Die Erklärung ist von dem Steuerpflichtigen oder von den in § 34 der Abgabenordnung bezeichneten Personen eigenhändig zu unterschreiben.

(4) Die Absätze 1 bis 3 gelten für Einkünfte und Vermögen im Sinne des § 15 entsprechend.

**(5) Eine Außenprüfung zur Ermittlung der Besteuerungsgrundlagen ist bei jedem Steuerpflichtigen zulässig.**

## § 19 (weggefallen)

## § 20 – Bestimmungen über die Anwendung von Abkommen zur Vermeidung der Doppelbesteuerung

(1) Die Vorschriften der §§ 7 bis 18 und ~~der Absätze 2 und 3~~ **des Absatzes 2** werden durch die Abkommen zur Vermeidung der Doppelbesteuerung nicht berührt.

(2) Fallen Einkünfte in der ausländischen Betriebsstätte eines unbeschränkt Steuerpflichtigen an **und sind sie auf Grund eines Abkommens zur Vermeidung der Doppelbesteuerung von der Besteuerung auszunehmen** und wären sie **die Einkünfte** ungeachtet des § 8 ~~Abs.~~ **Absatz** 2 als Zwischeneinkünfte steuerpflichtig, falls diese Betriebsstätte eine ausländische Gesellschaft wäre, ist insoweit die Doppelbesteuerung nicht durch Freistellung, sondern durch Anrechnung der auf diese Einkünfte erhobenen ausländischen Steuern zu vermeiden~~.~~ **; unterbleibt eine Hinzurechnung wegen § 10 Absatz 1 Satz 2, ein negativer Betrag ist nicht zu berücksichtigen,**

**gilt § 10 Absatz 3 Satz 5 und 6 gilt entsprechend.**[1198] ~~Das~~ **Satz 1** gilt nicht, soweit in der ausländischen Betriebsstätte Einkünfte anfallen, die nach § 8 Absatz 1 Nummer 5 Buchstabe a als Zwischeneinkünfte steuerpflichtig wären.

~~(3) (weggefallen)~~

### ~~§ 20a – Negative Einkünfte von ausländischen Betriebsstätten~~

**Fallen Einkünfte in der ausländischen Betriebsstätte eines unbeschränkt Steuerpflichtigen an und wären die Einkünfte ungeachtet des § 8 Absatz 2 als Zwischeneinkünfte steuerpflichtig, falls diese Betriebsstätte eine ausländische Gesellschaft wäre, ist ein negativer Betrag nicht zu berücksichtigen. § 10 Absatz 3 Satz 5 und 6 gilt entsprechend.**[1199]

---

1198 Diese Änderung erfolgte mit dem zweiten Referentenentwurf. Die Änderungen wurden im dritten Entwurf beibehalten, wurde aber durch den endgültigen Regierungsentwurf geändert.

1199 § 20a AStG war nur im ersten Referentenentwurf enthalten und wurde danach wieder gestrichen.

# Literaturverzeichnis

Albin, Silke: Das Subsidiaritätsprinzip in der EU: Anspruch und Rechtswirklichkeit, NVwZ 2006, S. 629.

Altenburg, Nadia / Geberth, Georg / Gebhardt, Ronald / Holle, Florian / Oertel, Eva: Pläne zur Einführung einer internationalen Mindestbesteuerung – Ein Überblick, DStR 2019, S. 2451.

Anger, Christiane / Wagemann, Thomas: Gewerbesteuerliche Kürzung des Hinzurechnungsbetrags nach § 10 Abs. 2 AStG – BFH, Urteil vom 11.03.2015 – I R 20/14, IWB 2015, S. 460.

Anweiler, Jochen: Die Auslegungsmethoden des Gerichtshofs der Europäischen Gemeinschaften, Pieterlen 1997.

Arndt, Hans-Wolfgang / Fischer, Kristian / Fetzer, Thomas: Europarecht, 11. Aufl., Heidelberg 2015.

Avi-Yonah, Reuven: Advanced Introduction to International Tax Law, 2. Aufl., Cheltenham 2019.

Bannes, Maximilian / Cloer, Adrian: Base Erosion and Profit Shifting (BEPS): Die Aktionspläne im Überblick, BB 2016, S. 1047.

Bannes, Maximilian / Cloer, Adrian: BEPS Aktionsplan 3: Stärkung der Hinzurechnungsbesteuerung, BB 2016, S. 1565.

Bannes, Maximilian / Cloer, Adrian / Holle, Florian: Hinzurechnungsbesteuerung und Stillstandsklausel, FR 2019, S. 620.

Bärsch, Sven-Eric / Quilitzsch, Carsten / Schulz, Sebastian: Steuerliche Implikationen des Aktionsplans der OECD aus deutscher Sicht, ISR 2013, S. 358.

Bartosch, Andreas: EU-Beihilfenrecht, 3. Aufl., München 2020.

Becker, Jan / Loose, Thomas: „Paukenschlag" des BFH: Keine Gewerbesteuerpflicht des Hinzurechnungsbetrags gem. § 9 Nr. 3 GewStG – was sind die Folgen für die Praxis?, Ubg 2015, S. 399.

Becker, Jan / Loose, Thomas: Hinzurechnungsbesteuerung nach Umsetzung der ATAD – ein Ausblick aus Sicht der Unternehmenspraxis, BB 2018, S. 215.

Becker, Jan / Loose, Thomas / Misere, Marcel: Bewirkt § 20 Abs. 2 AStG eine Verrechnung ausländischer Betriebsstättenverluste im Inland?, IStR 2016, S. 353.

Becker, Johannes / Fehling Daniel: Art. 116 AEUV im Recht der direkten Steuern, IStR 2020, S. 813.

Becker, Katharina: BEPS-Aktionspunkt 5: Wirksamere Bekämpfung des schädlichen Steuerwettbewerbs, IStR 2014, 704.

Benz, Sebastian / Böhmer, Julian: Das Anti-Tax-Avoidance-Package (ATA-Paket) der EU-Kommission zur Umsetzung der BEPS-Maßnahmen in der EU, DB 2016, S. 307.

Benecke, Andreas / Schnitger, Arne: Neuerungen im internationalen Steuerrecht durch das JStG 2010, IStR 2010, S. 432

Berges, Stefanie / Rotter, Markus: Dokument BEPS-Aktionspunkt 2: Neutralisierung der Effekte hybrider Gestaltungen – Überblick über die OECD-Empfehlungen zur Begrenzung solcher Gestaltungen, IWB 2015, S. 802.

Bergmann, Sebastian: Missbrauch im Anwendungsbereich der Mutter-Tochter-Richtlinie, StuW 2010, S. 246.

Bieber, Roland / Epiney, Astrid / Haag, Marcel / Kotzur, Markus: Die Europäische Union, 14. Aufl., Baden-Baden 2021.

Bille, Stefanie: Hinzurechnungsbesteuerung in Europa, Aachen 2004.

Blanke, Hermann-Josef: Der Unionsvertrag von Maastricht – Ein Schritt auf dem Weg zu einem europäischen Bundesstaat?, DÖV 1993, S. 412.

Bleckmann, Albert: Europarecht: Das Recht der Europäischen Union und der Europäischen Gemeinschaft, 6. Aufl., Köln 1997.

Bock, Yves: Rechtsangleichung und Regulierung im Binnenmarkt, Baden-Baden 2005.

Borries, Reimer von: Das Subsidiaritätsprinzip im Recht der Europäischen Union, EuR 1994, S. 263.

Bogdandy, Armin von / Bast, Jürgen (Hrsg.): Europäisches Verfassungsrecht, Wiesbaden 2009.

Böhmer, Julian / Mundhenke, Tim: Die steuerliche Behandlung von Drittstaatsverschmelzungen nach der Änderung des UmwStE sowie im Rahmen der Hinzurechnungsbesteuerung, ISR 2017, S. 113.

Böhmer, Julian / Schewe, Benedikt: EuGH: Hinzurechnungsbesteuerung bei Zwischeneinkünften mit Kapitalanlagecharakter im Drittstaatenfall grundsätzlich unionsrechtskonform – X GmbH/FA Stuttgart-Körperschaften, DStR 2019, S. 489.

Böhmer, Julian / Oppel, Florian: Die neue Hinzurechnungsbesteuerung für Beteiligungen an ausländischen Zwischengesellschaften – Eine erste Analyse des BMF-Entwurfs v. 10.12.2019, IWB Nr. 1 (2020), S. 5.

Böing, Christian: Steuerlicher Gestaltungsmissbrauch in Europa: eine rechtvergleichende und gemeinschaftsrechtliche Untersuchung von Konzeptionen zur Bekämpfung des Gestaltungsmissbrauchs, Hamburg 2006.

Brauneck, Jens: Digitalsteuer: Endlich angemessene Steuern für Google, Apple, Facebook und Co. in der EU?, EuZW 2018, S. 624.

Brechmann, Winfried: Die richtlinienkonforme Auslegung: zugleich ein Beitrag zur Dogmatik der EG-Richtlinie, München 1994.

Brezing, Klaus u.a. (Hrsg.): Aussensteuerrecht, Herne 1993.

Broe, Luc De: International Tax Planning and Prevention of Abuse, Amsterdam 2008.

Bron, Jan Frederik: Die Europarechtswidrigkeit des § 50d III EStG unter Berücksichtigung von Missbrauchsvorbehalten im Gemeinschaftsrecht, DB 2007, S. 1273.

Buettner, Thiess / Wamser, Georg: Internal Debt and Multinational Profit Shifting: Empirical Evidence From Firm-Level Panel Data, NTJ 2013, 66(1), S. 63.

Calliess, Christian: Der Schlüsselbegriff der ausschließlichen Zuständigkeit im Subsidiaritätsprinzip des Art. 3b II EGV, EuZW 1995, S. 693.

Calliess, Christian: Subsidiaritäts- und Solidaritätsprinzip in der Europäischen Union: Vorgaben für die Anwendung von Art. 5 (ex-Art. 3b) EGV nach dem Vertrag von Amsterdam, Baden-Baden 1999.

Calliess, Christian: Konfrontation statt Kooperation zwischen BVerfG und EuGH?, NVwZ 2020, S. 897.

Calliess, Christian / Ruffert, Matthias (Hrsg.): EUV/AEUV, 5. Aufl., Baden-Baden 2016.

Canaris, Claus-Wilhelm: Die richtlinienkonforme Auslegung und Rechtsfortbildung im System der juristischen Methodenlehre, in Koziol (Hrsg.), Im Dienste der Gerechtigkeit: Festschrift für Franz Bydlinski, Wien 2001, S. 47.

Cédelle, Anzhela: The EU Anti-Tax Avoidance Directive: A UK Perspective, Brit. Tax Rev. 2016, S. 490.

Cloer, Adrian / Hagemann, Tobias: EU-Rechtswidrigkeit der Hinzurechnung von „Zwischeneinkünften mit Kapitalanlagecharakter" oder Stillstandsklausel? – X-GmbH/FA Stuttgart-Körperschaften, IStR 2018, S. 685.

Cordewener, Axel: Deutsche Unternehmensbesteuerung und europäische Grundfreiheiten – Grundzüge des materiellen und formellen Rechtsschutzsystems der EG, DStR 2004, S. 6.

Cordewener, Axel / Kofler, Georg / van Thiel, Servaas: The Clash Between European Freedoms and National Direct Tax Law: Public Interest Defences Available to the Member States, CMLR 2009, S. 1951.

Cordewener, Axel: Anti-Abuse Measures in the Area of Direct Taxation: Towards Converging Standards under Treaty Freedoms and EU Directives?, EC Tax Review 2017, S. 60.

Cordewener, Axel: Der sachliche, persönliche und territoriale Anwendungsbereich der Grundfreiheiten, in: Lang (Hrsg.), Europäisches Steuerrecht, DStJG Band 41, Köln 2018, S. 195.

Craig, Paul: EU Administrative Law, 3. Aufl., Oxford 2018.

Craig, Paul / Búrca, Gráinne de: EU Law: Text, Cases, and Materials, 6. Aufl., Oxford 2015.

Danwitz, Thomas von: Subsidiaritätskontrolle in der Europäischen Union, in: Dolde et al. (Hrsg.), Verfassung – Umwelt – Wirtschaft, Festschrift für Dieter Sellner zum 75. Geburtstag, München 2010, S. 37.

Daues, Mandfred / Ludwigs, Jürgen (Hrsg.): Handbuch des EU-Wirtschaftsrechts, München 2020.

Davies, Garreth: Subsidiarity: The Wrong Idea, in the Wrong Place, at the Wrong Time, CML Rev. 2006, S. 63.

De Graaf, Arnaud / Visser, Klaas-Jan: ATA Directive: Some Observations Regarding Formal Aspects, EC Tax Review 2016, S. 199.

Debatin, Helmut: Die internationalen Basisgesellschaften: eine Untersuchung über den Einsatz dieser Gesellschaften zur Erlangung von Steuervorteilen im internationalen Bereich unter besonderer Berücksichtigung des deutschen Rechts, DStZ 1964, S. 9.

Debatin, Helmut: Leitsätze für ein Gesetz zur Wahrung der steuerlichen Gleichmäßigkeit bei Auslandsbeziehungen und zur Verbesserung der steuerlichen Wettbewerbslage bei Auslandsinvestitionen, DStZ 1971, S. 89.

Dehne, Klaus-Jörg: Hinzurechnungsbesteuerung – Bestandsaufnahme und Reformbedarf, ISR 2018, S. 132.

Dettmeier, Michael / Dörr, Ingmar / Neukam, Nico / Prodan, Miodrag: Die Anti-Tax-Avoidance-Richtlinie zur Bekämpfung von Steuervermeidungspraktiken, NWB 2016, S. 3082.

Ditz, Xavier / Engelen, Christian / Quilitzsch, Carsten: Hinzurechnungsbesteuerung auf dem Prüfstand, DStR 2019, S. 361.

Drüen, Klaus-Dieter: Unternehmerfreiheit und Steuerumgehung, StuW 2008, S. 154.

Douma, Sjoerd: Non-discriminatory Tax Obstacles, EC Tax Rev. 2012, S. 67.

Dourado, Ana Paula: The Role of CFC Rules in the BEPS Initiative and in the EU, BTR 2015, S. 340.

Dourado, Ana Paula: The EU Anti-Tax Avoidance Package: Moving Ahead of BEPS?, Intertax 2016, S. 440.

Eilers, Stephan / Hennig, Patricia: BEPS: Hinzurechnungsbesteuerung – BEPS und neue Rechtsentwicklungen, ISR 2015, S. 422.

Eilers, Stephan / Oppel, Florian: BEPS erreicht die EU: Das Anti-Tax-Avoidance-Package der EU-Kommission, IStR 2016, S. 312.

Eilmansberger, Thomas: Vertikale Kompetenzverteilung zwischen der Union und den Mitgliedstaaten, in: Hummer / Oberwexer (Hrsg.), Der Vertrag von Lissabon, Baden-Baden 2009, S. 189.

Eismayr, Rainer / Linn, Alexander: Änderungen des Außensteuergesetzes durch das JStG 2010 – Neue Definition der Niedrigbesteuerung und Änderung der Switch-Over-Klausel, NWB 2011, S. 30.

Emmerich-Fritsche, Angelika: Der Grundsatz der Verhältnismäßigkeit als Direktive und Schranke der EG-Rechtsetzung, Berlin 2000.

Emiliou, Nicholas: Subsidiarity: An effective barrier against the Enterprises of ambition?, ELR 1992, S. 383.

Estella de Noriega, Antonio: The EU principle of subsidiarity and its critique, Oxford 2002.

Fehling, Daniel: Was ist das Mindestschutzniveau in der „Anti-BEPS-Richtlinie"?, DB 2016, S. 2862.

Fehling, Daniel: Dokument Post-BEPS: Wie geht es nach den BEPS-Empfehlungen weiter? – Aktuelle Entwicklungen auf internationaler und nationaler Ebene, IWB 2016, S. 160.

Fehling, Daniel: Recent developments in international taxation, IStR 2019, S. 656.

Flick, Hans / Wassermeyer, Franz / Baumhoff, Hubertus / Schönfeld, Jens (Hrsg.): Außensteuerrecht, 96. EL, Köln 2021.

Flume, Werner / Schön, Wolfgang (Hrsg.): Gedächtnisschrift für Brigitte Knobbe-Keuk, Köln 1997.

Frenz, Walter: Handbuch Europarecht Band 6: Institutionen und Politiken, Wiesbaden 2010.

Frotscher, Gerrit: Internationales Steuerrecht, 5. Aufl., München 2020.

Frowein, Jochen Abraham: Konkurrierende Zuständigkeit und Subsidiarität – Zur Kompetenzverteilung in bündischen Systemen, in: Badura/Scholz (Hrsg.), Wege und Verfahren des Verfassungslebens: Festschrift für Peter Lerche zum 65. Geburtstag, München 1993, S. 401.

Fuhrmann, Sven (Hrsg.): Außensteuergesetz, 3. Aufl., Herne 2017.

Geiger, Rudolf / Khan, Daniel-Erasmus / Kotzur, Markus (Hrsg.), EUV/AEUV, 6. Aufl., München 2017.

Gläser, Christian / Brik, Michael: Die Hinzurechnungsbesteuerung nach dem BFH-Urteil vom 11.03.2015 – Eine Bestandsaufnahme, ISR 2105, S. 231.

Grabitz, Eberhard / Hilf, Meinhard / Nettesheim, Martin (Hrsg.): Das Recht der Europäischen Union, 63. Erg.-Lfg. 2017.

Grimm, Dieter: Subsidiarität ist nur ein Wort, FAZ 17.09.1992, S. 38.

Grotherr, Siegfried / Herfort, Claus / Strunk, Günther: Internationales Steuerrecht, 4. Aufl., Achim 2021.

von der Groeben, Hans / Schwarze, Jürgen (Hrsg.): Kommentar zum Vertrag über die Europäische Union und zur Gründung der Europäischen Gemeinschaft Band 2, 6. Aufl., Baden-Baden 2003.

von der Groeben, Hans / Schwarze, Jürgen / Hatje, Armin (Hrsg.): Europäisches Unionsrecht Band 3, 7. Aufl., Baden-Baden 2015.

Großfeld, Bernhard, Basisgesellschaften im internationalen Steuerrecht, Tübingen 1964.

Grundmann, Stephan, Die Auslegung des Gemeinschaftsrechts durch den Europäischen Gerichtshof, Konstanz 1997.

Gosch, Dietmar / Schönfeld, Jens: Kapitalverkehrsfreiheit und Drittstaaten – Ein (vorläufiger) Zwischenstand, IStR 2015, S. 755.

Gosch, Dietmar: Gewinnkürzung bei inländischem Unternehmen um den Hinzurechnungsbetrag nach § 10 Abs. 1 S. 1 AStG, BFH/PR 2015, S. 256.

Gosch, Dietmar: Körperschaftsteuergesetz, 4. Aufl., München 2020.

Govind, Sriram / Zolles, Stephanie: The Anti-Tax Avoidance Directive, in: Lang et al. (Hrsg.), Introduction to European Tax Law on Direct Taxation, 6. Aufl., Wien 2020, S. 215.

Haase, Florian: Internationales und Europäisches Steuerrecht, 2. Aufl., Heidelberg 2009.

Haase, Florian: Außensteuergesetz/Doppelbesteuerungsabkommen, 3. Aufl., Heidelberg 2016.

Haase, Florian: Die Hinzurechnungsbesteuerung: Grundlagen – Problemfelder – Gestaltungsmöglichkeiten, 2. Aufl., Herne 2015.

Haase, Florian: Einkünftefiktionen im Steuerrecht und ihre Wirkung, IStR 2015, S. 966.

Haase, Florian: Hinzurechnungsbesteuerung bei doppelansässigen Gesellschaftern, IStR 2008, S. 695.

Haase, Florian: Überlegungen zur Reform der Hinzurechnungsbesteuerung, ifst-Schrift 521, Berlin 2017.

Haase, Florian: Die neue Hinzurechnungsbesteuerung, DStR 2019, S. 827.

Haase, Florian / Hofacker, Matthias: Der Gesetzesentwurf zur Neuregelung der Hinzurechnungsbesteuerung, Ubg 2019, S. 260.

Hagemann, Tobias / Kahlenberg, Christian: Fallreihe zum Außensteuergesetz: Der OECD-Diskussionsentwurf zur BEPS-Aktion 3: Strengthening CFC Rules – Teil 2, PIStB 10/2015, S. 279.

Hagemann, Tobias / Kahlenberg, Christian: Fallreihe zum Außensteuergesetz: Die Tatbestandsvoraussetzungen der Hinzurechnungsbesteuerung am Praxisfall, PIStB 04/2015, S. 98.

Hagemann, Tobias / Kahlenberg, Christian: Der OECD-Abschlussbericht zur BEPS-Aktion 3 – Designing Effective Controlled Foreign Company Rules, Ubg 2016, S. 15.

Hagemann, Tobias / Kahlenberg, Christian (Hrsg.): Anti Tax Avoidance Directive (ATAD) Kommentar, 2019.

Hagen, Dominik von / Harendt, Christoph: Impact of Controlled Foreign Corporation Rules on Post-acquisition Investment and Profit Shifting in Targets, ZEW Discussion Paper No. 17-062.

Hahn, Hartmut: Die Vereinbarkeit von Normen des deutschen internationalen Steuerrechts mit EG-Recht, Bonn 1999.

Hahn, Hartmut: Gemeinschaftsrecht und Recht der direkten Steuern: Teil III, DStZ 2005 S. 507.

Hahn, Hartmut: Zur Gemeinschaftsrechtskonformität der Missbrauchsklausel in § 50g Abs. 4 EStG – Zugleich ein Beitrag zur Auslegung der Zins-/Lizenzgebührenrichtlinie, IStR 2010, S. 638.

Hakenberg, Waltraud: Europarecht, 8. Aufl., München 2018.

Haarmann, Wilhelm: Wirksamkeit, Rechtmäßigkeit, Bedeutung und Notwendigkeit der Hinzurechnungsbesteuerung im AStG, IStR 2011, S. 565.

Hallerbach, Christian: Besteuerung ausländischer Familienstiftungen, Saarbrücken 2009.

Harbo, Tor-Inge: The Function of the Proportionality Principle in EU Law, ELJ 2010, S. 158.

Harbo, Tor-Inge: The Function of Proportionality Analysis in European law, Boston/Leiden 2015.

Haslehner, Werner: Das Konkurrenzverhältnis der Europäischen Grundfreiheiten in der Rechtsprechung des EuGH zu den direkten Steuern, IStR 2008, S. 565.

Haslehner, Werner / Pantazatou, Katerina / Kofler, Georg / Rust, Alexander (Hrsg.): A Guide to the Anti-Tax Avoidance Directive, Cheltenham 2020.

Heckerodt, David / van Lück, Nicola: Die deutsche Hinzurechnungsbesteuerung im Drittstaatenfall, IStR 2020, S. 857.

Herber, Rolf: Hat der deutsche Richter das Bilanzrichtlinien-Gesetz an den ihm zugrundeliegenden EG-Richtlinien zu messen?, in: Knobbe-Keuk (Hrsg.), Handelsrecht und Steuerrecht: Festschrift für Georg Döllerer, Düsseldorf 1988, S. 225.

Herrmann, Christoph: Richtlinienumsetzung durch die Rechtsprechung, Berlin 2003.

Hesse, Joachim / Reusch, Wolfgang (Hrsg.): Föderalstaatliche Entwicklung in Europa, Baden-Baden 1991.

Heuermann, Bernd / Brandis, Peter (Hrsg.): Blümich EStG, KStG, GewStG, 153. EL, München 2020.

Hey, Johanna: Spezialgesetzliche Missbrauchsgesetzgebung aus steuersystematischer, verfassungs- und europarechtlicher Sicht, StuW 2008, S. 167.

Hey, Johanna: Harmonisierung der Missbrauchsabwehr durch die Anti-Tax-Avoidance-Directive (ATAD), StuW 2017, S. 248.

Hielscher, Stephan / Beermann, Frederic: Der Hinzurechnungsbetrag gem. § 10 AStG unterliegt nicht der Gewerbesteuer – Die Folgen des BFH-Urteils vom 11.03.2015 für die Praxis, BB 2015, S. 2782.

Hildebrand, Josef / Brosig, Manfred: Steuerflucht und ihre Bekämpfung, BB 1997, S. 445.

Hirsch, Die Auswirkungen des Subsidiaritätsprinzips auf die Rechtsetzungsbefugnis der Europäischen Gemeinschaften, in: Ress/Stein (Hrsg.), Vorträge, Reden und Berichte aus dem Europainstitut, Nr. 330 (1995), S. 7.

Höpfner, Clemens: Die systemkonforme Auslegung: zur Auflösung einfachgesetzlicher, verfassungsrechtlicher und europarechtlicher Widersprüche im Recht, Tübingen 2008.

Hufeld, Ulrich: Das PSPP-Urteil des BVerfG und die Statik der Wirtschafts- und Währungsunion, jM 2020, S. 331.

Hüffmeier, Michaela: Zur Hinzurechnungsbesteuerung nach dem Außensteuergesetz im europäischen Kontext: Situation nach der Entscheidung Cadbury Schweppes des Europäischen Gerichtshofes, 2008.

Ihns, Astrid: Entwicklung und Grundlagen der europäischen Rechtsangleichung, Berlin 2005.

International Fiscal Association: The taxation of foreign passive income for groups of companies, Cahiers de Droit Fiscal International, Vol. 98a, 2013.

Isensee, Josef: Subsidiaritätsprinzip und Verfassungsrecht: Eine Studie über das Regulativ des Verhältnisses von Staat und Gesellschaft, Berlin 1968.

Jacobs, Otto H. / Endres, Dieter / Spengel, Christoph (Hrsg.): Internationale Unternehmensbesteuerung, 8. Aufl., München 2016.

Jacobsen, Hendrik: Die Vorteilhaftigkeit einer Neuausrichtung des deutschen Hinzurechnungsbesteuerungsrechts, IStR 2018, S. 433.

Jaeger, Thomas: Fehlstellungen im Verhältnis von Steuer- und Beihilferecht: Ein Plädoyer für mehr Ausgewogenheit, EuZW 2012, S. 92.

Jarass, Hans Dieter: Grundfragen der innerstaatlichen Bedeutung des EG-Rechts, Köln 1994.

Jarass, Hans Dieter: Richtlinienkonforme bzw. EG-rechtskonforme Auslegung nationalen Rechts, EuR 1991, S. 211.

Kahl, Wolfgang: Kooperative Rechtsangleichung, in: Bernreuther/Freitag/Leible/Sippel/Wanitzek (Hrsg.), Festschrift für Ulrich Spellenberg, München 2010, S. 697.

Kahl, Wolfgang: Möglichkeiten und Grenzen des Subsidiaritätsprinzips nach Art. 3b EG-Vertrag, AöR 118 (1993), S. 414.

Kahlenberg, Christian / Hagemann, Tobias: Der OECD-Abschlussbericht zur BEPS-Aktion 3 – Designing Effective Controlled Foreign Company Rules, Ubg 2016, S. 15.

Kahlenberg, Christian / Prusko, Anselm: Die Weiterentwicklung der deutschen Hinzurechnungsbesteuerung durch die BEPS-RL, IStR 2017, S. 304.

Kahlenberg, Christian / Schiefer, Florian: Hinzurechnungsbesteuerung: Zwingende Ausweitung des Substanznachweises auf Drittstaaten?, IStR 2017, S. 889.

Kahlenberg, Christian / Qulitzsch, Carsten: Das Ende der Hinzurechnungsbesteuerung in Drittstaatenfällen?, IStR 2021, S. 135.

Kainer, Friedmann: Aus der nationalen Brille: Das PSPP-Urteil des BVerfG, EuZW 2020, S. 533.

Kirchhain, Christian: Die Familienstiftung im Außensteuerrecht, Herne 2010.

Kluge, Volker: Das Internationale Steuerrecht, 4. Aufl., München 2000.

Klein, Franz (Hrsg): Abgabenordnung, 15. Aufl., München 2020.

Klein, Martin: Kürzung des Gewinns des inländischen Unternehmens um den in § 10 Abs. 1 S. 1 AStG geregelten Hinzurechnungsbetrag, FR 2015, S. 722.

Knaup, Rüdiger: Europäische Verfassung und Subsidiarität, Essen 2007.

Koch, Oliver: Der Grundsatz der Verhältnismäßigkeit in der Rechtsprechung des Gerichtshofs der Europäischen Gemeinschaften, Berlin 2003.

Köplin, Manfred / Sedemund, Jan: Das BMF-Schreiben vom 08.01.2007 – untauglich, die EG-Rechtswidrigkeit der deutschen Hinzurechnungsbesteuerung nach Cadbury Schweppes zu beseitigen!, BB 2007, S. 244.

Körner, Andreas: Europarecht und CFC-Regelungen – Anrufung des EuGH im Verfahren „Cadbury Schweppes“, IStR 2004, 697.

Kofler, Georg / Krever, Richard / Lang, Michael / Owens, Jeffrey / Pistone, Pasquale / Rust, Alexander / Schuch, Josef / Spies, Karoline / Staringer, Claus: Controlled Foreign Company Legislation, Amsterdam 2020.

Kokott, Juliane: Das Steuerrecht der EU, München 2018.

Kollruss, Thomas: Gesetzesübersteigende Rechtsfortbildung am Beispiel der gewerbesteuerlichen Kürzung des Hinzurechnungsbetrags, GmbHR 2016, S. 633.

Kollruss, Thomas: Hinzurechnungsbesteuerung bei doppelt ansässigen Kapitalgesellschaften, IStR 2008, S. 316.

Kollruss, Thomas / Lukas, Henrike / Rüst, Vanessa: Das Cyprus-Modell – Vermeidung der AStG-Hinzurechnungsbesteuerung und steuerstrukturierte Kapitalanlage, BB 2010, S. 2663.

Kraft, Gerhard (Hrsg.): Außensteuergesetz, 2. Aufl., München 2019.

Kraft, Gerhard, Abweichende Bemessungsgrundlagen im Aus- und Inland als Ursache von Niedrigbesteuerung im System der Hinzurechnungsbesteuerung – illustriert anhand von Fallstudien, IStR 2016, S. 276.

Kraft, Gerhard / Mauch, Anke, Dokument Hinzurechnungsbesteuerung und Real Estate Investments – Teil II – Hinzurechnungssteuerliche Belastungswirkung ausgewählter Immobilieninvestmentstrukturen, IWB 2017, S. 175.

Kraft, Gerhard / Quilitzsch, Carsten: Belastungswirkungen der Hinzurechnungsbesteuerung unter dem Postulat steuerlicher Wettbewerbsneutralität – zugleich eine Warnung an die Gestaltungspraxis vor Hinzurechnungsfallstricken, ISR 2012, S. 109.

Kraft, Gerhard / Schmidt, Sebastian: Konzeptionsmängel der Hinzurechnungsbesteuerung bei Immobilieneinkünften, PISTB 01/2011, S. 14.

Kramer, Jörg-Dietrich: Der Hinzurechnungsbetrag nach § 10 AStG und die Gewerbesteuer, IStR 2015, S. 669.

Kreienbaum, Martin: Hinzurechnungsbesteuerung, in: Lang (Hrsg.), Europäisches Steuerrecht, DStJG Band 41, Köln 2018, S. 475.

Kreienbaum, Martin: Seminar J: Impact of EU-Law on the BEPS-Initiative, IStR 2014, S. 721.

Kroll-Ludwigs, Kathrin / Ludwigs, Markus: Die richtlinienkonforme Rechtsfortbildung im Gesamtsystem der Richtlinienwirkungen, Zugleich Besprechung von BGH, Urt. v. 26.11.2008 – VIII ZR 200/05, ZJS 2009, S. 7.

Kumm, Mattias: Constitutionalising Subsidiarity in Integrated Markets: The Case of Tobacco Regulation in the European Union, European Law Journal 12 (2006), S. 519.

Kutscher, Hans (Hrsg.), Der Grundsatz der Verhältnismäßigkeit in europäischen Rechtsordnungen, Heidelberg 1985.

Lang, Joachim: Steuergerechtigkeit und Globalisierung, in: Spindler / Tipke / Rödder (Hrsg.), Steuerzentrierte Rechtsberatung – Festschrift für Harald Schaumburg, Köln 2009, S. 45.

Lang, Michael: Der Anwendungsbereich der Grundfreiheiten – Maßgeblichkeit des Sachverhaltes oder der nationalen Rechtsvorschrift?, in: Lang / Weinzierl, Europäisches Steuerrecht – Festschrift für Friedrich Rödler zum 60. Geburtstag, Wien 2010, S. 521.

Lang, Michael: Totgesagte leben länger: Horizontale Vergleichbarkeit und die Verwirklichung des Binnenmarktes, SWI 2016, S. 118.

Lambers, Hans-Jürgen: Subsidiarität in Europa – Allheilmittel oder juristische Leerformel?, EuR 1993, S. 229.

Lazarov, Ivan / Govind, Sriram: Carpet-Bombing Tax Avoidance in Europe: Examining the Validity of the ATAD Under EU Law, Intertax 47 (2019), S. 852.

Lecheler, Helmut: Das Subsidiaritätsprinzip – Strukturprinzip in der EU, Berlin 1993.

Lehner, Moris: Neue Regelungsebenen und Kompetenzen im Internationalen Steuerrecht, IStR 2019, S. 277.

Lieber, Bettina: Neuregelung der Hinzurechnungsbesteuerung durch das Unternehmenssteuerfortentwicklungsgesetz, FR 2002, S. 139.

Linn, Alexander: Missbrauchsverhinderungsnormen und Standortwahl, Wiesbaden 2007.

Linn, Alexander: Die Beihilfeverfahren in Sachen Amazon, Apple, Fiat und Starbucks – Eine neue Dimension der Selektivität?, IStR 2015, S. 114.

Linn, Alexander: Die Anti-Tax-Avoidance-Richtlinie der EU-Anpassungsbedarf in der Hinzurechnungsbesteuerung?, IStR 2016, S. 645.

Lohmann, Christoph: Die Europarechtskonformität der Hinzurechnungsbesteuerung in der Fassung des JStG 2008, Hamburg 2012.

Ludwigs, Markus: Die Kompetenzordnung der Europäischen Union im Vertragsentwurf über eine Verfassung für Europa, ZEuS 2004, S. 211.

Ludwigs, Markus: Rechtsangleichung nach Art. 94, 95 EG-Vertrag, Baden-Baden 2004.

Lüdicke, Jochen / Oppel, Florian: Der Vorschlag der EU-Kommission einer Anti-BEPS-Richtlinie – ein erster Überblick, BB 2016, S. 351.

Lüdicke, Jochen / Oppel, Florian: Kommissions-Entwurf einer Anti-BEPS-Richtlinie: Grundlegende Änderungen und Verschärfungen des deutschen Rechts, DB 2016, S. 549.

Lüdicke, Jochen / Richter, Thomas, in: Lüdicke / Sistermann (Hrsg.): Unternehmenssteuerrecht, 2. Aufl., München 2018.

Lüdicke, Jürgen: Niedrige Besteuerung, in: Lüdicke / Schnitger / Spengel (Hrsg.), Besteuerung internationaler Unternehmen – Festschrift für Dieter Endres zum 60. Geburtstag, München 2016, S. 219.

Mager, Ute: Die Prozeduralisierung des Subsidiaritätsprinzips im Verfassungsentwurf des Europäischen Konvents, ZEuS 2003, S. 471.

Marquardsen, Maria: Einstimmigkeit in Steuerfragen – Reformbedarf?, ifst-Schrift 534, 2020, S. 51.

Martini, Ruben: Rechtsfolgen unionsrechtswidriger Beihilfen im Steuerrecht, StuW 2017, S. 101.

Martini, Ruben / Hagemann, Tobias / Kahlenberg, Christian: Anti Tax Avoidance Directive (ATAD) Kommentar, Herne 2018.

Merten, Detlef: Die Subsidiarität Europas, Berlin 1993.

Molsberger, Philipp: Das Subsidiaritätsprinzip im Prozess europäischer Konstitutionalisierung, Berlin 2009.

Möllers, Thomas: Das PSPP-Urteil des BVerfG und die Europäische Rechtsunion, EuZW 2020, S. 503.

Monz, Dominik: Die Familienstiftung im Außensteuergesetz, Bern 2016.

Moser, Till: Die Hinzurechnungsbesteuerung nach den §§ 7–14 AStG und die Besteuerung ausländischer Familienstiftungen nach § 15 AStG – systematischer Vergleich, Gestaltungspotenzial und Reformüberlegungen, Köln 2015.

Moser, Till: Reformbedarf in § 15 AStG durch Art. 7 und 8 der EU Anti Tax Avoidance Richtlinie?, IStR 2017, S. 613.

Musil, Andreas: Rechtsprechungswende des EuGH bei den Ertragsteuern? – Eine Analyse aktueller Leitentscheidungen des EuGH, DB 2019, S. 1037.

Musil, Andreas / Weber-Grellet, Heinrich: Europäisches Steuerrecht Kommentar, München 2019.

Neckenich, Lennart: Was verstehen wir unter einer gemeinsamen Europäischen Steuerpolitik? – Eröffnungsvortrag von Prof. Dr. Frans Vanistendael im Rahmen der Eröffnungssitzung der Steuerwissenschaftlichen Vereinigung Heidelberg e.V. in: Kube/Reimer (Hrsg.), Geprägte Freiheit 2018/2019 – Impulse aus dem Institut für Finanz- und Steuerrecht, Band 10, Berlin 2019, S. 141.

Nettesheim, Martin: Normenhierarchien im EU-Recht, EuR 2006, S. 737.

Nettesheim, Martin: Das PSPP-Urteil des BVerfG – ein Angriff auf die EU?, NJW 2020, S. 1631.

Oppel, Florian: BEPS in Europa: (Schein-) Harmonisierung der Missbrauchsabwehr durch neue Richtlinie 2016/1164 mit Nebenwirkungen, IStR 2016, S. 797.

Oppel. Florian: Das BEPS-Projekt der OECD/G20 – Kerninhalte der Abschlussberichte und Auswirkungen auf das deutsche (internationale) Steuerrecht, SteuK 2016, S. 53.

Oppel, Florian: Der Aktionsplan für eine faire und effiziente Unternehmensbesteuerung in der EU – alter Wein in neuen Schäuchen?, IStR 2015, S. 813.

Oppel, Florian / Deringer, Freshfields Bruckhaus: Das ATAP der EU-Kommission – Wichtige Maßnahme zum Schutz des Binnenmarkts oder schädlicher Aktionismus?, SteuK 2016, S. 187.

Panayi, Christiana (Hrsg.) / Haslehner, Werner (Hrsg.) / Traversa, Eduardo: Research handbook on European Union taxation law, Cheltenham/Northhampton 2020.

Pechstein, Matthias / Kubicki, Philipp / Carsten, Nowak / Ulrich, Häde (Hrsg.): Frankfurter Kommentar zu EUV, GRC und AEUV, Band 1, Tübingen 2017.

Pescatore, Pierre: Mit der Subsidiarität leben – Gedanken zu einer drohenden Balkanisierung der Europäischen Gemeinschaft, in: Due, Ole (Hrsg.), Festschrift für Ulrich Everling, Band 2, Baden-Baden 1995, S. 1071.

Pieper, Stefan Ulrich: Subsidiaritätsprinzip – Strukturprinzip der Europäischen Union, DVBl. 1993, S. 705.

Pinkernell, Reimar: OECD/G20: Diskussionsentwurf zu Maßnahme Nr. 3 des BEPS-Aktionsplans (Hinzurechnungsbesteuerung), IStR-LB 2015, S. 45.

Pistone, Pasquale / Weber, Dennis (Hrsg.): The Implementation of Anti-BEPS Rules in the EU: A Comprehensive Study, Amsterdam 2018.

Portuese, Aurelien: Principle of Proportionality as Principle of Economic Efficiency, ELJ 2013, S. 612.

Quilitzsch, Carsten: Die Hinzurechnungsbesteuerung als Instrumentarium zur Missbrauchsbekämpfung – Defizite der §§ 7–14 AStG de lege lata und Reformüberlegungen, Ubg 2011, S. 942.

Radmanesh, Sandy: Empfehlungen für eine effektive Hinzurechnungsbesteuerung (sog CFC-Regelungen) – Aktionspunkt 3 des OECD/G20 Base Erosion and Profit Shifting (BEPS)-Aktionsplans, IStR 2015, S. 895.

Rautenstrauch, Gabriele / Suttner, Johannes: Die EU Anti-BEPS-Richtlinie: Überblick und künftige Anpassungsnotwendigkeiten im deutschen Recht, BB 2016, S. 2391.

Ratschow, Eckart, in: Klein AO, 14. Aufl., München 2018.

Rättig, Horst / Protzen, Peer Daniel: Die im Entwurf eines Gesetzes zur Fortentwicklung des Unternehmenssteuerrechts vorgesehenen Änderungen der Hinzurechnungsbesteuerung der §§ 7–14 AStG, IStR 2001, S. 601.

Rättig, Horst / Protzen, Peer Daniel: Die „neue Hinzurechnungsbesteuerung" der §§ 7–14 AStG in der Fassung des UntStFG – Problembereiche und Gestaltungshinweise, IStR 2002, S. 123.

Rehfeld, Lars: Die Vereinbarkeit des Außensteuergesetzes mit den Grundfreiheiten des EG-Vertrages, Bochum 2008.

Reischauer, Friedrich / Kleinhans, Joachim (Begr.): KWG, EL., Berlin 2017.

Rieck, Jan: Anrechnung ausländischer Steuern und ATAD – Verpflichtet das EU-Recht zur Anrechnung ausländischer Steuern auf die Gewerbesteuer?, IStR 2017, S. 399.

Riesenhuber, Karl: Europäische Methodenlehre: Handbuch für Ausbildung und Praxis, 3. Aufl., Berlin 2014.

Rödder, Thomas / Schumacher, Andreas: Das Steuervergünstigungsabbaugesetz, DStR 2003, S. 805.

Rösch, Franziska: Zur Rechtsformenwahl des europäischen Gesetzgebers im Lichte des Verhältnismäßigkeitsgrundsatzes – Von der Richtlinie zur Verordnung, Berlin 2013.

Rust, Alexander: Rechtsfolgen EG-rechtswidriger Normen, IStR 2009, S. 382.

Rust, Alexander: Die Hinzurechnungsbesteuerung: Notwendigkeit und Umsetzung einer Reform, München 2007.

Schaumburg, Harald: Internationales Steuerrecht, 4. Aufl., Köln 2017.

Schaumburg, Harald / Englisch, Joachim (Hrsg.): Europäisches Steuerrecht, Köln 2015.

Schaumburg, Harald / Englisch, Joachim (Hrsg.): Europäisches Steuerrecht, 2. Aufl., Köln 2020.

Scherzberg, Arno: Die innerstaatliche Wirkung von EG-Richtlinien, Jura 1993, S. 225.

Schima, Bernhard: Das Subsidiaritätsprinzip im Europäischen Gemeinschaftsrecht, Wien 1994.

Schima, Bernhard: Die Beurteilung des Subsidiaritätsprinzips durch den Gerichtshof der Europäischen Gemeinschaften, ÖJZ 1997, S. 761.

Schlager, Christoph: Die Hinzurechnungsbesteuerung im Jahressteuergesetz 2018 im Überblick, SWI 2018, S. 362.

Schmidt, Thomas: Außensteuergesetz, Baden-Baden 2012.

Schnitger, Arne / Nitzschke, Dirk / Gebhardt, Ronald: Anmerkungen zu den Vorgaben für die Hinzurechnungsbesteuerung nach der sog „Anti-BEPS-Richtlinie", IStR 2016, S. 960.

Schnitger, Arne / Gebhardt, Ronald: „Ausschüttungsabhängigkeit" und Dividenden in der Hinzurechnungsbesteuerung – AStG vs. ATAD, IStR 2018, S. 213.

Schnitger, Arne / Krüger, Sebastian / Nielsen, Lars: Neues zur Unionsrechtskonformität der (erweiterten) Hinzurechnungsbesteuerung, IStR 2019, S. 340.

Schöllhorn, Christian: Die Zins- und Lizenzgebührenrichtlinie, Vereinbarkeit mit europäischem Primärrecht und Umsetzung ins deutsche Steuerrecht, Berlin 2013.

Schön, Wolfgang: Die Auslegung europäischen Steuerrechts, Das harmonisierte Steuerrecht zwischen nationalem Zivilrecht und europäischem Gemeinschaftsrecht, Köln 1993.

Schönfeld, Jens: Hinzurechnungsbesteuerung und Europäisches Gemeinschaftsrecht, Köln 2005.

Schönfeld, Jens / Ellenrieder, Benedikt: Das Verhältnis von Primär- und Sekundärrecht – oder: Gibt es „gegen Primärrecht immunisiertes Recht"?, StuW 2019, S. 253.

Schönfeld, Jens / Hoene, Philipp: Hinzurechnungsbesteuerung doppeltansässiger Hinzurechnungsadressaten, IStR 2013, S. 349.

Schönfeld, Jens: Hinzurechnungsbesteuerung und Anit-Tax-Avoidance-Directive, IStR, 2017, S. 721.

Schönfeld, Jens: Aktuelle Entwicklungen zum „Cadbury-Test" im Rahmen der Hinzurechnungsbesteuerung, IStR 2017, S. 949.

Schönfeld, Jens: Aktuelle Entwicklungen zur Hinzurechnungsbesteuerung, IStR 2019, S. 397.

Schröder, Meinhard: Vertikale Kompetenzverteilung und Subsidiarität im Konventsentwurf für eine europäische Verfassung, JZ 2004, S. 8.

Schulz, Kay Alexander: Die Besteuerung ausländischer Familienstiftungen nach dem Außensteuergesetz, Wiesbaden 2010.

Schumann, Rheda / Jahn, Luisa: EuGH: Generalanwalt bejaht Anwendbarkeit der Stand-Still-Klausel auf die Vorschriften für Zwischeneinkünfte mit Kapitalanlagecharakter nach § 7 Abs. 6 und Abs. 6a AStG, ISR 2018, S. 287.

Schutze, Robert / Arnull, Anthony / Chalmers Damian (Hrsg.): Legal acts an hierarchy of norms in EU law, Oxford 2015.

Skouris Vassilios: Die Rolle des Subsidiaritätsprinzips in der Rechtsprechung des EuGH, in: Bundeskanzleramt Österreich (Hrsg.), Europa fängt zu Hause an. Subsidiaritätskonferenz, 2006.

Schwarze, Jürgen: Kompetenzverteilung in der Europäischen Union und föderales Gleichweicht – Zu den Forderungen der deutschen Bundesländer im Hinblick auf die Regierungskonferenz 1996, DVBl 1995, S. 1265.

Schwarze, Jürgen / Becker, Ulrich / Hatje, Armin / Schoo, Johann (Hrsg.): EU – Kommentar, 4. Aufl., Baden-Baden 2019.

Schwarze, Jürgen: Europäisches Verwaltungsrecht, Baden-Baden 2005.

Schweitzer, Michael / Fixson, Oliver: Subsidiarität und Regionalismus in der Europäischen Gemeinschaft, Jura 1992, S. 579.

Seyr, Sibylle: Der effet utile in der Rechtsprechung des Europäischen Gerichtshofs, Berlin 2008.

Smit, Daniël: The Anti-Tax-Avoidance-Directive (ATAD), in: Terra/Wattel (Hrsg.), European Tax Law Vol. I, 7. Aufl., Alphen am Rhein 2019, S. 504.

Stein, Thorsten: Subsidiarität als Rechtsprinzip?, in: Merten (Hrsg.), Die Subsidiarität Europas, 2. Aufl., Berlin 1994, S. 23.

Streinz, Rudolf: Europarecht, 11. Aufl., Heidelberg 2019.

Streinz, Rudolf (Hrsg.): EUV/ AEUV, 3. Aufl., München 2018.

Szudoczky, Rita: The Sources of EU law and Their Relationships: Lessons for the Field of Taxation, Amsterdam 2014.

Tauser, Kian / Keller, Annette: Kürzung des Gewinns aus Gewerbebetrieb um den Hinzurechnungsbetrag nach § 10 Abs. 1 S. 1 AStG, IStR 2015, S. 444.

Teichmann, Christoph: Europäisches Recht zwischen Bewährung und Wandel: Festschrift für Dieter H. Scheuing, in: Müller-Graf (Hrsg.), Überprüfung von Sekundärrecht am Maßstab der Grundfreiheiten, Baden-Baden 2011, S. 744.

Thiele, Katja: Hinzurechnungsbesteuerung und Unionsrecht, Hamburg 2011.

Tipke, Klaus: Die Steuerrechtsordnung, Band I, 2. Aufl., Köln 2000.

Tipke, Klaus: Die Steuerrechtsordnung Band III, 2. Aufl., Köln 2012.

Toth, Akos.: The Principle of Subsidiarity in the Maastricht Treaty, CMLR 1992, S. 1079.

Trennheuser, Julia: US-amerikanische Subpart F-legislation und deutsche Hinzurechnungsbesteuerung, Wiesbaden 2014.

Trstenjak, Verica/ Beysen, Erwin: Das Prinzip der Verhältnismäßigkeit in der Unionsrechtsordnung, EuR 2012, S. 265.

Tridimas, Takis: The General Principles of EU Law, 3. Aufl., Oxford 2019.

Valta, Matthias: Das Internationale Steuerrecht zwischen Effizienz, Gerechtigkeit und Entwicklungshilfe, Heidelberg 2014.

Valta, Matthias: Globaläquivalenz und Äquivalenzneutralität, in: Kirchhof/ Kube/Mußgnug/Reimer (Hrsg.), Geprägte Freiheit in Forschung und Lehre Band 4, Heidelberg 2016, S. 165.

Vedder, Christoph / Heintschel von Heinegg, Wolff (Hrsg.): Europäisches Unionsrecht, 2. Aufl., Baden-Baden 2018.

Vogel, Klaus: Die Besteuerung von Auslandseinkünften – Prinzipien und Praxis –, in: Vogel (Hrsg.), Grundfragen des Internationalen Steuerrechts, DStJG Band 8, Köln 1985, S. 3.

Vogel, Klaus: Rechtfertigung der Steuern, eine vergessene Vorfrage, Der Staat 25 (1986), S. 481.

Wacker, Roland: Aktuelle Rechtsprechung des Bundesfinanzhofs, in: Lüdicke, Internationales Steuerrecht am Scheideweg, Köln 2018, S. 1.

Wacker, Roland: Zur praktischen Konkordanz von Grundfreiheiten und EU-Richtlinienrecht auf dem Gebiet der direkten Steuern, in Drüen / Hey / Mellinghoff (Hrsg.), 100 Jahre Steuerrechtsprechung in Deutschland: Festschrift für den Bundesfinanzhof, Köln 2018, S. 781.

Wagner, Franz: Der Homo Oeconomicus als Menschbild des Steuerrechts, DStR 2014, S. 1133.

Wagner, Matthias: Das Konzept der Mindestharmonisierung, Berlin 2001.

Wassermeyer, Franz: Die Hinzurechnungsbesteuerung als Qualifikationsproblem des nationalen und internationalen Steuerrechts, RIW 1983, S. 352.

Wassermeyer, Franz: 25 Jahre Außensteuergesetz, in: Klein (Hrsg.), Unternehmen Steuern: Festschrift für Hans Flick, Köln 1997, S. 1057.

Wassermeyer, Franz / Andresen, Ulf / Ditz, Xavier: Betriebsstätten-Handbuch, 2. Aufl., Köln 2018.

Wassermeyer, Franz / Schönfeld, Jens: Die Niedrigbesteuerung i. S. des § 8 Abs. 3 AStG vor dem Hintergrund eines inländischen KSt-Satzes von 15 %, IStR 2008, S. 496.

Weber, Martin: Grenzen EU-rechtskonformer Auslegung und Rechtsfortbildung, Baden-Baden 2010.

Wenzel, Peter: ATAD: Umsetzungsbedarf bei der spanischen „Transparencia fiscal internacional“ – ein Vorbild für die Reform der deutschen Hinzurechnungsbesteuerung?, ISR 2017, S. 432.

Werra, Matthias: Zum Reformbedarf beim Außensteuergesetz unter besonderer Berücksichtigung des Verhaltenskodex, IStR 2001, S. 438.

Wöhe, Günther / Döring, Ulrich / Brösel, Gerrit: Einführung in die Allgemeine Betriebswirtschaftslehre, 26. Aufl., München 2016.

Wuermeling, Joachim: Kalamität Kompetenz: Zur Abgrenzung der Zuständigkeiten in dem Verfassungsentwurf des EU-Konvents, EuR 2004, S. 216.

Zieglmaier, Hannes: Die Hinzurechnungsbesteuerung als Instrument gegen Steuerumgehung, Hamburg 2018.

Ziller, Jacques /Jefferey, Charlie: Umsetzung und Kontrolle des Subsidiaritäts- und des Verhältnismäßigkeitsgrundsatzes im Lichte der Verfassung für Europa – Der Ausschuss der Regionen, Brüssel 2007.

Zinowsky, Tim: Verrechnungspreismethoden und Einführung einer weltweiten Mindestbesteuerung – Diskussion des Arbeitsprogramms für die Verabschiedung einer neuen „Weltsteuerordnung“, IStR 2019, S. 811.

Zoller, Alexandra: Das Subsidiaritätsprinzip im Europäischen Verfassungsvertrag und seine innerstaatliche Umsetzung in Deutschland, in: Europäisches Zentrum für Föderalismus-Forschung Tübingen (Hrsg.), Jahrbuch des Föderalismus 2005, Baden-Baden 2005, S. 270.

# Verzeichnis der zitierten Entscheidungen

BFH v. 21.01.1976 – I R 234/73, BStBl II 1976, 513.

BFH v. 27.07.1976 – VIII R 55/72, BStBl II 1977, 266.

BFH v. 29.07.1976 – VIII R 41/74, BStBl II 1977, 261.

BFH v. 12.11.1980 – II R 1/76, BStBl II 1981, 279.

BFH v. 09.12.1980 – VIII R 11/77, BStBl II 1981, 339.

BFH v. 29.10.1981 – I R 89/80, BStBl II 1982 150.

BFH v. 05.03.1986 – I R 201/82, BStBl II 1986, 496.

BFH v. 23.10.1991 – IR 40/89, BStBl II 1992, 1026.

BFH v. 28.01.1992 – VIII R 7/88, BStBl II 1993, 84.

BFH v. 28.01.1992 – VIII R 28/90, BStBl II 1992, 881.

BFH v. 10.06.1992 – I R 105/89, BStBl II 1992, 1029.

BFH v. 30.08.1995 – I R 77/94, BStBl II 1996, 122.

BFH v. 20.05.1997 – VIII B 108/96, BFHE 183, 174.

BFH v. 02.07.1997 – I R 32/95, BStBl II 1998, 176.

BFH v. 19.05.1998 – I R 86/97, BStBl II 1998, 715.

BFH v. 15.10.1998 – III R 75/97, BStBl II 1999, 119.

BFH v. 19.01.2000 – I R 94/97, BStBl II 2001, 222.

BFH v. 09.07.2003 – I R 82/02, BStBl II 2004, 4.

BFH v. 15.09.2004 – I R 102–104/03, BStBl II 05, 255.

BFH v. 29.01.2008 – I R 26/06, BStBl II 2008, 978.

BFH v. 30.01.2009 – VII B 180/08, BFHE 224, 372.

BFH v. 21.10. 2009 – I R 114/08, BStBl II 2010, 774.

BFH v. 13.10.2010 – I R 61/09, BStBl II 2011, 249.

BFH v. 29.08.2012 – I R 7/12, BStBl II 2013, 89.

BFH v. 18.12.2013 – I B 85/13, BStBl II 2014, 947.

BFH v. 11.03.2015 – I R 10/14, BStBl II 2015, 1049.

BFH v. 14.10.2015 – I R 20/15, BStBl II 2017, 1240.

BFH v. 12.10.2016 – I R 80/14, BStBl II 2017, 615.

BFH v. 30.05.2017 – II R 62/14, BFHE 257, 381.

BFH v. 13.06.2018 – I R 94/15, BStBl II 2020, 755.

BFH v. 22.05.2019 – I R 11/19, BStBl II 2021, 265.

BFH v. 18.12.2019 – I R 59/17, BStBl II 2021, 270.

BFH v. 29.01.2020 – I R 4/20.

BVerfG v. 29.05.1974 – BvL 52/71, BVerfGE 37, 271.

BVerfG v. 22.10.1986 – 2 BvR 197/83, BVerfGE 73, 339.

BVerfG v. 08.04.1987 – 2 BvR 687/85, BVerfGE 75, 223.

BVerfG v. 12.10.1993 – 2 BvR 2134/92, 2 BvR 2159/92, BVerfGE 89, 155.

BVerfG v. 07.06.2000 – 2 BvL 1/97, BVerfGE 102, 14.

BVerfG v. 30.06.2009 – 2 BvE 2/08, BVerfGE 123, 267.

BVerfG v. 06.07.2010 – 2 BvR 2661/06, BVerfGE 126, 286.

BVerfG v. 07.08.2011 – 2 BvR 987/10, BVerfGE 129, 124.

BVerfG v. 14.01.2014 – 2 BvR 2728/13, BVerfGE 134, 366.

BVerfG v. 15.12.2015 – 2 BvL 1/12, BVerfGE 141, 1.

BVerfG v. 20.05.2020 – 2 BvR 859/15, BVerfGE 154, 17.

EFTA-Gerichtshof v. 09.07.2014, verb. Rs. E-3/13 und E-20/13, *Olsen u.a.*

EuG v. 12.07.2006, T-253/02, *Ayadi/Rat*, ECLI:EU:T:2006:200.

EuG v. 12.11.2013, T-347/09, *Deutschland*/Kommission, ECLI:EU:T:2013:418.

EuGH v. 15.07.1964, C-6/64, *Costa/E.N.E.L.*, ECLI:EU:C:1964:66.

EuGH v. 03.12.1974, C-33/74, *van Binsbergen*, ECLI:EU:C:1974:131.

EuGH v. 18.04.1975, C-6/72, *Continental Can*, ECLI:EU:C:1975:50.

EuGH v. 16.12.1976, C-33/76, *REWE Zentralfinanz*, ECLI:EU:C1976:188.

EuGH v. 05.10.1977, C-5/77, *Tedeschi*, ECLI:EU:C:1977:144.

EuGH v. 09.03.1978, C-106/77, *Simmenthal,* ECLI:EU:C:1978:49.

EuGH v. 05.10.1978, C-26/78, *Viola*, ECLI:EU:C:1978:172.

EuGH v. 20.02.1979, C-120/78, *Cassis de Dijon*, ECLI:EU:C:1979:42.

EuGH v. 20.02.1979, C-122/78, *Buitoni*, ECLI:EU:C:1979:43.

EuGH v. 17.09.1980, C-730/79, *Philip Morris/Kommission*, ECLI:EU:C:1980:209.

EuGH v. 06.10.1982, C-283/81, *CILFIT*, ECLI:EU:C:1982:335.

EuGH v. 13.10.1982, verb. Rs. C-213/81 bis C-215/81, *Norddeutsches Vieh- und Fleischkontor*, ECLI:EU:C:1982:351.

EuGH v. 13.12.1983, C-218/82, *Kommission/Rat*, ECLI:EU:C:1983:369.

EuGH v. 10.04.1984, C-14/83, *von Colson und Kamann/Land Nordrhein-Westfalen*, ECLI:EU:C:1984:153.

EuGH v. 10.04.1984, C-79/83, *Harz/Deutsche Tradax,* ECLI:EU:C:1984:155.

EuGH v. 17.05.1984, C-15/83, *Denkavit Nederland*, ECLI:EU:C:1984:183.

EuGH v. 28.01.1986, C-270/83, *avoir fiscal*, ECLI:EU:C:1986:37.

EuGH v. 25.11.1986, verb. Rs. C-201/85 und C-202/85, ECLI:EU:C:1986:439.

EuGH v. 08.10.1987, C-80/86, *Kolpinghuis Nijmegen*, ECLI:EU:C:1987:431.

EuGH v. 23.02.1988, C-68/86, *Vereinigtes Königreich/Rat*, ECLI:EU:C:1988:85.

EuGH v. 20.09.1988, C-31/87, *Beentjes/Niederländischer Staat*, ECLI:EU:C:1988:422.

EuGH v. 22.06.1989, C-103/88, *Fratelli Costanzo*, ECLI:EU:C:1989:256.

EuGH v. 13.07.1989, C-5/88, *Hubert Wachauf*, ECLI:EU:C:1989:321.

EuGH v. 18.10.1989, C-374/87, *Orkem/Kommission*, ECLI:EU:C:1989:387.

EuGH v. 14.02.1990, C-301/87, *Frankreich/Kommission*, ECLI:EU:C:1990:67.

EuGH v. 19.06.1990, C-213/89, *Factortame*, ECLI:EU:C:1990:257.

EuGH v. 13.11.1990, C-106/89, *Marleasing/La Comercial Internacional de Alimentacion*, ECLI:EU:C:1990:395.

EuGH v. 13.11.1990, C-331/88, *The Queen/FEDESA u.a.*, ECLI:EU:C:1990:391.

EuGH v. 19.03.1991, C-202/88, *Endgeräte*, ECLI:EU:C:1991:120.

EuGH v. 21.03.1991, C-314/89, *Rauh*, ECLI:EU:C:1991:143.

EuGH v. 11.06.1991, C-300/89, *Titandioxid*, ECLI:EU:C:1991:244.

EuGH v. 28.01.1992, C-204/90, *Bachman*, ECLI:EU:C:1992:35.

EuGH v. 17.03.1993, verb. Rs. C-72/91 und C-73/91, *Sloman Neptun*, ECLI:EU:C:1993:97.

EuGH v. 12.10.1993, C-37/92, *Vanacker und Lesage*, ECLI:EU:C:1993:836.

EuGH v. 17.05.1994, C-41/93, *Frankreich/Kommission*, ECLI:EU:C:1994:196.

EuGH v. 14.07.1994, C-91/92, *Faccini Dori/Recreb*, ECLI:EU:C:1994:292.

EuGH v. 05.10.1994, verb. Rs. C-133/93, C-300/93, C-362/93, *Crispoltoni u.a./Fattoria Autonoma Tabacchi u.a.*, ECLI:EU:C:1994:364

EuGH v. 14.02.1995, C-279/93, *Schumacker*, ECLI:EU:C:1995:31.

EuGH v. 13.07.1995, C-350/92, *Spanien/Rat*, ECLI:EU:C:1995:237.

EuGH v. 30.11.1995, C-55/94, *Gebhard*, ECLI:EU:C:1995:411.

EuGH v. 15.12.1995, C-415/93, *Bosman*, ECLI:EU:C:1995:463.

EuGH v. 27.06.1996, C-107/94, *Asscher*, ECLI:EU:C:1996:251.

EuGH v. 12.11.1996, C-84/94, *Vereinigtes Königreich/Rat*, ECLI:EU:C:1996:431.

EuGH v. 07.02.1997, C-115/78, *Knoors.*, ECLI:EU:C:1979:31.

EuGH v. 13.05.1997, C-233/94, *Deutschland/Parlament und Rat*, ECLI:EU:C:1997:231.

EuGH v. 17.07.1997, C-28/95, *Leur Bloem*, ECLI:EU:C:1997:369.

EuGH v. 12.05.1998, C-367/96, *Kefalas u.a.*, ECLI:EU:C:1998:222.
EuGH v. 18.06.1998, C-35/96, *Kommission/Italien*, ECLI:EU:C:1998:303.
EuGH v. 16.07.1998, C-264/96, *ICI*, ECLI:EU:C:1998:370.
EuGH v. 09.03.1999, C-212/97, *Centros*, ECLI:EU:C:1999:126.
EuGH v. 17.06.1999, C-166/98, *Socridis*, ECLI:EU:C:1999:316.
EuGH v. 21.09.1999, C-307/97, *Saint-Gobain*, ECLI:EU:C:1999:438.
EuGH v. 23.03.2000, C-373/97, *Diamantis*, ECLI:EU:C:2000:150.
EuGH v. 13.04.2000, C-251/98, *Baars*, ECLI:EU:C:2000:205.
EuGH v. 06.06.2000, C-35/98, *Verkooijen*, ECLI:EU:C:2000:294.
EuGH v. 12.09.2000, verb. Rs. C-180/98 bis C-184/98, *Pavlov u.a.*, ECLI:EU:C:2000:428.
EuGH v. 14.12.2000, C-110/99, *Emsland-Stärke GmbH*, ECLI:EU:C:2000:695.
EuGH v. 13.03.2001, C-379/98, *PreussenElektra*, ECLI:EU:C:2001:160.
EuGH v. 12.07.2001, C-189/01, *Jippes u.a.*, ECLI:EU:C:2001:420.
EuGH v. 13.09.2001, C-169/99, *Schwarzkopf*, ECLI:EU:C:2001:439.
EuGH v. 25.10.2001, C-475/99, *Ambulanz Glöckner*, ECLI:EU:C:2001:577.
EuGH v. 22.01.2002, C-218/00, *Cisal*, ECLI:EU:C:2002:36.
EuGH v. 19.02.2002, C-309/99, *Wouters u.a.*, ECLI:EU:C:2002:98.
EuGH v. 03.10.2002, C-136/00, *Danner*, ECLI:EU:C:2002:558.
EuGH v. 21.11.2002, C-436/00, *X und Y*, ECLI:EU:C:2002:704.
EuGH v. 10.12.2002, C-491/01, *British American Tobacco*, ECLI:EU:C:2002:741.
EuGH v. 12.12.2002, C-324/00, *Lankhorst-Hohorst*, ECLI:EU:C:2002:749.
EuGH v. 12.12.2002, C-385/00, *de Groot*, ECLI:EU:C:2002:750.
EuGH v. 03.03.2003, C-457/00, *Belgien/Kommission*, ECLI:EU:C:2003:387.
EuGH v. 11.03.2003, C-9/02, *Lasteyrie du Saillant*, ECLI:EU:C:2004:138.
EuGH v. 18.11.2003, C-168/01, *Bosal*, ECLI:EU:C:2003:479.
EuGH v. 11.12.2003, C-322/01, *Doc Morris*, ECLI:EU:C:2003:664.
EuGH v. 13.12.2003, C-324/99, *DaimlerChrysler*, ECLI:EU:C:2001:682.
EuGH v. 01.04.2004, C-1/02, *Borgmann*, ECLI:EU:C:2004:202.
EuGH v. 29.04.2004, C-159/01, *Niederlande/Kommission*, ECLI:EU:C:2004:246.
EuGH v.15.07.2004, C-345/02, *Pearle*, ECLI:EU:C:2004:448.
EuGH v. 05.10.2004, C-397/01, *Pfeiffer* u.a., ECLI:EU:C:2004:584.
EuGH v. 03.03.2005, C-172/03, *Heiser*, ECLI:EU:C:2005:130.
EuGH v. 10.03.2005, C-531/03, *Kommission/Deutschland*, ECLI:EU:C:2005:159.

EuGH v. 15.04.2005, C-110/03, *Belgien/Kommission*, ECLI:EU:C:2005:223.

EuGH v. 13.12.2005, C-446/03, *Marks & Spencer*, ECLI:EU:C:2005:763.

EuGH v. 15.12.2005, C-148/04, *Unicredito Italiano*, ECLI:EU:C:2005:774.

EuGH v. 10.01.2006, C-222/04, *Cassa di Risparmio di Firenze u.a.*, ECLI:EU:C:2006:8.

EuGH v. 04.07.2006, C-212/04, *Adeneler* u.a., ECLI:EU:C:2006:443.

EuGH v. 21.02.2006, C-255/02, *Halifax*, ECLI:EU:C:2006:121.

EuGH v. 22.06.2006, verb. Rs. C-182/03 und C-217/03, *Belgien/Kommission*, ECLI:EU:C:2006:416.

EuGH v. 12.09.2006, C-196/04, *Cadbury Schweppes*, ECLI:EU:C:2006:544.

EuGH v. 03.10.2006, C-452/04, *Fidium Finanz*, ECLI:EU:C:2006:631.

EuGH v. 13.03.2007, C-524/04, *Test Claimants in the Thin Cap Group Regulation*, ECLI:EU:C:2007:161.

EuGH v. 10.05.2007, C-492/04, Lasertec, ECLI:EU:C:2007:273.

EuGH v. 06.11.2007, C-415/06, *Stahlwerk Ergste Westig*, ECLI:EU:C:2007:651.

EuGH v. 06.12. 2007, C-298/05, *Columbus Container Services*, ECLI:EU:C:2007:754.

EuGH v. 21.02.2008, C-425/06, *Part Service*, ECLI:EU:C:2008:108.

EuGH v. 26.06.2008, C-284/06, *Burda*, ECLI:EU:C:2008:365.

EuGH v. 06.11.2008, C-155/07, *Parlament/Rat*, ECLI:EU:C:2008:605.

EuGH v. 17.02.2009, C-465/07, *Elgafaji*, ECLI:EU:C:2009:94.

EuGH v. 02.04.2009, C-431/07 P, *Bouygues und Bouygues Télécom/Kommission*, ECHLI:EU:C:2009:223.

EuGH v. 18.06.2009, C-303/07, *Aberdeen Proberty Finivest Alpha*, ECLI:EU:C:2009:377.

EuGH v. 21.06.2019, C-480/16, *Fidelity Funds u.a.*, ECLI:EU:C:2018:480.

EuGH v. 17.09.2009, C-182/08, *Glaxo Wellcome*, ECLI:EU:C:2009:559.

EuGH v. 16.12.2009, C-205/07, *Gysbrechts und Santurel Inter*, ECLI:EU:C:2008:730.

EuGH v. 08.06.2010, C-58/08, *Vodafone u.a.*, ECLI:EU:C:2010:321.

EuGH v. 01.07.2010, C-233/09, *Dijkman und Dijkman-Lavaleije*, ECLI:EU:C:2010:397.

EuGHv.02.09.2010,C-399/08P,*Kommission/DeutschePost*,ECLI:EU:C:2010:481.

EuGH, v. 26.10.2010, C-97/09, *Schmelz*, ECLI:EU:C:2010:632.

EuGH v. 10.11.2010, C-126/10, *Foggia*, ECLI:EU:C:2011:718.

EuGH v. 25.10.2012, C-387/11, *Kommission/Belgien*, ECLI:EU:C:2012:670.

EuGH v. 16.12.2010, C-239/09, *Seydaland Vereinigte Agrarbetriebe*, ECLI:EU:C:2010:778

EuGH v. 08.09.2011 verb. Rs. C-78/08 bis C-80/08, *Ministerio dell'Economia/ Paint Graphos Soc.coop alr u.a.*, ECLI:EU:C:2011:550.

EuGH v. 13.11.2012, C-35/11, *Test Claimants in the FII Group Litigation*, ECLI:EU:C:2012:707.

EuGH v. 28.02.2013, C-168/11, *Beker*, ECLI:EU:C:2013:117.

EuGH v. 28.02.2013, C-544/11, *Petersen*, ECLI:EU:C:2013:124.

EuGH v. 18.04.2013, C-413/11, *Germanwings*, ECLI:EU:C:2013:246.

EuGH v. 30.05.2013, C-604/11, *Genil 48 und Comercial Hostelera de Grandes Vinos*, ECLI:EU:C:2013:344.

EuGH v. 13.06.2013, C-62/12, *Kostov*, ECLI:EU:C:2013:391.

EuGH v. 09.09.2013, C-198/01, *CIF*, ECLI:EU:C:2003:430.

EuGH v. 03.10.2013, C-282/12, *Itelcar*, ECLI:EU:C:2013:629.

EuGH v. 07.11.2013, C-322/11, *K*, ECLI:EU:C:2013:716.

EuGH v. 23.01.2014, C-164/12, *DMC*, ECLI:EU:C:2014:20.

EuGH v. 10.07.2014, C-421/12, *Kommission/Belgien*, ECLI:EU:C:2014:2064.

EuGH v. 11.09.2014, C-47/12, *Kronos International*, ECLI:EU:C:2014:2200.

EuGH v. 04.06.2015, C-15/14 P, *Kommission/MOL*, ECLI:EU:C:2015:362.

EuGH v. 18.06.2015, C-508/13, *Estland/Parlament und Rat*, ECLI:EU:C:2015:403.

EuGH v. 16.07.2015, C-95/14, *UNIC und Uni.co.pel*, ECLI:EU:C:2015:492.

EuGH v. 02.09.2015, C-386/14, *Groupe Steria*, ECLI:EU:C:2015:524.

EuGH v. 12.11.2015, C-198/14, *Visnapuu*, ECLI:EU:C:2015:751.

EuGH v. 04.05.2016, C-358/14, *Polen/Parlament u. Rat*, ECLI:EU:C:2016:323.

EuGH v. 04.05.2016, C-477/14, *Pillbox 38*, ECLI:EU:C:2016:324.

EuGH v. 02.06.2016, C-27/15, *Pippo Pizzo*, ECLI:EU:C:2016:404.

EuGH v. 24.11.2016, C-464/14, *SECIL*, ECLI:EU:C:2016:896.

EuGH, v. 21.12.2016, verb. Rs. C-20/15 P und C-21/15 P, *World Duty Free*, ECLI:EU:C:2016:981.

EuGH v. 08.03.2017, C-14/16, *Euro Park Service*, ECLI:EU:C:2017:177.

EuGH v. 06.09.2017, verb. Rs. C-643/15 u. C-647/17, *Slowakei u. Ungarn/Rat*, ECLI:EU:C:2017:631.

EuGH v. 07.09.2017, C-6/16, *Eqiom und Enka*, ECLI:EU:C:2017:641.

EuGH v. 22.11.2017, C-251/16, *Cussens u.a.*, ECLI:EU:C:2017:881.

EuGH v. 20.12.2017, verb. Rs. C-504/16 und C-613/16, *Deister und Juhler Holding*, ECLI:EU:C:2017:1009.

EuGH v. 17.04.2018, C-414/16, *Egenberger*, ECLI:EU:C:2018:257.

EuGH v. 28.06.2018, C-203/16 P, *Heitkamp Bauholding*, ECLI:EU:C:2018:505.

EuGH v. 11.12.2018, C-493/17, *Weiss u.a.*, ECLI:EU:C:2018:1000.

EuGH v. 19.12.2018, C-374/17, *A-Brauerei*, ECLI:EU:C:2018:1024.

EuGH v. 26.02.2019, verb. Rs. C-115/16, C-118/16, C-119/16 und C-299/16, *N Luxembourg I*, ECLI:EU:C:2019:134.

EuGH v. 26.02.2019, verb. Rs. C-116/16, C-117/16, *T Danmark*, ECLI:EU:C:2019:135.

EuGH v. 26.02.2019 – C-135/17, *X GmbH*, ECLI:EU:C:2019:136.

FG Münster v. 05.07.2005 – 15 K 1114/99, EFG 2005, 1512.

FG Münster v. 20.11.2015 – 10 K 1410/12 F, EFG 2016, 453.

www.ingramcontent.com/pod-product-compliance
Ingram Content Group UK Ltd.
Pitfield, Milton Keynes, MK11 3LW, UK
UKHW021926290926
8980IPUK00016B/1477

9 783631 91306